HISTOIRE
DES ITALIENS

PAR

CÉSAR CANTU

Traduite sous les yeux de l'auteur

PAR M. ARMAND LACOMBE

SUR LA DEUXIÈME ÉDITION ITALIENNE

TOME SIXIÈME.

PARIS

LIBRAIRIE DE FIRMIN DIDOT FRÈRES, FILS ET Cⁱᵉ

IMPRIMEURS DE L'INSTITUT DE FRANCE

RUE JACOB, 56

—

M DCCC LX

HISTOIRE

DES ITALIENS

L'auteur et les éditeurs se réservent le droit de reproduction.

PARIS. — TYPOGRAPHIE DE FIRMIN DIDOT FRÈRES, FILS ET Cⁱᵉ.

HISTOIRE DES ITALIENS.

LIVRE DIXIÈME.

CHAPITRE CIV.

LES HISTORIENS DU MOYEN AGE.

Des temps que nous avons décrits jusqu'à présent, « non-seulement les histoires sont perdues, mais nous pouvons soupçonner, sinon croire, qu'on en composa très-peu dans ces époques; et, si notre bonne fortune ne nous avait pas conservé l'*Histoire lombarde* de Paul Diacre jusqu'à l'année 774, l'histoire italienne d'alors serait enveloppée de ténèbres. Cette histoire néanmoins, à partir de cette date jusque même au delà de l'an 1000, reste encore si obscure que si par hasard la chronique de Luitprand avait péri, et si nous n'étions pas aidés par celles des Francs et des Allemands, les trois siècles écoulés depuis Paul Diacre nous offriraient pour ainsi dire un désert. D'autre part, outre que le souvenir de beaucoup d'événements d'alors s'est perdu, ceux qui restent se présentent à nous si mal classés qu'il est impossible de leur assigner une date certaine, grâce au désaccord ou à la négligence des historiens, et la chronologie est souvent obligée de marcher à tâtons. »

Ces paroles du père de l'histoire italienne peuvent, sinon nous servir d'excuse, du moins expliquer l'hésitation que le lecteur aura remarquée dans quelques parties de notre récit, hésitation qui provient de la rareté des faits et de l'ignorance des causes. Du reste, nous ne nous croyons pas obligé de déterminer chaque année comme un chronologue, ni de disserter sur les dates, à moins qu'elles ne changent la nature et la signification des événements. Pour épargner les discussions, nous avons exprimé notre conviction, fruit de sérieuses recherches, dont nous avons voilé au lecteur le travail ingrat.

Nous avons signalé au fur et à mesure les pauvres chroniqueurs dans lesquels nous avons puisé. Outre Paul Diacre, nous avons consulté, pour l'époque des premiers Carlovingiens, Erchempert, qui va de 774 à 889, et la petite chronique du prêtre André de Bergame : cet écrivain mérite quelque estime, nonseulement par les choses et la forme, mais encore par le talent, très-rare chez les chroniqueurs et peu commun dans les historiens, qui consiste à savoir quels sont les événements dignes d'être rapportés, et ceux qu'il faut négliger. Jean Diacre composa la *Vie de Grégoire le Grand*; le prêtre Agnello, grossier dans les faits et l'exposition, celle des évêques de Ravenne, alors que cette ville jouait un grand rôle. La *Vie des papes*, par le bibliothécaire Anastase, ou mieux par les divers auteurs du *Livre pontifical*, vaut un peu mieux. Ce livre, interrompu à l'année 889, fut continué en 1050 par le cardinal d'Aragona, mais toujours dans un sens élogieux ; il faut ajouter la *Vie d'Alexandre III*, vive peinture du temps de la ligue lombarde.

Vers la fin du onzième siècle, Grégoire, moine de Farfa, eut le premier la bonne inspiration de recueillir les diplômes relatifs à son monastère, et, d'après ces titres, il composa une chronique, poursuivie par d'autres, imitée par beaucoup ; plût à Dieu que tous les monastères, qui étaient le centre de l'activité intellectuelle et morale, eussent suivi cet exemple ! Parmi les chroniques les plus importantes figure celle de Mont-Cassin, commencée par Léon Marsiccino, conduite jusqu'au fameux abbé Didier, qui fut ensuite Victor III, puis continuée sans mérite par un diacre nommé Pierre.

Les chroniqueurs, en faisant passer dans la langue et les formes latines les traditions des peuples envahisseurs, les altéraient en même temps qu'ils devenaient la cause ou l'occasion de la perte des originaux, comme il arriva pour les Goths à Jornandès, et pour les Lombards à Paul Diacre. Employant une langue qu'ils avaient cessé de parler, leurs mots, qui n'étaient pas nés avec la pensée, exprimaient plus ou moins que cette pensée, si toutefois ils ne leur donnaient point un sens conventionnel. Aux anciens, qu'ils avaient lus, ils empruntaient, avec plus ou moins de bonheur, des phrases pour représenter des choses tout autres et des conditions sociales différentes. Or, comme cette société se déroulait sous leurs yeux, ils s'arrêtent à peine pour décrire des événements compliqués qui nous paraissent inextricables, c'est-à-dire une révolution, évidente pour eux, mais que nous essayons vainement d'expliquer ; ils glissent sur un fait très-important pour la postérité, tandis qu'ils s'étendent longuement sur une inondation ou sur une comète qui troublait l'imagination ou les intérêts des contemporains. Aussi quiconque ne se contente pas de généralités conventionnelles et systématiques a besoin de faire de grands efforts pour renouer, de manière à constituer une série probable, les aveux surpris, les témoignages épars, les conjectures sur des documents mal déterminés, incertains et surtout fort rares.

Au milieu de cette pénurie apparaît Luitprand, qui mérite une place distinguée. Employé dans de graves affaires, secrétaire, puis ennemi de l'empereur Bérenger II, exilé en Allemagne, il fut ramené par Othon le Grand et nommé évêque de Crémone. Sa chronique embrasse les événements qui se sont accomplis depuis la prise de Fraxinet, en 891, jusqu'au concile romain de 963. Son style est châtié, mais il raconte avec une argutie qui dégénère souvent en frivolité, et avec une passion qui ne recule pas devant la calomnie. Dans ses ambassades, il critique, raille, exagère, avec un esprit mordant et négatif, entièrement opposé à la bonhomie des chroniqueurs, les vices et les défauts de la cour de Byzance, pour flatter la cour allemande ; du reste, il recueille les faits sans discernement, se complaît dans une affectation puérile ou sénile, et se montre partial même au prix de la pudeur.

Ce caractère expliquerait sa phrase, répétée plus tard à satiété et comme un oracle historique, qu'on disait *romain* lorsqu'il s'agissait d'exprimer le comble de tous les vices. Envoyé par l'empereur d'Allemagne à celui de Constantinople, qui prétendait, comme Romain, à la suprématie sur l'Occident, Luitprand se mit à railler ce nom, fit un éloge exagéré des Germains, et assura que le mot *Romain* n'était qu'un titre d'outrages et le résumé de tout opprobre. Cette insulte n'est qu'une basse adulation, et, du reste, il ressort de l'ensemble de son récit qu'il ne la dit point à la cour byzantine, mais qu'il l'inséra dans son rapport pour complaire aux Othons.

Les Normands eurent de bons historiens. Robert Guiscard chargea Gaufrido Malaterra de conserver la mémoire de ses exploits, et cet écrivain dédia son ouvrage au successeur de ce prince. Guillaume de la Pouille célébra les actions des Normands en cinq livres, dont le début est magnifique, la suite négligée, et qui se terminent par une orgueilleuse bassesse (1). Le tableau du règne de

---

(1) Gesta ducum veterum veteres cecinere poetæ;
Aggrediar vates novus edere gesta novorum.

Guillaume le Mauvais valut à Hugues Falcand de Bénévent le titre de Tacite de la Sicile. Arrivé à Guillaume le Bon, il n'a pas assez de paroles pour exalter la félicité des nations. Cette brusque transition, non moins que son élégance de rhéteur, rend ses assertions suspectes. Courageux et sensé, il prévit les maux dont la Sicile aurait à gémir sous la domination des Allemands. Comme d'autres Siciliens, même d'une époque plus civilisée, il ne dissimulait pas sa haine et son mépris pour les habitants de la Pouille, gens, dit-il, « d'une inconstance excessive, toujours avides du nouveau, désirant la liberté sans savoir la conserver. Sur le champ de bataille, ils attendent à peine le signal de l'attaque pour s'enfuir; inhabiles à la guerre, ils ne savent pas rester tranquilles en temps de paix (1). »

Mathieu Bonello, riche prélat, écrivit avec intelligence l'histoire de Guillaume Ier, dont il fut le ministre. Geoffroy de Viterbe composa un *Panthéon* depuis l'origine du monde jusqu'au mariage de l'impératrice Constance, « après avoir (dit-il) fouillé pendant quatre ans, en deçà et au delà des mers, dans toutes les bibliothèques latines, barbares, grecques, juives, chaldéennes. » Romoald, archevêque de Salerne et ministre de Guillaume II, anima sa chronique par de précieux détails ; une autre d'Amat, moine de Mont-Cassin, nous est connue par la version française (2). Pierre d'Ebulo, hostile au roi Tancrède, mit en vers les révolutions de la Sicile. Le notaire Richard de San Germano, témoin oculaire et sincère, bien que gibelin, décrit l'époque de Frédéric II. A partir de la mort de ce roi jusqu'au couronnement de Manfred, l'histoire est continuée par Nicolas de Jamsilla, qui fait preuve de partialité gibeline, mais qui plaît par son ingénuité. Mathieu Spinelli de Giovenasso rédigea, depuis 1247 jusqu'à la bataille de Tagliacozzo, où il périt, un journal, qui est le plus ancien en langage vulgaire d'Italie. Saba Malaspina, l'anonyme de Salerne, Alexandre de Telesa, Nicolas

> Dicere fert animus, quo gens normannica ductu
> Venerit Italiam, fuerit quæ causa morandi,
> Quosve secuta duces Latii sit adepta triumphum.

Il termine ainsi :

> Nostra, Rogere, tibi cognoscis carmina scribi ;
> Mente tibi læta studuit parere poeta.
> Semper et auctores hilares merueré datores :
> Tu duce romano dux dignior Octaviano,
> Sis mihi, quæso, boni spes, ut fuit ille Maroni.

(1) *Hist. Script.*, dans les *Rer. It. Script.*, VIII, 253-54.
(2) *Istoire de li Normant*, publiée dernièrement par Champollion-Figeac.

Speciale, la chronique du temps de la reine Jeanne par Dominique Gravina, fournissent de précieux renseignements pour l'histoire du royaume, des écrivains duquel François Soria a donné le catalogue.

Mais la culture s'était accrue avec la liberté ; la chronique de la commune se substituait à celle du monastère, et l'importance des faits relevait la narration et l'associait à la politique, de manière à pouvoir instruire et plaire à la fois. On trouve dans ces travaux des connaissances suffisantes, une fine appréciation des événements, des détails caractéristiques et ce mouvement qui dérive de sentiments vrais. Dans la grande agitation communale, on peut dire que chaque ville avait son chroniqueur, d'autant plus que beaucoup de cités, dans le douzième et le treizième siècle, firent inscrire dans un registre tous les actes communaux pour les mettre à l'abri des éventualités ; ces registres furent consultés par beaucoup d'historiens. Les Milanais Arnolphe et Landolphe, qui vécurent peu après l'an 1000, furent les premiers laïques qui écrivirent l'histoire civile ; bien qu'ils manquent d'exactitude, on se plaît à les entendre exposer l'origine des querelles entre les nobles et les bourgeois, les clercs et les séculiers, querelles qui changèrent, non-seulement la constitution civile, mais l'ordre social.

Dans les temps de Barberousse, les tendances impériales d'Othon Morena, magistrat de Lodi (*Rerum Laudensium*), font contraste au génie républicain du Milanais sire Raoul ou Rodolphe (*De gestis Frederici*). Le premier fut continué dans un sens plus généreux et plus libéral par son fils Acerbo, qui combattit avec Barberousse et mourut dans l'expédition contre Rome en 1167. Le père et le fils sont surpassés par Othon, évêque de Freisingen, et Radevic, son chanoine, qui, l'un en continuation de l'autre, décrivirent les guerres dont ils furent les témoins et dans lesquelles ils figurèrent comme acteurs.

Galvano Fiamma (*Manipulus florum*), après avoir semé de puérilités les commencements de l'histoire milanaise, s'améliore à mesure qu'il se rapproche de son époque. Pierre Azario raconte avec une charmante naïveté les faits des Visconti. Ghérard Maurisio écrivit sur Ezzelin IV lorsque celui-ci n'avait pas encore commis de méfaits ; il se montre donc aussi partial envers son héros que Rolandino lui est hostile dans sa chronique de Padoue. Ce dernier, comme maître de grammaire et de rhétorique, fit une œuvre mieux coordonnée et plus claire que celles de ses contemporains; il la lut devant les professeurs et les écoliers de l'université de Padoue, qui l'approuvèrent ou du moins l'accueillirent par des applaudissements.

Albertin Mussato, magistrat padouan, dont nous avons les premières tragédies modernes dans l'*Achille* et l'*Ezzelin*, célébra, dans les seize livres de son *Histoire Auguste*, les faits de Henri VII; dans huit autres, les événements jusqu'en 1317; puis, en trois chants, le siége de Padoue par Cane de la Scala; enfin, les discordes qui soumirent cette ville aux seigneurs de Vérone. La continuation, par les deux Cortusi, est bien loin d'en égaler le mérite.

Le Brescian Christophe de Soldo va jusqu'à l'année 1468; mais, ignorant et dépourvu de critique, il ramasse tous les bruits qui circulent, et revêt d'une forme triviale de vulgaires pensées. Castel de Castello, de Bergame, décrit en style grossier, mais avec vérité, les misères dont les guerres civiles affligèrent sa patrie jusqu'à l'année 1402. Nous avons apprécié, à mesure que nous les avons consultés, Ricobald de Ferrare (1), Ferreto de Vicence et tant d'autres. Il suffit de dire que la collection de Muratori donne les chroniques de soixante-huit villes entre le cinquième et le quinzième siècle, et que la seule *Bibliographie historique des cités et lieux de l'État pontifical* remplit un gros volume in-4° avec le nom seul des historiens de soixante et onze villes encore existantes, et de seize autres détruites dans ce pays.

Les Piémontais, par une ignorante jalousie que leurs descendants ont rachetée splendidement, refusèrent à Muratori les chroniques de leur pays, dont les plus remarquables sont celles qu'un certain Ogerio Alfieri, à tort supposé moine, compila sur les précédentes, et qui vont jusqu'en 1294; Guillaume Ventura les continua jusqu'en l'année 1325; puis vint Secondino Ventura. Frère Jacques d'Acqui remplit de rêveries les origines des marquis de Montferrat, dans le *Chronicon imaginis mundi*, où il entassa ses nombreuses lectures sans ordre ni discernement (2).

Quelques écrivains mirent l'histoire en vers : nouvelle cause d'altération, puisque la difficulté du mètre se joignait à l'insuffisance des narrations. Laurent Diacono de Pise chanta, non sans mérite, l'expédition de ses concitoyens contre les îles Baléares. Donnizone, évêque de Canossa, rima les actions de la comtesse

---

(1) On soupçonne que son *Histoire impériale* fut une invention du célèbre Bojardo.

(2) Outre Napione, *Cronisti piemontesi*, voir la préface du second volume des chartes dans les *Monum. hist. patriæ*.

Mathilde; un auteur, inconnu, les louanges de Bérenger; Cumano, la guerre de dix ans des Lombards contre Côme; Moïse de Brolo, les fastes de Bergame en 1129; Gaétan des Stefaneschi, les temps de Boniface VIII. Maître Pierre d'Eboli raconta sous la forme d'élégies les guerres entre Henri VI et Tancrède; Antoine d'Asti fit l'*Histoire élégiaque* de sa patrie jusqu'en 1341, et frère Stefenardo de Vimercate exposa, dans les meilleurs vers de son époque, les fastes milanais de 1262 à 1295. Puis Boëce Poppleto et Anton de Boëce chantèrent en italien les faits d'Aquila de 1252 à 1382; messire Gorello des Sinigardi, la chronique arétine; Buonamente Aliprand, celle de Mantoue; le Véronais Boniface, celle de Pérouse dans l'*Eulistée*.

A Gênes, on présentait en plein conseil la chronique de chaque année, et, après l'avoir approuvée, on la déposait dans les archives. Caffaro, qui fut consul et commanda les flottes de sa patrie contre les Pisans et les Sarrasins, tira de ces documents son histoire, que la mort interrompit à l'année 1163. Continuée, en vertu d'un décret public, par Ottobono, Ogerio Pane, Marchisio et Barthélemy, chanceliers de la république, jusqu'en 1264, elle fut ensuite confiée à des personnages illustres et consulaires : Marin Usodimare, Jacques Doria, Guillaume Multedo, Arrigo Guasco, marquis de Gavi, Obert Spinola et autres, qui arrivent à l'année 1294. Après un intervalle de quatre ans, George Stella et d'autres de sa famille et des Senarega la poussent jusqu'en 1514; enfin Philippe Caroni s'arrête à l'année 1700. Telles sont les sources de l'histoire de Gênes, partiale, il est vrai, mais très-précieuse, parce qu'elle offre ce qu'on ne trouve dans aucune autre ville, une série de faits racontés par des contemporains. Jean Bracelli de Sarzane, bien informé comme chancelier de la république, fit encore en bon latin, et sans étalage de rhétorique, l'histoire des années comprises entre 1412 et 1444; mais frère Jacques de Voragine, connu par sa légende des saints, entasse les faits sans examen dans sa longue chronique de Gênes, qui va jusqu'en 1297.

Jean Diacono, surnommé vulgairement le Sagornino, bon conteur, qui vivait sous le dogat de Pierre Orseolo II, est le plus accrédité de tous les chroniqueurs des temps obscurs de Venise; tous ces écrivains sont éclipsés par André Dandolo, versé dans la connaissance des lois et des belles-lettres, digne, grave, patriote, et d'une rare prudence, comme il convient au chef d'une grande république; il écrivit en latin une histoire depuis l'ère vulgaire jusqu'à l'année 1342, œuvre pâle et sans critique pour les temps anciens, riche de documents pour les époques suivantes, et moins partiale qu'on ne devait l'attendre d'un noble et d'un républicain. Ce travail fut continué par Benitendi des Ravegnani, ensuite par Raphaël Caresini. La chronique d'Altino, qui est plutôt le trait d'union de chroniques de mérites divers, a été publiée naguère, ainsi que la chronique écrite en français ou traduite en français par Canale en 1267, plus agréable à lire, sinon plus féconde en documents. Plus tard, en 1516, on assigna 200 sequins par an à un historiographe et bibliothécaire de Saint-Marc, pour enregistrer les fastes nationaux : le premier fut Marc-Antoine Coccio, dit le *Sabellico*; mais son travail est fait avec négligence. Bernard Giustiniani avait consulté de bons documents pour traiter des temps primitifs, mais il s'arrête à l'année 809. En général, Venise ne fut pas heureuse en chroniqueurs ; du reste, l'exactitude ne leur semble pas le premier devoir de l'historien, et, comme ils flattent sans cesse leur patrie, ils nuisent à la vérité autant que les romanciers modernes.

Il ne faut pas oublier la mesure que prit Venise, dès 1296, pour obliger les ambassadeurs à fournir au magistrat un rapport sur la condition physique et morale du pays dans lequel ils représentaient la république ; puis, en 1425, il fut ordonné de les transcrire sur un registre (1) que l'on conserva dans les archives publiques, d'où furent tirées, peut-être illégalement, les copies possédées aujourd'hui par des particuliers. Ces rapports, à cause de leurs nombreux détails, et parce que les ambassadeurs avaient l'occasion de connaître les grands de près, sont de précieux fondements de cette science qui fut ensuite prostituée sous le nom de statistique.

Bologne eut aussi une chronique d'environ quatre cents ans ; mais celles de Florence sont les meilleures par la forme, le bon sens et la fine ingénuité. Ricordano Malaspini écrivit en dialecte

---

(1) *Referant suas legationes in illis consiliis, in quibus electi fuerunt* (1296). *In scriptis relationes facere teneantur* (1425). En 1718, on commença une collection des historiens de Venise. Foscarini a fait connaître avec étendue les historiens et les chroniqueurs vénitiens. Après lui, Flaminio Cornaro publia la chronique latine de Laurent de Monacis, Jérôme Zanetti, celle de Sagornino, etc. Nous devons à l'Anglais Rawdon Brown des extraits des *Diarj* de Marin Sanuto, les *Annali veneti* de Malipiero et d'autres dans les *Archives historiques*, vol. VII.

national tout ce qu'il « trouva dans les histoires des anciens livres des maîtres en doctrine » ; or, comme à cette époque toute chose écrite était synonyme de vérité, il déduit le nom de Pise de la coutume qu'avaient les négociants de *peser* les marchandises ; celui de Lucques, de la *luce* (lumière) que cette ville dut au christianisme ; celui de Pistoie, de la *pistolenza* (contagion). Selon cet auteur, Saint-Pierre de Rome fut fondé au temps d'Auguste ; à l'époque de Catilina, on célébra la messe dans la maison canoniale de Fiesole, et Attila dévasta Florence (1) ; mais c'est avec plus de bon sens, et surtout avec un calme admirable, bien que partisan des Guelfes, qu'il expose les événements dont il fut le témoin jusqu'à l'année 1280.

Malaspini fut continué jusqu'en 1312 par Dino Compagni, qui voulut « écrire la vérité des choses certaines qu'il vit et entendit ; quant à celles qu'il ne vit pas clairement, il se proposa de les rapporter d'après le témoignage des autres, et, comme beaucoup de chroniqueurs, par suite de leurs volontés corrompues, ne disent pas tout et altèrent la vérité, il résolut d'écrire selon la plus commune renommée. » Règles singulières de la crédulité, qui nous prouvent que la véritable histoire, dont la tâche est, non-seulement de recueillir les faits, mais de les choisir, de les coordonner, de les exposer, se trouvait encore au berceau. Dans les magistratures qu'il exerça, Dino se fit toujours le conseiller de la paix, et ses travaux respirent le même sentiment, qui donne parfois de la véhémence à son style : « Levez-vous, « s'écria-t-il, mauvais citoyens, pleins de scandale ; prenez le « fer et le feu dans vos mains, faites voir votre malice, mani- « festez vos iniques volontés et vos détestables desseins ; don- « nez-vous libre carrière, allez mettre en ruine les beautés de « votre cité, versez le sang de vos frères, dépouillez-vous de « tout sentiment de foi et d'amour, refusez-vous l'un à l'autre « assistance et service ; semez vos mensonges, qui rempliront les « greniers de vos fils. Faites comme Sylla dans la ville de Rome ;

---

(1) Cette erreur a été commise par Dante, *Enfer*, XIII.

Quei cittadin, che poi la rifondarno
Sovra 'l cener che d'Attila rimase.

Ces citoyens qui la reconstruisirent ensuite
Sur les cendres qu'avait laissées Attila.

Quelques auteurs ont voulu y substituer Totila ; mais ce conquérant, pas plus qu'Attila, ne détruisit Florence.

« mais rappelez-vous qu'il suffit de quelques jours à Marius pour
« venger tous les maux qu'il avait causés en dix ans. Croyez-
« vous que la justice de Dieu n'existe plus ? celle du monde, du
« moins, rend un pour un. Voyez si vos ancêtres eurent à s'ap-
« plaudir de leurs discordes ; faites trafic des honneurs qu'ils
« acquirent. Ne tardez pas, malheureux, car on consume plus
« en un jour de guerre qu'on ne gagne en plusieurs années de
« paix, et il ne faut qu'une petite étincelle pour causer la des-
« truction d'un grand royaume. »

Son travail, auquel président de si nobles sentiments, un jugement droit et une grande probité, est remarquable par la brièveté, la concision et la vigueur, telles qu'on peut les désirer dans une histoire simple et véridique ; néanmoins il ne fut pas connu de Villani, son contemporain, ni des écrivains postérieurs presque jusqu'à Muratori.

Jean Villani, marchand et magistrat, se rendit à Rome pour le jubilé de 1300. « Se trouvant dans cet heureux pèlerinage de la sainte cité, » la vue de tant de monuments, la lecture de Salluste, de Tite-Live, de Valère Maxime, de Paul Orose, de Virgile, de Lucain *et autres maîtres en histoire*, lui inspirèrent l'idée de raconter les événements de sa patrie, « pour donner mémoire et exemple à ceux qui sont à venir, en l'honneur de Dieu et du bienheureux saint Jean, et pour la gloire de la ville de Florence. » A cet effet, il composa douze livres, dans lesquels, sans aucune prétention littéraire ni système préconçu, il admet les fables anciennes, et copie même de longs passages de Malaspini, sans le nommer ; car alors on ne regardait pas comme un plagiat, mais comme de l'habileté, de mettre à profit les travaux de quiconque vous avait précédé. Lorsqu'il arrive à son époque, il expose les faits, sans se borner à sa patrie, avec une grande intelligence, un sentiment vrai et l'autorité de quiconque peut dire : « Moi, écrivain, j'ai vu, je m'y trouvais. » Il incline vers le parti guelfe sans le dissimuler (1) ; mais il exprime avec franchise des opinions sincères, et s'échauffe quand il parle de sa patrie. Son récit est toujours affectueux, parfois pittoresque, et il se complaît dans les détails, sans soupçonner que ce qui l'in-

(1) Un historien récent lui reproche une indigne aversion contre le pape d'Avignon (*Histoire de la papauté pendant le XIV*^{e} *siècle, par l'abbé* Christophe. Paris, 1853). Cela peut être, mais ce sentiment était commun à tous les Italiens d'alors, et cette apologie ne me semble pas démontrer qu'ils eussent tort.

téresse puisse ennuyer ses lecteurs ou leur paraître indifférent. Comme il était marchand, il s'occupe des choses positives, négligées par les contemporains des autres pays, qui d'ailleurs ne nous transmettent que leurs impressions personnelles; Villani, au contraire, procède avec une exactitude intelligente, examine, compare, juge, et unit sa propre expérience à la gravité des anciens, qu'il ne connaissait pas seulement de nom. Tout positif qu'il est, il n'en croit pas moins aux miracles et à l'astrologie, faiblesses qu'on lui pardonne facilement. Peu riche de formes littéraires, étranger aux règles de la grammaire (1), il est naturel et analytique dans la liaison des mots; rien de superflu, aucun remplissage étudié, point de transposition forcée ni de structure artificielle, mais toujours un style simple, familier et gracieux. L'Italie, en suivant cette voie, qui est la véritable, aurait pu arriver à l'histoire originale, si elle n'avait pas voulu, même dans ce genre, se jeter dans l'ornière de l'imitation.

Victime de la terrible peste de 1348, il eut pour continuateur son frère Mathieu, qui embrassa seize ans à peine dans onze livres : peintre fidèle des mœurs et des événements, il connaît le cœur humain et les détours de la politique, s'indigne contre le vice, s'enthousiasme pour la liberté, et le respect religieux ne l'empêche pas de révéler, d'exagérer même les fautes des papes, si bien qu'il inspire la confiance et l'intérêt. La nouvelle peste l'enleva en 1362, et Philippe, son fils, continua son récit jusqu'en 1365. Homme d'étude et commentateur de Dante dans une chaire publique, il a plus d'art et moins d'ingénuité que son père et son oncle; dans les *Vies des Florentins illustres*, il laisse désirer ce coloris et ces détails qui forment l'âme des biographies.

Marchione de Coppo Stephani, « pensant combien il est agréable aux hommes d'avoir un travail qui remette à la mémoire les choses anciennes, et surtout les origines des villes et des races, résolut de n'épargner ni fatigues, ni temps, ni soins, pour chercher des livres et toute sorte d'écrits, afin de rappeler à quiconque en aurait désir » l'histoire de la patrie. Partant de la création, il poussa le récit des Villani jusqu'en 1385, sans omettre les discordes des Ricci et des Albizzi, que Mathieu avait dissimulées. La continuation de Pierre Minerbetti est trop inférieure aux tra-

---

(1) Son livre commence ainsi : « Moi, Jean Villani, considérant la noblesse « et la grandeur de notre cité, ai jugé convenable de raconter, etc. »

vaux des Villani, qu'il voulait imiter ; les Morelli n'ont aucune valeur.

Les *Commentaires* de Neri de Gino Capponi, qui vont jusqu'à la paix de Lodi, attestent, par leur vigueur et leur clarté, la saine intelligence de cet habile politique et bon militaire, auquel la république confiait la rédaction des dépêches les plus importantes. Jean Gambi copia jusqu'en 1480 « un livre ancien et digne de foi », en le comparant avec d'autres ; puis il composa son *Mémorial*, simple et sans aucun ornement de paroles, comme un marchand qui note jour par jour ce qu'il voit et entend ; il tire de tout des réflexions morales sur la justice de Dieu, la dépravation des mœurs, le néant des grandeurs humaines, et, comme tous les Florentins, il regrette les bonnes institutions républicaines qu'il voyait périr chaque jour. Philippe de Cino Rinuceini laissa des *Souvenirs historiques*, de 1282 à 1460, qui furent continués jusqu'en 1506 par ses fils Alamanno et Neri. Ces Athéniens de l'Italie avaient coutume de tenir certains livres appelés *Prioristes* parce qu'ils y inscrivaient le nom des prieurs de chaque année, ainsi que les événements principaux de leur pays et du dehors : traditions domestiques d'autant plus précieuses que c'est l'homme et non l'écrivain qui s'y montre, et qu'elles nous charment comme des entretiens avec un vieillard honnête et dont la mémoire est bonne.

Les autres innombrables chroniqueurs de la Toscane s'expriment avec cette clarté et cette précision des bourgeois que l'école et la prétention n'ont point gâtés (1). Les *Histoires de Pistoie*, dominées par un esprit tout municipal, donnent du relief à la vaste perspective des Villani. Pérouse, en 1366, ordonnait qu'on écrivît « dans un livre jaune tous les faits de la cité ». Nous n'avons pas d'historiens de Sienne dans le temps où cette ville rivalisait avec Florence et Pise. André Dei est le seul qui en expose les faits à partir de 1186 jusqu'en 1348, après s'être égaré dans les temps anciens; Ange Tura reprend à cette date, et les *Annales* de Neri de Donato embrassent de l'année 1352 à 1381. Le plus ancien historien de Lucques est Ptolémée Fiadoni, qui raconte brièvement les événements de toute la Tos-

---

(1) Sans parler de la médiocre *Histoire des écrivains florentins* de Jules Negri, Manni a traité de la *Méthode pour étudier l'histoire de Florence*. En 1833, Gervinus publia à Francfort, en allemand, un *Essai* sur les historiens de Florence jusqu'aux temps de Machiavel. Voir aussi MORENI, *Bibliographie historique raisonnée de la Toscane*; 1805.

cane, depuis 1063 jusqu'en 1303, en se servant du *Registre* et des *Actes lucquois*, aujourd'hui perdus; vint ensuite Jean Sercambi, qui fit une chronique depuis l'origine de la république jusqu'à la tyrannie de Paul Guinigi, et une autre relative au gouvernement de ce Paul, mais avec beaucoup d'erreurs sur le passé et de mauvaise foi quant au présent (1). L'histoire de Lucques doit être écrite d'après ses archives, les plus précieuses de l'Italie après celles de Rome.

Dans les chroniques, l'auteur ne sépare pas le faux du vrai, et néglige de coordonner les faits avec intelligence; il écrit tout ce qu'il voit ou entend, et rapporte en détail les vicissitudes des saisons, le prix des denrées, les bruits de la place; parfois l'ingénuité arrive au point que le chroniqueur raconte sa propre mort (2). Les chroniques enfin n'offrent que des renseignements individuels, frivoles parfois, toujours décousus, mais qui captivent l'esprit comme révélation des temps et comme naïve expression des sentiments populaires; une source d'un goût savoureux tarit quand elles cessèrent.

Du reste, elles devaient cesser, parce que leurs rédacteurs voient partout le gouvernement immédiat de la Providence, des châtiments et des récompenses dans chaque événement, des prédictions et des augures. Plus tard, au contraire, grâce à la diffusion des lumières, à une politique compliquée, les actes cessèrent d'être le produit de l'instinct et de la fougue; ils furent préparés à dessein, et l'on considéra l'enchaînement des faits, les causes lointaines et les conséquences, ce qui constitue l'histoire, laquelle est souvenir, progrès, examen. Mais le sentiment vigoureux qui est nécessaire pour reproduire les faits, la critique pour les interroger, la raison austère pour les juger, la haute intelligence pour les coordonner, ne se combinaient ni avec l'enthousiasme des chroniqueurs, ni avec l'érudition des écrivains qui leur succédèrent. Ces derniers se mirent à compiler des his-

---

(1) Les historiens de Lucques sont très-estimés par Tommassi, *Introduzione sommaria alla storia lucchese*, dans les *Archives historiques*, vol. x.

(2) Un chroniqueur romain écrit : « Moi, Louis Boucoute Monaldeschi, je « suis né à Orvieto et j'ai été élevé à Rome, où j'ai vécu. Je suis né dans le « mois de juin 1327, au temps où vint l'empereur Louis. Maintenant, je veux « raconter toute l'histoire de mon temps, parce que j'ai vécu cent quinze ans « sans maladie, etc. Je suis mort de vieillesse, et j'ai gardé le lit douze mois de « suite. » Le Milanais Burigozzo termine ainsi son livre : « Comme vous verrez « dans la chronique de mon fils, parce que je ne puis écrire à cause de la mort « qui m'est survenue. »

toires en latin, même de contemporains, mais déjà visant à l'effet, et presque toujours gâtées par des réminiscences classiques qui parfois défigurent les faits et plus souvent les sentiments.

Poggio Bracciolini de Florence ne recherche que les vicissitudes guerrières; il semble ignorer les changements politiques, et ne nous fait point converser avec les grands personnages de son époque. Barthélemy de la Scala écrit aussi une histoire de cette ville jusqu'à la descente de Charles III. Léonard Bruno d'Arezzo, secrétaire apostolique à Rome, vit et retraça les misérables agitations de cette métropole. Élu chancelier de Florence, il composa l'histoire de cette ville jusqu'en 1404. Écrivain soigné dans la phrase et la période, recherché des princes, visité par les étrangers, il laissa aussi des versions d'auteurs grecs, des vies et des lettres, d'après lesquelles nous essayerons de tracer l'histoire littéraire de son temps. On trouve un plus grand art dans l'épisode de la conjuration des Pazzi, par Agnolo Politien, qui payait ainsi la protection que lui avaient accordée les Médicis.

Jean Cavalcanti, guelfe de conviction, idolâtre de Côme de Médicis, raconte les événements de la Toscane depuis 1420 jusqu'en 1452. Machiavel l'a mis à contribution sans le nommer. Pédant, bien que Toscan, il ne possède ni la naïveté du quatorzième siècle, ni la pureté étudiée du seizième; il gâte la langue charmante de son pays par de durs latinismes, par des adjectifs maniérés, des phrases entortillées, des harangues de rhéteur, qu'il entremêle de locutions vulgaires débitées d'un ton professoral. Il dit *latin* pour italien, *quirites* pour citoyens, et c'est avec des jeux de mots qu'il décrit les horreurs de la prise de Brescia.

Vespasien des Bisticci, libraire érudit, a laissé des vies de ses contemporains, la plupart inédites, négligées dans la forme, bonnes pour les faits, parfois attrayantes par leur ingénuité, toujours fidèles à la vertu et aux nobles sentiments. Outre le *Livre des paroles et faits du roi Alphonse*, par Antoine Bocadelli *dit* le Panormita, Barthélemy Fazio de la Spezia, plus soucieux de l'élégance latine que de la vérité, bien qu'il fût témoin des faits, nous a donné l'histoire de ce roi. Le Sicilien Lucio Marineo, à la prière de Ferdinand le Catholique, écrivit en latin les entreprises de ce roi et de son père; mais il les flatte sans cesse. Pandolphe Colenuccio de Pesaro résuma l'histoire napolitaine jusqu'à son époque; Pierre-Paul Vergerio traça celle de Carrare avec élégance; Daniel Chinazzo de Trévise raconta en italien la guerre de Venise avec Gênes. Nous devons à Platina l'histoire de Mantoue, ainsi que celle des papes, fondée sur des documents. La passion, il est vrai, l'égara trop souvent; mais il était bien rare qu'on sût alors révoquer en doute les assertions antiques.

La première chaire d'histoire que l'on mentionne fut établie à Milan pour Jules-Émile Ferrario de Novare; après lui, l'augustin André Biblia fit un récit fidèle et assez élégant des fastes de cette ville, de 1402 à 1431. Pierre-Candide Decembrio, après avoir vécu à la cour de Philippe-Marie Visconti, devint un chaud partisan de la république milanaise. Lorsqu'elle eut succombé, il se rendit à Rome et ailleurs avec l'emploi de secrétaire. De retour dans sa patrie, il écrivit les vies de ce même Philippe-Marie, de Sforza, de Nicolas Piccinino, et une chronique des Visconti, remplie de détails naïfs à la manière de Suétone, mais sans la pureté de cet auteur. Jean, frère du fameux secrétaire Cicco Simonetta, célébra François Sforza, qu'il n'avait jamais quitté : il le flatte, mais sans bassesse; il est toujours clair, souvent élégant, mais sans la vivacité qui rend précieux les contemporains. Tristan Calco entreprit de continuer l'histoire des Visconti, commencée par George Merula; mais, comme il la trouva remplie de fables tirées du travail d'Annio de Viterbe, il la refit et la poussa jusqu'en 1323, avec un bon style et sans négliger de critiquer les sources. Bernardin Corio, son contemporain et camérier de Louis le More, a laissé dans un italien peu sûr l'histoire la plus répandue de Milan; prolixe quand il parle des choses anciennes, il est exact et riche pour les faits contemporains, bien qu'il montre peu d'intelligence.

Ces auteurs nous conduisent au delà du moyen âge, et jusqu'à ceux qui méritent le titre d'historiens. Les inscriptions lapidaires et les monnaies, comme pour l'histoire ancienne, nous offrent un moyen de jeter quelque lumière sur ces auteurs et de les interpréter, surtout à l'égard des temps les plus obscurs, d'en combler les lacunes et d'en fixer la chronologie; en outre, une foule de documents viennent s'ajouter à cette ressource, documents qui sont la plupart des écrits locaux, c'est-à-dire d'affaires privées : l'œil du philosophe cherche à y découvrir les traces du peuple et le caractère de la société dans la nature des possessions et des contrats; le chronologue les consulte pour disposer les événements par années, premier échelon pour les relier et les comprendre; l'histoire y puise des couleurs pour embellir les arides contours des chroniqueurs.

L'homme seul qui a remué cette poussière peut apprécier la difficulté d'un pareil travail ; aussi trouve-t-on plus commode, et c'est d'ailleurs la coutume, de le tourner en ridicule, comme un effort de pédante érudition. Du reste, les railleurs, ces hommes qui troublent la science et sont le martyre des écrivains laborieux, ne manquaient à aucune époque; toutefois on trouve partout des érudits résignés qui fouillèrent avec patience, interrogeant avec sincérité les témoins du passé, sans savoir ce qu'ils déposeraient. Déjà, dans le seizième siècle (qui, par admiration frénétique de l'antiquité classique, traitait avec dédain, comme ignorance et barbarie, tout ce qui se rattachait au moyen âge), des écrivains et des historiens entremêlaient leurs récits de documents. Charles Sigonius, le premier qui pénétra dans ces voies inexplorées, écrivit, d'après des témoignages authentiques, son *Histoire du royaume italique*, depuis 281 jusqu'en 1200. Il consulta toutes les archives de l'Italie, surtout celles de Milan, et, par lui-même ou l'intermédiaire d'amis, il examina les *monuments*, dont le catalogue publié en 1576 excita l'admiration, bien que des commentaires plus étendus aient permis d'y signaler un grand nombre d'erreurs et de lacunes (1).

Les documents furent consultés par Sabellico et Giustiniani pour l'histoire de Venise ; par Borghini, dans les *Discours historiques sur Florence;* par Corio, dont nous venons de parler; par Saint-George de Biandrate, dans la chronique de Montferrat jusqu'en 1490 ; par Geoffroy de la Chiesa, dans celle de Saluces jusqu'en 1419, le premier auteur des contrées subalpines qui écrivit en italien; par Benoît Jove, dans l'*Histoire de Côme*, et plus tard par Tatti, dans les annales ecclésiastiques de cette ville. A cette source puisèrent encore Campi, dans l'histoire de Crémone ; Martorelli, dans celle d'Osimo ; Pellini, dans celle de Pérouse (2) ; Ughelli, dans l'*Italie sacrée ;* Cinonio, dans les *Vies des pontifes;* Puccinelli, dans *Ugo le Grand;* Gallarati, dans les *Monuments de Novare;* Guichenon, dans la *Maison de Savoie;* Compagnoni, dans la *Reggia picena*. L'un des meilleurs, Ghirardacci, dans l'*Histoire de Bologne* (dont il n'a été imprimé

---

(1) Muratori appelle cet ouvrage *insigne opus et monumentorum copia et splendore sermonis et ordine narrationis ; ex quo incredibilis lux acta est eruditioni barbarorum temporum, in illum usque diem apud Italos tenebris innumeris circumfusæ.* (Vie de Sigonius, pag. 9.)

(2) Les historiens de Pérouse sont mentionnés dans la préface du tome XVI, part. II des *Archives historiques*.

que jusqu'en 1425), ne sait pas exposer avec art, et son style est toujours négligé; mais il offre une telle abondance de renseignements et de faits qu'il serait heureux que des écrivains fissent le même travail pour toutes les villes.

Une fois qu'on en connut l'utilité, on fit des collections de chroniques et de documents. Les étrangers furent d'abord mis à contribution : on tira de Francfort les *Scriptores rerum sicularum* et les *Rerum italicarum scriptores varii*; de Paris, Hugues Falcand, et les *Chroniques du mont Cassin*, par Léon d'Ostie et Pierre Diacano; de Rouen, Guillaume de la Pouille; d'Espagne, la *Chronique de Gaulfrid Malaterra;* d'Augsbourg, le *Ligurin* de Gunter sur les expéditions de Barberousse; de Mione, le *Code lombard*, et les *Annales toscanes*, par Ptolémée Fiadoni; de Mayence, *Anastase le Bibliothécaire*. Gilbert Cognato, dans la *Sylva variarum narrationum*, nous donnait l'*origine des Guelfes et des Gibelins*, par Benvenuto de Saint-George. Menken, dans les *Choses germaniques*, imprimait la chronique du prêtre André de Bergame; Eckardt, dans le *Corpus historicum medii ævi*, celle de Jamsilla, de 1210 jusqu'en 1258; Bongars, dans la ville de Hanovre, le *Liber secretorum fidelium crucis*, par Marin Sanuto; les Bollandistes, beaucoup de faits des saints d'Italie. Sans parler de la *Bibliotheca patrum*, Baluze publia de nouvelles particularités dans les *Vies des Papes avignonnais* et le *Miscellanea;* Rymer, dans les *Actes* imprimés par les soins du gouvernement anglais; Grévius et Burmann, dans le *Trésor des antiquités*, à Leyde. D'autres parurent dans les *Glossaires* de du Cange, de Carpentier, d'Adelung, dans les *Centuries* de Magdebourg, dans la *Bibliothèque* de Fabricius, dans les *Recueils diplomatiques* de Dumont, Martène, Durand; dans le *Trésor très-nouveau* de Pertz; dans les *Écrivains des choses de Brunswick* de Leibniz; dans le *Diarium italicum* de Montfaucon; dans les *Recueils* de Goldast, de Mabillon, de Wadding, de Tillemont, et surtout dans le *Recueil diplomatique* de Lünig.

L'Italie avait déjà produit les recueils du *Bullaire romain* par ordre de Sixte-Quint (1), le *Bullaire* de Margarini et le *Trésor*

---

(1) En 1586, parut le premier *Bullaire*, dans lequel Laerce Cherubini inséra chronologiquement les constitutions pontificales de Léon Ier à Sixte V.; il fut augmenté par Ange-Marie, son fils, puis par Ange Lantusca et Paul de Rome. Ces recueils sont surpassés par le *Bullarium magnum* de 1727, qui va de Léon le Grand jusqu'à Benoît XIII, et par la collection de Charles Coque-

politique contenant des rapports d'ambassadeurs vénitiens ; le zèle pour les collections crût encore dans le siècle passé. Une société de nobles milanais faisait imprimer des œuvres d'érudition nationale, et surtout les *Rerum italicarum scriptores* de Muratori, disposés avec ordre, outre des notes et des préfaces rédigées avec intelligence (1). Ces travaux sont complétés par les *Italicæ historiæ scriptores* d'Assemani, les *Rerum italicarum scriptores ex florentinæ bibliothecæ codicibus* de Tartini, la *Collectio anecdotorum medii ævi ex archiviis pistorensibus* de Zacharie ; l'intéressant recueil de Mittarelli *Ad scriptores rerum italicarum accessiones historiæ faventinæ*, enfin par la collection des histoires les plus renommées et des chroniques de Naples.

La connaissance du moyen âge fut encore aidée par les douze volumes de *Mémoires relatifs au gouvernement et à la description de la ville et de la campagne de Milan dans les bas siècles* de George Giulini, patient dans les recherches s'il ne sait pas déduire ; par les *Antiquités lombardes de Milan*, le *Recueil diplomatique milanais*, riche de cent trente-cinq documents de 721 à 897, et les *Institutions diplomatiques* de l'abbé Fumagalli et de ses Cisterciens. Argelati, pauvre de critique et de discernement, traitait des monnaies italiques et cataloguait les écrivains milanais. Allegranza, Sassi, Oltrocchi et Bona écrivaient sur les rites et les antiquités ecclésiastiques ; Jean Rinald Carli, outre les *Antiquités italiques*, discourait sur les monnaies et les hôtels de monnaie d'Italie, étudiés aussi par Vincent Bellini et Guido Antoine Zanetti (2).

Le *Recueil diplomatique bergamasque* du chanoine Lupo contient de précieux documents de 740 à 1190 ; dans le prodrome, il raisonne sur plusieurs points de la constitution politique de l'Italie avec une perspicacité que n'égale aucun contemporain. Des centaines de diplômes étaient donnés par Corner dans les dix-huit volumes des *Monuments de l'Église vénitienne* ; par

---

lines faite à Rome, depuis 1739 jusqu'à 1748, et à laquelle André Barberi, en 1835, ajouta les constitutions jusqu'à Pie VIII.

(1) *Rerum italicarum scriptores ab anno Domini* D *ad* DM, *quorum potissima pars nunc primum in lucem prodit*. 28 vol. in-fol., Milan, 1723-51. — *Antiquitates italicæ medii ævi*, 6 vol. in-fol. ib. 1738-43. — *Dissertations sur les antiquités italiennes*, 3 vol. in-4°, ib. 1751 ; traduction de l'ouvrage cité, moins les documents. — *Annales d'Italie*, 18 vol. in-8°, ib. 1753-56. — *Des Antiquités d'Este et d'Italie*, 2 vol. in-fol., Modène, 1717-40.

(2) BELLINI, *De monetis Italiæ medii ævi*, Ferrare, 1755. — ZANETTI, *Nouveau recueil des monnaies et des hôtels de monnaie d'Italie*. Bologne, 1745.

Rossi dans ceux de l'Église d'Aquilée; par Brunacci et Gennari dans ceux de Padoue; par Vairani dans ceux de Crémone; par Moriondi dans ceux d'Acqui; par Jacques Durandi dans les *Documents de l'ancien Piémont*, dont les lois et la pratique étaient étudiées par Galli et Duboin; par Fiorentini et Mansi dans les *Mémoires de la grande comtesse Mathilde*; par Pellegrini dans l'*Histoire des princes lombards;* par Carlini dans la *Paix de Constance;* par Placide Troïlo dans l'*Histoire générale du royaume de Naples*. Le jésuite Zacharie, dans les *Excursus litterarii per Italiam ab anno* 1742 *ad* 1752, produisit beaucoup de monuments d'érudition ecclésiastique et civile. Jean-Baptiste Verci mit un zèle infatigable à chercher des documents, qu'il examina en bon critique et publia généreusement; il en tire avec sagacité des connaissances nouvelles ou corrige les anciennes dans le *Codice eccellinianio* et dans l'*Histoire de la Marche trévisane*, en vingt volumes, dont les deux tiers de chacun sont des documents.

Sur ces entrefaites, le maronite Assemani publiait la *Bibliotheca orientalis clementina vaticana;* Cenni, le *Codex carolinus*, qui jeta quelque lumière sur la donation de Charlemagne aux papes; Mansi, la collection la plus complète des conciles, outre qu'il améliorait les travaux de Baronius et de Pagi. Marc Fantuzzi, dans les *Monuments ravennates*, imprimait huit cent soixante-cinq documents ou extraits, depuis le septième siècle, où finit le précieux recueil des papyrus de Marini, jusqu'au seizième. Scipion Maffei, dans l'*Histoire diplomatique*, éclaircissait et combattait les travaux de Mabillon; puis, dans la *Vérone illustrée*, il se montrait un modèle, non-seulement par le soin qu'il mettait à faire ses recueils, mais encore par l'intelligence de ses observations. Monseigneur Juste Fontanini, plus riche de vanité que d'esprit, d'érudition et de bonne foi, myope et sophiste sans pénétration, traita divers sujets, surtout ecclésiastiques, et donna l'histoire de l'éloquence italienne; ses erreurs et ses omissions infinies furent corrigées par Apostolo Zeno, chez lequel il faut chercher aussi les jugements sur les *historiens italiens qui ont écrit en latin*. Ajoutons les *Délices des érudits toscans*, compilation pédantesque du Père Ildefonse, de Mansi, de Lami, sans choix ni comparaison de recueils, ni fidélité dans les morceaux, de manière qu'on ne peut s'en servir avec confiance. Les monuments de l'église de Florence furent ajoutés par Lami; les ducs et les marquis de Toscane par Della Rena et Camici;

les *Sceaux antiques* par Manni ; le *Choix des diplômes pisans* et les dissertations sur l'histoire de Pise par les Dal Borgo, sur l'église de cette ville par Mattei, sur ses statuts par Valsecchi ; les *Anecdotes de Pistoie* par Zacharie. Il faut y ajouter les documents, bien que désordonnés et recueillis dans un autre but, qu'accumulèrent ce même Lami dans l'*Odeporico*, et Targioni Tozzetti dans les *Voyages*, employés avec fruit et accrus par Rapetti dans le *Dictionnaire géographique*.

Un grand nombre d'histoires municipales s'appuyèrent alors sur les documents ; telle fut celle de Côme par Joseph Ravelli, qui, dans les discours préliminaires, écrivait de sages réflexions sur l'état de l'Italie aux diverses époques, suppléant à sa faible érudition par le bon sens et sa connaissance des lois. Pour le Frioul, nous avons les notices de Liruti, et la dissertation sur les serfs du moyen âge, outre la *Patrie du Frioul décrite* par Franc Berretta ; pour la Valteline, les dissertations de Quadrio sur la *Rhétie d'en deçà les Alpes*, gâtées par un faux amour de la patrie ; pour la marche Trévisane, monseigneur de l'Orologio ; pour Ferrare, Frizzi ; pour Reggio, l'histoire jusqu'en 1264 par Affaroso, pour Parme et Guastalla par Affo, pour Brescia par Biemmi, pour Monza par Frisi, pour Rimini par Bastaglini et Zanetti, pour le Picénum par Colucci, pour Bologne par Savioli, pour Pistoie par Fioravanti, pour la Garfagnana par Pacchi, pour Mantoue par Visi, pour Pérouse par Mariotti. Biancolini écrivait sur les églises de Vérone ; Gabriel Verri, sur le droit et les constitutions de Milan (1) ; Puricelli, Allegranza, Sassi (2) et Oltrocchi, sur son église (3). Vital et Vendettini traitaient des sénateurs de Rome ; Galletti, du primicier ; Minutoli, Coronelli, Ficoroni, Bosio et Aringhi, de ses arts. Tiraboschi, outre le recueil diplomatique de Modène, donnait l'histoire de l'abbaye de Nonantola et les monuments des Humiliés ; Tromby s'occupait des Cisterciens ; Costadoni et Mittarelli, des Camaldules ; Federici, des frères Gaudents ; Razzi, des Dominicains, et plus tard Marchese.

Les généalogies de quelques maisons fournirent encore une occasion de mettre au jour de nouveaux documents : Biagio Aldimari dressa la généalogie de la famille Carafa et d'autres ; Rinald Reposati, celle des Sforza et des ducs d'Urbin ; le père

---

(1) *Apparatus ad historiam juris mediolanensis antiqui et novi.* — *Constitutiones mediolanensis dominii.*

(2) *Archiepiscoporum mediolanensium series*, 1755.

(3) *Ecclesiæ mediolanensis historia ligustica*, 1795.

Ildefonse (1) et Scipion Ammirato, celle des comtes Guido (2); André Salici, celle des Conti; Ceccarelli, celle des Monaldeschi; Alberti, celle des familles bolonaises; Castellini, celle du Vicentin, et, pour taire les autres, Muratori, modèle de vaste érudition et de critique intelligente sinon désintéressée, celle d'Este. Il faut y joindre beaucoup de biographies, comme l'*Ambroise Camaldule* de Méhus, le *Marsile Ficin* de Bandini, le *Trivulce* et le *Philelphe* de Rosmini, la *Comtesse Mathilde* de Fiorentini.

Dans les querelles de suprématie de la cour romaine avec l'empire et d'autres États, il fallut s'appuyer sur des chartes (3), et surtout dans la fameuse contestation de la haquenée que le royaume des Deux-Siciles devait à Rome comme tribut.

Une abondante moisson fut préparée à ce pays dans la *Bibliothèque napolitaine* de Toppi avec les *Copieuses additions* de Nicodème; dans le *Delectus scriptorum rerum neapolitanarum* de Giordani; dans le *Corpus scriptorum* de Del Re; dans la *Bibliotheca sicula* et dans les *Bullæ et instrumenta panormitanæ ecclesiæ* de Mongitore; dans les actes de Frédéric II de Carcani; dans le *Codex diplomaticus* de Giovanni; dans la *Bibliothèque des écrivains de Sicile sous les Aragonais* par Rosario de Gregorio, à qui l'on doit aussi la *Collection des choses arabes concernant l'histoire sicilienne*, où se trouve la fameuse *Chronica saracena sicula* par Gobbart, tirée d'Angleterre. Gre-

---

(1) Dans les *Délices des érudits toscans*, tom. III.

(2) Ajoutons : SANSOVINO, *Dell'origine, fatti, etc., delle famiglie illustri d'Italia*.
GAMURRINI, *Famiglie toscane e umbre*.
CHERUBINI, *Cronologia de' Gaetani di Firenze*.
ALDIBERTI, *Compendio dell'antichità di casa Cevoli*.
FINESCHI, *Memorie d'illustri Pisani*.
ADRIANI, *Degli antichi signori di Sarmatorio, Marzano e Monfalcone*.
CAMPANILE, *Notizie di nobiltà*.
BORRELLI, *Vindex neapolitanæ nobilitatis*.
MORENI, *Serie d'autori d'opere risguardanti la famiglia Medici*.
RATTI, *Della famiglia Sforza*.
BERLINGHIERI, *Notizie degli Aldobrandeschi*.
A. REUMONT, *Die Carafa von Maddaloni*; Berlin, 1851.
JACOB W. IMHOF, *Corpus historiæ genealogicæ Italiæ et Hispaniæ*; Nuremberg, 1702.
POMPÉE LITTA, *Famiglie celebri italiane*, ouvrage important pour la généalogie, mais laissé incomplet par l'auteur, qui mourut en 1853.

(3) G. P. VON SPANNAGEL, *Notizia della vera libertà fiorentina*, 1731. — MASCOW, *Exercitatio de jure Imperii in magnum ducatum Etruriæ*, 1721. — *Imperii germanici jus ac possessio in Genua ligustica*, 1751, et tant d'autres.

gorio pulsa dans ces recueils d'excellentes *Considérations*. Il faut y joindre le *Recueil diplomatique arabo-sicilien* d'Airoldi ; les *Mémoires* et la *Bibliothèque historique* de Caruso, avec des documents depuis le septième siècle jusqu'en 1282 ; l'histoire incomplète de l'abbaye du mont Cassin par Gattola ; l'histoire ecclésiastique de Nola par Remondini, et de Monreale par Grassi, qui donna aussi les monuments pour la Sicile ; l'histoire des princes lombards par le chanoine Pratillo ; celle des lois et des magistrats du royaume par Grimaldi ; la *Sicile sacrée* par Pirro.

Filiasi, Marini, Fanucci, Marsigli et Pagnini portaient la lumière sur le commerce et les finances (1). Mansi traitait du luxe et des spectacles ; Pierre-Louis Galetti publiait des inscriptions disposées selon les pays, c'est-à-dire Venise, Bologne, Rome, la marche d'Ancône et le Piémont. Dans les *Barbarorum leges antiquæ*, Canciani resta, pour l'ordre et la critique, très-inférieur aux recueils faits depuis. Il soutient que le droit romain persista dans le moyen âge ; cette thèse, que les Italiens admirèrent comme nouvelle quand elle fut présentée par Savigny, le Napolitain Donat-Antoine d'Asti l'avait déjà soutenue (2), alors surtout que les érudits les plus sévères croyaient qu'on ne pouvait l'accepter qu'avec les plus grandes réserves.

On faisait alors grand cas des immunités, soit du clergé, soit des communes ou des corps politiques, garanties puissantes d'une liberté que les princes novateurs foulèrent aux pieds, et que les hommes d'État modernes tentent en vain de suppléer. Aussi recueillait-on avec soin tout ce qui s'y rattachait, et de longs débats s'engageaient pour savoir si un roi, un abbé ou le pape avait le haut empire sur telle possession ; si tel parlement ou sénat pouvait refuser l'impôt ou rendre un décret. Ces questions ont vieilli depuis que notre siècle libéral, après s'être raillé des franchises particulières, les a offertes en holocauste à un pouvoir unique, central, non retenu par les coutumes traditionnelles, mais tout au plus par quelque charte improvisée ou remaniée, et sans garantie de stabilité.

Néanmoins il ne suffit pas de faire une riche moisson de do-

---

(1) FANUCCI, *Storia dei tre celebri popoli marittimi dell' Italia*. — MARSIGLI, *Ricerche sul commercio veneto*. — PAGNINI, *Della decima e di varie altre gravezze imposte dal commune di Firenze ; della moneta e della mercatura de' Fiorentini nel secolo* XVI ; Lucques, 1765.

(2) *Dell'uso e dell'autorità della ragione civile nelle provincie dell'impero*

cuments; car l'histoire, comme toute autre science, n'est pas un recueil mais une interprétation de faits; il faut donc, après la recherche, faire intervenir la discussion, savoir les interroger avec cette pénétration qui transforme en vérités les choses que d'autres ont rapportées sans les comprendre, les distribuer avec intelligence, les exposer avec candeur, leur donner une signification, un caractère, et les animer du souffle de la vie. L'Italie ne moissonna point assez dans ce champ. Qui pourrait lire aujourd'hui la guerre gothique dans Arétin; la guerre d'Attila dans Fino et Thomas d'Aquilée; celle de Frédéric Barberousse dans Cosimo Bartoli; la vie de Charlemagne dans Acciajuoli ou Ulbaldini; le royaume d'Italie sous les Barbares dans le *Trésor* ou dans Ericcio Puteano; les histoires lombardes dans Rota; l'histoire d'Italie dans Jérôme Briano ou frère Humbert Locato (1), et dans tant d'autres, qui n'ont fait que de purs exercices de plume ou des compilations ineptes?

L'élégant écrivain Charles Botta, dans sa riche phraséologie, ne trouve pas assez d'épithètes injurieuses pour le moyen âge: lui, déclamateur perpétuel et compilateur de livres déjà faits; lui, qui ne fait aucun effort pour rechercher la vérité, et ne l'expose point avec sévérité. Autour de lui se groupe le troupeau des écrivains dévoués servilement au système de la concentration moderne, et partisans de l'école encyclopédique; égarés par un dédain futile ou par une aveugle idolâtrie, c'est avec des abstractions et des lieux communs qu'ils ont décrit le moyen âge, dans lequel ils n'ont vu que d'épaisses ténèbres, une ignorance universelle, une retraite vers la barbarie, le mépris de toute dignité humaine, une tyrannie de prêtres, des moines gourmands et paresseux, une usurpation continue de pontifes, des massacres fraternels, de petites républiques. L'âge où l'on disait: *Dieu le veut!* pouvait-il être compris de celui qui répétait: *Le roi le veut?* Si nous revenons souvent sur cette question, c'est parce que nous croyons que la pire qualité d'un temps ou d'un homme est la faiblesse, surtout quand il se vante d'être fort.

Machiavel et Vico, précurseurs de la méthode que les Italiens empruntèrent ensuite aux étrangers sous le nom de philo-

occidentale, dal di che furono inondate da Barbari sino a Lotario II. Naples, 1720-22-51.

(1) *Istoria d'Italia dalla venuta d'Annibale fino al* 1527, par Jérôme Briano; Venise, 1624. — *Italia travagliata, dove si narrano i fatti dalla venuta d'Enea al* 1755, par frère Humbert Locato, évêque de Bagnarée. *Ib.*, 1776.

sophie de l'histoire, sont placés dans une sphère plus élevée. Le premier, dans son tableau vanté du moyen âge qui précède ses *Storie fiorentine*, recherche les idées générales sous le détail des faits ; mais ce chaos éblouit son regard, et l'érudition, trop rare encore, entravait sa marche ; puis la préoccupation politique l'empêchait de recueillir tous les fruits de ses travaux, préoccupation si grande qu'il fait à peine mention des lettres et des arts, lui qui avait vécu dans la ville la plus éclairée du moyen âge. D'autre part, tout païen par les sentiments, c'est d'après l'antique modèle qu'il mesure la société civile, séparée de la justice et se développant dans la liberté ; en outre, il se déchaîne sans cesse contre ces pontifes qui étaient pourtant à la tête de la civilisation (1).

Jean-Baptiste Vico considéra le genre humain comme un seul homme dirigé par la main de Dieu, mais enfermé dans un cercle fatal, où, quelque avancé qu'il soit, il doit rétrograder nécessairement pour recommencer ses courses inévitables (*corsi e ricorsi*). Le moyen âge ne lui paraissait donc qu'une reproduction de l'âge héroïque ; ce point de vue, bien qu'il le détournât sans doute de déverser le mépris sur ce développement providentiel de l'humanité, l'empêchait d'apprécier les bienfaits du christianisme, dont les évolutions s'étaient accomplies dans cette période, résultat qui prévenait à jamais le retour de la barbarie.

Des investigations infatigables mais bienveillantes, une méditation étendue mais profonde, une critique sévère mais non dédaigneuse, pouvaient seules faire comprendre des temps dans lesquels subsistaient tant de ruines de l'ancienne société, tandis que la nouvelle n'était pas encore construite : temps coordonnés de manière que leur histoire était l'histoire de l'Église, et dont celle d'Italie, à cause des papes, formait la partie essentielle. Le cardinal Baronius répandit des torrents de lumière sur ces époques. Dans ses *Annales de l'Église*, il profita des archives du Vatican, les plus riches du monde ; outre un grand nombre de lettres, source précieuse (2), il publia une foule de documents,

---

(1) Quiconque a lu les histoires de Malaspini, de Compagni, des Villani, trouvera bien injuste Machiavel, lorsqu'il affirme « qu'ils décrivent avec beau-
« coup de soin les guerres avec les étrangers, tandis qu'ils négligent entièrement
« une partie des discordes civiles, des inimitiés intérieures et des effets qu'elles
« ont produits ; puis, ajoute-t-il, ils racontent l'autre partie d'une manière si
« brève qu'il n'en peut résulter pour le lecteur ni utilité ni plaisir. »

(2) *Epistolari historia nulla fidelior atque tutior*. (BARONIUS.)

qu'il soumit à une critique savante et multiforme, et dont il sut déduire la vérité avec méthode, clarté, précision, et avec une loyauté que ses adversaires les plus résolus ne lui ont jamais contestée (1). Au milieu de tant d'ignorance, il était impossible qu'il ne commît pas d'erreurs, et, pour ne citer que des Italiens, Pagi et Mansi ne les évitèrent pas. De 1198 à 1565, temps où les matériaux sont plus abondants, il fut continué par Oderic Raynaldi, critique moins sensé; mais ces deux écrivains seront toujours le répertoire le plus riche et la source d'histoire la plus précieuse du moyen âge (2).

Louis Muratori, savant prodigieux qui explora toutes les parties du champ de l'érudition (pour le juger il faudrait savoir autant que lui-même), publia en six gros volumes latins les *Antiquités italiques du moyen âge;* il classa sous divers titres les faits que lui fournissait son recueil des écrivains sur l'Italie relativement au royaume, aux consuls, aux monnaies, aux costumes, à la nourriture, aux jeux, aux rites, aux fiefs, aux investitures, aux sceaux, aux ahrimans, aux républiques, aux tyrans, à la langue, à la guerre, etc. Une pareille division fait obstacle à l'unité de vue, qui seule peut donner une idée juste du moyen âge. Il sut néanmoins puiser à des sources très-diverses qui échapperaient à tout autre regard, et il en déduisit des vérités et des conséquences qui, si elles paraissent aujourd'hui restreintes ou communes, étaient surprenantes pour son époque : outre les nombreuses questions qu'il résolut, il en proposa d'autres clairement, ce qui met sur la voie pour les résoudre; il écarta beaucoup de niaiseries, éclaircit plusieurs doutes, assit une foule de vérités sur une base inébranlable, et suppléa quelquefois par le bon sens aux lacunes de l'érudition, de telle sorte qu'il se trompe rarement, bien qu'on reconnaisse souvent qu'il est incomplet. Il est à regretter qu'il n'ait pas cru devoir examiner et comparer les institutions germaniques, qui avaient fourni tant d'éléments à celles d'Italie.

(1) Frère Paul Sarpi, le 8 juin 1612, engageait le célèbre Casaubon à écrire contre Baronius, dont il dit tout le mal possible : « C'était un homme intègre, « mais qui adoptait les opinions de ceux qui l'entouraient. »

(2) L'édition la plus complète est celle de Lucques, de 1738-57, en quarante-cinq volumes : *Apparatus Annalium ecclesiasticorum Baronii, additis O. Raynaldi, G. Laderchi* (qu'il continua jusqu'en 1571), *A. Pagi, J. Casauboni, L. S. Le Nain de Tillemont et aliorum notis,* par les soins de G. D. Mansi. Maintenant, le père Theiner promet de les continuer.

Plus tard il compila, avec une célérité qui tient du prodige, les *Annales d'Italie*, dans lesquelles il dispose par années les événements de la Péninsule depuis l'ère vulgaire jusqu'à son époque. Il discute les dates controversées, et nous le suivons presque toujours; lorsqu'il s'abstient de prononcer, nous choisissons la date que nos recherches, dont nous épargnons l'ennui au lecteur, nous donnent comme la plus probable. La forme qu'il s'était imposée l'obligeait à séparer les faits de leurs causes et de leurs conséquences, et, par suite, lui fermait toute perspective spacieuse ; puis il expose avec une vulgarité qui dépare même la vérité (1). Néanmoins il gardera éternellement le titre de père de l'histoire italienne, et c'est lui qui doit être le point de départ de tout écrivain qui veut traiter, non-seulement de l'Italie, mais du moyen âge en général.

Les princes d'Este, à la solde desquels il vivait, l'avaient amené plusieurs fois à combattre les prétentions de la cour romaine. Dans les contestations, et c'est là une faiblesse de notre nature, l'homme s'échauffe de manière à perdre le sens de la vérité, s'il l'avait même au début. Muratori, au contraire, se montre toujours respectueux envers les papes; il ne dissimule pas leurs torts, mais il ne les exagère point; il critique, mais avec convenance. Informé que les faux zélés, dont les réactions gâtent d'habitude les meilleures causes, travaillaient à Rome pour faire prohiber son ouvrage, il en écrivit au pontife; or Benoît XIV lui répondit qu'il avait bien trouvé dans ses œuvres quelques passages répréhensibles relativement à la domination temporelle, mais qu'il ne lui était jamais venu dans la pensée de les soumettre à la censure, persuadé qu'un homme d'honneur ne doit pas être inquiété pour des matières qui ne concernent ni le dogme ni la discipline.

(1) « Sereno commença par vouloir raccourcir la chape de Donat (719). Mais
« c'était un grand embarras que d'être obligé de courir après eux (722). Ils ne
« pouvaient digérer d'avoir pour seigneur un empereur impie (728). Par crainte
« de sa peau, il s'en retourna à Rome (731). Les affaires, cette année, se brouil-
« lèrent beaucoup en Italie (740). Le roi Charles voyant que cette ville était
« un os dur (773). Ce que le pape Jean et Boson manipulèrent ensemble se
« recueille de.... (879). Frédéric, s'il l'avait pu, aurait réduit le pontife à por-
« ter la chape de basin (1239). La flotte vénitienne lui donna un jour une
« bonne râclée (1509). Les engagés vilains ne furent pas fainéants à jouer des
« griffes (*ib.*). Il semblait que Léopold eût toujours un miracle dans le sac pour
« ressusciter (1704). » Pour lui Cola de Rienzo est un *lâche*, Masaniello un
arlequin faux prince.

Pierre Giannone, au contraire, dans son *Histoire civile du royaume de Naples*, entasse, à la manière d'un avocat, tous les faits qui viennent à l'appui de sa thèse; il copie sans façon d'autres auteurs sans les nommer, sans même se soucier de les coordonner, pourvu qu'ils déclament contre les usurpations de cette cour romaine, assez audacieuse pour vouloir enchaîner l'omnipotence des rois siciliens, contre laquelle il ne resta plus tard que les diatribes et les insurrections; confondant les temps et les coutumes, bornant ses regards à son territoire, au lieu de le comparer avec d'autres pays, il donne un air d'intrigue et de pouvoir excessif à ce qui était la conséquence naturelle de dogmes généralement acceptés.

La *Résurrection de l'Italie* de Saverio Bettinelli, qui, par une certaine chaleur, laisse entrevoir la vérité, si elle ne la montre point, se distingue parmi les futiles productions du siècle dernier. Les *Révolutions d'Italie* par Charles Denina, d'impartialité suffisante et de vues non profondes mais étendues, peuvent encore être recommandées comme livre élémentaire. Tous les historiens loyaux défendent, comme il le fit, les institutions ecclésiastiques; la loyauté pourtant était un mérite rare dans un temps où l'histoire se composait de sentences, de dissertations, de déclamations, et qu'elle devenait une grande conjuration contre la vérité. Voltaire, qui s'occupa même beaucoup des choses italiques, surtout dans l'*Essai*, était le champion de ce système; il fut servilement imité, mais avec plus de savoir, par l'Anglais Gibbon, dont l'*Histoire de la décadence et de la chute de l'empire romain* embrasse tout le moyen âge italien. Homme d'une vaste érudition, mais froidement railleur, il ne connaît pas l'enthousiasme, et ne croit ni à l'héroïsme ni aux sacrifices, qu'ils soient au profit de l'Église, de la patrie ou de la science; il dénature les intentions quand il n'ose point altérer les faits, et, par une raillerie ou quelque reproche de lubricité, il renverse les réputations les plus pures. Idoles tous deux du siècle passé, il se trouva quelqu'un qui eut le courage d'affronter les dédains et les qualifications moqueuses pour combattre leurs préjugés, et leur arracher le manteau de pourpre dont les couvrait l'égoïsme inhumain.

Un Génevois, qui se glorifiait de son origine italienne, et qui vécut longtemps dans la Péninsule dont les fastes lui inspiraient un vif intérêt, Sismonde de Sismondi, compulsa les matériaux assemblés avec plus d'intelligence que tout autre Italien. Son exposition simple et le regard qu'il étend sur les faits contemporains de toute l'Europe; le soin qu'il prend, afin d'éviter les fluctuations, de rattacher les événements partiels au point d'action commune d'un temps donné ; le choix heureux des détails, qui offrent l'attrait d'une histoire municipale, tandis qu'il sait les relier entre eux, en indiquer les causes et l'esprit; sa constance dans des appréciations que son époque regardait comme libérales, et qu'avant de mourir il s'entendit reprocher comme aristocratiques ; un invariable respect pour la dignité humaine, un intérêt continuel pour la classe la plus nombreuse, une prédilection décidée pour la forme de gouvernement qui prévalait en Italie dans le moyen âge, sans cette aveugle déférence pour les rois qui respire dans tous les historiens du dernier siècle, font que toute personne éclairée veut l'avoir lu, et qu'il devient la source où la jeunesse aime à puiser les sentiments généreux et l'instruction.

Mais, avant tout, il manque d'ordre. « L'Italie dans le « moyen âge offre un tel labyrinthe d'États égaux et indépen- « dants que c'est avec raison que l'on craint d'en perdre le fil. « Nous ne nous dissimulons pas ce défaut essentiel du sujet « que nous avons choisi ; mais, quand bien même nos efforts « seraient impuissants, le lecteur nous saura gré sans doute de « ce que nous avons fait pour atteindre le but. » Nous citons ces paroles de sa préface plutôt pour notre excuse que pour lui faire un reproche; car nous savons trop nous-même combien la rareté des faits, dans le morcellement de l'Italie, nuit à la rapidité du récit, et combien il est difficile que leur médiocre importance excite l'intérêt. Dans ce labyrinthe néanmoins il ne cherche pas à se conduire avec le fil des idées ; il rapproche et groupe les événements, les dramatise, et tout est dit. D'ailleurs, son dédain philosophique pour les institutions vitales de ce temps, plutôt que l'aride négation calviniste, l'empêchait d'avoir la juste intelligence de siècles éminemment catholiques. En conséquence, il part d'axiomes conventionnels pour juger les faits spéciaux d'une époque ; dans les contestations entre les princes et les prêtres, il se range toujours du côté des premiers, lui qui néanmoins prononce toujours en faveur des peuples contre les princes ; il trouve ridicules ces questions dans la forme desquelles se produisaient les problèmes capitaux d'économie politique et de gouvernement; cette guerre des prêtres de Milan, qui devint l'occasion de l'émancipation communale, n'est pour lui qu'une querelle de sacristie ; à l'entendre, Grégoire VII, Innocent III et Thomas d'Aquin avaient non-seulement les idées, mais parlaient le langage de l'Olme ou de Rousseau.

D'autre part, dans son *Histoire des républiques*, il saute par-dessus la phase la plus obscure du moyen âge italien, c'est-à-dire l'invasion des barbares, l'état de conquête, la féodalité. Il est pourtant incontestable que l'étude de ces faits peut seule faire connaître la transformation du monde romain dans le nouveau ; au lieu de le résoudre, il tranche donc le problème essentiel de la formation des communes, dont il fait une concession du roi Othon, prodiguée afin d'humilier les vassaux hostiles ; d'après cette opinion, il faudrait attribuer à un roi étranger le mérite d'un ordre de choses, au développement duquel les rois étrangers furent toujours le plus grand obstacle. En outre, jusqu'à l'an 1000, on avait appelé *royaume* la moitié supérieure de l'Italie ; puis ce nom servit à indiquer le pays méridional, et des portions considérables de la Péninsule furent toujours gouvernées par des princes : dès lors, puisqu'il se proposait d'écrire sur les républiques, il aurait dû décomposer l'histoire italienne ; mais heureusement il franchit les barrières qu'il s'était posées par imprévoyance ; affectionné aux derniers Souabes, hostile aux Angevins, il réprouvait aussi Barberousse et Maximilien par amour des Milanais et des Vénitiens (1).

Les arts et les lettres sont la partie vitale dans l'histoire de l'Italie. Saverio Quadrio et Mario Crescimbeni avaient déjà fait de patientes recherches sur la littérature, mais en étouffant des faits essentiels sous des détails insignifiants ; Tiraboschi mérite le même reproche. Exhumer des noms, déterminer des dates et des titres de livres, de manière à laisser bien peu de chose à corriger et à suppléer, telle fut son habileté, mais sans aller plus loin : il ne sut pas interroger la pensée des auteurs, ni s'assimiler aux temps, ni rattacher le développement littéraire aux grandes questions, sous la variété desquelles, à chacun de ses

(1) On déclama beaucoup contre le poëte Lamartine parce qu'il appela l'Italie *la terre des morts* ; il dut même, lorsqu'il était attaché à l'ambassade française de Florence, en donner satisfaction, l'épée à la main, à Florestan Pepe. Or la même phrase se trouve dans l'un des auteurs les plus bienveillants pour l'Italie, et des plus estimés pour ses opinions libérales. Sismondi, ch. 126 de l'*Histoire des républiques*, dit clairement que, « soit que l'on observe l'Italie entière, soit « qu'on examine la nature du sol, les œuvres de l'homme ou l'homme lui-« même, on croit toujours être dans le pays des morts, en voyant ensemble la « faiblesse de la génération présente et la puissance de celles qui l'ont précédée. »

pas, l'humanité reproduit les problèmes spéciaux; en un mot, il n'a pas l'intelligence de présenter la littérature comme expression de la civilisation. Au lieu d'émettre des jugements personnels, il soutient ou condamne ceux des autres, se borne à les comparer, et prétend les concilier alors même que la chose est impossible; puis il raille toujours lorsque d'autres écrivains, fût-ce même le cyclique Andrès, lui opposent des arguments ou de simples assertions (1). Du reste, on ne trouve chez lui ni grâce de langage, ni choix d'images, ni souci de plaire, ni la constante élévation de la pensée; il ne se doute pas non plus qu'une foule de faits littéraires échappent à l'observation, au point qu'il faut, pour en écrire l'histoire, compléter, par l'étude de l'imagination et de la loi naturelle de ses développements, les documents qui nous sont parvenus mutilés, et même en demander à la science de l'esprit humain.

Aux discussions chronologiques, substituez l'analyse des livres, importants ou médiocres; multipliez ces rapprochements d'autres littératures, qui manquent dans notre auteur; animez la vie des écrivains par les anecdotes, de manière qu'on oublie la physionomie générale du temps; saupoudrez le tout des saillies irréligieuses et des épigrammes inhumaines de la façon de Voltaire, et, par ce travestissement, le jésuite Tiraboschi sera devenu l'encyclopédiste Ginguené. Le penchant malheureux à recueillir et à savourer tout ce qui vient de France, est écrit ou pensé à la française, fit recommander ce livre à la jeunesse même; ainsi l'histoire d'un pays qui est le centre du catholicisme s'apprend dans un auteur calviniste et incrédule. Mais comment oser nous en plaindre, si nous ne savons composer rien de plus agréable pour les gens qui lisent, ni de plus raisonnable pour ceux qui pensent?

Un étranger, comme c'est l'usage des ultramontains, vint en Italie pour faire une promenade, louer le soleil et les femmes, jeter un coup d'œil et prononcer des sentences d'oracle, tout empreintes de sagesse sensuelle; mais, après s'être établi à Rome, il fut envahi par l'amour des arts, se mit à les étudier, et, la valise toujours prête pour le départ, il y resta trente ans. Ses études produisirent l'*Histoire des arts,* où ce d'Agincourt, bien qu'il ne fût pas guéri du mépris philosophique, recueillit ou indiqua tant de travaux du moyen âge qu'il ne fut plus permis,

(1) Cet écrivain, d'un grand mérite d'ailleurs, et qui sera toujours une source très-précieuse, déplaît par là trivialité de sa critique et de ses réflexions.

même à l'aspect du beau, de l'appeler barbare, surtout dès que l'attention se dirigea sur la majesté des cathédrales; cessant alors d'idolâtrer les formes seules, on reconnut l'inspiration sublime dans l'exécution, bien que très-incorrecte, des miniatures, des tombeaux, des vitraux.

Les étrangers, soit par la nouvelle manière d'envisager l'histoire de leur pays, soit par ce qu'ils ont dit de l'Italie, ont certainement contribué beaucoup à l'amélioration de ses écrivains; car ils restent sans passion devant des vicissitudes qui ne les concernent point; et sont exempts de l'orgueil que les Italiens prennent pour l'amour de la patrie, orgueil d'autant plus vif qu'une nation se sent plus opprimée et plus incapable d'une résurrection dont elle voudrait se montrer digne. Qu'il nous soit permis néanmoins de croire qu'on accepte trop facilement les systèmes venus d'outre-mont, au point de tordre les faits pour qu'ils puissent contenir dans ces cercles étroits. Les Italiens doivent surtout une éternelle reconnaissance à quelques Allemands pour avoir examiné de leur point de vue les faits de la Péninsule, dans un âge où les institutions avaient tant d'éléments germaniques; bien que, pour exalter leurs institutions, ils aient parfois rabaissé celles d'en deçà des Alpes, les Italiens leur doivent du moins une plus exacte connaissance de cette civilisation germanique qui se combina avec la romaine pour former la moderne; et restituer à l'individu l'importance réservée d'abord au citoyen et à l'État. Mais faut-il, pour cela, déprécier les merveilleux débris romains, et réduire à un rôle infime cette civilisation indigène, qui exerça même la plus grande influence dans les pays où elle n'était qu'implantée? Cet anéantissement du peuple italien, cette transfusion du sang germain, nécessaire, dit-on, pour que la semence latine s'améliorât (1); comment y croire si, sans parler de Rome, nous voyons Venise, qui ne fut point souillée par les conquêtes, constituer une puissance splendide avec les seuls éléments corrompus de l'empire à son déclin, mais avec la liberté?

(1) Leo (*Histoire d'Italie*, chap. 2, § 1) dit : « De nouveaux éléments, de « nouveaux principes devaient être apportés à l'Italie, pour qu'une nouvelle « vie se développât après la chute de l'empire. Il est même impossible de com- « prendre comment, dans de pareilles circonstances, l'esprit du peuple italien « pouvait être capable de donner de nouveaux produits, importants pour l'his- « toire du monde. » Sismondi lui-même, dans sa préface, parle de « l'Italie, « fortifiée par l'union de son peuple avec des peuples du Nord. »

Qui peut refuser à notre âge des recherches plus sagaces, des examens plus étendus, des jugements plus réfléchis, des opinions moins empreintes de préjugés ? Nous sommes arrivés à cet âge à travers une révolution, préparée de longue main dans le domaine des idées avant qu'elle s'accomplît violemment dans les faits ; son caractère principal fut de démolir le passé pour réformer radicalement la société civile, et de se déchaîner surtout contre le moyen âge, parce qu'il est le moins accessible à l'intelligence de quiconque repousse les évolutions historiques, et juge, non d'après l'ensemble, mais d'après des fragments. Soixante-dix ans se sont écoulés depuis cette première secousse, et pourtant le moment n'est pas encore venu de la juger, parce que ses effets et ses mouvements durent encore. La révolution détourna les esprits des recherches paisibles, dispersa ces sociétés monastiques où les travaux étaient allégés et complétés par le concours fraternel de leurs membres ; puis, comme si l'homme voulait faire la guerre au passé, non-seulement dans ses conséquences, mais encore dans ses souvenirs, les documents furent en partie détruits, en partie dispersés. Néanmoins, au milieu du fracas qui suivit, des Italiens continuèrent les recherches érudites : Brunetti commençait en quelque sorte le *Recueil diplomatique toscan* (1) ; Meo, les *Annales critico-diplomatiques* du royaume de Naples ; la princesse Elisa Baciocchi faisait compiler les *Mémoires et documents pour servir à l'histoire de la principauté de Lucques,* ouvrage qui, continué jusqu'à nos jours avec une plus haute intelligence, est l'une des sources les plus abondantes pour l'histoire civile de l'Italie.

Enfin, le bruit de la guerre s'apaisa, la crainte d'un passé mort à jamais et la rage de détruire cessèrent, et la science put contempler sans haine ni raillerie les ruines accumulées. La chute des institutions dénigrées laissa un vide si profond que l'on comprit tout le bien qu'elles pouvaient avoir fait dans d'autres époques : l'homme s'aperçut que la civilisation et la vérité n'entrent pas d'un bond dans le monde, ni par décrets de rois, ni par insurrections populaires, mais progressivement ; qu'elles ont leur point de départ dans les institutions antérieures, de ma-

---

(1) Quelque chose de mieux sortira de l'institution, décrétée en 1852, d'archives centrales d'État à Florence, afin de classer cent quinze mille huit cent soixante-dix dossiers ou registres, et cent vingt-six mille huit cent trente parchemins, d'autant plus qu'on achète toujours de nouveaux documents aux maisons qui en possèdent beaucoup.

nière à renouer la chaîne des faits et des idées; que l'humanité étant considérée comme un seul homme qui avance toujours et ne meurt jamais, il ne fallait rien mépriser, parce que tout est en rapport avec les temps et sert d'échelle au bien présent, qui nous achemine lui-même vers les progrès futurs. L'individu qui sortirait masqué dans les jours de la Passion, ou qui maudirait l'arbre du printemps parce qu'il ne montre que des fleurs et non des fruits, serait-il raisonnable?

Les Italiens se remirent alors à étudier le passé sans haine ni mépris, avec une perspicacité plus grande et moins de déclamations; sans parler des historiens, il parut un grand nombre de collecteurs précieux, bien qu'ils manquent d'intelligence, comme Daverio, Ronchetti, Marsand et quelques vivants (1). Cicogna, dans le *Recueil des inscriptions vénètes*, accumula des connaissances peu ordinaires; d'autres sont disséminées dans les journaux et des opuscules de circonstance. Mais deux publications méritent un éloge particulier: les *Archives historiques* de Vieusseux, remarquables par une érudition exempte de pédanterie, et familière aux plus récents problèmes d'histoire, qui sont aussi des problèmes sociaux, abondent en documents modernes, mais sans négliger le moyen âge. Dans cette voie, la société d'histoire nationale instituée à Turin a rendu les plus grands services; les neuf volumes qu'elle a déjà publiés, et qui renferment des matériaux en partie inédits ou du moins améliorés, viennent en aide aux écrivains d'histoires locales, d'autant plus que quelques-uns de ses collaborateurs se sont distingués dans ce genre d'études.

Les auteurs italiens trouvèrent un puissant secours dans les publications étrangères, parmi lesquelles il faut surtout compter les *Monuments historiques de l'Allemagne,* de 476 à 1500, par Pertz et conçus sur le modèle de Muratori; les *Regesta* des empereurs par Böhuser, Döniges et d'autres; ceux des pontifes par

---

(1) La preuve que les travaux d'érudition sont en déclin en Italie, c'est l'impudence avec laquelle on publie des documents absolument faux, ou si évidemment altérés, que tout individu à peine versé dans ces études peut les corriger sans avoir les originaux sous les yeux; mais ce qu'il y a de plus malheureux encore, c'est de voir de pareilles publications louées par les dispensateurs de la renommée, et qu'on donne le nom d'érudits à des écrivains qui ne méritent que celui de charlatans.

Jaffe (1); les Vies de Grégoire VII, d'Innocent III, d'autres papes, conçues dans un sens tout nouveau.

Maintenant que l'histoire est devenue l'arsenal où la théologie, la politique, la statistique et la morale vont chercher des armes, celle d'Italie constitue un thème à la mode, et non pas seulement entre les confins des Alpes; mais si, au lieu de m'ériger en juge des contemporains illustres, je dois me faire leur écolier, j'ose affirmer, d'après les plus compétents, que les Italiens n'ont pas marché aussi vite que le siècle, qu'ils se montrent plutôt amateurs qu'écrivains laborieux; que l'ouvrage le plus étendu en ce genre, l'*Histoire d'Italie* par Bossi, est une compilation indigeste, incomplète, légère et parsemée des réflexions haineuses d'un lévite apostat. On peut reprocher les mêmes défauts à celle de Levati, qui continue l'*Histoire universelle* de Ségur, et de quelques autres qui se sont permis d'être frivoles dans une matière aussi grave, de penser comme Voltaire lorsque Voltaire aurait modifié ses idées, d'avoir pour leur sujet un mépris de paresse plus que de réflexion, ou bien de s'égarer dans une gravité stérile et pédante, dans les généralités, dans les sentiments conventionnels et préconçus.

L'histoire d'Italie a été encore infestée par l'épidémie politique, qui la déguisa pour qu'elle pût représenter l'époque actuelle ou du moins y faire allusion, évoquant le spectre de l'honneur national à propos de futiles discussions; les outrages et les dénonciations contre quiconque dépeignait avec fidélité Théodoric, Charlemagne, Frédéric, Innocent III, n'étaient pas inspirés par l'amour de la vérité ou par une intolérance consciencieuse, mais bien par des haines et des prédilections pour des faits et des personnes de notre temps.

L'antipathie contre le pouvoir temporel des papes (antipathie qui est aussi ancienne que ce pouvoir), réchauffée aujourd'hui par ceux qui font de l'opposition à quiconque gouverne, quand même il ne gouvernerait pas mal, altéra toujours les jugements sur les époques où les pontifes dominaient. Or, de même que des écrivains composaient d'imperturbables apologies des actes les moins excusables, d'autres signalèrent une ambition traditionnelle, une conspiration contre la pensée et la liberté, conti-

---

(1) PHILIPPE JAFFE, *Regesta pontificum romanorum ab condita Ecclesia ad annum post Christum natum* MCXCVIII. Berlin, 1850.

nuée pendant quinze siècles par des volontés ou des esprits si différents ; puis, tandis qu'un empereur effaçait des calendriers le nom de Grégoire VII, les sophistes divinisaient Crescentius et Arnaud de Brescia. Que dirai-je des auteurs *sentimentalistes*, qui mettent partout quelques phrases de charité, de fraternité, et, ce dont on a le plus abusé de nos jours, de nationalité et de haine contre les étrangers, idées inconnues au temps qu'ils décrivent, autant que les bateaux à vapeur ou les télégraphes électriques ?

Ces lieux communs ont soulevé le dégoût de quelques écrivains ; mais, pour les éviter, ils sont tombés dans le paradoxe, louant par système ce qu'on a méprisé, foulant aux pieds ce qu'on a vénéré : excès ordinaires des réactions. L'Italie, néanmoins, compte des scrutateurs patients et de sensés appréciateurs qui ont dû changer des séries entières de faits, admis conventionnellement comme historiques ; plus souvent encore, ils ont modifié l'opinion sur quelques autres qui, mis en rapport avec ceux qui les précèdent et les suivent, acquièrent une couleur nouvelle et donnent une signification tout autre à un homme ou bien à un âge.

Au contraire des Français dont ils imitent les travaux, les Italiens rabaissent, au moins par le silence, toute œuvre nationale ; ils adorent leur patrie, sauf à fouler aux pieds leurs compatriotes, et, comme Samson, c'est avec la mâchoire de l'âne mort qu'ils tuent les vivants. Néanmoins, chacun répète les noms des auteurs indigènes qui se sont efforcés de rectifier les idées scolastiques, soit à l'égard du moyen âge en général, soit spécialement au sujet de l'histoire italienne, et surtout de l'époque lombarde, de la condition des plébéiens, de l'origine des communes. Il ne manque peut-être qu'une vigoureuse synthèse pour ramener tous ces efforts particuliers à une puissante unité, qui en soit le fruit et la contre-épreuve ; dans ce but, il faudrait suivre cette chaîne de connaissances, de sentiments, d'actes de liberté qui, sans interruption, nous lie, nous modernes, à tous nos aïeux dans la grande œuvre qui a pour objet de propager le savoir, afin d'élever les classes inférieures, d'étendre la liberté, de protéger la dignité, de consacrer l'égalité sous la discipline de la conscience, au lieu de la demander à la violence officielle.

CHAPITRE CV.

DESCENTE DE HENRI VII.

Depuis Frédéric II, aucun roi d'Allemagne n'avait été couronné en Italie. Les élus prenaient le titre de *roi des Romains*, promettaient toujours de venir dans la Péninsule et de se croiser, mais ils ne tenaient aucun de ces engagements; aussi l'Italie ne vit-elle, pendant soixante-quatre ans, aucun prince allemand. Le chevaleresque Adolphe de Nassau ne manifesta la suprématie impériale que par l'envoi de quelques vicaires; mais il fut bientôt vaincu et tué par Albert d'Autriche.

1293 Ce prince avait gagné la couronne à force de prodiguer les priviléges aux électeurs, et en promettant au pontife de garantir ses droits contre tout agresseur, de ne faire ni paix ni trêve avec ses ennemis; mais, à l'exemple de Rodolphe, son père, il ne voulut pas s'aventurer dans les guerres d'Italie, et s'occupa de préférence à consolider sa maison, tentative qui devait mieux lui réussir qu'aux empereurs saxons et souabes. Quoi qu'il en soit, ses tyrannies mécontentèrent les peuples, qui se révoltèrent à Vienne, en Styrie et, avec plus de bonheur, dans la Suisse qui s'affranchit alors; par son avarice, il exaspéra son neveu Jean de Souabe, qui lui donna la mort.

1308 Philippe le Bel, roi de France, demanda alors à son pape, comme nouvelle grâce, de ceindre la couronne germanique à Charles de Valois. Déjà même il avait acheté la voix de quelques électeurs, et l'Allemagne fut sur le point de subir l'opprobre de la domination étrangère; mais le pape insista pour que les votes se réunissent en faveur de Henri VII, qu'il promit de couronner empereur. Ce prince, dont les possessions se bornaient presque au petit comté de Luxembourg, mais qui se trouvait allié à plusieurs familles dynastiques, entre autres au comte de Savoie, Amédée V, sut gagner les cœurs par son courage et sa courtoisie; il eut donc bientôt l'avantage, et désormais c'était le but principal des empereurs, d'agrandir sa famille, en plaçant sur le
1310 trône de Bohême son fils Jean.

François de Garbagnate, noble gibelin, banni de Milan à la chute des Visconti, et condamné comme hérétique à porter toujours une croix, vivait à Padoue en donnant des leçons; lorsqu'il apprend l'élection du nouveau César, il vend ses livres pour acheter des armes, va le trouver, et l'excite à descendre en Italie pour relever le parti impérial, en l'assurant qu'il serait aidé non-seulement par les Gibelins, mais encore par les Guelfes, mécontents du pape exilé et de ceux qui le remplaçaient.

L'idée de déployer en Italie une autorité dont il avait la plus haute opinion, souriait à l'humeur chevaleresque de Henri; il descendit donc, sans armes ni richesses, dans un pays qui avait résisté un siècle et demi à ses puissants prédécesseurs : mais, dans cette longue absence des empereurs, le jaloux sentiment républicain s'était émoussé ; les nobles inspirations de la liberté municipale faisaient place aux réminiscences romaines; la haine jurée aux Souabes n'atteignait pas Henri, et lui-même n'avait point à satisfaire des vengeances héréditaires. Chef des Gibelins comme empereur, il vit encore le pape, désireux d'opposer quelqu'un à la France prépondérante, lui envoyer des légats pour l'accompagner, lui faire bon accueil dans les cités guelfes, et mettre sur sa tête la couronne d'or (1).

Mais la grande représentation pontificale, souffletée dans la personne de Boniface VIII, s'était affaiblie depuis le séjour des papes dans Avignon ; on se déchaînait sans ménagement contre la Babylone d'Occident, la prostituée de l'Apocalypse. Des esprits graves et pieux regardaient même la suprématie du pape comme distincte de la cause de l'Église ; indignés contre lui, ils désiraient une autorité qui le rabaissât, et, selon la coutume, ils mettaient de grandes espérances dans Henri, « homme sage, de « noble sang, juste et fameux, très-loyal, vaillant, de grande in- « telligence et de grande modération, et qui ne voulait pas en- « tendre parler des partis guelfe et gibelin (COMPAGNI). » En effet, Henri, étranger à ces discussions, admettait l'une et l'autre faction, les tyrans et les magistrats municipaux, les Pisans qui lui envoyaient 60,000 florins d'or pour qu'il se hâtât de passer en Toscane, et les petits seigneurs qui lui promettaient de le conduire à travers l'Italie le faucon sur le poing, sans qu'il fût besoin de soldats.

(1) La descente de Henri VII est racontée par un évêque *in partibus* de Butronto, Allemand, ami de l'empereur non moins que du pape, auquel il adresse un rapport de l'entreprise avec une franchise digne et simple. Albertin Mussato l'a décrite également. Les actes de Henri VII sont recueillis par Döniges, *Regesta Henrici VII*.

Arrivé à Turin par la Savoie et le val de Suze, il substitua ses vicaires à ceux du roi de Naples. A Asti, il fut accueilli par des seigneurs lombards, auxquels il promit de ne faire aucune différence entre impériaux et palatins ; il venait, leur dit-il, pour rétablir la paix, rappeler les bannis et ramener les villes des seigneuries privées sous sa domination immédiate. A Verceil, en effet, il réconcilia les Tizzoni avec les Avogadri ; à Novare, les Brusati avec les Tornielli ; à Pavie, les Beccaria avec les Langosco. Il fit rentrer les Gibelins à Côme et à Mantoue, les Guelfes à Brescia et à Plaisance ; mais il ne put décider les Scaligeri à recevoir dans Vérone les comtes de Saint-Boniface, exilés depuis soixante ans.

Milan, qui se rappelait toujours l'époque de son glorieux affranchissement, occupait le premier rang parmi les villes de la Lombardie ; mais les Torriani l'avaient déjà façonné à la domination d'un seul, quand il tomba au pouvoir de l'archevêque Othon Visconti, qui l'agrandit encore par la réunion des deux pouvoirs, le civil et l'ecclésiastique. Heureux de n'avoir pas besoin de supplices pour se consolider, et rendu puissant par le concours des cités gibelines, il s'efforça de transmettre son autorité à son neveu Mathieu : celui-ci fut élu capitaine par le peuple milanais, ensuite par celui de Novare et de Verceil ; puis, vicaire impérial de Lombardie, au nom d'Adolphe de Nassau ; enfin, seigneur de Milan à la mort d'Othon.

[1277]

[1295]

D'autres villes suivirent cet exemple. A Bergame, les Colleoni et les Suardi luttaient contre les Bongi et les Rivoli ; les premiers appelèrent Mathieu, qui vint à leur secours, et fut proclamé seigneur de la ville. A Pavie, Manfred de Beccaria, après des conflits sanglants, fut vaincu par Filippone Langosco, et Mathieu caressa le vainqueur, auquel il demandait à s'unir par des mariages ; mais Langosco, soupçonnant qu'il ambitionnait cette ville, rompit les accords. Visconti alors s'allia aux deux familles principales des partis guelfe et gibelin, en donnant une de ses filles à Alboin des Scaligeri de Vérone, et en mariant son fils aîné à Béatrix, sœur d'Azzo d'Este, veuve de Nino des Visconti de Pise, seigneur d'un quart de la Sardaigne. Les fêtes, à cette occasion, furent des plus splendides, et se répétèrent à Modène, à Parme, à Milan, qui rivalisèrent de somptuosité. Mais cette veuve avait déjà été promise à Albert Scotto, seigneur de Plaisance, qui n'oublia point l'injure.

[1293]

La faction des Torriani, vaincue, non extirpée, se fortifiait par les rancunes et les jalousies que soulève toujours un pouvoir nouveau. Scotto eut soin de les entretenir; puis il forma une ligue avec les tyrans Filippone Langosco, Antoine Fisiraga de Lodi, Conrad Rusca de Côme, Venturin Benzone de Crème, les Cavalcabo de Crémone, les Brusati de Novare, les Avogadri de Verceil, Jean II de Montferrat. Guido, Mosca et d'autres Torriani accoururent du Frioul, où ils s'étaient réfugiés auprès du patriarche, leur oncle; un grand nombre de seigneurs milanais, et même de la famille Visconti, entrèrent dans la conjuration, et Milan soulevé expulsa bientôt les Visconti. Côme se révolta sous l'influence de Rusca, beau-frère de Mathieu, qui dut enfin céder à la fortune; un décret proclama la déchéance des Visconti, et Guido de la Torre, par un autre, fut nommé capitaine de la cité : changements éphémères. Mathieu vivait tranquille dans sa villa de Nogarola ; quelqu'un lui demandant comment il se trouvait, il répondit : « Bien, parce que je sais me conformer au temps. — Quand songez-vous à entrer à Milan? — Lorsque les péchés des Torriani dépasseront ceux dont j'étais chargé lors de mon expulsion. »

1302

Les cités lombardes ramenèrent au pouvoir les hommes qui avaient perdu toute influence. Albert Scotto, le principal instrument de cette révolution, obtint la seigneurie sur divers pays, autorité sur tous; mais il ne tarda point à s'aliéner les seigneurs et les populations. Ayant conduit l'armée contre les Pavesans, il eut à combattre les Crémasques, les Lodigians, les Vercellais, les Novarais, les Comasques et le marquis de Montferrat, qui dévastèrent le territoire de Plaisance. Les Coreggio, les Visconti, les citoyens d'Alexandrie, de Tortone et d'Asti embrassèrent la cause de Scotto. Les noms de Guelfes et de Gibelins revivaient partout avec une signification différente : le premier indiquait les fauteurs des Torriani; l'autre, ceux des Visconti, auxquels Scotto offrit d'ouvrir les portes de la ville d'où il les avait chassés naguère. Bien qu'aucune bataille ne fût livrée, les citoyens de Plaisance, las de tant de ravages, ourdirent une conjuration qui n'eut d'autre résultat que de fournir des victimes au bourreau; mais plus tard, à la suite d'une insurrection populaire, ils chassèrent Scotto avec Gibert Coreggio, qui voulait se faire seigneur, et, au cri de *Popolo*, ils rappelèrent les Landi, les Pelavicini, les Anguissola proscrits, qui firent nommer Guido Torriano capitaine de la cité. Ce Torriano était donc sur la voie de la fortune; mais bientôt il excita le mécontentement du peuple et des dissensions dans sa propre famille, au point qu'il dut emprisonner l'archevêque Cassone, son cousin, avec ses frères, accusés d'avoir voulu attenter à sa vie.

Le projet de Henri VII, de ramener sous son autorité immédiate les villes lombardes, malgré les conventions de la paix de Constance, devait déplaire à Guido; mais, comme il ne put lui opposer une ligue guelfe, il se plia à la volonté du peuple, et sortit, désarmé, à sa rencontre. Henri, suivi d'un long cortège de seigneurs, entra dans Milan en souverain, et prit la couronne de fer en présence des députés de toutes les villes de la Lombardie et de la Marche. Guido, seul, n'avait pas abaissé son enseigne lorsqu'il était venu le rejoindre; mais les Allemands la lui abattirent, et Henri lui dit : « Reconnais ton roi ; il en coûte de résister à l'aiguillon; » néanmoins, résolu de rester impartial, il le réconcilia avec les Visconti. Partout il substituait des vicaires impériaux aux podestats élus par les citoyens, rappelait les exilés, et se sentait heureux d'être proclamé le restaurateur de la paix, de la justice, de la liberté.

₁₃₁₀
_{23 octobre}

Dans le principe, en effet, Henri fut bien accueilli partout; mais il ne tarda point à mécontenter les Milanais par l'introduction d'hommes armés dans la ville, et par la demande impérieuse d'un don, qui fut examinée dans le conseil. Guillaume Pusterla proposa 50,000 sequins, et Mathieu Visconti, libéral avec le bien d'autrui, ajouta : « Il faudrait au moins en assigner 10,000 autres pour la reine. — Et pourquoi, dit Guido Torriano indigné, ne pas compléter d'un coup le nombre rond de 100,000? » Or le notaire royal enregistra 100,000, et il fut impossible d'en rabattre un sol.

1311
20 mars

A ce prix, Henri concéda de grands priviléges aux Milanais; les habitants de Monza en reçurent d'autres moyennant 50,000 sequins (1), et les violateurs furent menacés de fortes amendes, payables non pas à ces communes, mais à la chambre impériale. Au moment de descendre dans la basse Italie, il résolut de prendre des otages, et, sous le prétexte d'une faveur honorifique, il demanda à Milan cinquante chevaliers, parmi lesquels Mathieu Visconti, Galéas son fils, Guido Torriano et François son fils. Son but fut deviné, les esprits s'aigrirent, et les plain-

---

(1) GIULINI, *Memorie del Milanese*, VIII, 619; BONINCONTRO MORIGIA, *Chron.*, liv. II, chap. 6.

tes contre les barbares anciens et nouveaux recommencèrent. Les fils des deux chefs des factions firent alliance, et commencèrent à pousser ce cri de *Mort aux Allemands*, qui tant de fois, avant comme après, fut synonyme de *Vive la liberté !* Le peuple prit les armes, et sans doute ses efforts auraient triomphé si les Visconti avaient été sincèrement d'accord avec les Torriani ; mais ces derniers furent assaillis, chassés de la ville, et l'on démolit leurs maisons. Mathieu, qui jouait un double rôle, resta tranquille, et cette conduite lui fit obtenir de l'empereur le commandement et le titre de vicaire, moyennant 50,000 florins, outre 25,000 à payer tous les ans.

Les Torriani, cependant, avaient donné le signal aux Guelfes de Lodi, de Crême, de Crémone et de Brescia, qui chassèrent les vicaires impériaux et coururent aux armes. Henri, qui voyait s'évanouir son rêve bienveillant de rester l'ami de tous, dut les ramener par force à l'obéissance ; Crémone eut ses murailles rasées, deux cents de ses principaux citoyens arrêtés, et fut soumise, outre une contribution de 100,000 florins, au pouvoir absolu d'une occupation militaire. Tébald Brusato, qui, sur la recommandation de Henri, avait été reçu dans Brescia par le Gibelin Mathieu Maggi, avait saisi cette occasion pour se venger et emprisonner ce Maggi avec les autres chefs, et pour se faire seigneur avec l'appui des Guelfes bannis. Henri assiégea donc cette ville qui, effrayée par l'exemple de Crémone, se défendit six mois. Brusato, bien que tombé prisonnier, n'en continua pas moins à exhorter les siens à la résistance contre Henri, qui le fit barbarement égorger. Il fut cruellement vengé par les Brescians, qui blessèrent même le frère du roi ; enfin, après avoir vu les trois quarts de son armée moissonnés par les maladies et le fer, Henri reçut à capitulation l'opiniâtre cité, dont il emporta de l'argent et des malédictions, récolte ordinaire des conquérants.

Henri, qui était venu apporter la paix, laissait donc derrière lui des inimitiés ardentes. Cette année même les diverses factions, les vicaires impériaux et les petits seigneurs furent partout renversés, rétablis, réexpulsés : batailles dans chaque ville et la campagne, et, pour comble de maux, la peste, qui s'était développée au siége de Brescia, accompagna toujours l'armée impériale.

Durant les six mois que Henri avait consumés autour des remparts de Brescia, le zèle de ses amis s'était refroidi, et ses ennemis, dont les principaux étaient Robert, le nouveau roi de Naples, les Bolonais et les Florentins, avaient accru leur forces. Après avoir fait de l'argent en nommant les Bonacolsa vicaires à Mantoue, les de Camino à Trévise, les Scaligeri à Vérone, Henri se rendit à Gênes, qui, lasse d'être ballottée entre les Spinola et les Doria, accepta, pour la première fois, la domination étrangère; elle se soumit pour vingt ans à ce prince, qui lui donna pour vicaire Uguccione de la Fagiuola. Il fut heureux pour lui, alors que tous l'abandonnaient, que Gênes et Pise, au milieu de sa détresse, lui fournissent des navires sur lesquels il aborda en Toscane.

novembre.

Florence, l'Athènes de l'Italie, passionnée pour les lettres et les beaux-arts, associait les fêtes et les plaisirs aux affaires sérieuses; jalouse de sa démocratie, elle la poussait jusqu'à l'exclusion, c'est-à-dire jusqu'à la tyrannie. La grande prospérité dont elle jouissait, alors qu'elle était gouvernée par des magistrats dont les fonctions ne duraient que deux mois, et qui ne pouvaient être réélus que trois ans après, prouva qu'elle possédait un grand nombre de citoyens capables d'administrer la chose publique; aussi les appelait-on, même au dehors, pour remplir des ambassades et diriger des gouvernements (1). Comme négociants, ils n'aimaient pas les armes, et comptaient davantage sur les manéges politiques. Sans code ni constitution fixe, ils se soutenaient au moyen des clientèles et des parents.

Fidèle à la cause italienne, telle du moins qu'on l'entendait alors, Florence n'avait pas la manie de répandre la liberté là où le prix n'en était point senti; mais, persuadée que l'Italie devait sa civilisation à ces luttes indépendantes, elle veillait à ce qu'aucune tyrannie, étrangère ou indigène, ne pût s'y consolider, et, dans ce but, elle tenait la balance. Bien que guelfe d'ordinaire, elle n'avait pas de répugnance à se rapprocher des Gibelins lorsqu'elle le jugeait nécessaire.

(1) Douze ambassadeurs, tous Florentins, assistèrent au couronnement de Boniface VIII: Palla Strozzi, envoyé de la république de Florence; Cino Diotisalvi, du seigneur de Camerino; Lapo Uberti, de la république de Pise; Guido Talunca, du roi de Sicile; Manno Adimari, de celui de Naples; Folco Bencivenni, du grand maître de Rhodes; Vermiglio Alfani, de l'empereur; Musciato Franzesi, du roi de France; Ugolin del Vecchio, de l'Angleterre; Rimeri, de celui de Bohème; Simon de Rossi, de l'empereur de Constantinople; Guichard Bastari, du grand kan des Tartares. En voyant cela, Boniface appela les Florentins le cinquième élément.

Les Noirs et les Blancs s'agitaient encore, et Benoît XI, plus sincèrement dévoué à la paix que Boniface VIII, envoya frère Nicolas de Prato, cardinal d'Ostie, pour ramener dans la ville les Blancs. Le peuple en fut ravi; mais les grands du parti noir, pour les discréditer, répandirent le bruit qu'il avait excité les Bolonais contre Florence; il fut donc, au milieu des vociférations, chassé par ceux-là même qui venaient de l'accueillir avec des applaudissements, et le cardinal mit la ville en interdit. Les deux factions prirent aussitôt les armes, et, dans la lutte, il se déclara un incendie, dont quelques-uns accusèrent messire Néri Abbati; or, comme personne ne s'occupa de l'éteindre, il détruisit mille sept cents maisons, avec une perte incalculable de meubles et de marchandises, surtout dans les magasins des Cavalcanti et des Gherardini, qui en furent ruinés.

1304

10 juin.

Les Blancs, réfugiés à Pistoie, se relevaient grâce au secours des citoyens de Pise, d'Arezzo et de Bologne; les Florentins demandèrent alors pour capitaine Robert, fils de Charles le Boiteux, qui les aida, avec des Aragonais et des Catalans, à faire le siège de Pistoie. En vain le pape envoya des moines et des cardinaux, des caresses et des interdits. Les Florentins persistèrent jusqu'à ce qu'ils furent maîtres de la ville, dont ils massacrèrent les habitants et rasèrent les murailles; puis ils répartirent son territoire entre eux et les Lucquois.

1306

Les Guelfes, bien qu'excommuniés, restèrent donc les maîtres. Pise et Arezzo, seules cités gibelines, avaient dû implorer la paix; mais le parti victorieux, comme d'habitude, se divisait lui-même en modérés et en exagérés. Corso Donati, le principal auteur de l'expulsion des Blancs, resta à la tête des guelfes noirs : « C'était un chevalier qui ressemblait au Catilina romain;
« de sang noble, de belles manières, d'intelligence subtile, il
« fut appelé baron à cause de son orgueil, et lorsqu'il passait
« dans les rues, beaucoup criaient *Vive le baron!* et la ville sem-
« blait lui appartenir. La vaine gloire le guidait, et il faisait beau-
« coup de choses. Il fut très-beau de corps jusque dans sa vieil-
« lesse, et de grands projets l'occupaient sans cesse. Ainsi, fa-
« milier de grands seigneurs et de nobles hommes, fameux dans
« toute l'Italie, ennemi du peuple et des bourgeois, il était
« aimé des gens d'armes, plein de pensées malicieuses, méchant
« et astucieux (DINO COMPAGNI). »

Corso triomphait des Cerchi, ses anciens rivaux; mais il devint suspect aux nobles qui le contrariaient au moyen des ma-

1308 — gistratures. Dès lors, il s'appuya sur les Bordoni et les Médicis, famille bourgeoise qui commençait à s'élever, et sur son gendre, Uguccione de la Fagiuola, chef des Gibelins dans la Romagne et la Toscane; après avoir délivré par force les prisonniers d'État, il chassa la seigneurie en l'accusant de vénalité et de corruption. La seigneurie fit alors courir le bruit qu'il affectait la tyrannie, et sonna les cloches; le peuple accourut en armes sur la place, les prieurs des arts citèrent Corso, et, au bout de deux heures, le condamnèrent comme rebelle et traître à la commune. « Aussitôt le gonfalon de la justice sortit de la maison des « prieurs avec le podestat, le capitaine et l'exécuteur, avec leurs « familles et les gonfalons des compagnies, avec le peuple en ar- « mes et les bandes à cheval, au milieu des cris du peuple, pour « se rendre au palais habité par messire Corso (VILLANI). » Il barricada ses portes, en attendant l'arrivée d'Uguccione qu'il avait demandé; mais, accablé par la goutte, il ne pouvait se défendre; il prit la fuite, fut arrêté, et, pendant qu'on le ramenait, il se précipita de cheval et mourut.

13 septembre — Ses partisans, quelques années après, tuèrent Betto Brunelleschi, citoyen de grande réputation, qu'ils supposaient l'auteur de la mort de Corso, dont le cadavre fut exhumé, pour recevoir de splendides funérailles au milieu d'amis et d'ennemis armés. Pazzino des Pazzi, assassin de Betto, périt bientôt sous les coups des Brunelleschi et des Cavalcanti, ce qui faisait dire que l'esprit de Corso errait encore pour se venger de quiconque l'avait contrarié.

Les Florentins furent les seuls qui envoyèrent des ambassadeurs à Henri VII; lorsque ce roi leur adressa un messager, ils répondirent « que jamais les Florentins n'avaient baissé les cornes devant aucun seigneur. » Il leur expédia de nouveau quelqu'un pour leur annoncer son arrivée et réclamer les logements; les Florentins lui répliquèrent qu'ils n'avaient jamais cru digne d'approbation un empereur qui conduisait une armée de barbares en Italie, tandis que son devoir serait d'affranchir des barbares

1310 — cette noble province (1), et ils préférèrent se donner à Robert, roi de Naples. Mais les comtes Guido et d'autres nobles châtelains se rangèrent sous les drapeaux de l'empereur, que les bannis vinrent trouver à Gênes; parmi eux se trouvait probablement Dante qui, très-hostile aux seigneurs étrangers quand il s'agissait de Charles de Valois, composa alors le traité : *De la Monar-*

(1) LUENIG, *Cod. diplom.*, I, 1078.

chie. En son nom et au nom de ses concitoyens exilés, il écrivit
« au très-glorieux et très-heureux triomphateur et excellent sei-
« gneur messire Henri, par la divine providence roi des Romains
« et toujours auguste, envoyant des baisers à la terre devant
« ses pieds. » Invoquant des droits, des textes et des exemples,
il l'exhortait à assaillir au plus tôt Florence, « cause radicale des
« discordes italiennes, vipère mordant le sein de sa mère, brebis
« malade dont l'approche souille le troupeau de son maître,
« Myrrha scélérate et impie, qui s'enflamme au feu des embras-
« sements paternels; » que César vienne donc, et qu'il frappe
les Philistins, afin que les bannis rentrent dans leurs héritages;
alors, « pour les citoyens et les vivants, les misères de la confusion se changeront en paix et en allégresse. » Paroles que tout
cela; mais, plus tard, « il fut tant dominé par le respect de la
« patrie, que l'empereur ayant marché contre Florence et mis
« son camp en face de la porte, il ne voulut pas s'y trouver, bien
« qu'il l'eût encouragé à venir (1). »

Les Pisans, qui déclinaient à mesure que Florence grandissait, se flattèrent que Henri, auquel ses faibles possessions en Allemagne inspiraient la pensée de s'établir en Italie, choisirait leur cité pour en faire le siège et la métropole de l'empire. Grâce à l'argent de ce peuple et au secours de tous les ennemis des Florentins, Henri put marcher contre eux ; mais les citoyens de Florence lui opposèrent des forces trois fois plus grandes, *à l'honneur de la sainte Église et au dommage du roi d'Allemagne*. Repoussé par les armes, la famine et la peste, Henri dut se retirer, en les mettant au ban de l'empire, à cause « de leur extrême folie et de leur orgueil indomptable contre la majesté royale. » A la suite de cet échec, il se hâta de se rendre à Rome pour se faire couronner avec magnificence.

Nous avons vu que les papes croyaient avoir assuré l'indépendance de l'Italie, en obtenant de Rodolphe de Habsbourg la renonciation aux prétentions que les empereurs manifestaient sur diverses parties de la Péninsule; mais, avec Nicolas III, ils rentrèrent dans une politique vacillante, qui ne voyait point au delà des nécessités actuelles. En outre, au milieu de la servitude d'Avignon, placés sous la main du roi de France, ils perdaient cette entière liberté que l'Église invoque par des prières quoti-

---

(1) Léonard Arétin. Les *Délices des érudits toscans*, xi, 109, donnent la liste de ceux qui se trouvèrent dans l'armée de Henri.

diennes. Sur ces entrefaites, Rome était à la merci des factions dirigées par les Orsini et les Colonna, agrandis par la faveur des deux papes Nicolas III et IV. Les premiers accueillirent Henri, mais les Colonna et le frère du roi Robert gardaient la ville les armes à la main ; il fut donc obligé de s'emparer par force du Ponte Milvio, du Capitole, du Colisée, du palais de Latran où, après avoir barricadé les rues, il se fit couronner par les légats, non pas sans que les insultes des ennemis ne vinssent troubler la fête et le banquet.

[29 juin.]

Le temps du service féodal étant expiré, les barons allemands abandonnèrent Henri. Les Gibelins de la Lombardie sont rappelés par la guerre que les Guelfes leur déclarent, et les maladies s'aggravent; l'empereur, qui n'avait pu soumettre Rome, resté avec peu d'hommes et moins d'argent, revient sur Florence, bannière déployée, et campe en face de San-Salvi. «Florence n'avait pas de murailles, mais elle fut toute sous les armes. L'évêque avec tout le clergé vint à la porte Saint-Ambroise, puis le capitaine, le podestat et quelques gonfaloniers. Tous campèrent là et construisirent des barraques; ils emportèrent des bois de lit, des tables à manger, des fenêtres, et, en moins d'une moitié de nuit, tout fut palissadé jusqu'à Pinti; avant le jour, beaucoup de mantelets furent faits, et des galeries pratiquées sur les palissades (STEFANI). » Des gens d'armes accoururent ensuite des villes voisines; mais ils ne voulurent pas attaquer l'empereur qui, ne pouvant s'emparer de Florence, se retira et assouvit sa colère par la dévastation du territoire.

Florence devint alors le centre du parti guelfe; ayant fait une ligue avec Bologne, Lucques, Sienne et tous ceux qui se montraient hostiles à l'empereur, elle imprimait le mouvement à toute l'Italie. Bien qu'elle persévérât à se défendre, elle n'assaillit point l'empereur, soit qu'elle reconnût la grande infériorité des milices citoyennes en face de guerriers exercés, soit qu'elle prévît l'inévitable dissolution de l'armée impériale.

Henri engageait le pape à excommunier les Guelfes et Robert de Naples, et Clément inclinait à le faire, lorsque Philippe le Bel lui envoie les mêmes individus qui avaient outragé Boniface VIII; ces misérables pénètrent dans la chancellerie, enlèvent toutes les bulles qu'ils y trouvent, reprochent au pape de travailler contre un parent de cette maison de France qui lui avait rendu tant de services, en ajoutant : Souvenez-vous de Boniface (1). Henri,

---

(1) JEAN DE CERMENATE, *Hist.*, chap. 62.

seul, avec peu d'hommes et de vivres, aurait donc renoncé à l'entreprise s'il avait eu de quoi payer ses dettes; aussi, à peine eut-il reçu de l'argent de Frédéric de Sicile pour les acquitter, qu'il revint à Pise (1) dans un état déplorable, lui et ses gens. Néanmoins, comme il voulait jouer quelque rôle impérial, il érigea un tribunal dans cette ville, et fit apparaître des prétentions extraordinaires. Déjà l'on connaissait une de ses constitutions pour « réprimer les fautes de plusieurs individus qui, s'étant affranchis « de la fidélité, et hostiles à l'empire romain, dans la tranquillité duquel consiste l'ordre du monde, violent les préceptes « humains et divins, par lesquels il est imposé à toute âme de se « soumettre au prince (2). » Alors il publia une constitution dans laquelle il déclarait rebelles à l'empire et déloyaux tous ceux qui, ouvertement ou en secret, feraient quelque chose de contraire à son honneur et à sa fidélité, ou bien à ses magistrats. On devait procéder contre les coupables par accusation, enquête ou dénonciation, sommairement et simplement, sans bruit ni apparence de jugement.

Les cités rebelles n'ayant pas obéi à la citation, Henri dépouilla Florence de l'entier et double empire, de toute juridiction et de toutes les immunités, fiefs, statuts, priviléges, confisquant ses biens et ses châteaux, déclarant infâmes ses magistrats : il était défendu de donner asile ni secours à ces citoyens, et chacun pouvait les arrêter comme rebelles et bannis; il autorisait les Spinola et le marquis de Montferrat à contrefaire les florins au coin de saint Jean; en même temps, il déclarait le roi Robert déchu du trône et condamné à la décollation, et ses sujets déliés du serment de fidélité.

1313

Néanmoins, comme il sentait le ridicule de menaces toutes de paroles, il demandait à la diète germanique et aux Gibelins

---

(1) « Il serait parti (de Poggibonzi) s'il avait eu de quoi, parce qu'il était « grand dépensier et libéral; il avait une bonne conscience et de la bonne foi. « Il ne voulait pas s'en aller, parce qu'il ne pouvait acquitter les dettes qu'il « avait contractées... Le roi Frédéric de Sicile lui envoya 24,000 florins, avec « lesquels il paya ses dettes et partit. » COPPO DI STEFANO, liv. V. *Hic etenim rex noster magnanimus erat, et omnium virtutum dives, pecunia et auro nimium pauper, nihil nisi Italicis adjutus propositi agere omnino valebat.* (CERMENATE, chap. 20.)

(2) Elle se trouve dans le *Corpus juris civilis*; les papes ne seraient donc pas les seuls qui auraient manifesté de telles prétentions. Voir aussi la constitution citée par Döniges, dans les *Regesta Henrici*, **VII**, p. 226.

d'Italie une force armée suffisante, mais sans avancer beaucoup. Clément V, se rappelant la hardiesse de ses prédécesseurs, et persuadé que la déposition de Robert, son vassal, était un empiétement sur ses droits, menaça d'excommunier l'empereur s'il mettait le pied sur le territoire napolitain; enfin, par contraste à sa constitution, il proclama que le saint-siége était supérieur à l'empire.

Pise et Gênes, pour des motifs de jalousie particulière, fournirent seules soixante-dix galères à Henri VII, qui se dirigea vers Naples avec deux mille cinq cents cavaliers ultramontains, mille cinq cents Italiens et un nombre proportionné de fantassins; Frédéric de Sicile, pour le seconder, avait déjà envahi la Calabre. La maison d'Anjou se trouvait donc dans un grave péril, et « si Henri s'emparait du royaume, il pouvait facilement vaincre toute l'Italie et beaucoup d'autres provinces (VILLANI); » mais, à Buonconvento, près de Sienne, il mourut subitement (1), laissant l'Italie plus agitée que jamais, et l'autorité des empereurs dépouillée de son antique prestige; car l'extrême disproportion entre les droits qu'ils réclamaient et les forces avec lesquelles ils voulaient les rendre effectifs s'était manifestée d'une manière trop évidente.

24 août

CHAPITRE CVI.

ROBERT DE NAPLES. — UGUCCIONE. — CASTRUCCIO. — LOUIS DE BAVIÈRE. — JEAN DE LUXEMBOURG.

La mort de Henri VII découragea les Gibelins. Pise, outre la perte des deux millions qu'elle avait dépensés pour lui, se trouvait encore exposée à la vengeance des Guelfes; elle imagina, pour relever ses finances, d'imposer un emprunt à tous les marchands qui entreraient dans son port. Les Florentins se dirigèrent alors vers celui de Télamone, et furent imités par les autres négociants qui avaient des relations d'affaires avec eux, ce

---

(1) Le silence des contemporains dément la ridicule opinion qu'il eût été empoisonné dans l'hostie. « Le corps de l'empereur, c'est-à-dire les os, fut apporté à Pise dans une caisse et déposé dans la cathédrale. Jamais les Pisans n'avaient témoigné tant de deuil, *parce qu'ils* avaient dépensé deux millions de florins sans en retirer aucun profit, et ils étaient en peine, n'ayant ni argent ni secours de personne. » (RANIERI SARDO, *Chron. pisane.*)

qui porta le dernier coup au commerce de Pise. Épuisée et menacée, cette ville eut recours à la malheureuse ressource de se jeter dans les bras d'un étranger ; elle choisit donc pour seigneur Uguccione de la Fagiuola, fils de Rinier de Corneto, fameux chef de bande dans le val du Savio. Le peuple, comme il le fait d'habitude à l'égard de pareils aventuriers, parlait d'Uguccione avec de folles exagérations : il mangeait extraordinairement pour alimenter son corps extraordinaire, qu'il fallait couvrir d'armes extraordinaires ; seul, il pouvait soutenir le choc d'une armée, ou rétablir une bataille ; son regard suffisait pour mettre en fuite l'ennemi ; du reste, gai, ingénieux, d'une courtoisie généreuse, il avait la réplique spirituelle. La vérité, c'est que, comme ses fiefs confinaient avec le territoire des Gibelins de la Toscane et de la Romagne, et qu'il se sentait une ambition égale à son courage, il avait essayé plusieurs fois d'acquérir une seigneurie stable. A Arezzo il domina de 1292 à 1296, semant la discorde parmi les Gibelins, jusqu'à ce qu'il en fût chassé pour faire place à Frédéric de Montefeltro ; Cézène, Forli, Imola, Faenza l'eurent alors pour capitaine, jusqu'au moment où Mathieu d'Aquasparta l'expulsa. En 1300, podestat d'Agubio, il exclut les Guelfes de cette ville ; mais les bannis rentrèrent, et des ravages furent commis par les deux factions. Renommé podestat d'Arezzo, il en fut encore chassé avec les Verdi.

Il était podestat de Gênes lorsque les Pisans l'appelèrent pour seigneur ; Uguccione, prenant à sa solde les bandes allemandes, restées oisives à la mort de Henri, fit aussitôt ravager le territoire lucquois, et menaça le reste de la Toscane.

Dans cette province, les nobles ne voulaient plus secourir la république, dont toutes les mesures leur étaient défavorables. Les bourgeois avaient renoncé aux armes pour le commerce, de sorte que Florence, Lucques, Prato et Pistoie crurent aussi qu'elles devaient chercher leur salut dans l'autorité d'un maître : tant il était venu de mode de se soumettre à un prince ; mais les seuls qui purent se maintenir furent ceux de l'Italie méridionale.

Après la paix de Calatabellota, la Sicile et Naples continuèrent à être gouvernées, la première par Frédéric Ier, avec le titre de roi de Trinacrie ; la seconde par Charles II, avec le surnom de Juste, qui eut pour femme Marie, sœur de Ladislas IV de Hongrie, mort jeune sans laisser de successeur. Charles fit attribuer le titre de roi de ce pays à son fils Charles-Martel ;

1290

mais l'empereur Rodolphe, qui visait sans cesse à l'agrandissement de la maison d'Autriche, l'avait prévenu en conférant cette couronne à son propre fils Albert. Un nouveau prétendant surgit alors entre les deux. André II de Hongrie, en 1235, avait épousé Béatrix, fille du marquis d'Aldovrandino d'Este, qui resta bientôt veuve et enceinte; Bela, issu d'une autre femme de ce roi, la jeta en prison, où elle subit les plus durs traitements; mais, à l'arrivée des ambassadeurs que Frédéric II avait envoyés en Hongrie, elle trouva le moyen de s'enfuir avec eux et de rentrer dans la maison paternelle. Là elle mit au jour un enfant appelé Étienne, qui épousa dans la suite l'héritière de la noble famille Traversari de Ravenne, puis, en secondes noces la Vénitienne Tommasina Morosini, dont il eut un fils. Ce prince, du nom d'André et surnommé le Vénitien, épousa une fille de la maison d'Autriche pour l'apaiser, et régna sur la Hongrie. Mort sans enfants, il eut pour successeur Charles-Hubert ou Charobert, fils de Charles-Martel défunt; ainsi, à cause de ce prince, les destinées de la Hongrie vinrent se mêler d'une manière funeste à celles de Naples, tandis qu'une fille du roi Charles de Valois apportait en dot, à l'autre fils Philippe, des droits incertains sur l'empire d'Orient.

1301

Après la mort de Charles II, on agita la question de savoir qui lui succéderait, ou de son neveu Charobert de Hongrie, ou de Robert son second fils. Ce dernier se rendit en hâte à Avignon, où il obtint du pape l'investiture du royaume pour lui et, pour son neveu, la confirmation de celle de Hongrie; le pontife lui fit même don de 300,000 sequins d'or et de 50,000 marcs d'argent, qui étaient dus par son père à l'Église.

1309

Ici commence le long règne de Robert, dit le Bon pour les qualités de son âme, et que les lettrés proclamèrent un Salomon, parce qu'il les favorisait, assistait aux leçons de l'Université, et ne laissait passer aucune occasion de faire étalage d'une éloquence pédantesque. Très-habile dans les affaires et peu enclin à la guerre, il s'efforçait d'entretenir la paix dans les villes. Dépourvu de l'inflexibilité qui brise les obstacles, il avait la persévérance qui les use; il rendait personnellement la justice, ce qui est un moyen de la blesser souvent, mais qui plaît aux peuples, et beaucoup, en effet, se placèrent spontanément sous son autorité. Tant qu'il vécut, il fut considéré comme le chef du parti guelfe, et parut sur le point de devenir le maître de l'Italie; néanmoins il n'ajouta pas un pouce de terre à l'héritage de ses aïeux. Il fit une guerre continuelle à Frédéric de Sicile, soutenu par les Gibelins et les empereurs; dans l'espoir que cette île, fatiguée de ses ruines, se jetterait dans ses bras, il envoyait tous les ans une flotte pour la dévaster.

Le pape Clément V, non content d'annuler la sentence de Henri VII contre lui, « en vertu de son indubitable autorité sur l'empire, et de son droit de succéder à l'empereur en cas de vacance » (1), nomma Robert vicaire impérial de toute l'Italie. Les Romains élevèrent encore ce roi à la dignité de sénateur, et Ferrare, Parme, Pavie, Bergame, Alexandrie, Florence le choisirent pour leur seigneur; si l'on joint à tous ces titres les fiefs nombreux qu'il possédait en Piémont et le comté de Provence, on trouve qu'il figurait parmi les rois les plus puissants.

1313

Il avait pour adversaire Uguccione, qui fit triompher Pise et lui persuada d'exclure des magistratures quiconque ne prouverait pas qu'il avait été Gibelin, lui et ses aïeux. Lucques, riche et puissante presque autant que Florence, était soutenue par une noblesse habituée à se précipiter de ses châteaux pour faire du butin sur terre ou sur mer; il l'assaillit parce qu'elle était guelfe, et la trahison l'en rendit maître; il enleva de cette ville, avec des soldats allemands, les trésors accumulés par les citoyens surtout au moyen de l'usure, et ceux que le pape y avait fait venir de Rome pour les transporter en France. Lucques subit sa domination, et Florence, effrayée de son pouvoir croissant, demandait au roi Robert des généraux capables de réprimer les Gibelins; mais ceux-ci firent éprouver aux Guelfes une défaite sanglante à la bataille de Montecatino, où périrent aussi les deux fils des chefs ennemis, Charles de la famille royale de Naples, et François Uguccione, qui furent ensevelis dans une même tombe à l'abbaye de Buggiano (2). Robert, après de grands efforts, amena Pise et Lucques à faire la paix avec Florence, Sienne et Pistoie.

1315
14 juin.

Uguccione gouvernait les deux cités militairement, et traitait sans pitié quiconque lui était suspect. Ces villes formèrent donc un complot avec Castruccio Castracani des Interminelli. Exilé de sa patrie, il courut le monde en aventurier pendant dix ans, et se fit la réputation d'un vaillant guerrier au service de la France,

---

(1) *Decr. Clem.*, liv. VII.
(2) Lelmi, *Cronaca di Sanminiato.*

de l'Angleterre, de la Lombardie; il avait aidé Uguccione à s'emparer de Lucques, puis il s'entendit avec les mécontents pour le renverser. Uguccione, qui eut vent de la conjuration, le jeta dans les fers; mais, tandis qu'il attendait le supplice, le peuple soulevé le délivre et le nomme seigneur de Lucques, qui rétablit le gouvernement démocratique. Uguccione accourt de Pise avec sa cavalerie; mais cette ville se révolte à son tour, et lui, découragé, se retire à la cour de Cane le Grand, où il rencontre Dante, qui lui adressa sa première *cantica;* peut-être est-ce encore à lui que le poëte fait allusion dans le *lévrier* qui devait, disait-il, délivrer *cette humble Italie* (1).

Castruccio, en reconnaissance, obtint le titre de capitaine et de défenseur du peuple de Lucques pour dix ans, puis à vie. Il bâtit dans cette ville une citadelle, à laquelle il donna le nom magnifique d'*Auguste*, et qu'il embellit d'un palais. Après avoir accepté la paix que lui offrit le roi Robert, il fut nommé capitaine des Gibelins de Toscane. Au milieu de tant de batailles et de voyages, il avait appris l'administration aussi bien que la tactique; brave, perfide, ingrat autant qu'il le faut pour s'élever aux premières dignités, il tortura et punit de mort quiconque l'avait contrarié ou obligé. Ayant découvert une conspiration, il fit enterrer vivants, la tête en bas, vingt individus, et cent furent exilés. Il doubla les revenus par des mesures d'une sage économie, appela près de lui les châtelains de la Versilie et de l'Apennin, et sut, en récompensant le courage, se créer une armée puissante.

Lucques, malgré son commerce et ses richesses, était trop étroite pour son ambition. Sous prétexte de servir les intérêts de sa commune, il envahit la Garfagnana et la Lunigiana, mais il fut arrêté dans sa marche par Spinetta Malaspina, qui possédait dans l'une et l'autre soixante-quatre châteaux, et que les Florentins soutenaient. Castruccio s'avance contre eux, ravage les vallées de Nievole et de l'Arno inférieur, attaque Prato, surprend Pistoie et l'enlève à Ermanno des Tedici, abbé de Pacchiano, qui s'en était fait le tyran; puis, grâce à l'offre de plus grandes sommes, il attire sous ses drapeaux les bandes d'aventuriers que les Florentins avaient soudoyées.

Florence, humiliée, appelle aux armes tous les citoyens, et

(1) C'est l'opinion de Charles Troya, *Del veltro allegorico di Dante*. Il adressa le *Purgatoire* au marquis Mornello Malaspina, le *Paradis* à Frédéric II de Sicile, puis à Cane le Grand de la Scala.

même des étrangers ; elle réunit ainsi l'armée la plus nombreuse qu'elle eût jamais formée, et qui coûtait 3,000 florins par jour, outre mille Florentins qui servaient à leurs frais dans la cavalerie. Raymond Cardona, aventurier catalan, fut mis à la tête de ces troupes; mais ce nouveau chef, qui songeait moins à vaincre qu'à faire de l'argent en dispensant du service les riches marchands, les conduisit dans les maremmes insalubres de Bientina, où les Florentins, déterminés par la souffrance ou la fièvre, payaient pour obtenir congé. Castruccio les surveille et attend ; puis, à Altopascio, il les défait, s'empare de Cardona et du carroccio, et le pillage du territoire le dédommage des dépenses que la guerre lui avait imposées. Pendant que la fortune lui sourit, il tente de surprendre Florence, saccage les maisons de campagne de la plaine de Peterola, riches d'ornements et de chefs-d'œuvre d'art comme on n'en aurait point trouvé ailleurs; enfin, par insulte, des cavaliers, des fantassins et des prostituées coururent le manteau jusque sous les murailles. Les Florentins n'auraient point échappé à la servitude, si une certaine Frescobaldi n'avait pas détourné son fils, Guido Tarlati, évêque d'Arezzo, de joindre ses forces à celles de cet audacieux aventurier.

1325
13 septemb

« Le 10 novembre, Castruccio se trouva dans Lucques pour célébrer la fête de saint Martin avec grande magnificence ; tous ceux de la ville, hommes et femmes, allèrent en procession à sa rencontre, comme on le fait pour un roi. Afin d'humilier davantage les Florentins, on fit aller au devant le char et la cloche que les Florentins avaient dans leur armée ; les bœufs étaient couverts de branches d'olivier et des armes de Florence, et l'on portait à rebours leur enseigne, en sonnant la cloche. Derrière le char venaient les prisonniers les plus importants de Florence, et monseigneur Raymond de Cordona, avec de petits cierges allumés à la main pour les offrir à saint Martin. Ensuite il les invita tous à dîner, et leur nombre fut d'environ cinquante ; comme ils étaient tous des plus considérables de Florence, il leur imposa d'énormes rançons... Castruccio retira de nos prisonniers, des Français et des étrangers, près de 100,000 florins d'or, ce qui lui permit d'entretenir la guerre. » (VILLANI.)

Jacques d'Euse, de Cahors, fut d'abord maître, puis chancelier ; plus tard, à force de brigues, et secondé par l'argent du roi Robert, devenu pape sous le nom de Jean XXII, il s'était établi à Avignon, domaine de ce roi, qui le dirigeait à sa volonté, et se préparait à détruire le parti des Gibelins en Italie. Il paraît

1316

que le pape et le roi, se prévalant de la lutte des deux empereurs élus en Allemagne, songeaient réellement à leur enlever toute la Péninsule, afin d'y consolider la souveraineté de Robert. Castruccio, dans l'Italie moyenne, et, dans la supérieure, Matthieu Visconti, contre lequel Robert employait les trésors et les malédictions papales, opposaient un puissant obstacle à ce dessein ; mais Castruccio, par les armes et plus encore par les négociations, rendit vaines les menaces du roi.

Le siége de Gênes eut alors un grand retentissement ; cette république, prospère par le commerce du Levant, ignorait le calme intérieur, et n'était jamais plus agitée que lorsqu'elle jouissait de la paix. Ses riches citoyens, au lieu de rester dans leurs magasins pour attendre les acheteurs, couraient les mers comme capitaines de navires, habituaient les marins à les respecter et à leur obéir. Or, comme tout fils de famille commandait un bâtiment, des milliers d'individus se trouvaient à la solde d'une seule maison, soumis par habitude, par besoin et reconnaissance. Des batailles sanglantes se livraient donc entre les Gibelins Doria et Spinola, et les Guelfes Grimaldi et Fieschi. Les palais étaient convertis en forteresses, où les deux partis s'attaquaient et se repoussaient, et chacun, au milieu d'une inimitié réciproque, individuelle, exerçait une funeste activité. Les bourgeois et les nobles se voyaient tour à tour victorieux ou bannis, et les haines semblaient rendre les pirateries légales.

1318 Les Gibelins, qui avaient prévalu à l'arrivée de Henri VII, bannis ensuite par les Guelfes, firent appel à leurs partisans de tous les pays, et assiégèrent Gênes du côté de la mer, tandis que Marc Visconti, vaillant fils de Matthieu, la cernait par les vallées du Bisagno et de la Polcevera. Toute l'Italie prit parti dans cette lutte : Pise, Castruccio, Cane de la Scala, le marquis de Montferrat, le roi de Sicile, et jusqu'à l'empereur de Constantinople vinrent au secours des assiégeants ; Robert, aidé par les monitoires du pape, par les armes des Florentins et des Bolonais, défendait les assiégés. Ce roi, bien qu'il eût l'habitude de confier aux généraux la direction de ses entreprises, vint en personne avec sa flotte, entra dans le port, et obtint, pour lui et le pape, la souveraineté de Gênes, dont il songeait à faire le centre des opérations des Guelfes dans la haute Italie.

Les Gibelins, après dix mois d'attaques, durent se retirer. Les Génois démolirent leurs palais et leurs maisons de campagne, saccagèrent les magasins, et portèrent en procession les reliques de saint Jean-Baptiste pour le remercier de cette victoire. Chacun peut se faire une idée des pertes qu'une guerre aussi longue dut occasionner à une ville toute commerçante. La multitude, se voyant opprimée malgré l'abbé qui la représentait, avait institué une *Motta del popolo*, et adjoint deux capitaines à l'abbé pour contraindre le vicaire à rendre bonne justice; lorsqu'il refusait, le peuple sonnait le tocsin. Robert rompit cette ligue, et garda le pouvoir pendant dix ans, après lesquels on créa deux capitaines du peuple avec un podestat, outre l'abbé.

Les Gibelins, après s'être réunis à Soncino sur le territoire crémonais, formèrent une ligue sous le commandement de Cane de la Scala, et recommencèrent les hostilités dans plusieurs contrées. Scaligero, Matthieu Visconti, Passerino Bonacolsi, les seigneurs et d'autres furent poursuivis comme coupables d'hérésie par Jean XXII; bien qu'ils protestassent de leur foi, il fit proclamer contre eux la croisade. Le cardinal-légat du Poyet, neveu du pape, mauvais soldat et mauvais prêtre, la dirigea, mais pour être battu, malgré le courage de son capitaine Cardona, dont nous avons déjà parlé. Le pape, désormais contraint d'appuyer ses excommunications par les armes, envoya contre les Italiens le Guelfe Philippe de Valois, cousin du roi de France, avec sept comtes, cent vingt chevaliers et six cents hommes d'armes. Arrivé plein d'arrogance à Mortara, des forces supérieures, et plus encore les dons de Visconti, le firent capituler. Abandonné des Français, Jean se retourne vers les princes autrichiens, et obtient de Frédéric le Beau une armée commandée par son frère Henri d'Autriche, qui cède à son tour aux mêmes armes que Philippe de Valois.

Matthieu Visconti, soutenu par quatre vaillants fils, Galéas, Marc, Luchino, Étienne, et par tous les Gibelins, avait réduit à son obéissance Bergame, Pavie, Plaisance, Tortone, Alexandrie, Verceil, Côme et Crémone. Il racheta, moyennant 26,000 florins, le trésor de la basilique de Monza, que les Torriani avaient donné en gage, et le déposa lui-même sur l'autel. Il connaissait le cœur humain ainsi que son temps, et il en profita. Jamais les revers ne purent l'abattre, et, bien qu'il exerçât un pouvoir nouveau, il épargna le sang; pour arriver à ses fins, il préféra la prudence et la dissimulation à l'héroïsme. Après avoir proclamé, comme nous venons de le dire, la croisade contre lui, en l'accusant d'hérésie, de nécromancie et d'autres méfaits, entre autres de s'être opposé aux condamnations de la sainte inquisition, le cardinal du Poyet le condamna, lui, ses fils, ses fauteurs, à la confiscation des biens et à la servitude de la personne comme s'ils étaient des Sarrasins. Pagano de la Torre, patriarche d'Aquilée, conduisit l'armée contre les anciens rivaux de sa maison.

Atterré par l'excommunication, et voyant les populations peu disposées à s'y soumettre pour l'ambition d'une famille, il réunit les citoyens dans la cathédrale, fait en leur présence une profession solennelle de foi catholique, et envoie traiter avec le légat; mais, comme ses demandes lui paraissent exorbitantes, il engage ses fils à rentrer dans le sein de l'Église, puis se retire dans la canoniale de Crescenzago, près de Milan, où il meurt, laissant la réputation d'un capitaine habile et d'un fin politique. Cette mort porta un grand coup à la cause des Gibelins. Galéas, son fils aîné, malgré les menaces papales et les trames des mécontents, avait obtenu le titre de capitaine général; mais, ayant séduit la femme de Versuzio Lando, gentilhomme de Plaisance, cette ville fut soulevée contre lui, puis d'autres, et Milan même, parce qu'on le disait l'ennemi de l'Église. Les principaux instigateurs étaient son cousin Lodrisio Visconti et ce François de Garbagnate, l'un des agents les plus actifs de Matthieu pour le ramener au pouvoir, et qui en avait reçu de grandes récompenses. Avec les troupes de la ligue, escortées par Cardona et le légat pontifical, ils battirent Marc Visconti, l'Hector des Gibelins, et pénétrèrent jusque sous les murailles de Milan, qu'ils tinrent assiégé pendant deux mois. Marc, à force d'argent, gagna plusieurs bandes qui combattaient avec les pontificaux, en demanda d'autres à Louis de Bavière, et parvint à délivrer Milan; il tua de sa main Garbagnate, tombé en son pouvoir à la bataille de Vaprio, et fit prisonnier Cardona. Les ennemis résistèrent quelque temps à Monza; mais Galéas finit par s'emparer de cette ville, où il construisit un château fort avec d'épouvantables cachots appelés *les fours;* le pavé était convexe, et la voûte si basse, que le prisonnier ne pouvait ni se tenir debout ni couché, à moins d'allonger le corps sur le ventre : forteresses et prisons, cortége ordinaire de toute tyrannie.

L'absence du pape, établi au delà des monts, et de l'empereur rendait plus graves les désordres de l'Italie. A la mort de Henri VII, la couronne d'Allemagne fut disputée par Frédéric le Beau, duc d'Autriche, et son cousin Louis de Bavière. Les votes s'étant partagés, tous les deux se prétendaient légitimes, l'un parce qu'il avait reçu la couronne des mains de l'archevêque de

Cologne, toujours en possession de ce privilége, l'autre parce qu'il s'était fait couronner à Francfort, comme les précédents. Or, en l'absence d'autres règles pour déterminer leur droit, ils recoururent au jugement de Dieu, c'est-à-dire aux batailles, et, pendant dix ans de guerre civile, ils ensanglantèrent les rives du Rhin et du Danube. Frédéric, soutenu par les nobles, tandis que son compétiteur avait pour lui les villes libres, combattit à Müldord sur l'Inn, et resta prisonnier. Louis alors, après avoir proclamé la paix générale en Allemagne, résolut de venir en Italie pour recouvrer les droits impériaux.

1322
28 septemb

Le pape Jean n'avait accepté aucun des deux prétendants ; mais lorsque la victoire eut donné raison au Bavarois, il se montra disposé à le reconnaître. Les conseillers de ce prince lui dirent alors : « Quel besoin un empereur victorieux a-t-il de la sanction papale ? » Il les écouta, et, pour faire l'essai de son pouvoir, il défendit au légat pontifical de molester Milan. Cet acte offensa le pape, qui prétendait seul avoir le droit de décider entre les deux compétiteurs. En conséquence, il déclara l'Italie soustraite à la juridiction impériale, de manière qu'elle ne pût être ni incorporée ni inféodée à l'empire (1). Il fit afficher à l'église d'Avignon un *procès*, où le Bavarois était accusé de tous les actes qu'il avait accomplis en qualité de roi des Romains, avec sommation de déposer ce titre. De son côté, le Bavarois en appela à un concile, prodiguant les injures au pontife, qu'il qualifiait de perturbateur de la tranquillité, d'artisan de scandales, de profanateur de sacrements, d'hérétique. Jean XXII le déclara donc excommunié et despote, frappa d'interdit les pays qui entretiendraient des relations avec lui, et résolut de porter le roi de France à l'empire.

1324

Voilà donc la chrétienté qui se divise encore une fois. Les universités de Bologne et de Paris désapprouvent la conduite du pape ; les juristes et les théologiens, qui défendent l'empereur, déclament sans mesure contre la cour pontificale ; les doctrines antipapales se répandent, les consciences et la tranquillité sont troublées en Allemagne comme en Italie. Louis se dirige vers la Péninsule, et, arrivé avec peu d'hommes à Trente, il s'entendit avec les principaux Gibelins, Marc Visconti, Passerino Bonacolsi, Obizzo d'Este, Guido Tarlati, Cane de la Scala, et avec les ambassadeurs de Sicile, de Castruccio, des Pisans. Après en

1327

---

(1) BALUZE, *Vitæ paparum avinionensium*, tom. I, Addit., col. 704.

avoir reçu la promesse de 150,000 florins d'or pour ses dépenses, il continua son voyage par Brescia et Côme, apportant à ses adversaires des menaces et des supplices, et l'interdit papal à ses fauteurs. A Milan, il fit poser sur sa tête la couronne de fer par Guido Tarlati et Frédéric Maggi, évêques interdits d'Arezzo et de Brescia. Bien qu'il soupçonnât Galéas Visconti d'intelligence avec le pape, il l'accueillit gracieusement, et le confirma dans le vicariat ; puis, tout à coup, il le fit arrêter avec ses frères Luchino et Jean (celui-ci était prêtre, Jean mourut le même jour), son fils aîné Azzone, et jeter dans les *fours* de Monza. Les lâchetés sont plus révoltantes de la part de l'homme fort. Le monde regarda comme fausse la correspondance qu'il disait avoir saisie sur Galéas, et par laquelle il tenta de justifier cette première trahison, suivie de tant d'autres ; car il ne voyait dans l'Italie qu'un pays à rançonner et à tromper. Les Italiens s'en aperçurent, et lui témoignèrent de la défiance, même alors qu'ils le servirent par esprit de parti.

Milan reçut un podestat allemand, et fut gouvernée par vingt-quatre citoyens sous la présidence d'un Allemand, qui décrétèrent à Louis 50,000 florins pour son voyage ; il continua sa route puisant dans la bourse des Gibelins, et soutenu par Marc Visconti, ennemi de ses frères, et par Castruccio, aux conseils duquel il s'abandonnait avec une confiance qui ne fait pas honneur à son discernement. Castruccio, en effet, ne voulait qu'accroître sa propre autorité en traversant l'Italie à côté de l'empereur.

Pise, lasse de favoriser le parti gibelin, qui lui attirait de grandes dépenses, les excommunications du pape, et la brouillait avec les empereurs, offrit 60,000 florins à Louis, pourvu qu'il n'entrât point dans ses murs ; mais Castruccio, qui désirait la posséder, décida Louis à l'assaillir, après avoir retenu ses ambassadeurs comme otages. Le siége avait duré un mois, lorsque les vociférations de la populace contraignirent la ville à se rendre en payant 50,000 florins. L'empereur en conféra la souveraineté à sa femme, et Lucques, Pistoie, Volterra, la Lunigiana furent érigées en duché en faveur de Castruccio.

Les Florentins, se sentant menacés, appelèrent pour seigneur Charles de Calabre, fils unique du roi Robert, qui vint à la tête d'une belle armée de Provençaux et de Catalans, avec l'élite des seigneurs et deux cents chevaliers armés. Louis ne jugea point convenable d'assaillir alors Florence ou de défier le duc de Calabre, et, à travers la maremme de Grosseto, il se dirigea sur Rome, qu'il trouva toute bouleversée (1). Malgré la supériorité de Robert, nommé sénateur perpétuel, les oligarques Colonna, Porcello, Orsini, Savelli, Frangipani, occasionnaient les plus graves désordres, et les esprits étaient chaque jour plus irrités contre le pape, qui laissait veuve son épouse. Sciarra Colonna, à la nouvelle de la descente de Louis, avait expulsé les nobles et les Guelfes, et s'était fait élire capitaine du peuple avec cinquante-deux délégués choisis parmi les citoyens et les agriculteurs; puis, ayant de nouveau sollicité en vain le pape à retourner, il présenta au Bavarois une accusation contre Jean; or Louis, toujours inspiré par une tourbe d'hérétiques et de moines rebelles accourus près de lui, le fit citer par les syndics de Rome, accuser d'hérésie et de méfaits nombreux, et déclarer déchu par contumace; puis il lui substitua l'antipape frère Pierre Rainalduccio de Corvara sous le nom de Nicolas V, et se fit couronner par lui.

12 ma

« L'empereur et sa femme, avec tous leurs gens armés, partirent de Sainte-Marie-Majeure pour se rendre à Saint-Pierre, précédés de quatre Romains par quartier, avec bannières et leurs chevaux couverts d'étoffe de soie, outre un grand nombre d'étrangers. Toutes les rues étaient balayées et parsemées de myrte et de laurier; sur chaque maison on avait déployé et tendu les joyaux, les étoffes et les ornements les plus riches. A son couronnement assistèrent Sciarra Colonna, qui avait été capitaine du peuple; Buccio de Porcello et Orsino des Orsini, autrefois sénateurs, et Pierre de Montenero, chevalier de Rome, tous vêtus de drap d'or; avec eux se trouvèrent cinquante-deux personnes du peuple et le préfet de Rome qui marchaient toujours devant lui, comme le prescrit le cérémonial. Il était conduit par les quatre susdits capitaines, sénateurs, chevaliers, par Jacques Savelli et Tibaldo de Saint-Eustache, et beaucoup d'autres barons de Rome. On faisait aller au-devant un juge de loi qui, muni d'un extrait de l'ordre impérial, se rendit au lieu du couronnement. Or, il trouva qu'il ne manquait rien, si ce n'est la bénédiction et la confirmation du pape, qui n'y était pas, et le comte du palais de Latran, alors absent de

---

(1) Il passa quatre jours dans la maremme pour attaquer Grosseto; Frédéric II lui-même campa plusieurs fois dans cette plaine, soit devant Sovana ou Selvena, tandis qu'une seule nuit d'été y donnerait aujourd'hui la fièvre. L'air n'était donc pas aussi meurtrier.

Rome, qui devait, selon l'ordre impérial, soutenir l'empereur lorsqu'il prend le chrême sur le grand autel de Saint-Pierre, et recevoir la couronne lorsqu'on la lui apporte; afin de le remplacer, on nomma comte de ce palais Castruccio, duc de Lucques. Alors Louis s'empressa de le faire chevalier, lui ceignit l'épée de ses mains et lui donna le collier; il fit beaucoup d'autres chevaliers en les touchant avec sa baguette d'or, et Castruccio lui-même en fit sept en sa présence. Après cela, le Bavarois se fit couronner empereur par des schismatiques, et sa femme fut couronnée de la même manière comme impératrice. Ensuite on lut trois décrets impériaux : par le premier, Louis faisait profession de foi catholique ; par le second, il promettait d'honorer et de révérer les clercs; par le troisième, il s'engageait à conserver les droits des veuves et des orphelins. Cette hypocrite dissimulation plut beaucoup aux Romains. Cela fait, on dit la messe, et, lorsqu'elle fut terminée, tous sortirent de Saint-Pierre pour aller sur la place de Sainte-Marie-Aracœli, où le banquet était préparé; mais, à cause de la longueur de la cérémonie, il fut tard avant que l'on mangeât, et la nuit on coucha au Capitole (1). »

Louis décréta que les pontifes ne pourraient rester deux jours hors de Rome sans l'assentiment du peuple romain, et le peuple applaudissait à un décret qui n'avait ni sens ni force. Il songeait alors à marcher sur Naples, afin de punir son roi et de soutenir Frédéric de Sicile; mais les Gibelins l'abandonnaient, soit à cause de leur mobilité naturelle, soit qu'ils fussent las de tant de charges et de l'interdit. Galéas Visconti, sur les instances de Marc, qui l'avait trahi, non pour abaisser sa maison, mais afin de partager l'autorité de son frère, avait recouvré la liberté au prix de 25,000 florins. Oublieux des offenses, il accompagna Louis jusqu'au moment où il mourut à Pescia, excommunié et au service de l'étranger. Castruccio, ayant appris que les Florentins envahissaient ses domaines pendant qu'il s'amusait aux pompes de Rome, accourut pour les sauver; il reprit Pistoie et Pise, qui subirent un pillage terrible, et les garda sans souci des droits impériaux. Alors, « craint et redouté de tous, il fut hardi dans ses entreprises plus que jamais ne l'a-

---

(1) J. VILLANI, x, 54. Castruccio avait un habillement de soie cramoisie, et portait sur la poitrine : *Il en est comme Dieu veut*, et, par derrière : *Il sera ce que Dieu voudra.*

vait été seigneur ou tyran italien. Seigneur de ces villes et de la Lunigiana, il possédait encore une grande partie de la Rivière du Levant et plus de trois cents châteaux forts. » (VILLANI.)

1328

Il mourut bientôt au milieu de ses triomphes, et Florence et la Toscane tressaillirent d'allégresse, comme si elles échappaient au plus grand danger qu'elles eussent jamais couru.

Louis se trouvait sans argent, et la mort venait de lui enlever Castruccio, son bras droit, et le théologien Marsiglio de Padoue, qui l'avait inspiré dans sa malheureuse controverse avec le pape. Dans cette situation, après n'avoir su gagner que le ridicule et le mépris par ses pompes et ses procès, surtout par ses alternatives de reproches fastueux et d'abjectes soumissions aux pontifes, le Bavarois, apprenant l'arrivée des troupes du roi Robert, au lieu de la flotte que Frédéric de Sicile lui avait promise, abandonna Rome précipitamment. Le peuple, auquel il avait imposé 30,000 florins, le poursuivit à coups de pierres, aux cris de *Vive la sainte Église, à bas Pierre de Corvara, mort aux Allemands!* puis, il exhuma les cadavres des Saxons qui avaient succombé pendant leur séjour à Rome, et les jeta dans le Tibre comme excommuniés.

De retour à Pise, Louis renouvela les scènes de congrès et de dépositions; mais les Florentins vinrent l'insulter jusque sous les remparts de cette ville; les perfidies et les violences qu'il employa pour obtenir de l'argent, sans même épargner ses partisans les plus dévoués, finirent par le déshonorer. Oublieux des services qu'il avait reçus de Castruccio, il fit d'abord payer à ses fils la confirmation des droits paternels, puis vendit Lucques à François Castruccio, leur parent et leur ennemi, de telle sorte qu'ils se trouvèrent réduits au métier de *condottieri*. Un grand nombre de ses soldats saxons, qui ne recevaient plus de solde, lui refusèrent obéissance et tentèrent vainement de surprendre Lucques; puis, ils se réunirent sur la montagne de Ceruglio, qui sépare la plaine marécageuse de Fucecchio du lac de Bientina, d'où elles dominaient les vals de Nievole et d'Arno, interrompant les communications entre Lucques et Pise, et vivant de rapines. Marc Visconti fut envoyé pour les apaiser, mais ils le mirent à leur tête, occupèrent Lucques et la proposèrent au plus offrant, afin de se couvrir de leur arriéré.

Quand Azzone Visconti succéda à son père, sa famille était si déchue qu'il dut, à prix d'argent, obtenir du gouvernement la faculté d'entrer à Milan. Dès lors, toujours occupé de ressaisir l'autorité paternelle, il acheta le vicariat à l'empereur moyennant 12,000 florins comptant et 1,000 par mois tant qu'il resterait en Italie ; enfin, il expulsa le gouverneur. Bien plus, comme il savait Louis sur le point de succomber, il embrassa la cause de l'Église pour le frustrer du reste du payement, et se déclara vicaire pontifical. Les seigneurs d'Este s'étaient aussi réconciliés avec le pape, et Brescia, se donnant au roi Robert, expulsait les Gibelins, qui la gouvernaient à leur gré. L'empereur, dont les soldats désertaient pour offrir leurs services à qui les payait mieux, se vit fermer les portes de Lodi. Il vint camper sous Milan ; mais, apaisé à force d'argent, il franchit les Alpes, maudit par les Italiens, qui, à cause de lui, avaient été privés longtemps des sacrements. Il laissait avilie l'autorité impériale, qu'il avait vendue en détail, et ses amis se trouvaient plus abaissés que ses ennemis. Son antipape s'enfuit à travers les Maremmes ; mais, découvert dans sa retraite, il abjura en présence de toute la ville de Pise, fut envoyé à Avignon absous, et finit ses jours, gardé à vue, dans le palais pontifical. Toutes les villes s'empressèrent de demander que le pape fût consacré de nouveau. Louis même proposa plusieurs fois de se soumettre, à la condition que la dignité impériale lui serait conservée ; mais Jean, qui le regardait comme déchu et voulait une nouvelle élection, refusa constamment.

Le parti guelfe et Robert dominent alors en Lombardie. Dans la Romagne, les villes profitent de l'absence des pontifes pour se jeter dans une indépendance orageuse. Les Polenta consolident leur pouvoir à Ravenne ; les Malatesta, à Rimini ; les Montefeltro, à Urbin ; les Varano, à Camerino. Une vingtaine d'autres seigneuries s'étaient constituées entre l'Apennin, l'Adriatique et la principauté de Bénévent, à peine refrénées de temps à autre par un légat pontifical qui, au moyen des alliances, des armes et des interdits, cherchait à rétablir l'autorité du saint-siége.

Bologne, située au cœur de l'Italie, populeuse, commerçante, fière de son université, disputait à Florence la direction suprême des Guelfes, et se conservait libre, bien qu'elle fût divisée par les factions. Les seigneurs gibelins, vainqueurs des Guelfes toscans à Altopascio, firent essuyer aux Bolonais une mémorable défaite à Monteveglio, où périrent le podestat Malatestino de Rimini et l'élite des citoyens. La ville, effrayée, se donna donc au cardinal du Poyet, qui s'établit dans ses murs sous le prétexte de protéger les intérêts du saint-siége, mais en réalité avec le dessein de se former une principauté ; déjà même il avait soumis à son autorité Parme, Reggio, Modène et d'autres cités de la Romagne.

Charles de Calabre, sans égard pour les conventions qui garantissaient à Florence sa propre liberté, lui faisait payer 450,000 florins d'or par an, au lieu des 200,000 stipulés. Soutenu par les nobles, qui préféraient une principauté à la démocratie, il voulut exercer le droit de guerre et de paix ; il tolérait tous les excès de ses partisans, et, par l'abolition des lois qui réprimaient le luxe des femmes, il ajouta aux maux publics les querelles domestiques. La mort qui avait délivré Florence de Henri VII et de Castruccio, la sauva encore de Charles. Maîtresse d'elle-même, elle entoura sa liberté reconquise d'institutions nouvelles ; le peuple ne gouverna plus directement et universellement, mais personne ne fut exclu de l'administration en vertu d'une loi générale. Les éligibles étaient sincèrement examinés par cinq magistratures qui représentaient les intérêts divers : les prieurs, ceux du gouvernement ; les gonfaloniers, ceux de la milice ; les capitaines de parti, ceux des Guelfes ; les juges de commerce, ceux des négociants ; les consuls des arts, ceux des artisans. Les quatre conseils furent réduits à deux : l'un, de trois cents Guelfes et bourgeois sous le capitaine du peuple ; l'autre, de cent vingt plébéiens et de cent vingt nobles sous le podestat ; ces conseils devaient se renouveler tous les quatre mois.

1329

Alors une ère nouvelle d'influence et de prospérité commence pour cette ville. Pistoie, qui s'était affranchie des Tedici et des Castracani, s'unit à elle en amitié perpétuelle, consolidée par des courtoisies réciproques, et fut imitée par les châteaux de la riante vallée de Nievole, déjà confédérés entre eux. Marc Visconti lui offrit Lucques, et Florence commit la faute de la refuser, sans toutefois permettre à une compagnie de marchands de l'accepter ; elle fut achetée par le Génois Gherardino Spinola. Ce Marc, dépourvu de la fermeté qui, seule, peut conduire la bravoure à quelque fin, manquait à la cause gibeline en traitant avec les Florentins, et peut-être offrit-il au légat pontifical de lui livrer Milan. Rentré dans cette ville, il commence à trancher du maître ; ses parents alors, soit pour se venger des offenses qu'ils en avaient reçues, soit par crainte de nouveaux outrages, l'invitent à un banquet, et, le matin, on le trouva dans les fossés avec une corde au cou.

Tous les chefs des Gibelins étaient morts : Castruccio, Jean Galéas et Cane le Grand, de maladie ; Marc Visconti et Passerino, assassinés. Azzone Visconti, réconcilié avec le pape, obtenait pour son oncle Jean, nommé cardinal par l'antipape, l'absolution et l'évêché de Novare ; en résumé, la bannière gibeline était partout flétrie, mais celle du pontife ne jouissait d'aucune considération. Les noms de Guelfes et de Gibelins ne signifiaient plus affection à l'un et à l'autre des deux chefs du monde, mais haine au parti contraire. Les éphémères seigneuries, désormais objet unique des ambitions, alors que la liberté succombe, continuaient à changer de maître sous ces noms.

A cette époque, Jean de Luxembourg, roi de Bohême et fils de Henri VII, se trouvait dans le Tyrol ; chevaleresque autant que son père, et ne pouvant s'accoutumer aux mœurs slaves, il courait le monde, à l'affût de contestations à régler ou de mariages à conclure. Il réconcilia le Bavarois avec la maison d'Autriche, et chercha même à le raccommoder avec le pape ; mais Jean, toujours inflexible, voulait que Louis descendît du trône.

1351

Les Brescians offrirent leur ville à ce roi de la paix, à la condition de les secourir contre les bannis gibelins, que Mastin de la Scala voulait rappeler dans la ville. « Pauvre d'argent et avide de seigneurie, » il accourut, apaisa les factions et contraignit Mastin à se désister. La renommée de ses exploits romanesques, son noble aspect, son éloquence, sa générosité, sa conduite franche et bienveillante fascinèrent les esprits, d'autant moins ombrageux qu'il n'invoquait aucun droit, et devait tout à la libre élection. Entraînés par la funeste manie de l'imitation, les Bergamasques lui offrirent leur seigneurie, et leur exemple fut suivi par Crême, Crémone, Pavie, Verceil, Novare, Parme, Reggio, Modène ; puis, vint Lucques, abandonnée sans regret par Spinola qui n'avait jamais pu y jouir de la tranquillité ; enfin Milan, où Azzone se résigna à être son vicaire, attendant sans jalousie la fin d'un règne dont il prévoyait la courte durée.

Jean ouvrait aux bannis les portes de toutes les villes, et supprimait les garnisons laissées par le Bavarois, qui ne pouvaient vivre que de pillage. Mais travaillait-il pour le pape ou pour l'empereur ? personne ne le savait, puisque, faisant bon accueil aux Guelfes et aux Gibelins, il les soumettait tous également, bien qu'il déclarât n'accepter les seigneuries que pour rétablir l'ordre et la concorde.

Entraîné par son désir d'être agréable à tous, impériaux ou

partisans du pape, Jean s'aboucha avec le légat; mais cette entrevue suffit pour le rendre suspect aux Italiens, qui craignaient de le voir s'entendre avec ce cardinal afin de se partager l'Italie et de les réduire tous en servitude. Florence qui, plus calculatrice et moins passionnée que les autres cités, avait la première résisté à la mode, se rapprocha du roi de Naples. Le pape, offensé de le voir trancher du maître avec son légat, lui aliéna les Guelfes. Les Gibelins le dénoncèrent au Bavarois, qui fit alliance avec les ducs d'Autriche et d'autres seigneurs, ses ennemis, pour envahir les États de celui qui s'était montré son ami intime; ainsi le roi de la paix, devenu la cause d'une guerre générale, fut contraint de retourner en Allemagne, laissant ses seigneuries d'Italie à son fils, qu'il recommanda aux ducs de Savoie; mais ceux-ci l'eurent bientôt abandonné. Les Gibelins lombards et les Guelfes toscans s'entendirent pour lui enlever les cités qui s'étaient données à son père; puis une ligue fut conclue à Orzinovi entre les seigneurs gibelins, la république de Florence et le roi Robert, avec garantie réciproque de leurs possessions. Charles n'opposa point une grande résistance; il lui suffisait d'obtenir de l'argent et d'avoir le champ libre pour d'autres entreprises.

1332

En Allemagne, Jean eut bientôt dissipé les soupçons, sauvé ses États, dispersé les Autrichiens et les Hongrois; puis il revint pour réconcilier le pape avec l'empereur, et si ses tentatives échouèrent, il recueillit du moins de la gloire dans plusieurs tournois, et combina des mariages. Après avoir obtenu de Philippe IV de France 100,000 florins, il prit à sa solde seize cents cavaliers, et reparut à leur tête en Italie, où chacun semblait occupé d'effacer tout souvenir de sa domination, ou d'en faire son profit. Le pape, qui voulait humilier les Florentins hostiles au cardinal-légat, le favorisa; mais, sans ressources pécuniaires, et voyant qu'il excitait partout autant de jalousies qu'il avait d'abord inspiré de confiance, il songea du moins à faire de l'argent. Dans ce but, il vendit Parme et Lucques aux Rossi pour 35,000 florins; Reggio aux Fogliano; Modène aux Pio; Crémone à Ponzino Ponzone; la Rivière de Garde aux Castelbarco; puis il se rendit en France pour briller dans les tournois, faire des mariages, apaiser des querelles. Enfin, à la bataille de Crécy, aveugle et vieux, il obligea ceux qui l'accompagnaient à lier leurs chevaux au sien, à pousser en avant à corps

1333

1340

perdu, et, frappant au hasard, il vint tomber au plus épais de la mêlée.

Rois pauvres et pauvres empereurs qui, sans soldats ni argent, apparaissent un moment parmi ces seigneurs et ces républicains, bien pourvus de ces ressources puissantes! Occupés exclusivement de garnir quelque peu leur bourse, ils ne récoltaient que la haine et le mépris; s'ils obtenaient des louanges en Allemagne, eux qui ne savaient pas même lire (1), ils paraissaient des barbares au milieu de la civilisation et du raffinement de l'Italie, des tyrans au milieu de ses constitutions. Louis de Bavière vendit tout, et fut perfide; Jean de Luxembourg se montra plus loyal, mais vendit comme lui. Charles de Bohême vendait et mettait en gage; dès lors que voulait dire Dante, lorsqu'il appelait la vengeance de Dieu sur Rodolphe de Habsbourg et Albert son fils, parce qu'ils laissaient désert ce jardin de l'empire, et ne venaient pas rajuster le frein de cette cavale indomptée? Et Pétrarque, quelle était aussi sa pensée, quand il adressait à Charles de si pompeux appels? Quel bien les Italiens avaient-ils à attendre des empereurs et des papes? et pourtant ils ne cessaient de déplorer leur absence; en attendant, ils se servaient du nom des uns et des autres pour former des partis, couvrir leurs ambitions particulières, et s'agiter au milieu des orages d'une liberté qu'ils ne savaient ni établir ni se décider à abandonner, et qui succombait tantôt sous la tyrannie des multitudes, tantôt sous la tyrannie d'un seul.

CHAPITRE CVII.

LES TYRANS. LES FILS DE MATTHIEU VISCONTI. LES SCALIGERI. MAISON DE SAVOIE.

Désormais toutes les anciennes villes confédérées de la Lombardie sont soumises à la seigneurie d'un prince. Le premier exemple fut donné par Ferrare, lorsqu'en 1208, à la chute des Gibelins et de Salinguerra Torello, elle conféra le souverain

---

(1) Charles de Bohême écrivit sa propre vie, dans laquelle il dit que son père ordonna au chapelain de l'instruire, *aliquantulum in litteris, quamvis ignarus esset litterarum;* et il apprit de lui à lire l'office de la vierge Marie.

pouvoir aux marquis d'Este, qui déclinèrent bientôt. Azzo VIII, efféminé et cruel, après la révolte de Modène et de Reggio, fut réduit à Ferrare et à son patrimoine. Au lit de mort, il choisit pour héritier, au lieu de son frère, le fils d'un de ses bâtards ; de là sortit une guerre intestine dont les voisins profitèrent pour s'agrandir aux dépens de cette maison. Les Vénitiens, auxiliaires du bâtard, occupèrent Ferrare. Clément V, favorable au frère d'Azzo, envoya une armée conduite par le cardinal Pellagrua, son neveu, qui prêcha la croisade, comme s'il se fût agi de Turcs, et fulmina contre les Vénitiens une bulle exagérée; il les excluait jusqu'à la quatrième génération de toute dignité ecclésiastique et séculière, confisquait leurs biens dans toutes les parties du monde, et permettait de les réduire en esclavage sans distinction d'innocents et de coupables : il se trouva des individus qui profitèrent de cette autorisation. Les Vénitiens entrèrent en lutte avec les pontificaux ; soutenus spécialement par des Bolonais et des Florentins, ils essuyèrent une terrible défaite sur le Pô, avec une perte de six mille hommes, tués ou noyés. Pellagrua fit pendre tous les Ferrarais qui les avaient favorisés, et nomma vicaire de la cité le roi Robert, sans aucun égard pour les marquis d'Este. Les Vénitiens durent acheter leur absolution 100,000 florins. Les Provençaux de Robert firent peser une dure tyrannie sur Ferrare; jalouse d'avoir un seigneur propre, cette ville se soulève en tumulte, chasse les étrangers, et rétablit les marquis d'Este, qui s'étaient alliés dans ce but avec les Gibelins. De là des luttes, des excommunications et des procès d'hérésie, malgré lesquels la maison d'Este conserva le pouvoir. 1309

1317

Les Ezzelins de Trévise, de Feltre et de Belluné avaient été remplacés par Ghérard de Camino, surnommé *le simple Lombard*, à cause de sa bienfaisance, et que Dante loue comme très-noble. En 1312, Richard, son successeur, fut égorgé dans sa propre maison par un paysan.

Après l'extinction des Traversara, chefs des Guelfes, Ravenne était tombée sous l'autorité de Guido Novello, seigneur du château de Polenta, près de Brettinoro. Chassé par les Bagnocavallo, il rentra dans cette ville, dont il fut nommé seigneur en 1275; il donna l'hospitalité à Dante, et transmit son pouvoir à ses fils Bernardin et Ostasio. Le premier engendra Guido et Rinald, archevêque de Ravenne; l'autre gouvernait Cervia; mais, poussé par l'ambition, il égorgea l'archevêque et s'empara de Ravenne. 1322

Rimini, avec une grande partie de la marche d'Ancône, était tyrannisée par les Malatesta de Verucchio. Pandolphe eut pour successeur son neveu Ferrantino; mais Rambert, son cousin, l'ayant invité à souper avec d'autres parents, les enferma dans une prison. Polentesa, mère de la victime, parcourut vainement Rimini, l'épée nue à la main, pour la soulever ; néanmoins, un autre fils de Pandolphe reprit la ville quelques jours après, délivra les prisonniers, et chassa Rambert, qui n'épargna rien pour obtenir son pardon. Dans une chasse solennelle, il se jeta même aux pieds de Ferrantino en le priant de lui faire grâce, et Ferrantino l'égorgea.

Parmi les Montefeltro, qui possédèrent Sinigaglia et Forli, Guido parvint à la plus haute renommée. Le pape Martin IV, ayant envoyé une armée française pour assiéger Forli, il conseilla aux citoyens de les recevoir dans la ville, de les distribuer dans les maisons, et de les enivrer; la nuit, Guido les surprit et les massacra tous. Frédéric, qui posséda Urbin et d'autres cités gibelines, se distingua comme capitaine d'aventure; mais, à la suite d'impôts excessifs dont il avait grevé ces villes pour soutenir la guerre contre les Guelfes, Urbin se révolta contre lui, le mit en morceaux avec un de ses fils, et se donna au pontife.

A la mort de la princesse Mathilde, Mantoue s'était affranchie pour se donner des consuls et un podestat, auquel, en 1272, l'assemblée générale des Quatre cent quatre-vingt-dix substitua deux vicaires citoyens, qui furent Pinamonte des Bonacolsi et Frédéric, comte de Marcaria. Pinamonte, qui affectait la domination, imagina de faire courir le bruit parmi la multitude que le marquis de Ferrare voulait s'emparer de Mantoue. Le peuple, toujours prompt à croire quiconque accuse et désapprouve, se déchaîna contre le marquis pour élever Bonacolsi, auquel il donna plein pouvoir de bannir ceux qu'il jugeait coupables, c'est-à-dire tous les individus qui pouvaient lui faire obstacle, et surtout les comtes de Casaloldi. Bonacolsi se déclare alors gibelin, s'allie avec ce marquis, dont il avait feint d'avoir peur, se débarrasse par un assassinat d'Ottonello de Zenecalli, que l'assemblée lui avait adjoint, et se fait proclamer capitaine perpétuel par le suffrage universel. Les Casaloldi, les Arlotti, les Agnelli, les Grossolani et d'autres exilés, formèrent un complot pour reprendre la ville, où ils s'introduisirent armés; mais un traître avait prévenu Pinamonte, qui les dispersa.

Il eut pour successeur son fils Bardellone, souillé de tous les vices; Taino, son frère, rechercha l'appui des marquis d'Este pour le renverser. Bottesella, leur neveu, ayant obtenu des troupes d'Albert de la Scala, les expulsa l'un et l'autre pour les laisser mourir en exil, et se fit seigneur avec ses frères Butirone et Renaud Passerino. Ce dernier, resté seul au pouvoir, dissipait les deniers publics pour favoriser le parti impérial, au point d'avoir sur pied dix mille hommes. Il acheta de Henri VII le titre de vicaire impérial. Après avoir obtenu Modène, sous la promesse de laisser en paix les seigneurs de la Mirandole, qui l'avaient gouvernée d'abord, il les fit arrêter et mourir de faim. Devenu maître de la Mirandole après des conventions, il la livra au pillage et aux flammes.

1299

Trois excommunications et vingt ans de guerre le rendaient odieux au pays. Les haines étaient attisées par Louis Gonzague, son beau-frère, envieux de cette seigneurie, et qui voulait encore venger Filippino, son fils, à la femme duquel le fils de Renaud avait juré de faire outrage à cause d'une amante ravie à sa tendresse par ce Filippino. Or, comme ces tyranneaux étaient toujours disposés à se nuire réciproquement, Gonzague obtint des secours de Scaligero, se ménagea des intelligences dans la ville, qu'il envahit et parcourut le matin du 16 août 1328, tua Renaud, enleva de l'autel son fils Jean, abbé de Saint-André, et le laissa périr de faim dans la tour où le seigneur de la Mirandole était mort; les parties génitales furent arrachées à François, son autre fils, et placées dans sa bouche. Le pillage fut horrible, et la seule part de Cane s'éleva, dit-on, à 100,000 florins. Sur la proposition de Claude Agnello, homme riche et très-influent, le peuple élut Gonzague pour capitaine général.

L'empereur, qui, d'abord, avait approuvé Renaud, le confirma dans les fonctions de vicaire; la commune, au prix de 20,000 florins, se fit absoudre par le pape de l'assassinat, et célébra tous les ans, dans une fête solennelle, l'avénement de ces nouveaux seigneurs, qui furent ensuite marquis, puis ducs, puis rien.

Bologne et Padoue, les cités des étudiants, avaient seules conservé les formes républicaines. Les écoliers apportaient à Bologne la vie et la richesse, mais non pas sans quelque perturbation; car, en vertu de leurs priviléges, ils refusaient de se soumettre aux lois et aux tribunaux ordinaires. En 1315, les recteurs de l'université prétendirent que le préteur les avait offensés, et se retirèrent à l'Argenta ; les écoliers manifestaient aussi le désir de s'en aller, si des personnes recommandables ne s'étaient point interposées pour faire confirmer les anciennes franchises de l'université : elle fut soustraite à la surveillance du bargel, chef de la police chargé de maintenir la tranquillité dans la ville et de veiller aux bonnes mœurs. Aucune porte du palais ne devait être fermée à l'université et aux recteurs ; avec un compagnon et quatre damoiseaux de leur choix, les recteurs pouvaient porter toute espèce d'armes offensives ou défensives ; tout décret ou ban contre les personnes qui avaient donné lieu au mécontentement était effacé. On expulsait les citoyens qui avaient offensé les recteurs ; aucun écolier ne pouvait être cité devant le préteur ou ses juges.

Peu de temps après, l'étudiant Jacques de Valence enlève la mère du célèbre légiste Jean d'André ; le podestat l'arrête de vive force et le condamne à mort. Ses condisciples frémissent et agitent la ville ; mais, comme ils ne peuvent le sauver, ils émigrent à Sienne, en jurant qu'ils ne reviendraient pas avant d'avoir reçu satisfaction. La tristesse régna dans Bologne jusqu'à ce que Roméo des Pepoli obtint qu'on enverrait aux étudiants les excuses voulues, et que la ville renoncerait à toute juridiction sur eux.

Ce Roméo, négociant, avait l'immense revenu de 120,000 florins, dont il se servait pour jouer un rôle important, et souvent pour corrompre ou éluder les lois. Son influence grandit alors, et les Gozzadini, les Beccadelli, avec d'autres gentilshommes, crurent ou dirent qu'il aspirait à la tyrannie ; formant alors le parti des Maltraversi contre les Scacchesi, ainsi nommés des armoiries des Pepoli, ils accusèrent Roméo et l'assaillirent dans sa maison, d'où il eut à peine le temps de s'enfuir en jetant à la foule des sacs d'argent. Sa famille fut exilée, ses palais abattus, ses biens confisqués et ses partisans relégués. Les frayeurs et les trames durèrent longtemps ; mais Roméo, exilé à Avignon, ne put jamais rentrer dans sa patrie.

1321

Crémone même, ruinée par Henri VII, comme nous l'avons vu, fut assaillie par Cane de la Scala et Passerino Bonacolsi, seigneur de Mantoue et de Modène ; malgré tous les efforts de Ponzino Ponzoni pour soutenir le gouvernement populaire, Jacques Cavalcabo fut proclamé seigneur de cette ville. Six mois après, les Gibelins, conduits par Ponzoni, l'attaquèrent et le contraignirent à céder Crémone à Gibert de Correggio, autre capitaine

1315

d'aventure, qui dirigea les forces guelfes contre plusieurs villes, tandis que Frédéric de Montefeltro commandait celles des Gibelins. Les Visconti de Milan tardèrent peu à soumettre Crémone.

Il serait fastidieux et difficile de suivre les vicissitudes de chaque république; mais ce que nous avons dit jusqu'ici suffit pour montrer que la tyrannie n'amenait point la tranquillité. Cette tyrannie, comme elle n'était fondée ni sur une loi ou des conventions écrites, ni consolidée par l'opinion ou le temps, ni transmise par succession régulière, ouvrait un vaste champ aux ambitions des prétendants qui pouvaient tous invoquer le même titre, l'audace; la même sanction, le succès. Un seigneur nouveau renversait l'ancien, qui se réfugiait dans une ville amie, auprès du pape ou de l'empereur; il tramait dans l'ombre, se liait avec d'autres individus de sa faction, achetait des bandes et suscitait des dissensions civiles, que la force, unique mesure du droit, pouvait seule apaiser. Du reste, comme les forces des partis se balançaient, aucune famille ne prévalait. Les factions, bien qu'elles conservassent leurs anciens noms, avaient changé de but, ou plutôt leur but réel était leur propre triomphe et l'abaissement de leurs adversaires. Les nobles, cependant, étaient en général gibelins, c'est-à-dire Allemands, parce qu'ils avaient ou combattu à la solde des empereurs, ou obtenu d'eux des titres, des pensions, des propriétés, des droits de péage, de ports, sur les cours d'eau, le titre de chevalier, des capitaineries, l'exemption des tribunaux communs, et la gloire de porter dans leurs armoiries l'aigle impériale.

Dans l'intérieur des villes, chaque vainqueur se trouvait dans l'impossibilité de satisfaire aux espérances conçues par ses partisans, aux promesses qu'il avait prodiguées, aux passions effrénées que chacun s'était promis d'assouvir. Le peuple, qui, pour diminuer ses maux, avait confié un pouvoir arbitraire au tyran, voyant qu'il en abusait, élevait des plaintes. Les tyrans, bien qu'élus par le peuple, affaiblissaient les coutumes libres en avilissant les corps qui représentaient le pays, au lieu de s'en faire une protection ou un point d'appui. D'ailleurs, outre que les villes n'avaient pas songé à modérer leur autorité par de bons statuts, les tyrans possédaient trop de moyens d'acheter, de tromper, d'atterrer la multitude; ils se tenaient en armes au milieu d'une population pacifique, et, sous prétexte de conjurations, ils tuaient, spoliaient, exilaient quiconque leur résistait (1). Les citoyens les plus honorables, dans l'impuissance de s'opposer à la tyrannie, s'abstenaient de paraître aux assemblées afin de ne pas la légitimer, et se réfugiaient dans une tranquillité forcée. Quelques églises même, qui avaient d'abord prié Dieu de délivrer le peuple des tyrans, offraient alors des supplications pour leur salut, et couvraient de leur connivence des méfaits contre lesquels les anciens pontifes tonnaient sans ménagement (2).

Toute apparence d'élection populaire disparut ensuite, lorsque les tyrans obtinrent le titre de vicaires, qu'ils achetaient des empereurs, heureux de vendre à prix d'argent une autorité qu'ils ne pouvaient exercer eux-mêmes. Alors le tyran cessa de respecter les coutumes et les priviléges; il ne resta aux communes que le droit de nommer à quelques magistratures inférieures, de s'occuper de la voirie et de l'administration de leurs revenus particuliers, à peu de chose près comme aujourd'hui.

De même que la servitude avait paru le seul refuge pour échapper à la licence, ainsi la conspiration restait comme l'unique remède contre la tyrannie, et ces petits seigneurs avaient un règne très-court. Élevés par une révolution violente, une révolution violente les renversait; chaque année en voyait éclore une nouvelle, toujours issue de la force, c'est-à-dire que le des-

---

(1)　　　　Laurin si fa della sua patria capo
　　　　　　Ed in privato il pubblico converte;
　　　　　　Tre ne confina, a sei ne taglia il capo;
　　　　　Comincia volpe, ed indi a forze aperte
　　　　　　Esce leon, poi ch'ha il popol sedutto
　　　　　　Con licenze, con doni et con offerte.
　　　　　　　　　　　　　　ARIOSTO, *Satires.*

« Laurin se fait chef de sa patrie, et convertit les biens publics en biens privés. Il en exile trois, et coupe la tête à six; il commence en renard, et puis il devient lion à force ouverte, lorsqu'il a séduit le peuple par ses dons, par des offres et la licence qu'il autorise. »

Voir MACHIAVEL, le *Prince*, chap. IX.

(2) Dans des Missels du dixième siècle, Muratori trouve (*Antiq. ital.*, diss. LIV) quelques messes contre les tyrans, dans lesquelles on prie le père des orphelins, le juge des veuves, de considérer les larmes de l'Église et de la délivrer des tyrans. Au contraire, sous le duc Philippe-Marie Visconti, on pria, pendant la messe, pour Agnès du Maine, sa concubine, et pour Blanche, leur fille.

potisme se substituait au despotisme (1); on criait *Popolo*, *popolo*, et l'on finissait par livrer la liberté à un seigneur absolu.

Les Guelfes et les Gibelins, nés de la lutte entre l'empire et le saint-siége, loin de finir avec elle, n'en devinrent que plus acharnés. Ces noms, cependant, ne désignaient pas deux partis bien distincts, la force et les idées, l'indépendance et l'unité, la démocratie et l'aristocratie, mais un héritage de vieilles haines dont les motifs avaient cessé; cela est si vrai que les pontifes, quand ils oublièrent d'être les pères de tous, se rangèrent parfois du côté des Gibelins, et que les Gibelins eux-mêmes eurent les empereurs contre eux. Les uns et les autres changeaient donc de parti, et chacun d'eux invoquait tour à tour l'indépendance ou la protection impériale, selon les convenances ou les ambitions particulières du moment. Les petits tyrans inclinaient pour le parti gibelin; mais malheur à l'empereur qui comptait

(1)   Che le terre d'Italia tutte piene
            Son di tiranni, ed un Marcèl diventa
            Ogni villan che parteggiando viene.
                      DANTE, *Purg.*, VI.

« Les villes d'Italie sont pleines de tyrans, et tout rustre qui se fait un parti devient un Marcellus. »

A Milan dominèrent les Torriani, ensuite les Visconti, puis les Sforza; à Lodi, Vestarini, Fisiraga, Vignati; à Crême, Venturino Benzone; à Côme, les Rusca; à Pavie, Beccaria et Langosco; à Bergame, les Suardi; à Brescia, les Maggi et les Brusati; à Crémone, les Pelavicini, les Cavalcabò, les Correggio, Cabrino, Fondulo; à Mantoue, Passerino Bonacolsi et les Gonzague; à Novare, les Tornielli; à Alexandrie, Facino Cane; à San-Donino, les Pelavicini; à Trévise, Feltre et Bellune, les Da Camino; à Vérone, les Scaligeri; à Padoue, les Carrara; à Ferrare, les Salinguerra et les marquis d'Este; à Plaisance, les Scotti; à Parme, les Rossi et les Correggio; à la Mirandole, les Pic; à Pise et à Lucques, Castruccio Castracane; à Ravenne, Paul Traversari et les Polenta; à Fermo, les Migliorati, Gentile de Magliano et les Sforza; à Massa, les Malaspina; à Monaco, les Grimaldi; à Rimini, les Malatesta; à Bologne, les Pepoli; à Urbin, les Montefeltro; à Forli, les Ordelaffi; à Imola, les Alidosi; à Cortone, les Casale; à Faenza, les Manfredi; à Brettinoro, les Calboli; à Gubio, les Gabrielli; à Cingoli, les Cima; à Viterbe, les Vico et les Annibaldeschi; à Orvieto, les Monaldeschi et les Annibaldeschi; à Fabriano, les Chiavelli; à Metelica, les Ottoni; à Radicofani, les Salimbeni; à Jesi, les Simonetta; à'Macerata, les Malucci; à Urbania, les Brancaleoni; à Sassoferrato, les Atti; à Aquila, les Montorio; à Camerino, les Varano; à Pérouse, les Baglioni; à Cività de Castello, les Vitelli; à Montepulciano, les Del Pecora; dans le Latium, les Savelli; à Préneste, les Colonna; dans les Marais Pontins, les Frangipani; vers le lac de Bolsène, les Farnèse; au sud-est de la Toscane, les Aldobrandini, etc.

sur leur appui ! Venait-il d'Allemagne, ils lui prodiguaient les caresses dans des réceptions dont la pompe mortifiait sa parcimonie obligée, lui présentaient les clefs des villes et lui payaient certains droits royaux; mais ils ne lui laissaient aucun pouvoir, et ne lui permettaient même pas de s'arrêter trop longtemps dans leur pays; à peine était-il parti qu'ils abjuraient toute dépendance et ourdissaient des trames contre lui.

De pareils changements étaient produits quelquefois par le triomphe d'un parti sur l'autre, parce que celui qui l'emportait dans une ville faisait pencher les décisions en sa faveur; souvent encore ils dérivaient d'une cause plus importante, c'est-à-dire de la lutte entre les républiques qui survivaient et les principautés qui faisaient invasion. Les citoyens étaient donc obligés de combattre tantôt avec l'un, tantôt avec l'autre, non plus à cause de tel nom ou de la sympathie pour les individus, mais selon que les circonstances faisaient croire que les papes ou les rois, la France ou l'empire, les Guelfes ou les Gibelins, les conduisaient mieux à la liberté.

De là, le système d'équilibre contre lequel on a tant déclamé, et qui procura néanmoins à l'Italie deux siècles d'indépendance et de progrès social, qu'elle ne vit jamais depuis; menacée d'une servitude immédiate par l'un ou l'autre seigneur, elle parvint toujours à le réprimer. Ce système, il est vrai, la rendit trop faible pour repousser le joug étranger; mais, sans discuter si l'unité aurait pu la sauvegarder, peut-on dire qu'il était possible de le prévoir dans les conditions de l'Europe d'alors? La France, beaucoup plus petite à cette époque, avait de la peine à défendre sa nationalité contre les Anglais; les Espagnols affranchissaient, lambeaux par lambeaux, leur patrie de la servitude arabe; une décrépitude purulente précipitait la décomposition de l'empire grec. Les Turcs faisaient bien quelques ravages sur les côtes d'Italie, mais leur effort principal était dirigé contre Byzance. Les empereurs avaient des forces si peu en rapport avec leurs prétentions, qu'ils ne pouvaient s'aventurer au delà des Alpes sans l'appui des Gibelins; Louis de Bavière avait laissé l'Italie comme il l'avait trouvée, sans que les Gibelins triomphassent par son arrivée, et sans que son départ profitât aux Guelfes.

Chef nominal des Guelfes, comme légat pontifical, le cardinal du Poyet, créé comte de la Romagne et marquis d'Ancône, continuait sa tyrannie qui étouffait l'esprit républicain. Sous le prétexte d'ériger à Bologne un palais pour le pape, lequel répétait sans cesse qu'il voulait rentrer en Italie et s'établir dans cette ville, il construisit une forteresse où ses Gascons furent placés; d'autres occupèrent des charges, l'un d'eux obtint même l'archevêché, et le cardinal put alors braver cette république. Il tenta même, en recourant aux moyens habituels, d'emprisonner les principaux citoyens; mais le peuple en tumulte le contraignit à les relâcher.

Du Poyet voulait encore soustraire Ferrare au marquis d'Este; mais les papalins furent dispersés après une défaite signalée, et les principaux seigneurs de la Romagne, qui combattaient avec eux, tombèrent prisonniers. Le marquis les relâcha, mais après les avoir gagnés, et toute la Romagne commença bientôt à relever la tête. Les Bolonais, excités par Brandaligi Gozzadini et Collazio Beccadelli, tuent beaucoup de soldats et assiègent le légat lui-même qui, sauvé par la seule intervention des Florentins, dut retourner à Avignon après avoir dépensé en Italie tant de millions et répandu tant de sang, sans rien acquérir, perdant beaucoup et rendant odieuses les saintes clefs et la liberté moins jalouse. En effet, les Bolonais ne tardèrent pas à tomber sous la seigneurie de Taddée Pepoli, fils de Roméo, qui promit à l'Église un tribut annuel à la condition qu'on lèverait l'interdit que la ville avait encouru par l'expulsion du légat; puis, il se consolida au moyen des persécutions ordinaires et par l'appui habituel des bandes mercenaires. 1333

1337

Le pape Jean XXII n'avait pas cessé de persécuter Louis de Bavière. Les Polonais et les Lithuaniens faisaient la guerre à cet empereur, qui avait encore à lutter contre l'anticésar Charles de Bohême, fils de Jean de Luxembourg, tandis que l'Allemagne était troublée par la privation des offices divins. Aussi, craignant Dieu et les hommes, Louis offrait de défaire tout ce qu'il avait fait contre l'Église et ses alliés, d'implorer son absolution et même de se croiser; mais le roi de France fit savoir aux cardinaux d'Avignon qu'il confisquerait leurs biens, sans épargner les menaces au nouveau pape Benoît XII; aussi, quand les évêques le supplièrent d'accorder la paix, le pontife leur répondit les larmes aux yeux qu'il en était empêché par le roi Philippe : tels étaient les papes sur la terre de l'étranger.

Louis, auquel on imposait l'abdication pour première condition, se disposait à obéir; mais les électeurs et les états ne voulurent pas le souffrir : ils cassèrent la condamnation papale, levèrent l'interdit, et proclamèrent que l'autorité impériale émane directement de Dieu, et que l'élu n'a pas besoin de la confirmation pontificale; l'empire vacant, l'électeur palatin en est le vicaire ; il suffit d'être couronné roi des Romains pour avoir les mêmes droits que l'empereur couronné à Rome, et si le pape refuse, tout évêque peut accomplir la cérémonie du couronnement. Benoît, à qui cette décision fut notifiée, dut obéir au roi de France, et lancer contre Louis une excommunication remplie d'imprécations (1). Du reste, l'empereur, inspiré par des moines apostats, passait de la soumission à l'arrogance ; mais enfin, il ne faisait que défendre l'indépendance du royaume qu'on lui avait confié. Dans une chasse à l'ours près de Munich, Louis mourut d'une attaque d'apoplexie, et Charles de Bohême resta seul empereur.

1347

Le pape Benoît, loin de s'obstiner à poursuivre l'abaissement des Gibelins, tentative qui avait coûté tant de trésors à son prédécesseur, déclara dans le premier consistoire que l'Église romaine ni toute autre ne devait soutenir ses droits par les armes (2) ; il envoya donc Bertrand de Dreux, archevêque d'Embrun, pour rétablir la paix, ce qu'il obtint dans beaucoup de villes ; mais la paix n'est bonne que lorsqu'elle se fonde sur de fortes bases, et nous avons déjà vu qu'elle servait, au contraire, à consolider une foule de petites tyrannies. Le roi Robert, trop vieux, ne suffisait plus à conserver la suprématie aux Guelfes, et le parti contraire l'emportait. Les principaux Gibelins étaient les Visconti ; les Milanais, par reconnaissance de ce qu'il les avait préservés du joug étranger, élurent d'une voix unanime Azzone seigneur perpétuel, et furent bientôt imités par Bergame, Pavie, Plaisance, Crémone, Brescia, Pizzighettone, Borgo San-Donino, d'où il expulsait les garnisons étrangères. Crême, Lecco, Treviglio, Vigevano, Cara-

1328

---

(1) La plupart des écrivains contemporains ne parlent pas de l'excommunication de Benoît XII. Albert de Strasbourg, qui l'attribue aux menaces du roi de France, est grand partisan du Bavarois. Si Cuspiniano partage entièrement son opinion, Platina dit de Benoît XII : « Qu'il avait une si grande constance, que personne ne put jamais, par prières et par force, le détourner des choses honnêtes et saintes, parce qu'il aimait les bons et haïssait ouvertement les scélérats. »

(2) *Consistorium tenuit, in quo decrevit et statuit, quod totâ tempore suo Ecclesia romana vel alia quævis gladium martialem non exerceat vel faciat guerras contra quemcumque hominem.* (Chron. Cornelii Zautfliet ap. MARTÈNE, *Vet. Script. ampl. coll.*, v. 208.)

vaggio et Cantù se donnèrent à Azzone, et Côme lui fut offerte par Franchino Rusca, qui se réserva le comté de Bellinzona; il enleva Lodi à un meunier du nom de Tremacoldo, qui l'avait usurpée sur les Vestarini. Son oncle Jean, évêque de Novare, s'étant feint malade, reçut dans son palais la visite des principaux citoyens, puis celle de Caccino Tornielli, seigneur de la cité, qu'il fit saisir et jeter dans les fers, pour introduire son neveu dans Novare.

Lorsque les Visconti n'eurent plus d'ennemis extérieurs, ils se querellèrent entre eux. Marc, oncle d'Azzone, brave mais turbulent, périt assassiné comme nous l'avons dit. Son cousin Lodrisio, auquel était échu le comté de Seprio, avait déjà conspiré deux fois contre ses parents; avec l'argent que lui avait donné Mastin de la Scala, qui voulait délivrer Vicence des Allemands restés dans cette ville au départ du Bavarois, sous un certain Raymond de Giver, nommé le capitaine Malherbe, il enrôla ces soldats, les réunit dans une compagnie dite de Saint-George, et les mena sur le territoire lombard pour dévaster et lever des contributions. Enfin, après s'être fortifié dans son comté, il menaçait Milan. Les citoyens, se voyant exposés au pillage et aux autres maux d'une invasion, prirent les armes en foule, et, conduits par Azzone et Luchino, ils affrontèrent ces brigands à Parabiago. Là, sur la neige, eut lieu la bataille la plus sanglante que l'on vît avant Charles VIII; déjà Luchino était pris et l'armée dispersée, lorsqu'une réserve de Savoyards se jeta sur les Allemands qui se livraient au pillage, les rompit entièrement et assura la victoire.

1339

12 févri.

Cette bande avait répandu une terreur si grande, que la bataille de Parabiago se conserva mieux dans les traditions populaires que celles de Legnano et d'Alexandrie; afin de la consacrer par le merveilleux, on disait que saint Ambroise avait été vu à cheval dans les airs et pourfendant les étrangers; depuis cette époque, il fut représenté dans cette attitude, si contraire à sa douce fermeté (1).

Ces bandes se répandirent dans la campagne qu'elles ravagè-

---

(1) Dans le *Missale Ambrosianum* publié à Milan par Zarotto, en 1475, et dans celui que Christophe de Ratisbonne fit imprimer en 1482, comme aussi dans le Bréviaire de 1490, on trouve une messe distincte pour cette victoire; la préface finit ainsi : *O felix victoria, o beata victoria, quomodo fuisti pro Mediolanensibus valde bona, magis gratia quam viribus acquisita. Nam qui predam pernitiemque minabantur, facti sunt mortui, preda victoriæ triumphalis. Et ideo*, etc.

rent, jusqu'à ce qu'elles périrent dans d'horribles supplices. « Et (dit un contemporain) j'en vis venir à Rome environ deux cent cinquante à pied, les uns avec les éperons attachés à la courroie, les autres avec une petite targe; ceux-ci portaient un cimier, ceux-là montaient des chevaux selon leur condition. » Malherbe prit du service dans le Canavalais avec 300 barbutes, et combattit pour les seigneurs de Valperga contre ceux de Saint-Martin.

Cette victoire ajouta beaucoup à la puissance d'Azzone; riche de toutes les vertus qui peuvent s'allier avec l'ambition, il comprit que son premier devoir, qui n'est d'ailleurs qu'une mesure de prudence après les révolutions, était de pardonner, et qu'il devait ensuite dorer les chaînes. Tout entier à la paix, il entoure la ville de bonnes murailles, avec plus de cent tours et des portes en marbre; il nettoie et pave les rues, construit un palais qu'il fait orner de peintures par Giotto et d'autres artistes d'un mérite inférieur, et dans lequel il déploie une magnificence princière. Il fut le premier de sa famille qui mit sur les monnaies son nom et la couleuvre.

1339 Il mourut à trente-sept ans (1), et le grand conseil pria ses oncles, Jean et Luchino, de lui succéder. Le premier resta dans ses fonctions de prêtre; Luchino, comme son prédécesseur, eut à lutter contre les marquis d'Este, les Scaligeri, les Gonzagues, les Pepoli, qui dominaient dans les cités voisines de Modène, Vérone, Mantoue et Bologne. Il acheta Parme des Gonzagues, et se rendit maître d'Asti, en détruisant dans cette ville la famille guelfe des Solari, qui possédait vingt-quatre châteaux. Bobbio, Tortone, Alexandrie furent également soumises à son autorité; il enleva au roi Robert Alba, Cherasco et d'autres villes dans le Piémont, obtint le haut domaine sur la Lunigiane, et, par la force ou la ruse, accrut sa seigneurie, qu'il sut

---

(1) Dans le précieux monument qu'on lui avait érigé à San Gotardo de Milan, et qu'a dispersé la barbarie calculée de l'âge antérieur au nôtre, Azzone était représenté à genoux et recevant de Louis de Bavière, par le gonfalon, l'investiture du Milanais : tant il est vrai que cet hommage était loin d'être considéré comme humiliant. Voici son épitaphe :

> Hoc in sarcofago tegitur vir nobilis Azo
> Anguiger, imperio placidus, non levis et asper,
> Urbem qui muris cinxit, regnumque recepit.
> Punivit fraudes, ingentes struxit et ædes,
> Dignus longa vita, in fatis si foret ita
> Ut virtus multos posset durare per annos.

consolider au détriment des juridictions communales et des priviléges des cités. Très-sévère contre les perturbateurs de la paix, il fit périr dans des supplices atroces les brigands, ce fléau que laissent toutes les guerres. Les amis d'Azzone furent l'objet de sa haine; il relégua ses neveux, n'eut d'affection que pour ses bâtards, et se fiait si peu aux hommes, qu'il avait avec lui deux mâtins prêts à se jeter sur quiconque il leur désignait. Il étouffa dans le sang les conjurations vraies ou supposées, et s'en prévalut même pour affaiblir la noblesse, dont il confisquait les riches possessions, afin de remplir le trésor public et le sien. L'histoire mentionne surtout le supplice des Pusterla, famille d'origine lombarde, l'une des plus anciennes et des plus puissantes de Milan, et dont il fit périr Franciscolo avec deux ou trois enfants, et sa femme Marguerite Visconti, qu'il haïssait parce qu'elle avait repoussé ses hommages obscènes (1).

Ses débauches reçurent leur châtiment. Sa femme, Isabelle des Fieschi, sous le prétexte d'avoir fait vœu d'assister aux fameuses fêtes de l'Ascension de Venise, se fit accompagner sur le Pô d'un pompeux cortége de dames et de chevaliers, de députés de toutes les villes soumises à Luchino, et d'une suite interminable de camériers et de palfreniers, comme pour faire étalage de la grandeur de la maison Visconti; elle passait de ville en ville, et partout on rivalisait pour la recevoir au milieu des réjouissances. Mais son but réel était de s'abandonner à ses amours, et ses compagnes l'imitèrent; enfin, elle scandalisa cet âge si peu scrupuleux. Luchino, qui apprit après tous les autres, comme il arrive toujours, la tache faite à son nom, laissa comprendre qu'il la laverait dans le sang; mais, dit-on, il fut prévenu par Isabelle qui, un jour, au retour d'une chasse, lui offrit, pour le restaurer, une boisson dont il mourut. Blâmable comme individu, il fut un prince très-actif; il favorisa les pauvres en les dispensant du service militaire, et, dans la terrible disette de 1340, il en nourrissait 40,000. Bien que Gibelin, il ne punit pas les Guelfes; il défendit de raser les maisons des rebelles, institua un podestat uniquement pour nettoyer les routes

(1) Le peuple n'a conservé aucun souvenir de la famille Pusterla, et pourtant elle dut jouer un grand rôle, puisque nous la trouvons impliquée dans toutes les conspirations contre les Visconti. Elle prétendait descendre des Lombards, et portait l'aigle impériale dans ses armoiries; elle possédait trente-cinq villages, et, dans la ville, presque tout le quartier de la porte du Tésin.

des voleurs, donnait facilement audience à tous, et, par des mesures rigoureuses, préserva l'État de la peste noire. Il érigea de somptueux édifices, fit des vers, et fut même loué par le facile Pétrarque, qui vécut longtemps dans cette cour et la campagne suburbaine de Linterno.

Jean, son frère, qui était devenu archevêque de Milan, joignit alors l'épée au bâton pastoral. Aimable, généreux envers les savants et les artistes, il nomma six professeurs pour commenter la *Divine Comédie*; tout à la fois actif et habile, il parvint à dominer sur dix-huit cités, parmi lesquelles Gênes.

Les Guelfes et les Gibelins avaient été rappelés dans cette turbulente république par l'influence du roi Robert, qui obtint même que les charges seraient distribuées en proportions égales; mais les Gibelins, qui prévalurent bientôt, chassèrent les Fieschi et le capitaine du roi de Naples. L'antique gouvernement fut alors rétabli, avec deux capitaines du peuple et un podestat du parti gibelin, outre l'ancien abbé; mais les Guelfes, réfugiés à Monaco, ne tardèrent point à rentrer. Les nobles, qui étaient presque les seuls capitaines et pilotes, vexaient les équipages

1338 et renouvelaient sur les navires les humiliations de la terre. Sur la flotte, mise au service de Philippe VI de France contre l'Angleterre, et commandée par Antoine Doria, les marins furent maltraités parce qu'ils se plaignaient du détournement de leur solde; arrivés à terre, ils demandent vengeance, et, suivis des habitants de Voltri, de Polcevera, de Bisagno, ils se réunissent à Savone, déclamant contre l'oligarchie. Les artisans embrassent leur cause et nomment deux consuls; les bourgeois de Gênes se soulèvent aussi pour recouvrer la libre élection de l'abbé. On délibère, et, comme on ne s'entend point, un batteur d'or s'é-

1339 crie : « Savez-vous bien? élisons pour abbé Simon Boccanegra. » Tous, à ces mots, se rappellent les services de sa maison. « Oui! oui! répète-t-on; allons chez Boccanegra. » Il se trouvait lui-même dans la foule, et peut-être ce n'était point par hasard; ses voisins l'élèvent sur leurs bras au milieu des *vivat* répétés. Lorsqu'il a obtenu le silence, il leur rappelle qu'il est noble, que ses ancêtres ont rempli des dignités plus élevées, et qu'il dérogerait s'il acceptait. Alors le peuple de s'écrier : « Eh bien! sois notre seigneur. — Je ne le puis, parce que vous avez des capitaines. — Sois donc doge! » Puis ils le portent en triomphe à San-Siro aux cris de : « Vive le peuple! vivent les marchands! vive le doge! » et, au milieu de ces manifestations joyeuses, ils jettent des paroles de haine contre les Doria et les Salvagi (1).

Cette résolution tumultueuse, que nous avons rapportée comme exemple, eut pour la noblesse une conséquence funeste, parce que le peuple avait nommé, non plus des magistrats subalternes, mais le magistrat suprême ; or le peuple était-il capable de supporter un gouvernement quelconque ? La plupart des nobles se retirèrent dans leurs châteaux, où ils ne furent pas toujours en sûreté. Le marquis del Carretto, ayant ravagé les plaines d'Albenga, le doge envoya des troupes contre lui, et surtout neuf vaisseaux qui revenaient de la guerre d'Espagne, sans permettre d'en désarmer aucun. Le marquis envoya faire des excuses ; mais le doge lui fit répondre qu'il voulait le voir à Gênes. Sûr d'avoir la vie sauve, il vint, lorsque le peuple se mit à crier : *A mort! à mort!* et le doge le fit jeter dans une prison, d'où il renonça à Varigotti, à Finale, à Corvo, à d'autres villes et à ses fiefs.

Actif, expérimenté, Boccanegra, en cinq ans d'administration, fortifia la justice et soumit aux magistrats le territoire circonvoisin ; mais tous ses efforts ne purent consolider la paix, et il déposa le commandement, qui fut donné à Jean de Murta. Aux agitations de l'intérieur se mêlaient des guerres extérieures, et la mer d'Azof et la Propontide étaient rougies du sang des Génois ; puis, devant Alghero de Sardaigne, leur flotte fut battue par les Vénitiens unis aux Catalans, avec une perte de trois mille cinq cents prisonniers. Dans le même temps, la ville était affamée par Jean Visconti, qui avait défendu d'y apporter des grains. Découragés par tous ces malheurs, les Génois eurent recours au misérable expédient de sacrifier leur liberté, et se donnèrent à ce Visconti. 345

Leurs ambassadeurs disaient à Pétrarque : « Ce n'est ni la « peur de l'ennemi, ni la défiance dans nos propres forces, qui « nous détermine, mais le dégoût des discordes intestines, « parce que les principaux nobles veulent profiter de l'occasion « pour réduire la patrie en servitude ; aussi le peuple, persécuté « par les vainqueurs et par des citoyens pires que nos ennemis, « nous envoie implorer la protection d'un prince juste et puis- « sant. » Introduits dans le conseil, ils dirent à Visconti : « Nous « venons, par ordre du peuple génois, vous offrir, aux conditions « stipulées, la ville de Gênes et ses habitants, la mer, la terre, 1355

---

(1) STELLA, *Ann. januens.* (Rer. it. Script., XVII, 1075.)

« les biens, les espérances, les choses divines et humaines, « enfin tout ce qui se trouve depuis Corvo jusqu'à Monaco. » Visconti répondit qu'il acceptait, non pour étendre les limites de ses domaines, mais par compassion pour un peuple opprimé. Il s'obligeait à les protéger, à rendre justice, à secourir la république contre tous agresseurs, priant, à cette fin, Dieu et tous les saints, dont il récita une litanie (1). Aussitôt il envoie des vivres à Gênes, fait ouvrir des communications entre son pays et le territoire de cette ville, réconcilie les factions, et fournit l'argent nécessaire pour réparer la flotte. Après avoir vainement employé Pétrarque comme médiateur, les Génois entrèrent dans l'Adriatique sous le commandement de Paganino Doria, défirent et prirent l'amiral vénitien Nicolas Pisani avec cinq mille huit cent soixante-dix hommes, et forcèrent les Vénitiens à demander la paix, à payer 200,000 florins d'or, et à renoncer pour trois ans au commerce sur la mer Noire, excepté Caffa.

1353

Les Visconti possédaient donc toute la Lombardie, la Ligurie, une partie du Piémont et de la Romagne, et menaçaient la Toscane. Cette grande puissance était balancée par celle des seigneurs de la Scala de Vérone, les premiers qui, sans posséder d'antiques fiefs héréditaires, aspirassent à une seigneurie étendue. Héritiers d'une partie des domaines d'Ezzelin, ils furent capitaines des Gibelins contre le roi Robert et Jean XXII, et les empereurs les favorisèrent. Cane reçut de ses partisans le surnom de Grand, et sut le soutenir dans sa longue carrière. Sage dans les conseils, et, chose rare parmi ces petits seigneurs, fidèle à ses promesses, il embellit Vérone, accueillit les lettrés et les artistes. Il fut brave et fortuné sur les champs de bataille. Outre Vérone, sa résidence, il soumit Feltre, Bellune et Trévise ; mais sa grandeur ne fut consolidée qu'après l'acquisition de Padoue.

1312

Cette ville, après s'être guérie, à la faveur de la liberté, des blessures que lui avait faites la tyrannie d'Ezzelin, s'était rendue maîtresse de Vicence et de Bassano, et brillait par le savoir puisé dans son université. Par exagération du principe démocratique, elle excluait tous les nobles du gouvernement ; néanmoins elle confiait de grands pouvoirs à la famille des Carrare, qui avait survécu aux autres de la Marche. Comme guelfe, elle avait encouru la colère de Henri VII, qui, après avoir excité Vicence à se soustraire à sa domination, confia le gouvernement

---

(1) Pétrarque le raconte dans ses *Lettres familières,* livre XVIII, ép. 4.

de cette ville à Cane de la Scala, son bras droit. Cane y introduisit des soldats mercenaires, la soumit à un pouvoir militaire excessif, et déclara la guerre aux Padouans, dont le territoire fut dévasté. L'historien Ferreto voyait des files de citoyens conduits de temps à autre à Vicence, les mains liées derrière le dos, et traités de la manière la plus cruelle jusqu'à ce qu'ils se rachetassent; les mercenaires ne montraient pas une plus grande humanité. Les deux villes, chacune avec ses alliées, se livraient de fréquents combats, et Padoue parvint à mettre sur pied quarante mille fantassins et dix mille cavaliers (1) : tant elle avait de richesses, jusqu'au jour où elle fut ravagée par une terrible épidémie !

Les Gibelins étaient persécutés dans l'intérieur de la ville. Les Carrare, flattant la basse envie de la multitude, assaillirent, aux cris de : « Vive le peuple, mort aux traîtres ! » tous ceux qui faisaient obstacle à leur ambition, et surtout Pierre Alticlinio, avocat influent et riche, dont la maison fut livrée au pillage, et dans laquelle on prétendit trouver la preuve des crimes les plus atroces (2). Cet avocat, ses parents et ses amis furent massacrés; l'historien Albertin Mussato, coupable d'avoir proposé une taxe et d'en préparer la répartition, eut de la peine à s'échapper.

(1) FERRETO, liv. VI, pag. 1130.
(2) Dans ces révolutions, on trouve toujours un avocat qui, par réminiscence des Grecs et des Romains, ou pour faire étalage d'éloquence, persuade de se soumettre à un tyran. Le jurisconsulte Nicolas Duc démontrait aux habitants d'Asti qu'il était de leur grand avantage de se soumettre à Philippe du Piémont. Messire Ugolin de Celle, docteur ès lois, conseillait aux Lucquois d'élire Castruccio pour seigneur : *Cum magnificus vir Castruccius, sua industria, sapientia, virtute, sollicitudine et vigore, et non sine magno risico suæ personæ, multas vicarias, castra, terras, jura et juridictiones Lucani communis, diu in damnum et præjudicium Lucani communis, et alia maxima ordinaverit et fecerit, et ordinare, facere et exsecutioni mandare in honorem et servitium Lucani communis continuo sit paratus in actu et prosecutus; et ipsam civitatem Lucanam multimodo dissolutam reduxerit, et conservet continuo in plena justitia, pacifico et tranquillo statu; et dignum sit quod ex tantis beneficiis et honoribus, quæ Lucano communi acquisivit, et quibus ipsam civitatem sua virtute promovit, meritum consequatur; si placet ordinare, consulere et reformare quod ipse Castruccius sit et eligatur, et electus intelligatur, et sit vigore præsentis consilii dominus et generalis capitaneus civitatis Lucanæ, et ejus comitatûs, districtûs et fortiæ, cum omni et tota baylia et auctoritate Lucani communis; quæ baylia et auctoritas vigore præsentis consilii eidem attributa sit et intelligatur super omnibus et singulis negotiis ejusdem communis pro tempore vitæ ipsius Castruccii*, etc. (Memorie lucchesi, I, 249.)

La guerre continuait avec Scaligero, bien qu'elle fût moins souillée par les meurtres que par des vols et des outrages. Jacques Carrare, tombé prisonnier de Cane au siége de Vicence, s'entendit avec lui pour s'appuyer l'un l'autre dans leurs ambitions personnelles. En effet, profitant de la lassitude engendrée par de longues hostilités, le jurisconsulte Roland de Piazzola persuada aux Padouans, dans une habile harangue, de choisir un prince, et Jacques Carrare fut proclamé. Marsiglio, son neveu, ne tarda point à se brouiller avec Cane, contre lequel il appela le duc de Carinthie et Othon d'Autriche. Accompagnés de Hongrois et d'Allemands, dont les chroniqueurs font monter le nombre à quinze mille chevaux, ces deux princes vinrent en exerçant les plus grands ravages dans le Frioul. Le Padouan et toute la Lombardie envoyèrent des soldats pour arrêter ce fléau; mais Cane réussit mieux avec de l'argent, et les envahisseurs s'en retournèrent sans avoir fait de mal qu'à leurs amis. Puis, afin de se venger des Padouans, il acheva de ravager leur territoire, sans jamais faire trêve à ses hostilités; enfin il contraignit Marsiglio à lui céder Padoue, et ses longs désirs furent satisfaits.

Mastin II, son successeur, était aussi brave que lui, mais plus ambitieux. Parme lui fut acquise en vertu d'un traité; il occupa Brescia, dont il expulsa le vicaire de Jean de Luxembourg, et les Gibelins furent abandonnés à la vengeance des Guelfes. Il tenait une cour splendide, et l'historien Cortusio le trouva entouré de vingt-quatre princes dépossédés par les catastrophes, si fréquentes alors. Pendant le repas, des musiciens, des bouffons et des jongleurs égayaient les convives. Les salles étaient couvertes de tableaux représentant les vicissitudes de la fortune; ses appartements étaient décorés de symboles et d'insignes en rapport avec la condition des individus qui venaient chercher un asile près de lui : les trophées pour les guerriers, l'Espérance pour les exilés, les Muses pour les poëtes, Mercure pour les artistes, le paradis pour les prédicateurs (1).

---

(1) « Ce messire Mastin (dit un Romagnol contemporain) fut un des plus
« grands tyrans de Lombardie, celui qui eut le plus de cités, le plus de puis-
« sance, le plus de châteaux, le plus de communes, le plus de grandeur ; il fut
« seigneur de quinze grosses villes. Lorsque son armée assiégeait quelque ville, il
« employait quarante balistes, et jamais il ne partait qu'il ne l'eût prise. Il voulait
« être seigneur par force ou par amour. Il mit le pied en Toscane, acquit
« Lucques et trompa les Florentins ; aussi les Florentins ourdirent le complot
« qui causa sa ruine. Il menaçait ensuite de vouloir s'emparer de Ferrare et

Lucques avait été vendue aux Rossi par le roi Jean, et Florence chargea Mastin d'en négocier l'achat pour elle. Il conclut le marché, puis réclama pour les dépenses et sa peine 36,000 sequins, dans l'espoir que sa demande exorbitante effrayerait les Florentins, qui acceptèrent néanmoins sans rabattre un séquin; mais alors il ajouta qu'il n'avait pas besoin de cette bagatelle, et garda la ville pour lui. Il fut ainsi le maître de neuf cités, qui lui donnaient par an un revenu de 700,000 florins,

« de Bologne. Les nobles qui lui livraient les villes, il les gardait près de lui, et leur accordait grande protection. Il avait à son service beaucoup de barons, beaucoup de soldats à pied et à cheval, beaucoup de bouffons, beaucoup de faucons, de palefrois, de chars, de destriers de joute. Il était toujours au milieu des armes. On voyait des courtisans ôter leurs capuchons, des Allemands s'incliner, des festins qui ne finissaient jamais, tandis que sonnaient des trompettes, des chalumeaux, des cornemuses, des timbales. On voyait des tributs arriver; des mulets chargés d'argent, des joutes, des tournois, des danses, toute espèce d'amusements agréables, des draps français, des étoffes tartares, des velours magnifiques, des habits brodés, émaillés, dorés. Quand ce seigneur montait à cheval, la ville entière de Vérone paraissait s'écrouler; lorsqu'il menaçait, elle tremblait. Entre autres magnificences, on raconte que, voulant une fois dîner dans sa chambre, il fit servir quatre-vingt petites tables, chacune avec deux couverts pour deux barons. Dans sa résidence, on trouvait un nombreux cortége de juges, de médecins, de littérateurs, des talents de toute espèce. Sa réputation était grande à Rome; il n'avait pas d'égal en Italie. Il fut homme très-sage et seigneur juste. Dans tous ses États, on voyageait en pleine sécurité, l'or à la main; il faisait grande justice. Il était brun, barbu, gras, avec un très-gros ventre, et connaissait très-bien l'art de la guerre. Cinquante palefrois étaient nourris dans ses écuries. Il changeait d'habits tous les jours. Quand il chevauchait, il était accompagné de deux mille cavaliers et de deux mille fantassins d'élite, armés et l'épée à la main. Sa personne, tant qu'il resta vertueux, fut florissante; mais elle dépérit aussitôt que la superbe et la luxure le corrompirent. Il se vantait d'avoir violé cinquante jeunes filles dans un carême. Ces vices marquèrent sa déchéance. Il mangeait de la viande le vendredi, le samedi et le carême; puis il méprisait l'excommunication. Au milieu de cette grande puissance, il se vantait de ne pas connaître la fragilité humaine. Quand il se vit si haut placé, il fit construire le palais qui se trouve à Vérone; mais, pour en poser les fondements, il démolit une église, et il lui en arriva mal. Dès lors, il commença à mépriser les tyrans de la Lombardie, et négligea de se trouver à leurs assemblées. Puis, il fit faire une couronne toute garnie de perles, de saphirs, de rubis, d'escarboucles, d'émeraudes, de la valeur de 20,000 florins, parce qu'il avait résolu de se faire couronner roi de Lombardie, et sans tarder. Mais les tyrans de Lombardie en furent très-mécontents, et songèrent au moyen de ne pas être les sujets de l'un de leurs pairs. » (CORTUSIO, op. cit., liv. VI, chap. 1; MUZIO GAZATA, et *Storia romana*, ap. MURATORI, *Antiq. ital.*)

plus que la France ne payait à son roi. Il ne méditait rien moins que de se faire seigneur de toute l'Italie; en attendant, Lucques lui servirait d'échelon pour soumettre la Toscane, moyennant une alliance avec les petits seigneurs des Apennins.

Florence, qui n'oubliait pas l'affront de Mastin, lui déclara la guerre, et, bien qu'inférieure par le courage militaire et les alliances, elle avait de l'argent et la volonté de le dépenser pour l'honneur national. La ligue guelfe aurait dû la soutenir; mais le roi Robert était vieux, et Bologne ne semblait avoir recouvré la liberté que pour s'agiter au milieu des luttes sanglantes des Scacchesi et des Maltraversi. Sienne et Pérouse étaient menacées par Pierre Saccone des Tarlati, seigneur de Pietramala, qui, après avoir dépossédé la famille d'Uguccione de la Fagiuola, les Ubertini, les comtes de Montefeltro et de Montedoglio, dominait sur toutes les montagnes de la Toscane et de la Romagnola. Outre Arezzo, il possédait Castello et Borgo Sansepolcro, et, comme il s'était allié avec Mastin, il pouvait nuire beaucoup aux Florentins, qui cherchèrent alors un ami lointain.

Les Vénitiens, jusqu'alors, ne s'étaient pas mêlés aux événements du continent, si ce n'est comme étrangers, et le voisinage des évêques de Padoue, de Vicence, d'Aquilée, ne leur causait aucune inquiétude; mais l'accroissement des Scaligeri leur inspira de l'ombrage. Mastin, en effet, résolut de soustraire ses domaines au privilége que les Vénitiens s'arrogeaient de fournir le sel; il bâtit donc des forteresses sur le Pò, afin d'exiger des droits des navigateurs, et de protéger les salines établies dans le voisinage. Une rupture en fut la suite, et Venise s'entendit avec Florence, qui devait payer la moitié des dépenses et lui laisser toutes les acquisitions. Les troupes de cette ligue furent commandées par Pierre des Rossi, famille déjà maîtresse de Lucques et de Parme, mais qui avait dû céder la dernière à Mastin, après s'être vu enlever les châteaux paternels autour de Pontremoli. Pierre, qui avait la réputation du chevalier le plus accompli de l'Italie, soutenu par de nombreuses bandes d'Allemands, dirigea avec succès les armes des alliés contre les Scaligeri. En même temps, les Florentins décidèrent Saccone à leur rendre la seigneurie d'Arezzo, où ils établirent une magistrature propre. En Lombardie, ils cherchaient à soulever tous les ennemis de Scaligero; Azzone Visconti, les Gonzague, les Carrare, et d'autres qu'il avait dépossédés, se liguèrent *ad desolationem et ruinam dominorum Alberti et Mastini fratrum de la Scala,* dont ils se partageaient en imagination les vastes domaines, et soulevaient les cités. Padoue fut prise, et Albert arrêté dans ses murs; mais la mort de Rossi, qui succomba sur le champ de bataille, suspendit le cours des victoires. Mastin, réduit à l'extrémité, put conclure la paix en cédant beaucoup d'acquisitions. Padoue retournait aux guelfes Carrare, et Brescia aux Visconti; les Vénitiens occupaient Trévise, Castelfranco et Ceneda, leurs premières possessions de terre ferme, et obtenaient la libre navigation du Pô.

Mastin, aigri par les revers, devint cruel. Ayant conçu des soupçons contre l'évêque Barthélemy de la Scala, il l'égorgea dans la rue, et fut excommunié par le pape; néanmoins, après avoir fait amende honorable, il reçut le titre de vicaire pontifical. Parme aussi lui fut enlevée par les Correggio, ses oncles, auxquels il l'avait confiée. Or, comme cette perte avait pour résultat d'interrompre ses communications avec Lucques, il offrit cette ville à Florence, qui aurait pu, par cette acquisition, regagner les 600,000 florins que lui avait coûtés la guerre de Lombardie. Mais, tandis qu'elle marchande sur le prix, les Pisans, qui voyaient dans Lucques un danger pour eux, la préviennent et l'occupent avec le concours des Visconti, d'autres Gibelins, et surtout des bannis, heureux de se soustraire à un voisinage incommode. Les Florentins, se ravisant un peu tard, firent de grands efforts pour la recouvrer; mais les bandes qu'ils avaient prises à leur solde furent défaites à la Ghiaïa.

Les Scaligeri ne firent plus que déchoir et se déshonorer; enfin, au temps de Jean Galéas, ils perdirent le reste de leurs juridictions, et cessèrent de prédominer. Vérone, par ses monuments, atteste encore leur grandeur, et leurs tombeaux sont le témoignage évident de la reconnaissance des arts, que l'imitation servile n'avait point encore affaiblis (1).

(1) Le mausolée de Cane le Grand, de 1329, porte :

> Si Canis hic grandis ingentia facta peregit
> Marchia testis adest, quam sævo marte subegit.
> Scaligeram qui laude domum super astra tulisset,
> Majores in luce mores si Parca dedisset.

Celui de Cansignorio :

> Scaligera hac nitida cubo Cansignorius arca
> Urbibus optatus latiis sine fine monarca.
> Ille ego sum geminæ qui gentis sceptra tenebam,
> Justitiaque meos mixta pietate regebam;

Les marquis d'Este, proclamés naguère seigneurs de Ferrare, comme nous l'avons dit, y joignirent Modène par cession de la famille Pio, et obtinrent de Charles IV la confirmation des fiefs impériaux de Rovigo, Adria, Aviano, Lendinara, Argenta, Saint-Albert, et Comacchio, importante pour ses salines. Après avoir louvoyé entre les papes, Venise et Milan, Obizzo III s'entendit avec le pontife, auquel il paya une redevance annuelle pour Ferrare. Il acheta Parme d'Azzone Correggio moyennant 70,000 florins ; mais, tandis qu'il allait en prendre possession, Philippino Gonzague de Mantoue, aidé par Luchino Visconti, lui tendit une embuscade, tua beaucoup de gens de son escorte, et fit sept cent vingt-deux prisonniers. La plupart se rachetèrent ; mais il enferma Gibert de Fogliano et son fils Louis dans une cage de fer, où le dernier mourut de ses blessures, et le père dut rester avec son cadavre. Philippino fit la guerre à Obizzo et à Mastin, et, après une série confuse de ligues et de combats, Parme fut achetée par Luchino.

1344

1340

Outre ces tyrans créés par le peuple, d'autres provenaient de l'ancienne féodalité, et, parmi ces derniers, la maison de Savoie joua le premier rôle. D'après les fables entassées par frère Jacques d'Acqui, le chef de cette race serait Humbert aux *Blanches mains*, descendant peut-être de Witikind, rival de Charlemagne, ou bien d'un Saxon nommé Bérold, neveu d'Othon III, qui fut vice-roi d'Arles et comte de Maurienne et du Chablais. Guichenon soutint cette origine par ordre de Catherine de France, veuve de Victor-Amédée I*er*, qui, aspirant à faire monter cette maison sur le trône d'Allemagne, jugeait convenable d'établir qu'elle dérivait d'une famille germanique.

1003

La pensée de Henri IV d'unir sous les princes savoyards toute la haute Italie fit soutenir qu'elle descendait d'une famille italienne, c'est-à-dire des comtes d'Ivrée. Cette assertion fut avancée par le judicieux Louis Della Chiesa, et appuyée, dans le siècle suivant, par Napione, lorsque la disparition de toutes les dynasties italiques concentrait les regards sur la maison de Savoie, la seule qui survivait ; dans notre siècle encore, on maintient cette origine, grâce à l'espérance nouvelle de faire de cette prin-

> Inclyta cui virtus, cui pax tranquilla fidesque
> Inconcussa dabunt famam per secla diesque.

Celui de Mastin :

> Me dominum Verona suum, me Brixia vidit,
> Parmaque cum Lucca, cum Feltro Marchia tota.

cipauté le piédestal de la future Italie. Selon les généalogistes, Bérold ou Gérold, père de Humbert, serait fils d'Othon-Guillaume, duc de Bourgogne, fils d'Adalbert et petit-fils de Bérenger II, qui furent rois d'Italie; arrière-petit-fils de Gisla, fille de l'empereur Bérenger Ier; deuxième arrière-petit-fils d'Anschaire, marquis d'Ivrée, fils de Guy de Spolète, frère de Guy, roi d'Italie. Le savant, qui naguère appuyait cette filiation par des voyages et de nouveaux documents, conclut en disant qu'on « attend des témoignages qui en fournissent la preuve directe. » En effet, dans toutes ces généalogies, il ne manque que l'anneau qui joigne la branche des descendants avec les ascendants. Du reste, que la famille qui règne en Piémont cherche des aïeux incertains pour se rappeler et rappeler qu'elle est d'origine italienne, c'est là une des vanités les plus pardonnables (1).

Quoi qu'il en soit des ancêtres, leurs descendants, sous le titre de comtes de Maurienne, ajoutèrent à cette possession de nouveaux domaines, même en deçà des Alpes. Le marquisat de Suse tirait son importance de sa position au milieu de ces montagnes; par le mariage de la comtesse Adélaïde, célèbre dans les luttes des concubinaires et de l'empereur Henri IV, il fut uni au comté de Maurienne comme héritage de son fils, Amédée II. La maison de Savoie, par cette concession, mettait le pied en Italie. Un grand nombre de prétendants se disputèrent la succession d'Adélaïde; il se forma donc plusieurs comtés ruraux et diverses principautés, entre autres celles de Montferrat et de Saluces. Divers pays adoptèrent la forme démocratique, parmi lesquels Asti, dont la liberté fut reconnue par Humbert II le *Renforcé* (2), loué par saint Anselme d'Aoste, parce qu'il « gouvernait pour maintenir la paix et la justice ».

1098

Amédée III, son fils, donna une charte communale à Suse; puis, en l'honneur de saint Bernard, il fonda, sur la rive du lac Borghetto, l'abbaye de Hautecombe, célèbre par les tombeaux des princes de Savoie, ravagée sur la fin du siècle dernier et

1003

---

(1) Les nombreux travaux relatifs à cette généalogie sont résumés dans les *Memorie cronologiche e genealogiche di storia nazionale* de Cibrario, et dans sa *Storia della monarchia di Savoja*.

(2) Dans un précieux document, portant une donation à l'abbaye de Pignerol, Humbert II déclare vivre *ex natione mea, lege romana*. Guichenon a omis ces paroles parce qu'elles contrariaient son système; néanmoins nous avons démontré qu'elles ne prouvent pas l'origine d'une famille.

1148 restaurée de nos jours. Humbert III, dit le *Saint* pour sa vie exemplaire, voyant que les larges concessions faites par Barberousse à l'évêque de Turin avaient pour but de réduire sa propre juridiction, devint l'ennemi de cet empereur, puis se fit le mé-
1188 diateur de la paix entre lui et les Lombards. Thomas I accrut les franchises de Suse, fit jouir Aoste des mêmes avantages, acquit Testona, Pignerol, Carignan, et fut vicaire de Frédéric II en Italie, dignité dont il se servit pour réprimer les prélats et les barons. Amédée IV obtint de ce Frédéric le titre de duc de Chablais et de comte d'Aoste, et l'une de ses filles épousa le fils de
1233 cet empereur, Manfred, qui fut roi de la Sicile. Liés de la sorte aux Souabes, ces ducs eurent beaucoup à souffrir de la venue de Charles d'Anjou, et leurs possessions furent de nouveau renfermées dans les limites des Alpes.

Pierre, qui avait été ministre de Henri III d'Angleterre, ra-
1263 mena sous son obéissance les pays d'en deçà les Alpes jusqu'à Turin; connaissant la nécessité d'être fort, il fortifia ses domaines, entretint une armée, régla les finances et la justice, et fut appelé le *Petit Charlemagne*.

Attachée aux principes monarchiques, cette maison comprima les germes de liberté communale que l'exemple de la Lombardie limitrophe développait dans les cités subalpines; ni guelfe ni gibeline, elle profitait des luttes étrangères pour consolider son gouvernement, ses possessions, sa puissance.

Il serait trop long de suivre cette famille dans les divisions et les recompositions de ses divers rameaux. Dans la branche du Piémont, Thomas II était encore appelé comte de Flandre et de Hainaut, parce qu'il avait épousé Jeanne, héritière de ces pays et fille de Baudouin IX, empereur de Constantinople. Pendant les sept années qu'il régna sur ces deux provinces, il étendit beaucoup les communes (*keure*) à la manière d'Italie. A la mort de sa femme, il revint dans sa patrie et agrandit ses possessions; non-seulement son frère, Amédée IV, lui laissa le Piémont, c'est-
1244 à-dire le pays entre les Alpes, le Sangone et le Pô, dont la ville principale était Pignerol; mais l'empereur Frédéric II, pour gagner son amitié, lui concéda Turin avec le pont et le petit château, Cavoretto, Castelvecchio, et Moncalieri, qui avait remplacé Testona détruite par des citoyens d'Asti et de Chieri. Cette ligne, sur la rive droite du Pô, lui permettait de dominer les routes du commerce d'Asti et de Crémone avec les pays d'au delà des monts; il acquit encore le Canavais, Ivrée et d'autres

villes, et fut nommé vicaire impérial du Piémont et de la Savoie jusqu'au Lambro. 1248

Après la chute de Frédéric, il caresse le pape Innocent IV, qui lui fait obtenir de l'empereur Guillaume de Hollande de nouvelles concessions, des fiefs et le droit de battre monnaie, d'établir des péages, d'ouvrir des marchés. Il eut beaucoup à lutter avec Asti, et sut intéresser dans sa querelle Louis XI de France, lequel fit arrêter tous les citoyens de cette ville qui se trouvaient dans son royaume. Les Astigians, pour se venger, occupèrent Moncalieri et défirent Thomas à Montebruno; puis les Turinois se révoltèrent contre lui, le prirent et le livrèrent aux Astigians. 1257 La France, l'Angleterre, la Flandre et le pape sollicitèrent en sa faveur; mais il ne recouvra la liberté que lorsqu'il eut renoncé à tous droits sur Turin et autres lieux, et donné aux Astigians ses fils comme otages.

Deux nobles époux allemands se rendaient en pèlerinage à Rome, lorsque, arrivés dans le Montferrat, la femme met au monde un fils, qu'elle confie à une nourrice du pays. Tous deux meurent dans le voyage, et le jeune Aléram se fait un nom par sa valeur. Étant allé prêter le secours de son bras à Othon le Grand contre Brescia, il se fait aimer d'Adélaïde, fille de cet empereur, et va se réfugier avec elle parmi les charbonniers des montagnes de la Ligurie. Enfin Othon pardonne au ravisseur, et lui assigne les terres situées entre l'Orba, le Pô et la mer, dont il fait les sept marquisats de Montferrat, Garessio, Ponzone, Ceva, Savone, Finale, Bosco. A un autre siège de Brescia, Aléram tue, sans le connaître, son propre fils Othon; de ses deux autres enfants, Boniface et Théodoric, descendent les familles de Bosco, Ponzone, Occimiano, Carretto, Saluces, Lanza, Clavesana, Ceva, Incisa; un quatrième fils, Guillaume, fut la souche des marquis de Montferrat. Ces traditions furent souvent chantées par les poëtes, à qui l'on doit l'invention de cette origine, d'autant moins probable qu'aucune fille d'Othon le Grand n'eut un époux de ce nom. Quoi qu'il en soit, et quelle que soit l'époque où vécut cet Aléram, sa descendance domina sur le versant de l'Apennin ligurien, depuis la rive droite du Pô jusqu'à Savone; de là sortirent les familles qui gouvernèrent le Montferrat, Saluces vers les sources du Pô, et les villes occidentales de Turin, Chieri, Asti, Verceil, Novare, les disputant aux Visconti et à la liberté communale.

Nous avons vu les marquis de Montferrat se mêler aux vicissitudes de l'Italie supérieure et participer aux croisades. Devenus les princes les plus illustres de ces contrées, leur alliance fut recherchée, et l'on redouta leur inimitié ; mais, resserrés entre les ambitions des ducs de Savoie et des seigneurs de Milan, ils ne purent s'étendre, d'autant plus qu'une noblesse puissante, qui se glorifiait d'avoir la même origine que la famille régnante, les contrariait à l'intérieur, opposition qui empêchait le pays d'établir un gouvernement régulier, soit monarchique, soit démocratique.

1222 Boniface IV, lorsque les musulmans lui eurent enlevé sa principauté de Thessalonique, emprunta, pour la recouvrer, 9,000 marcs à Frédéric II, auquel il donna en gage ses propres États : c'était non-seulement porter atteinte à sa propre autorité, mais encore mettre en péril l'indépendance du Piémont, si la maison de Souabe n'avait pas disparu. Il céda même à des seigneurs et à des communes ses droits sur plusieurs villes.

1254 Guillaume IV, dit le *Grand Marquis*, fils de Marguerite de Savoie, époux d'Isabelle de Glocester, puis de Béatrix de Castille, maria sa fille Yolande à l'empereur grec Andronic II Paléologue ; il lui donna pour dot le vain royaume de Thessalonique, et reçut en échange de grosses sommes d'argent avec la promesse de 500 cavaliers, entretenus à son service en Lombardie. A la tête de cette force, il faisait pencher la balance en faveur des Guelfes ou des Gibelins, selon qu'il défendait les uns ou les autres. Entré dans Turin par trahison, il tua beaucoup d'habitants, et plusieurs furent emprisonnés ; parmi les victimes se trouva l'évêque Melchior, toujours opposé aux desseins du marquis sur sa patrie, et qui, pour avoir refusé de livrer ses châteaux au vainqueur, subit la mort. Pendant qu'il allait en Espagne visiter son beau-père, Thomas III de Savoie l'arrêta en trahison, et le contraignit à renoncer à ses droits sur Turin. Revenu d'Espagne avec quelques hommes et de l'argent, il se vantait de conquérir toute l'Italie : mais les villes se révol-

1292 tèrent contre lui, et il fut pris par les Alexandrins, qui le tinrent dans une cage de fer tant qu'il vécut ; lorsqu'il eut rendu le dernier soupir, ils firent couler sur son corps du lard bouillant et du plomb fondu, afin de s'assurer s'il était bien mort.

Les villes de sa dépendance consolidèrent alors leurs franchises. Une grande partie du pays fut occupée par Mathieu Visconti, qui se vengeait de son ennemi, et que la population proclama capitaine du Montferrat; ainsi son fils Jean II, qui lui succéda à quinze ans, se trouva réduit aux domaines primitifs.

Ce Jean fut le dernier de cette ligne, et, comme il mourut sans enfants, son héritage devait revenir à sa sœur Yolande ; mais Manfred de Saluces, de la même souche, aspirait à cette principauté, qu'il occupa les armes à la main. Il envahit même beaucoup de terres qui avaient appartenu à Charles d'Anjou, et, pour apaiser le roi de Naples, il accepta de lui, comme fief, le Montferrat, bien qu'il n'eût aucune espèce de droit sur ce marquisat. L'empereur grec envoya Théodore, son second fils, qui, après avoir épousé une fille du Génois Obizzino Spinola, afin de s'en faire un appui, recouvra son héritage par les armes ; puis, à l'effet de combattre avec avantage les Visconti, il exigea de ses vassaux des hommes et de l'argent au delà des conventions arrêtées.

La maison de Savoie, qui, après s'être étendue au delà des Alpes du côté de l'Helvétie et de la France, tournait ses vues vers l'Italie, se trouva bientôt aux prises avec les marquis de Montferrat ; la possession d'Ivrée devint la source d'une guerre dont les résultats lui donnèrent la souveraineté sur les comtes du Piémont et les marquis de Saluces. Thomas III, qui avait recouvré le Piémont sur les marquis de Montferrat, mourut en 1285, et son neveu Philippe devait lui succéder ; mais Amédée V de Savoie, son oncle, gouverna le pays comme son domaine, et Philippe ne conserva que le titre de prince d'Achaïe, au moyen duquel ses successeurs s'efforcèrent de dominer sur quelque partie du Piémont.

Cet Amédée, qui assista à trente-cinq siéges, et batailla continuellement contre le Dauphin, le comte de Genève, le sire de Faucigny et d'autres, fut créé prince de l'empire par Henri VII, son beau-frère, qui lui assigna aussi le comté d'Asti, glorieuse république déchue de sa grandeur ; mais Robert de Naples le conserva jusqu'au moment où le marquis de Montferrat le lui enleva par surprise et s'en déclara seigneur. Amédée établit l'indivisibilité de la monarchie avec exclusion des femmes, et commença à prendre le titre de prince ; Henri lui céda Ivrée et le Canavais, et le marquis de Saluces, Fossano. Cette monarchie comprenait alors huit bailliages : la Savoie avec la Maurienne, la Tarentaise et dix-huit châtellenies ; la Novalaise, avec neuf châtellenies ; le Viennois, avec neuf châtellenies ; la Bresse, avec dix ; le Bugey, avec sept ; le Chablais, avec seize ; le val d'Aoste, avec cinq ; le val de Suze, avec trois.

Amédée VI, dit le *Comte Vert,* de la couleur de la devise qui le distinguait, lui et son cheval, dans un tournoi de Chambéry, enleva à la comtesse de Provence Chieri, Cherasco, Mondovi, Savigliano, Cuneo. Grâce à la bonne administration de ses finances par son habile ministre, Guillaume de la Beaume, il put obtenir le Faucigny, acheter la baronie de Vaud et les seigneuries du Bugey et de Valromey; voyant la France, puissance plus robuste, substituée aux Dauphins, il perdit l'espoir de s'agrandir de ce côté, et tourna ses vues plus spécialement vers l'Italie.

L'empereur Charles IV traversant la Savoie, Amédée l'accueillit avec les plus grands honneurs : il sortit à sa rencontre avec six chevaliers bannerets richement vêtus, et lui offrit des banquets somptueux, dans lesquels lui-même et les siens lui servaient à cheval des mets presque tous dorés, tandis que deux fontaines versaient nuit et jour du vin blanc et clairet, que chacun pouvait prendre à volonté (1). En conséquence, il fut nommé vicaire impérial, et fit la paix avec Jean Paléologue de Montferrat, à la condition de recevoir la moitié de ses domaines; étant allé à Constantinople pour secourir ce Paléologue, son cousin, il conquit sur les Turcs Gallipoli, Mésembria, Lémona, assiégea Varna, et contraignit les Bulgares à faire la paix avec cet empereur.

1366

Le pape autorisa les évêques à relever des peines sur l'usure et les biens mal acquis quiconque contribuerait à cette expédition, et accorda en outre les dîmes ecclésiastiques, tandis que chaque fief fournissait des armes et de l'or. Le comte s'en servit pour continuer ensuite ses exactions; il fit alliance avec le pape contre les Visconti, qu'il combattit comme capitaine général. Toujours avide de gloire et d'argent, il ne voulut pas même leur restituer, à la paix, quelques châteaux qu'il leur avait enlevés; mais, pour obtenir la première, il ruina ses finances, et, après avoir engagé à des Lombards et à des juifs ses joyaux et sa vaisselle d'argent, il vendit les offices. Dans la pensée de se former un seul État, il se proposait de réunir à la Savoie le Piémont, enlevé aux princes d'Achaïe, et de détruire les juridictions féodales; mais, dans toutes les acquisitions faites du côté de l'Italie, il introduisait des formes administratives à la française, et restreignait dans un sens monarchique les libres statuts. Il multiplia les impôts, trahit sa parole quand il le jugea profitable, et servit les étrangers dans la conquête de Naples, où

---

(1) *Cronica di Evian*, ms. dans les archives cantonales de Lausanne.

il mourut misérablement. Nous avons déjà parlé de l'ordre de l'Annonciation, fondé par lui (1).

1383

Amédée VII, surnommé le *Comte Rouge*, plus brave sur les champs de bataille qu'habile dans les conseils, vécut en paix avec la France comme son père. Au temps de Charlemagne, la Provence était déjà divisée en comtés, deux desquels formaient le territoire actuel de Nice. Les bourgeois de cette ville, pendant que Raimbaud, leur comte, se trouvait en Palestine, établirent un gouvernement démocratique, et celui-ci, à son retour de la croisade, se contenta d'être consul de la commune. La sujétion, néanmoins, n'avait pas cessé; Nice, dans le douzième siècle, obéissait aux comtes d'Arles, et le reste du pays à ceux de Toulouse, de Forcalquier, d'Orange, du Balze, jusqu'au jour où les comtes de Barcelone se firent marquis de Provence. Après plusieurs tentatives, les habitants de Nice parvinrent, en 1215, à se soustraire à leur autorité en jurant la *compagnie* de Gênes, et les marquis faisaient le serment de respecter leurs statuts. Avec Béatrix, fille de Raymond Bérenger, la Provence tomba dans les mains de Charles d'Anjou, qui en fit le fondement de sa future grandeur en Italie. Les factions, cependant, n'épargnaient pas Nice, divisée entre les nobles, qui habitaient la ville d'en haut, et les citoyens de la ville d'en bas.

Les maux dont souffrit la race du roi Robert de Naples furent ressentis par Nice; enfin, sous le règne du jeune Ladislas, les citoyens, par l'entremise des Grimaldi, sollicitèrent auprès d'Amédée VII leur annexion à ses domaines. Amédée y joignit les comtés de Vintimille et de Villefranche, plus la vallée de Barcelonette, alléguant des créances sur les deux maisons d'Anjou, la cession des barons ou le titre de vicaire impérial.

1388

Un breuvage, donné par un charlatan à Amédée pour rétablir ses forces épuisées, lui coûta la vie. Bonne de Berry, sa veuve, soupçonnée d'être l'auteur de sa mort, fut nommée régente; elle eut des contestations orageuses de pouvoir avec sa belle-mère et les grands, des guerres avec les comtes de Genève, les évêques de Sion, Berne, Fribourg, ses parents, et conclut enfin la paix. Amédée VIII, leur fils, fut dit le *Pacifique*, parce qu'il préféra aux armes la politique, qui lui valut de grands avantages: abattre les fiefs, s'approprier le Montferrat et Saluces, empiéter

1391

---

(1) Les habitants de Magnano se donnaient au Comte Vert en 1373, voulant être *sub justæ manûs dominio, potiusquam sub tyrannizantium sævissima voragine et regimine crudeli.*

sur le Milanais, telle fut sa constante occupation. En effet, les Avogadri de Quinto, de Quaregna, de Valdengo, de Casanova, de Colobiano et de Pezzana, les Alciati, les Arbori, les Dioniosi, les Pettinati, beaucoup de monastères, de communes, entre autres Val d'Ossola et Verceil même, lui firent hommage. Cette ville, qui sut, l'une des premières, acquérir les franchises communales, et les défendit avec tant de gloire, déchira ses propres entrailles dans les luttes factieuses des Avogadri avec les Tizzoni, de la société noble de Saint-Eusèbe avec la compagnie bourgeoise de Saint-Étienne, et finit par tomber sous la seigneurie des Visconti de Milan. Amédée VIII, dont l'aïeul avait déjà acquis Santia, San Germano et Biella, et qui recevait l'hommage des nombreux Avogadri de ce pays, profitait des discordes que la mort de Jean-Marie Visconti avait suscitées à Milan pour soumettre quelques communes par la force ou la persuasion; puis le successeur de ce Visconti lui céda Verceil, à la condition qu'il se détacherait de la ligue formée avec Venise et Florence.

1414
1294
Il acquit, en outre, le Génevois, disputé entre les nobles après la disparition de la race des comtes, et le Piémont, quand les princes d'Achaïe s'éteignirent. Philippe de Savoie avait dû se contenter de ce titre; mais, bien qu'il prêtât serment de vasselage pour le Piémont, il le gouverna comme indépendant, et de même son fils Jacques. Les seigneurs de Savoie visaient donc sans cesse à réduire leur autorité, tandis que l'obligation d'obéir à deux maîtres et d'en satisfaire les besoins ou l'avidité, avait pour résultat la mauvaise administration du pays. Louis, qui dota le Piémont de bonnes institutions, et Turin d'établissements

1418
destinés à propager le savoir, fut le dernier prince d'Achaïe; Amédée VIII occupa son pays, et, dès lors, le fils aîné de Savoie prit le titre de prince du Piémont.

1413
Les seigneurs d'Achaïe et de Savoie avaient toujours songé à soumettre les marquis de Saluces et de Montferrat. Les premiers, après de longues persécutions, prêtèrent hommage au comte de Savoie, dont ils reçurent le pays comme fief. Dans le Canavais, entre les deux Doire, dominaient les comtes de Biandrate dont nous avons déjà parlé, et les marquis du Canavais, peut-être descendants d'Ardouin, roi d'Italie, qui se divisaient en deux branches, les Valperga et les Saint-Martin, subdivisés en plusieurs rameaux avec le titre de comtes : tels étaient les Valperga de Masino, de Cuorgnè, de Salasses, de Rivara, de Mazzè, et les Saint-Martin d'Agliè, de Brosso, de Trombino, de Sparone, de

Castellamonte. Les deux familles devinrent ennemies, et se livrèrent des combats sanglants, auxquels participèrent les voisins; les Valperga arboraient la bannière gibeline, et les autres celle des Guelfes. Les habitants même du Canavais, fatigués de ces querelles, s'insurgèrent sous le nom de *Tuchiens*, et, se livrant aux excès ordinaires de la plèbe excitée, ils tuèrent, violèrent, volèrent, incendièrent des châteaux et torturèrent les feudataires; ils furent enfin domptés par les armes du duc de Savoie, qui recommanda aux seigneurs de mieux traiter les vilains, et régla mieux les devoirs des vassaux. Des mouvements populaires semblables avaient éclaté dans la Tarentaise, le Vercellais et la Maurienne.

Jean, marquis de Montferrat, voulut profiter de ces désordres, et, soutenu par des bandes mercenaires, il acquit Alba, Asti, le Vercellais, le Novarais, Pavie même et Valence, clefs de la Lombardie; mais ses pactes avec les seigneurs de Savoie tournèrent à son préjudice, et furent également nuisibles à ses successeurs. Parmi ces derniers, nous citerons le marquis Secondotto, qui s'abandonnait à tous les excès communs aux petits princes d'alors, au point de rivaliser avec l'indigne Jean Galéas Visconti. Appelé à son aide pour dompter Asti, qui s'était révoltée contre lui, ce Visconti se fit reconnaître seigneur par cette ville. Quelque temps après, Secondotto, qui aimait parfois à remplir l'office de bourreau, voulut égorger un jeune homme de sa suite; mais le marquis fut tué par un compagnon de la victime désignée. Othon de Brunswick, qui avait été son tuteur, accourut alors de Naples, et prit la tutelle de Jean, son successeur. Afin de prévenir le retour de semblables tyrannies, une assemblée générale se tint à Moncalvo, dans laquelle, sans parler des intérêts particuliers, il fut décidé qu'on ne prêterait serment de fidélité au jeune marquis que jusqu'à vingt-cinq ans, âge où sa conduite future pourrait être appréciée; en outre, si le marquis tuait ou blessait quelqu'un de ses sujets, lui faisait violence dans ses biens, sa personne ou ses femmes, toute obligation de fidélité devait cesser immédiatement; car il est juste, disait-on, que, si les sujets se montrent fidèles, ils obtiennent en récompense que leurs personnes, leurs choses et leurs droits soient protégés, gardés et défendus.

Ces pays avaient donc une représentation et des priviléges. Les princes de Savoie, qui connaissaient leur importance, tantôt s'allièrent contre eux avec les Visconti, et tantôt voulurent s'en faire les protecteurs afin de les défendre contre ces mêmes Visconti; en même temps, ils empiétaient sur les domaines des seigneurs, et les réduisaient à l'état de vassaux.

Après l'annexion de tout le Piémont, Amédée VIII dominait depuis le lac de Genève jusqu'à la Méditerranée; il acquit de l'empereur Sigismond le titre de duc de Savoie moyennant le don de vases d'argent du poids de deux cents marcs, 4,000 écus d'or, six gros chiens, et, dans la solennité, il déploya dix étendards, cinq cents pennons, quinze cents bannières avec les armes de Savoie en argent. Sigismond, néanmoins, pour sauver Genève de son avidité, la déclara membre de l'empire. Après avoir joué un grand rôle dans les événements de l'Italie, et fondé l'ordre de Saint-Maurice, il s'établit à Ripaglia, délicieux pays sur le lac de Genève, près de Thonon, pour vivre dans une retraite pieuse et voluptueuse; mais, alors que les aventuriers devenaient seigneurs, il ambitionna d'être pape, et nous le verrons accepter le triste rôle d'antipape, qu'il abandonna pour mourir doyen des cardinaux (1).

Dans la Savoie, cependant, la domination d'un prince n'étouffait pas les priviléges des communes, qui conservaient une existence propre, dans quelques-unes, digne de fixer l'attention de l'historien, dans d'autres, d'être imitée (2). Le droit de voter les impôts était réservé aux communes, et, dans les cas extraordinaires, il fallait les demander comme *grâce spéciale;* mais les seigneurs d'Achaïe ou de Savoie, lorsqu'ils se sentirent forts,

---

(1) L'unique archevêque, dans les possessions de Savoie, était alors celui de la Tarentaise, duquel relevaient Aoste et la Maurienne. La Savoie propre, comme partie de l'évêché de Grenoble, dépendait du métropolitain de Vienne; les autres pays d'au-delà les monts reconnaissaient des métropolitains de Lyon et de Besançon; ceux d'en de-çà, l'archevêque de Milan.

(2) Geoffroy (*St. delle Alpi marittime*, tome I, pag. 590) a trouvé confirmés, dès 1040, par Othon et Conrad, comtes de Vintimille, les statuts qu'un certain Ardouin, marquis d'Ivrée, avait donnés aux hommes de Tende, de Saorgio, de Briga, et qui reconnaissent le droit d'hérédité dans les mâles et les femmes: « Dispense du combat judiciaire dans les causes civiles; il est remplacé par les témoins sacramentaires. Le comte ni les siens ne pourront prendre la personne en otage, ni mettre le séquestre sur les biens et sur les maisons de ces hommes, qui ne seront tenus d'assister au jugement public qu'une fois dans l'année et pendant trois jours; en outre, ils ne devront envoyer à la guerre ceux qui se sont placés sous leur dépendance que lorsqu'il s'agira de former une armée complète. Ils pourront faire du bois, prendre de l'eau, mener paître leurs troupeaux et chasser sur tous les domaines du comte jusqu'à la mer. » C'est un des plus anciens documents d'existence communale. Les priviléges du val de Lanzo se trouvent dans CIBRARIO (*Studj storici*, pag. 302).

exigèrent des contributions volontaires. Amédée, frère du dernier Louis, en mars 1396, écrivait au vicaire de Turin : « S'il plaît à Dieu, nous serons à Turin demain matin; nous te commandons de faire que les habitants de la cité délibèrent dans leur conseil, et nous envoient deux personnes ou davantage avec faculté de nous concéder un subside et le logement pour nos soldats, comme ceux de nos autres villes ont fait et feront, en raison de trois gros par feu. Sache que les citoyens de cette ville nous l'ont accordé (1). »

Chieri, puissante par le commerce non moins que par les armes, soumit à son autorité quarante châteaux. Les Balbo, les fondateurs ou les personnages les plus considérables de cette république, la poussèrent à se défendre contre les marquis de Montferrat et Barberousse, contribuèrent aux victoires des Lombards sur cet empereur, et lui donnèrent un gouvernement conforme à celui des autres cités démocratiques. Les Balbo ne pouvaient être podestats, charge réservée à un étranger; mais, par compensation, ils choisissaient dans leur propre famille le chef du conseil. Cette dignité fut enviée par les six maisons ou *alberghi* principales de la cité, qui formèrent une ligue contre les Balbo, dans laquelle entrèrent aussi les nobles inférieurs; de là sortit la société de Saint-George, qui gouverna longtemps les affaires de cette république. Les Balbo, après avoir constitué un *albergo* (association de famille), bâtirent un palais et une tour où chaque membre devait trouver un asile, avec faculté pour tous d'y faire apporter un lit en temps de troubles. Les Gribaldenghi, les Albuzzani, les Merli, les de Castello, les Mercadilli et d'autres fondèrent d'autres *alberghi* hostiles, s'unissant contre la plèbe et contre tous ceux qui voulaient dominer : de là, des guerres intestines qui durèrent cinquante ans; dans la paix qui fut conclue, on voit figurer cent huit Balbo, divisés en trente branches.

1220

1271

Les hostilités recommencèrent un demi-siècle plus tard; or, comme à cette époque le mouvement entraînait vers la tyrannie, on résolut, pour suspendre les calamités, de se soumettre à la maison de Savoie. Il fut stipulé que Chieri conserverait ses coutumes, avec le droit de battre monnaie et de donner l'investiture des fiefs; qu'on adjoindrait au représentant du prince dans l'exercice de son autorité quatre hommes de guerre choisis dans

1347

---

(1) *Lib. consil. civitatis Taurini.*

les maisons d'*albergo*, et que le premier serait un Balbo, nommé par les suffrages de sa famille seule; qu'aucun acte légal ne serait exécutoire qu'après avoir reçu l'empreinte des sceaux du prince, du peuple, des Balbo, des six maisons d'*albergo* unies, et de la cité.

L'autorité des Balbo parut encore excessive, et l'on prétendit leur enlever le droit d'apposer leur sceau. Le prince d'Achaïe vint en personne pour rétablir la paix, et confirma aux Balbo ce privilége, dont ils jouissaient de temps immémorial, sauf à reconnaître qu'ils l'avaient reçu de la commune de Chieri. Cette concession marqua la décadence de cette famille, qui fut considérée, non plus comme indépendante, mais comme relevant de la commune. Lorsque, soixante ans plus tard, Valentine, fille de Galéas Visconti, et sa nièce Aymonette, épousèrent, l'une Louis d'Orléans, frère du roi de France, et l'autre Louis de Bertone, chef de la seconde branche des Balbo, les jalousies de leurs ennemis se réveillèrent, surtout à la suite de leur alliance avec Venise. Les ducs de Savoie conçurent de l'ombrage contre eux; on leur contesta de nouveau le droit du sceau, et, bien que Louis, en 1455, les réconciliât avec les autres nobles d'*albergo*, ils perdirent ce signe de suprématie.

Vers la fin du douzième siècle, Thomas de Savoie, par acte public, *accordait la liberté* à la ville d'Aoste et à ses faubourgs, en promettant que ni lui ni ses successeurs n'en exigeraient d'impôts *non consentis*; or les franchises que cette vallée conserva, même sous la maison de Savoie, sont un témoignage de l'ancien droit. Dans les états, ou, comme l'on dit aujourd'hui, dans le parlement, la noblesse était présidée par l'un des membres des familles de Vallesa et de Challant; le premier qui arrivait occupait le siége, et le second avait le droit de s'asseoir sur ses genoux. Afin de résoudre les contestations importantes et de promulguer les ordonnances pour l'exécution des lois, on tenait des assises où figuraient le souverain, le chancelier savoyard, les *pairs*, les *impairs*, les *consuétudinaires :* on appelait pairs les nobles des familles principales; impairs, les vassaux bannerets ou simples gentilshommes et les docteurs ès lois; les autres étaient des châtelains, des avocats, des légistes praticiens. Le duc devait les convoquer tous les sept ans; il entrait par la vallée du petit Saint-Bernard, et, lorsqu'il se trouvait sur la frontière, il expédiait deux barons pour ordonner aux vassaux de livrer toutes les forteresses, qui restaient occupées par ses gens pendant tout le mois que duraient les assises. Après avoir fait son entrée par la porte Saint-Genais, il jurait sur l'autel de la cathédrale de protéger l'Église, le clergé, les orphelins, les priviléges et les coutumes du duché. L'assemblée se tenait à l'évêché, dans une salle où se trouvait onze siéges de bois, tous sans ornements, même celui du duc ; les vassaux et les feudataires renouvelaient l'hommage entre ses mains, les statuts étaient confirmés, et puis on rendait la justice.

Lorsque la guerre éclatait, surtout avec la France, la vallée stipulait sa neutralité par l'entremise des Valaisans et des Suisses, intéressés à mettre leur territoire à l'abri de l'invasion ; aussi, jusqu'en 1691, aucun étranger ne viola cette vallée, qu'on appelait la *pucelle* (1).

Le 13 avril 1360, quelques nobles, au nom de tous les autres du Piémont, se présentèrent devant Amédée VI de Savoie, pour lui demander de renouveler les concessions qu'ils tenaient des princes antérieurs. Il fit droit à leurs réclamations, et jura d'observer leurs priviléges, ainsi conçus : ils pouvaient donner asile dans leurs domaines aux hommes bannis du territoire du comte, à l'exception des félons ou des voleurs ; se soutenir les uns les autres contre leurs ennemis, et faire alliance entre eux selon la coutume des nobles savoyards, pourvu que ce ne fût point au détriment du comte ou de sa maison ; il leur reconnaissait le droit illimité d'exercer la juridiction civile et criminelle, telle qu'ils l'avaient dans leurs terres, avec défense aux magistrats du comte d'y pénétrer, sauf le cas de déni de justice ; les châteaux et les forteresses de leurs domaines ne leur seraient enlevés qu'en vertu d'une sentence de confiscation, et, comme dans toute autre enquête criminelle, on devait procéder selon le droit ; tout procès civil et criminel entre des nobles, ou bien entre des nobles et d'autres sujets du comte, serait jugé par des tribunaux établis sur les terres du comte en deçà des Alpes ; si quelque méfait de l'investi entraînait la confiscation, le comte remettrait le fief à quelque noble moyennant un juste équivalent, le roi ne pouvant le retenir à aucun titre sans le consentement des nobles, qui lui est indispensable pour acheter des fiefs ; le comte statuerait sommairement sur les causes des vassaux dépouillés injustement de

---

(1) Voir CIBRARIO, *Storia di Chieri*; SCLOPIS, *Considerazioni storiche intorno a Tommaso di Savoja, e degli stati generali ed altre istituzioni politiche del Piemonte* (Turin, 1851).

leurs fiefs; le funeste droit de transit, cause d'une guerre récente, était aboli à perpétuité. Le comte ne recevrait, parmi les bourgeois de ses villes, les hommes des fiefs nobles qu'un an et un jour après qu'ils les auraient quittés, et encore fallait-il que le vassal ne les eût point réclamés; les nobles ne seraient tenus de chevaucher avec leur seigneur que dans le cas d'une guerre, selon les vieilles coutumes, et sous la condition de recevoir une solde et d'être indemnisés de leurs pertes.

De ces barrières élevées contre le pouvoir des princes, de ce sentiment d'une liberté nécessaire et naturelle au peuple, le sage historien déduit de nouvelles preuves de cette assertion, confirmée d'ailleurs chaque jour, que, dans les institutions politiques de l'Europe, la liberté peut se dire ancienne, tandis que le despotisme est le propre des gouvernements modernes, absolus ou constitutionnels.

CHAPITRE CVIII.

LES COMPAGNIES D'AVENTURIERS.

La mobile existence des petits seigneurs italiens, tour à tour abaissés ou élevés, trouve son explication dans les nouveaux procédés de l'art militaire. Les barbares ignoraient tous les principes de cet art; peu aptes aux siéges et à la tactique navale, la force personnelle décidait de tout, et l'on ne songeait qu'à faire à l'ennemi le plus grand mal possible. Les conquérants avaient seuls le privilége de porter les armes, tandis que les autres subissaient l'oppression, sans moyens de défense. Après l'établissement de la féodalité, chaque vassal fut tenu de fournir au seigneur un certain nombre de combattants (1); lui-même en entretenait pour son service personnel et sa défense. Les armées se trouvaient donc fractionnées en petits corps divers, selon l'importance du fief, et vêtus, armés, exercés d'une manière diffé-

(1) Salinguerra, pour service féodal, devait à Innocent III une rente de 40 marcs d'argent. En outre, il était tenu de servir à ses frais dans la Romagne et la Lombardie avec cent hommes d'armes; avec cinquante en Toscane, dans les Marches d'Ancône et de Spolète; avec vingt au delà de Rome et jusqu'en Sicile. Le service devait durer trente jours par an, sans compter l'aller et le retour. (SAVIOLI, *Ann. bolognesi*, doc. 431-444.)

rente; avec cette organisation était-il possible de faire concourir les efforts vers un but commun ?

La cavalerie prévalait; or, comme les nobles ne s'exerçaient que dans cette arme, l'infanterie se composait exclusivement de vilains. Le soin principal du cavalier était de se couvrir de manière à ne pas être blessé par les armes ordinaires; on inventa donc des armures à toute épreuve, mais telles, néanmoins, que les mouvements du corps n'en fussent point gênés. Leur poids était si lourd qu'un homme à pied n'aurait pu les porter. Les étriers furent inventés pour aider le cavalier, revêtu de l'armure, à se mettre en selle et à descendre de cheval; on introduisit les arçons pour résister aux longues marches et défendre les reins : deux progrès essentiels. Sous cette enveloppe de fer, les cavaliers défiaient les traits des archers et les piques de l'infanterie, qui se trouvait exposée sans défense aux masses de fer ou aux espadons des cavaliers ennemis; elle servait encore de rempart aux cavaliers amis, toutes les fois que la fatigue les obligeait à se réfugier dans ses rangs.

Fallait-il donner un assaut, ou bien entrer en campagne, c'est-à-dire ravager les terres du voisin, on appelait aux armes les vassaux; mais il suffisait qu'ils sussent frapper et se maintenir à leur poste. Si l'ennemi victorieux les dispersait, on n'avait pas à craindre de désertion, puisque, liés comme ils étaient à la glèbe, ils ne pouvaient se dispenser de revenir à leurs cabanes, où le feudataire les retrouvait l'année suivante. Cette méthode, excellente pour la défense, ne valait rien pour l'attaque, et les croisades, comme les expéditions des empereurs en Italie, en démontrèrent l'imperfection. D'un autre côté, les feudataires, aussitôt qu'ils s'étaient éloignés de leurs domaines, n'avaient plus le moyen de remplacer les hommes qui périssaient; l'entretien, habillement et nourriture, avait bientôt consumé leurs ressources, si le butin ne venait pas y suppléer; puis, comme le seigneur ne pouvait les retenir au delà du temps fixé, il les voyait souvent partir lorsqu'il en avait le plus de besoin.

Il fallut donc introduire des changements, que le despotisme, auquel ils profitèrent, qualifia d'améliorations. Déjà, dans les croisades, chaque homme acquérait de l'importance, soit comme soldat de Dieu, soit parce qu'il avait besoin d'opposer l'accord au nombre, la discipline à l'enthousiasme; or, bien que la *pédaille* fût encore sacrifiée pour faire le principal effort, il fallut néanmoins la mieux disposer et l'exercer, préparer des magasins, assigner des pays, des quartiers communs et des uniformes. Les ordres militaires religieux durent avoir entre eux des commandements, des exercices et des mouvements uniformes, qui les firent prévaloir sur les autres troupes. Dans les assauts ils imitaient les procédés des anciens, comme quand ils se formaient en masses nombreuses et livraient de grosses batailles; néanmoins les héros de ces entreprises ne sont jamais loués comme habiles condottieri, si ce n'est dans le poëme classique du Tasse.

La prédominance de l'individu sur la multitude, caractère distinctif de la féodalité, fut combattue par les communes en opposant la multitude à la force individuelle; les fantassins réagirent donc contre les cavaliers, et la milice municipale contre les bandes du châtelain. Mais il fallait l'organiser; or l'invention du carroccio, tentative qui avait pour but d'imposer quelque ordre aux nouveaux citoyens et aux artisans inexpérimentés, ne produisit aucune amélioration. Les communes, cependant, et surtout celles de la Lombardie, purent résister à l'expérience disciplinée des cavaliers franconiens, saxons et souabes.

Les statuts municipaux nous font connaître les règlements relatifs à la milice. Gênes, dès 1163, s'en était procuré une nationale, et ses arbalétriers, soumis à des consuls particuliers, avaient une grande réputation; dix mille d'entre eux combattirent à la sanglante journée de Crécy entre les Anglais et les Français, où ils périrent parce que la pluie avait ramolli les cordes de leurs arcs. Tous les ans, le doge et son conseil choisissaient deux hommes habiles au tir, qui devaient chercher des jeunes gens habitués à manier l'arbalète et les exercer quatre fois l'an; on donnait chaque fois, pour récompense, une tasse d'argent de la valeur de 25 génoises.

Les villes étaient divisées en quartiers ou sestiers, qui formaient aussi les divisions de l'armée, dont chacune se pourvoyait de chars, de munitions, d'armes, de pionniers. Le plus souvent il ne sortait qu'un certain nombre de quartiers, et, dans les entreprises de longue durée, ils alternaient. A Bologne, chaque paroisse, selon son importance, choisissait deux, quatre ou six hommes de quarante ans et au-dessus, avec un notaire de vingt-cinq ans, qui juraient de former chacun dans sa paroisse une *vingt-cinquaine* d'hommes de dix-huit à soixante ans. Plus tard, toute la ville était divisée en vingt compagnies de seize mille sept cent soixante-dix-sept hommes et de mille six cent trente-huit arbalétriers. Dans la campagne, on avait disposé des fortins avec des gardes qui donnaient les signaux au moyen de bannières diversement colorées, et, la nuit, avec des lanternes. Au son de la cloche, tous ceux qui avaient des chevaux devaient se rendre sur la place avec leurs bannières. Les cavaliers portaient la cuirasse, des gantelets, des grèves, des cuissards et le heaume. On choisissait pour la guerre deux sages par tribu (1).

Pise était divisée en compagnies anciennes et nouvelles, commandées par des gonfaloniers choisis dans leurs rangs. Au son du tocsin, chacun se rendait à la boutique de son propre gonfalonier; le statut désignait d'avance le poste que chacun devait occuper: le palais à ceux-ci, telle porte à ceux-là, et, dans la campagne, tel carrefour pour les uns, et pour les autres un pont. A Côme, douze citoyens, à tour de rôle, gardaient le château Baradello.

La cavalerie, d'autant plus importante que les escadrons comptent moins d'hommes, exige de plus longs exercices; on ne confiait donc cette arme qu'aux citoyens les plus riches, ou bien à des mercenaires. Milan, dès 1227, assignait une solde aux cavaliers; Florence y ajoutait des récompenses et des médailles, et en formait une ou deux compagnies; puis venaient deux corps d'arbalétriers ou d'infanterie pesante, avec lance, pavois et casque. Les autres citoyens, répartis en compagnies avec épée et lance, devaient se trouver en armes au poste assigné lorsqu'on donnait le signal avec la cloche, qui, après avoir sonné un mois, était placée sur un char et servait à guider la marche. Le commandement supérieur appartenait aux consuls, qui avaient sous eux les capitaines de quartier, le gonfalonier, le capitaine de chaque compagnie. Avec ces troupes, on allait soit à la *gualdana*, incursion pour dévaster les terres, soit à la *cavalcata*, courte expédition de chevaux et d'archers; le carroccio et le gonfalon ne figuraient que dans l'*hoste*, qui était une armée complète.

Nous avons les *Préparatifs pour la guerre* des Florentins en 1285, qui disent à peu près en latin ce qui suit : « Voici la manière « de former une armée pour la commune de Florence contre les « Pisans, imaginée par les marchands de Florence pour le plus « grand avantage de la ville et des arts. Et d'abord on doit fer- « mer toutes les boutiques et les magasins, jusqu'à ce que l'ar- « mée se mette en mouvement: que la cloche de la commune « sonne tous les jours, et qu'on publie dans la ville que chacun

---

(1) GHIRARDACCI à l'année 1297, et livre XIV, pag. 477.

« ait à se pourvoir de tout ce qui est nécessaire à l'armée ; qu'on
« choisisse quatre personnes dans chaque canoniale, et deux
« dans chaque chapelle, qui feront des *cinquantaines* d'hommes
» de quinze à soixante ans, et les enregistreront ; qu'on choisisse
« dans chaque cinquantaine les individus qui doivent rester à
» Florence pour la garder, et ceux qui feront partie de l'armée ;
« qu'il soit imposé à ceux qui restent et aux absents une somme
« d'argent convenable ; que les hommes choisis se rendent à l'ar-
« mée et y restent à leurs frais ; qu'il en reste un certain nom-
« bre dans la campagne pour garder les paroisses, les villages et
« la population, et que les autres aillent et soient à l'armée aux
« frais de ceux qui restent (1). »

Les autres villes, si l'on fouillait dans leurs archives, offriraient les mêmes prescriptions : en résumé, l'ordre unique
était de combattre ; la règle unique, de ne point s'écarter de la
bannière ou du carroccio ; le but unique, de vaincre.

Mais déjà, dans les premiers temps des communes, des individus se consacraient spécialement à la pratique intelligente de
la guerre, et tels étaient ces Gagliardi, qui, en 1235, à Milan, juraient de défendre le carroccio ; tels étaient les Coronati, qui,
cinq années plus tard, aux cris de : *A mort ! à mort !* entraînaient
tout Milan à combattre ; tels étaient les chevaliers des bandes que

---

(1) *Delizie degli eruditi toscani*, x, 199. — On appelait *cavalleria*, *cavallata*
ou *milizia*, l'obligation de servir à cheval. La fortune de chacun était la mesure
de son concours ; les uns fournissaient deux chevaux, les autres un seul. Celui
qui était dispensé de la milice par l'âge, la loi ou bien une maladie, donnait des
armes et des destriers que la commune distribuait aux citoyens les moins aisés.
Les recteurs, afin d'accroître le nombre des *cavallate*, distribuaient aux plus
pauvres quelque somme d'argent à titre de prêt ou de don, ou bien livraient à
des gens étrangers quelques chevaux à la condition qu'ils serviraient en guerre
et viendraient habiter avec leurs familles dans la cité.

Du reste, les *cavallate* s'imposaient habituellement chaque année, et à ceux
qui possédaient au delà de 500 florins ; les citoyens qui s'y trouvaient soumis
devaient avoir un cheval de la valeur de 35 à 70 florins (de 854 à 1708 fr.), et
répondre au premier appel du capitaine de guerre. La paie, à Florence, pour
les simples citoyens, était de 15 sous par jour, et de 20 pour les juges et les
cavaliers d'importance. Les destriers des *cavallate* étaient d'abord examinés,
estimés et décrits par des employés spéciaux ; ensuite on les marquait avec le
sceau de la commune. Si le cheval était endommagé, blessé, ou mourait au service public, la commune indemnisait le maître : c'est ce qu'on appelait *emendare*.
Tant qu'on n'avait pas indemnisé le maître, il touchait la paie d'homme d'armes
sans obligations de service. (RICOTTI, *St. delle compagnie di ventura*.)

Florence institua lorsqu'elle redoutait Henri VII, et qui, dans la suite, se livrèrent aux plaisirs et à la bonne chère (1). On trouvait encore d'autres compagnies dans plusieurs communes, qui acquéraient facilement de l'importance politique, des priviléges et de l'influence dans l'administration. L'homme aime la liberté pour qu'elle lui procure la tranquillité ; or les Italiens, qui voulaient s'appliquer à l'industrie, désiraient s'affranchir du service militaire : on commença donc à ne plus appeler aux armes le peuple entier, mais seulement les individus qui avaient un certain revenu, ou qui s'offraient volontairement, ou bien qui voulaient servir moyennant salaire. Il fut possible, dès lors, de les exercer et de les discipliner beaucoup mieux. On laissa de côté le carroccio, et Othon Visconti fut le premier qui le remplaça par l'étendard blanc avec l'effigie de saint Ambroise ; puis toutes les communes déployèrent leur propre bannière. Mais les communes avaient déjà introduit l'usage d'enrôler des mercenaires, mieux exercés dans les armes que les bourgeois : or, pour résoudre le problème capital, trouver le moyen de faire la guerre sans perdre les avantages de la paix, elles jugèrent avantageux d'avoir une force étrangère et stipendiée, qui dispensât les citoyens de se détourner des arts et de l'agriculture ; qui, mise sur pied en temps de guerre, fût congédiée durant la paix sans épuiser les finances ; en un mot, qui réduisît la guerre à une question d'argent.

Les empereurs souabes, qui faisaient des expéditions plus éloignées et plus longues que le service féodal ne l'exigeait, durent recourir à des troupes mercenaires, dont le concours rendit forts Frédéric II, surtout Manfred et Conradin, et, pour leur résister, Charles d'Anjou. Ces troupes étaient cantonnées çà et là dans l'Italie, afin de pouvoir favoriser, soit les Gibelins, soit les Guelfes ; ainsi, passant d'une ville à l'autre, d'une bannière à l'autre, elles s'habituèrent aux expéditions d'aventure. Ezzelin, Salinguerra, Buoso de Dovara et Obert Pelavicino triomphèrent avec des aventuriers, auxquels furent encore dues les victoires de Tagliacozzo et de Bénévent, puis les succès divers de l'interminable guerre de Sicile.

Les Catalans et les Aragonais acquirent dans cette guerre un grand renom de courage et de férocité. Lorsque la paix fut conclue, Frédéric, roi de Trinacrie, voulut les renvoyer dans leurs

---

(1) GIULINI, an. 1285 ; J. VILLANI, IX, 47.

pays; mais ils lui répondirent qu'ils étaient libres, saccagèrent l'île pour leur compte, et choisirent pour chef Roger de Flor, fils d'un gentilhomme normand de la suite de Conradin et d'une femme noble de Brindes, d'où les Italiens l'appelèrent Roger de Brindes. Son père étant mort à la bataille de Tagliacozzo, il vivait dans la gêne auprès de sa mère, lorsqu'il fut emmené par un templier, et mérita bientôt d'être frère lui-même. A la prise de
1291 Ptolémaïs, il sauva beaucoup de personnes et les richesses de l'ordre; mais, accusé de s'en être approprié une partie, il s'enfuit en Sicile. Créé vice-amiral, il forma une armée d'aventuriers italiens, allemands et surtout catalans, reçut en don de Frédéric, qui voulait débarrasser l'île de ces bandes, dix galères dont il porta le nombre à trente-six, et passa en Grèce, où l'empereur Andronic II l'accueillit avec de grands honneurs, au point
1340 de lui donner en mariage une de ses nièces. Il rendit de grands services contre les Turcs; mais les libérateurs n'étaient pas moins dangereux que les ennemis. L'honneur, les biens, la vie, ils n'épargnaient rien, et, pendant de longues années, sous le nom d'*armée des Francs, régnant en Thrace et en Macédoine*, ils se conduisirent en maîtres sur ces frontières de l'Asie et de l'Europe, occasionnant de graves dommages aux colonies génoises.

Cet exemple plut au génie aventurier de l'époque; en effet, comme l'activité personnelle n'était pas concentrée dans les gouvernements, chacun disposait de la sienne à son gré, ainsi qu'il apparut suffisamment dans les expéditions des Normands, dans les croisades, dans les conquêtes des Génois et des Vénitiens en Asie. N'était-ce pas de cette manière que les Germains avaient envahi l'ancien empire romain, et les ordres chevaleresques ne devaient-ils pas leur origine à la personnalité? Au milieu de l'indépendance des individus, et lorsqu'on ne pouvait attendre aucune protection des gouvernements, chacun devait pourvoir à sa propre sécurité, et quiconque ne voulait pas se résigner à l'obscurité était forcé de la conquérir par les armes. Souvent, comme dit le chroniqueur de Cola Rienzi, « l'unique moyen de salut était de se défendre chacun avec ses parents et ses amis »; or ces associations de familles et de clients passaient facilement de la défense à l'attaque.

Les personnes étaient expulsées de quelques villes par milliers, comme nous l'avons vu. Détournés de leurs professions et avides de vengeance, les bannis s'appliquaient aux armes, et, restant unis par la communauté des malheurs et des espérances, ils s'offraient à quiconque préparait une expédition contre leur patrie (1); quelquefois encore ils s'établissaient dans une autre ville, comme firent, après la bataille de Monteaperti, les Guelfes florentins, qui formèrent ensuite une petite armée, et coopérèrent à l'expédition de Charles d'Anjou.

D'autre part, la noblesse châtelaine s'occupait uniquement des armes, mais sans négliger l'éducation militaire de leurs serfs, afin de les avoir prêts pour le ban féodal ou leurs querelles privées. Membres de plusieurs communes, ils servaient tantôt l'une et tantôt l'autre, de manière à n'obéir à aucune et à s'agrandir au détriment de leurs voisins. Les podestats, qui allaient exercer dans les villes le pouvoir exécutif, devaient y conduire un certain nombre d'hommes d'armes, dont ils confiaient presque toujours le commandement à quelque châtelain, ou bien un châtelain devenait podestat ou capitaine du peuple avec sa propre bande.

La féodalité avait résolu d'une façon remarquable le problème important de fixer au sol la population errante depuis si longtemps, et de préparer la défense sans possibilité de conquêtes. Mais les fiefs, désormais, se fondaient l'un dans l'autre; ces molécules politiques, pour m'exprimer ainsi, se cristallisaient autour de quelques centres; aux guerres privées, succédaient celles d'État à État, plus considérables et plus régulières; l'influence du système monarchique, qui se consolidait dans le reste de l'Europe, se faisait sentir en Italie; les rois et les empereurs, qui entreprenaient des expéditions longues et lointaines, ne pouvant exiger le service de leurs vassaux, devaient recourir à la valeur des mercenaires. Après que la liberté communale fut parvenue à convertir les guerriers en citoyens, les guerriers et les princes, pour réprimer leurs sujets, recouraient à ce qui en est le moyen suprême, c'est-à-dire à une force régulière et stable, non plus destinée à protéger les bourgeois afin qu'ils

---

(1) Les bannis de Ferrare, en 1271, forment une ligue avec Bologne, en promettant *quod facient exercitum et cavalcatam cum commune Bononiæ, scilicet milites ut milites, et pedites ut pedites, ad voluntatem et mandatum communis et populi bononiensis, sicut cives civitatis Bononiæ...; quod facient et tractabunt guerram omnibus et singulis inimicis communis Bononiæ...; quod dicti Ferrarienses et eorum sequaces defendent et manutenebunt toto eorum posse sicut alii cives civitatis Bononiæ castrum bononiense factum apud Primarium.* (SAVIOLI, doc. 765.)

pussent trafiquer ou travailler en paix, mas à les tenir en sujétion, de manière qu'ils perdissent le sentiment de leurs propres forces.

L'usage des troupes mercenaires devint donc général, et des personnes et des pays s'appliquèrent spécialement à cette industrie. Dans la basse Germanie et la contrée qui forma ensuite la Suisse, subdivisées en une foule de petits seigneurs et couvertes d'une population trop nombreuse pour y trouver des moyens d'existence, le service militaire devint bientôt un métier; c'était en effet comme chef de bandes qu'avait paru en Italie ce Rodolphe de Habsbourg, dont la descendance devait lui donner tant de rois (1).

Lorsque Henri VII mourut à Buonconvento, les Allemands, qui avaient passé les Alpes avec lui, restèrent sans solde ni maître, et vécurent de pillage jusqu'au moment où ils trouvèrent quelqu'un qui voulût acheter leurs services. Telle fut encore la conduite des partisans de Louis de Bavière et des bandes qui étaient venues avec le duc de Carinthie, avec le roi de Bohême, aimant mieux rester en Italie que de retourner dans leur pays; les aventuriers italiens s'associaient à ces troupes, ainsi que les individus qui, pour échapper aux châtiments, étaient obligés de se jeter dans une vie de désordres. Les petits tyrans préféraient toujours les Allemands, parce que, outre qu'ils étaient étrangers aux partis nationaux, ils se montraient plus opiniâtres; en effet, ils ne pouvaient déserter, et la guerre leur était indispensable pour vivre. Ces mercenaires, qui ne combattaient ni par un sentiment généreux ni par obéissance, mais pour le gain, devenaient redoutables aux amis comme aux ennemis.

En Italie, les citoyens avaient fait preuve d'un courage héroïque pour acquérir leur indépendance contre le premier Frédéric, et la défendre contre le second; mais, lorsque les guerres se prolongèrent et devinrent des luttes de partis, ou furent décrétées par l'intérêt ou le caprice d'un seigneur, ils prenaient les armes avec d'autant moins de plaisir qu'ils s'habituaient davantage aux douceurs du repos et aux professions industrielles. Rien ne pouvait être plus agréable aux seigneurs que cette répugnance pour les armes, qui, dans les mains des citoyens, sont un frein redou-

(1) Les capitaines que l'on vit dans la suite étaient aussi de maisons nobles: Werner de Monfort, Wirtinger de Landau, Antichino de Baumgarten, appelés par les Italiens : le duc Guarnieri, le comte Lando, Bongardo. Voir le ch. 111.

table contre la tyrannie; c'était donc avec plaisir qu'ils les dispensaient du service militaire, en échange d'un tribut qui leur servait à lever des troupes mercenaires.

Cette nouvelle industrie trouva donc des spéculateurs, et l'on vit des hommes disposés à « répandre leur sang à prix d'argent », et des *condottieri* qui les achetèrent en arborant la bannière d'aventuriers, pour faire la guerre là où les bénéfices étaient plus considérables. Ce métier leur procurant lucre et renommée, les condottieri exercèrent mieux les bandes, qui, appliquées par choix aux armes, durent en posséder l'habileté, sinon le véritable courage, qui naît du sentiment du devoir. La milice cessait donc d'être, comme elle le doit, une institution de l'État, et devenait une profession d'individus; or, de gens sans patrie, sans autre mobile que l'or, on ne pouvait plus attendre ni la courtoisie chevaleresque, ni la loyauté, ni les autres vertus qui distinguent le champion du mercenaire.

Cette engeance nouvelle joue le premier rôle, non-seulement dans les guerres, mais encore dans les vicissitudes politiques de la période que nous étudions, et qui forme une autre phase de la vie des seigneurs. Nous avons vu les châtelains dominer sur le sol morcelé; puis, lorsque la plupart furent contraints de se faire citoyens, ils cherchèrent à prévaloir dans les communes par les magistratures, ou bien en commandant les factions. Giano de la Bella, Vieri des Cerchi, Corso Donati, non moins que les Torriani, les Carrare, les Da Camino, devinrent podestats ou capitaines du peuple dans diverses cités ou dans leur patrie, en formant des partis. Une nouvelle carrière s'était donc ouverte aux gentilshommes; ils pouvaient conduire des soldats au service de tel ou tel combattant, d'abord avec le titre de capitaines, ensuite avec celui de condottieri. Nous avons vu Uguccione, puis Castruccio, s'élever par ce moyen, et, si les villes, déshabituées des armes, se soumirent aux princes, ce fut à cause de l'intervention des aventuriers.

Les communes durent aussi adopter ce système, et des bandes au service de Florence lui permirent de résister à Castruccio, puis aux Visconti et au pape. En 1322, quelques aventuriers, d'abord à la solde des Florentins, s'unirent à Deo Tolomei, banni de Sienne, qui, après en avoir enrôlé plus de cinq cents à cheval et un très-grand nombre à pied, ravagea le territoire siennois (1),

---

(1) J. VILLANI, IX, 182.

jusqu'au moment où l'hiver et la faim dispersèrent ses bandes. Nous avons raconté les vicissitudes et l'audace des aventuriers qui, du Ceruglio, menacèrent Lucques et Pise.

1343   Guarnier, duc d'Urslingen, avec un grand nombre d'autres Allemands à cheval, passa au service des Pisans contre Florence dans la guerre de Lucques. Lorsqu'il fut congédié, il entreprit des expéditions pour son compte, et, poussé ou même payé par les Pisans et les seigneurs lombards pour ravager les domaines des petits princes de la Romagne, il s'associa les bandes des Bolonais Hector Paganino et Mazarello de Cusano ; puis, s'intitulant *seigneur de la Grande-Compagnie, ennemi de Dieu, de la pitié, de la miséricorde*, il rançonnait toute l'Italie, donnait la main aux rebelles et à ceux qui voulaient se venger. Il était suivi de trois mille barbutes, sans compter une multitude de goujats, accrue chaque jour par l'écume de la population des pays traversés. Quiconque différait de satisfaire à leurs exigences tombait leur victime ; les incendies, les dévastations et les cadavres des serfs pendus aux arbres signalaient leur passage. Enfin Guarnier, enrichi, se retira dans le Frioul ; mais, lorsque les débris de sa bande eurent dissipé le fruit du pillage au jeu, dans les orgies, avec les prostituées, il reparut avec Louis de Hongrie, venu pour conquérir le royaume de Naples, et qui caressait cet aventurier au point de recevoir de ses mains l'ordre de chevalerie. Associé avec le vayvode de Transylvanie

1348   et d'autres chefs de bandes, Guarnier, dont l'armée s'élevait à dix mille hommes, rançonnait la Capitanate, la Terre de Labour et tous les lieux où il campait. Le butin que ses troupes se partagèrent à la fin de la campagne fut évalué à 500,000 florins, sans compter les armes, les chevaux, les étoffes et les choses d'usage ou détournées ; enfin, après des massacres horribles, les aventuriers, traînant à leur suite des prisonniers et des femmes ravies, traversèrent l'Italie épouvantée.

1351   Moriale d'Albano, père hospitalier, s'était signalé parmi ces bandes et dans les guerres du royaume de Naples ; suivi de quelques aventuriers, il s'offrait à l'un ou à l'autre seigneur. Dans la persuasion que rien n'était impossible à la force, il envoya des invitations et des promesses à tous les mercenaires qui se trouvaient en Italie, et, après avoir enrôlé quinze cents cavaliers et deux mille fantassins, il mit à sac la Romagne : ses compagnons furent habitués à pratiquer avec ordre le vol et l'assassinat ; il avait un trésorier, des secrétaires, des conseillers pour discuter les affaires, des juges pour maintenir parmi les bandes une justice à sa manière et réprimer les goujats; le butin devait être réparti également entre les officiers et les soldats, puis vendu à certains marchands privilégiés; il avait en un mot constitué une république de brigands disciplinés.

Partout on parlait de cette bande, et les aventuriers attendaient avec impatience l'expiration de leur engagement pour s'enrôler sous les drapeaux de Moriale, qui voyait même accourir des princes et des barons allemands. Il put ainsi réunir sept mille chevaux et deux mille cinq cents fantassins de choix; mais la tourbe qui suivait s'élevait à vingt mille individus. On s'imagine sans peine dans quelle épouvante étaient les pays, et quelles sommes ils payaient pour tenir ce fléau à distance. Les cités toscanes formèrent une ligue pour se défendre; mais, par la menace des traitements les plus horribles, il parvint à la dissoudre, et chaque ville, pour l'éloigner de son territoire pendant deux ans, fut tenue de lui payer une grosse rançon : Sienne, 16,000 florins; Pise, pareille somme, et Florence, 25,000, outre les cadeaux aux chefs. Guerroyant pour son compte, il alla servir la ligue formée contre les Visconti, sous la condition de recevoir 150,000 florins pour quatre mois de service. Ce délai expiré, il traversa l'Italie afin de se ménager des entreprises pour la saison nouvelle; mais Cola Rienzi, comme nous le verrons, lui fit couper la tête.

1354

Ce genre de guerre convenait aux États petits et commerçants, qui se procuraient au besoin des troupes avec de l'argent, et rétablissaient ainsi, autant que possible, l'équilibre rompu par les agrandissements de certaines puissances. Il convenait encore aux tyrans pour commettre des perfidies après la guerre; car, s'ils voulaient, au milieu de la paix, ruiner un ennemi, ils congédiaient une bande, qui, d'accord avec eux, allait ravager ses terres. Des États défiants, qui n'étaient point assis sur la base de solides institutions, trouvaient un grand avantage dans le *condottiere*: l'aristocratie, qui redoutait la popularité d'un guerrier victorieux; la démocratie, qui craignait de confier le commandement à un citoyen, et les princes, qui répugnaient à donner des armes aux nobles comme à la plèbe, s'accommodaient fort bien de ce héros nomade. En effet, il combattait parce qu'il était payé, se retirait lorsque le salaire cessait, et l'on pouvait, au pis aller, le réprimer en stipendiant l'un de ses rivaux.

Venise, qui, par jalousie contre ses nobles, n'avait jamais

voulu leur confier les commandements, entretint des soldats mercenaires dans toutes les campagnes de terre ferme; ce système, qui permettait aux citoyens de se livrer au commerce, aux industries d'intelligence et de main, plut à Florence, et même à Rome, gouvernée par des prêtres. Ainsi s'étendait ce misérable usage, qui faisait de la guerre une spéculation, en lui enlevant cet honneur qui la rend moins déplorable; ce fut pour l'Italie un nouveau et très-grave fléau.

Ces aventuriers, que la barbe, des cimiers étranges, des noms sonores rendaient terribles, se réunissant à l'improviste pour combattre sans motif, ne laissaient à personne l'espoir de vivre en paix. D'un autre côté, comme ils n'étaient mus par aucun sentiment honorable, ils inspiraient de la défiance à leurs propres acheteurs, parce qu'ils se montraient toujours disposés à les abandonner aussitôt qu'ils trouvaient des conditions meilleures. Pour chaque expédition couronnée de succès, ils exigeaient *double paye et le mois complet;* leur temps expiré, s'ils n'étaient pas engagés de nouveau, ou si la paix désarmait leurs bras, les capitaines allaient guerroyer pour leur compte. Dans le cas de réussite, ils avaient des villes et des villages à saccager, des prisonniers à rançonner, des conquêtes à vendre. A leur suite se traînait toujours une tourbe d'espions, de maraudeurs, de goujats qui ravageaient le pays, sans souci de la paix ou de la guerre, des amis ou des ennemis. Ils avaient la précaution de ne pas rester trop longtemps dans un pays, dans la crainte de provoquer une défense désespérée, et les habitants, flattés de l'espérance d'un prompt départ, souffraient avec résignation.

La cavalerie pesante restait toujours la force principale des armées; l'infanterie, choisie parmi les gens du peuple, et qu'on supposait incapable de soutenir le choc des gens cuirassés, était peu estimée. Mais la lourde armure, disposée pour la défense plutôt que pour l'attaque, rendait les hommes d'armes plus redoutables par leur masse que par leur agilité. D'ailleurs, si les traits des nombreux archers et de quelques arbalétriers qui se trouvaient alors dans les armées ne pouvaient la traverser, elle devenait incommode dans les pays chauds; en outre, lorsqu'un cavalier était tombé, il ne pouvait plus se relever et restait prisonnier ou étouffé, si on ne l'égorgeait pas. Le moindre obstacle rompait encore ces forces massives, qui ne pouvaient rien dans les montagnes et convenaient peu au passage des fleuves; en conséquence, elles évitaient les combats en rase campagne, ou bien il fallait que les deux généraux ennemis se missent d'accord pour choisir un lieu favorable, comme on ferait dans un duel et dans un tournoi.

Les batailles rangées étaient donc rares; tout se bornait en général à des *chevauchées* sur le territoire ennemi pour dévaster, faire du butin, des prisonniers, et parfois la guerre finissait sans un combat sérieux. Les habitants se réfugiaient dans les villes murées, et toutes l'étaient à cette époque : or, par la nature des armes d'alors, elles offraient des avantages supérieurs dans la défense ; les vilains mêmes pouvaient y soutenir l'attaque jusqu'à ce que les condottieri traitassent avec les citoyens, ou, fatigués de la résistance, allassent attaquer d'autres châteaux. Les aventuriers trouvaient donc sur leur passage une série continue de forteresses ; le petit territoire de San Miniato en contenait, rapprochées l'une de l'autre, vingt-huit, et l'on en comptait vingt-trois dans le voisinage de Montecatino. La famille Solari en possédait vingt-quatre autour d'Asti, et la Toscane, qui n'a pas aujourd'hui une seule place forte, n'aurait pu être conquise qu'après trois ou quatre cents siéges. La difficulté de prendre les villes d'assaut excitait les citoyens à la résistance, comme la certitude de les voir succomber prédispose aujourd'hui à capituler.

A la différence de ce qu'on fait ou de ce qu'on désire aujourd'hui, le dommage retombait, non sur les armées, mais sur le peuple ; les aventuriers laissaient partout des traces hideuses de luxure et d'orgies, trafiquant au moins des maisons épargnées, d'un chemin évité. Après la victoire de Meleto, le vayvode de Transylvanie, les comtes Lando et Guarnier devaient aux bandes double solde, montant à 150,000 florins; dans l'impossibilité de la payer, ils leur abandonnèrent les gentilshommes prisonniers, qui, étendus sur des travées par terre, furent fouettés jusqu'à ce qu'ils s'obligèrent à compter cette somme. La *Compagnie blanche*, commandée par l'Anglais Jean Acuto (Hawkwood), à la prise de Florence, chargea de fers trois cents seigneurs, expulsa onze mille citoyens, et se précipita furieuse sur les biens et les femmes. Deux connétables se disputaient une religieuse qu'ils avaient enlevée, lorsque survint Acuto, qui leur dit : « Prenez-en une moitié chacun, » et il la coupa en deux. Une autre bande se faisait précéder d'un vilain dont on avait rôti un des flancs sur le gril, pour que ses cris aigus annonçassent son approche.

1349

1376

Francesco Sacchetti raconte que deux frères mineurs, s'étant rendus auprès de cet Acuto, le saluèrent, selon leur mode, par les mots : « Monseigneur, Dieu vous donne paix. » Il leur répondit aussitôt : « Dieu vous enlève votre aumône. » Or, comme ils s'étonnaient de ces paroles discourtoises, il ajouta : « Ne savez-vous pas que je vis de guerre comme vous d'aumône, et que la paix me ruinerait ? » L'auteur alors, moins frivole que de coutume, continue ainsi : « Malheur à ces hommes et aux « peuples qui ont trop de foi en ses pareils ! car peuples et « communes vivent et prospèrent par la paix, tandis que ces in- « dividus vivent et grandissent par la guerre, qui est la déca- « dence et la ruine des cités. Ils n'ont ni amour ni bonne foi ; « souvent ils maltraitent plus ceux qui leur donnent la paye « que les soldats du parti contraire. En effet, bien qu'ils parais- « sent vouloir combattre l'un contre l'autre, ils se veulent plus « de bien entre eux qu'ils n'en veulent à ceux qui les ont pris à « leur solde, et ils semblent se dire : *Vole par ici, je volerai par* « *là*. Voilà ce dont ne s'aperçoivent pas les brebis qui, par la « malice de pareilles gens, sont amenées chaque jour à faire la « guerre, laquelle jette les peuples dans la pire des conditions. « D'où vient, en effet, que tant de cités, libres autrefois, sont « soumises à des seigneuries ? Pourquoi la Pouille est-elle dans « l'état où elle se trouve, et aussi la Sicile ? Où la guerre de Pa- « doue et de Vérone les a-t-elle conduites, sans parler d'un « grand nombre d'autres cités qui sont aujourd'hui de miséra- « bles bourgades (1) ? »

Des troupes, dont le pillage et le viol étaient le but, conduisaient rarement à des résultats décisifs. Les princes et les républiques, soumis à leur pouvoir arbitraire, suppliaient au lieu de commander, prodiguaient les titres, les blasons, mariaient les capitaines aux filles des citoyens les plus estimables, et, pour les réprimer, ne savaient recourir qu'à la fourberie et au poison ; or les rigueurs qu'il fallait déployer pour effrayer les bandes introduisaient une nouvelle férocité dans les statuts criminels. Les aventuriers, soldats par métier, n'oubliaient pas qu'ils servi-

---

(1) *Nouvelle* 181. — Lorsque Pino des Ordelaffi défit la bande de la Rose en 1398, Sacchetti le loua dans un sonnet, et ajouta en prose : « Parce que « vous avez agi vertueusement, et plût à Dieu que tous les autres seigneurs « vous imitassent, je n'ai pu m'empêcher de vous écrire... Et si toute l'Italie « s'entendait pour cela et fît comme vous, les gens barbares retourneraient « bientôt à leurs travaux des champs, etc. »

raient peut-être le lendemain sous les ordres du capitaine contre lequel ils se battaient aujourd'hui : ils convenaient donc entre eux de se nuire le moins possible, de faire des prisonniers plutôt que de tuer, et surtout d'épargner les chevaux, moins faciles à remplacer que les hommes ; lorsqu'ils avaient des prisonniers les uns des autres, ils les échangeaient. Un jour, François Piccinino s'aventure imprudemment au milieu des ennemis : « Aussitôt qu'ils le reconnaissent, ils jettent leurs armes, et le saluent respectueusement la tête découverte. Quiconque le pouvait lui touchait la main avec toute révérence, parce qu'il était réputé le père de la milice et son ornement (Corio). » Après le combat de Montorio, Robert Sanseverino renvoya les prisonniers qu'il avait faits, mais avec une lettre dans laquelle il se plaignait que les soldats du parti contraire l'avaient frappé sans égard, et blessé plusieurs fois avec des pointes d'épée (1).

Avec de pareilles courtoisies, la guerre se trouvait réduite à une partie d'échecs, à une série de marches et de contre-marches ; les batailles, à un choc où l'on se poussait plus qu'on ne se frappait, et dans lesquelles on ne versait de sang que par inadvertance. Une échauffourée dans une ville laissait plus de victimes qu'une bataille rangée ; l'adresse et l'astuce remplacèrent le courage, et beaucoup vieillirent sous le harnais sans avoir jamais été exposés à un péril réel. Le capitaine cependant devait se distinguer par des talents personnels ; car les soldats, surtout les fantassins, qui n'étaient retenus sous la bannière ni par le point d'honneur, ni par la honte des compagnons que le hasard leur donnait pour un moment, se débandaient aussitôt qu'ils perdaient l'espoir de la victoire ou du butin.

Quelques capitaines d'aventure érigèrent des chapelles et des églises, surtout à Saint-Georges, dont portent le nom un hôpital à Florence, bâti en 1347 par les aventuriers à la solde de cette ville, et une chapelle à Pise, de 1346, fondée par deux des Scolari. Boniface Lupo institua à Florence l'hôpital qui conserve son nom ; Pippo Span, le temple des Anges ; Percival Doria, l'Annonciation à Gênes. On doit aussi à Barthélemy Coleone une magnifique chapelle et de pieuses institutions à Bergame et à Venise. Anne Hélène, après la fin tragique de Balduccio d'Anghiari, son mari, fonda à Borgo San Gattolino de Florence un hospice pour les veuves et les pauvres, appelé de son nom couvent d'An-

---

(1) ROSMINI, *Vita del magno Trivulzio*, liv. IV, doc. 23.

naléna. Enfin (ce qui est plus honteux que rare) les condottieri obtinrent des honneurs dans des guerres de spéculation : Florence plaça le portrait et un mausolée d'Acuto dans sa cathédrale, et fit des funérailles splendides à Nicolas de Tolentino, avec vingt bannières et plus de trois mille livres de cire, sans parler de son portrait dont elle orna cette même église ; Padoue érigea des statues équestres à Gattamelata, et Venise à Coleone, même après que, par la mort, ils avaient cessé de paraître redoutables.

Parfois, au contraire, ils avaient une fin misérable (on sait comment Venise traita Carmagnola). Les Florentins firent peindre, pendu par un pied, le comte François de Pontadera, chef de bandes ennemies; Jean Tomacelli, frère du pape, marquis des Marches, ayant appelé près de lui le fameux Boldrino de Panicale, le fit égorger, et ses bandes, pour le venger, massacrèrent tous les hommes d'Église qu'ils purent saisir : victoires et supplices, alternative de toute existence d'aventurier.

Les populations n'étaient pas affranchies de toutes les charges de la guerre ; elles devaient surveiller les villes et les environs, garder et défendre les forteresses, fournir les chars et les valets, entretenir les routes. Ces obligations retombaient plutôt sur les gens de la campagne ; ceux des villes contribuaient pour des taxes ou des droits d'entrée, dont le produit servait à payer les bandes.

Ainsi le gros de la nation italienne perdait la valeur militaire au milieu des batailles. Un ramassis de mercenaires était l'arbitre des inimitiés et de la paix. Les guerres étaient interminables, parce qu'elles n'enlevaient pas les forces aux vaincus, qui, le lendemain d'une grande défaite, pouvaient reparaître avec une armée plus nombreuse, pourvu qu'ils eussent le moyen de la payer. Les condottieri eux-mêmes avaient intérêt à ne point laisser succomber les petits États ni leurs rivaux, afin de ne pas diminuer les occasions de profit. Lorsque les Florentins voulurent obliger le roi Ladislas de Naples à restituer au saint-siége les villes qu'il lui avait enlevées, il leur demanda: « Quelles troupes avez-vous ? — Les tiennes, » lui répondirent-ils.

CHAPITRE CIX.

ACCROISSEMENTS DE FLORENCE. LE DUC D'ATHÈNES. LA MORT NOIRE. PÉTRARQUE ET BOCCACE.

Les petites guerres de la Toscane furent alimentées par ses aventuriers, et les campagnes ravagées envoyaient solliciter des secours à Florence; néanmoins l'industrie au dedans et ses banques au dehors lui procuraient une telle prospérité qu'elle s'agrandit par ses acquisitions, ses châteaux et l'argent, au point de jouer le rôle principal dans les événements de l'Italie.

Florence envoyait à Venise, pour la guerre contre Mastin de la Scala, 25,000 florins d'or par mois; en outre, elle entretenait mille cavaliers à sa solde et des garnisons dans les villes et les châteaux, dont on comptait dix-neuf sur le seul territoire de Lucques, un à Arezzo, à Pistoie, à Colle. Mais la solde de la cavalerie cessait avec la guerre, et l'honneur de servir la patrie suffisait à ses magistrats. Quarante-six villes murées lui obéissaient, sans compter ses places ouvertes et celles qui appartenaient à des citoyens. Ses impôts directs n'étaient pas considérables; mais le produit des taxes s'éleva jusqu'à 300,000 florins, dont la valeur serait quadruple aujourd'hui, et qui dépassait les revenus des rois de Sicile, de Naples, d'Aragon. L'hôtel des monnaies frappait de 350 à 400,000 florins d'or par an, et 20,000 livres de monnaie commune. Les dépenses n'excédaient pas 400,000 florins d'or, y compris, outre les frais pour les employés, les aumônes faites aux moines et les hôpitaux, les fêtes données au peuple et aux étrangers illustres, ainsi que l'entretien des lions, animaux non moins prisés des Florentins que des Vénitiens.

La ville renfermait cent dix églises, dont cinquante-six paroissiales, cinq abbayes, deux prieurés avec quatre-vingts réguliers, vingt-quatre monastères avec cinq cents religieuses, six cents moines d'ordres différents, plus de deux cent cinquante chapelains, trente hôpitaux avec mille lits. Le tribut était fort minime, et, lorsqu'on se trouvait dans le besoin, on se procurait de l'argent par la vente de terrains de construction. Les murailles agrandies comprirent Borgognissanti et le Prato. Entre 1284 et

1300, on construisit la loge des Lanzi, Sainte-Marie del Fiore, Sainte-Croix, le futur Panthéon des Italiens illustres.

Vingt-cinq mille personnes, de quinze à soixante ans, parmi lesquelles quinze cents nobles, soumis aux décrets sévères de la justice, étaient en état de porter les armes; grâce aux institutions démocratiques, on ne comptait que soixante-quinze chevaliers. La ville contenait quinze cents étrangers, et la banlieue quatre-vingt mille habitants. Le conseil des juges se composait de quatre-vingts à cent individus, et celui des notaires de six cents; il y avait soixante médecins ou chirurgiens, cent droguistes, cent quarante-six maîtres maçons et charpentiers, cinq cents cordonniers, et un nombre infini de marchands ambulants. Huit à dix mille enfants fréquentaient les écoles de lecture, mille à douze cents celles d'arithmétique, six cents environ celles de grammaire et de logique. Faisant servir l'astrologie même à la morale, les Florentins disaient que leur ville était née sous la constellation du bélier, signe qui la prédestinait au commerce, et que Charlemagne l'avait divisée en arts; ainsi l'industrie, comme l'aristocratie, recherchait des généalogies fabuleuses. Plus de deux cents métiers tissaient la laine, vingt magasins d'étoffes étrangères occupaient plus de trente mille ouvriers, et vingt-quatre maisons faisaient la banque.

Ses environs étaient couverts de maisons de plaisance, situées dans des positions délicieuses et enrichies des chefs-d'œuvre de l'art. « Un étranger (ainsi Jean Villani termine le charmant tableau de sa patrie), venant du dehors, s'imaginait, à la vue des palais riches et beaux qui se trouvaient à trois milles de Florence, qu'ils faisaient tous partie de la ville même comme à Rome; sans parler des maisons, des tours, des cours et des jardins entourés de murailles qui étaient plus éloignés, de telle sorte qu'on estimait qu'il y avait dans un rayon de six milles plus d'habitations magnifiques et nobles que deux Florence n'en pourraient contenir. »

De graves désastres vinrent ébranler cette immense prospérité. Au mois de novembre 1333, des pluies interminables occasionnèrent les plus grands dommages dans beaucoup de pays, et surtout à Florence, où l'Arno débordé détruisit des murailles, des ponts, des habitations, des richesses inestimables, et causa la mort d'une foule de personnes ; il dévasta le Casentino, outre le val d'Arno supérieur et inférieur, et toutes les contrées qu'il traversait jusqu'à la mer. Les pertes des particuliers furent incalculables. Celles que la république éprouva dépassèrent la somme de 250,000 sequins; mais la ville vint à son secours, et dépensa 150,000 sequins en réparations seulement, bien qu'à la même époque elle fît la malheureuse guerre pour l'acquisition de Lucques et celle contre Mastin de la Scala. Du reste, comme elle ne comptait pas lorsqu'il s'agissait de l'utilité publique, Florence élevait encore le magnifique palais sur les loges de Saint-Michel au Verger, et jetait les fondements de son merveilleux clocher.

Des faillites considérables s'ajoutèrent à ces calamités. Les Bardi, en 1345, se trouvaient avoir prêté au roi d'Angleterre 900,000 florins d'or, et 100,000 à celui de Sicile; les Peruzzi, 600,000 au premier et 100,000 au second. Le monarque anglais n'ayant pu acquitter à l'échéance les lettres de change, les deux maisons durent faillir; les Bardi donnèrent à leurs créanciers 78 pour 100, et les Peruzzi beaucoup moins. Les Scali faillirent aussi de 400,000 florins, et, après eux, des négociants moins riches : « Ce fut (dit Villani) pour les Florentins un plus grand désastre, sauf la vie des personnes, que celui d'Altopascio. »

A cette époque, Florence fit son premier essai de tyrannie. Lorsque la guerre contre Mastin mettait l'État en péril, et qu'on redoutait de voir les Gibelins de l'intérieur lui prêter la main, on recourut à une autorité dictatoriale : à la place des sept bargels, on institua un capitaine de la garde ou conservateur du peuple, avec cent hommes à cheval et le double de fantassins, et un traitement de 10,000 florins par an; non-seulement sa juridiction s'étendait sans limites sur les bannis, mais elle était soustraite aux ordres de la justice ordinaire, et il ne devait rendre compte de ses actes qu'aux prieurs des arts. Le premier fut Jacques-Gabriel d'Agubio, qui, sévère et tyrannique, opprima les nobles dans l'intérêt de la plèbe; il cherchait à les dépouiller des châteaux qu'ils possédaient dans un rayon de vingt milles autour de la ville, et voulait punir quelques-uns des Bardi et des Frescobaldi qui s'efforçaient d'introduire des changements. Sa conduite lui valut une telle haine que, lorsqu'il sortit de charge, il fut décrété qu'aucun membre de la famille d'Agubio ne serait élu désormais à des fonctions publiques.

Les Florentins auraient dû s'apercevoir que la liberté ne trouve pas un asile bien sûr à l'ombre du despotisme; néanmoins, mécontents de la lenteur des magistrats et de la perte de Lucques, ils conférèrent la seigneurie à Gauthier de Brienne, descendant

1342

de ce Brienne qui combattit en Italie, fut le beau-père et puis l'ennemi de Frédéric II. Roi titulaire de Jérusalem, il avait obtenu, par les femmes, le duché d'Athènes, d'où, expulsé par les bandes catalanes, il s'était jeté dans la carrière la plus lucrative, celle d'aventurier; il se trouvait à la solde des Florentins avec cent vingt hommes et une grande réputation de courage, lorsqu'ils le choisirent pour capitaine et conservateur du peuple, grâce à cette funeste propension qui entraîne la multitude vers les chefs militaires. « Si les Florentins furent condamnés à subir la domination de cet étranger, il faut en chercher la cause dans leurs grandes discordes (1), mais non dans l'habileté, la vertu, la longue amitié, les services rendus et la réparation de leurs injures. » Avare autant qu'ambitieux, perfide, obstiné, sans foi ni pitié, il résolut de mettre à profit les passions de tous les partis et de les tromper tous.

Les Bardi, les Frescobaldi, les Cavalcanti, les Buondelmonti, les Adimari, les Donati, les Gianfigliazzi et d'autres anciens nobles, exclus du gouvernement par l'oligarchie mercantile, et regrettant sans cesse un pouvoir qu'ils n'avaient plus, l'excitaient contre les riches bourgeois, dominateurs superbes et odieux même à la plèbe. En effet, revenant sur d'anciens comptes, il fit le procès à quelques-uns, tels que les Altoviti, les Médicis, les Rucellaï, les Ricci, qu'il punit de mort, comme coupables d'avoir gaspillé les deniers de la commune. Ce supplice épouvanta cette faction. Les nobles et la plèbe se réjouirent que Dieu eût enfin envoyé un homme qui ne ménageait personne et ne se laissait pas dominer par de petits tyrans. Lorsqu'il sortait dans les rues, il était accueilli par les cris de : *Vive le seigneur!* Chacun célébrait son intégrité, et l'on représentait ses armes sur tous les murs. Ainsi, caressant quiconque le favorisait, et délivrant des prisons les banqueroutiers, il se fit tant de partisans qu'il osa interroger le suffrage universel.

Le parlement fut donc réuni; après qu'on eut fait la proposition de lui donner la seigneurie pour un an, « le peuple, comme les traîtres l'avaient décidé, se mit à crier : *A vie, à vie!*

8 septembre *Vive le seigneur duc! qu'il soit seigneur en tout!* C'est ainsi que, pris et porté à la porte du palais (STEFANI) », il obtint le pouvoir sans restrictions ni limites. Les livres des ordonnances

---

(1) Lettre du roi Robert au duc d'Athènes.

de justice et les gonfalons des compagnies furent brûlés au milieu de réjouissances incroyables ; Arezzo, Pistoie, Colle, Saint-Géminien, Volterra, suivirent le même exemple. Le duc (premier fondement de toute tyrannie) prit à sa solde huit cents cavaliers français, et conclut même la paix avec Pise, bien que les Florentins eussent espéré qu'il reprendrait cette ville. Il fit alliance avec les marquis d'Este, les Pepoli, les Scaligeri, sous la garantie réciproque de leurs possessions. Dans les emplois, il préférait aux gentilshommes les gens de bas étage (*ciompi*) : par cette faveur accordée à la plèbe, par les banquets et les joutes, il obtint dans la multitude la réputation d'un démocrate, et, à l'ombre de cette réputation, il exerça la tyrannie. Alors suivirent les conséquences ordinaires : emprunts forcés, défense de porter des armes, nouvelles inventions d'impôts et de droits d'entrée, jugements iniques, excès de pouvoir, attentats à la pudeur, cortège de Français avides de butin et de femmes. Il frustra les créanciers du Trésor pour entasser de l'argent qu'il exportait, et sévit sans pitié contre quiconque blâmait son gouvernement : « Aussi (Rinuccini termine son récit par ces mots), mes très-chers concitoyens, gardez-vous de vous donner à un tyran. »

L'indignation publique ne tarda point à éclater. Il était soutenu par la multitude et les gens de métiers infimes ; mais les grands, les riches bourgeois et les artisans, fatigués d'être exposés sans cesse à l'outrage et à la hache du bourreau, formèrent trois conjurations, à l'insu les uns des autres ; puis, s'étant réunis pour atteindre le but commun, ils se soulevèrent en tumulte aux cris de : *Liberté !* déployèrent en un clin d'œil toutes leurs bannières, et, après avoir barricadé les rues, ils assaillirent le duc dans son palais, et ses bandits dans les rues. Guillaume d'Assise, Cerretieri des Visdomini et d'autres de ces misérables qui ne manquent jamais pour servir les tyrans et les exciter contre leur patrie, furent massacrés avec une telle rage que les meurtriers mordirent les chairs de leurs cadavres, dont ils mangèrent même, « si bien que, selon ce qui est écrit, on ne fait pas en enfer pire chose à une âme (*Stefani*). » Le duc, par l'entremise de l'archevêque, put se retirer, après avoir renoncé à tous ses droits; le jour de sainte Anne fut déclaré jour de fête comme Pâques, et, aujourd'hui encore, on le célèbre en arborant sur Saint-Michel-au-Verger les vingt et un gonfalons des arts.

Les Florentins rentrèrent à prix d'argent dans un grand nombre de forteresses que le duc avait cédées à d'autres ; mais,

1343

Juillet.

comme si la liberté reconquise par Florence invitait ses villes sujettes à la recouvrer également, Arezzo, Colle et Saint-Géminien s'affranchirent de toute dépendance. Volterra se remit sous l'autorité des Belforti ; Pistoie, alliée de nom, mais asservie de fait, chassa le capitaine et la garnison de Florence pour se donner à Pise, qui reprenait le premier rang parmi les villes de la Toscane, tandis que Sienne conservait son indépendance et refrénait les nobles de la campagne.

Dans ces désastres, chaque citoyen fut obligé, pour les réparer, de recourir à ses propres forces ; il apprit donc à les connaître, voulut les exercer, et la démocratie prévalut. Autrefois, pour abattre la puissance des grands, on facilitait aux serfs les moyens de conquérir la liberté, soit en les accueillant dans les communes, soit en les soutenant dans leurs querelles contre leurs maîtres. Alors on chargea l'archevêque et quatorze citoyens de réformer l'État ; or, comme tous avaient contribué à briser la tyrannie, il fut décidé que les grands auraient un tiers des emplois. Mais, à peine relevés de leur abaissement, les nobles oublièrent la modération civile et ne voulurent souffrir ni égaux dans les particuliers, ni supérieurs dans les magistrats ; dès lors, comme l'insolence croissait d'un côté et le mécontentement de l'autre, le peuple, excité par Jean de la Tosa, s'insurgea contre les grandes familles, dont il détruisit les palais, entre autres ceux des Bardi et des Frescobaldi, et rétablit la seigneurie plébéienne de la cité, qui fut divisée en quartiers, au lieu de sestiers.

Les nobles furent exclus des magistratures ; mais la rigueur se ralentit, et l'on accepta beaucoup de nobles qui s'étaient mariés dans des familles bourgeoises : « Or remarque et souviens-toi, lecteur (dit le bon Villani), que notre cité, en un peu plus d'une année, a subi beaucoup de transformations, et qu'elle a changé quatre fois de régime. D'abord la grosse bourgeoisie gouverna ; mais, comme elle se conduisait mal, on en vint par sa faute à la seigneurie tyrannique du duc. Après son expulsion, les grands et les bourgeois administrèrent ensemble, ce qui dura peu de temps et produisit un grand bien. Maintenant nous sommes régis presque par les artisans et le menu peuple. Plaise à Dieu que ce soit pour la prospérité et le salut de notre république ! mais je suis en crainte à cause de nos péchés et de nos défauts, d'autant plus que les citoyens sont dépourvus de tout amour et charité entre eux, et que les gouvernants ont conservé la funeste habitude de promettre le bien et de faire le contraire. »

Un nouveau fléau sévit encore, non-seulement sur la Toscane, mais sur le monde entier. La peste, qui n'était arrêtée par aucune mesure de salubrité dans les communications avec les pays du Levant, faisait de fréquentes apparitions; en 1340, elle enleva douze mille personnes à la seule ville de Florence, un très-grand nombre, et des plus considérables, à Sienne, au point qu'il fut défendu de sonner les cloches, de se réunir pour les funérailles, et de faire annoncer, comme c'était l'usage, les décès par les crieurs publics. Quelque temps après, une neige extraordinaire pourrit les semailles, d'où résulta une grande disette. Florence ne recula devant aucun sacrifice; elle dépensa 50,000 florins d'or pour faire venir du blé, qui fut distribué en telle quantité que 94,000 individus recevaient du pain de l'administration publique, sans compter les étrangers, les voyageurs et les paysans, auxquels il n'était jamais refusé. Les prisonniers pour dettes envers la commune furent délivrés, avec faculté d'acquitter les anciennes amendes moyennant quinze pour cent. La faim cependant affaiblit les corps, qui furent ainsi moins capables de résister aux atteintes de l'épidémie, appelée la *mort noire*, et que précédèrent d'étranges météores : tremblements de terre désastreux, vaisseaux abîmés, gouffres entr'ouverts d'où jaillirent des flammes qui, pendant plusieurs jours, brûlèrent de vastes espaces de terrain; puis l'orage poussa dans les mers des nuées de sauterelles, dont les cadavres, rejetés sur le rivage, achevèrent d'empoisonner l'air, et un brouillard épais couvrit longtemps la Grèce.

Le fléau éclata dans la Chine, puis dans l'Inde, la Perse, l'Arménie, l'Égypte et la Syrie, mais avec une telle fureur qu'il mourait au Caire de dix à quinze mille individus par jour; Gaza, en six semaines, en perdit vingt-deux mille et presque tous les animaux. Les navires du commerce l'apportèrent en Chypre, dans les autres îles de l'Archipel et aux bouches du Don. Les marchands italiens, très-nombreux dans ces ports, cherchèrent leur salut dans la fuite; mais huit galères génoises, qui faisaient voile de la mer Noire, avaient perdu, à leur arrivée en Sicile, tant d'hommes de leurs équipages que quatre furent abandonnées; les marins qui débarquèrent des autres communiquèrent le mal, qui infecta bientôt cette île, la Corse, la Sardaigne, les côtes de la Méditerranée et la Toscane.

Les symptômes, divers selon les pays, variaient même du commencement au déclin de la maladie. En Italie, elle se manifestait généralement par une fièvre violente, suivie du délire, de la stupeur et de l'insensibilité. La langue et le palais devenaient livides; l'haleine, la sueur et les déjections étaient fétides; une soif inextinguible tourmentait les malades, à plusieurs desquels survenait une péripneumonie avec des hémorrhagies qui se terminaient par une mort immédiate; des taches noires et des bubons purulents révélaient la gangrène. Quelques-uns succombaient comme foudroyés, et la plupart expiraient le premier jour. Heureux les individus chez qui se déclaraient des abcès externes! mais, quant aux remèdes humains, ils étaient impuissants contre le mal, et le moindre contact suffisait pour le communiquer. Les habitants firent des processions de reliques; le tabernacle de l'Impruneta, objet d'une grande dévotion, fut promené autour de Florence aux cris de : *Miséricorde!* et de nombreuses réconciliations s'effectuèrent devant cette église : tout fut inutile. On fuyait à la campagne, mais la mort venait l'attrister. Les médecins qui survécurent exigeaient d'avance un salaire énorme, et à peine consentaient-ils, le visage détourné, à étendre les doigts pour tâter le pouls, et à examiner de loin les urines avec des essences sous le nez; ceux-là même qui, au début, soignaient les malades par profession, par charité, par intérêt, les abandonnaient ensuite pour les laisser mourir dans l'isolement, fussent-ils des pères, des fils, des épouses ou des maris. Si le malade se trouvait soulagé, il se mettait à la fenêtre; mais il attendait longtemps avant qu'il vînt à passer quelqu'un, et, lorsqu'on l'avait entendu, il ne recevait aucune réponse, ou bien n'était pas secouru. Un grand nombre de ces infortunés mouraient ainsi sans jouir du bienfait des sacrements, et restaient sur leur lit jusqu'au moment où leurs cadavres étaient signalés par les émanations putrides; les voisins alors, à force d'argent, les faisaient enlever et ensevelir sans funérailles. Les fossoyeurs exigeaient une telle rétribution que beaucoup s'enrichirent, de même que des apothicaires, des marchands de volaille, des vendeuses de mauves, d'orties et d'autres herbes pour faire des emplâtres. Les confitures se vendaient un prix excessif, et le sucre fut payé de trois à huit florins la livre; heureux encore celui qui en trouvait! La cire, les cercueils et l'étamine, à l'usage des morts, manquaient entièrement; les fabricants et les marchands qui se trouvèrent des étoffes noires les vendirent au poids de l'or (1).

Florence perdit cent mille habitants, Venise autant, Pise sept sur dix, Sienne quatre-vingt mille en quatre mois, s'il faut en croire un chroniqueur, qui ajoute que « les hommes et les femmes mouraient presque subitement ; et moi, Ange de Tura, j'enterrai mes fils dans une fosse avec mes mains, ce que firent beaucoup d'autres (2). » Quarante mille succombèrent à Gênes, cent soixante mille à Rome, autant à Naples, et cinq cent trente mille dans tout le royaume. Dans plusieurs localités, il ne survécut qu'un dixième de la population ; à Trapani, tous les habitants furent victimes ; cinq cent mille périrent en Sicile, et Chypre resta presque déserte. On trouva des vaisseaux errant au gré des flots, parce que tout l'équipage était mort. La vendange et la moisson pourrirent faute de bras pour les recueillir. A Bologne, Thaddée Pepoli n'épargna rien pour faire venir du blé, qu'il tint à bas prix ; mais, à l'invasion de la peste, il périt un très-grand nombre de familles, dont Ghirardacci donne la liste.

Luchino Visconti entoura les confins du Milanais de potences, auxquelles il pendait quiconque les franchissait ; cette rigueur préserva le pays du fléau, qui épargna également Parme et le Piémont (3). La mort noire envahit ensuite la Savoie, l'Espagne, les Baléares, la France, où la seule ville de Paris comptait cinq cents victimes par jour, et Vienne en Autriche mille six cent ; elle sévit pendant six mois à Avignon, qui vit succomber sept cardinaux et deux mille personnes ; en Angleterre elle moissonna, dans le cours de neuf années, cinquante mille individus par an. L'Irlande fut dépeuplée ; en résumé, on prétend qu'elle enleva un tiers des habitants de l'Europe, qui en conserve un souvenir plein d'effroi. « La postérité ne croira point qu'il y ait eu un âge où le monde soit resté presque entièrement dépeuplé, les maisons sans familles, les villes sans citoyens, les campagnes sans laboureurs. Et comment nos neveux pourront-ils le croire, si nous avons nous-mêmes de la peine à nous en rapporter au témoi-

---

(1) Les détails sont de Coppo Stefani. (Voir HEKER, *Der Schwarze Tod* ; Berlin, 1832.)

(2) *Rer. it. Script.*, tome **xv**, chronique d'André Dei. Un autre anonyme dit, avec plus de raison, que les habitants furent réduits, de soixante-cinq mille, à quinze mille.

(3) Mais, en 1361, la peste éclata en Lombardie, dépeupla Côme, enleva un tiers des habitants à Novare et à Pise, soixante-dix-sept mille à Milan, outre la

gnage de nos yeux? Sortis de nos maisons, nous parcourions les rues, et nous les trouvions pleines de morts et de mourants; lorsque nous rentrions dans nos demeures, nous n'y trouvions plus personne de vivant, tous étant morts pendant notre courte absence. Heureux nos descendants, à qui de pareilles calamités sembleront des fictions et des songes (1) ! »

Les analogies des symptômes avec ceux de l'empoisonnement firent supposer qu'une perversité, aussi extraordinaire que le mal, propageait la mort à dessein; les juifs furent surtout accusés d'empoisonner les fontaines, et, dans l'Allemagne comme en Espagne, on fit un massacre de ces malheureux, dont le pape Clément VI attesta l'innocence, et auxquels il donna asile à Avignon.

Quelques chrétiens voyaient dans ce fléau la justice de Dieu, parce qu'on violait le dimanche et le jeûne, et que l'on se rendait coupable d'adultère, d'usure et de blasphèmes. Le bruit courut qu'il était arrivé à Jérusalem une lettre du ciel, par laquelle, disait-on, le Christ annonçait qu'il n'accorderait point de miséricorde si chacun n'avait hâte de se flageller et d'errer pendant trente-quatre jours. Un grand nombre de fidèles se livrèrent alors aux pénitences, aux macérations, et l'on vit se renouveler les scènes des flagellants, qui passaient d'une ville à l'autre par centaines, récitant des litanies et le *miserere;* ces extravagances étaient suivies du cortége ordinaire de la superstition, miracles, exorcismes, dogmes nouveaux et étranges. La richesse, que l'on ne pouvait plus retenir, fut prodiguée libéralement aux établissements de bienfaisance; l'hôpital de Sainte-Marie-Nouvelle et la compagnie de Saint-Michel au Verger, à Florence, héritèrent au profit des indigents, alors que la plupart étaient morts, l'un de 25,000 florins, l'autre de 35,000. La compagnie de la Miséricorde, instituée un siècle auparavant par les portefaix qui servaient dans les fabriques d'étoffes de laine, vint au secours des malades avec un courage intrépide, et fut récompensée de sa conduite par des legs qui s'élevèrent à 35,000 florins.

D'autres, au contraire, se persuadèrent qu'il fallait opposer au mal les divertissements : de là, un énorme relâchement dans les mœurs; car chacun voulait semer de plaisirs une vie toujours prête à s'éteindre, et croyait pouvoir l'embellir de toutes les

banlieue. Elle revint en 1374, puis en 1379, et la seule Côme, au dire de Benoît Jove, perdit treize mille personnes.

(1) PÉTRARQUE, *Ép. famil.*, liv. VIII, 7.

joies, s'il parvenait à la conserver. Les hommes du peuple se couvraient des vêtements laissés par les riches; les héritages imprévus changeaient les conditions, et, comme ils pouvaient être la source de procès compliqués, ils inspiraient le désir de les dissiper; les vols, comme les galanteries, furent favorisés par le danger et l'abandon. Or l'on peut dire que ce mélange de plaisirs et de dévotion fut représenté dans les *Danses des morts*, peintures extravagantes où figurent des squelettes qui dansent ou s'amusent d'une façon bizarre avec des personnes vivantes, papes, rois, femmes, marchands, littérateurs, enfants, vieillards, pour signifier à tous la nécessité de mourir. La Suisse et l'Allemagne en possèdent beaucoup, et l'Italie n'en manque pas (1).

Cette peste fut encore déplorable par le nombre des hommes célèbres que perdit l'Italie, et parmi lesquels nous citerons Jean Villani et Jean d'André, canoniste remarquable; mais, «quant aux tyrans et aux grands seigneurs, il n'en périt aucun (2).» Plus tard, elle fut décrite dans le premier ouvrage où la prose italienne ait été travaillée avec soin, le *Décaméron* de Jean Boccace. L'auteur suppose que sept nobles dames, durant la peste, s'étant rencontrées à l'église avec trois de leurs amants, formèrent le projet d'aller à la campagne (3), et d'étouffer la crainte et la pitié dans une vie joyeuse, au milieu de laquelle on raconterait des nouvelles; or ces nouvelles, distribuées en dix journées qui se terminent chacune par une *canzone*, composent son livre. Il fait d'abord la description de la peste, mais comme quelqu'un qui ne l'a pas vue; puis il emprunte à Thucydide et à Lucrèce une partie des réflexions et des détails, qu'il développe outre mesure. Le sujet de l'ouvrage et ses différentes parties accusent un égoïsme raffiné; d'obscènes aventures, la facilité des femmes et l'insouciance des hommes, tout invite à jouir de la vie sans

---

(1) Ces peintures singulières ont excité la curiosité, et plusieurs écrivains en ont fait le sujet de savantes dissertations, qui augmentent continuellement. En Italie, outre le Campo santo de Pise, trop connu, nous avons vu une *Danse des morts* un peu loin de Côme, qui n'existe plus aujourd'hui; une à Sainte-Catherine du Sasso sur le lac Majeur, une autre sur la façade des *Disciplinés* à Clusone de Bergamasque.

(2) *Cron. riminese.*

(3) Probablement sous Fiesole, au Poggio Gherardi, et à la villa Palmieri, dite Schifanoïa et des Trevisi.

s'occuper d'autre chose. La peinture même de la peste finit par une réflexion plaisante et tout à fait païenne (1).

Le Décaméron fut goûté par la société corrompue ; mais il scandalisa les esprits sérieux. Le chartreux Joachim Cino vint trouver Boccace pour lui dire que son compagnon, Pierre Petroni de Sienne, l'avait chargé, à son lit de mort, de le rappeler aux sentiments du chrétien. Boccace en fut touché, et dès lors, donnant à son esprit une meilleure direction, il fit des livres de piété. Il écrivait à Mainardo Cavalcanti : « Laisse nos « nouvelles à ceux qui se livrent avec fougue à leurs passions, « qui désirent passer généralement pour les profanateurs habi- « tuels de la pudeur des matrones. Si tu ne veux pas épargner « la chasteté de tes femmes, épargne mon honneur, si tu m'ai- « mes assez pour répandre des larmes sur mes souffrances. Les « individus qui liront mes nouvelles me tiendront pour un vil

---

(1) « Combien d'hommes vigoureux, de belles femmes, d'élégants jeunes gens, que, non-seulement d'autres, mais Galien, Hippocrate ou Esculape auraient jugés bien portants, qui, après avoir déjeuné le matin avec leurs parents, compagnons et amis, allaient, le soir du lendemain, souper avec leurs aïeux ! »

Bien plus que dans toute l'éloquence de Boccace, je trouve la vérité dans les paroles suivantes de Ranieri Sardo, chroniqueur de Pise : « En 1348, au com- « mencement de janvier, deux galères génoises qui venaient de la Romanie « arrivèrent à Pise. Les marins se rendirent sur la place, et quiconque parla « avec eux tomba subitement malade et mourut ; tous ceux qui s'entretenaient « avec ces malades ou touchaient le cadavre des morts étaient aussitôt atteints « et succombaient. Ainsi fut répandue l'épidémie, et avec tant de force que « toute personne mourait. La peur fut si grande que l'un ne voulait pas voir « l'autre ; le père ne voulait pas voir mourir son fils, ni le fils son père, ni un « frère l'autre, ni la femme son mari. Chacun fuyait la mort, mais en vain ; « car celui qui devait mourir mourait, et l'on ne trouvait personne pour l'em- « porter dans la fosse. Mais le Seigneur, qui fit le ciel et la terre, a bien pourvu « à tout ; en effet, le père, voyant son fils mort et abandonné de tous (car per- « sonne ne voulait ni le toucher, ni coudre le linceul, ni l'emporter), faisait le « sacrifice de sa vie, et s'occupait de lui rendre les derniers devoirs le mieux « qu'il pouvait. Il cousait le linceul, le mettait dans la bière, et, avec l'aide de « quelqu'un, l'emportait dans la fosse, l'enterrait lui-même ; puis, le lendemain, « le père, ou quiconque avait touché le cadavre, mourait. Mais Dieu soit béni, « car il fit en sorte que l'un aidât l'autre. Bien que tous ceux qui touchaient « les choses, l'argent ou les habits du mort fussent victimes, il ne resta per- « sonne sur son lit et sans sépulture, et tous furent ensevelis honorablement « selon leur condition : tant Dieu inspira de charité à l'un envers l'autre, bien « que chacun se regardât comme une victime désignée. On disait : *Aidons, et* « *portons-les dans la fosse, afin que nous soyons nous-mêmes enterrés.* » (Archives historiques, tome VI, part. II, pag. 114.)

« entremetteur, un vieillard incestueux, un homme impur et
« médisant, avide de raconter les méfaits des autres. Il ne se
« trouvera personne qui s'élève et dise pour m'excuser : *Il a
« écrit en jeune homme, et il y fut obligé par une autorité im-
« posante.* »

Boccace fut l'ami de Pétrarque, qui, né à Arezzo d'un nommé Petracco, banni de Florence avec Dante, vécut pauvrement avec sa mère à Incisa dans le val d'Arno, puis étudia les sciences à Pise sous Convenevole, à Bologne sous Jean d'André, à Montpellier sous le célèbre jurisconsulte Barthélemy d'Osio de Bergame ; mais il préférait à l'étude du droit, que son père lui avait imposée, la lecture de Cicéron et la compagnie de Cino de Pistoie et de Cecco d'Ascoli, qui lui inspirèrent le goût de la poésie italienne. Resté orphelin et très-peu riche, il se destina à l'état ecclésiastique, et résolut d'aller chercher fortune à Avignon, comme c'était alors l'usage. Ses manières courtoises et son esprit lucide lui valurent un bon accueil à la cour pontificale ; son ami Jacques Colonna, qui fut ensuite évêque de Lombez, lui facilita l'accès auprès des principaux prélats. Le pape, auquel il adressa une élégante prosopopée de Rome qui rappelait son chef, le gratifia d'un canonicat à Padoue, avec l'expectative de la première prébende qui vaquerait. Il acheta un petit domaine auprès de la fontaine de Vaucluse, et s'y retira avec ses livres. Dès lors il s'appliqua tout entier à l'étude, et devint idolâtre de l'antique civilisation ; son imagination lui représentait sans cesse la cité de Romulus et d'Auguste, avec ses anciens héros, dans celle que les papes abandonnaient aux bandes des Colonna et des Orsini ; il applaudissait donc à quiconque tentait une restauration romaine.

Bien qu'il fût capable d'apprécier les beautés des classiques, il se figura pouvoir les atteindre, et composa l'*Afrique*, poëme sur le sujet déjà traité par Silius Italicus : c'est un récit sans machines épiques, sans épisodes neufs, sans rien qui provoque la curiosité ; mais, depuis Claudien, on n'avait point entendu d'aussi beaux vers, tant il avait su, par la méditation, s'assimiler la substance des auteurs classiques. Dans ses *Églogues*, il fait allusion à des faits du moment, ne dédaigne pas la flatterie, et se montre plus poétique que dans l'*Afrique*.

Ces vers, dans sa pensée, devaient lui procurer l'immortalité, qui lui vint, au contraire, d'un accident ordinaire. Bel homme, très-soigné dans ses vêtements, assidu aux réunions, il s'éprit, dans une église d'Avignon, de Laure, fille d'Audibert de Noves, et femme de Hugues de Sade (1). Cet amour, d'ailleurs, n'eut rien de romanesque, puisque Laure continua de vivre en bonne harmonie avec son mari, à qui elle donna onze enfants; d'un autre côté, bien que Pétrarque, entraîné par les appétits d'un tempérament opiniâtre, assiégeât sa vertu, il ne se détourna point de ses études, ni d'amours plus positifs, ni des intrigues de cour et de l'ambition de la gloire, sa première et dominante passion. Pour Laure il composait de temps à autre ou traduisait du provençal quelque sonnet ou *canzone*, que la renommée de l'auteur et leur suavité propre faisaient rechercher; il acquérait ainsi parmi le beau monde cette réputation qui l'avait déjà rendu célèbre auprès des savants.

Cette publicité lui imposa pour ainsi dire l'obligation de persévérer dans les mêmes sentiments à l'égard de Laure, qui paraît s'être bien gardée de les attiédir en les satisfaisant; lorsque, vingt ans après, elle succomba à la peste noire, Pétrarque se fit honneur de sa constance envers ses cendres, *se repaissant de souvenirs et de douleurs.*

Ce qui lui plaisait dans la belle Avignonnaise, c'étaient les perfections de son corps, ses beaux cheveux d'or, ses mains blanches et déliées, ses bras gracieux, son beau jeune sein et ses autres attraits, qui la rendaient orgueilleuse, et pour lesquels elle fatiguait les miroirs à s'admirer (2). Il la voyait dans les *claires, fraîches et douces eaux*, sur le vert gazon, dans la blanche nuée, et dessinait par la pensée son visage charmant sur la pierre. Ces expressions suffiraient pour démentir les écrivains qui ont fait de Laure un être symbolique; du reste, cette persistance à nous la montrer comme une personne réelle le préserva de s'égarer, à l'exemple d'autres poëtes, dans de vaines

---

(1) Il n'est pas démontré que de Sade ait découvert la vérité sur ce qui concerne Laure. Voir *L'illustre châtelaine des environs de Vaucluse, et la Laure de Pétrarque,* par Hyacinthe d'Olivier-Vitalis; Paris, 1843.

« Les trente biographies du chantre de Laure nous en font désirer une qui « soit digne de lui, » écrivait Bettinelli, il y a presqu'un siècle, et nous pouvons répéter ses paroles.

(2)   Perchè a me troppo ed *a se stessa* piacque.
    Car elle me plut trop, et par trop *à soi-même.*
                                           Canzone XXI.

    La rividi più bella et meno *altera.*
    Je la revis plus belle et moins *altière.*

abstractions. Il aima, il désira (1), et, dans son *Dialogue* avec saint Augustin, il confesse ses agitations, ses transports, ses insomnies, les tourments de cette passion, et le supplie de lui donner la force de s'en dégager. Il est bien vrai qu'il adressait à Cicéron, à Virgile, à Varron, à Sénèque, à Tite-Live, des lettres où respirait une ardeur plus véritable peut-être, et certainement exprimée avec plus de vivacité qu'il ne le fit pour Laure; puis, dans ses ouvrages en prose, il parle des femmes d'une tout autre manière : «Lorsqu'on veut se dévouer à l'étude, il faut, dit-il, fuir le mariage, et se permettre tout au plus une concubine; fou est celui qui pleure la mort de sa femme, lorsqu'il devrait s'en réjouir (2) !»

Cette passion pour Laure nous a valu un *canzoniere* dans lequel, sauf douze sonnets et trois *canzoni*, outre les deux autres en jeux de mots, il a consacré sa muse à célébrer l'amour. Il se complaît aux difficultés de la forme, soit dans les *sestine*, disposition provençale où le retour fatiguant des mêmes désinences n'est racheté par aucune harmonie ; soit dans les sonnets, qui ne roulent le plus souvent que sur quatre rimes ; soit dans les *canzoni*, qui suivent des lois imprescriptibles. Il joignit à ces poésies les *Triomphes*, songes érotiques et allégoriques, où il célèbre les triomphes de l'amour sur le poëte, de la chasteté de Laure sur

(1)   Con lei foss'io da che si parte il sole,
       E non ci vedess' altri che le stelle...
       Solo una notte, e mai non fosse l'alba,
       E non si trasformasse in verde selva
       Per uscirmi di braccia...

       Puissé-je être avec elle, à l'heure où vient le soir,
       Les astres pour témoins, sans autres à nous voir,
       Rien qu'une nuit et sans que l'aube eût à renaître,
       Sans qu'elle se changeât, transformant ses appas
       En verdoyants rameaux, pour s'enfuir de mes bras!
                                                   Sestina I.

   Pigmalion, quanto lodar ti dèi
      Dell'immagine tua, se mille volte
      N'avesti quel ch'io sol una vorrei.

      Combien, Pygmalion, tu dois de ta statue
      Te louer, toi qui pus avoir de ses attraits
      Mille fois ce qu'en vain une seule voudrais!

Et dans le troisième dialogue, *De contemptu mundi: Nullis mota precibus, nullis victa blanditiis, muliebrem tenuit decorem, et adversus suam simul et meam ætatem, adversus multa et varia quæ adamantinum flectere licet spiritum debuissent, inexpugnabilis et firma permansit.*

(2) *De vita solitaria; De remediis utriusque fortunæ.*

l'amour, de la mort sur Laure, de Laure sur la mort, de la renommée sur le cœur du poëte, qu'elle partage avec l'amour ; à la fin, le temps anéantit les trophées de l'amour, et l'éternité ceux du temps.

Ce sont là des idées et des formes selon le goût de l'époque ; mais, bien que l'on prouve que Pétrarque a emprunté beaucoup de ses pensées, surtout aux Provençaux, aux Espagnols et à d'anciens auteurs de l'Italie, et que d'autres soient exagérées, alambiquées, fausses, il lui restera toujours le mérite d'un langage très-pur, plein de fraîcheur encore après cinq siècles, d'un style vif et correct, d'une inépuisable variété pour exprimer ces molles douleurs, ces refus tranquilles, ces peintures monotones et diverses, à la fois passionnées et subtiles ; enfin on ne saurait lui contester la douce mélancolie et la chaste délicatesse avec lesquelles il traita la plus scabreuse des passions. Il travailla beaucoup chacun de ses sonnets, et cependant on les dirait éclos au souffle d'une seule inspiration : on y trouve la finesse qui reproduit dans l'expression les gradations du sentiment, et la grâce d'élocution qui présente à l'esprit l'attrait de la nouveauté, jointe au mérite de la clarté.

Il composa d'autres ouvrages ; dans le recueil des *Choses mémorables*, il imite Valère Maxime, et, dans la *Vraie sagesse*, il met un de ces prétendus savants aux prises avec un ignare doué de bon sens, afin de tourner en ridicule la dialectique d'alors, aussi frivole qu'inutile pour le cœur et l'esprit. Quelques jeunes Vénitiens, qui se permettaient, comme on en voit tant, de trancher sur les réputations les plus solides, l'ayant déclaré un homme estimable, mais de peu d'esprit, il leur répondit par son livre *De mon ignorance et de celle d'autrui*, où l'on rencontre quelques bonnes sentences, noyées dans une mer de subtilités et d'érudition facile et présomptueuse ; la conclusion est que « les lettres sont pour beaucoup un instrument de folie, d'orgueil pour presque tous, si elles ne tombent pas dans une âme bien née et vertueuse. » Dans une satire contre un médecin d'Avignon, il attaque tous les médecins, sectateurs d'une vaine science, et fiers de se promener avec un manteau de pourpre, des anneaux brillants et des éperons dorés, comme s'ils aspiraient au triomphe, bien que peu d'entre eux eussent tué les cinq mille hommes qu'exigeait la loi romaine.

Le livre *Des devoirs et des qualités d'un général* ferait venir le sourire sur les lèvres d'Annibal ; celui *Du gouvernement d'un État* roule sur des lieux communs, qui n'éclairent pas plus les sages qu'ils ne sont propres à corriger les méchants. Il écrivit, pour consoler Azzo d'Arezzo, dépossédé du pouvoir, les *Remèdes dans l'une et l'autre fortune*, dialogues prolixes et décolorés entre des personnages imaginaires, où il prodigue les arguments et l'érudition pour démontrer que les biens d'ici-bas sont trompeurs, et qu'il est possible, à l'aide de la raison, d'adoucir le malheur et de le convertir en bien. Il adressa à Philippe de Cabassol, évêque de Cavaillon, deux livres sur la *Vie solitaire*, où il oppose les douceurs de la solitude aux ennuis de l'habitant des villes : antithèse peu sociale, car notre devoir est de travailler, même au milieu de cette tourbe qui nous entrave, nous méconnaît et nous calomnie.

Avec l'amour et la philosophie, la dévotion fut sa troisième source d'inspiration. Dans les temps même de ses *premières erreurs de jeunesse*, il priait Dieu de *ramener dans une meilleure voie ses pensées errantes*. Les beautés de Laure lui servaient d'échelle pour remonter jusqu'au Créateur; après sa mort, il espérait voir son Seigneur et sa dame, pour laquelle, dit un contemporain, « il a fait tant d'aumônes et fait dire tant de messes et de prières avec une si grande dévotion, que, eût-elle été la plus méchante femme du monde, il l'aurait tirée des griffes du diable, bien qu'on assure qu'elle mourut pure et sainte. » Cette pensée lui inspira le *Mépris du monde*, espèce de confession, dégagée de l'impudente ostentation de quelques ouvrages analogues, et dans laquelle, à l'imitation de la *Vie nouvelle* de Dante, il commente ses propres chants, et fait l'analyse des sentiments profonds et délicats.

Le recueil de ses lettres *familières, séniles, diverses et sans titre*, contenant sa correspondance avec les hommes les plus éminents de son siècle, offre plus d'intérêt. Toujours prolixe et affecté, parce qu'il savait que ses lettres, avant de parvenir à leur adresse, circulaient pour être lues, quelquefois par cent personnes, il traite des événements, des mœurs, de ses missions, surtout des désordres de la cour d'Avignon et de certains travers de son temps, qui appartiennent aussi au nôtre. Tantôt il blâme les *philosophes modernes*, qui semblent ne voir le succès que dans les aboiements contre le Christ et sa doctrine: « personnages, dit-il, qui ne s'abstiennent d'attaquer la foi que par la crainte des châtiments temporels, mais qui, à l'écart, s'en rient, adorent Aristote sans le comprendre, et déclarent, en discutant, faire abstraction de la foi. » Tantôt il se plaint de ceux « qui se disent savants dans les sciences, chez lesquels tout est digne de risée, et surtout la vanité démesurée, ce premier et cet éternel patrimoine des ignorants.» Tantôt il se déchaîne contre ceux qui, « tout en se disant Italiens et quoique nés en Italie, s'efforcent par tous les moyens de paraître barbares ; or, comme s'il ne suffisait pas à ces malheureux d'avoir perdu, par leur nonchalance, la vertu, la gloire, les arts de la paix et de la guerre, qui rendirent nos ancêtres divins, ils souillent encore notre langue et gâtent nos vêtements (1). »

Il est curieux, ces lettres à la main, de le suivre dans ses voyages aux *cités des barbares*, dont il retrace les usages superficiellement. Il trouva Paris, sans nier toutefois son importance, inférieur à son attente, plus sale et plus fétide que toute autre ville, Avignon excepté, et devant toute sa renommée aux exagérations de ses habitants (2). Après avoir passé longtemps à discerner le vrai du faux sur son université, il la compare à une « corbeille où l'on a rassemblé les fruits les plus rares de chaque pays...... Mais quiconque a la moindre notion d'histoire osera-t-il comparer la France à l'Italie ? Discuter sur les qualités intellectuelles des deux pays serait ridicule, puisqu'on a le témoignage des livres. Si un étranger produit quelque chose sur les arts libéraux, la morale, la philosophie, il écrit son livre en Italie, ou c'est là qu'il a puisé ses connaissances. Les deux droits ont été établis et expliqués par des Italiens ; hors de la Péninsule il ne faut chercher ni orateurs ni poëtes ; c'est elle qui a vu naître et se former la littérature, la politique, et c'est là, en résumé, que toutes choses se sont perfectionnées. A tant de travaux, à des études si sérieuses et si variées, que peuvent opposer les Français? Les écoles se trouvent dans la rue des Fourrages (*rue du Fouarre*, où était l'université). Les Français ont l'humeur gaie, sont toujours satisfaits d'eux-mêmes, habiles joueurs d'instruments, joyeux chanteurs, intrépides buveurs, convives aimables, je l'accorde. Heureuse nation, qui pense toujours mal des autres et bien d'elle-même ! qui ne lui envierait pas de pareilles illusions (3) ? »

(1) *Seniles;* 3, 6.
(2) *Apol. contra Galli calumnias.* C'est la réponse à un anonyme qui avait réfuté la lettre dans laquelle il conseillait à Urbain V de transporter de nouveau le siège pontifical à Rome, en lui disant de la France tout le mal possible.
(3) *Opera*, page 170, édit. de Bâle.

Cette peinture prouve, du moins, que les temps sont changés, et qu'alors, comme aujourd'hui, le patriotisme rendait injuste. Néanmoins, dans cette France qui lui paraît si barbare, le Dauphin, de maturité précoce, aimait à le mettre aux prises avec les doctes et les esprits éclairés de son pays ; il accepta même l'hommage des *Remèdes dans l'une et l'autre fortune,* qu'il fit traduire par son précepteur. Guido Gonzague lui ayant demandé quelques livres français, Pétrarque lui envoya le *Roman de la Rose,* de Jean de Meun ; cet ouvrage, dans le genre de la *Divine Comédie,* c'est-à-dire embrassant toutes les connaissances d'alors, avec des subtilités scolastiques, du mysticisme, des personnifications, des allégories outre mesure, des digressions scientifiques, était commenté, loué, blâmé en France, autant que Dante en Italie : « La
« supériorité de notre littérature (écrit Pétrarque à Gonzague) est
« prouvée par ce livre, que la France porte aux nues, et qu'elle
« prétend comparer aux chefs-d'œuvre. L'auteur y raconte ses
« rêves, la puissance de l'amour, les ardeurs juvéniles, les ruses
« de la vieillesse, les peines de ceux qui servent Vénus, sans
« oublier de dire que l'on pleure longtemps sur des joies passa-
« gères. Quel champ vaste et fécond pour la muse du poëte ! et
« pourtant il sommeille en racontant ses songes. Virgile, Ca-
« tulle, Properce, Ovide et tant d'autres, chantres divins de l'a-
« mour que les temps anciens ou modernes virent sur les rives
« italiennes, surent bien mieux exprimer la passion. Tu recevras
« pourtant ce livre avec plaisir ; en effet, si tu en voulais un
« étranger et en langue vulgaire, je ne pouvais t'offrir rien de
« meilleur, si toute la France néanmoins ne s'abuse pas sur son
« mérite (1). »

Dans les Flandres et le Brabant, Pétrarque vit le peuple occupé aux tapisseries et aux ouvrages de laine ; à Liége, il eut de la peine à se procurer de l'encre pour copier deux discours de Cicéron ; à Cologne, il admira une extrême urbanité dans une ville barbare, la contenance honnête des hommes, la propreté des femmes, et, s'il n'y avait pas de Virgile, il trouva des copies d'Ovide. Ses amis le conduisirent sur les bords du Rhin pour lui faire contempler le coucher du soleil : comme c'était la veille de la Saint-Jean, une infinité de femmes couvraient le rivage, sans tumulte, couronnées de fleurs, les manches retroussées jusqu'au

---

(1) M. Rathery, dans le mémoire : *Influence de l'Italie sur les lettres françaises,* couronné par l'Académie en 1852, prétend reconnaître dans le *Roman de la Rose* l'influence de Dante, qu'il suppose avoir été l'ami de Jean de Meun.

coude, pour se laver les mains et les bras dans le courant ; elles récitaient des vers dans leur idiome, et se figuraient que cette lustration les préserverait de malheurs dans le cours de l'année.

On n'osait pas alors traverser la *célèbre forêt des Ardennes* sans une bonne escorte, soit par crainte des voleurs, soit à cause des hostilités entre le comte de Flandre et le duc de Brabant; ce fut donc avec une grande joie qu'il revit, en sortant de ces montagnes, le *beau pays et le délicieux fleuve du Rhône*, ainsi qu'Avignon. Là, il frémissait d'entendre des cardinaux manifester leur répugnance à retourner en Italie, parce qu'ils n'y trouveraient pas le vin de France (1).

Rien de ce qu'il voyait ne lui faisait pourtant regretter d'être né Italien : « Si la France reçut de Rome les dons de Bacchus et de Minerve, elle ne cultive que peu d'oliviers et point d'orangers ; les moutons ne donnent pas de bonne laine, et la terre n'a ni mines ni eaux thermales. En Flandre, on boit exclusivement de l'hydromel ; en Angleterre, de la bière et du cidre. Que dire des régions glacées que baignent le Danube, le Bog et le Tanaïs ? La nature les traita en marâtre : les unes, privées de bois, ne brûlent que de la tourbe ; les autres, affligées par les fétides exhalaisons des marais, n'ont pas d'eau potable ; celles-ci n'offrent que des bruyères et un sable aride ; celles-là fourmillent de serpents, de tigres, de lions et de léopards (?). L'Italie seule fut la terre de prédilection du ciel, qui lui accorda l'empire suprême, le génie, les arts et surtout la lyre, par laquelle les Latins surpassèrent les Grecs ; rien ne lui manquerait, si Mars ne lui était pas funeste. »

A Rome, il trouve que c'est avec justice que les femmes sont préférées à toutes les autres, à cause de leur pudeur, de leur modestie et de leur constance virile. Les hommes sont de bonnes gens, affables envers ceux qui les traitent avec douceur, mais n'entendant pas raillerie sur un seul point : la vertu des femmes. Loin d'être complaisants, sous ce rapport, comme les Avignonnais, ils ont toujours à la bouche ces paroles d'un ancien : « Battez-nous, mais que l'honnêteté soit sauve. » Il fut étonné de trouver dans cette ville si peu de marchands et d'usuriers, sans doute parce que le commerce s'en était éloigné lors du départ de la cour pontificale.

(1) *Audio, quo nil possem tristius nihilque indignantius audire, quosdam cardinales ibi esse qui murmurent se Belnense vinum in Italia non habere.* (Opera, pag. 845.)

Florence lui adressa Jean Boccace, chargé de lui annoncer qu'elle avait résolu, à l'exemple de Rome antique, d'élever sa propre république au-dessus des autres cités d'Italie au moyen de l'instruction : « Par toi seulement, lui disait Boccace, elle peut réa-
« liser son désir ; aussi te prie-t-elle de choisir, pour l'interpréter,
« un livre quelconque de ton goût, une science que tu trouves
« en rapport avec ta renommée, et qui convienne à ta tranquillité.
« D'autres esprits élevés, encouragés par ton exemple, se déci-
« deront peut-être à publier leurs vers dans cette ville. En at-
« tendant, permets-nous de t'engager à mettre la dernière
« main à ton poëme de l'*Afrique*, afin que les Muses, négligées
« depuis des siècles, reviennent habiter parmi nous. Tu as assez
« voyagé, tu as vu assez de mœurs et de caractères de nations ;
« maintenant écoute tes magistrats, tes nobles concitoyens et le
« peuple, et reviens dans ton ancienne demeure, dans le patri-
« moine de tes aïeux, qu'on te restituera. »

Aujourd'hui encore il est impossible de lire Pétrarque sans l'aimer ; mais alors quelle sympathie ne devait-il pas inspirer, d'autant plus qu'il ne s'abandonnait point à cet orgueil, qui est souvent une dignité nécessaire, mais qui aliène l'affection et suscite l'envie ! Partout c'était à qui ferait le plus d'honneur au poëte : « Les princes d'Italie, dit-il, cherchèrent à me retenir par force et prières ; ils se plaignirent de mon départ, et ils attendent mon retour. » François Carrare le vieux voulut l'avoir pour ami ; Pétrarque lui dédia donc son livre *Du gouvernement de l'État*, précédé d'un éloge pompeux de ses vertus ; et ce fut à son invitation qu'il entreprit d'écrire les vies des hommes illustres. A la mort d'Ugo d'Este, il rappela qu'il avait été un seigneur très-humain par dignité, un fils respectueux par amour, et qu'il en avait reçu de grandes faveurs. Luchino Visconti lui demanda des vers, avec des fruits et des légumes de son jardin, et en obtint les louanges les moins méritées (1). Jean Visconti le reçut

---

(1) Il dit dans les *Epist. famil.*, VII, 13 : *Reges terræ bellum litteris indixerunt; aurum, credo, et gemmas atramentis inquinare metuunt, animum ignorentiæ cæcum ac sordidum habere non metuunt. Unde illud regale dedecus? videre plebem doctam, regesque asinos coronatos licet (sic enim eos vocat romani cujusdam imperatoris epistola ad Francorum regem). Tu ergo hac ætate vir maxime, et cui ad regnum nihil præter nomen regium desit... meliora omnia de te spero.*

Et dans l'*Epist. metr.*, lib. III :

Maximus ille virûm quos suspicit Itala tellus,

en l'embrassant, et fit tant qu'il le retint à Milan, puis l'envoya conclure la paix avec le doge André Dandolo. Galéas II l'avait à ses côtés dans la solennelle entrée du cardinal Albornoz, et, voyant qu'il courait risque d'être renversé de cheval, il le fit descendre pour lui épargner une chute. Il lui confia une ambassade auprès de l'empereur Charles IV, et, dans le mariage de sa fille avec Lionel, fils du roi d'Angleterre, il l'admit à leur table. Louis Gonzague envoya quelqu'un à Avignon pour l'inviter à venir, avec des offres d'argent, et, lorsqu'il se rendit à sa cour, il l'accueillit avec les plus grands honneurs. Azzo Correggio lui témoigna l'affection d'un frère, et disait qu'il était le seul qui ne lui eût jamais causé d'ennui ou de déplaisir, soit par un mot ou par un seul acte. Le belliqueux Paul Malatesti, qui ne le connaissait pas, envoya un peintre pour faire son portrait; à Milan, où il le rencontra plus tard, il ne pouvait s'arracher à sa conversation, et n'était heureux qu'avec lui. A l'invasion de la peste, il lui offrit un asile, et, lorsque la guerre éclata entre les Carrarais et les Vénitiens, il lui envoya des chevaux avec des hommes pour l'escorter jusqu'à Pesaro. Le grand sénéchal Nicolas Acciaioli le visitait fréquemment à Milan, « comme Pompée visitait Posidonius, la tête découverte et s'inclinant par respect, » ce qui faisait venir les larmes aux yeux du poëte. Ainsi se vérifiait la prédiction faite par un astrologue à Pétrarque encore enfant,

> Ille, inquam, aeriæ parent cui protinus Alpes,
> Cui pater Apenninus erat, cui ditia rura
> Rex Padus ingenti spumans intersecat amne,
> Atque coronatos altis in turribus angues
> Obstupet...
> Adriaci quem stagna maris, Tyrrhenaque late
> Æquora permetuunt, quem transalpina verentur
> Seu cupiunt sibi regna ducem, qui crimina duris
> Nexibus illaqueat, legumque coercet habenis,
> Justitiaque regit populos, quique aurea fessæ
> Tertius Hesperiæ melioris secla metalli
> Et Mediolani romanas contulit artes,
> Parcere subjectis et debellare superbos.

A la naissance d'un fils de Barnabé, il s'exprimait ainsi :

> Te Padus exspectat dominum, quem flumina regem
> Nostra vocant, te purpureo Ticinus amictu...
> Tu quoque tranquillo votivum pectore natum
> Suscipe, magne parens, et per vestigia gentis
> Ire doce, generisque sequi monumenta vetusti.
> Inveniet puer iste domi calcaria laudum
> Plurima; magnanimos proavos imitetur avosque
> Mirarique patrem docili condiscat ab ævo.

qu'il jouirait du commerce familier et de la haute bienveillance de tous les princes et des personnages illustres de son âge.

Cet enthousiasme se propageait parmi les classes inférieures. Un vieillard aveugle, maître de grammaire à Pontremoli, fit le voyage de Naples pour l'entendre, et, comme il était parti, il continua sa route, « disposé à le chercher jusqu'aux Indes »; heureusement il le rejoignit à Parme, et l'embrassa dans un transport indicible, ne cessant de baiser la tête qui avait conçu, la main qui avait tracé de si douces choses. Arrigo Capra, orfèvre de Bergame, heureux d'avoir connu Pétrarque à Milan, remplit sa maison de ses portraits, acheta ses œuvres, abandonna son art, se mit à recueillir des livres et ne conversa plus qu'avec des savants. A force d'instances, il décida le poëte à venir chez lui, et sortit à sa rencontre avec tous les érudits du voisinage; or, bien que le podestat et les principaux citoyens lui eussent préparé un logement au palais public, Capra l'entraîna dans sa maison, où il avait disposé une salle tendue de pourpre, avec un lit doré dans lequel il jura que personne n'avait jamais couché et ne coucherait jamais; puis tels furent ses regrets au départ du poëte que l'on craignit qu'il ne devînt fou.

Robert, roi pédant malgré les louanges des savants, avait écrit l'épitaphe de Clémence, reine de France, et la soumit au jugement de Pétrarque, qui, dans une longue épître, l'accabla d'éloges outrés : « Je n'avais jamais cru qu'on pût dire des choses si « sublimes avec tant de concision, de gravité, d'élégance. Heu- « reuse la défunte d'avoir trouvé un tel panégyriste! elle ob- « tient deux éternités, l'une du monarque céleste, l'autre du roi « terrestre. » Flatteries intéressées, car elles avaient pour but d'amener Robert à le couronner poëte; du reste, il ne cache pas ce désir dans une autre lettre à Denis Sansepolcro, où il prodigue de nouveaux éloges à Robert : « A sa lettre, écrite avec un style royal, il avait, dit-il, répondu sur un ton plébéien, parce qu'il sentait sa trop grande infériorité de mérite et de poëte. »

Ce désir, inspiré par les réminiscences classiques, fut enfin réalisé à l'âge de trente-six ans; vénéré des érudits et du peuple, il fut invité, à Avignon, par des lettres du Florentin Robert des Bardi, chancelier de l'université de Paris et du sénat de Rome, à venir recevoir la couronne de poëte. Cet honneur flattait d'autant plus Pétrarque que le nom de *laurier* ressemblait à celui de sa dame, et il préféra à la *ville de boue*, où le premier il aurait reçu une pareille récompense, celle où avaient triomphé

Pompée et Scipion, son héros. Afin d'en accroître le faste et la solennité, on désigna Robert pour l'examiner et juger de son mérite; il se rendit donc auprès de ce roi, qui l'interrogea en présence des princes et des courtisans; sa première question fut sur l'utilité de la poésie, à laquelle il croyait peu, sans faire grand cas non plus de Virgile. Pétrarque démontra que les poëtes étaient les dépositaires de la pensée des temps, et qu'ils revêtaient d'images sensibles les contemplations philosophiques. Qui aurait osé ne pas se dire convaincu de cette vérité? Le lendemain, l'examen roula sur toutes les connaissances, sur les livres de métaphysique et d'histoire naturelle d'Aristote, sur les mérites des divers historiens latins et grecs, et Pétrarque montra son enthousiasme pour Tite-Live, en exhortant Robert à faire des recherches pour découvrir les décades perdues. Le roi l'assura que les lettres lui étaient bien plus chères que son royaume, et qu'il aimerait mieux sacrifier celui-ci que celles-là. Dans la troisième réunion, la plus solennelle et la plus nombreuse, Pétrarque fut prié de lire quelques passages de son *Afrique*, et, bien qu'ils ne fussent pas encore limés, ils plurent tant que Robert l'invita à lui dédier ce poëme. Ainsi, selon l'usage des académies, on lui faisait un mérite d'une composition dont l'auteur lui-même rougit plus tard, au lieu de vanter ses poésies italiennes, qui lui assurent une renommée éternelle.

Le jour de Pâques 1341, Pétrarque, revêtu d'un habit de pourpre dont ce prince lui avait fait don, escorté des pages des principales familles de Rome (1), au son des trompettes et au milieu d'acclamations solennelles, monta au Capitole, qui, depuis dix siècles, n'avait plus vu de triomphes; à genoux devant le sénateur, il reçut la couronne, tandis qu'un peuple immense criait : « Vive le poëte et le Capitole ! » Avec le laurier, il reçut cette patente : « Nous, sénateur et comte d'Anguillara, en notre nom et
« au nom de notre collége, déclarons grand poëte et historien
« François Pétrarque; pour indice spécial de sa qualité, nous
« avons posé de nos mains une couronne de laurier sur son
« front, en lui accordant, selon la teneur des présentes, et par
« autorité du roi Robert, du sénat et du peuple de Rome, libre
« et entière permission de professer tant l'art de la poésie que

---

(1) Douze, vêtus d'écarlate, appartenaient aux maisons Forni, Trinci, Capizucchi, Caffarelli, Cancellieri, Coccini, Rossi, Papazucchi, Paparesi, Altieri, Leni, Astalti; six, habillés de vert, étaient des familles Savelli, Conti, Orsini, Annibaldi, Paparesi, Montanari.

« l'histoire, soit dans la cité sainte, soit partout ailleurs; de cri-
« tiquer, d'analyser, d'interpréter tous les livres anciens, d'en
« faire de nouveaux, et de composer des poëmes qui, s'il plaît à
« Dieu, vivront de siècle en siècle. » Pétrarque se rendit dans la
cathédrale, et déposa sa couronne sur l'autel.

Il vécut longtemps, entouré de l'estime et de la bienveillance
générales ; enfin, à Arquà, où il s'était procuré une maison de
campagne pour être dans le voisinage de son canonicat de Padoue, il fut trouvé mort sur un Virgile. Par son testament il avait
désigné pour héritier François de Brossano, mari d'une de ses
filles naturelles ; il légua 50 florins d'or à Boccace « afin qu'il se
fît une robe de chambre pour ses veillées d'hiver », et au prince
de Carrare une Vierge de Giotto, « dont la beauté n'est pas com-
prise par les ignorants, mais remplit d'admiration les maîtres de
l'art ».

1374

Nous avons dû nous arrêter longtemps sur cet illustre écrivain, dont le nom remplit déjà l'âge que nous décrivons,
d'autant plus qu'on voit déjà se manifester l'importance que
les lettres acquéraient dans la Péninsule ; tandis que partout
ailleurs elles balbutiaient à peine, elles avaient été portées en
Italie à une si grande hauteur par Dante, Pétrarque, Boccace,
insigne triumvirat, que la littérature nationale en reçut le caractère qu'elle conserve encore. Ce n'est donc pas seulement une
tâche littéraire, mais un devoir patriotique de l'historien, de les
analyser avec soin ; car c'est étudier aux sources le fleuve qui
arrose, fertilise ou dévaste un pays.

La poésie de Dante et de Pétrarque fut modifiée par le caractère de l'époque et par le leur propre. Dante vécut avec les derniers héros du moyen âge, cœurs énergiques, tout entiers à la
patrie et jaloux de sa liberté, qui avaient grandi au milieu des
querelles de parti, des exils, des émigrations et des massacres ;
il vécut dans des républiques où les passions personnelles ne
connaissaient aucun frein de loi ni d'opinion, où chacun sentait
sa puissance excitée aux grandes choses. Il suffisait donc de regarder autour de soi pour trouver des types poétiques dignes de
figurer dans le grand drame joué sur la scène des trois mondes,
qui tenaient de près à la vie, puisque tout se faisait en vue du
paradis, du purgatoire et de l'enfer. L'âge de Pétrarque s'était
jeté dans les voies tortueuses de la politique ; ce n'était plus à
la pointe de l'épée que se consommaient les vengeances, mais à
l'aide d'ambassades insidieuses, de guet-apens et de poisons. A

Frédéric II, à saint Louis, à Sordello, à Giotto, à Farinata, à Boniface VIII, avaient succédé le roi Robert, Étienne Colonna, Cola Rienzi, Clément VI, Simon Memmi ; à la constante unité catholique, le déplorable exil d'Avignon. Déjà l'on voyait naître l'âge de l'inertie cultivée, des lâches méfaits, des molles vertus, des infortunes sans gloire et sans intérêt.

Les malheurs aigrirent Dante, qui, dédaignant la renommée et les *caquetages* du monde, proclamait qu'on se fait *un bel honneur par la vengeance* (*Convito*) ; à ses amis même il inspira du respect plutôt que de l'amour, ce qui est la gloire et le châtiment des caractères de fer et des esprits supérieurs. Pétrarque, d'un naturel bienveillant, dispensait et ambitionnait la louange, et sentait le besoin d'être caressé par l'opinion : si, en général, il se montrait mécontent des hommes ou d'une classe, individuellement il vivait avec tous et les louait tous ; il se passionnait pour un Mécène, pour un auteur, pour la famille rustique qui le servait à Vaucluse. Cédant à l'influence de l'air qu'il respirait, il se hâtait de déclarer, même alors qu'il blâmait, qu'il le faisait par amour de la vérité, *non par haine ni par mépris pour les autres.* Dante craignait de se *déshonorer* aux yeux de la postérité en se montrant ami timide de la vérité ; il lui importait peu que ses paroles eussent d'abord l'âpreté d'*un fruit très-acide*, pourvu qu'elles fournissent ensuite une *nourriture vitale*. Pétrarque se promettait mille fois de fuir les lieux funestes à sa tranquillité, et il y revenait toujours ; Dante, au contraire, ne s'accordant pas avec sa femme, « s'éloigna d'elle, et, une fois parti, ne voulut jamais ni retourner où elle était, ni la laisser venir où il se trouvait. » (Boccace).

Pétrarque, lorsqu'il était pris de dégoût pour son temps, se réfugiait dans la solitude, ou se plongeait dans l'étude des anciens, qu'il préférait à tous les faits actuels, auxquels il affectait d'être étranger (1) ; l'autre promenait son regard sur le monde entier, afin de recueillir partout ce qui pouvait servir à ses méditations (2), et ni la nuit ni le sommeil ne lui dérobaient un seul des *pas que faisait le siècle dans sa vie*. L'un et l'autre (par choix, force ou mode) furent les hôtes des petits seigneurs d'Italie ; mais Pétrarque s'abaissa devant ceux qui le caressaient,

---

(1) *Incubui unice ad notitiam antiquitatis, quoniam mihi semper ætas ista displicuit.* (Ep. ad posteros.)

(2) *Auctor venatus fuit ubique quiquid faciebat ad suum propositum.* (Benvenuto d'Imola, au quatorzième chant du *Purgatoire*.)

et ses éloges seraient lâches si l'on ne tenait pas compte de son caractère et de la mode consacrée par la rhétorique. Dante conserva sa fierté même auprès de ses bienfaiteurs (1) ; s'il accorde à l'un d'eux des éloges plus grands, c'est dans l'espoir qu'il chassera au fond de l'enfer la louve qui désole l'Italie.

Tous deux reprochent aux Italiens leurs haines fraternelles ; mais Dante semble plutôt les attiser, s'efforce d'enlever à Florence jusqu'à la supériorité de sa langue, et ne veut être Florentin que par la naissance ; dans Pétrarque, Laure n'a qu'un seul défaut, c'est d'être née sur une terre trop humble, et non près de *son riant berceau*. Dante excitait Henri VII à raser Florence, la tête de l'hydre ; Pétrarque exhortait le père Bussolari à modérer ses déclamations libérales, et seconda les Scaligeri lorsqu'ils envoyèrent demander à la cour d'Avignon la seigneurie de Parme ; il allait criant : *La paix ! la paix ! la paix !* sans se rappeler qu'elle dure peu quand elle n'est pas honorable, et que l'honneur national impose l'obligation de repousser l'*astuce bavaroise*, et d'opposer une digue au *déluge amassé dans les déserts étrangers pour inonder les douces campagnes de l'Italie*.

Issus l'un et l'autre de parents guelfes, ils médirent de la cour pontificale : Dante, parce qu'il croyait qu'elle était la cause des maux dont souffraient l'Italie et l'Église ; Pétrarque, pour ses mœurs dissolues. Néanmoins, quoiqu'il applaudît, par réminiscence classique, à Cola Rienzi qui rétablissait le tribunat, et qu'il exhortât Charles de Bohême à écraser le front de la Babylone, Pétrarque n'en continua pas moins à vivre aimé des prélats, et mourut en odeur de sainteté ; Dante, au contraire, erra de ville en ville, soupçonné d'impiété, et peu s'en fallut que ses os fatigués ne fussent troublés dans la paix du tombeau.

Fidèle à son caractère, Dante osa, malgré la désapprobation des doctes et la nouveauté de la tentative, *décrire* dans l'idiome italien le *fondement de l'univers entier;* Pétrarque, même après ce grand exemple, crut que cet idiome ne convenait qu'aux *inepties* vulgaires, qu'il désirait voir oubliées par les autres comme

(1) Pétrarque raconte que Cane le Grand reprocha à Dante de montrer moins de courtoisie et d'urbanité que les histrions même et les bouffons de sa cour (*Memorab.* II). Ce seigneur lui ayant adressé cette question : « Pourquoi ce bouffon me plait-il plus que toi, dont on fait tant d'éloge ? » en obtint cette réponse : « Tu n'en serais pas surpris, si tu te rappelais que la ressemblance des mœurs engendre l'amitié entre les âmes. »

par lui-même (1). Il chanta la plus tendre passion avec une harmonie pleine de douceur; Dante, les passions fortes, « en négligeant l'élégance et la dignité, » comme le lui reproche le Tasse : il jugea convenable que des *rimes âpres et rauques* servissent de voile à la doctrine qu'il cachait *sous des vers étranges*; lors même qu'il parle d'amour, c'est pour *emparadiser* sa dame. Le vers de Pétrarque, élégant et poli comme son langage, coule avec une joyeuse abondance; dans sa poésie, la forme est donc bien supérieure à la pensée. Dante, rude et dédaigneux, ne se laisse jamais entraver par la rime; afin de lui venir en aide et de faciliter le rhythme, il change le sens des mots, ou bien il les emprunte à d'autres langues et aux dialectes.

Pétrarque étouffe parfois le sentiment sous un luxe d'ornements et de détails minutieux; Dante réunit les éléments que l'autre décompose, recueille les beautés éparses, qu'il tire moins des sens que du sentiment, et ne s'arrête jamais sur les

---

(1) *Sonnet* 25, II. — Dans la préface des *Épîtres familières*, il dit avoir écrit quelque chose dans l'idiome vulgaire pour délecter l'oreille du peuple. Dans la huitième de ces lettres, il ajoute qu'il écrivit, pour soulager ses maux, « les poésies de sa jeunesse en langue vulgaire, poésies dont il se repent et rougit maintenant (*cantica, quorum hodie pudet ac pænitet*), mais qui plaisent beaucoup à ceux qui sont atteints du même mal. » Dans la treizième des *Séniles : Ineptias quas omnibus et mihi quoque si liceat ignotas velim*. Se disculpant auprès de ceux qui l'accusaient d'être envieux de Dante, il disait : « Quelle apparence de « vrai peut-il y avoir dans le reproche qui me fait envieux de l'homme dont la « vie entière se consuma dans des choses pour lesquelles j'ai à peine dépensé la « fleur de la jeunesse; moi qui eus recours, comme amusement, comme repos « de l'âme et raffinement de l'esprit, à ce qui fut un art chez lui, sinon le seul, « certainement le premier? » Dans la onzième des *Épîtres familières*, il ajoute modestement : « De qui pourrait être envieux celui qui ne l'est pas de Virgile? » Ailleurs il dit s'être toujours gardé de lire les vers de Dante, et il écrit à Boccace : « J'ai entendu chanter et écorcher ces vers sur les places... Lui envierai-je les applaudissements des ouvriers en laine, des cabaretiers, des bouchers et de pareilles gens? » Cependant, Jacques Mazzoni (*Difesa di Dante*) affirme que Pétrarque « orna son *canzoniere* d'un si grand nombre de fleurs de la Divine Comédie, qu'on peut dire qu'il les jette à pleines corbeilles plutôt qu'à pleines mains. » L'art des détracteurs sans courage consiste à rabaisser un grand homme en le mettant au même rang que des individus inférieurs à lui. Or Pétrarque mentionne deux fois Dante comme poëte d'amour, et le place sur la même ligne que frère Guitton et Cino de Pistoie. Sonnet 257 : *Mais je te prie de saluer, dans la troisième sphère, Guitton, Cino et Dante*. Triomphe d'Amour IV : *Voici Dante et Béatrix, voici Selvaggia, voici Cino de Pistoie, Guitton d'Arezzo.*

particularités (1). Sa langue tient de l'énergie rude et libre du républicain ; celle de Pétrarque réfléchit la politesse charmante et l'ingénieuse urbanité des cours. La doctrine prévaut dans le premier, et la grâce dans l'autre : dans l'un on trouve des pensées plus profondes et la puissance créatrice ; dans l'autre, plus de charme et d'art. Dante est un génie, Pétrarque un artiste; l'un peint comme l'Albane, l'autre a la touche de Salvator Rosa; l'un inonde d'une douce mélancolie (2) comme la mélodie du luth nocturne, l'autre frappe comme la flèche.

L'un et l'autre eurent toutes les connaissances qu'il était possible d'acquérir de leur temps; on a même prétendu qu'ils

(1) Prenons pour point de comparaison la description du soir. Dante dit :

> Era già l'ora che volge il desio
> A' naviganti, e 'ntenerisce 'l cuore
> Lo dì ch'han detto a' dolci amici addio ;
>   E che lo nuovo peregrin d'amore
> Punge, se ode squilla di lontano
> Che paia 'l giorno pianger che si muore.

> C'était déjà l'instant où du navigateur
> Le regret se réveille, et s'attendrit le cœur;
> Le jour qu'aux doux amis qu'il laissa sur la rive
> Il dit un triste adieu ; l'heure où d'atteinte vive
> Le pèlerin nouveau se sent poindre le sein,
> S'il entend une cloche au tintement lointain
> Sonner, pleurant le jour qui se meurt dans l'espace.
>   *Purg.* VIII.

Voici maintenant Pétrarque :

> E i naviganti, in qualche chiusa valle,
> Gettan le membra, poiche 'l sol s'asconde,
> Sul duro legno e sotto l'aspre gonne.
> Ma io, perchè s'astuffi in mezzo l'onde,
> E lassi Spagna dietro alle sue spalle,
> E Granata e Marocco e le Colonne ;
> E gli uomini e le donne,
> E il mondo e gli animali
> Acquetino il lor mali,
> Fine non pongo al mio estimato affanno.

>   Quand le soleil se cache à l'horizon,
>   Les nautoniers, dans quelque obscur vallon,
> Jettent leurs membres las sur une planche dure,
> Sous le rude cordage abrités par le foc.
> Et lorsque le soleil se plonge au sein de l'onde,
> Derrière lui laissant et Grenade et Maroc,
> Hommes, femmes et brute obtiennent en ce monde
> Quelque trêve à leurs maux ; moi seul en vain j'attends
> Une fin à ma peine obstinée et profonde.

(2) Cependant le mot *mélancolie* ne se trouve pas une seule fois dans ses vers.

avaient deviné ou pressenti certaines découvertes postérieures (1), et Dante fit dans l'astronomie une incursion qui, même alors qu'il ne se trompe pas, oblige à de longues réflexions pour deviner le sens des phrases par lesquelles il désigne les heures et les jours de ses disgrâces. Mais il connaissait à peine de nom les classiques grecs, et très-peu les auteurs latins (2). Pétrarque était l'homme le plus érudit de son temps ; il empruntait des pensées et des phrases aux étrangers, à ses compatriotes (3),

(1) Il indique clairement les antipodes et le centre de gravité de la terre ; il fit des observations ingénieuses sur le vol des oiseaux, la scintillation des étoiles, l'arc-en-ciel, les vapeurs qui se forment dans la combustion (*Inf.*, XIII, 40 ; *Purg.*, II, 14 ; XV, 16 ; *Par.*, II, 35 ; XII, 10). Avant Newton, il attribua à la lune la cause du flux et du reflux (*Par.*, XVI). Avant Galilée, il trouva que la lumière, qui dégage l'oxygène, fait mûrir les fruits (*Purg.*, XXV). Avant Linnée, il déduisit des organes sexuels la classification des végétaux, et affirma que les plantes microscopiques et les cryptogames naissaient d'une graine (*Purg.*, XVI, XXVIII). Il sait que les fleurs ouvrent leurs pétales à la lumière, comme elles découvrent les étamines et les pistils pour féconder les germes (*Inf.*, II) ; il sait encore que les sucs circulent dans les plantes (*Inf.*, XIII). Avant Leibnitz, il remarqua le principe de la cause suffisante (*Par.*, IV). Avant Bacon, il posa l'expérience comme source du savoir (*Par.*, II). Il entrevit même l'attraction universelle (*Par.*, XXVIII). La circulation du sang est indiquée dans une *canzone* : « Le sang dispersé dans les veines, fuit vers le cœur qui l'appelle, ce qui fait que je reste blanc. » Cecco d'Ascoli s'exprime avec plus de détails dans l'*Acerba* :

> Nasce dal cuore ciascuna arteria
> E l'arteria sempre dov' è vena ;
> Per l'una al core lo sangue si mena,
> Per l'altra vien lo spirito dal core ;
> Il sangue pian si move con quiete.

(2) Outre l'argument qu'on tire de son silence, on peut voir la confusion qu'il en fait dans le quatrième livre de l'*Enfer* ; ailleurs il nomme, comme prosateurs du premier ordre (auteurs d'*altissime prose*), Tite-Live, Pline, Frontin, Paul Orose. Dans le *Par.*, VI, 49, il fait venir les Arabes en Italie avec Annibal ; il avoue dans le *Convito* qu'il avait de la peine à comprendre Cicéron et Boëce.

(3) Par exemple Cino de Pistoie avait dit des yeux de sa dame :

> Poichè veder voi stessi non potete,
> Vedete in altri almen quel che voi siete ;

> Puisque vous ne sauriez par vous-même vous voir,
> En d'autres yeux au moins voyez ce que vous êtes.

Et Pétrarque :

> Luci beate e iete
> Se non che il veder voi stesse v'è tolto :

surtout à Dante, bien qu'il affectât de le mépriser. Aussi, lorsque vous croyez entendre le langage de la passion, vous trouvez une traduction remplie d'élégance ; mais il polit les diamants bruts qu'il dérobe aux autres. Il vivra donc aussi longtemps que la langue italienne, tandis que les Provençaux et les Espagnols qu'il a mis à contribution ont déjà péri.

Les poésies de Pétrarque, à cause de leur facilité limpide, et parce qu'elles expriment le sentiment le plus universel, devaient naturellement se répandre parmi toutes les classes (1). Le poëme

> Ma quante volte a me vi rivolgete,
> Conoscete in altrui quel che voi siete.

> Yeux charmants, bienheureux de vos beautés parfaites,
> Sauf que vous ne sauriez par vous-même vous voir ;
> Mais quand vous tournez vers moi, ce que vous êtes
> En autrui vous pouvez soudain l'apercevoir.

On lit dans un sonnet de Cino :

> Mille dubbj in un dì, mille querele
> Al tribunal dell'alta imperatrice.

> Mille griefs en un jour, mille peines,
> Au tribunal de la reine des reines.

Il suppose que lui et l'Amour plaident devant la Raison, qui conclut ainsi :

> A sì gran piato
> Convien più tempo a dar sentenza vera.

> En si grave procès, pour rendre une sentence
> Et juste et véritable, il faudrait plus longtemps.

Or Pétrarque reproduit cette idée dans la canzone *Quell' antico mio dolce empio signore*, où la raison, après les débats, prononce ainsi :

> Piacemi aver vostre quistioni udite ;
> Ma più tempo bisogna a tanta lite.

> Je m'app'audis d'avoir ouï vos arguments ;
> Mais, pour si grand procès, il faudrait plus longtemps.

Galvani a comparé Pétrarque aux Provençaux dans ses *Observations sur la poésie des troubadours*. Voir aussi le *Paradoxe* de Pietropoli.

(1) Néanmoins Bembo, ce fanatique de Pétrarque, avoue qu'il a lu plus de quarante fois les deux premiers sonnets du *Canzoniere* sans les comprendre entièrement, et qu'il n'a rencontré encore personne qui les comprît, à cause des contradictions qu'on y trouve (*Lettre à Félix Trofimo*, liv. VI). Ugo Foscolo, qui avait beaucoup étudié Pétrarque, interrogé sur le sens de la fameuse strophe *Voi cui natura*, etc., l'explique avec un *Si je ne me trompe* (*Épistolaire*, vol. III, 46). Jusqu'à présent on a discuté sur le sens du vers :

> Mille piacer non vagliono un tormento,

et de cet autre :

> Che alzando il dito colla morte scherza.

de Dante n'était pas une composition d'un genre populaire (1); mais, aussitôt après sa mort, des chaires furent instituées pour l'expliquer, et l'expliquer dans des églises, comme une voix qui prêche la doctrine, éveille les intelligences, excite les bons par l'émulation, fait rougir les méchants, insinue les idées d'ordre, si nécessaires alors. Pétrarque savait que le Pô, le Tibre et l'Arno attendaient de lui des *soupirs* énergiques, mais il continuait d'en exhaler de langoureux; or, comme le fond de la beauté véritable, de même que celui de la vertu et du génie, est la force, dont l'absence convertit bientôt la grâce en fadeur, et comme l'allure sentimentale tombe facilement dans des fautes contre le goût, il fut peut-être, dans son élégance châtiée, la cause des erreurs des écrivains du dix-septième siècle (2). Il eut en effet une foule d'imitateurs qui voilèrent la niaiserie des idées et la froideur du sentiment sous la forme compassée du sonnet, et qui, au moment où la patrie réclamait des consolations, ou des larmes du moins, ne surent que l'assourdir de fades lamentations sur la vie et la mort. L'intelligence de Dante exigea de graves études : en philologie, pour comparer, peser les phrases et les mots; en histoire, pour trouver les causes des faits, dont il ne raconte que les catastrophes; en théologie, pour connaître son système et le comparer avec les Pères, les mystiques et les scolastiques; en philosophie, pour apprécier ses arguments, la précision de la pensée, les éléments de la science. Il ouvrit donc une lice de critique élevée, éducatrice; aussi Benvenuto d'Imola et Boccace ouvrent les ailes quand ils doivent voyager avec le grand poëte.

(1) Les anecdotes que l'on raconte pour affirmer le contraire, et l'assertion de Pétrarque, nous semblent ne pouvoir se rapporter qu'à ses vers amoureux ou à d'autres moins connus, de forme tout à fait moderne et d'une idée simple.

(2) Ainsi ses fréquents jeux de mots sur Laure : la *glorieuse colonne* sur laquelle s'appuie notre espérance; le vent *angoisseux* des soupirs; le feu des martyrs; les clés amoureuses; le laurier qu'il faut cultiver au moyen d'un *soc de plume, avec des soupirs de feu*; le brouillard des dédains qui *détend les cordages déjà fatigués de sa nef, faits d'erreur, retordus d'ignorance.* Les rapports qu'il trouve entre des choses disparates sont encore du même genre, par exemple, entre lui et l'aigle, dont *la vue soutient l'éclat du soleil*, et la douleur, qui, *d'homme vivant, le fait vert laurier.* Parfois même il ne respecte pas les choses sacrées : ainsi il compare *la Judée, que le Christ préféra en descendant sur terre pour rendre claires les Écritures*, au petit bourg où naquit sa belle dame; il met encore en parallèle *le vieillard aux cheveux blancs qui s'en va à Rome pour contempler celui qu'il espère encore voir là-haut dans le ciel*, avec lui-même *cherchant la forme réelle de Laure.*

Le premier génie des siècles modernes, il découvrit les pensées profondes et la haute poésie cachées sous la rude écorce du moyen âge, révéla leur grandeur au peuple, et contraignit à penser sans cesse, en démontrant que la poésie est quelque chose de mieux que des formes vides et des combinaisons sonores (1). De là sa grande influence sur les beaux-arts : en effet, bien qu'il admirât l'antiquité, il croyait fermement aux dogmes catholiques; associant la première aux seconds, il forma une mythologie en partie originale, qui poétisa les traditions conservées jusqu'alors pour les artistes. La manière dont il avait disposé les royaumes invisibles offrit des sujets nouveaux aux peintres, qui donnèrent aux saints des passions plus profondes, au lieu de cet air de satisfaction béate ou de cette attitude ascétique, dont jusqu'alors ils n'avaient pas su s'affranchir.

Dante est l'interprète du dogme et de la loi morale, comme Orphée et Musée ; Pétrarque, l'interprète de l'homme et de sa nature intime, comme Alcée, Simonide, Anacréon. Le premier, comme tout vrai poëte épique, représente une race, une époque entière, et l'ensemble des choses dont se compose la vie ; le second dépeint le sentiment individuel. Voilà pourquoi il est compris en tout temps, tandis que l'admiration pour Dante souffre des intermittences et des crises (2) ; mais on retourne à lui toutes les fois qu'on aspire à cette beauté véritable qui répand sur la force l'élégance et la délicatesse.

Nous avons vu que la prose italienne devait à Dante des exemples et des préceptes ; mais, si beaucoup l'employèrent, peu surent

---

(1) Une haute définition de la poésie est donnée par Boccacc (*Généalogie des Dieux*, liv. XIV, chap. 7) : *Poesis, quam negligentes abjiciunt et ignari, est fervor quidam exquisite inveniendi atque discendi seu scribendi quod inveneris, qui ex sinu Dei procedens, paucis mentibus, ut arbitror, in creatione conceditur. Ex quo, quoniam mirabilis est, rarissimi semper fuere poetæ. Hujus enim fervoris sublimes sunt effectus, ut puta mentem in desiderium dicendi compellere, peregrinas et inauditas inventiones excogitare; ac meditatas ordine certo componere, ornare compositum inusitato quodam verborum atque sententiarum contextu, velamento fabuloso atque decenti veritatem contegere.*

(2) La *Divine Comédie* parut à La Harpe *une rapsodie informe*; à Voltaire, *une amplification stupidement barbare*. Et pourtant elle eut vingt et une éditions dans le quinzième siècle, quatre dans le dix-septième, trente-six dans le dix-huitième, plus de cinquante dans la première moitié du nôtre; dix-neuf traductions latines, trente-cinq françaises, vingt anglaises, vingt allemandes, deux espagnoles; cent cinquante-cinq éditions ornées de dessins ou de peintures. (Voir COLOMB DE BATINES, *Bibliographie dantesque*.)

la cultiver. Les traductions en langue vulgaire ont toujours une action très-importante dans les commencements des langues écrites ; or leur abondance en Italie, comme aussi les œuvres modernes, atteste que le savoir était sécularisé et qu'il sentait le besoin de se rendre populaire. Parmi les nombreuses versions qui nous restent de cette époque, nous citerons le premier livre de l'*Orateur* de Cicéron, par Brunetto Latini, les précieuses *Vies* des saints Pères du Désert, le *Salluste*, attribué à tort à frère Barthélemy de San Concordio, les *Epîtres* de Sénèque, les *Adversités de la fortune*, par Arrigo de Settimello, le *Guérin*, dit le *Chétif*, la vie de Barlaam, la légende du jeune Tobie, les *Faits d'Énée*, par frère Guido de Pise, travaux précieux pour l'incomparable naïveté de l'idiome toscan. Albertano, juge de Brescia, étant prisonnier de Frédéric II, composa en latin trois traités de morale, dont la traduction, par le notaire Soffredi de Grazia, est un très-ancien monument de la langue italienne. Dans les *Enseignements des anciens*, recueillis et traduits en langue vulgaire par frère Barthélemy de San Concordio, le toscan, bien qu'enveloppé çà et là de phrases latines, se manifeste continuellement.

Pierre Crescenzi, « sorti de Bologne à cause des discordes civiles, erra pendant trente ans dans diverses provinces, donnant fidèle et loyal conseil aux gouvernants, et conservant, autant qu'il le pouvait, les villes dans leur état tranquille et pacifique. Il étudia beaucoup de livres anciens et nouveaux, vit et connut différentes opérations des cultivateurs de la terre. » Rentré dans sa patrie, il écrivit à soixante-dix ans sur l'*utilité de la vie des champs (della villa)*, et dédia son livre au roi de Naples, Charles II. Il déraisonne avec les péripatéticiens lorsqu'il établit des théories ; mais il enseigne, en homme expérimenté, des procédés bien entendus. Il paraît qu'il écrivit en latin ; mais il fut bientôt traduit par un Florentin, à qui nous devons de l'avoir conservé. Linné, comme témoignage d'estime, donna le nom de Crescenzi à une plante d'Amérique.

Le dominicain Jacques Passavanti traduisit lui-même son *Miroir de la pénitence*, dans lequel, malgré de puériles niaiseries, il montre qu'il connaît le cœur humain. Comme les récits appartiennent à d'autres, surtout à Élinand et à Béda, ils ont pour théâtres les Flandres, Paris, le désert ; mais il ne trouble jamais par des affectations leur précieuse limpidité, qui était générale avant Boccace, Frère Cavalca se rappelle toujours qu'il prêche devant le peuple : beaucoup de ses récits ne le cèdent point à ceux de Villani et de Boccace ; ses *Actes apostoliques* sont un trésor de termes de la plus élégante pureté, à tel point que je dirais volontiers qu'il perfectionna la prose italienne (1). Les sermons de frère Jourdain de Rivalta respirent un zèle ardent contre les désordres publics. Nous avons de sainte Catherine de Sienne des vers médiocres et des lettres aussi précieuses pour les âmes dévotes qu'elles sont utiles à ceux qui recherchent la richesse et la beauté du style (2). Quelle naïve candeur de langage et quelle « simplicité de colombe » dans les *Fioretti* de saint François ! Ainsi, et ce n'est pas la moindre misère de l'Italie, nous sommes contraints de chercher la meilleure langue dans des auteurs dont nous avons négligé les idées.

Mais l'étude des auteurs du quatorzième siècle, si l'on modifie un petit nombre de mots, avec suppression des désinences en *aggio*, *anza*, dérivées du provençal, sera toujours très-favorable pour remédier au néologisme moderne, à l'érudit archaïsme ; en effet, comme ils offrent l'acception primitive des mots et leur position logique, le sens naïf et vrai, la grâce sans autre parure qu'elle-même, on pourra donner à l'idiome italien ce naturel et cette hardiesse qui sont la voix du génie. C'est ainsi qu'écrivaient ces hommes remarquables, surtout les historiens, bien qu'ils ignorassent l'art des incidents, des suspensions, de ce qui donne à la phrase force et variété.

Boccace, non par suite de ses méditations sur le caractère du langage italien, mais grâce à l'érudition, pour laquelle il fut aussi passionné que Pétrarque, enrichit la prose de l'art qui lui manquait. Il naquit à Paris de l'union illégitime d'un marchand de Certaldo, qui le destina d'abord au commerce et le fit voyager avec lui ; séduit ensuite par les espérances que donnait sa jeunesse, il le confia, pour étudier les lettres, à un professeur habile. La vue du tombeau de Virgile lui inspira l'amour de l'étude. Il se déclarait l'admirateur du *Sulmonien Ovide* (3) ; mais l'ami-

---

(1) C'est ainsi que le juge Tempusti, *Disc. sulla storia letteraria pisana.*
(2) Outre la Pisani et la sicilienne Nina, l'Italie compte d'autres femmes lettrées, parmi lesquelles nous citerons Hortense de Guillaume, Léonore de la Genga, Livia de Chiavello, Élisabeth Trebani d'Ascoli, Justine Levi Perotti, qui adressa des sonnets à Pétrarque, la Selvaggia, chantée par Cino de Pistoie ; la Bolonaise Jeanne Bianchetti, qui savait le grec, le latin, l'allemand, le bohème, le polonais, l'italien, outre la philosophie et le droit.
(3) F Villani, dans sa vie, *Filocopo*, v, 377.

tié des contemporains les plus illustres et la lecture de Dante, « mon maître, mon flambeau, et de qui je tiens tout ce que j'ai de bien, s'il en est en moi quelque peu, » lui furent beaucoup plus utiles.

Sur ses instances, une chaire de grec fut établie à Florence pour Léonce Pilate, Calabrais qui avait vécu longtemps dans le Levant; Boccace fit venir une copie d'Homère et d'autres auteurs inconnus jusqu'alors sur l'Arno. Pilate était d'apparence dégoûtante, « horrible et devenu sauvage à force de méditer; mais il offrait une bibliothèque ambulante, un trésor inépuisable d'histoires et de fables grecques. » Boccace puisa dans ses entretiens les connaissances nécessaires pour exposer en latin la *Généalogie des Dieux*, ouvrage pour lequel il réclamait de la postérité des témoignages de reconnaissance. Il écrivit encore en latin les malheurs de quelques personnages illustres, les vertus et les vices des femmes, puis un ouvrage sur les montagnes, les forêts, les lacs et les fleuves, qui, bon ou mauvais, fut le premier dictionnaire géographique. Dans ces travaux comme dans ses seize églogues, il est bien au-dessous de Pétrarque pour l'élégance latine. Dans sa jeunesse, il avait fait en italien beaucoup de poésies lyriques; mais il les brûla quand il lut celles de l'amant de Laure. Il composa dans l'âge mûr la *Théséide*, épopée en douze chants et en octaves, sur l'amour d'Archytas et de Palémon pour l'Amazone Émilie, au temps de Thésée; puis le *Philostrate*, sur les amours de Troïle et de Briséis pendant la guerre de Troie, mais avec un style fatigué, hâché et sans vigueur. Dans la *Vision amoureuse*, il imagine que le temple de la Félicité lui représente le triomphe de la Sagesse, de la Gloire, de la Richesse, de l'Amour et de la Fortune ; elle se compose de cinquante chants, chacun de vingt-neuf *terzine*, et les initiales de chaque *terzina* forment un sonnet et une *canzone*. Le *Nymphal Fiesolano* célèbre les amours infortunées d'Africus et de Mensola; mais les peintures lascives n'inspirent même pas le désir de la relire.

La prose devait être pour Boccace son titre de gloire. De même que Pétrarque voulut introduire dans le vers l'harmonie de Virgile, il enrichit la prose de la période de Cicéron. Les descriptions n'étaient pas connues avant lui. Dans le *Filocopo*, il raconta les aventures de Floire et de Blanchefleur, invention chevaleresque soutenue par une machine mythologique, récit prolixe sans naïveté, rempli d'emphase, avec un absurde mélange d'ancien et de moderne, ou de choses modernes dites à la manière antique ; néanmoins cet ouvrage eut en peu de temps seize éditions, et fut traduit en espagnol et en français, ce qui prouve qu'on ne doit pas juger les romans d'après le succès immédiat. Il est moins ampoulé dans l'*Amoureuse Fiammetta*, nom sous lequel il désignait Marie, fille naturelle du roi Robert, dont il était l'amant. Une veuve s'étant moquée de lui, il se déchaîna contre les femmes dans le *Corbaccio* ou *Labyrinthe d'Amour*. Sa lettre à Pino des Rossi, pour le fortifier contre les misères de l'exil par le tableau d'autres misères, est une œuvre de pure rhétorique. Dans l'*Admète*, sept nymphes de l'ancienne Étrurie racontent leurs propres amours, et finissent chacune par une églogue, mélange de prose et de vers, qui fut ensuite adopté dans d'autres idylles par Bembo, Sannazaro, Menzini ; il avait encore donné aux poètes épiques le premier exemple de l'octave, comme il fut le premier qui employa la prose didactique dans les commentaires sur Dante. Dans sa vie du Florentin, il nous a conservé, au milieu de déclamations et de digressions, des anecdotes précieuses sur le grand poëte. Dans les commentaires, qui accompagnent seulement les dix-sept premiers chants de la divine comédie, il explique successivement le sens littéral, puis l'allégorique : bien que certaines gloses soient triviales, au point d'indiquer ce que furent nos premiers pères, Abel et Caïn, il montre pourtant une intelligence éclairée de la grammaire, de l'histoire et des autres sciences. Mais, si Dante avait étudié à Paris les théologiens et les scolastiques, Boccace y cherchait les *fabliaux*, lisait Rutebeuf, Jean de Boves, Gaurin, le *Dolopathos*, roman indien, qui venait d'être traduit en latin par un moine de Hautecombe, et en français par le trouvère Herbers (1) ; dans ces lectures et son caractère il puisa un art tout païen, consacré aux joies de la vie présente, non aux pressentiments de l'avenir.

Il commence la *Théséide* par une invocation aux *sœurs castaliennes qui habitent heureuses le mont Hélicon*. Dans la chasse de Diane, il divinise sous ce nom Jeanne, reine de Naples, et, sous celui de ses suivantes, la Cecca Bazzuta, la Mariette Mélie et d'autres de cette cour. Pamphile voit Fiammetta à la messe, et Junon le pousse à l'aimer ; dans le *Filocopo*, il appelle le pape grand prêtre de Junon, et parle de l'incarnation du fils de Jupi-

---

(1) Boccace emprunta plusieurs nouvelles au *Dolopathos* : la seconde de la neuvième journée, la quatrième de la septième journée, et la huitième de la huitième journée. Dix de ses nouvelles sont tirées des troubadours.

ter et des pélerinages en Galice pour visiter le Dieu qu'on y adore.

Les mêmes sentiments ont inspiré le *Décaméron*, son chef-d'œuvre, dont nous avons déjà parlé. Les nouvelles qui le remplissent, la plupart d'invention étrangère, sont inhumaines et lascives, au point qu'il fut qualifié par les contemporains de prince *galérien*. La dame, que Dante avait choisie pour l'inspirer et le guider à travers la *forêt sauvage* de la vie, sur la route de la vérité, Pétrarque l'avait voilée de pudeur et de mélancolie, et donnée comme un exemple de résistance tranquille : bien qu'elle sente la passion, elle ne souffre pas qu'elle domine la raison, et s'occupe avec douceur de sauver la vie de son amant et son propre honneur ; sa Laure « aime et adore comme chose sainte, sans manifester aucun désir bas, mais des sentiments d'honneur et de vertu, et il atteste qu'elle a arraché de son cœur toute pensée vile (1). » Boccace, au contraire, convertit la femme en courtisane folâtre, ivre de plaisirs sensuels, à la fois croyante et superstitieuse, qui fréquente l'Église, mais pour faire l'amour (2), et qui, lorsque tout le monde meurt autour d'elle, ne trouve pas de meilleur expédient que de conter des historiettes et de se divertir. La fidélité conjugale et la chasteté monastique sont l'objet continuel de ses railleries: irréligieux dans messire *Ciapelletto* et dans frère *Cipolla*, déiste dans le juif *Melchisédech*, il flatte sans cesse l'égoïsme ; ses personnages cèdent à la passion sans ce combat d'où résulte le dramatique dans l'art, et, dans la vie, le sacrifice qui est la source de l'ordre.

Afin de le justifier, on a prétendu que les nouvelles d'alors étaient remplies d'aventures obscènes ; cette assertion est démentie par le *Novellino*, recueil de cent nouvelles anciennes, dont quelques-unes furent écrites peu après la mort d'Ezzelin ; retraçant, dans un style simple, la vie de cette époque, elles font « mention de certaines manières élégantes de parler, de belles courtoisies, de belles réponses, de belles vaillantises, de beaux

---

(1) Voir les *Sonnets* 192, 121, 87, les *Canzoni* IX, X, et le *Triomphe de la Mort*.

(2) Laure fut vue par Pétrarque le jeudi saint, et Béatrix par Dante dans le lieu même où l'on chantait les louanges de la gloire. Le Bolonais messire Onesto s'éprit d'amour le jeudi saint, et Firenzuola dans une église le jour de la Toussaint. Dans la *Flamande*, Guillaume de Nevers devint amoureux, à l'église, de la fille du comte de Nemours. Ces coïncidences n'ont-elles pas une signification ?

présents et de belles amours, selon que plusieurs ont déjà fait par le temps passé. »

On ne saurait non plus chercher une excuse dans la jeunesse, puisqu'il avait quarante ans lorsqu'il composa ce livre, poli avec le plus grand soin, d'autant plus qu'il obéissait aux ordres d'une princesse. Quelques auteurs ont voulu faire, à l'usage des jeunes gens, une édition expurgée du Décaméron (1); mais, comme il arrive souvent, ils ont vu l'immoralité dans des peintures lascives, et, après avoir supprimé des phrases, tronqué des récits, ils en ont laissé d'autres qui n'offraient pas moins de danger. On a dit qu'il n'en fallait permettre la lecture qu'aux personnes recommandables par une belle action patriotique ; mais alors il ne serait plus lu. Nous avons parlé du remords que cette œuvre lui inspirait ; devenu prêtre, sa vie fut exemplaire, et, par son testament, il laissait ses livres à un frère érémitain, « tenu véritablement de prier Dieu pour le salut de mon âme » : il léguait aussi aux frères de sainte Marie du Saint-Sépulcre hors Florence beaucoup de reliques, « afin qu'ils prient Dieu pour moi toutes les fois qu'ils les regarderont respectueusement »; une petite image de la Vierge en albâtre et plusieurs ornements d'Église, à Saint-Jacques de Certaldo, « avec l'obligation de faire prier Dieu pour moi ; » à la dame Sandra « un petit tableau, sur l'un des côtés duquel est représentée l'image de la Vierge avec l'enfant Jésus sur le bras, et sur l'autre une tête de mort. »

Boccace fut donc le premier qui, non-seulement écrivit bien en prose, mais écrivit bien parce qu'il le voulait ; car il savait ce qu'il faisait, et conservait l'art depuis le début jusqu'à la fin,

(1) On connaît les longs efforts employés par Florence et Rome, par les académiciens de la Crusca et le maître du Palais sacré pour faire une édition expurgée du Décaméron. Ginguené, Foscolo et tant d'autres n'épargnent aucune raillerie à cette censure. Néanmoins, puisqu'il est convenu que personne ne peut mettre le Décaméron dans les mains de ses enfants ni de sa femme, et que, lorsqu'on repousse les décisions arbitraires de la censure préventive, il faut se soumettre aux jugements de la censure répressive, on doit reconnaître dans cette tentative le désir d'offrir aux hommes studieux un livre que l'on croyait aussi précieux pour l'art que dangereux pour les mœurs.

Ugo Foscolo, qui certes est peu favorable aux moines, termine son second hymne *aux Grecs*, dans lequel il raconte l'origine du Décaméron, par ces mots : « Vive le livre dicté par les Dieux, mais malheur à la jeune fille qui jamais l'ouvrira ! Aussitôt les roses de sa pudeur naturelle seront flétries ; la rougeur artificielle ne peut inspirer d'amour à celui dont le cœur n'est rempli que des Grâces. »

sans ces mélanges de rusticité qui blessent dans tous les autres. Aucun prosateur, jusqu'alors, n'avait travaillé artificiellement son style; les écrivains se contentaient d'exprimer leurs propres sentiments, ornés de leur seule simplicité, et parlaient comme des amis qui s'entretiennent familièrement : forme d'autant plus convenable que les livres, à cette époque, étaient plutôt des confidences domestiques, entre citoyens, que des compositions destinées au public. Boccace voulut doter le style de la magnificence qu'il ne connaissait pas encore, le modifier selon les divers sujets, le débarrasser de toutes les formes vieillies et disgracieuses, édifier la période avec art et lui donner le nombre, le mouvement, des contours moelleux et toute la grâce possible. La pensée était excellente, mais il ne sut pas distinguer la nature des idiomes, et, s'attachant au latin, il arrondit la phrase avec un art trop évident et trop ambitieux. Richesse, abondance, harmonie variée, qui les possède comme lui? Mais la nouvelle prose logique et claire, comme elle nous charme dans les Compagni, les Villani, les Passavanti, il l'embarrassa par des incises, des transpositions contournées, des périodes fatigantes auxquelles répugnent les langues modernes, qui, dépourvues de désinences, aiment la syntaxe directe; il enseigna le mépris d'une sage parcimonie, d'une familiarité hardie et digne, d'une noble fierté. Un style recherché est toujours mauvais; la pompe du langage s'accorde d'autant moins avec la futilité des matières traitées par Boccace, que l'on voit sortir des plis symétriques de la toge romaine la toque du troubadour ou la marotte du jongleur. D'autre part, sa manie de s'approprier des phrases et jusqu'à des vers entiers de Dante et d'autres, introduisit ou justifia l'usage funeste de mêler à la prose italienne des locutions poétiques, ou de revêtir ses pensées de formes empruntées.

On admire la variété des caractères ou plutôt des conditions; mais, au milieu de cette abondance, nous chercherions vainement le tableau de la vie et du caractère des Italiens, et la curiosité même n'y est pas soutenue. Il a une étonnante variété de prologues, de *canzoni*, de descriptions du matin, d'amusements divers pour chaque journée, une richesse inépuisable de modes; mais il lui manque l'imagination qui sait peindre, bien que les couleurs de sa palette soient brillantes et les détails excellents. Avec la périphrase, il nuit à la clarté qu'il obtiendrait par le terme propre : ce déluge de mots, choisis, élégants, mais inutiles, cette synonymie vicieuse entravent la marche du récit; cette incessante splendeur éblouit plus qu'elle ne réchauffe; en un mot, il colore plus qu'il ne dessine, et chatouille plus qu'il n'émeut. Qui jamais a versé une larme à ces récits, qui néanmoins sont parfois très-tristes? Au lieu de l'effet, on s'aperçoit qu'il n'étudie que le mot, la période, la cadence : véritable chef d'école pour les écrivains qui s'écoutent eux-mêmes.

Or, comme ils furent très-nombreux, surtout dans le seizième siècle, on lui prodigua les éloges les plus hyperboliques. Ses imitateurs bannirent le naturel des pensées ou de l'expression; c'est là une des causes qui ont privé l'Italie de comédies et de romans, et qui font que les modernes ont tant de peine à rentrer dans la voie de la simplicité. Heureux encore si le mal n'eût été que grammatical !

Boccace, néanmoins, savait goûter les douceurs champêtres; dans une lettre à Pino des Rossi, il décrit son retour à Certaldo :
« Là j'ai commencé, avec moins de difficulté que je ne l'avais cru,
« à m'arranger une vie agréable, et déjà je me trouve bien des
« grosses étoffes et de la nourriture de la campagne. Depuis que
« je ne suis plus le témoin des manières désagréables, des men-
« songes, des ennuis de nos concitoyens, j'éprouve une si grande
« consolation que, si je pouvais me faire à n'entendre parler de
« rien, je crois que mon repos y gagnerait beaucoup. Au lieu des
« intrigues continuelles et pleines de soucis des citoyens, je vois
« des champs, des collines, des arbres revêtus de vert feuillage
« et de fleurs variées, choses produites simplement par la na-
« ture, tandis que tout est artificiel chez les citoyens. J'entends
« chanter les rossignols et d'autres oiseaux avec un plaisir aussi
« grand que l'était mon ennui au spectacle des tromperies et des
« querelles de nos concitoyens. Toutes les fois que je le désire,
« je puis m'entretenir sans obstacle et librement avec nos petits
« livres; je te dis en peu de mots que, bien que mortel, je croi-
« rais goûter et sentir ici l'éternelle félicité, si Dieu m'avait donné
« un frère. »

Déjà, à cette époque, la littérature possédait sept langues : la castillane, la portugaise, la valencienne ou provençale, la française, l'allemande, l'anglaise et l'italienne; mais, sauf celle de l'Italie, les autres s'abandonnaient à l'instinct au lieu d'étudier l'art, et aucune ne put offrir de chefs-d'œuvre. Les travaux produits dans ces idiomes n'excitent la curiosité qu'au point de vue de la philologie, tandis que les compositions italiennes sont restées classiques, même pour les autres peuples. L'apparition presque contemporaine de trois génies, si différents l'un de l'autre, et dont chacun fut l'inventeur ou le type de genres nouveaux, dans lesquels ils offrent des modèles inimitables, est une preuve remarquable de civilisation. Mais Dante se proposait une poésie nationale; comme les génies véritables, il a plus de hardiesse que d'art. Tourmenté par de grandes pensées, il a de la peine à les exprimer dans une langue déjà formée sans doute, mais que la pratique n'avait point façonnée à l'exposition poétique de tant de savoir; non-seulement il excite, mais encore il oblige le lecteur à penser par soi-même. Pétrarque polit cette langue en lui donnant une vigoureuse jeunesse, qui n'a rien perdu jusqu'à nos jours de sa fraîcheur naturelle. L'un et l'autre fixèrent le langage poétique, splendide parure qui suffit à la gaieté de l'Arioste comme à la gravité du Tasse, aux douceurs de Métastase comme aux frémissements d'Alfieri. Quant à la prose, c'est peut-être la faute de Boccace ou de ses imitateurs idolâtres, si l'Italie n'en a pas encore une nationale, à la fois cultivée et populaire, correcte et sûre, ferme et naïve, plus vive que symétrique, acceptée par les doctes, chère au peuple, qui doit y trouver ses formes, mais embellies, ses vocables, mais disposés avec art, une prose enfin qui puisse exprimer les idées ingénues aussi bien que les grands besoins et les sentiments élevés.

Dès le principe, Dante devint le modèle de tous les écrivains et la source dans laquelle ils puisèrent. Pétrarque en est jaloux, bien qu'il le nie et l'imite. Boccace, dans sa prose et ses vers, lui fait de nombreux emprunts (1). Cecco Stabili d'Ascoli, dans l'*Acerba* (*monceau de grains*), poëme philosophique où ne brillent ni la poésie ni le savoir, attaque Alighieri avec le dépit de l'impuissance; il fut ensuite brûlé à Florence comme magicien. Fazio des Uberti expose dans le *Dittamondo* un voyage qu'il fait sur les traces du géographe Solin: œuvre mal conçue et encore plus mal exécutée. Frédéric Frezzi de Foligno, dans le *Quadriregio*, décrit en rimes tiercées les quatre royaumes de l'Amour, du Démon, des Vices, des Vertus, où Minerve établit un dialogue avec les prophètes Énoch et Élie. Le légiste François de Barberino, dans les *Documents d'amour*, à mètre varié, et dont le style n'est ni facile ni élégant, traite de philosophie morale, de politique, d'urbanité, de tactique même; mais l'ouvrage n'aide pas à la connaissance des mœurs autant que le titre le promet. Il

(1) Dans le *Philostrate*, il forme une octave entière avec des vers de Dante.

écrivit encore un traité sur *le Gouvernement et les mœurs des femmes*, dans lequel, en vers tiraillés, mélangés de prose, si d'ailleurs tout n'est pas de la prose, il donne des conseils aux femmes de conditions et d'âges divers : ouvrage prolixe, ennuyeux, mais dont l'intention est bonne et la langue belle. Juste des Conti, poëte imitateur de Pétrarque, chante la *belle main* de sa dame (1). Ces divers auteurs n'ont procuré à leur patrie ni gloire ni plaisir, et nous ne les rappelons que parce qu'ils sont anciens.

Le Florentin Franco Sacchetti, magistrat et négociant, fit la devise suivante pour le lion couronné du pupitre du vieux palais :

> Corona porto per la patria degna
> Acciocchè libertà ciascun mantegna.

Il jouissait d'une telle réputation que, bien qu'on eût exclu des magistratures les pères, les fils et les frères des citoyens frappés d'exil, on l'excepta lui seul, *parce qu'il était tenu pour homme de bien* (2). Il suivit les traces de Pétrarque avec peu de succès; puis, à l'imitation de Boccace, il composa trente Nouvelles, d'un style négligé et coulant, sans lien entre elles, et qui ne ressemblent pas à celles du maître par l'intrigue, la pompe et la vivacité; ce sont plutôt des anecdotes railleuses, pittoresques, sans idéalité. Nous laissons de côté les inconvenances et les réflexions banales; mais ces nouvelles nous offrent la peinture de la vie d'alors dans ces mots plaisants qu'il jette à l'improviste; dans ces hommes de cour qui arrachent des dons par l'importunité; dans ces hôteliers rieurs qui s'amusent aux dépens de ceux qui n'emploient pas le mot propre; dans ces magistrats ignorants ou avides, qui sont en butte aux sarcasmes et aux risées ; dans les forfanteries de ces soldats allemands, aux noms baroques; dans la lésinerie des empereurs, qui descendaient en Italie sans argent; dans l'humeur chicanière des légistes, d'où les paroles d'un homme de Metz, qui s'étonnait de voir que Florence n'eût pas encore succombé sous les griffes de tant de juges, quand un seul avait suffi pour ruiner sa patrie. Ces récits, en un mot, donnent une idée de cette vie publique, active, remplie, indus-

---

(1)   O man leggiadra, ove il mio bene alberga...
      O bella e bianca mano, o man soave....

      O main charmante, où s'abrite mon bien...
      O main suave, ô belle et blanche main...

(2) Scipion Ammirato, *Hist. florentine*, liv. XIV.

trieuse, de gens qui n'étaient pas encore atteints par les miasmes d'une oppression pacifique.

Le *Pecorone* de messire Jean de Florence se rapproche de Boccace pour la pureté du langage, la propriété de l'expression et les agréments du style : un nommé Auretto, épris de sœur Saturnine, se fait moine, et, devenu chapelain du couvent qu'elle habite, il convient avec elle de passer le temps à se raconter, chacun à son tour, une nouvelle dans le parloir. Avec un cadre si étroit, et sans variété d'incidents, ils vont jusqu'à la cinquantième ; historiques pour la plupart, le style en est simple, et les détails scabreux sont gazés avec art. En général, la rapidité et la précision manquent aux narrateurs de ce siècle, ainsi que la finesse d'esprit qui s'acquiert par une longue fréquentation des hommes et par l'habitude d'une société choisie.

Ainsi la littérature arborait deux bannières, à la suite de ces deux champions. Pétrarque et Boccace, au milieu des études les plus graves, durent l'immortalité à des travaux faits pour ainsi dire par amusement ou par distraction : le premier obéissait aux ordres d'une princesse ; le second n'aurait jamais *cru que les voix de ses soupirs en rime fussent si précieuses*. Dante s'appliqua tout entier au poëme qui, *pendant plusieurs années, le rendit maigre;* lorsqu'on lui rapporta dans l'exil les premiers chants du divin poëme, il s'écria : « Voici qu'on me restitue un très-grand travail avec un honneur perpétuel (1), » et il comptait, grâce à lui, pouvoir être couronné poëte sur le baptistère de saint Jean. Boccace et Pétrarque se repentaient dans leur vieillesse d'avoir écrit des œuvres ineptes et obscènes, et rougissaient presque de la gloire qu'ils leur devaient. Dante espère qu'il jouira de quelque renommée auprès des hommes de l'avenir, et que ses vers, malgré leur âpreté, donneront une saine nourriture. Il avait ouvert les temps nouveaux, et les deux autres ramenaient vers l'antiquité ; il invente, et les autres imitent ; il est biblique, et les autres, classiques ; il secoue la patrie d'une main vigoureuse, et les autres l'endorment. Si les auteurs italiens se sont multipliés dans un genre de littérature entièrement immoral, c'est-à-dire la composition des nouvelles, c'est l'exemple de Boccace qui les a suscités ou justifiés. Mais on peut lui reprocher d'autres griefs : il fut l'ornement des cours, le coryphée des écrivains qui mettent leur plume au service de

---

(1) BENVENUTO D'IMOLA, au chap. 8 du *Purg.*

quiconque paie, prince ou plébéien. Dante se regardait comme l'instituteur des nations, et ses disciples crurent que telle était la mission des hommes de lettres. Les imitateurs de Pétrarque remplirent de bêlements cette pauvre Italie, qui, toutes les fois qu'elle résolut de secouer sa torpeur et de se dégager des *marais fangeux*, retourna aux vigoureux défauts et aux incomparables beautés d'Alighieri.

CHAPITRE CX.

ROME SANS PAPE. NICOLAS DE RIENZI.

Le pape Clément V, qui déploya de la fermeté contre Frédéric VII, sans doute par faiblesse envers le roi de France, et qui excommunia les Vénitiens pour avoir acheté Ferrare, domaine direct du saint-siége, est l'objet des attaques les plus violentes. Au moyen des simonies ; ou plutôt par d'énormes contributions imposées aux églises, il accumula des trésors, qu'il prodiguait ensuite, soit à ses parents, soit pour entretenir un faste inconnu à ses prédécesseurs, et qu'il croyait peut-être nécessaire afin de relever la papauté, errante hors du théâtre de sa grandeur. Aussitôt qu'il fut mort, le peuple saccagea son palais ; un flambeau renversé mit le feu au cercueil, et, comme personne ne s'occupa de l'éteindre, on eut de la peine à trouver un morceau d'étoffe pour recouvrir son cadavre à demi consumé.

1314

Sa mort fut suivie d'un conclave long et orageux, tel qu'on pouvait l'attendre après cet exil et les modifications du consistoire, dans lequel huit cardinaux italiens voulaient un pape qui revînt à Rome, tandis que ceux qui appartenaient à la Gascogne et à la France désiraient le contraire. Une bande de mercenaires gascons, indisciplinés et voleurs, menaça et dévalisa les marchands italiens qui se trouvaient à Carpentras, pilla et incendia les maisons des prélats italiens, et violenta le conclave ; les cardinaux s'enfuirent par une brèche et se dispersèrent.

Jacques d'Euse, fils d'un savetier de Cahors, de corps petit et difforme, mais studieux, persévérant et doué d'une vive intelligence, s'était rendu à Naples pour chercher fortune ; dans cette ville il devint le maître des fils du roi, et eut la gloire de former, avec Robert, qui fut regardé comme le roi le plus instruit de son époque, Louis, évêque de Toulouse, canonisé plus tard. A la connaissance approfondie des deux droits, Jacques joignait une grande habileté dans les affaires ; employé par les pontifes et les rois de France, il devint évêque de Fréjus, puis chancelier à Naples et évêque d'Avignon. La présence de la cour pontificale lui fournit l'occasion de déployer ses talents. Dans le concile de Vienne il fut d'un grand secours à Clément V, qui l'orna de la pourpre ; puis, déjà vieux, mais favorisé par le roi Robert, et moyenant des libéralités ou des promesses, il obtint la tiare sous le nom de Jean XII. Bien qu'il fût habitué au séjour de l'Italie, et quoique ses vastes desseins l'y rappelassent, il s'établit à Avignon, ville appartenant à son protecteur : tant il semblait nécessaire de repousser le saint-siége de Rome, en proie aux violences des factions (1). Nous avons dit comment ce pape fut entraîné dans ces querelles, et raconté ses dissensions avec Louis de Bavière, entremêlées de luttes armées et de violentes diatribes.

1316

Au milieu de ces diatribes, comment savoir ce qu'ont de vrai les reproches de simonie, de libertinage et de cupidité ? Il fut même accusé d'hérésie ; l'Allemagne et l'Italie réclamaient un concile pour décider la question, espérant d'ailleurs qu'il déposerait ce pontife, et que l'antique Rome reverrait le saint-siége. Des historiens sérieux disent au contraire que Jean vivait dans une profonde retraite, loin de toute pompe ou de plaisirs mon-

---

(1) Au commencement du douzième siècle, Avignon était soumis aux comtes de Toulouse, de Provence et de Forcalquier ; profitant de cette division, les citoyens s'affranchirent de bonne heure, et s'unirent avec l'évêque. Déjà, en 1154, ils se donnaient des statuts et un gouvernement communal sous la présidence de l'évêque Geoffroy, et l'on conserve cette charte, d'où ressort la preuve de la coopération cordiale des pouvoirs. Le vicomte, subordonné au comte, subsistait encore ; mais il fut vaincu, et cessa ses fonctions vers l'année 1190. Dès lors Avignon prospéra beaucoup, et construisit sur le Rhône un pont de la longueur d'un quart de lieue ; néanmoins les habitants étaient exempts de taxes ou de droits d'entrée.

Le gouvernement consulaire était composé :

1. De deux ou quatre et quelquefois même de huit consuls, qui réunissaient l'administration, la juridiction et le commandement militaire ;

2. D'un juge annuel ;

3. D'un conseil de la cité, composé de nobles, de bourgeois et de l'évêque, qui représentait la ville et conférait la direction des affaires ;

4. D'un parlement auquel participaient tous les citoyens.

En 1225, on choisit un podestat, comme avaient fait Marseille et Arles ; il était annuel, étranger, et qualifié *Dominus*.

dains ; qu'il était studieux, instruit des sciences sacrées et profanes, ardent propagateur des missions, qu'il envoyait même jusqu'aux extrémités de l'Asie. Si le tribunal de la Rose sacrée et la chancellerie romaine, d'où un vice-chancelier, qui est le premier dignitaire de la cour, expédie les lettres apostoliques, ne furent pas institués par Jean, il leur donna du moins des règlements.

Jean Villani, contemporain et marchand, qui allègue l'autorité des trésoriers chargés de faire l'inventaire, dit que ce pape laissa vingt-cinq millions de sequins (1), somme si peu en rapport avec le numéraire alors en circulation qu'il faut la mettre sur le compte des exagérations populaires; cependant nous pouvons croire qu'il avait amassé un trésor bien au-dessus des richesses de tout autre monarque, trésor qui était, selon ce même Villani, destiné « à fournir aux dépenses du saint passage d'outre-mer ».

Mais à quelles sources la cour romaine puisait-elle ses revenus?

Les offrandes que les fidèles apportaient sur l'autel du confessionnal de Saint-Pierre, au palais sacré, au pape lui-même, en argent, ornements sacrés, linge, cire, étaient la première source. Victor II céda au cardinal Humbert les offrandes d'un jeudi et d'un samedi saints, qui suffirent pour élever une église. Divers royaumes s'étaient mis sous la protection du saint-siége moyennant un tribut : l'Aragon lui payait 250 oboles d'or, le Portugal 2 marcs, la Pologne 100, l'Angleterre 1,000 d'argent, outre le denier de saint Pierre, dont le produit s'élevait à 290 marcs, et peut-être à pareille somme celui de Souabe, de Norvége et de Danemark.

Il possédait comme fiefs Naples, la Sicile, la Sardaigne et la Corse : le premier payait 8,000 onces ; la Sicile 3,000, de 5 sequins l'once ; 2,000 l'Aragon, auquel étaient inféodées les deux autres îles. La chambre apostolique tirait encore quelque profit de l'inféodation de certaines villes pour un temps déterminé;

---

(1) *Hist. florentine*, liv. II, chap. 19-20. Ce qui ferait 250 millions d'aujourd'hui. Galvano Fiamma dit 22 millions de sequins; Albert de Strasbourg, 17 millions; Buonconte Monaldeschi, 15. Nous nous sommes appuyé sur CHRISTOPHE, *Hist. de la papauté pendant le quatorzième siècle*, tom. II, liv. VI. Voir aussi HURTER, *Tableau des institutions et des mœurs de l'Église au moyen âge;* ANDRÉ, *Monarchie pontificale au quatorzième siècle;* Antiq. M. Æ., V, diss. 60.

elle avait beaucoup de possessions dans les États pontificaux : mais nous savons seulement que le duché de Spolète lui rendait 1,080 livres, 1,030 sous, 10 besants, et quelques valeurs en nature ; le comté de Narni et d'Aurelia 49 livres 548 sous, les frais de perception déduits ; la Sabine 154 livres 10 sous ; le comtat Venaissin 10,000 florins. Le *Liber censuum*, compilé en 1192 par le cardinal Cencio, trésorier apostolique, énumère une infinité de possessions et de revenus dans le monde entier ; mais l'incertitude de la valeur des monnaies, outre que la plupart des contributions étaient en nature, nous empêche d'établir un calcul, même approximatif; seulement nous sommes fondé à croire que les recettes du saint-siége étaient supérieures à celles de tout autre État.

La cour romaine, cependant, se trouvait dans une grande pénurie ; en effet, soit à cause de la cupidité ou même de l'infidélité des collecteurs, soit à cause de la difficulté et du retard des transmissions, des excuses alléguées pour ne pas payer, la caisse papale ne recevait qu'une faible partie des revenus. Innocent II dut engager les cités d'Orvieto, d'Agubio et de Casal pour 200 livres de Pavie ; Adrien IV, la ville de Castello pour 120 marcs d'argent. En 1265, Clément écrivait que, pour l'expédition de Charles d'Anjou, il avait mis en gage toutes les richesses des églises de Rome, excepté Saint-Pierre et Saint-Jean de Latran, et qu'il s'était obligé pour une valeur de 100,000 livres de revenu, *si ea poterimus invenire*.

Il fallut donc recourir à des expédients inconnus aux autres gouvernements. Innocent IV mit des taxes sur les dispenses et les exemptions ; mais, après la translation du saint-siége, les dépenses augmentèrent. Les biens de l'Italie étaient presque perdus, et les rois retenaient le produit des redevances, dans la crainte que la France n'en profitât ; Clément V commença donc à se réserver pour trois ans tous les bénéfices de l'Angleterre, et donna beaucoup d'églises en commende, si bien qu'il put laisser en mourant un trésor de 1,074,800 sequins. Jean XXII marcha plus hardiment dans cette voie ; il n'inventa point, mais il réduisit en système les annates, c'est-à-dire la réserve des produits d'une année de chaque bénéfice vacant dans toute la chrétienté *pro ecclesiæ romanæ necessitatibus* ; en outre, pour augmenter ce revenu, il éleva toujours d'un bénéfice inférieur, de telle sorte que chaque nomination entraînait une longue série de vacances.

Venaient ensuite les expectatives, lettres d'abord *monitoriales*, puis *préceptorales*, enfin *exécutoires*, que l'on donnait à un ecclésiastique afin d'obtenir un bénéfice lorsqu'il serait vacant ; vendues environ 50 sequins, elles devinrent un des revenus les plus importants de la chambre, jusqu'à ce que le concile de Trente les abolît. Bien plus, le pontife pouvait imposer la dîme sur tous les biens ecclésiastiques, comme il le fit, par exemple, à l'égard de ceux de la France, en 1336, pour soutenir la guerre en Lombardie.

Mais les fonds n'arrivaient pas toujours à leur destination : une fois, ils furent pillés à Lucques, et, une autre, par le Bolonais Paganino, comte de Panico, d'accord avec plusieurs nobles ; tandis que le gascon Raymond d'Aspello, marquis d'Ancône et neveu du pape, traversait le Modénais avec le trésor de 70 ou 80,000 florins recueillis à grand'peine, ils l'assaillirent et le tuèrent avec quarante hommes de son escorte, bien qu'ils lui eussent déjà vendu le sauf-conduit, et se partagèrent les chevaux avec les dépouilles. Le pape ne put que mettre l'interdit sur Modène. Un autre légat, escorté par cinquante cavaliers, venait d'Avignon avec l'argent pour la solde des troupes ; les Pavesans l'arrêtèrent dans une embuscade et lui enlevèrent au moins la moitié du trésor.

Jacques Fournier, lorsqu'il fut proclamé pape sous le nom de Benoît XII, dit aux cardinaux : « Vous avez choisi le plus âne d'entre vous. » Appliquant tous ses soins à guérir tant de plaies, il abolit les expectatives ; or, comme il ne fit aucune dépense pour la guerre, la suppression de ce revenu ne laissa aucun vide dans le trésor. D'autre part, afin de le remplacer, il vendait en Italie le titre de vicaire, pour lequel il recevait annuellement de Luchino Visconti 10,000 florins, 3,000 des Scaligeri pour Vérone, et pareille somme pour Vicence, 10,000 des Gonzague de Mantoue et des Carrare de Padoue, autant pour Ferrare d'Obizzo d'Este.

Dans le premier consistoire, il déclara que ni l'Église romaine ni toute autre ne devait soutenir ses droits par les armes, renvoya dans leurs églises tous les curés qui se trouvaient à la cour, et révoqua les commendes ; il voulait examiner lui-même ceux qui demandaient des bénéfices, et, dans cette enquête, il se montrait si sévère qu'il aimait mieux les laisser vacants que de les donner à des personnes indignes. Un certain Monozella, musicien célèbre, s'étant présenté pour solliciter l'abbaye de

Saint-Paul à Rome, Benoît lui dit : « Savez-vous chanter ? — Oui, Sainteté. — Je serais curieux d'entendre quelque *canzone*. — Je sais des *canzoni*. — Savez-vous jouer de quelque instrument ? — Je connais la guitare. » Benoît, changeant alors de ton, lui dit : « Comment ! un saltimbanque prétendrait devenir le vénérable chef du monastère de Saint-Paul ! » et il le chassa. Il voulait qu'on écoutât quiconque recourait à lui, rendait justice, et disait qu'un pape devait ressembler à Melchisédech, qui ne connaissait ni père, ni mère, ni généalogies.

La science des hommes et des affaires n'était pas, chez Benoît, égale à sa vertu ; il croyait que la droiture sans la politique suffisait à un pontife, lorsqu'il en faut beaucoup, au contraire, pour se diriger dans les sentiers tortueux des intrigues mondaines. Il avait résolu de retourner à Rome, mais il en fut dissuadé par les cardinaux. Atteint d'une grave maladie, il renouvela sa proposition ; mais les Italiens durent perdre tout espoir de son retour lorsqu'ils le virent bâtir ce grandiose palais fortifié, œuvre de l'architecte Pierre Obreri, et décoré des peintures de Simon Memmi. Les cardinaux s'empressèrent de l'imiter, et le triste Avignon se convertit en ville magnifique, où les grands seigneurs de France et les rois avaient aussi des palais. Philippe de Valois avait atteint son but ; en suspendant les prébendes aux cardinaux, et par la menace de traiter Benoît comme Boniface VIII, il empêcha ce pape de se réconcilier avec Louis de Bavière.

1342   Après une vacance de treize jours, le Limousin Pierre Roger fut élu pape sous le nom de Clément VI. Moins rigide que son prédécesseur envers les cardinaux, il intervint dans les affaires temporelles, déploya une pompe royale, et disait que personne ne devait s'éloigner mécontent de la présence du pape ; il fit venir à la cour les clercs dépourvus de bénéfices, afin de leur donner tous ceux que Benoît avait laissés vacants. Au bout de quelques mois, il eut vidé le trésor rempli par l'habileté de Jean XXII et la parcimonie de son prédécesseur ; on prétend qu'il répondait à ceux qui lui reprochaient les moyens dont il se servait pour suffire à de nouvelles libéralités : « Mes prédécesseurs ne surent pas être papes. » Il acheta de Jeanne de Naples, moyennant 80,000 sequins, la ville d'Avignon, où passaient, malgré les plaintes des Romains, les richesses et les produits des cures. La cour imita le pape, et les cardinaux étalèrent un luxe princier ; les intrigants et les femmes pouvaient tout, si la malignité de ses nombreux adversaires ne l'a point calomnié.

Rome souffrait extraordinairement de l'absence de ces papes, qu'elle moleste quand elle les possède, et regrette lorsqu'ils sont partis. Bouleversée par une plèbe turbulente et une noblesse factieuse, elle voyait la justice et l'administration foulées aux pieds, les rues encombrées de ruines entassées sur des ruines, les églises s'écroulant, les autels nus, les prêtres dépourvus des ornements nécessaires; les seigneurs romains faisaient trafic des monuments anciens, dont ils embellissaient les cités voisines et l'*indolente* Naples (1). Les Colonna et les Orsini étaient

(1) *De vestris marmoreis columnis, de liminibus templorum, de imaginibus sepulcrorum, sub quibus patrum vestrorum venerabilis cinis erat, ut reliquas sileam, desidiosa Neapolis adornatur.* Ainsi parle Pétrarque, aux lettres duquel j'emprunte le tableau suivant :

« La ville de Rome se trouvait dans une grande affliction; elle n'avait pas
« de gouvernement. Tous les jours il se commettait des péchés, et l'on volait
« partout. Là où étaient des vierges, on les violait; il n'y avait aucun asile
« respecté. Les petites filles étaient dérobées et déshonorées; on enlevait la
« femme à son mari dans son propre lit. Les hommes de peine, quand ils sor-
« taient de la ville pour leurs travaux, étaient dévalisés, même à la porte de
« Rome. Les pèlerins, qui venaient visiter les saintes églises pour le salut de
« leurs âmes, restaient sans protection, étaient massacrés et volés. Les prêtres
« faisaient le mal. Partout la débauche, le désordre, et nulle part la justice,
« le frein; il n'y avait plus de remède contre les excès. Toute personne était
« victime. Celui-là avait le plus raison, dont l'épée était la plus forte. L'unique
« moyen de salut pour chacun, c'était de se défendre avec ses parents et amis.
« Il y avait chaque jour des attroupements. » (THOMAS FORTIFIOCCA, *Vie de Cola Rienzi, tribun du peuple romain, écrite en langue vulgaire romaine de cette époque;* Bracciano, 1624.)

Cet ouvrage fut enrichi de nombreuses notes par Zéphyrin Re, en 1828, puis, en 1854, augmenté beaucoup et rectifié, grâce aux travaux publiés dans l'intervalle. Ce chroniqueur, nommé à tort Fortifiocca, fut tour à tour loué et blâmé par ceux qui voulaient faire de Rienzi un héros ou un perturbateur; mais il écrivit comme tous les témoins de révolutions, louant d'abord, blâmant ensuite; qu'on se rappelle 1848.

Voir aussi LEVATI, *Voyages de Pétrarque;* DU CERCEAU, *Conjuration de Nicolas Gabrini dit de Rienzi, tyran de Rome,* 1733; SCHILLER, *Révolution de Cola de Rienzo,* 1788; PAPENCORDT, *Cola de Rienzo und seine Zeit, besonders nach ungedruckten Quellen dargestellt,* 1841. Les documents inédits sont des lettres de Cola à Charles IV et à l'archevêque de Prague, dans lesquelles il raconte en latin toute son histoire. Pelzel les découvrit, puis l'original se perdit; la copie fut publiée par le susdit Papencordt. Il faut y joindre dix lettres adressées par le tribun à la seigneurie de Florence, et que Jean Gaye a publiées dans

les chefs de deux factions qui chaque jour en venaient aux mains dans la ville et au dehors. Les autres petits seigneurs, soit pour se ranger dans leur parti, soit pour n'en être pas opprimés, avaient converti en forteresses leurs palais, le Colisée et les autres débris de la magnificence romaine ; se prétendant au-dessus des vassaux de l'empire, ils exerçaient audacieusement la guerre privée, menaçaient et pillaient, souillaient les asiles des vierges sacrées, déshonoraient les jeunes filles, enlevaient les femmes des bras de leurs maris. Les hommes de peine, quand ils allaient dehors pour travailler, étaient dévalisés aux portes mêmes de la ville par les bandes qui infestaient la campagne ; aussi Boccace disait que Rome, autrefois la première cité du monde, en était alors la dernière (1). Selon Villani, « les étrangers et les pèlerins s'y trouvaient comme les brebis au milieu des loups, le pillage et le vol s'étendaient sur toute chose. »

Le peuple avait organisé un gouvernement municipal, et divisé la ville en treize quartiers, chacun avec une bannière ; quatre individus par quartier composaient le conseil du peuple, qui avait encore un autre collége de vingt-cinq membres, avec un capitaine des forces publiques, mais sans participation aux intérêts civils. A la tête du peuple, comme formant une communauté politique, se trouvait le préfet de Rome (1), tandis que le sénateur, représentant de la loi, étendait son pouvoir sur les nobles eux-mêmes ; il était toujours choisi parmi les familles les plus considérables, c'est-à-dire dans cet ordre, contre lequel il

---

la *Correspondance des artistes*, vol. I ; plus, les « *Documents concernant les relations politiques des papes d'Avignon avec les communes d'Italie avant et après le tribunat de Cola de Rienzo*, » dans l'appendice 24 des *Archives historiques*.

(1) Le préfet de Rome, après le sénateur, occupait le premier rang, réservé à des barons romains ; il était chargé de pourvoir aux subsistances, de purger les routes de la campagne de Rome des voleurs et des assassins, qu'il châtiait avec rigueur. Il était précédé d'un garçon avec la baguette ; les cités, les villages et les châteaux étaient obligés d'entretenir ses soldats. Lorsque les pontifes couronnaient les empereurs, il tenait la couronne impériale, et il allait toujours au devant d'eux à côté du pontife ; dans les solennités, il portait à la main une petite baguette d'or. Cette charge fut remplie longtemps par la noble famille de Vico, qui, par ses services, l'avait obtenue, comme un droit héréditaire, du peuple romain et des pontifes ; mais plus tard les Vico, à cause de leur mauvaise vie et de leurs crimes énormes, furent poursuivis par les armes et anéantis, et leur office fut donné à d'autres nobles familles de Rome. (*Antiq. M. Æ.*, II, 858.)

aurait dû exercer son autorité, qu'il déployait au contraire pour servir des inimitiés privées.

L'autorité du roi Robert restait sans force. Le peuple, dans l'espoir d'être moins malheureux sous l'administration immédiate du pape, offrit à Benoît XII la dignité de sénateur, de capitaine, de syndic et de défenseur; mais bientôt une émeute chassa du Capitole ses deux représentants. Le vicaire pontifical, qui résidait à Orvieto, ne sortait pas des limites de l'autorité spirituelle; lorsque le pape était élu, on lui envoyait des députés (1), et l'on n'y songeait plus.

Au spectacle de cette décadence, les souvenirs de l'antique grandeur se réveillaient avec plus d'énergie; les malheurs de Rome frappèrent surtout Nicolas, fils de Laurent, un de ces pauvres hères qui portaient l'eau dans la ville, avant que Sixte-Quint y eût amené l'*acqua felice,* et que Rome fût devenue la ville des fontaines. « Nourri dès sa jeunesse du lait de l'éloquence, il fut
« bon grammairien, très-versé dans la rhétorique et la science
« du droit. Quel habile interprète! Il étudiait beaucoup Tite-Live,
« Sénèque, Cicéron et Valère Maxime; il se plaisait beaucoup
« à raconter les magnificences de Jules-César. Tous les jours il
« contemplait les sculptures des marbres qui gisent autour de
« Rome. Lui seul savait lire les anciennes épitaphes, traduire en
« langue vulgaire les ouvrages anciens, interpréter exactement
« ces figures de marbre. »

Rienzi avait puisé dans ces études une vive admiration pour l'ancienne république romaine; affligé de voir la capitale abandonnée par les papes à la merci des chefs de bande, il forma le projet de ressusciter un peuple déjà cadavre, entreprise la plus grande et la plus difficile. Il avait une belle figure, un maintien noble, une physionomie expressive, une voix sonore, la parole facile et passionnée, de la sagacité pour découvrir les moyens opportuns, toute l'habileté nécessaire pour faire voir qu'il n'était

---

(1) Pétrarque faisait partie de la députation qui fut envoyée à Clément V. Le discours qu'il lut à cette occasion est une prosopopée où Rome parle comme une veuve qui se plaint de l'absence de son époux. Le poëte dépeint tous les mérites de la cité, parmi lesquels figurent surtout les nombreuses reliques qui l'enrichissent : le berceau du Christ, les cheveux de la Vierge et une partie de ses vêtements, la verge d'Aaron, l'arche d'alliance, un doigt de sainte Agnès avec l'anneau nuptial qui l'ornait, la tête de saint Pancrace qui sua du sang et versa des larmes quand les prêtres la sauvèrent des flammes qui dévoraient Saint-Jean de Latran. (*Carminum* lib. II.)

inspiré que par le désir du bien public; que lui fallait-il de plus pour être un révolutionnaire?

1342   Lorsque les *Treize* envoyèrent supplier Clément VI de retourner à Rome, Cola Rienzi (c'est ainsi qu'on l'appelait) fut choisi pour remplir cette mission; il fit entendre un langage hardi au pape, auquel il déplut d'abord, et qui, plus tard, le nomma notaire de la chambre apostolique, emploi lucratif, dans l'exercice duquel il ne se servait pas de plumes d'oie, mais d'argent, pour exprimer la noblesse de cette fonction. Aux fils dégénérés de ceux qui avaient entendu la voix des Gracques et de Cicéron, il parlait des gloires anciennes; il mettait sous les yeux des seigneurs des inscriptions et des symboles propres à flatter la vanité nationale, à réveiller son énergie (1), et il rêvait aux droits

(1) « Dans un tableau il peignit une grande mer bouleversée par une hor-
« rible tempête; au milieu de cette mer se trouvait un navire presque abîmé,
« sans timon et sans voiles. Sur ce navire, menaçant de sombrer, était une
« femme veuve, vêtue de deuil, affligée, la robe déchirée, les cheveux en dé-
« sordre. A genoux, les mains croisées sur la poitrine pour inspirer la pitié,
« elle semblait prier qu'on la délivrât du danger qu'elle courait. La souscrip-
« tion disait : *Celle-ci est Rome*. Autour de ce bâtiment, et plus bas dans l'eau,
« on voyait quatre navires sombrés, avec les voiles tombées, les mâts rompus,
« les timons perdus. Sur chacun d'eux était une femme noyée et morte : la
« première s'appelait *Babylone*, la seconde *Carthage*, la troisième *Troie*, la
« quatrième *Jérusalem*. La souscription portait : *Ces villes, à cause de leur
« injustice, déchurent et périrent*. Une inscription sortait de la bouche de ces
« femmes mortes, avec ces mots :

> Sopra ogni signoria fosti in altura,
> Ora aspettiamo quà la tua rottura.
>
> Tu dominas sur toute seigneurie,
> Maintenant nous attendons ta ruine.

« Du côté gauche s'élevaient deux îles, dans l'une desquelles on voyait assise
« une femme accablée de honte, avec l'inscription : *Celle-ci est l'Italie*. Cette
« femme disait :

> Tollesti la balla ad ogni terra,
> E sola me tenesti per sorella.
>
> Tu dépouillas toute la terre de sa puissance,
> Et me tins seule pour ta sœur.

« Dans l'autre île étaient quatre femmes avec les mains sur le visage et les ge-
« noux; pleines de tristesse, elles disaient :

> D'ogni virtude fosti accompagnata,
> Ora per mare vai abbandonata.
>
> Tu fus accompagnée de toutes les vertus,
> Et maintenant tu es abandonnée sur la mer.

« Ces femmes représentaient les quatre vertus cardinales, c'est-à-dire la tempé-

du peuple, toujours inspiré par les réminiscences antiques (1). Le meurtre de son frère, tué impunément par les Colonna, lui rendit plus odieuse encore cette aristocratie, non moins corrompue que l'ancienne, mais plus arrogante et plus compacte; en conséquence, et sous l'empire de ses souvenirs classiques, qu'il associait à ceux de Crescentius et d'Arnauld de Brescia, il conçut le projet de rétablir les tribuns du peuple, afin de réprimer non-seulement les barons, mais encore les pontifes, déserteurs du bercail.

La pensée de régénérer sa patrie est toujours noble sans doute; mais combien il est facile de croire que les grands noms peuvent suppléer aux grandes choses, et de prendre les souvenirs pour des espérances ! Le peuple romain, dont les idées, comme l'horizon de sa ville, sont circonscrites entre les sept collines, prête volontiers l'oreille à quiconque lui rappelle les grandeurs de ceux qu'il regarde comme ses ancêtres. Les gens de lettres, qui alors lisaient Tite-Live et Salluste, se complaisaient à entendre répéter les anciens noms, et Rienzi s'éleva dans l'estime publique, comme tout individu qui offre un spécifique dans une grave maladie. Enfin, saisissant le moment où les barons étaient

« rance, la justice, la prudence et la valeur. Sur le côté droit on voyait une
« petite île où se trouvait une femme à genoux, la main tendue vers le ciel, et
« dans l'attitude d'une personne qui prie; vêtue de blanc, elle portait le nom de
« *Foi chrétienne,* et son inscription disait :

> O sommo padre, duca e signor mio,
> Se Roma pere, dove starò io ?
> O père suprême, mon duc et seigneur,
> Si Rome périt, où irai-je ?

« Au côté droit de la partie supérieure étaient quatre rangs d'animaux divers
« avec des ailes, qui tenaient des cornes à la gueule, et soufflaient comme des
« vents, afin de produire une tempête sur la mer, et d'occasionner la perte du
« navire. Au premier rang se trouvaient des lions, des loups et des ours; l'ins-
« cription disait : *Ceux-ci sont les barons et les coupables gouvernants.* Au se-
« cond on voyait des chiens, des porcs et des boucs, avec l'inscription : *Ceux-ci
« sont les mauvais conseillers, partisans des nobles.* Au troisième étaient des
« dragons et des renards, avec ces mots : *Ceux-ci sont les faux magistrats, juges
« et notaires.* Au quatrième se trouvaient des lièvres, des chats, des chèvres
« et des singes, avec l'inscription : *Ceux-ci sont les voleurs populaires, trompeurs
« et spoliateurs funestes.* Dans la partie supérieure était le ciel, au milieu du-
« quel trônait la Majesté divine comme si elle venait pour juger; deux épées
« sortaient de sa bouche; d'un côté était saint Pierre, de l'autre saint Paul,
« tous les deux priant. A la vue de ce tableau, chacun était émerveillé. »

(1) *Nihil actum fore putavi si, quæ legendo didiceram, non adgrederer exercendo.* Epist.

sortis de la ville, il convoqua le peuple à une assemblée dans laquelle il devait lui parler du passé et du présent, de ses maux et des remèdes qui pouvaient les guérir ; c'était un spectacle, et, à ce titre, la proposition fut bien accueillie. Cola passe la nuit dans une église à prier ; puis, après avoir entendu trois messes, il se rend au Capitole, armé de toutes pièces, moins la tête, entouré de jeunes gens enthousiastes, d'une foule de bannières, de pennons, d'emblèmes et de tout ce cortége bruyant dont la ville de Rome offre seule l'exemple. Du haut des degrés d'où il apercevait les lieux témoins des harangues de Cicéron et des triomphes des Scipions et des Césars, il parle, non comme doit le faire un réformateur, mais déclame comme tous les démagogues ; séduit par cette illusion commune, que l'idole de la multitude aurait le pouvoir de la réprimer et de l'organiser, il lit une réforme du *bon État*, assurant aux autres (et peut-être en était-il persuadé lui-même) que le pape, dont le vicaire se trouvait près de lui, lui saurait gré de soustraire Rome à la tyrannie des barons.

Ses réformes consistaient à garantir les citoyens contre la tyrannie de la noblesse ; à organiser les milices urbaines dans Rome et une force navale sur les côtes ; à maintenir la libre circulation et la sécurité sur les ponts et les routes ; à démolir les forteresses et les palissades qui servaient aux barons pour opprimer ; à faire prompte justice, à fonder des greniers d'abondance pour les pauvres, à fournir des secours publics aux veuves et aux orphelins, surtout à ceux qui mouraient en combattant. Il invita chaque commune à envoyer deux syndics à un parlement général : premier exemple d'une assemblée représentative. Or, avec ce parlement et la fédération italienne qu'il proposait d'organiser sous la suprématie du sénat, « lequel n'avait perdu que par la force l'antique droit de faire et d'interpréter les lois, » une ère nouvelle pouvait s'ouvrir pour l'Italie, qui se serait placée encore une fois à la tête de l'Europe.

1347
26 mai

Le peuple n'entendait rien à ces dernières vues, trop subtiles pour lui ; ce qu'il voulait, c'était la sécurité, le bon marché des denrées, les subsides et le retour du pape. Ivre d'une joie commune, il chargea donc Cola de faire cette constitution avec le titre de tribun, et lui offrit ses bras pour réaliser ses idées. Rienzi s'empare alors des portes, ordonne aux gens d'armes de sortir de la ville, et fait pendre quelques brigands surpris dans l'intérieur.

Les Colonna se présentent à nous avec quelque chose de la grandeur des patriciens de Rome antique. Nous avons vu la persécution dirigée contre eux par Boniface VIII. Étienne, arrêté par les satellites du pape, et dédaignant de feindre, répondit : « Je suis citoyen romain ; » frappés de cette fermeté, ils le laissèrent en liberté. Après avoir perdu Palestrino et ses autres châteaux, il répondait à ceux qui lui demandaient quelle forteresse lui restait encore : « Celle-ci, » en touchant son cœur. Les papes suivants rétablirent dans ses biens et dignités cette famille, qui embrassa la cause de Henri VII, fut hostile à Louis de Bavière, après le départ duquel Étienne prévalut sur les Orsini, ses rivaux. Pétrarque, le protégé de cette maison qu'il louait sans cesse, célébra cette victoire. Le cardinal Jean, renommé pour sa magnificence, était l'âme de la cour. Jacques, à la tête d'une poignée de braves, osa se présenter à Rome et afficher l'excommunication contre le Bavarois pendant qu'il s'y trouvait ; puis, s'étant réfugié à Avignon, il fut nommé évêque de Lombez. Agapite, et, après lui Jourdain, occupèrent le siége épiscopal de Luni ; Pierre fut chanoine de Saint-Jean de Latran, et Henri fameux batailleur.

Cola de Rienzi se dressait alors contre cette famille. Le vieux Étienne, qui ne pouvait se résoudre à craindre le fils du porteur d'eau, l'érudit désarmé, déchira l'ordre qui lui enjoignait de sortir de la ville ; mais, lorsque le tribun eut réuni les compagnies du peuple au son de la cloche, il s'estima heureux de pouvoir s'échapper avec un seul serviteur, pour se réfugier dans sa forteresse de Palestrino. Et c'était le premier baron de Rome ! Qu'on juge de l'effroi des autres, qui s'empressèrent de quitter la ville, abandonnant leurs sicaires à la justice, qui fut prompte, inexorable.

Les Orsini, autre famille très-ancienne, qui fournit cinq papes, trente cardinaux, sans compter un grand nombre de sénateurs et de capitaines, avaient dû leur élévation surtout à Nicolas III ; ils se subdivisèrent en plusieurs branches, qui s'illustrèrent ensuite à Naples, en France, en Allemagne. Jourdain de Montegiordano et Nicolas de Château Saint-Ange, par haine contre les Colonna, appuyaient le tribun, qui avait pour adversaires Renaud et Jourdain, seigneurs de Marino, et Berthold, seigneur de Vicovaro.

Après avoir rétabli la tranquillité dans la ville, Rienzi expédia des huissiers aux Colonna, aux Orsini, aux Savelli, dans leurs citadelles inaccessibles, pour les sommer de venir jurer la paix ; beaucoup d'entre eux promirent, sur l'Évangile, de ne pas inquiéter les routes, de ne porter aucun préjudice au peuple ni au tribun, de refuser asile aux malfaiteurs, et, à toute réquisition, de se présenter au Capitole avec leurs armes. Les gentilshommes, les juges, les notaires et les artisans durent prêter le même serment. Jean de Vico, seigneur de Viterbe et préfet de Rome, fut aussi contraint d'implorer merci ; enfin, de gré ou de force, les autres forteresses qui couvraient le Patrimoine se soumirent à Cola.

Le bon peuple de Rome se réjouissait de voir la justice n'épargner personne, et la peine du talion appliquée à tous, bien que d'une façon arbitraire. Les courriers que le tribun expédiait venaient lui dire : « Nous avons promené cette baguette dans les
« villes et les forêts ; des milliers d'hommes, heureux de la sé-
« curité rendue aux routes et de la dispersion des assassins, se
« sont mis à genoux et l'ont baisée avec reconnaissance en ver-
« sant des larmes. » Les chrétiens, qui accouraient de toutes les parties de l'Europe pour visiter le seuil des saints Apôtres, s'étonnaient de cette sécurité inaccoutumée, et, de retour dans leur patrie, célébraient l'énergie du tribun.

La cour d'Avignon s'était effrayée en voyant ce mouvement se propager ; mais Cola, « sévère et clément, tribun de liberté, de paix, de justice, et libérateur illustre de la république romaine, » lui envoya des lettres où il promettait fidélité au saint-siége ; il en expédia d'autres à toute l'Italie, aux potentats de France et d'Allemagne. Il écrivait aux Florentins : « L'Esprit
« Saint, par un bienfait spécial, a eu pitié de cette ville, boule-
« versée par des magistrats méchants et cruels, destructeurs
« même ; aussi la justice était comprimée, la paix bannie, la li-
« berté foulée aux pieds, la sécurité enlevée, la charité condam-
« née, la vérité opprimée, la miséricorde et la dévotion profa-
« nées. Non-seulement les étrangers, mais pas même les citoyens
« et les provinciaux ne pouvaient venir à Rome et y rester en
« sûreté ; au dedans comme au dehors ce n'étaient qu'inimitiés,
« séditions, guerres, meurtres, vols, incendies. Rendez donc
« grâce au Sauveur et aux saints Apôtres, et unissez-vous à nous
« pour extirper la tyrannie des rebelles et la peste des tyrans, et
« rétablir dans toute la sainte Italie la liberté, la paix, la justice.
« Nous vous prions aussi d'envoyer deux syndics et des ambas-
« sadeurs au parlement que nous avons le projet de réunir pour

« le salut de toute l'Italie, avec un jurisconsulte que nous gar-
« derons dans notre conseil avec un traitement. »

Cette tentative fut bien accueillie des nombreux individus qui se nourrissent de souvenirs, sans souci de l'opportunité. Pétrarque s'enthousiasma pour Rienzi; mais, tandis qu'il se montre aussi sublime que sobre dans la *canzone* qu'il lui adressa (1), sa lettre n'est qu'un tissu rempli de fleurs de rhétorique (le tribun la louait pour cela), de lieux communs et d'exemples d'anciens : « Ta magnifique déclaration annonce le rétablissement de la li-
« berté, ce qui me console, me ravit, m'enchante... Tes lettres
« courent dans les mains de tous les prélats; on veut les lire, les
« copier; ils semble qu'elles descendent du ciel ou *viennent des*
« *antipodes*. A peine arrive le courrier qu'on se presse pour les
« lire, et jamais les oracles d'Apollon de Delphes n'eurent tant
« d'interprétations diverses. Ta conduite est si admirable qu'elle
« te met à l'abri de tout reproche, en montrant la grandeur de
« ton courage et la majesté du peuple romain, sans offenser le
« respect dû au souverain pontife. Il appartient à un homme
« sage et éloquent, comme tu l'es, de concilier des choses oppo-
« sées en apparence... Rien de ta part qui indique une basse ti-
« midité ou une folle présomption... On ne sait ce qu'il faut le
« plus admirer, ou tes actions ou ton style; on dit que tu agis
« comme Brutus, que tu parles comme Cicéron... N'abandonne
« pas ta magnanime entreprise... Tu as posé d'excellents fonde-
« ments, la vérité, la paix, la justice, la liberté... Comme je me
« déchaîne contre quiconque ose élever des doutes sur la justice
« du tribunat et la sincérité de tes intentions! A toi, unique ven-
« geur de la liberté, je pense la nuit, à toi le jour, en veillant et
« en dormant... » Mais, au milieu de tant de paroles, il ne sait lui donner que ces conseils : « Recevoir l'eucharistie tous les matins avant de se mettre aux affaires, ce qu'il pratique lui-même, et comme l'auraient fait Camille et Brutus si ç'eût été l'usage de leur temps; lire toutes les fois qu'il le pourra ou se faire lire, ainsi qu'Auguste lui-même en avait l'habitude. »

1247

(1) *Spirto gentil, che quelle membra reggi*, etc.
Il est singulier qu'il faille discuter pour savoir à qui s'adressaient la plus belle ode de Pétrarque et les espérances de Dante. De Sade, par manie de nouveauté, soutient que le *spirto gentil*, le *cavalier che tutto l'Italia onora*, ne peut être Cola de Rienzi. Cette opinion est réfutée par Zéphyrin Re, à l'avis duquel se range Papencordt. Du reste, les lettres de Pétrarque répètent les mêmes sentiments; il lui adressa une églogue pastorale, dont il lui donna même la clef.

Cette lettre et les vers firent admirer, sur la parole de Pétrarque, le nouveau tribun par le monde lettré. Un grand nombre de villes se soumirent à son autorité, d'autres le soutinrent. Florence, Sienne, Pérouse, lui envoyèrent des forces; les villes de l'Ombrie, des députés; Gaëte, 10,000 florins d'or. Venise et Luchino Visconti se déclarèrent ses alliés; Jeanne de Naples et l'empereur Louis reçurent avec honneur ses messagers. Néanmoins beaucoup de villes le traitaient d'insensé, et les Pepoli, les marquis d'Este, les Scaligeri, les Gonzague, les Carrare, les Ordelaffi, les Malatesta, le chansonnaient, sans compter le roi de France, qui se montrait le plus animé.

Cola parut justifier ses détracteurs en montrant plus de vanité dans la tête que de vigueur dans le caractère, en faisant succéder à ces débuts si loyaux une ambition puérile. Il voulait s'entourer de faste, sans doute pour éblouir le peuple, et vivait au milieu de splendeurs très-coûteuses. « Tandis qu'il était assis, il « faisait tenir les barons devant lui debout, les bras croisés, sans « capuchons. Dieu, comme ils avaient peur! Il avait une femme « jeune et belle, qui se faisait accompagner de jeunes gens armés quand elle allait à Saint-Pierre; les suivantes agitaient de « petits mouchoirs d'étoffe devant son visage pour la rafraîchir, « et l'éventaient gracieusement, afin que les mouches ne pussent « offenser sa face. Un de ses oncles, nommé Janni, autrefois « barbier, devint grand seigneur, et montait à cheval, accompagné d'un nombreux cortége de citoyens romains. Tous ses parents en faisaient autant. » Il se fit armer chevalier avec une solennité dont rien n'avait encore approché. Revêtu de la dalmatique dont les anciens empereurs se servaient à leur couronnement, et, le bâton de commandant à la main, avec sept couronnes sur la tête, symbole des sept vertus, il dit en brandissant son épée vers les quatre points du ciel : « Je jugerai la terre selon la justice, et les peuples selon l'équité. »

En vertu de cette autorité qu'il prétendait exercer sur le monde, il cita Louis de Hongrie et Jeanne de Naples, l'empereur Louis et l'anticésar Charles, pour qu'ils eussent à produire devant son tribunal les titres de leur élection, qui, « comme il est écrit, n'appartient qu'au peuple romain. » Il enjoignit au pape de revenir occuper son siége; puis, s'élevant à l'idée de l'unité nationale, il déclara libres toutes les villes d'Italie, auxquelles, « voulant imiter la bénignité et la liberté des anciens Romains », il accorda le droit de cité avec la faculté d'élire les empereurs. Il insistait pour que les États italiens, le pape et l'empereur envoyassent des ambassadeurs à Rome, afin de s'occuper avec lui de la paix et des intérêts de toute l'Europe (1). A

(1) *Nos non sine inspiratione Sancti Spiritus jura sacri romani populi recognoscere cupientes, habuimus, cum opportuna maturitate omnium utriusque juris peritorum et totius collegii urbis judicum, et quamplurium aliorum sacræ Italiæ consilium sapientum, qui per expressa jura sæpius revoluta, discussa et examinata mutuis collationibus, opportuna noverunt et dixerunt : senatum populumque romanum illam auctoritatem et jurisdictionem habere in toto orbe terrarum, quam olim habuit ab antiquo tempore, videlicet quo erat in potentissimo statu suo, et posse nunc jura et leges interpretari, condere, revocare, mutare, addere, minuere, ac etiam declarare, et omnia facere sicut prius, et posse etiam renovare quidquid in sui læsionem et præjudicium factum fuerit ipso jure, et revocatum esse etiam ipso facto. Quibus discussis et satis congregatis apud sacrum latinum palatium omnibus, senatu, magnatibus, viris consularibus, satrapis, episcopis, abbatibus, prioribus, clericis urbis omnibus ac populo universo in plenissimo et solemnissimo parlamento, omnem auctoritatem, jurisdictionem et potestatem, quam senatus populusque romanus habuerunt et habere possent, et omnem alienationem, cessionem et concessionem et translationem officiorum, dignitatum, potestatum et auctoritatum imperialium, et quarumcumque aliarum per ipsum senatum et populum factas in quoscumque viros clericos et laicos cujuscumque conditionis existant, et cujuscumque etiam nationis, auctoritate quidem populi et omni modo et jure, quo melius de jure potuimus, de totius ejusdem romani populi voluntate unanimi duximus solemniter revocandas, et ea officia, dignitates, potestates et auctoritates imperiales et quascumque alias, et omnia primitiva et antiqua jura ejusdem romani populi reduximus ad nos et populum prælibatum ; citare quoque fecimus in parlamento præfato gerentem se pro duce Bavariæ, ac dominum Karolum, illustrem regem Bohemiæ, se romanorum regem appellantem; et tam præcedentes singulos alios speciales, tam electos quam etiam electores nominatim, et omnes et singulos imperatores, reges, duces, principes, marchiones, prælatos et quoscumque alios tam clericos quam laicos in romano imperio et electionis ipsius imperii jus aliquod prætendentes, qui diversas incurrerunt ingratitudines et errores in urbis et totius sacræ Italiæ detrimentum et totius fidei christianæ jacturam, ut usque ad festum Pentecostes futurum proximum in urbe et sacro Laterani palatio coram nobis et romano populo cum eorum juribus omnibus, tam in electione et imperio supradictis, quam contra revocationem ipsam, personaliter vel per legitimos eorum procuratores studeant comparere; alioquin in revocationis hujusmodi et electionis imperii præfati negotio prout de jure fuerit, non obstante eorum contumacia, procedetur. Et ut dona et gratia Spiritus Sancti participarentur per Italicos universos, fratres et filios sacri romani populi pervetustos, omnes et singulos cives civitatum sacræ Italiæ cives romanos effecimus, et eos admittimus ad electionem imperii ad sacrum romanum populum rationabiliter devoluti ; et decrevimus electionem ipsam per XX seniorum voces eligentium in urbe mature ac solemniter celebrandum. Quarum aliquibus reservatis in urbe, reliquas distribuimus per sacram Italiam, prout in capitulis et ordinationibus super hoc editis continetur. Cupimus quidem antiquam unionem cum omnibus*

l'imitation de tous les parvenus, à qui l'élévation donne le vertige, il rechercha d'illustres alliances, et, non content d'entrer dans les familles de quelques barons, il osa déshonorer sa mère en prétendant qu'il était bâtard de Henri VII (1).

Clément VI, qui d'abord l'avait nommé gouverneur pontifical, s'irrita de le voir franchir toute mesure en fait de pouvoirs et de prétentions. Le vicaire pontifical, qui l'avait secondé jusqu'alors, protesta contre la sommation adressée au pape et aux princes. L'opinion, qui n'aime pas à voir ses idoles durer trop longtemps, inclinait à l'abandonner; exagérant dans l'opposition, comme naguère dans les témoignages de dévouement, on lui reprochait ses dépenses excessives, auxquelles on attribuait les impôts que tout gouvernement nouveau est obligé d'aggraver.

Dans un banquet qu'il donna aux nobles du premier rang, on agita cette question : Lequel d'un avare ou d'un prodigue vaut-il mieux pour gouverner le peuple? Étienne Colonna, relevant le bord doré et couvert de pierreries du vêtement du tribun, lui dit : « Les habits modestes de tes pareils te conviendraient mieux

---

magnatibus et civitatibus sacræ Italiæ et vobiscum firmius renovare, et ipsam sacram Italiam, multo prostratam jam tempore, multis dissidiis lacessitam hactenus et abjectam ab iis qui eam in pace et justitia gubernare debebant, videlicet qui imperatoris et Augusti nomina assumpserunt, contra promissionem ipsorum venire, nomini non respondente, effectui non verentes, ab omni suo abjectionis discrimine liberare, et in statum pristinum suæ antiquæ gloriæ reducere et augere, ut pacis gustata dulcedine floreat per gratiam Spiritus Sancti melius quam unquam floruit inter ceteras mundi partes. Intendimus namque ipso Sancto Spiritu prosperante, elapso præfato termino Pentecostes, per ipsum sacrum romanum populum et illos quibus electionis imperii voces damus, aliquem Italicum, quem ad zelum Italiæ digne indicat unitas generis et proprietas nationis, secundum inspirationem Sancti Spiritus, dignati ipsam sacram Italiam pie respicere, feliciter ad imperium promoveri, ut Augusti nomen, quod romanus populus, immo inspiratio divina concessit et tribuit, observemus per gratas effectuum actiones. Hortatur vos itaque purus nostræ sinceritatis affectus, ut commune nostrum et totius Italiæ decus, commodum et augmentum velitis congrua consideratione diligere, et honores proprios occupari et detineri per alios pati nolle, in tantum nefas, tantum opprobrium, quantum est proprio privari domino, et propriis raptis honoribus, alieno indebite subdere colla jugo, eorum videlicet qui sanguinem italicum sitiunt, sicut sunt soliti delirare. (Lettre du 19 septembre 1347, ap. GAYE.)

(1) Dans les lettres precédemment citées, Cola prétend avoir été engendré par Henri VII, à qui, dans une taverne de Rome, sa mère *ministrabat, nec forsitan minus quam sancto David et justo Abrahæ per dilectas exstitit ministratum.*

que ces magnificences. » Cola, irrité, fit arrêter tous les nobles invités, et, faisant courir le bruit qu'il avait découvert une conspiration, il les condamna à la décapitation. Un moine fut envoyé à chacun d'eux pour les disposer à la mort ; mais le tribun, ayant convoqué le peuple, prononça un discours sur le texte *Dimitte nobis debita nostra*, et pria le peuple de les absoudre. Les détenus vinrent l'un après l'autre, et la tête inclinée, se présenter devant lui en implorant leur grâce, et Rienzi leur confia des préfectures et d'autres charges dans la Campanie et la Toscane.

Irriter et ne pas tuer, c'est là un terme moyen qui perd les tyrans. Ne respirant que vengeance, les barons se fortifient dans leurs citadelles, réunissent les mécontents, portent la guerre dans les environs, et ravagent les récoltes sur le point d'être moissonnées. Le lettré bienveillant, le tribun pacifique, après les avoir sommés en vain de venir se justifier par jugement, se vit contraint de prendre les armes. Dans un combat sanglant, où le peuple vainquit les seigneurs, le vieux Colonna périt avec son fils Jean, quelques-uns de ses neveux et d'autres barons. Sur le champ de bataille, le tribun arma chevalier son propre fils, en l'aspergeant du sang des nobles. Au lieu de poursuivre cette victoire inespérée, il alla triompher au Capitole ; puis, dans Aracœli, il dit en essuyant son épée : « J'ai abattu les oreilles d'une tête que le pape ni l'empereur n'avaient pu couper. » <sidenote>20 novembre</sidenote>

Mais quel bien revenait au peuple de ces triomphes ? Le tribun se trouvait à court d'argent, et les revenus manquaient ; les moyens qu'il employait pour s'en procurer causaient de l'irritation. Le cardinal légat, Berféroud de Deux, reprit alors courage, déclara Rienzi hérétique et traître, et s'entendit avec les barons pour affamer Rome. Cola fit sonner le tocsin, et tenta par ses discours de raviver l'enthousiasme populaire ; mais le courage lui manqua pour supporter la peine la plus rude, l'abandon. Il pria, pleura, eut peur, finit par abdiquer, et courut s'enfermer dans le château Saint-Ange jusqu'au moment où il put s'enfuir. Ses adversaires relevèrent la tête, et, d'accord avec ceux qui tremblaient pour s'être montrés ses amis, ils le pendirent en effigie, et détruisirent en un moment l'édifice qu'il avait élevé péniblement dans sept mois. <sidenote>16 décembre</sidenote>

Le tribun exilé, mais pur de mauvais sentiments, vécut plusieurs années parmi les religieux franciscains du mont Maiella dans les Apennins, où circulaient les erreurs des *fraticelli*, espèce de puritains qui déclamaient contre l'autorité et le faste des pontifes. Là, dans l'enthousiasme de la solitude, il se crut appelé à coopérer à une réforme universelle du monde, que Dieu était sur le point d'accomplir; le frère Ange le préconisa comme destiné à de grandes choses et à réaliser ce règne d'amour dont les fraticelles attendaient la venue. Afin de hâter l'œuvre, il se rendit auprès de l'empereur Charles IV, en disant qu'il avait de graves secrets à lui confier : il l'encouragea à délivrer l'Italie, à lui fournir des armes, sans lesquelles la justice ne saurait prévaloir; un pape pauvre devait construire à Rome le temple de l'Esprit-Saint; le monde, dans quinze ans, se trouverait uni dans un même bercail, sous un seul pasteur, et Charles gouvernerait l'Occident, Rienzi l'Orient. Charles, qui avait les prétentions mais non la générosité de son père, le fit lâchement arrêter et conduire à Avignon.

Il aurait été condamné si quelqu'un n'avait pas suggéré qu'il était poëte : le poëte est chose sacrée, au dire de Cicéron, et, pour ce motif, on ne doit pas l'envoyer au supplice. « Je me ré-
« jouis (dit Pétrarque) que des hommes étrangers aux muses
« leur concèdent le privilège de sauver de la mort un homme
« haï par ses juges. Qu'auraient-elles pu obtenir de plus sous
« Auguste dans le temps qu'on leur accordait les plus grands
« honneurs, et que les poëtes accouraient de toutes parts afin
« de voir ce prince unique, seigneur des rois et ami des poëtes ?
« Je me félicite avec les muses et avec Rienzi; mais si tu me
« demandes ce que je pense, je te dirai que Rienzi est beau par-
« leur, doux, insinuant, et qu'on trouve peu de pensées dans
« ses compositions, mais une grande suavité et une belle cou-
« leur. Je crois qu'il a lu tous les poëtes, mais il ne mérite pas
« plus le nom de poëte que celui qui porte un habit brodé ne
« mérite le nom de brodeur. Néanmoins, comme moi, tu éprou-
« veras de la colère à la nouvelle qu'un homme est en péril
« pour avoir voulu sauver la république, et tu souriras en ap-
« prenant que le nom de poëte a sauvé Rienzi, qui n'a jamais
« composé un vers (1). »

C'est encore sa rhétorique habituelle; mais Pétrarque, même après qu'il eut appris que Rienzi « n'aimait pas le peuple, mais obéissait à la lie du peuple et la secondait », même après que ses chers Colonna furent devenus l'objet de ses persécutions,

---

(1) *Ep. familiar.* lib. XIII, 6.

regretta de voir tomber son idole. Loin d'imiter ceux qui écrasent les hommes tombés avec une cruauté d'autant plus grande qu'ils les élèvent plus aveuglément, il ne rougit pas de se monrer l'ami de la victime : « J'aimais (dit-il) son énergie, j'approu« vais ses desseins, j'admirais son courage ; je me félicitais avec « l'Italie que Rome reprît l'empire d'autrefois, et j'en prévoyais « la paix du monde. Je ne me repens pas de l'avoir loué. Plût à « Dieu qu'il eût continué comme il avait commencé !... Cet « homme, qui faisait trembler les méchants dans tout l'univers, « qui réjouissait des plus belles espérances les hommes de bien, « entra dans cette cour humilié et foulé aux pieds ; lui, autre« fois entouré du peuple romain et des seigneurs principaux, « marchait entre deux satellites, et la populace accourait pour « contempler celui dont elle avait tant ouï parler. Et le roi des « Romains qui l'envoie au pontife de Rome ; quel don ! quel « échange ! Le pontife romain a confié sa cause à trois insignes « prélats, pour délibérer sur le supplice mérité par celui qui « veut délivrer la république. O temps ! ô mœurs ! En effet, on « ne saurait jamais le punir trop sévèrement pour n'avoir pas « continué sa tâche avec énergie, anéanti d'un seul coup, comme « il le pouvait, tous les ennemis de la liberté, et profité d'une « occasion telle qu'aucun empereur n'en avait eu une sembla« ble. Étrange aveuglement ! Il se faisait appeler sévère et clé« ment, lorsque la république avait besoin de sévérité, non « de clémence. S'il voulait être clément envers ces parricides « publics, ne devait-il pas les priver des moyens de nuire, et les « chasser des forteresses d'où ils tirent tant d'orgueil ? J'espérai « qu'il rétablirait la liberté de l'Italie, et, dès qu'il forma un si « beau dessein, je le révérai et l'admirai au-dessus de tous. Je « suis d'autant plus affligé d'être déçu que l'espérance me sou« riait davantage ; néanmoins je ne cesserai jamais d'admirer « le commencement. Mais qu'un citoyen romain s'afflige de « voir sa patrie devenue, de reine du monde, esclave des hom« mes les plus misérables, est-ce un motif d'accusation (1) ? »

Il écrivait aux Romains : « Si l'affaire se débattait dans un « lieu sûr et devant un juge équitable, j'aurais l'espoir de dé« montrer que l'empire romain, bien qu'opprimé longtemps « par la fortune et envahi par des étrangers, existe encore à « Rome et non ailleurs ; et c'est là qu'il sera, même alors qu'il

---

(1) *Ep. famil.* lib. XIII, 6.

« ne resterait, d'une si grande métropole, que le rocher nu du
« Capitole, s'il est vrai que le possesseur de mauvaise foi ne
« peut acquérir le droit de prescription. Donc, ô citoyens, n'a-
« bandonnez pas votre compatriote dans le danger, et montrez
« qu'il est votre frère en le recommandant par une ambassade
« solennelle. Car, s'il a commis quelques fautes, c'est à Rome
« qu'il les a commises ; or, c'est à vous seuls qu'appartient le ju-
« gement des délits commis dans votre ville, si l'on ne vous re-
« fuse pas les droits communs, à vous qui avez fondé et cultivé
« les lois, à vous qui les avez dictées à tous les peuples. Que si
« votre tribun, comme c'est l'avis des gens honnêtes, mérite,
« non le supplice, mais des récompenses, où peut-il les rece-
« voir plus à propos que dans le lieu même où il s'en est rendu
« digne ? Prêtez l'aide que vous pouvez et que vous devez au
« tribun, ou (si ce nom s'est évanoui) à votre concitoyen, qui a
« bien mérité de la république pour avoir ressuscité cette grande
« question, utile à l'univers, ensevelie depuis des siècles, qui
« peut seule conduire à la réforme de l'État et commencer un
« âge d'or. Accourez au secours de celui qui, pour votre salut,
« courut mille dangers et devint l'objet d'une envie immense.
« Songez à son courage, à ses desseins, à l'état où se trouvaient
« vos affaires, et n'oubliez pas que, par le conseil et l'œuvre
« d'un seul, non-seulement Rome, mais l'Italie entière, purent
« concevoir tout à coup de grandes espérances ; rappelez-vous
« encore avec quel éclat retentit le nom italien, et combien
« avaient changé la face du monde et les dispositions des es-
« prits. Je crois que, depuis l'origine du monde, jamais si grande
« entreprise n'a été tentée, et, si elle avait réussi, elle semble-
« rait plutôt divine qu'humaine (1). »

L'intervention de Pétrarque valut à Rienzi d'être absous de l'excommunication et de pouvoir vivre en paix.

Rome reprit quelques habitudes d'ordre sous le gouvernement du légat et de deux sénateurs ; d'ailleurs la peste qui survint, utile auxiliaire des oppresseurs, apaisa l'ardeur des esprits. Le jubilé, que le pape, sur les instances des Romains, avait voulu renouveler après cinquante ans, afin que chacun pût en jouir dans le cours d'une vie ordinaire, attira beaucoup de monde et de l'argent ; des indulgences plénières furent promises à ceux-là même qui mourraient en route, et les anges reçurent l'ordre de

---

(1) *Epistolæ sine titulo*, ep. 4. J'ai beaucoup abrégé.

les transporter immédiatement dans le paradis (1). Les individus que le spectacle de tant de victimes de la peste avait saisis de repentir, ou qui avaient fait des vœux dans le péril, accouraient au seuil sacré des Apôtres, sans être arrêtés par les rigueurs de l'hiver.

« Le jour de Noël (dit Villani écrivant ce qu'il vit), commença la sainte indulgence pour tous ceux qui allèrent en pèlerinage à Rome, en faisant les visites ordonnées par la sainte Église aux basiliques de Saint-Pierre, de Saint-Jean de Latran et de Saint-Paul hors des murs. Une merveilleuse et innombrable multitude de chrétiens, hommes et femmes de tout état et de tout rang, accourut à ce pardon, la mortalité ayant été générale peu auparavant, et continuant encore parmi les chrétiens en diverses parties de l'Europe. Ils poursuivaient ce pèlerinage avec tant de dévotion et d'humilité qu'ils supportaient avec beaucoup de patience l'inclémence du temps, qui était extrêmement froid, avec glace, neige, torrents d'eau, tellement que les routes étaient partout défoncées et rompues. Les chemins, jour et nuit, étaient couverts de gens; les auberges et les maisons qui bordaient les routes ne suffisaient pas pour abriter les hommes et les chevaux. Les Allemands et les Hongrois passaient la nuit campés par bandes et par masses, serrés les uns contre les autres à cause du froid, et en faisant de grands feux. Les aubergistes ne savaient à qui répondre, non-seulement pour donner du pain, du vin et de l'avoine, mais pour recevoir l'argent. Il arriva souvent que les pèlerins, voulant continuer leur chemin, laissaient l'argent de leur écot sur les tables, et poursuivaient leur voyage sans qu'aucun des voyageurs le prît, jusqu'à ce que l'hôte vînt le recueillir.

« Sur la route, il n'y avait point de querelles ni de tumultes, mais tous s'entr'aidaient et se comportaient avec patience et courage. Des larrons, qui s'étaient mis à voler et à tuer sur le territoire de Rome, furent pris ou massacrés par les pèlerins eux-mêmes, qui se prêtaient mutuellement assistance. Les gens du pays faisaient garder les chemins et épouvantaient les brigands ; aussi les routes furent-elles très-sûres cette année. La

---

(1) *Et nihilominus prorsus mandamus angelis paradisi, quatenus animam illius a purgatorio penitus absolutam, in paradisi gloriam introducant.* Bulle dans BALUZE, qu'on suppose fausse, comme d'autres assertions à la charge de ce pape.

multitude des chrétiens qui allaient à Rome était impossible à nombrer ; mais, d'après le calcul de ceux qui résidaient dans la cité, il s'y trouva continuellement le jour de Noël et les jours suivants, ainsi que pendant le carême jusqu'à la Pâque de la sainte résurrection, d'un million à douze cent mille pèlerins. Mais, l'été venu, la foule commença à diminuer à cause des récoltes et l'excessive chaleur ; néanmoins, même alors que les pèlerins étaient le moins nombreux, on en comptait deux cent mille par jour.

« Les rues, pour les visites des églises, étaient tellement remplies que chacun était obligé de suivre la foule à pied et à cheval, de manière qu'on pouvait peu avancer. Le jour de visite, les pèlerins offraient à chaque église, les uns peu, les autres beaucoup, selon qu'il leur plaisait. Le saint suaire du Christ se montrait dans l'église de Saint-Pierre, pour la satisfaction des pèlerins, tous les dimanches et les jours de fête solennelle. La foule y était sans cesse grande et incommode ; en effet, il arriva souvent que deux, quatre, six et jusqu'à douze personnes y périrent étouffées ou foulées aux pieds.

« Tous les Romains s'étaient faits aubergistes, donnant leurs maisons aux pèlerins à cheval, et leur prenant par jour tantôt un tournois de gros, tantôt un et demi, parfois deux, selon le temps ; encore fallait-il que l'étranger achetât sa nourriture et celle de son cheval, ainsi que tout le reste, n'ayant rien qu'un mauvais lit. Vers la fin de l'année, il vint plus de seigneurs, de grandes dames, de hauts personnages, comme aussi des femmes d'outre-monts, de lointains pays et même d'Italie ; puis, afin que toute personne venue à Rome, et qui n'aurait pas le temps d'accomplir les visites prescrites, ne restât point sans l'indulgence des mérites de la Passion du Christ, il fut déclaré, le dernier jour, que chacun jouirait pleinement de cette indulgence. »

L'épuisement occasionné par la peste, et la richesse qu'avait produite le jubilé, encouragèrent Clément VI à réprimer la noblesse, qui avait repris son arrogance. Berthold Orsini et Étienne Colonna, chargés de gouverner la ville, avaient été, l'un lapidé et l'autre expulsé par la multitude, qui demandait du pain. Au milieu de la guerre, rallumée entre les factions, surgirent ensuite des tyrans nobles et plébéiens ; enfin François Baroncelli, greffier du sénat, profitant des idées que n'avait pu réaliser Cola Rienzi, se fit tribun et consul auguste, envoya au supplice un grand nombre de factieux, et périt bientôt lui-même dans une autre sédition. Alors parut le cardinal Égidius Albornoz, noble espagnol, qui avait gagné les éperons d'or dans la fameuse bataille de Rio-Salado contre les Maures, où il combattait comme archevêque de Tolède ; le pape l'avait envoyé pour soumettre la Romagne, « éteindre l'hérésie, réprimer la licence, « rétablir l'honneur du sacerdoce, relever la majesté du culte « divin, apaiser les discordes, offrir des secours aux malheu- « reux, procurer le salut des âmes, rompre les alliances for- « mées contre l'Église romaine, obliger les usurpateurs à lui « rendre les biens dont ils l'avaient dépouillée, et, enfin, redon- « ner au saint-siége son autorité par la guerre ou la paix » : tant les maux à guérir étaient grands, et grande la confiance que le pape avait dans son légat. Sa puissance consistait moins dans sa petite bande et l'argent que dans sa dignité, son mérite personnel, le mécontentement du peuple, auquel il venait rendre le *bon État;* il abattait les Ordelaffi, les Manfredi et les autres tyranneaux contre lesquels Clément VI, avant de mourir, avait lancé l'excommunication. Le préfet Jean de Vico fut contraint de lui céder les villes qu'il avait occupées, Viterbe, Orvieto, Trani, Amelia, Narni, Marta, Camino, lesquelles reconnurent son autorité. 1353

Le peuple alors le pria de lui donner pour gouverneur Cola Rienzi, qui était venu avec lui ; en effet, il l'institua sénateur, dans l'espoir que sa popularité contribuerait au rétablissement de l'ordre, et Cola, avec l'argent qu'il put emprunter, acheta une bande de deux cent cinquante cavaliers et deux cents fantassins. Comme il arrive d'ordinaire, il fut reçu avec un enthousiasme égal au mépris qui avait présidé à son expulsion ; aux nobles, qui l'exécraient, mais se tenaient tranquilles, il donna un terrible exemple en faisant arrêter et juger le célèbre frère Moriale. Ce capitaine d'aventure, depuis plusieurs années, désolait l'Italie avec sa bande. Redouté des populations, respecté des grands, il n'aurait jamais cru qu'un vilain eût l'audace de le condamner au supplice et à l'infamie, lui chevalier, et qui lui avait prêté de grosses sommes d'argent. Lorsqu'il s'aperçut qu'on faisait de sérieux préparatifs pour son exécution, il pria, menaça, offrit de l'or, mais en vain ; enfin, résigné et avec toutes les apparences du repentir, il marcha au supplice et baisa le billot fatal en disant : « Dieu vous sauve, sainte justice ! » Le pape fit séquestrer 60,000 florins qu'il avait placés à intérêt chez des marchands vénitiens, et, au lieu de les rendre aux popula- 1354

29 aoû

tions auxquelles ils avaient été volés, il les versa dans le trésor pontifical (1).

Innocent VI reconnut Cola noble chevalier, et, si l'ancien tribun avait profité de la lassitude des Romains, il pouvait obtenir la gloire qui est la plus belle après une révolution, celle de restaurateur ; mais il se livra à tous les excès de la table, et prit la terreur qu'il inspirait pour de la soumission. En outre, dès le moment où il exerça la puissance au nom du pape, le peuple cessa d'en faire son idole. Il partit à la tête des troupes pour assiéger Palestrina, où le jeune Colonna s'était fortifié ; mais il dut se retirer faute d'argent. Afin de s'en procurer, il frappa le sel et le vin d'une taxe qui mit le comble au mécontentement populaire ; les Romains se soulevèrent et assaillirent le palais aux cris de : « Meure le traître qui a établi la taxe ! » Persuadé qu'on n'en voulait point à sa vie, il attendit ces furieux revêtu de l'habit sénatorial, le gonfalon du peuple à la main, et demanda à parler ; mais, lorsqu'il vit pleuvoir les pierres et le feu, il prit la fuite, fut découvert, égorgé, et l'on pendit son cadavre au gibet. C'est ainsi que le peuple brise ses idoles ; néanmoins, la grandeur de ses desseins et la générosité qu'il déploya dans leur exécution distinguent Cola des réformateurs ordinaires et font qu'il est encore aujourd'hui un objet d'études, de méditations, de sympathies.

1354 octobre.

Le cardinal Albornoz et Rodolphe de Varano, seigneur de Camerino et commandant de l'armée pontificale, rétablirent l'ordre dans Rome ; puis, au moyen de la douceur et de la force, ils continuèrent à soumettre le patrimoine de saint Pierre, le duché de Spolète, la marche d'Ancône et les autres petites villes, dans chacune desquelles un tyran s'était établi.

(1) Dans une lettre du 4 septembre 1354, écrite à la commune de Pérouse, les Florentins louaient beaucoup Cola de la mort de frère Moriale : *Fide digna relatione didicimus, magnificum dominum almæ urbis senatorem illustrem, tanquam justitiæ zelatorem notorium, divinitus inspiratum, virum nequam fratrem Monregalem de Albanio, dudum iniquum campagniæ capitaneum et nefarium conductorem, homicidiorum, robariorum, incendiorum ac malorum omnium nefarium patratorem, die sabbati præteriti proxima, in urbe, quæ omnibus communis est patria, fecisse ultimo puniri supplicio ; primo, sicut juris ordo expostulat, vista, lecta, ac promulgata solemniter sententia in Campitolio contra eum.* (Archives historiques, app. n° 24, pag. 397.)

CHAPITRE CXI.

CHARLES IV. LE CARDINAL ALBORNOZ. LES CONDOTTIERI ITALIENS. LES ARMES A FEU.

Une guerre intestine, dont nous verrons plus tard la cause et les vicissitudes, occupait le royaume de Naples. Le pape s'amusait dans Avignon; le souffle républicain s'éteignait chaque jour, et les tyranneaux, parmi lesquels Jean Visconti tenait le premier rang, prévalaient en tous lieux. Outre Milan, dont il était archevêque, ce Visconti possédait quinze grandes villes : Lodi, Plaisance, Borgo San Donnino, Parme, Crème, Brescia, Bergame, Novare, Côme, Verceil, Alba, Alexandrie, Tortone, Pontremoli, Asti. Comme il méditait de grands projets, il laissa s'éteindre doucement l'amour de l'indépendance commerciale et les haines des factions.

Thaddée des Pepoli, bel homme, docteur et chevalier renommé, de mœurs douces, d'aspect serein, studieux et ami des lettres, libéral et charitable, plein de sollicitude pour ses amis, s'était fait proclamer seigneur de Bologne. Les suffrages de toutes les corporations le confirmèrent, et l'écrivain Ferino Gallucci prêcha sur le bonheur d'une république gouvernée par un chef. Avec sa liberté finissait la grandeur de Bologne, qui languit sous des pouvoirs chaque jour plus énervants. 1337

Les fils de Thaddée favorisaient Hector Durafort, envoyé par le pape, avec le titre de comte, pour soumettre les petits seigneurs de la Romagne, mission qu'il remplissait en employant les bandes mercenaires et la trahison ; mais, ayant arrêté Jean Pepoli, Jacques, son frère, prit les armes, et, comme il ne voyait aucun autre moyen de sauver la ville, il la rendit à Jean Visconti. Le peuple criait : « Nous ne voulons pas être vendus ! » Clément VI faisait des préparatifs pour la reprendre ; mais ses bandes passèrent au service de Visconti, qui les rétribuait plus largement. Le pape, recourant à d'autres armes, le poursuivit comme hérétique avec sommation de renoncer à Bologne, et d'opter entre le pouvoir temporel et le spirituel. Visconti fit assister les légats à la messe pontificale, qu'il célébra avec sa magnificence ordi- 1350 aire; puis, se tournant pour donner la bénédiction finale avec le bâton pastoral dans une main et l'épée dans l'autre, il dit aux légats : « Rapportez au pape que je défendrai la crosse avec l'épée. » Or, comme Clément persistait à le citer à Avignon, il envoya dans cette ville des fourriers avec ordre d'arrêter des logements et des magasins de fourrage et de blé pour douze mille cavaliers et six mille fantassins. Le pape, effrayé, lui fit alors comprendre qu'il se contentait de sa bonne volonté; puis, cédant aux recommandations et à l'argent, il le réconcilia avec l'Église et lui abandonna Bologne pour douze ans, à la condition qu'il payerait 12,000 florins par an.

<small>1532
5 mai.</small>

Jean d'Oleggio, petit clerc de la cathédrale de Milan, que les Visconti avaient élevé avec une grande tendresse, au point de lui donner leur nom, fut nommé gouverneur de Bologne; aussi fin politique qu'habile capitaine, de cette ville, comme centre d'action, il faisait la guerre et ourdissait des intrigues. Il était soutenu par les petits seigneurs de la Romagne, qui, exercés dans les armes et chefs de bandes personnelles, les employaient, soit pour leur propre compte, soit pour gagner de l'argent à la solde des autres; afin de se soustraire à l'autorité la plus voisine, ils s'attachaient à Visconti.

Florence persévérait à défendre sa liberté menacée, d'abord en encourageant Bologne, ensuite en s'opposant à Biscion, qui cherchait à la prendre dans ses filets. Jean d'Oleggio envahit les vallées de l'Ombrone et du Bisentin; favorisé par les Ubaldini de Mugello, les Pazzi du Valdarno, les Albertini de Valdambra, les Tarlati d'Arezzo, il relevait partout la bannière gibeline, d'autant plus que le roi de Naples était alors trop occupé chez lui pour le contrarier. Néanmoins Sienne, Pérouse, Arezzo, formèrent avec Florence une ligue guelfe, qui résista vaillamment à Jean jusqu'au jour où la paix fut conclue à Sarzane (1).

<small>1353</small>

---

(1) Dans le traité, rapporté par Dumont, on trouve les noms de plus de quarante seigneurs gibelins.

Les historiens milanais parlent peu de ce Jean d'Oleggio; mais naguère il a été mentionné par l'avocat de Minicis dans les *Monuments de Fermo*, 1857. Après avoir quitté les ordres, il épousa une Benzoni de Crème, fut podestat et capitaine dans plusieurs villes et factions; comme nous l'avons dit, il fut gouverneur de Bologne, qu'il céda à l'Église, recevant en échange, et pour la vie, la seigneurie de Fermo, où il mourut en 1366. Sa femme lui fit ériger dans cette ville un monument sculpté par Tura d'Imola, artiste que l'on ne connaît par aucun autre ouvrage.

Les seigneurs, non moins que les républiques, voyaient avec jalousie l'agrandissement des Visconti ; ceux de Mantoue, de Ferrare, de Vérone et de Padoue, à la sollicitation de la seigneurie de Venise, formèrent une alliance pour les réprimer, et réclamèrent les secours de Charles IV. Cet empereur, feignant de s'intéresser au sort de l'Italie, mais en réalité parce qu'il se rappelait qu'on pouvait en tirer de l'argent, prêta l'oreille aux ennemis des Visconti et aux Florentins, qui l'invitaient à se rendre dans la Péninsule. Avec le consentement du pape, auquel il avait promis d'annuler tous les actes de Louis de Bavière, il franchit les Alpes à la tête de quelques barons, qui regardaient cette pompeuse apparition en Italie comme la plus attrayante de leurs obligations féodales. Mais quelle fut la surprise et des amis qui l'attendaient et de ses ennemis tremblants, lorsqu'ils le virent arriver à Udine avec trois cents cavaliers, et « traverser l'Italie sur un roussin parmi des gens désarmés, comme un marchand qui se hâte de se rendre à la foire ! » (M. VILLANI.)

1354
octobre

Étranges empereurs ! S'ils venaient avec des forces, ils soulevaient la haine ; sans forces, le mépris. Les gens de lettres, cependant, prodiguaient les adulations latines à ce mannequin revêtu de la pourpre ; les légistes lui rappelaient ses droits impériaux ; les Gibelins et les tyrans se ralliaient volontiers sous sa bannière, et le faisaient juge de leurs différends. Tandis que les ambassadeurs de tous les pays lui débitaient d'érudites harangues, Sa Majesté s'amusait à peler avec un canif des baguettes de saule ; il ne pouvait dissimuler sa frayeur lorsque les Visconti faisaient défiler, deux ou trois fois par jour, six mille cavaliers et dix mille fantassins armés et bien équipés devant le palais où ils l'avaient accueilli avec de grands honneurs. Il opéra quelques réconciliations ; Jean Paléologue, marquis de Montferrat, fut confirmé dans la seigneurie de Turin, Suse, Alexandrie, Ivrée, Trino, de plus de cent châteaux, et reçut le titre de vicaire impérial. Quant aux droits, Charles n'y regardait pas de si près ; car droits, titres de roi et d'empereur, il ne les estimait que parce qu'ils pouvaient lui servir pour faire de l'argent, afin d'embellir sa chère Prague.

A Lucques, dont il avait été gouverneur du temps de son père, il avait construit la belle forteresse de Monte-Carlo, qui ferme le territoire vers le val de Nievole, en face des frontières de Florence. Les Lucquois espéraient qu'il leur rendrait la liberté ; mais

1355

déjà il s'était engagé avec Pise, qui lui avait offert 60,000 florins pour les dépenses de son couronnement. Il se rend dans cette ville, déchirée par les factions des Bergolini et des Raspanti, en est proclamé le souverain, et par ombrage il envoie au supplice la famille des Cambacurti, qui s'était sacrifiée pour lui; mais peu de temps après, les Pisans s'étant repentis de l'avoir nommé seigneur, il renonce à la souveraineté; ainsi fut-il obligé de faire à Sienne, dont l'oligarchie bourgeoise, comme à Pise, ne s'était soumise à son autorité que par crainte de Florence.

Cette ville, qui d'abord l'avait appelé, s'effraya quand elle le vit se faire le chef de la noblesse, ennemie de ses institutions communales, et flatter la populace en lui promettant justice. Les partisans de l'empereur assuraient que les gouvernements municipaux n'avaient d'existence légitime que pendant son absence; mais qu'à son apparition toute autorité, toute restriction cessait, comme il arrivait (disaient-ils) à l'égard des anciens empereurs. Les Guelfes, de leur côté, creusaient dans le champ de l'érudition pour y trouver la liberté; ils disaient qu'Auguste et Tibère avaient été subordonnés au sénat et au peuple, et que, tandis que toutes les nations étaient leurs tributaires, *ils obéissaient aux citoyens*, dont l'autorité les créait. Les communes toscanes, admises des premières dans la cité romaine, tiraient de là le droit de jouir de la liberté du peuple romain, qui n'était soumis en aucune manière à la liberté de l'empire. Or ce peuple, non par lui-même, mais l'Église pour lui, avait confié, dans l'intérêt des chrétiens, l'élection des empereurs à sept princes d'Allemagne (1); ils considéraient donc comme un péché de se soumettre aux empereurs.

Florence, pourtant, crut qu'il serait peu nuisible de reconnaître la supériorité d'un prince qui s'en retournerait bientôt, et d'éviter une guerre au moyen de quelques sacrifices d'argent; elle jura donc fidélité à Charles, à la condition qu'il annulerait toutes les condamnations prononcées contre elle par Henri VII, confirmerait les lois et les statuts faits ou à faire; en outre, les membres de la seigneurie devaient être vicaires de l'empereur, et exercer la juridiction en son nom; lui-même n'entrerait jamais dans Florence ni dans toute autre ville murée, et se contenterait de 100,000 florins pour le rachat des régales, puis de 4,000 par an tant qu'il vivrait. Les Guelfes (M. Villani nous le dit)

---

(1) Ces raisons sont longuement exposées par M. Villani, liv. IV, chap. 77.

trouvaient ignominieuse cette sujétion, bien que nominale; le peuple l'accueillit par des gémissements et des sanglots. Personne n'assistait aux assemblées, on ne sonnait plus les cloches, et il fallut toute l'érudition des hommes sages pour démontrer que l'indépendance de la patrie n'était pas perdue.

Pétrarque aimait Charles IV parce que, dans Avignon, il avait voulu voir Laure et l'embrasser par admiration, parce qu'il lui avait témoigné beaucoup d'estime, et demandé la dédicace de son livre *Des hommes illustres*. Le poëte lui donna quelques médailles d'or et d'argent d'empereurs, en lui disant : « Voici « les hommes à qui tu as succédé; voici les modèles que tu « dois suivre. Je connais leurs mœurs, leurs titres, leurs entre- « prises; tu es obligé non-seulement de les connaître, mais de les « imiter. » Séduit par les réminiscences classiques, Pétrarque désirait le rétablissement de la dignité d'Auguste et de Constantin; il avait écrit à Charles : « En vain tu opposes à mon impa- « tience le changement des temps, et l'exagères en phrases qui « me font admirer en toi plutôt le talent de l'écrivain que l'âme « de l'empereur. Nos maux peuvent-ils se comparer à ceux des « anciens, lorsque Brennus, Pyrrhus et Annibal désolaient l'Ita- « lie? Les plaies mortelles que je vois sur le beau corps de l'Ita- « lie ne sont pas chose naturelle, mais notre faute. Le monde « est encore le même; c'est le même soleil, les mêmes éléments; « seulement le courage a diminué. Mais tu es élu pour remplir « une tâche glorieuse, pour faire disparaître les difformités de « la république, et rendre au monde son ancienne forme; alors « tu seras à mes yeux vrai César et vrai empereur. »

Il lui conseillait de se mettre à la tête des hommes de bien, et lui donnait pour exemple Cola Rienzi : « Il n'était ni roi ni « consul, et à peine on le reconnaissait pour citoyen romain. « Cependant, bien qu'il ne fût remarquable ni par des titres « d'ancêtres, ni par des vertus personnelles, il osa se déclarer « le restaurateur de la liberté publique. Y a-t-il un titre plus il- « lustre? La Toscane se soumit à lui immédiatement, et toute « l'Italie suivit cet exemple. L'Europe, le monde entier s'émut; « déjà la justice, la bonne foi, la sécurité étaient revenues, et « déjà l'âge d'or reparaissait. Il avait pris le titre le plus infime, « celui de tribun; s'il put tant avec si peu, que ne pourrait le « nom de César? » Lorsqu'il apprit son arrivée, il ne se contenait pas de joie : « Que dirai-je? Par où commencer? Dans « mon attente, je désirais longanimité et patience; maintenant

« je commence à désirer de bien comprendre toute ma félicité,
« d'être capable de supporter une si grande joie. Tu n'es plus
« le roi de Bohême, tu es le roi du monde, l'empereur romain,
« le vrai César. Tu trouveras tout disposé comme je te l'ai as-
« suré, le diadème, l'empire, la gloire immortelle, et le chemin
« du ciel ouvert. Je me glorifie, je triomphe de t'avoir encou-
« ragé par mes paroles. Nous te réputons Italien; il ne s'agit
« pas de savoir où tu es né, mais à quelles entreprises tu es
« destiné. Lorsque tu descendras les Alpes, je ne serai pas le
« seul à t'aller recevoir, mais une foule innombrable, toute l'I-
« talie, notre mère, et Rome, capitale de l'Italie, iront à ta ren-
« contre en chantant avec Virgile :

Venisti tandem, tuaque exspectata parenti
Vicit iter durum pietas (1). »

Ce roi glorieux, néanmoins, avait dû laisser en gage à Florence son propre diadème, jusqu'au moment où les Siennois le lui remirent après l'avoir racheté 1,620 florins. Il avait promis au pape de ne rester à Rome qu'une seule journée ; or, comme il arriva un peu avant l'époque fixée, il entra dans la ville incognito sous le costume de pèlerin, afin d'en visiter les monuments. La solennité de son couronnement fut très-splendide ; l'archevêque de Salisbourg, les ducs de Saxe, d'Autriche et de Bavière, les marquis de Moravie et de Misnie, le comte de Goritz et d'autres venus avec l'empereur, rivalisèrent de magnificence. Charles, qui ne voulait point abaisser la dignité impériale devant celle du pontife, tint l'étrier du cheval du pape avec Jean Paléologue, empereur d'Orient, venu pour abjurer le schisme; il remplit les fonctions de diacre à la messe, reçut la couronne, et le même jour il partit. « Il fuit sans que personne l'accompagne (s'écriait
« Pétrarque détrompé). Les délices de l'Italie lui donnent le fris-
« son, et c'est pour se justifier d'avoir juré de ne rester qu'un
« jour à Rome. O jour d'opprobre ! ô serment déplorable ! Le
« pape, qui a renoncé à Rome, ne veut pas non plus qu'un
« autre s'y arrête (2). »

(1) *Epist. famil.*, IX, 1 ; X, 1.
(2) Boccace lui-même dit dans la cinquième *églogue :*

I, decus Arctoum, Teutonos lude bilingues :
Nos titulos vacuos, et lentos novimus arcus.

Les petits seigneurs et les troupes qui étaient venus avec Charles, se dispersèrent dès que le spectacle fut terminé. A Pise, dont il nomma chevalier et vicaire Jean d'Agnello, il voulut faire une parade, en donnant au Florentin Zanobio Strada la couronne de laurier, qui n'a pu lui conserver la gloire de poëte. A Sienne, où il voulait réformer le gouvernement, il est assiégé dans son palais; puis on lui donne 20,000 florins pour qu'il s'éloigne. Partout on l'insulte, et il se tait; les Visconti lui ferment les portes, et il se tait ; à Crémone, il est forcé de rester deux heures hors des murs pendant qu'on examine ses gens, dont un tiers seulement peut entrer, et sans armes. A Soncino, à Bergame, même réception (1), et il se tait, se consolant à la pensée des trésors qu'il rapporte dans sa Bohême. Il arriva désiré par les faibles, craint des forts, et il partit méprisé de tous, fortifiant les esprits dans la conviction que ces descentes impériales étaient une cause de dommage réciproque.

Le comtat Venaissin, vendu aux papes par Jeanne de Naples ; le Dauphiné, cédé au roi de France, et la Provence, qui devint aussi province française, se détachèrent alors de la couronne germanique. Afin de recueillir les 100,000 florins que chaque électeur exigeait en payement du vote pour l'empire qu'il donnait à son fils Wenceslas, il céda domaines, villes, droits impériaux ; aussi disait-on, avec raison, qu'il avait ruiné sa maison pour obtenir l'empire, puis ruiné l'empire pour agrandir sa maison. Sa conduite fournissait encore la preuve qu'il voulait, avec sa prédilection pour la Bohême, faire prévaloir la race slave sur la race allemande.

Aucun empereur, cependant, ne put se vanter d'avoir joui de la prérogative impériale avec autant d'étendue que Charles. Il emmena en Allemagne le célèbre Barthole de Sassoferrato, « étoile de la jurisprudence, maître de la vérité, flambeau du droit, guide des aveugles », et lui conféra le titre, alors nouveau, prodigué depuis, de comte palatin (2). Outre la bulle d'or, cons-

1356

---

(1) C'est ce qu'écrivait Dondacio Malvicini de Ferrare à la seigneurie de Florence, le 27 juin 1355. (Voir les *Archives hist.*, app. n° 24, p. 408.)

(2) Cette charge eut son origine en Italie, où les empereurs nommèrent des comtes du palais de Latran, mais qui n'avaient (comme l'eurent ensuite les comtes palatins en Allemagne) l'exercice d'aucune prérogative impériale. Il est vrai que Castruccio, nommé par Louis de Bavière duc de Lucques et comte du palais de Latran, obtint d'anoblir et de légitimer des bâtards, de créer des notaires, etc. Mais ces prérogatives lui furent accordées par le diplôme du 11 no-

titution de l'empire où se trouvaient déterminés les droits toujours douteux des électeurs, et qui rendaient stables même les grandes dignités séculières, il fit compiler beaucoup de réglements pour la paix publique et les diètes, pour l'élection des rois et leur couronnement à Aix-la-Chapelle. Cette réforme, en consolidant les attributions et le pouvoir des électeurs, amoindrissait les autres princes de l'Allemagne, et consacrait la division de ce pays en divers États souverains, au moment où les autres royaumes de l'Europe se resserraient pour constituer l'unité et admettaient la succession héréditaire. Les papes étaient exclus du vicariat qu'ils prétendaient exercer pendant les interrègnes ; le palatin du Rhin et l'électeur de Saxe devaient remplir cette haute fonction.

1354

La mort de l'archevêque Visconti fut plus favorable aux Florentins et aux Guelfes que la descente de Charles. Ses neveux et successeurs, Barnabé et Galéas II, ne cessèrent de convoiter Florence ; mais leur ambition fut entravée par les guerres incessantes qu'ils avaient à soutenir contre les seigneurs de Montferrat, d'Este, de la Scala, de Gonzague, de Carrare. Les Beccaria, seigneurs des villes et des treize collines sur la droite du Tésin, tyrannisaient Pise ; ils se faisaient les vicaires tantôt des

---

vembre 1327, qui le constitua duc ; celui du 14 mars suivant, qui lui conféra la désignation de comte du palais de Latran, parle uniquement des fonctions qu'il devra remplir en cette qualité à la cérémonie du couronnement. Si nous ne nous trompons, c'est l'unique exemple de droits de telle nature conférés à quelqu'un, à moins que ce ne fût à vie ou à titre de comte du palais.

Les premiers comtes du palais impérial furent nommés par Charles IV, qui conféra cette dignité à Barthole de Sassoferrato. Jean Amadio de Padoue obtint de cet empereur d'exercer toutes les fonctions de la juridiction volontaire, d'accorder le droit de cité romaine et la noblesse, de créer des docteurs, et de déléguer à d'autres une partie de ces droits. Mais tous les comtes palatins nommés par Charles IV étaient Italiens, et il semble que leur délégation ne s'étendait que sur l'Italie. Telle fut la première *comitativa* latéranaise conférée à un Allemand, Gaspard Schlick, chancelier de l'empereur Sigismond, qui l'obtint en 1433, et, quelques mois après, aux frères de Schlick et à leurs descendants.

Frédéric III semble le premier qui transféra en Allemagne la dignité de comte du palais. Il y en eut de deux espèces : les grands et les petits, selon l'importance des droits que l'empereur y attachait ; le droit de conférer la noblesse appartenait aux grands. Lorsque la petite dignité accordait de nommer des docteurs, cette faculté était ordinairement limitée à un certain nombre d'individus. C'est de cette manière que le célèbre Reuchlin put créer dix docteurs pendant sa vie. La dignité de comte du palais dura jusqu'à la fin de l'empire germanique ; quelques-uns de ces comtes lui ont survécu. (SCHOELL.)

Visconti, tantôt du marquis de Montferrat. La guerre ayant éclaté entre ces deux familles, Pavie se déclara pour le marquis, et fut assiégée par les Visconti ; elle aurait succombé si Jacques Bussolari, frère érémitain, qui prêchait le carême dans cette ville au milieu d'une foule dévouée, n'avait pas encouragé à défendre l'indépendance, attribuant tous les maux aux parures déshonnêtes des femmes, à la dépravation, à l'égoïsme des gouvernants et des gouvernés. Le peuple versa des larmes et s'amenda. Les seigneurs s'en moquèrent d'abord, puis conçurent de l'ombrage, et, lorsque la jeunesse, guidée par Bussolari, eut repoussé les assiégeants, ils cherchèrent à lui enlever la réputation et la vie. Cette lutte nouvelle exalta le courage du vaillant frère ; exhortant les Pavesans à s'imposer tous les sacrifices pour défendre la liberté, il fit chasser les Beccaria, qui s'unirent alors aux Visconti, et marchèrent contre la ville. Dans l'impossibilité de résister à des forces trop supérieures, Bussolari capitula, stipulant le pardon pour les citoyens et rien pour lui. Ses ennemis le firent arrêter et l'envoyèrent mourir dans le *vade in pace* d'un monastère de Verceil (1).

1356

1359 octobre.

Les Visconti éprouvaient ailleurs des échecs. Gênes, qui avait fait bon marché de sa liberté dans les revers, sentit renaître dans les victoires tout son amour pour elle, et s'affranchit du joug des Visconti ; elle rétablit le gouvernement communal et le doge Boccanegra, qui, continuant à réprimer la noblesse, conserva le pouvoir jusqu'à ses derniers jours. Les Fieschi et leurs partisans durent se soumettre au nouvel ordre de choses.

1356 15 novem

Le cardinal Albornoz avait poursuivi la guerre en Romagne avec succès, surtout lorsque, après une longue campagne, il eut soumis le préfet Jean de Vico. La cour d'Avignon lui fournissait peu d'argent ; mais son habileté savait y suppléer : il employait tour à tour la rigueur et la clémence, gagnait les petits seigneurs au moyen de concessions qui donnaient une espèce de légitimité à leur pouvoir, soutenait les plus faibles contre les plus forts, et secondait leurs rivalités et leurs vengeances. Gentile de Mogliano, seigneur de Fermo, lui prêta un concours très utile, surtout contre les Malatesta ; mais plus tard il se révolta contre lui. Jean Manfred, seigneur de Faenza, Malatesta, seigneur de Rimini, les Polenta de Ravenne, les

---

(1) « Il avait oublié *sottement* de demander des sûretés ou des avantages, » dit Muratori, hostile en général à ces chefs du peuple, surtout quand ils appartiennent à un ordre religieux.

Ordelaffi de Forli, connurent tard le besoin de s'unir dans le danger commun. Après avoir formé une ligue, ils purent résister ; mais ils furent contraints de céder l'un après l'autre, se réservant en général de gouverner leur vie durant les pays qu'ils avaient tyrannisés.

François des Ordelaffi, seigneur de Forli, de Forlimpopoli, de Césène, de Castrocaro, de Bertinoro et d'Imola, résistait seul. Lorsqu'il entendit le son de la cloche qui annonçait son excommunication, il fit mettre en branle toutes les autres en excommuniant à son tour le pape et les cardinaux ; il disait à ses amis : « Le pain et le vin n'en ont pas moins de saveur. » Il tortura beaucoup de prêtres qui voulurent observer l'interdit. Appelant à son secours tous les Gibelins d'Italie, il prit à sa solde les bandes du comte Guarnier, et déclara qu'il défendrait jusqu'à l'extrémité une ville après l'autre. Il confia Césène à sa femme Cia, de la famille des Ubaldini, seigneurs de Susinana, « qui se « renferma dans la forteresse avec Sinibald, son fils en bas âge, « deux jeunes neveux, une fille bonne à marier, deux filles de « Gentile de Mogliano, et cinq damoiselles. Assiégée, attaquée « par huit machines qui lançaient dans la place des pierres « énormes, sans espoir de secours, et bien qu'elle sût que les « ennemis creusaient sous les murailles de la forteresse et de « ses tours, elle se conduisait merveilleusement, encourageant « les siens à la défense.

« Elle se trouvait dans ce danger, lorsque Vanni, son père, « se rendit auprès du légat, et obtint la permission d'aller parler « à sa fille, afin de l'engager à se rendre moyennant la vie sauve « pour elle et ses gens. Quand il fut près d'elle, il lui dit avec « l'autorité d'un père et d'un habile capitaine : « *Chère fille, tu* « *dois croire que je ne suis pas venu ici pour te tromper ni pour* « *flétrir ton honneur. Je connais et je vois que toi et tes gens* « *vous êtes dans un péril inévitable ; je ne sais pas d'autre remède* « *que de rendre la citadelle au légat, qui t'assure la vie sauve à* « *toi et à tes gens.* » A cela il ajouta beaucoup de raisons qui « l'autorisaient à faire ainsi, en lui montrant que le plus brave « capitaine du monde ne serait point déshonoré s'il se trouvait « dans une situation semblable. La dame lui répondit : « *Mon* « *père, quand vous me donnâtes à mon seigneur, vous me com-* « *mandâtes sur toutes choses de lui être obéissante ; c'est ce que* « *j'ai fait jusqu'ici, et ce que j'entends faire jusqu'à la mort. Il* « *m'a confié cette ville, en me disant de ne l'abandonner pour*

« aucun motif, et de ne rien faire sans sa présence ou sans un
« signe secret qu'il m'a donné. Je me soucie peu de la mort et
« de toute autre chose, pourvu que j'obéisse à ses ordres. L'auto-
« rité du père, les dangers imminents, les exemples cités par un
« homme si élevé, rien ne put ébranler la fermeté de cette dame;
« s'éloignant alors, elle s'occupa avec sollicitude de la défense
« et de la garde de cette forteresse qu'on lui avait confiée, non
« sans exciter l'admiration de son père et de quiconque apprit
« la force virile de son âme (1). »

Malgré tous ses efforts, elle fut contrainte de capituler; Ordelaffi lui-même, n'espérant plus rien des bandes mercenaires,
se rendit à discrétion et fut absous. La Romagne alors, où Albornoz n'avait trouvé de soumis que Montefalco et Montefiascone, rentra toute sous l'obéissance du pontife. Le cardinal méritait donc les grands honneurs qui l'accueillaient en tous lieux;
surtout à Avignon, où il fut proclamé *Père de l'Église*; mais
dans un sens tout autre que l'ancien.

Bologne restait encore au pouvoir de Jean d'Oleggio, qui la
gouvernait avec une baguette de fer. Un jour, d'après ses ordres, les citoyens accoururent livrer leurs armes avec un tel empressement que les officiers chargés de les recevoir avaient de la
peine à contenir la foule; cette docilité lui inspira tant d'audace
qu'il les menait à l'ennemi avec des bâtons, sauf à leur distribuer des armes avant la bataille, et à les leur reprendre quand
elle était finie. Dans une époque où tant d'ambitieux s'élevaient
au pouvoir, pourquoi n'aurait-il pas tenté la fortune? Il se révolta
donc contre les Visconti, et se fit proclamer seigneur de Bologne. Il réprimait avec une extrême rigueur les trames intérieures, tandis qu'il se méfiait des lettres flatteuses de Barnabé, auquel il envoyait tout à la fois des caresses et des secours contre
le marquis de Montferrat. Barnabé, qui fut toujours étranger
aux sentiments de gratitude, ne savait pas lui pardonner sa révolte; après s'être débarrassé du marquis de Montferrat; en
achetant les mercenaires du comte Lando et d'Anichino, qui
combattaient à son service, il les dirigea contre Oleggio. Assailli
par trois mille cavaliers, mille cinq cents Hongrois, quatre mille
fantassins, mille hallebardiers, odieux au peuple, abandonné

*1357
21 jui*

(1) M. Villani, VII, 69; il termine ainsi : « Je pense que si ce fait s'était
produit au temps des Romains, les grands écrivains n'auraient pas manqué d'en
signaler l'héroïne avec honneur, comme ils ont célébré d'autres personnes
dignes d'éloges pour leur constance. »

de tous ses voisins, le rebelle offrit de vendre Bologne à qui voudrait l'acheter ; Albornoz conclut le marché, en assignant à Oleggio, pour sa vie, Fermo et son territoire.

A Bologne, au milieu des cris ordinaires de : *Vive l'Église!* on rétablit le gouvernement municipal, et les bannis furent rappelés; mais Barnabé, indigné, continua les dévastations. Albornoz ne pouvait tirer de secours ni d'Avignon ni des seigneurs voisins. Après avoir consumé 30,000 ducats et ses ressources personnelles, il appela sept mille Hongrois, tourbe de gens qui, dans l'espoir des indulgences, ravagèrent la contrée. Barnabé eut l'adresse de les acheter, et, pendant qu'il se plaignait à Avignon qu'on lui refusât une ville cédée à son oncle pour douze ans, il persécutait les ecclésiastiques avec acharnement. Ces misérables guerres ne furent pas même interrompues par la peste, que les bandes anglaises avaient apportée ; elle reparut en 1361, et l'on prétend qu'elle fit soixante et dix mille victimes dans la seule ville de Milan.

1362

Barnabé, qui s'était garanti du fléau en s'isolant par des mesures de rigueur dans le château de Melegnano, au point que le bruit de sa mort s'était répandu, reparut aussitôt que la peste eut cessé, en s'écriant : « Je veux Bologne ! » Il chercha donc à la surprendre, achetant des bandes et relevant les petits seigneurs vaincus. Albornoz renoua la ligue des seigneurs de la Scala, d'Este et de Carrare, pour défendre l'Église, qui ne leur inspirait aucun ombrage, contre Visconti, redouté de tous et alors excommunié par Urbain V. Un corps de troupes impériales vint au secours de cette ligue, qui prit encore à sa solde la Grande-Compagnie, et la bataille de San Rafaello enleva à Barnabé l'espérance de dominer les pontifes; néanmoins, tandis qu'il combattait avec des succès divers, il ne cessait de négocier à Avignon.

1363
16 avril

Pierre Thomas de Sarlat, qui, pauvre d'abord, était parvenu à gagner la faveur du pape à force de vertus et par la prédication, jouissait alors d'une grande réputation de sainteté. Envoyé comme nonce apostolique dans le royaume de Naples, puis en Allemagne, en Bulgarie, il avait déployé un zèle ardent pour croiser l'Europe contre les Turcs, alors menaçants. Il réconcilia les Vénitiens avec le roi de Hongrie, s'efforça de réunir l'Église grecque à l'Église latine, conduisit des expéditions contre les Turcs, et attira le roi de Chypre en Europe pour solliciter la croisade ; mais, comme la guerre contre Barnabé, en épuisant les ressources de l'Église, empêchait d'armer les chrétiens pour combattre les infidèles, Pierre Thomas fut envoyé à Milan pour conclure la paix (1). Un traité fut donc signé avec Barnabé, qui renonçait à Bologne, mais au prix de la somme énorme de 500,000 florins, outre la restitution des prisonniers et l'éloignement d'Albornoz de cette légation. 1364
3 mars.

Cet archevêque, très-versé aussi dans la science politique, avait réuni à Rome les députés de toutes les villes soumises, et publié, dans leur intérêt, les *Constitutions égidiennes*, qui forment le véritable droit public de la Romagne ; accueillies favorablement par tous, elles jouirent d'un crédit égal à celui du droit canonique, et les papes recommandèrent toujours de les observer comme très-favorables aux États pontificaux. Albornoz ne créait rien de nouveau, comme on prétend le faire aujourd'hui, mais il réformait les vieux statuts au moyen du sens pratique et de la connaissance des hommes et des choses. 1357

Le pape ayant demandé compte à Albornoz de l'argent qu'il avait dépensé pendant les quatorze ans de sa mission, celui-ci lui envoya un char rempli des clefs des villes soumises. A la mort d'Innocent VI, il aurait pu facilement lui succéder ; mais il n'y songea point, et continua de gouverner les Marches et le patrimoine de saint Pierre, jusqu'à ce qu'il mourut à Viterbe. Outre de grandes sommes destinées aux pauvres, il légua de quoi fonder à Bologne un collége, avec un jardin, des salles et tout ce qu'il fallait, pour vingt-quatre jeunes Espagnols. 1367
24 août

L'Italie restait encore à la merci des aventuriers. Conrad Wirtinger de Landau combattait dans les bandes de frère Moriale ; lorsque son chef périt sous la hache de Cola Rienzi, il les conserva près de lui avec la discipline à laquelle on les avait habituées, et il rendit redoutables à l'Italie les noms de comte Lando et de Grande Compagnie, qui leur furent donnés à lui et aux siens.

Une belle Allemande, qui se rendait à Rome pour le jubilé, ayant été violée à Ravenne par Bernardin de Polenta, ne voulut pas survivre à son déshonneur. Deux de ses frères descendirent en Italie sans autre force que leur indignation ; il la communiquèrent au comte Lando, qui, pour venger ses compatriotes, alla ravager le territoire de Ravenne à la tête de la Compagnie ; mais, comme le tyran avait recueilli les personnes et les vivres

---

(1) *Vita b. Petri Tommasii*. Il fut ensuite patriarche de Constantinople.

dans les villes murées, les aventuriers, forcés par la disette, durent passer ailleurs, et ravagèrent les Abruzzes, la Pouille, la terre de Labour, grossis par la tourbe des individus que séduisait ce pillage facile, impuni. Le roi Louis de Naples fut assez lâche pour s'engager à payer à la Compagnie 70,000 florins en deux termes, jusqu'à l'échéance desquels elle resterait à la charge du royaume. Lorsqu'elle en fut sortie, elle menaça tantôt l'un, tantôt l'autre, jusqu'au moment où elle se mit au service de la ligue formée contre Barnabé Visconti ; mais, au lieu de se conformer au plan de campagne de ses acheteurs, elle s'arrêtait dans les lieux où le butin était plus abondant, le vin meilleur, les femmes plus belles, et recrutait les gens les plus mal famés. Barnabé tira de sa longue captivité Lodrisio Visconti, le célèbre vaincu de Parabiago, qui, avec l'autorité de son nom, attira beaucoup de barbutes, vainquit l'armée au passage du Tésin, et fit même prisonnier le comte Lando. Les aventuriers l'eurent bientôt délivré ; mais Barnabé eut l'adresse de le gagner à sa cause.

La paix conclue, la Compagnie, restée oisive, se dirigea vers la Toscane, où venait de mourir Saccone des Tarlati, qui, jusqu'à l'âge de quatre-vingt-seize ans, avait, du château de Pietramala, donné l'impulsion aux Gibelins de cette province ; mais ils dominaient encore à Pise, toujours jalouse de Florence. De même que cette ville commandait à Pistoie, Prato, Volterra, Colle, San-Miniato, ainsi Pérouse voulait dominer sur Todi, Cortone, Città-de-Pieve, Chiusi, Assise, Foligno, Borgo San-Sepolcro ; mais Cortone, alors soutenue par Barthélemy de Casale, se défendit valeureusement. Sienne embrassa sa cause et fit venir Anichino Bongardo, autre aventurier fameux ; mais, comme il fut défait, elle invita la Grande Compagnie.

Le comte Lando, qui avait déjà reçu des Florentins 50,000 sequins pour les laisser tranquilles pendant trois ans, leur demanda passage sur leur territoire ; effrayés, non sans motif, ils s'entendirent avec les comtes Ubaldini et Guidi pour fortifier les passages des Apennins. La bande défila donc par le val de Lamone ; mais quand elle eut pénétré dans le sentier escarpé de la Scalella, les campagnards commencèrent à faire rouler du haut de la montagne des pierres énormes, arme plébéienne, jetèrent la confusion dans les troupes, tuèrent trois cents cavaliers, firent un grand nombre de prisonniers avec un riche butin, et blessèrent Lando lui-même.

Les Florentins, fidèles à leur promesse, ne voulurent pas inquiéter la Compagnie, qui, après de grandes pertes, finit par combler ses vides. Lando, trop tôt guéri, réunit cinq mille cavaliers, mille Hongrois, deux mille hommes de bandes, outre mille valets et goujats, à la tête desquels il tomba sur les Florentins, qui s'étaient montrés humains mal à propos; mais, résolus de mettre un terme à ce nouveau genre de hideuse tyrannie, ils firent appel aux Italiens, qui, de même qu'ils avaient tremblé par imitation, reprirent alors courage par imitation. Lando s'aperçut du péril, et il offrit de réparer à prix d'argent les dommages qui seraient occasionnés par les siens en traversant le territoire des Florentins; mais ils refusèrent, et, après avoir fait prendre les armes à toutes les troupes, ils allèrent à sa rencontre, guidés par Malatesta de Rimini. Des trompettes vinrent de la part de l'Allemand, avec un gant sanglant qu'ils portaient sur des rameaux épineux, en provoquant à le relever quiconque se sentirait le courage de combattre le comte; Pandolphe le prit, et il rangea l'armée en bataille de telle manière que Lando battit en retraite aussitôt qu'il put, après avoir brûlé son camp, et réussit, à force de tactique, à se diriger vers le Montferrat.

La Grande Compagnie, dès ce moment, se décomposa en petites fractions; mais « il paraît que la plume ne peut se passer de mentionner les compagnies; car il est étonnant d'apprendre ou de voir qu'il s'en forme un si grand nombre l'une après l'autre pour le châtiment des chrétiens, peu observateurs de leur loi et de leur foi (M. Villani). » A cette époque, en effet, celle d'Anichino de Bongardo acquit une grande renommée. Trahissant amis et ennemis selon ses convenances; il avait d'abord servi le marquis de Montferrat contre Galéas Visconti; puis il l'abandonna au mépris de ses serments. Le marquis appela donc de nouveaux fantassins, qui furent les Anglais, que la paix de Brétigny entre la France et l'Angleterre avait laissés sans engagements. On leur donna le nom de Compagnie Blanche; et leur chef fut Albert Sterz. « Ardents et cupides, familiarisés aux meurtres et à la rapine, ils étaient prompts à saisir le fer; car ils se souciaient peu de leurs personnes; mais, quand il s'agissait de combattre, ils s'empressaient d'obéir à leurs chefs; bien que dans les campements, à cause de leur audace imprudente, ils se dispersassent sans ordre, de manière à recevoir facilement de gens courageux dommage et honte. Leur armure se composait d'une cuirasse, de brassards, de cuissards, de jambières, de dagues et d'épées solides, d'une lance, armes dont ils se servaient volontiers, même à pied, et chacun d'eux avait un ou deux pages, selon ses ressources. Aussitôt qu'ils avaient déposé leurs armes, les pages s'occupaient de les polir, de telle sorte que, au moment de la lutte, elles brillaient comme des miroirs, ce qui donnait aux guerriers un aspect plus redoutable. D'autres étaient archers, avec des arcs d'if et longs; toujours prêts à obéir, ils maniaient cette arme avec une grande habileté. En général, ils combattaient à pied, et donnaient aux pages leurs chevaux à garder; ils se formaient en files presque rondes, et tenaient la lance par le milieu, comme on le fait avec les pieux pour attendre le sanglier. Ainsi disposés et serrés, ils s'avançaient à pas lents, lances basses, contre l'ennemi en poussant des cris terribles, et il était difficile de pouvoir les rompre. Comme l'expérience le démontre, ils étaient plus propres à chevaucher de nuit et à piller qu'à tenir la campagne, plus heureux par la lâcheté des Italiens que par leur courage. Ils avaient des échelles composées de plusieurs morceaux, dont le plus grand était de trois échelons, et tous s'adaptaient l'un à l'autre, à la façon d'une pompe, de manière qu'ils seraient montés sur la plus haute tour (1). »

Cette bande, qui, pendant trente ans, continua à servir quiconque la payait, commença par faire de tels ravages dans le Novarais que Galéas II Visconti, dans l'impossibilité de lui opposer des bandes de même force, aima mieux brûler douze châteaux incapables de résister. Les Anglais, dans leur rage implacable, détruisirent cinquante-trois forteresses, et, pendant deux ans, continuèrent les dévastations, se plaisant à dépecer les corps, jusqu'à ce qu'ils les abandonnassent aux chiens ou aux flammes. Le comte Lando périt sous leurs coups en les combattant à Briona, et ses compagnons suivirent Lucio Lando, son frère, qui occupa Reggio. Au lieu de livrer cette ville aux marquis d'Este, à la solde desquels il était, il la vendit à Barnabé moyennant 25,000 florins.

La Compagnie Blanche se mit ensuite au service des Pisans, c'est-à-dire alla poursuivre ses ravages dans la moyenne Italie. Bongardo se joignit à ces aventuriers, et une nuit Florence

---

(1) PHILIPPE VILLANI, chap. 81 ; Jean Cavalcanti, liv. IV, chap. 1, dit que Guido Torello « fit faire un pont de plusieurs morceaux avec tant d'art, qu'un morceau s'ajustait sur l'autre ».

atterrée les vit du haut de ses murailles se plonger dans une infernale orgie à la lueur des torches et des flammes. Au milieu de cet horrible spectacle, Bongardo se fit chausser les éperons de chevalier, et les chaussa lui-même aux plus braves du camp.

Ce Bongardo et Sterz formèrent la Compagnie de l'Étoile, et Jean Acuto, dont nous avons déjà parlé, resta le chef de la Compagnie Blanche : ce fut alors, entre les aventuriers, à qui ferait pire. D'autres chefs de bandes engagèrent des Provençaux, des Gascons, des Bretons, et l'Italie, pendant de longues années, fut livrée à leur domination, car chaque partie belligérante avait à sa solde des troupes de nations différentes. Il faut y joindre la discipline diverse, chaque bande conservant les coutumes de son pays. Mais, d'ordinaire, les armées se composaient de gens d'armes et de barbutes, ainsi appelés de leur casque sans cimier, mais avec visière et crinière sur le haut ; à la différence des premiers, armés pesamment et suivis chacun de deux ou de trois chevaux, les barbutes se servaient d'armes simples, de petits chevaux, et n'avaient qu'un seul sergent, monté sur palefroi. A ces aventuriers s'unirent ensuite les Hongrois, qui avaient chacun deux petits chevaux, un arc long, une longue épée, un plastron de cuir ; ils étaient agiles à la course et méprisaient le bien-être.

Acuto, supérieur par l'intelligence et les talents militaires aux chefs précédents, fut le premier qui introduisit en Italie l'usage de compter les cavaliers par lances, dont chacune se composait de trois hommes, avec cotte de maille, cuirasse d'acier, grèves de fer, casque, brassards, grande épée, dague et une longue lance qu'ils tenaient par le milieu (1). Les marches se faisaient à cheval, à cause des lourdes armures ; mais, en général, les gens d'armes combattaient à pied, unissant ainsi la solidité de l'infanterie à la promptitude de la cavalerie.

La paix ne suspendait pas les maux des populations ; bien

(1) Les républiques entretenaient des bois, d'où l'on tirait le bâton des lances. Tels étaient *li Cavrei* dans le val Brembana sur le territoire bergamasque, où les hêtres et les frênes donnaient des rameaux droits qui, coupés et émondés, se mettaient en vente. Les Vénitiens en tiraient de Montona dans le territoire de Trieste, et l'on préférait toujours le frêne. Les meilleurs fers pour les lances venaient de Valence en Espagne. A Brescia, un ouvrier, nommé Serafino, fit, au commencement du seizième siècle, une épée si vantée qu'un prince la lui paya 500 ducats ; il y en avait d'autres fabriques dans le Bergamasque, à Serravalle et Cividal de Bellune. Modène et Trévise préparaient les tambours. (J. MATHIEU CICOGNA, *Traité militaire*, 1567 ; CIBRARIO, *Études hist.*)

plus, les désordres qui l'accompagnaient étaient moins tolérables que ceux qu'on avait soufferts pendant la guerre. Cette valeur brutale, inaccessible à tout sentiment noble de patrie ou de liberté, avait affaibli l'estime due au vrai courage, qui naît de la conscience d'une cause juste. Urbain V exhortait les Florentins et les autres à former une ligue contre les bandes ; à force d'insister par des ordres et des brefs, il obtint qu'elle fût organisée, avec la condition qu'on créerait une milice nationale, et que tous les vivres seraient recueillis dans des lieux fortifiés (1) ; mais ni les excommunications ni les indulgences ne purent empêcher la prochaine dissolution de cette ligue, et les mercenaires continuaient à être la force et l'opprobre des guerres.

1360 septembre.

Les ravages exercés par les aventuriers, non moins que leurs profits, avaient excité de bonne heure les Italiens à former des bandes et à vendre leurs services, soit pour utiliser leur courage et leur activité, auxquels avaient manqué de plus nobles occasions, soit pour acquérir du butin ou des possessions. Nous avons déjà vu Lodrisio Visconti devenir chef d'une compagnie d'Allemands. Ambroise, bâtard de Barnabé Visconti, renouvela plus tard la compagnie de Saint-George ; mais il fut bientôt vaincu, emprisonné à Naples, et six cents de ses compagnons restèrent prisonniers à Rome, où le pape en fit d'abord massacrer trois cents, puis les autres pour avoir tenté de s'enfuir (2).

Mais les seigneurs de la Romagne, exercés au métier des armes, comme nous l'avons dit, furent les premiers qui réunirent des bandes italiennes. Astore Manfred, seigneur de Faenza, rassembla sur le territoire parmesan la Compagnie de l'Étoile, composée d'aventuriers romagnols, marcha sur Gênes et fut écrasé dans la vallée du Bisagno. Jean d'Azzo des Ubaldini, un des guerriers les plus habiles, en forma une autre sur les Apennins ; mais une mort prématurée l'enleva. D'autres, qui furent organisées par Malatesta et Boldrino de Panicale, accouraient partout où l'on pouvait combattre ou piller. Parfois un gentilhomme formait avec ses gens une lance *spezzata*, corps de trente lances ou de soixante hommes à cheval, et servait en volontaire, tantôt l'un, tantôt l'autre. Il arrivait aussi qu'une famille entière vendait son courage. Ainsi, en 1395, la commune de Florence pre-

(1) *Arch. hist.*, XV, p. 41.
(2) CORIO, à l'année 1367.

nait à sa solde la bande des Tolomei, de trente lances, de trois chevaux chacune (1).

Une autre voie de lucre s'ouvrit alors aux Italiens ; on vit s'étendre une race de bravaches, qui avaient pour métier la guerre et pour système la tyrannie. Les armes, les actions militaires, les récits des exploits guerriers, telle était leur unique préoccupation ; ils avaient une grande barbe, des cimiers emblématiques et des noms sonores, comme Fracasse, Fièremouche, Empoignelance, Amenoire, Tranchemontagne, Mâchefer, Rongemont, Abatennemis.

Albéric de Barbiano, seigneur du voisinage de Bologne, qui n'avait pas d'égal dans les faits d'armes, après avoir réuni une bande toute composée de ses vassaux et de ses amis, put affronter les aventuriers d'outre-monts ; il les battit à Marino, et puis

---

(1) Une lance coûtait de 13 à 16 florins par mois, c'est-à-dire environ 180 fr. qui feraient le quadruple aujourd'hui ; les armes et les chevaux appartenaient au cavalier.

En 1386, lorsque les Padouans combattaient les Véronais, les armées, selon Gataro, se composaient de la manière suivante : Celle de Padoue formait huit corps ; 1° Jean Acuto, avec cinquante cavaliers et six cents archers tous anglais ; 2° Jean des Ubaldini, avec mille chevaux ; 3° Jean de Pietramala, avec mille chevaux ; 4° Ugoletto Biancardo, avec huit cents chevaux ; 5° François Novello, avec quinze cents chevaux ; 6° Broglia et Brandolino, avec cinq cents chevaux; 7° Biordo et Balestrazzo, avec six cents chevaux; 8° Philippe de Pise, avec mille chevaux. Le dernier corps, où se trouvaient les conseillers du camp, avait la garde des bannières. Derrière se trouvaient mille fantassins, divisés en deux bandes, sous Cermisone de Parme.

L'armée de Vérone se composait de douze corps, commandés par autant de capitaines, et comptait neuf mille chevaux. Venaient ensuite mille fantassins avec pavois, divisés en deux bandes, plus seize cents archers et arbalétriers tant étrangers que nationaux. Derrière, suivait, sous le pennon de la Scala, une masse populaire qui s'élevait à seize cents individus.

Sanuto (*Vie de Foscari*, Rer. it. Script. XXII) nous a conservé le nom des condottieri et le nombre de leurs soldats dans la guerre des Vénitiens et des Florentins contre Milan en 1426. Carmagnola avait 230 lances; Jean-François Gonzague, quatre cents; Pierre-Jean Paul, cent quatre-vingt-seize; le marquis Thaddée, cent; Ruffino de Mantoue, quatre-vingt-huit; Falza et Antonello, soixante-trois; Rinieri de Pérouse, soixante; Louis des Micalotti, soixante-dix; Baptiste Bevilacqua, cinquante; même nombre messire Marino, Bianchin de Feltro, Buoso d'Urbin; Scariotto de Faenza, quarante; Lombard de Pietramala, trente; Jacques de Venise, dix; Christophe de Fuogo, huit, outre cent treize lances libres. D'autres chefs, au nombre de treize, se trouvaient dans les garnisons avec huit cent quarante-huit lances. Il faut y ajouter les compagnies d'infanterie.

entra dans Rome, qui, après plusieurs siècles, voyait un premier triomphe d'Italiens. Le pape le gratifia d'une enseigne avec cette inscription : *Italie délivrée des barbares;* il n'enrôlait même, dit-on, que les individus qui juraient haine aux étrangers. Cette bande devint une pépinière d'illustres capitaines, tels que Jacques del Verme, de Milan ; Facino Cane, de Casal Montferrat, Ottobon Terzo, et, plus fameux encore, Braccio de Montone, et Sforza, qui furent les instituteurs de deux siècles de guerre.

L'introduction de capitaines italiens fut certainement une cause d'amélioration; en effet, comme ils ne choisissaient pas les premiers venus, des misérables et des malfaiteurs, mais des personnes connues, des vassaux, des parents ou des gens de parti, ils purent mieux maintenir la discipline. On apprit à garder la fidélité à une bannière, à la conserver sans tache, et l'émulation provoquée par le désir de l'avancement, le souci d'une bonne réputation, le respect envers les chefs imposèrent quelque règle à cette valeur brutale. D'un autre côté, les Italiens ne se contentèrent pas de dépouiller amis et ennemis, comme le faisaient les étrangers ; ils mêlèrent aux luttes générales des passions personnelles, des haines de parti, des vengeances héréditaires, le désir d'une situation nouvelle et l'ambition de posséder quelque lambeau d'un pays que le sabre dépeçait désormais. En effet, on en vit bientôt plusieurs acquérir des seigneuries, et le plus heureux hériter du trône des Visconti.

Mais le vieil art de tuer et de se faire tuer disparut devant l'invention de la poudre.

Les anciens ne semblent pas avoir connu le véritable nitre ni ses effets, non plus que la fabrication du sel de nitre, c'est-à-dire la transformation du nitrate de chaux en nitrate de potasse. Peut-être la connaissance en vint-elle à l'Europe de l'Inde et de la Chine, où le sel de nitre se trouve à l'état naturel. Mais qui enseigna le premier à mélanger soixante-quinze parties de cette substance avec quinze et demie de charbon et neuf et demie de soufre pour former la poudre tonnante? c'est ce qu'on ignore. Le moine allemand Schwartz, qui, dit-on, aurait trouvé fortuitement cette combinaison, paraît devoir être rangé parmi les êtres fabuleux. Il est plus probable qu'elle nous vient des Arabes, qui devaient la tenir de la Chine. Or, comme ce peuple touchait à la chrétienté sur divers points, il introduisit ses procédés dans plusieurs lieux ; aussi voyons-nous la poudre apparaître simultanément dans des contrées distantes les unes des autres sans qu'aucune prétende au mérite de l'invention.

La première application de la poudre à la guerre se fit au moyen des canons. George Stella, auteur officiel de l'histoire de Gênes, les mentionne avant 1316, et un document florentin de 1326 parle des boulets de fer et des *canons de métal* (1). En 1358, dans la guerre de Forli, les troupes papales lançaient des bombes, et l'on trouvait une fonderie de canons à Saint-Archange, en Romagne. En 1376, André Redusio donna une description exacte de la bombarde (2). En 1384, les Ottomans employèrent l'artillerie pour la première fois, et les Vénitiens en firent usage contre Léopold d'Autriche, puis dans la guerre de Chioggia, qui

(1) Dans les archives des *Riformagioni* de Florence (rangée 23, ch. 65), on trouva cette disposition du 11 février 1326, publiée par Gay, II, 8 : *Item possint dicti domini priores artium, et vexillifer justitiæ, una cum dicto officio duodecim bonorum virorum, eisque liceat nominare, eligere et deputare unum vel duos magistros in officiales et pro officialibus ad faciendum et fieri faciendum pro ipso Communi* pilas seu palloctas ferreas et cannones de metallo pro ipsis cannonibus et palloctis, *habendis et operandis per ipsos magistros et officiales et alias personas in defensione Communis Flor., et castrorum et terrarum, quæ pro ipso Communi tenentur, et in damnum et præjudicium inimicorum, pro illo tempore et termino, et cum illis officio et salario, eisdem per Commune Flor. et de ipsius Communis pecunia per camerarium cameræ dicti Communis solvendo illis temporibus et terminis, et cum ea immunitate et eo modo et forma, et cum illis pactis et conditionibus, quibus ipsis prioribus e vexillifero et dicto officio* XII *bonorum virorum placuerit.*

Dans les registres publics de Lucques, on lit, sous la date du 23 août 1382 : *Cum per commissarios Lucani Communis ordinatum fuerit quod pro munitione et tuitione civitatis Lucanæ fierent quatuor bombardæ grossæ, et sic per Johannem Zapetta de Gallicano jam duo fabricatæ sint, et in civitate Lucana ductæ, et denariis egeat præfatus Johannes pro fabricatione et constructione reliquarum, etc.*

Le 27 octobre 1470, Paul Nicolini demandait la permission de bâtir à Petraio un édifice à eau pour ébraser des épingards. (*Mem. lucchesi,* II, 221.)

(2) *Est bombarda instrumentum ferreum cum trumba anteriore lata, in qua lapis rotundus, ad formam trumbæ habens cannonem a parte posteriori secum conjungentem, longum bis tanto quanto trumba, sed exiliorem, in quo imponitur pulvis niger artificialis cum salnitrio et sulphure et ex carbonibus salicis per foramen cannonis prædictis versus buccam, etc.* (De bellicis machinis, mss.) Dans le moyen âge, on donnait le nom de *mousquet* à un projectile que l'on lançait avec la baliste la plus forte (voir DU CANGE). Jean Villani, liv. X, chap. 21, dit que, dans une bataille livrée par le frère du roi Robert, « beaucoup furent blessés et tués par des mousquets d'arbalètes génoises. » Et dans l'*Hist. de Pistoie*, à l'année 1326 : « M. Simon fut blessé par un projectile au genou. »

ne fut pas, comme on le voit, la première où l'on s'en servit. Selon Corio, Jean Galéas, en 1397, possédait déjà trente-quatre canons, tant de gros que de petit calibre.

Les canons, qui ne firent pas entièrement disparaître les machines de guerre, étaient faits de lames de métal enchâssées dans des douves de bois que retenaient des cercles en fer ; puis ils se composèrent d'un alliage de cuivre et d'étain. Au commencement du quinzième siècle, le plus gros canon n'excédait pas le poids de 115 livres ; mais, vers 1470, il en apparut de gigantesques (1). Allegretto, en 1478, s'exprime ainsi en parlant de Sienne : « On essaya notre grosse bombarde en deux morceaux, faite par Pierre, dit Campana ; elle a en tout sept coudées et demie de long, savoir : le tube cinq coudées, et la culasse deux et demie. Le canon pèse 14,000 livres, et la culasse 11,000, en tout 25,000 livres ; elle lance de 370 à 380 livres de pierre, selon la pierre (2). » Il parle ensuite de la bombarde du pape, longue de six coudées et un tiers, et chargeant des boulets de 340 livres.

Dans l'origine, on ne cherchait à obtenir des canons que des effets égaux à ceux des catapultes, des mangonneaux et des autres machines de la balistique ancienne, dont on raconte des merveilles (3) ; or, pour mieux atteindre ce résultat, on les faisait d'une grosseur énorme. Après avoir écarté les assertions trop vagues, nous trouvons l'énonciation précise de très-lourds projectiles en pierre, ou même de fer et de bronze (4).

(1) En 1441, on voyait dans le château de Nice sur mer vingt-cinq balles de pierre de cent trente-six livres.
(2) *Rer. it. Script.*, **XXIII**, 794.
(3) Au siége de Zara, en 1346, il fut lancé des pierres de trois mille livres (métriques 1431) ; à celui de Chypre, en 1375, qui coûta à la république plus de 3,000,000 de ducats (15,000,000 fr.), les Génois eurent une machine qui lançait de douze à dix-huit *cantari* de cent cinquante livres chacun (métriques 1287).

Le feu grégeois, composition secrète, fut employé souvent ; il paraît que ce nom fut appliqué à tous les moyens d'incendier. Valturio appelle feu grégeois une composition de charbon de saule, de nitre, d'eau-de-vie, de soufre, de poix, d'encens, avec une certaine quantité de laine soyeuse d'Éthiopie.

(4) En 1405, Sanuto (*Rer. it. Script.*) parle des bombardes qui lançaient des boulets de quatre à cinq cents livres. Neri Capponi, 1437 (**XVIII**, 1285) en cite qui les lançaient du poids de cinq cent trente livres ; Jean Stella (**XVII**, 1282) parle d'une autre, 1420, qui les lançait de six *cantari* génois. Plusieurs, qui les lançaient de mille à douze cents livres, sont mentionnées en 1453 par Martène,

Parfois, outre les noms terribles de *Vipère*, d'*Éléphant*, de *Déluge*, de *Ruine*, de *Tremblement-de-terre*, *Plus-de-mots*, on donnait aux pièces de canon des figures extravagantes, comme à celle que l'on voyait dans le château de Milan, coulée en fer sous la forme d'un lion (FILARETE); on y gravait leur nom ou bien quelque devise (1). Des mots ou des figures étaient même imprimés sur les boulets, ce qui nuisait à la justesse du tir. Les pièces variaient aussi dans leur construction, et la serpentine, la couleuvrine, le fauconneau, le basilic, l'aspic, l'aigle, le gerfaut, le saute-martin, le chasse-corneille, etc., indiquaient différents genres de canons, qu'on ne s'avisa de réduire à un même calibre, ou bien à deux, que dans le siècle passé.

La charge des canons donnait beaucoup de peine et causait une grande perte de temps. En effet, il fallait dévisser la culasse, y verser la poudre (qu'on recouvrait d'un bondon), puis la revisser et mettre le boulet par-dessus, tout cela après avoir refroidi le tube avec de l'eau ou du linge mouillé; puis, lorsqu'on avait mis les canons en batterie dans un endroit, on ne savait plus les déplacer selon le besoin. On remarqua comme chose extraordinaire que François Sforza, au siége de Plaisance, eût tiré dans une nuit soixante coups de bombarde. Ils ne pouvaient donc être utiles que contre les murailles construites pour résister aux catapultes, et qu'il fallut alors rendre plus solides; mais, dans tout le quinzième siècle, on ne crut pas devoir remplacer les simples fossés et les tours rondes par des bastions an-

Thes. Nov. Anecd. Les Génois lancèrent des pierres de Péra jusqu'à Constantinople.

(1) On lisait sur un canon de l'arsenal de Venise :

> Chiamata son la fiera serpentina
> Che ogni fortezza spiano con ruina.
> 1508, *Opus Thomæ D. Fr.*

> Je suis appelée la bête serpentine,
> Et je démolis toute forteresse.

Sur un épingard : *Mon nom est Puissant;* sur une couleuvrine : *Ne m'attends pas;* sur une autre: *Plus de mots.* En 1831, on trouva dans Alger un gros canon avec ces mots :

> Quand'io mi nutrirò di polve e foco,
> Ogni terrena possa
> Contro ai vomiti miei cederà il loco.

> Lorsque je me nourrirai de poudre et de feu,
> Toute puissance terrestre
> Cédera devant mes vomissements.

guleux et des ouvrages avancés. En outre, les canons n'avaient fait qu'entraver la marche des armées, puisqu'il fallait jusqu'à vingt paires de bœufs pour traîner une coulevrine de soixante, qui pouvait tout au plus tirer quarante coups par jour.

Enfin on découvrit l'artillerie légère, dont l'invention est attribuée par Davila à Charles Brisa, bombardier normand; mais elle fut employée en Italie à la bataille de la Molinella en 1460. Les Français, outre ceux qui étaient montés sur affûts, firent des canons qu'un soldat seul suffisait à porter. Dans la guerre d'Italie, ils en employèrent de très-faciles à manœuvrer, faits d'un tube en cuivre de l'épaisseur d'un écu, et enfermés dans un étui en bois revêtu de cuir. Ces canons étaient traînés par une paire de bœufs, et un attelage pareil tirait le chariot qui portait les munitions et les boulets de pierre, que l'on fit généralement en fer dans le seizième siècle.

Sigismond Malatesta, en 1460, fabriqua les bombes de bronze, formées de deux hémisphères réunis par des bandes de fer, avec une mèche à l'orifice, et qui se lançaient avec des mortiers à culasse en forme de cloche. En 1524, Jean-Baptiste Dellavalle de Venafro enseigna à fondre ces globes creux appelés grenades (1). On ne tarda point à mettre des bombardes sur les na-

---

(1) C'est donc à tort qu'on les dit employés pour la première fois au siège de Wachtendonk en 1588. L'ambassadeur vénitien André Gussoni écrivait ce qui suit : « Le duc Cosme de Toscane se plaît aux feux d'artifice, et il a le moyen
« de faire une balle d'un si grand art que, sortie de la pièce, elle se brise où
« l'on veut, soit à trente coudées de distance, soit à moitié route; partout où
« elle atteint et éclate, elle cause une grande mortalité de gens. »

On trouve dans les Archives de Médicis, rangée 45, l'original de la lettre suivante de Ferdinand, roi de Naples, à Laurent le magnifique (*ap.* GAYA).

Rex Siciliæ, magnifice vir, amice mi carissime,

« Ayant ouï dire qu'il se trouve dans l'arsenal de cette seigneurie un cons-
« tructeur, nommé maître Joanni, qui a nouvellement découvert une certaine
« espèce de navires, qu'il appelle *arbactrocti*, lesquels portent des bombardes
« tirant des pierres de deux cent cinquante livres, nous avons eu plaisir à
« apprendre cette invention, et nous aurions fort à cœur d'en voir l'effet. En
« conséquence, nous vous prions de vouloir nous envoyer ledit maître Joanni,
« pour montrer aux nôtres le genre de coupe desdits navires, afin que nous
« puissions en faire construire un à lui ou aux nôtres, pour notre satisfaction;
« car en cela vous nous ferez grand plaisir, etc.

« *Datum in civitate Calvi*, XIII *jan.* 1488.

« REX FERDINANDUS.

Joannes Pontanus.

Les galeries souterraines, afin de pénétrer dans les places, et les excavations pratiquées sous les murailles et les tours pour les faire écrouler, étaient en usage parmi les anciens et dans le moyen âge. On songea promptement à y employer la poudre, et la première idée en vint en 1405, pendant le siége de Pise ; mais cette innovation n'eut, pour le moment, ni effet ni suite. Les Génois furent les premiers qui employèrent les mines avec succès au siége de Sarzanello, en 1487 ; puis les Espagnols, pour faire sauter le château de l'Œuf, en 1502. L'illustre et malheureux Pierre Navarro perfectionna l'art des mines.

Selon la chronique du chanoine Julien, les bannis de Forli, en 1331, *balistabant cum sclopo versus terram;* celle d'Este, en 1334, raconte que Renaud d'Este *præparare fecit* (contre Bologne) *maximam quantitatem sclopetorum, spingardarum*, etc. En 1346, la tour de Turin qui se trouve à la tête du pont était garnie d'arquebuses : c'étaient des tubes de bronze, puis de fer, avec une lumière où s'appliquait une mèche. Afin d'éviter le recul, on y adaptait un rebord qui s'appuyait contre une fourchette en fer, sur laquelle on fixait l'arquebuse pour la décharger.

Comme le fantassin tenait l'arme d'une main et la fourchette de l'autre, on dut placer la mèche dans la gueule d'un petit dragon, qu'un ressort faisait abattre sur la poudre du bassinet. La machine pesait environ cinquante livres, ce qui la rendait très-difficile à manœuvrer. Il faut ajouter que la fabrication de la poudre et des canons était mauvaise, et qu'on ne savait ni entretenir le feu, ni employer le fusil comme arme défensive; son plus grand avantage, c'était d'épouvanter les chevaux. Aussi conserva-t-on les armes anciennes, et le Suisse n'aurait pas renoncé à sa pique, ni le Génois à son arc. Le Milanais Lampo Birago, dans un traité manuscrit sur la manière de faire la guerre aux Turcs, donne la préférence à l'arbalète sur le mousquet, attendu que celui-ci n'est bon que pour servir de près, et lorsqu'on est commodément placé; qu'il se charge mal en bataille, et s'ajuste plus mal encore ; que l'humidité gâte la poudre et éteint la mèche ; qu'il ne porte pas plus loin que l'arbalète, et laisse le soldat sans défense tandis qu'il charge.

On remédiait à ces inconvénients peu à peu, et le nombre des arbalétriers diminuait chaque jour, tandis que celui des arquebusiers augmentait. En 1422, l'empereur Sigismond conduisit en Italie cinq cents arquebusiers, et la milice des Milanais en comptait vingt mille en 1449 ; mais ce ne fut qu'en 1680 que l'usage des mousquets à pierre se généralisa. La carabine paraît due aux Arabes, d'autres disent aux Calabrais, qui en armaient des barques dites *carabe*. A partir de 1550 on trouve le pistolet, ainsi nommé peut-être de Pistoie, où il fut inventé.

Les cartouches n'étaient pas inconnues en Italie, et Jean-François Morosini, ambassadeur de Venise en Savoie, écrivait ce qui suit à la Seigneurie en 1570 : « Outre les marins que Son Excellence (Emmanuel-Philibert) embarque sur ses galères, Elle a coutume d'y mettre jusqu'à quatre-vingts ou cent soldats pour combatre ; Elle fait prendre à chacun deux arquebuses, avec une préparation de cinquante charges, arrangées avec la poudre et les balles ensemble, bien serrées dans un papier ; aussi, dès que l'arquebuse est déchargée, il ne faut, pour la charger de nouveau, que mettre en une seule fois ce papier dans le canon, avec une promptitude incroyable. Un des galériens habitués à cette tâche, sur chaque banc, s'en acquitte lorsqu'il en est besoin ; aussi, tandis que le soldat s'occupe de décharger l'une des arquebuses, le forçat a déjà chargé et préparé l'autre, de manière que, sans aucune interruption de temps, les arquebusades pleuvent au grand détriment de l'ennemi (1). »

Les armes à feu firent crier à l'inhumanité à cause des ravages qu'elles faisaient, et à la lâcheté, parce que le dernier fantassin pouvait tuer le champion le plus vaillant et le mieux aguerri. Il est vrai que l'arme nouvelle établissait une égalité formidable entre le vilain et le baron, qui jusqu'alors l'avait impunément foulé aux pieds de son destrier bardé de fer. Pour ces motifs, les armes à feu se perfectionnèrent lentement, et n'introduisirent que fort tard un changement radical dans l'art de la guerre. De même qu'on fit les murailles plus épaisses pour qu'elles pussent résister au canon, ainsi les cavaliers renforcèrent leurs armures au point de ressembler à des enclumes ; mais on en connut bientôt l'inconvénient, et, d'après les conseils du capitaine George Basta, les cuirasses furent abandonnées aux commandants supérieurs et à un corps distinct (2). Ainsi s'accrut la difficulté de défendre un poste, et les batailles devinrent plus expéditives.

(1) *Relations d'ambassadeurs vénitiens*, Florence, série II, vol. II, p. 135.
(2) Voir dans les *Statuts des peintres florentins* vers l'an 1400, la rubrique LXXIX.

CHAPITRE CXII.

JEAN GALÉAS VISCONTI ET SES BRIGUES AVEC LA TOSCANE. LE MILANAIS ÉRIGÉ EN DUCHÉ.

Jacques I, prince du peuple	1318 - 1324	
Nicolas, son frère.	1324 - 1326	
Marsiglio, leur neveu	1326 - 1338	
Ubertino, neveu de celui-ci.	1338 - 1345	
Marsiglietto Pappafava	1345	
Jacques II, fils de Nicolas	1345 - 1350	
Giacomino, son frère	1350 - 1372	
François I, leur neveu.	1372 - 1388 m. 1393	
François II Novello, étranglé à Venise avec ses deux fils, François et Jacques.	1390 - 1406	
Mastin I, seigneur de Vérone.	1259 - 1277	
Albert, son frère.	1272 - 1301	
Barthélemy ⎫		1301 - 1304
Alboin ⎬ fils d'Albert		1304 - 1311
Cane Grande ⎭		1312 - 1329
Albert II ⎫ Fils d'Alboin	1329	1352
Mastin II ⎭		1351
Cane II ⎫		1359
Cane III Signorio ⎬ fils de Mastin II	1351	1375
Paul Alboin ⎭		1374
Barthélemy II ⎫ fils naturels de Cane Signorio .	1375	1381
Antoine ⎭		1387 m. 1388
Guillaume		1404
Antoine et Brunoro, ses fils, proscrits.		

Six chefs ambitieux et capables avaient, au milieu des orages, élevé la famille Visconti au plus haut degré de puissance. Après la mort de l'archevêque Jean, astucieux et perfide, mais brave et libéral autant qu'il le faut pour couvrir l'injustice, le conseil général de Milan et d'autres cités firent hommage à ses neveux Barnabé et Galéas. Ils se partagèrent l'héritage, conservant indivise la ville de Milan, où ils bâtirent, l'un la citadelle de la Zobia, l'autre celle de la porte Romaine et de la maison des Cani.

Nous avons déjà vu comment Barnabé avait résisté au légat Albornoz et à la ligue guelfe. Les bandes à la solde de cette ligue, et surtout les Anglais, pénétrèrent jusqu'à Magenta, Corbetta, Nerviano, Vituone, pillèrent tout, enlevèrent six cents nobles qui vivaient dans cette contrée, et ne leur rendirent la liberté qu'au prix de fortes rançons ; mais enfin, à Casorate, ils éprouvèrent une défaite sanglante.

Quelque temps après, Barnabé en vint encore à une rupture avec Urbain V, qui publia contre lui la croisade à laquelle participèrent l'empereur Charles IV, le roi de Hongrie, la reine de Naples, le marquis de Montferrat, les princes d'Este, les Gonzague, les Carrare, les Malatesti, les Pérousins et les Siennois, membres de la ligue de Viterbe ; mais Barnabé savait que ces croisades, qui n'étaient unies que par le sentiment, ne tarderaient pas à se décomposer, pourvu que la guerre fût traînée en longueur. En effet, il acheta à prix d'argent l'inaction de Charles IV, qui venait de descendre en Italie à la tête de cinquante mille hommes ; il sut encore, par le même moyen, attirer des rangs ennemis dans les siens la Compagnie Blanche, agiter les villes papalines, et conclut enfin une bonne paix ; la guerre néanmoins lui avait coûté 3 millions de sequins.

[en marge : 1367 ; 1368 ; 1369 février.]

A l'habile politique, aux vastes desseins de Barnabé, faisaient contraste la bassesse de son caractère et ce brutal égoïsme sur lequel ni l'amitié, ni la fidélité, ni la reconnaissance, n'avaient aucun pouvoir ; il ne daignait pas même pallier ses railleuses violences. Comme doivent le faire les tyrans, il commença par se garantir contre ses propres sujets au moyen de forteresses, et se montra toujours généreux envers les soldats. Malheur à quiconque, dans la guerre passée, avait paru favorable à ses ennemis ! Les procès finissaient par les supplices les plus atroces. Il défendit de sortir la nuit, quel que fût le motif que l'on pût alléguer, sous peine de perdre un pied ; quiconque prononçait le nom de guelfe ou de gibelin devait avoir la langue coupée. Quelqu'un avait refusé de payer deux chapons achetés à une revendeuse : il le fit pendre. Passionné pour la chasse, il entretenait jusqu'à cinq mille chiens, qu'il plaçait chez les citoyens pour les faire nourrir. Tous les quinze jours, des employés spéciaux les visitaient : s'ils les trouvaient maigres, ils imposaient une amende ; gras, une amende ; morts, la confiscation des biens. Quiconque en avait un et tuait un lièvre ou un sanglier, était mutilé, pendu, et contraint parfois de manger l'animal entier et cru. Barnabé rêvait-il qu'un individu lui faisait du mal, ou rencontrait-il quelqu'un dans ses promenades solitaires, il n'en fallait pas davantage pour lui enlever la vie, ou un œil, ou la main, ou du moins lui confisquer ses biens. Il fit enfermer deux de ses secrétaires dans une cage avec un sanglier. Un jeune homme, qui avait tiré la barbe à un sergent, fut condamné à une légère amende ; mais Barnabé ordonna de lui couper la main droite ; or, comme le podestat retardait l'exécution de la sentence pour donner aux parents le temps d'implorer sa grâce, Barnabé fit couper les deux mains au jeune homme et une au podestat. Il contraignit un autre podestat à arracher la langue à un condamné, puis à boire une coupe empoisonnée. Parfois il obligeait le premier venu à remplir les fonctions de bourreau. Le crime de lèse-majesté, dont la tyrannie couvre toutes les accusations, était le prétexte ordinaire de sa cruauté.

Les excès de pouvoir trouvent toujours de vils approbateurs qui les vantent comme un signe de force, et l'on s'incline volontiers devant la force. Il renvoya, vêtus de blanc comme des insensés, quelques ambassadeurs de princes, avec l'obligation de se présenter dans ce costume devant leurs maîtres, au milieu des huées des populations qu'ils traversaient. Lorsque les nonces du pape vinrent le trouver à Melegnano pour lui signifier l'excommunication, Barnabé les conduisit sur le pont de Lembro, et leur enjoignit de manger les bulles de l'anathème s'ils ne voulaient pas être précipités dans l'eau : ils surent s'y résigner. Exaspéré contre les ecclésiastiques, il fit aveugler, mutiler quiconque refusait de lui obéir. Ayant appris qu'un curé exigeait plus qu'on ne lui devait pour les funérailles d'un mort, il le fit enterrer avec le cadavre. Un autre curé, qui avait publié la croisade du pontife contre le capitaine de Forli, fut enfermé dans un tambour de fer et jeté dans un bûcher. Deux religieux, qui vinrent lui reprocher cet acte d'inhumanité, périrent dans les flammes ; il fit encore brûler des religieuses, et avec elles le vicaire général, qui ne voulut pas les dégrader. L'archevêque refusait d'ordonner un moine ; l'ayant mandé au palais, il le fit mettre à genoux, et lui dit : « Ne sais-tu pas, poltron, que je suis pape, « empereur et seigneur sur toutes mes terres, et que Dieu lui-« même ne pourrait y faire ce que je ne voudrais pas ? »

Barnabé cependant affectait la dévotion ; il jeûnait, et fonda des églises, des monastères, des bénéfices. Il reconstruisit le château de Trezzo avec un pont hardi sur l'Adda, une forteresse à Brescia, d'autres à Desio, à Pandino, à Cusago, une maison de plaisance à Melegnano, dans Milan le palais de Saint-Jean en Conca, tandis que Galéas refaisait celui de la place de la cathédrale, avec un enclos pour les joutes. Béatrix Regina de la Scala, femme de Barnabé, affectait une arrogance princière. Les décrets qu'elle envoyait aux vallées de Brescia et de Camonica, font croire qu'elle avait reçu ces pays en dot. A Brescia, elle avait un magasin d'instruments aratoires. Elle entoura Salo de murailles avec tours, et, par ses ordres, on ouvrit un canal pour arroser la Calciana, alors dépeuplée ; son mari la lui avait donnée en garantie de sa dot, montant à 150,000 florins d'or, comme il lui donna ensuite Urago d'Oglio, Gazzolo, Rocafranca, Floriano et d'autres pays (1). Les princes et les seigneurs lui adressaient leurs demandes et leurs réclamations. Du reste, loin d'adoucir son mari, comme c'était son devoir, elle l'exaspérait ; mais elle ne put l'empêcher de se livrer à d'autres amours. Barnabé eut trente-deux enfants légitimes ou bâtards ; le marquis d'Este, parrain de l'un d'eux, lui donna, le jour du baptême, un vase d'argent qui contenait une coupe d'or remplie de perles, d'anneaux, de pierres précieuses, de la valeur de 10,000 sequins (2). Il plaça ses filles dans les maisons régnantes de Nuremberg, d'Ingolstadt, d'Autriche, de Bavière, de Wurtemberg, de Thuringe, de Saxe, de Kent, de Mantoue ; il en donna une au roi de Chypre avec 100,000 florins, une autre à Jean Acuto ; une, enfin, à Lucio Lando. Il avait déjà assigné à chacun de ses cinq fils légitimes le gouvernement du district, dont il leur destinait la souveraineté ; mais l'homme propose et Dieu dispose.

Galéas II, à Pavie, l'imitait ou faisait pire. Plus froidement inhumain, il inventa le supplice du *carême*, qui consistait à faire enlever à ses ennemis les yeux, les mains, les pieds l'un après l'autre, mais avec un jour d'intervalle, c'est-à-dire que l'on coupait un membre aujourd'hui et l'autre dans deux jours ; ainsi, pendant quarante jours, le bourreau alternait les tourments avec le repos, afin que la victime reprît des forces pour mieux sentir les souffrances. Il construisait beaucoup, et laissa même des travaux remarquables : tels furent le pont sur le Tésin, et le château de Pavie avec une tour à chaque angle, et dans l'intérieur une vaste cour entourée de portiques, outre une merveilleuse horloge qui sonnait les heures et marquait le mouvement des planètes. Le château de Milan fut aussi un édifice magnifique ; puis il démolissait pour obéir à un caprice. Il prenait sans les payer l'emplacement, le bois, la chaux.

(1) ODORICI, *Storie bresciane*, p. 184.
(2) *Antichità estensi*, II, 133.

Afin d'agrandir un parc de vingt-cinq milles de circonférence, il usurpa des biens privés, parmi lesquels se trouvaient ceux d'un certain Bertolino de Sisti, qui eut le courage de lui dire : « Avec quoi donnerai-je à manger à mes enfants ? » Et le brutal lui répondit : « Hé quoi ! le plaisir de les faire ne te suffit-il pas ? » A ces mots, Bertolino lui porta un coup de couteau, mais sans l'atteindre ; il fut pris et déchiré par des chevaux, à la queue desquels on l'avait attaché.

Galéas ne payait pas les fonctions, et malheur à ceux qui les remplissaient mal ! Une fois il condamna soixante employés à être pendus, puis il leur fit grâce, gagné par des sollicitations ; mais le chancelier, pour avoir montré de l'empressement à expédier le décret de pardon, fut jeté dans les fers. Néanmoins il jeûnait un tiers de l'année, distribuait par an 2,534 florins en aumônes, deux cent dix boisseaux de blé, douze chariots de vin (1), et entretenait dix chapelles. En outre, il favorisa les hommes de lettres, et fonda l'université de Pavie, où furent appelés des professeurs renommés. Il caressa Pétrarque, et les éloges du poète, répétés par admiration classique, empêchaient les contemporains éloignés d'entendre les gémissements des populations (2).

Et cette audace se manifestait malgré la république, dont le nom et les formes subsistaient encore, ou plutôt à cause de ces mêmes formes ; le tyran, en effet, par cela même qu'il les violait, agissait sans aucune retenue. L'appui que la constitution lui refusait, il le demandait à la force, non pas à une force de citoyens, mais de mercenaires, et en s'alliant avec d'autres princes ou bien avec l'empereur. Les papes luttaient sans cesse, quelque ville se soulevait de temps à autre, et un nouvel ennemi surgissait chaque jour ; mais les Visconti pressuraient le riche pays, tiraient de l'argent des immenses possessions confisquées, achetaient des bandes avec l'argent, et, servis par les bandes, triomphaient et tyrannisaient.

Jean Galéas, son fils, aussi ambitieux, mais plus dissimulé que lui, acheta de l'empereur Wenceslas le titre de vicaire im-

1378

---

(1) Selon Jean Renaud Carli, le prix moyen du froment était alors de 5,50 le muid, et celui du vin de 12.16 le tonneau. Qu'on en déduise la valeur de l'argent.

(2) *L'Art de vérifier les dates* dit : *Pétrarque, si avare de louanges, même pour les grands hommes de son siècle, ne peut contenir son admiration.* Nous avons vu s'il en fut avare.

périal de Lombardie. Il obtint de Jean II, roi de France, au prix de 300,000 florins dont il avait besoin pour se racheter du roi d'Angleterrre, la main de sa fille Isabelle et le comté de Vertus en Champagne. Il épousa en secondes noces Catherine, fille de Barnabé, qui croyait ainsi se l'être indissolublement attaché, et le raillait de son indifférence pour les grandeurs humaines et de sa bigoterie. Un jour Jean Galéas, suivi de sa cour, se dirigea en pèlerinage vers le mont sacré de Varese ; or, comme il passait tout près de Milan, il fit prier son oncle de venir le saluer hors des portes, et l'oncle se rendit à sa prière ; mais le neveu l'eut à peine embrassé, que les gens de son escorte, à son signal, tirèrent leurs armes de dessous leurs habits de pèlerins et saisirent Barnabé avec sa suite. Après l'avoir enfermé dans un château, on lui fit un procès ridicule, non pour pour ses atrocités, mais pour sorcellerie et comme coupable d'avoir, par des enchantements, rendu stérile le mariage de son neveu ; puis il fut enseveli dans la forteresse de Trezzo, où il mourut de rage sinon de poison. Milan rit beaucoup du renard pris au piége, et proclama Jean Galéas, qui réunit toutes les possessions des Visconti, et trouva dans le trésor 700,000 florins d'or et sept chariots d'argent en barres et en vaisselle.

Jean Galéas n'aventurait jamais sa personne ni son armée dans une bataille décisive ; mais il tenait ses troupes renfermées dans les forteresses, et laissait la campagne exposée aux coups de l'ennemi. Habile politique, il savait former et dissoudre des ligues, être perfide, mentir à propos, et choisir les instruments les plus favorables à son ambition. Ses finances, qu'une bonne administration rendait florissantes, lui donnaient les moyens d'acheter des partisans dans les autres républiques, des bandes mercenaires, de grandes alliances de famille, et, par conséquent, de gouverner arbitrairement. Depuis Frédéric II, aucun prince n'avait été plus redouté des Italiens, ni plus dangereux pour l'indépendance des autres États. Las de l'opprobre des bandes d'aventure, il se ligua avec les Gonzague, les seigneurs de Carrare et d'Este pour en débarrasser le pays, et Barthélemy de Sanseverino fut envoyé contre elles avec une bannière où l'on voyait inscrit le mot *Paix* : ligue éphémère, qui fit bientôt place à des rivalités d'ambition entre ces petits seigneurs.

Les Scala déshonoraient leur décadence par des crimes de toute espèce. Cane Signorio et Paul Alboin, fils de Mastin II, avaient assassiné leur frère aîné ; puis, à la suite de querelles entre eux, le plus faible fut emprisonné à Peschiera, jusqu'au moment où Cane Signorio, se sentant mourir, le fit égorger afin qu'il ne devînt pas un obstacle à la succession de ses fils naturels, Barthélemy et Antoine. Renouvelant ces méfaits, Antoine tue Barthélemy, et accuse de ce meurtre une de ses maîtresses, qu'il fait pendre avec toute sa famille. Cet Antoine fut excité par les Vénitiens contre François Carrare, leur ennemi implacable, qui se mit sous la protection de Jean Galéas. Ce Visconti, indigné que Scaligero eût repoussé son alliance par jalousie, s'entendit avec Carrare ; puis, se prétendant héritier des Scaligeri à cause de Catherine, sa femme, fille de Regina de la Scala, il fit attaquer Vérone par les bandes d'Ugolotto Biancardo. Antoine s'enfuit à Venise après avoir livré la forteresse au légat impérial, et Galéas l'acheta au comptant.

Infidèle à son propre allié, Jean Galéas, loin de lui céder Vicence comme il en était convenu, offrit à Venise son amitié contre lui, au prix de 100,000 ducats la première année, et de 8,000 par mois si la guerre se prolongeait. Carrare se trouvait en face d'ennemis trop puissants, et n'avait pas d'argent pour acheter des bandes ou faire venir des mercenaires étrangers ; dans cette situation désespérée, il abandonna la seigneurie à son fils François II Novello, qui, se sentant incapable de résister, se réfugia dans Pavie au milieu de l'allégresse des habitants. Le père et le fils, malgré le sauf-conduit, furent enfermés, l'un à Vérone, et l'autre à Milan. Galéas prit Padoue, puis Trévise, et se trouva près des lagunes, menaçant Venise, qui se repentait trop tard de cette alliance ; car il se proposait, disait-il, de la rendre aussi humble que Padoue, si Dieu lui accordait seulement cinq années d'existence.

Après s'être débarrassé de ces deux anciennes familles, après avoir absorbé les maisons des Corregio, des Cavalcabo, des Benzoni, des Beccaria, des Langoschi, des Rusca, des Brusati, Jean Galéas restait maître de vingt et une cités, qui lui donnaient un revenu de 200,000 florins, c'est-à-dire la moitié de ce que produisaient la France et l'Angleterre.

Théodore II, marquis de Montferrat, vivait à sa cour presque comme prisonnier ; il recevait d'humbles hommages de François Gonzague, seigneur de Mantoue, protégeait le marquis Albert d'Este contre la haine que ses méfaits avaient excitée, et avait une tante mariée à Lionel d'Angleterre, avec une dot de

200,000 livres sterling. Louis d'Orléans épousa sa fille Valentine, à laquelle il assigna pour dot la ville et le territoire d'Asti, 400,000 florins, outre des pierreries et un trousseau comme aucun prince régnant n'aurait pu le faire. Dans l'espoir de recouvrer Gênes, il excitait les discordes intestines de cette ville, et, dans le but d'acquérir la Sicile, partagée entre deux factions, il demanda pour épouse Marie, héritière présomptive de cette île; mais le roi d'Aragon, qui devinait sa pensée, attaqua la flotte lombarde et la défit. Jean Galéas, dont les desseins devenaient chaque jour plus vastes, ambitionnait la couronne d'Italie; mais il fallait d'abord abattre la protectrice de sa liberté, c'est-à-dire Florence.

Cette république continuait d'être le centre des Guelfes, soumettait les châtelains des environs, et, malgré ses luttes intérieures, améliorait sa constitution. A mesure que Florence prospérait, la gibeline Pise déclinait; engagée dans les affaires du continent, elle ne fournissait plus les meilleurs négociants à Constantinople et à l'Archipel, et voyait se dépeupler ses comptoirs de Syrie. La bataille de la Meloria, autre résultat de son alliance avec l'empereur, l'avait soumise à Gênes; or, comme il lui fut interdit d'entretenir une armée pendant quelque temps, elle perdit l'habitude de la guerre, et la jeunesse chercha dans d'autres carrières les moyens de satisfaire son ambition. Les pêcheurs des maremmes, de Lerici et de la Spezia, passèrent au service des Génois. Elle avait renoncé à la Corse, qui fut donnée aux Aragonais en échange de la Sicile; mais, comme cette île avait toujours des individus prêts à favoriser les Pisans ou les Génois, elle était bouleversée par des factions et des querelles qui empêchaient les Aragonais d'y jeter de profondes racines. Une foule de petits tyrans l'opprimèrent jusqu'au moment où le peuple, fatigué, massacra les barons ou les expulsa; il établit alors une constitution républicaine, et se mit sous la protection de Gênes, à la condition qu'elle n'exigerait annuellement que 20 sous par feu. Les factions, cependant, continuèrent à troubler la Corse; or, comme la république de Gênes ne pouvait la maintenir, cinq citoyens en prirent la tutelle à leur compte et la partagèrent entre eux. Cette administration dura peu, et les dissensions des Adorni et des Fregosi vinrent s'ajouter aux discordes indigènes.

Les Pisans conservaient encore la Sardaigne, favorable au commerce avec l'Afrique, le seul débouché qui leur restât; mais, en 1323, tous les citoyens de Pise qui se trouvaient dans cette île furent égorgés à la suite d'un complot d'Ugone des Visconti, juge d'Arborée, qui la livra à Jacques II, roi d'Aragon. L'infant don Alphonse, ayant débarqué dans la Sardaigne avec une armée puissante, sacrifia 15,000 hommes pour vaincre l'intrépide résistance des habitants de Cagliari et des Pisans, sous la conduite de Manfred de la Gherardesca; mais enfin Pise dut lui abandonner l'île, dernier reste de sa grandeur maritime. Les Aragonais y introduisisirent les cortès, avec trois *stamenti* ou bras, ecclésiastique, militaire, royal, c'est-à-dire bourgeois, qui concouraient à faire les lois, à fixer l'impôt, et faisaient droit aux plaintes des individus et des corporations. Quelques seigneurs conservèrent leur indépendance, comme les marquis d'Arborée, famille à laquelle appartint la célèbre Éléonore, qui fit recueillir les lois de l'île (*carta de logu*) naguère en vigueur.

1326

1403

La route de l'Afrique fut alors interceptée pour la ville de Pise, qui, ne pouvant d'ailleurs soutenir en Sicile la concurrence des Catalans, concentra son activité dans l'agriculture, les manufactures, les entreprises de terre. Toujours hostile à la bannière guelfe, elle continuait à lutter contre Florence. Selon le traité de 1342, elle avait exempté les Florentins de tout droit d'entrée à Pise; mais, sous le prétexte d'armer contre les corsaires, elle leur imposa deux deniers pour chaque livre de valeur. Ne voulant pas se résigner à un exemple qui pouvait amener des conséquences plus nuisibles, les Florentins cessèrent toutes relations avec Pise, et transportèrent leurs entrepôts au port de Télamon dans la maremme de Sienne. Les marchands étrangers durent les imiter, et cet abandon général porta le dernier coup à Pise. Le vide se fit alors dans ses maisons, ses magasins, ses auberges; le port resta sans navires, ses rues sans voituriers, et la ville devint solitaire somme une châtellenie.

1357

Dans l'intérieur, elle était déchirée par les factions des Bergolini, bourgeois guidés par les Gambacorta, et des Raspanti, en mauvais renom pour avoir volé (*raspato*) dans leurs gouvernements, et toujours ennemis des Florentins. Les haines produisirent des tyrannies alternées. Les Visconti de Milan, qui ne détournaient jamais de la Toscane leurs regards avides, favorisaient, pour la ruiner par ses luttes intérieures, le second parti; or les Raspanti poussaient sans cesse à la guerre contre Florence, ne fût-ce que pour exciter les rancunes, qui s'étaient beaucoup apaisées depuis que l'on voyait les résultats qu'avait produits l'exclusion des Florentins, amenée par les Raspanti.

Volterra ne pouvait conserver son indépendance entre les trois républiques voisines qui aspiraient à la soumettre; les Florentins l'ayant affranchie de la tyrannie de Bocchino Belforti, elle se mit sous leur protectorat. Les Pisans, indignés de cette préférence, engagèrent une lutte qui eut des succès divers; mais l'antique reine des mers fut attaquée sur les flots par sa rivale méditerranéenne. Pise, se sentant trop faible pour résister seule, réclama les secours de Barnabé Visconti, qui lui envoya Acuto avec la bande anglaise, composée de cinq cents cavaliers et de deux mille fantassins. Ces aventuriers dévastèrent la campagne, firent même une pointe sur Florence, coururent le *pallio* sous ses murailles, et pendirent devant ses portes trois ânes avec le nom de trois magistrats florentins; mais la voracité de cette bande, la peste qui reparut et la déroute de San-Savino (que l'on célèbre encore à Florence) furent très-funestes aux Pisans (1). En outre, comme ils se trouvaient dans l'impossibilité de payer aux compagnies d'aventure la dernière solde, Jean Agnello, leur concitoyen, dont l'ambition était excitée par Barnabé, promit à ses compagnons de leur compter le montant de l'arriéré, et se fit proclamer doge avec leur appui. Il récompensa, punit, expulsa, comme le font ces ambitieux, et, pour justifier son usurpation, il prit le titre de lieutenant de Visconti. Comme la paix était favorable au dictateur, il la conclut entre les Pisans et les Florentins, restituant à ces derniers les franchises dont ils jouissaient à Pise, les châteaux et les prisonniers, outre 100,000 écus d'or pour les dépenses de la guerre.

Florence avait toujours été le bras droit de l'Église; cependant elle montrait une honnête hardiesse dans les matières ecclésiastiques, punissait, comme les autres citoyens, les prêtres et les abbés de leurs méfaits, et les soumit aux charges communes. L'inquisiteur frère Pierre d'Aquila, orgueilleux et avide d'argent, avait été chargé par le cardinal de Barros, Espagnol, de recouvrer 12,000 florins qui lui étaient dus par la compagnie des Acciaiuoli en faillite; bien qu'il eût pris, avec le consentement de la seigneurie, une garantie de la somme entière, il fit arrêter par les sbires du saint office un des intéressés de cette

---

(1) Ici finissent les trois Villani, précieux historiens, dont le manque est irréparable.

société. Le peuple se soulève, et le prisonnier est arraché aux sbires, qui, après avoir eu les mains coupées, sont bannis de la seigneurie. L'inquisiteur, furieux, se retire à Sienne, et lance l'interdit sur les prieurs et le capitaine de la ville. Les Florentins en appellent au pape, auprès duquel ils accusent l'inquisiteur d'autres abus. Dans l'espace de deux ans, il avait soutiré aux citoyens, disaient-ils, 7,000 florins en traitant d'hérésie toute parole légère, toute opinion un peu libre. Le pape, informé de la vérité, leva l'interdit. La commune alors, à l'exemple de ce que Pérouse avait déjà fait, établit qu'aucun inquisiteur ne pourrait se mêler d'affaires étrangères à ses fonctions, ni prononcer de condamnations pécuniaires, ni avoir de prison distincte; il fut défendu aux magistrats de lui prêter des agents de la force publique, et de lui permettre d'arrêter quelqu'un sans l'assentiment des prieurs. D'autre part, Pierre d'Aquila avait autorisé, sous le nom de *familiers du saint-office*, plus de deux cent cinquante citoyens à porter des armes, institution qui lui rapportait plus de 1,000 florins par an; en conséquence, il fut décrété que l'inquisiteur n'aurait que six familiers avec des armes, et qu'il ne pourrait accorder le droit de les porter à plus de six autres; ceux de l'évêque de Florence furent réduits à douze, et à six ceux de l'évêque de Fiésole. L'ecclésiastique coupable d'un crime envers un laïque devait être jugé par le magistrat ordinaire, sans exception de dignité et sans égard pour les priviléges pontificaux.

Ces mesures indisposèrent le pape contre les Florentins, et Guillaume de Noellet, légat pontifical à Bologne, parut travailler contre leur liberté. En effet, pour aggraver les maux de la disette qui sévissait alors, il prohiba l'envoi du grain à Florence, et déchaîna contre la Toscane la Compagnie blanche d'Acuto aussitôt que la trêve avec Barnabé la rendit disponible : entreprise inconsidérée, et qui fut aussi funeste à l'Italie qu'à la cause pontificale. Florence, indignée de se voir enlever l'estime de cette cour, qu'elle avait toujours servie avec une loyauté religieuse, acheta l'inaction d'Acuto au prix de 130,000 florins, et jeta l'incendie dans la Romagne, promettant de soutenir quiconque se révolterait contre le saint-siége. Sienne, Lucques et Pise embrassèrent sa cause, ainsi que Visconti, contre lequel Grégoire XI avait renouvelé les hostilités. Les Huit de la Guerre, dits les *saints patrons*, à qui l'on avait confié le gouvernement de Florence, rassemblèrent l'armée sous une bannière portant le mot *Liberté* en or, qu'ils envoyèrent à Rome et aux autres villes avec des lettres admirablement rédigées par le secrétaire Colluccio Salutati.

Dans l'espace de moins de dix jours, quatre-vingts cités ou bourgades de la Romagne et des Marches d'Ancône et de Spolète, avec Bologne elle-même, s'affranchirent de l'autorité des vicaires impériaux, établirent des gouvernements libres, ou rappelèrent les anciennes familles dépossédées par Albornoz. Jean Acuto, au service du légat papal, donna à sa compagnie le nom de *sainte*, et maltraita la Romagne. L'évêque d'Ostie, comte de cette province, habitait Faenza ; ayant découvert qu'Astore Manfred travaillait pour la faire soulever, il appela Acuto, qui accourut et commença par lui demander de l'argent. Mais, comme l'évêque n'en avait pas, il emprisonna trois cents des principaux citoyens, en bannit onze mille, et ne retint qu'un certain nombre de femmes pour les déshonorer ; puis il abandonna la ville au pillage, sans même épargner la vie des enfants. Après tous ces excès, il vendit la ville 40,000 florins au marquis d'Este, auquel il la reprit bientôt pour la donner à Manfred, qui demandait lui-même à servir le pontife, moyennant les villes de Bagnacavallo et de Castrocaro.

Le soulèvement s'étendait chaque jour ; quatre-vingts cités s'étaient soustraites à l'obéissance du pape, qui, plus indigné contre les Florentins, les cita à son tribunal. Ce peuple, qui ne voulait pas être religieux au détriment de sa liberté (1), envoie à Avignon trois ambassadeurs, qui défendent sa cause avec une hardiesse inouïe. « Depuis quatre cents ans, dirent-ils, que nous
« jouissons de la liberté, elle est si bien entrée dans nos mœurs
« que chacun de nous est disposé à sacrifier sa vie pour la con-
« server. » Le bon pape, trop mal inspiré, comme il arrive à ceux qui sont éloignés, prononça sans les écouter l'excommunication contre les Florentins, exhortant tout individu à s'emparer de leurs biens et de leurs personnes. Donato Barbadori, un des ambassadeurs, se tournant alors vers le Christ, en appela à lui de l'injuste sentence, et dit avec le Psalmiste : « Mon soutien, ne me laisse pas, si mon père et ma mère m'ont abandonné. »

Tous les citoyens de Florence qui se trouvaient pour leur

---

(1) *Religionis timorem ponendum esse censebant, ubi is officeret libertatem.* (POGGIO BRACCIOLINI, liv. III, p. 223.)

commerce dans Avignon et ailleurs furent obligés de partir. Le roi d'Angleterre saisit l'occasion pour s'emparer des biens de tous ceux qu'il rencontra dans son royaume et les réduire en servitude; il arriva donc à Florence une foule assez considérable pour former une autre cité. Les Florentins ordonnent, par un décret, de ne pas s'inquiéter de l'interdit et de continuer les offices divins; mais Acuto égorge les habitants des villes soulevées. Robert de Genève, nouveau légat, choix détestable du meilleur pontife, amène une des bandes les plus féroces qui avaient dévasté la France sous la conduite du Breton Malestroit. Le pape, l'ayant appelé, lui demanda s'il se sentait le courage de pénétrer dans Florence : « Oui, par Dieu, lui répondit-il, si le soleil y pénètre. »

1377

Le légat menaçait les Bolonais de se laver les pieds et les mains dans leur sang. En effet, Monteveglio, Crespellano et d'autres villes furent traitées sans pitié. Césène, assaillie à cause d'une rixe entre les Bretons et les citoyens, souffrit un pillage affreux, et Robert criait : « Du sang! je veux du sang! égorgez tout le monde sans épargner personne! » Horrible cri, plus horrible dans la bouche d'un légat papal, si ce n'est pas une de ces inventions par lesquelles les opprimés ont coutume de se venger. La ville fut abandonnée pendant trois jours à la fureur des soldats; quand on la reconstruisit, on trouva cinq mille cadavres, outre ceux qui avaient été consumés par les flammes et dévorés par les chiens; les habitants qui avaient survécu errèrent en mendiant. Les soldats échangeaient les dépouilles des morts contre de la paille et du foin pour leurs chevaux. Les femmes, les veuves, souillées, nues, mourant de faim, inspiraient de la pitié même à l'inhumain Acuto. Les Florentins parvinrent à le détacher du pape en lui payant 250,000 florins par an, c'est-à-dire qu'ils rachetaient les récoltes de leur territoire au prix de la moitié de leurs revenus publics. Ce ne fut qu'au moment où le schisme commencé dans l'Église lui faisait un besoin de la paix que le pape, moyennant 230,000 florins, leva l'excommunication de Florence.

1378

Cette république voyait avec jalousie les accroissements de Jean Galéas, qui, attisant les haines de ses rivales, réussit à s'allier avec Sienne, Pérouse, Urbin, Faenza, Rimini, Forli et beaucoup de petits princes; en outre, il attirait sous ses drapeaux les meilleurs capitaines italiens, Jacques del Verme, Jean d'Azzo des Ubaldini, Paul Savelli, Ugolotto Biancardo, Galéas Porro,

Facino Cane, et comptait jusqu'à quinze mille chevaux et six mille fantassins. Florence, se sentant menacée, redoubla de zèle et de sacrifices. Outre Acuto, elle prit à sa solde le duc de Bavière, Allemand, et le duc d'Armagnac, Français, qui conduisait deux mille lances et trois mille brigands, rebut de toutes les nations, stipendiés pour la ruine de l'Italie. Elle se fortifiait encore de la puissance de Bologne et de la haine de François Novello des Carrare.

Contraint par Visconti, comme nous l'avons dit, à faire cession de la principauté de ses ancêtres, et relegué à Cortazzone, dans l'Astigian, François Novello s'enfuit vers la France en semant le bruit qu'il allait en pèlerinage à Saint-Antoine de Vienne. Suivi de son intrépide femme, Taddea d'Este, et de ses enfants, il traverse les glaces des Alpes, se prosterne, dans Avignon, aux genoux de l'antipape Clément VII, embrasse à Marseille Raymond, autrefois évêque de Padoue, puis s'embarque pour Gênes dans la crainte d'être arrêté par ce gouverneur. La tempête le jette sur des plages ennemies; mais il échappe au danger, grâce à l'argent et aux lettres du roi de France. Arrivé sur le territoire des Fieschi, il se remet en mer. Une nouvelle tempête le pousse au rivage, où un certain Spinola ne veut pas croire qu'il soit marchand ni homme d'armes, comme il disait, et l'oblige à se faire connaître. Ce Spinola, chaud Gibelin, court à Gênes en prévenir le doge Adorno, créature des Visconti; mais François, informé de cette démarche, passe la nuit dans une église, et s'enfuit à la côte au point du jour. Là, il rencontre un négociant qui, concevant des soupçons au noble maintien de Taddea, court le dénoncer à Ventimiglia comme ravisseur d'une noble dame. Les milices surviennent; mais il se fait connaître, et reçoit des honneurs. Il est rejoint par un messager de Paganino Doria, qui lui présente la moitié d'un dé, signe convenu, et poursuit avec lui son voyage sur un esquif.

Les vents contraires le jettent à Savone, où dominaient les Del Carretto, amis de Visconti; il s'échappe par une prompte fuite, se rend à Gênes en habit de pèlerin, se dérobe aux condottieri du duc, envoyés sur ses traces, et arrive enfin à Florence. Tourmenté par les douaniers aux portes de la ville, reçu froidement, invité, sous forme de conseil, à chercher ailleurs un asile, il établit une banque pour gagner la nourriture de sa famille, et se fait estimer des Florentins, surtout lorsqu'ils le voient redouté de Visconti. Les Vénitiens eux-mêmes, cessant de le craindre, lui témoignent de la bienveillance, et son père, de sa prison, l'exhorte à soutenir la fortune et l'honneur de sa famille. François alors reprend un rôle politique, visite les cours d'Allemagne, dont il obtient des encouragements et des forces avec lesquelles il traverse le Frioul, rassemble ses amis et ses partisans, et recouvre Padoue par surprise. L'incendie se répand tout à coup; Vérone proclame le jeune Cane François, fils du défunt Antoine de la Scala, et les Vénitiens donnent la main aux ennemis de Jean Galéas.

1390 19 juin

Les bandes étrangères n'avaient pas encore appris l'habile stratégie des aventuriers indigènes; Armagnac, habitué à vaincre, et qui n'avait que vingt-huit ans, bravait les Italiens avec la témérité française. S'étant avancé avec peu de monde jusque sous les murs d'Alexandrie, il fut battu et blessé mortellement par Jacques Del Verme. Ses compagnons, pris et spoliés, durent rentrer en France sans armes. Cet échec mettait dans un grave péril l'autre armée à la solde des Florentins; mais Jean Acuto, par d'habiles manœuvres, put traverser l'Oglio, le Mincio et l'Adige, rompit les digues du dernier fleuve, et inonda la vallée véronaise. Une fois, comme il ne lui restait pour asile qu'une chaussée au milieu des eaux qui l'entouraient, Jacques Del Verme lui envoya par raillerie un renard dans une cage; mais l'Anglais répondit : « Le renard trouvera le moyen de sortir du piège. » En effet, au-dessous de Legnano, il traversa la vase et l'eau un jour entier, et mit l'armée en sûreté. Florence payait à Acuto jusqu'à 2,000 florins par an, l'exemptait, lui et son fils, de tout impôt, donnait à ses trois filles de riches dots, et assignait un douaire à sa femme, Donnina Visconti. A sa mort, on lui fit des obsèques de prince, un mausolée lui fut érigé à Sainte-Marie des Fleurs, et le roi d'Angleterre réclama ses cendres : tant les hommes sont opiniâtres dans leur frénésie d'honorer qui les tue!

1391 25 juillet

1394

Fatigués de ces évolutions interminables qui n'étaient suivies d'aucune bataille rangée, les parties belligérantes convinrent de s'en remettre à la décision d'Antoniotto Adorno, doge de Gênes, et de Richard Caracciolo, grand maître de l'ordre de Rhodes. D'après leur arbitrage, François Novello conservait Padoue, et Jean Galéas devait s'abstenir de toute immixtion dans les affaires toscanes, et les Florentins dans celles de la Lombardie; mais Visconti, dont l'ambition n'était pas satisfaite, méprisait les conventions. Ses bandes mercenaires, qu'il avait congédiées,

1392 janvier

mais auxquelles il payait toujours demi-solde, furent poussées contre les Florentins ; il s'alliait avec Jacques d'Appiano, qui, après avoir renversé Pierre Gambacorta, s'était rendu maître de Pise.

François Gonzague, dans un pèlerinage simulé, combina une ligue guelfe entre Bologne, les seigneurs de Padoue, Ferrare, Mantoue, Faenza, Ravenne, Imola, et surtout Florence, qui, gouvernée alors par les Albizzi, adroits politiques, tint tête à Albéric de Barbiano au moyen des intrigues et des bandes mercenaires ; néanmoins elle ne put empêcher Gérard, fils et successeur d'Appiano, de vendre Pise à Jean Galéas, en conservant pour lui Piombino avec l'île d'Elbe, qui forma dès lors une principauté distincte. Sienne même, agitée par les factions et ses conflits avec Florence, se donna à Visconti, et fut imitée par Pérouse. L'opposition de Florence fit pourtant échouer (cela fût-il un bien ou un mal?) les projets de Jean Galéas, qui, perdant l'espérance de dominer sur toute l'Italie, songea à se consolider à Milan.

Bien qu'on se fût habitué, par le long exercice de l'autorité et sa transmission continue, à les considérer comme princes héréditaires, les Visconti, de même que les autres tyrans, ne dominaient que parce que le pouvoir politique leur était confié par l'assemblée du peuple, dans laquelle la souveraineté résidait encore de droit. Les Visconti, il est vrai, pour lui épargner les ennuis des réunions, faisaient tout faire par les *Douze de provision*, sous la présidence d'un vicaire nommé par le prince, ou bien ne la convoquaient que pour obtenir sa complaisante adhésion. Les statuts émanaient du prince ; inspirés souvent par le désir de consolider son autorité, ils défendaient de porter des armes, de former des sociétés secrètes, d'entretenir une correspondance avec le pape ou l'empereur, ou bien ordonnaient de faire prompte et sévère justice des voleurs et des rebelles, « et par rebelles on entend tous ceux qui entreprennent sur le pacifique État du seigneur et de la commune de Milan. »

Le vicaire, tandis qu'il remplissait les fonctions de lieutenant du duc, était le chef de la ville et l'intermédiaire entre les citoyens et le premier ; il devait être étranger, ou du moins ne posséder dans le Milanais aucune propriété foncière ; il était assisté de douze conseillers choisis en partie parmi les marchands et les citoyens, en partie parmi les docteurs, et qu'on changeait tous les deux mois. La police intérieure, le commerce, la salubrité, les approvisionnements, les contestations entre les métiers et pour servitudes locales ou trafic, étaient de la compétence de ce magistrat; il administrait les revenus de la commune, les octrois, les régales de cours d'eau et de routes, nommait aux emplois municipaux, choisissait les podestats, les capitaines et autres chefs de la justice dans la campagne. Il convoquait encore le conseil général, composé de cent cinquante citoyens pour chacune des six portes principales, choisis d'abord par des députés du peuple, ensuite par le tribunal même de *provision*, assisté de quelques hommes sages, enfin par le duc. Chaque porte avait ses armoiries, sa bannière et ses capitaines; chaque paroisse ses syndics, ses assemblées électorales et délibératives. Les citoyens étaient chargés de la défense des murailles et des portes. Le pouvoir judiciaire civil appartenait au podestat, le criminel à un capitaine de justice; mais, comme il était contraint de s'appuyer sur l'un des partis afin de vaincre l'autre, il restait l'esclave de la faction triomphante, c'est-à-dire du prince.

Les anciennes coutumes des communes, les priviléges féodaux, les factions, le clergé, les corporations, limitaient l'autorité du prince, mais surtout l'empêchaient d'établir des impôts excessifs, puisqu'on le voit recourir à des paroles flatteuses et même basses lorsqu'il sollicite une nouvelle taxe. Le plus souvent la nécessité de lever des troupes, avec lesquelles il opprimait ensuite, lui fournissait une occasion de faire de pareilles demandes. En outre, s'il était nommé vicaire impérial, il exerçait les droits royaux; en cas de guerre, il avait un pouvoir illimité comme général d'armée. Devenait-il le chef de plusieurs villes, comme aucun lien ne les unissait, il se trouvait indépendant de toutes, employait les unes à refréner les autres, et, quand il les avait soumises, elles ne pouvaient opposer aucun droit à ses prétentions arbitraires.

Afin de faire connaître le gouvernement de l'une des cités indépendantes, nous prendrons Côme pour exemple. Cette ville conservait le conseil général des Cent, parmi lesquels on choisissait au sort un conseil de douze sages ou *office de provision* pour administrer les affaires ordinaires. Dans les cas les plus importants, soit pour faire des statuts, donner le droit de cité, vendre ou engager les biens publics, on réunissait le conseil général; mais Jean Galéas Visconti chercha toujours à réduire la juridiction qu'il avait en matière d'ordonnances, de poids, de mesures, d'impôts, de statuts, et qu'Azzon s'était plu à confirmer.

Les impôts s'affermaient devant ce conseil, et un juge des droits d'entrée, avec six assesseurs, résolvait les questions relatives à ces droits. Un référendaire, dans l'intérêt du prince, avait la surintendance des droits d'entrée, des impôts, des péages, et assistait au conseil général; le premier qui remplit ces fonctions remonte à l'année 1387. 4,600 florins par mois formaient la quote-part que Côme payait à Jean Galéas. Le sel était un privilége du fisc, et le fermier, en 1300, devait en acheter quinze mille cinq cents boisseaux à la gabelle du prince; on le répartissait ensuite par communes et par familles, sauf exemption pour ceux qui payaient moins d'une livre de contribution foncière. Le sel alors valait 4 livres de terzuoli, et toute fraude était sévèrement punie.

La ville ne choisissait plus le podestat, qui était envoyé de Milan (1); il recevait par mois 100 florins d'or, avec lesquels il devait salarier un lieutenant pour la police, le vicaire et le juge des maléfices, qui le remplaçaient au besoin, celui-ci dans les affaires criminelles, celui-là dans les causes civiles, avec le concours de quatre consuls de justice et de deux juges de palais choisis parmi les docteurs de collége. Tous les six mois, le prince envoyait des censeurs qui examinaient les comptes des magistrats annuels à leur sortie de charge; le gouverneur n'était qu'un simple représentant du duc; la commune conservait toujours son autorité sur les fonctionnaires inférieurs, et pouvait disposer à son gré de ses propres revenus.

Côme devait fournir un nombre de soldats proportionné à sa population, avec paye et des connétables pour la commander, outre des chars, des pionniers et autres gens pour le service de la guerre. La citadelle était gardée par un commandant; les soldats et deux navires à vingt rames et plus, dits *scorobiesse*, afin de poursuivre les contrebandiers et les pirates, dépendaient d'un capitaine du lac, qui siégeait à Bellagio. Un chef du sceau délivrait les passeports aux étrangers, sur lesquels il avait juridiction, ainsi que sur les portes, les quarantaines et les frontières. Le prince envoyait, avec les juges des rues, le juge des

---

(1) Ce fut en 1396 que Jean Galéas y envoya le premier podestat; la Valatine en recevait déjà en 1378.

subsistances, qui veillait à la bonne qualité des vivres et des médicaments.

La perte de l'indépendance, ce qui paraîtra étrange, n'avait pas éteint les inimitiés intérieures et les divisions entre familles. A Côme, en 1335, on choisit cinquante individus dans chacune des factions Vitana, Ruscona et Lambertenga ; les noms furent placés dans trois urnes séparées, et l'on en tira un de chacune pour former le tribunal des *trois bons hommes*, qui jugeait sans appel les causes portées devant tout autre magistrat. On continua même, jusqu'à l'époque de François Sforza, à choisir le conseil, moitié dans le parti Vitana, moitié dans celui des Ruscona.

Galéas et Barnabé Visconti, afin d'abréger et de simplifier les procès, avaient ordonné que toutes les causes portées devant un magistrat quelconque seraient, même sur la demande d'une seule partie, soumises à la décision de trois personnes de confiance, qui prononceraient sans débats et sans appel. Ce décret dut tomber en désuétude, puisque Jean Galéas, en 1382, rappelait à son exécution ; mais on s'aperçut bientôt que cette substitution de l'arbitrage et du bon sens à la loi nuisait à la justice ; il fut donc établi, d'abord qu'un jurisconsulte assisterait les Trois, ensuite qu'on pourrait appeler de leur sentence, et l'on finit par remettre les jugements aux magistrats ordinaires.

La faculté de procéder d'office contre les délinquants fut étendue à ces magistrats, qui jusqu'alors n'avaient pu informer que sur la requête de l'offensé. Cette réforme de la justice fut un grand pas vers la centralisation (1). Jean Galéas y contribua en établissant à Milan un conseil de justice, tribunal suprême, qui jugeait en appel les causes portées devant les tribunaux inférieurs ; plus, un conseil secret qui surveillait l'administration, avait sous sa dépendance les magistrats des revenus ordinaires et extraordinaires, les référendaires de la curie ducale, les *lieute-*

---

(1) Nous en trouvons quelques exemples antérieurs à cette époque. Ainsi, en 1241, Guillaume Visconti, nommé vicaire de Saint-Romule par l'archevêque de Gênes, promet, outre le reste : *Si forcia vel forfacta ab aliquo ejus loci et districtus facta fuerit, et notorium et manifestum seu publicum aut mihi denunciatum fuerit, quamvis non sit inde querimonia facta mihi, tamen ego ad vindictam faciendam, et veritatem ejusdem forciæ vel forfactæ inquiram et vindictam faciam ac si querimonia propterea mihi facta esset.* (Liber jurium, tom. I, p. 994.)

nants de la banque des mercenaires pour l'armée, les *capitaines de la prohibition des grains* sur les subsistances. Le prince s'attribua même la nomination aux bénéfices ecclésiastiques, sauf la ratification du pape ; enfin il se réserva la nomination du grand conseil et des Douze de provision. L'extension que prenait l'étude du droit romain servait encore pour accroître l'autorité juridique du prince, qui d'ailleurs réprimait arbitrairement les délits, alors très-fréquents.

Ce pouvoir despotique, comme autrefois dans Rome, dérivait de l'autorité du capitaine ; il ne détruisait pas les formes républicaines, mais leur enlevait toute action réelle. Le peuple conservait encore le droit d'élire le prince ; mécontent de l'un d'eux, il jurait qu'après sa mort il ne lui donnerait pas de successeur ; puis à peine le prince avait-il rendu le dernier soupir que le peuple se hâtait d'en nommer un autre, soit même le fils ou le frère du défunt, par la raison que son père ou son frère avait été mauvais : raisonnement étrange, mais que l'on fait tous les jours.

Les Milanais, de cette manière, s'étaient habitués, dans l'espace de cent ans, à regarder comme nécessaire la principauté à laquelle, dans leur opinion, la famille Visconti avait presque un droit héréditaire. Néanmoins ils pouvaient toujours refuser leurs suffrages ; or ce danger, bien qu'éloigné, troublait le sommeil de Jean Galéas, qui, afin de ne pas devoir son titre au choix populaire, préféra le recevoir de l'empereur.

A Constance, Frédéric Barberousse avait reconnu la liberté des Lombards ; en conséquence, les empereurs n'avaient aucun pouvoir direct sur eux, et d'ailleurs jamais ils ne les considérèrent comme un fief dont ils pouvaient disposer. Aussi, lorsque l'empereur Wenceslas reçut de Galéas l'offre de 100,000 sequins pour l'élire duc de Milan, il n'hésita point un instant à se rendre à ses désirs. Persuadé que les fêtes enchaîneraient mieux le peuple que les *fours* employés par ses prédécesseurs, Galéas en fit préparer d'une magnificence inouïe. Au milieu de la place de Saint-Ambroise, où l'on couronnait les rois d'Italie, le nouveau duc fut placé sur un trône ; puis, à genoux, il reçut du commissaire impérial le manteau et une couronne qui valait 200,000 florins. Le couronnement fut suivi de chants, de messes solennelles, de chevauchées, de joutes, d'une cour plénière, de présents infinis : « On vit accourir au spectacle d'une si grande solennité des gens de presque toutes les nations chrétiennes et même infidèles, de manière que chacun disait qu'il était impossible de rien voir de plus grand (1). »

(1) Corio. — Cette cérémonie a été décrite en détail dans une lettre adressée, le 10 septembre de la même année, par George Azzanello et Andreolo Aresi, chancelier ducal : . « Des princes, des seigneurs et des communautés furent appelés de presque toutes les parties du monde pour rehausser l'éclat du couronnement du nouveau duc, honneur de l'Italie. Dès l'aube du dimanche, le cortége, précédé d'histrions et de musiciens, accompagna le duc futur depuis le château jusqu'à la porte de Jupiter. On avait établi sur la place de Saint-Ambroise, vers la citadelle, une estrade carrée, défendue par une clôture à claire voie. Les siéges et les degrés étaient couverts de drap écarlate, sur lequel s'étendait une étoffe rouge brochée d'or. C'était là que le magnifique chevalier Benèse Cumsinich, lieutenant césaréen, attendait le futur duc pour l'introniser. Les prélats, les seigneurs et les ambassadeurs s'assirent sur l'estrade, près de laquelle, à gauche, se tenaient Paul des Savelli, prince romain, et le chevalier Ugolotto des Biancardi, avec un escadron de cinq cents chevaux pour garder la place où la multitude se pressait. Le futur duc étant arrivé avec son cortége, Benèse l'accueillit avec bienveillance et le plaça à sa main gauche, sur le lieu le plus élevé de l'estrade. La bannière impériale était tenue à droite par un chevalier bohême, collègue de Benèse ; à gauche, le chevalier Othon de Mandello portait une autre bannière écartelée aux armes du duc. Lecture donnée du privilége qui constituait Jean Galéas duc de Milan, privilége accordé par l'empereur Wenceslas, Prague, le 1er mai 1395, le duc, à genoux, prêta serment de fidélité à César dans les mains du lieutenant impérial, qui lui mit sur les épaules le manteau ducal doublé de vair du haut en bas ; puis, le prenant par le bras, il l'intronisa en lui posant sur la tête une couronne ornée de pierreries, estimée 200,000 florins.

« Lorsque le duc et le lieutenant furent assis, les prélats chantèrent des hymnes de remercîments au Seigneur, au milieu du concert des instruments de musique ; Pierre Philarque prononça ensuite le panégyrique du duc, et, quand il eut fini, on célébra les offices divins ; puis le lieutenant impérial et le duc montèrent à cheval, et, abrités par un magnifique baldaquin que portaient huit chevaliers et autant d'écuyers, ils se dirigèrent, suivis de tous les prélats, seigneurs et ambassadeurs, jusqu'à l'ancien palais, aux portes duquel furent plantées les deux bannières impériale et ducale. Des tables étaient dressées dans la cour, servies en riche vaisselle d'argent, et des tapisseries tissues en or étaient tendues en forme de pavillon. Le duc s'assit au haut de la table, ayant à ses côtés les deux lieutenants impériaux, et, après eux, dans l'ordre de leur dignité, les autres seigneurs. Le lundi, ceux qui devaient figurer dans la joute, passèrent la revue dans le palais ducal. Le mardi, trois cents d'entre eux, partagés en deux bandes, l'une rouge et l'autre blanche, entrèrent dans la lice avec leurs bannières ; le prix de la victoire était de 1,000 florins. Le mercredi, nouvelle joute, et le prix, qui était une agrafe de la valeur de 1,000 florins, fut remporté par le marquis de Montferrat. Les joutes se terminèrent le jeudi, et Barthélemy, frère de Dominique de Bologne, gagna un cheval du prix de 100 florins, et Jean Rubello, écuyer de ce marquis, un autre de 200. »

Cette Lombardie, que nous avons vue fractionnée en autant de petites républiques qu'elle renfermait de communes, qui se gouvernaient et s'administraient comme des familles libres, finissait donc par se fondre en un duché. Outre la capitale, Lodi, Crême, Crémone, Brescia, Côme avec son lac et celui de Lugano, Bellinzona, Bormio et la Valteline, Novare, Alexandrie, Tortone, Verceil, Pontremoli, Bobbio, Sarzane, Vérone, Vicence, Feliciano, Feltre, Bellune, Bassano avec la rivière de Trente, Parme, Plaisance, Reggio, Arezzo, plus un comté où se trouvaient Pavie, Valence, Casale et le comté d'Angera, qui formait l'apanage de l'héritier, étaient compris dans ce duché. Jean Galéas possédait encore Pérouse, Nocera, Spolète, Assise, outre Asti et Alba, qu'il donna en dot à ses deux filles; et tout ce pays, devenu l'héritage d'une famille, passa ensuite dans les mains de quiconque avait le plus de force pour l'occuper, ou plus d'astuce et d'énergie farouche pour le tenir dans l'oppression.

L'aliénation de ce duché déplut beaucoup aux Allemands, qui aimaient à le considérer comme un fief impérial, et, lorsqu'ils déposèrent Wenceslas, ils en firent un des chefs d'accusation les plus graves. Robert, comte palatin, qui lui fut substitué, dut promettre de venir en Italie et d'anéantir la souveraineté des Visconti. Il s'allie donc avec le seigneur de Padoue, emprunte à Florence 200,000 florins, et fait sommer Galéas par des ambassadeurs de renoncer à son nouveau pouvoir. Le duc, pour toute réponse, s'entoure des meilleurs capitaines d'aventure. Robert pénètre alors sur le territoire de Brescia, qui s'était soulevée; mais, assailli par Facino Cane et Jacques del Verme, il apprend, par une expérience coûteuse, que la cavalerie italienne est supérieure à la cavalerie allemande, qui aurait essuyé une déroute complète si François Novello ne l'avait soutenue avec un escadron italien. Après avoir perdu mille chevaux et un grand nombre de prisonniers, Robert, abandonné de ses vassaux, se retire ignominieusement.

Ainsi l'attaque et la défense dépendaient des *condottieri*, dont les meilleurs étaient au service de Galéas, qui, avec leur aide, recouvra Bologne, objet de sa perpétuelle ambition. Cette ville était alors partagée entre les Scacchesi, commandés par Gozzadini et Zambeccari, et les Maltraversi, unis aux nobles sous la conduite de Jean Bentivoglio, qui parvint à s'en faire déclarer seigneur. Florence perdait ainsi son alliée la plus constante. Galéas envoya Del Verme et Barbiano contre Bentivoglio, qui, malgré la défense la plus énergique, fut pris et tué. Galéas, proclamé seigneur, fit construire, selon l'usage, une forteresse dans Bologne.

1402 juin.

En résumé, ce Visconti consommait la ruine des républiques italiennes. Pise lui avait été vendue par Gérard Appiano ; Sienne et Pérouse le nommèrent seigneur, tandis que Gênes se soumettait au roi de France. Rome était affaiblie par le schisme papal, et la servitude ne rendait pas la tranquillité à Naples. Les Vénitiens ne s'apercevaient pas de la nécessité de se faire les défenseurs de la liberté italienne. Florence seule conservait le souffle républicain ; mais les piéges dont l'entourait Visconti la faisaient trembler, lorsque la peste, qui reparut plusieurs fois dans ce siècle, mit fin à l'ambition et à l'existence de ce despote : il n'avait que quarante-neuf ans.

3 septembre

Jean Galéas fut un des plus splendides seigneurs de l'Italie. Aussi riche en expédients politiques que pauvre de valeur personnelle et de loyauté, il sacrifiait à la soif de posséder la justice, la bonne foi, l'intérêt des populations, et sut bien choisir les hommes qu'il employait en temps de paix ou pour la guerre. Habile à masquer la servitude, il améliora l'administration au moyen des registres et des protocoles, dont il avait chargé une multitude de scribes, de comptables, de notaires. Les droits d'entrée les plus odieux furent abaissés, et beaucoup supprimés. Il fit réformer les statuts, et s'entoura de savants et de littérateurs, tels que le juriste Baldo, les mathématiciens Fulgoso, Signorolo Amadio, Ugo de Sienne et Biagio Pelacane ; les médecins Marsiglio de Sainte-Sophie, Sillano Negro, Antoine Vacca, le philologue Emmanuel Chrysoloras, le théologien Pierre Philargue. Il réorganisa l'université de Plaisance, joignit une bibliothèque à celle de Pavie, forma une académie des beaux-arts, attacha son nom à deux des monuments les plus remarquables de la haute Italie, la cathédrale de Milan et la Chartreuse de Pavie, dédiées à Marie qui vient de naître et à Marie des Grâces. Il aurait fini par devenir le maître de toute l'Italie, s'il n'avait pas trouvé sur son chemin Florence et François des Carrare, ou peut-être cette fatalité qui déjoua toujours les tentatives de cette nature.

A ses funérailles, une procession, qui mit quatorze heures à défiler, partit du château pour se rendre à la cathédrale. Au-devant de la croix marchaient des connétables, des écuyers, des chevaliers, et quarante personnages de la famille des Visconti, accompagnés chacun de deux ambassadeurs de puissances étrangères; venait ensuite un grand nombre d'autres ambassadeurs et de nobles étrangers, avec dix députés de chacune des quarante-six villes sujettes (1), outre une foule de nobles et de citoyens principaux de ces mêmes cités. A la suite on voyait les ordres religieux (et ils étaient nombreux), chanoines réguliers, clergé séculier, les abbés des monastères et les évêques de tous les diocèses soumis. Derrière apparaissaient les enseignes de Milan, portées par deux cent quarante hommes à cheval, auprès desquels se tenaient huit autres, également à cheval, avec les enseignes ducales; enfin suivaient deux mille personnes vêtues de deuil, ayant sur la poitrine et les épaules les armes de la vipère, du duché de Milan et du comté de Pavie, chacune avec une grosse torche à la main. L'archevêque au milieu de ses suffragants venait derrière le clergé et les chanoines.

Les principaux seigneurs étrangers portaient le cercueil sous un baldaquin en brocart d'or fourré d'hermine, qui était entouré de courtisans en deuil, dont douze, tour à tour, soutenaient les écus des enseignes et des emblèmes adoptées par le duc. Deux mille autres personnes, faisant entendre des gémissements, fermaient le cortége. Arrivés au temple, et après l'offrande de tous les cierges, des enseignes ducales, des armes et des chevaux qui les portaient, on célébra l'office des morts autour d'un catafalque orné d'étendards et de bannières, sur lequel était le cercueil. Une inscription pompeuse attestait les vertus que le duc eut ou devait avoir, et les regrets des sujets privés d'un père : n'a-t-on pas des phrases pour tous ! La cérémonie terminée, le cortége se dirigea vers le palais ducal, où fut prononcée une oraison funèbre tout aussi véridique que l'épitaphe et non moins pompeuse, qui faisait remonter la dynastie Visconti jusqu'à Hector et Énée.

(1) Valteline, Valcamonica, Varèse, Legnano, Castello, Arquà, Solò. Bassano, Castelnuovo de Tortone, Rivière de Trente, Soresina, Lecco, Vigevano, Pontremoli, Voghera, Borgo Sandonnino, Casal Sant'Evasio, Valence, Crème, Monza, Grossetto, Massa Lunigiana, Assise, Bobbio, Feltre, Bellune, Reggio, Tortone, Alexandrie, Lodi, Verceil, Novare, Vicence, Bergame, Côme, Crémone, Plaisance, Parme, Brescia, qui, dans son épitaphe, est appelée *civili nondum enervata duello*, Vérone, Pérouse, Sienne, Pise, Bologne, Pavie, Milan.

Ses entrailles, d'après sa volonté, devaient être transportées à Saint-Jacques de Galice, et ses ossements à la Chartreuse de Pavie, à laquelle il laissa d'immenses possessions pour la terminer, et faire ensuite des aumônes qui ne cessèrent qu'avec l'institution. Dans ce temple, on lui érigea donc un mausolée en marbre blanc, avec son effigie couchée, l'histoire de ses exploits, des bas-reliefs et les armes de toutes les villes soumises à son autorité : c'est un des monuments les plus remarquables de l'art italien. Comines, politique habile et historien français, vit ces ossements placés plus haut que l'autel, et entendit un religieux qualifier Galéas de *saint*, « et je lui demandai à l'oreille (raconte-t-il) pourquoi on l'appelait *saint*, alors qu'il pouvait voir tout autour les armes d'un grand nombre de villes qu'il avait usurpées sans aucun droit ; il me répondit tout bas : *Nous autres, dans ce pays, nous appelons saints tous ceux qui nous font du bien* (1). »

Jean Galéas laissait deux fils en bas âge : à Jean-Marie il légua le duché du Tésin au Mincio, entre Bologne, Sienne et Pérouse ; à Philippe-Marie le comté pavesan, avec le reste du territoire. Crème et Pise étaient détachées pour son bâtard Gabriel-Marie ; mais il pouvait dire comme Pyrrhus : « Je lègue mon sceptre à celui dont l'épée a le meilleur tranchant. » Il confia la tutelle de ses enfants à Catherine Visconti, sa veuve, et à dix-sept personnages parmi lesquels se trouvaient les fameux *condottieri* Del Verme, Barbiano, Pandolphe Malatesta, Antoine d'Urbin, François Gonzague, Paul Savelli. Il avait fait le choix de ces guerriers dans l'espoir qu'ils protégeraient la faiblesse de ses jeunes héritiers, et voudraient obéir à un enfant comme autrefois à lui-même. Mais ces capitaines, aussi vaillants sur le champ de bataille qu'inhabiles à gouverner, sans foi aucune, ne se contentaient plus de la solde, et voulaient quelque ville ou territoire pour hiverner : Jean de Pietramala occupa Varni ; Renaud Orsini, Aquila et Spolète ; Boldrino de Panicale, beaucoup de villes de la Marche ; Biordo domina sur Pérouse, Lodi, Orvieto et Nocera ; Broglia, sur Assise, et d'autres s'établirent ailleurs ; puis ils vendaient ensuite aux communes ou bien aux petits princes du voisinage les villes qu'ils ne pouvaient garder. Les seigneurs, parfois, se débarrassaient des *condottieri* par l'assassinat, comme fit le marquis de Macerata à l'égard de

(1) *Mémoires*, chap. 7.

Boldrino. Ses compagnons le vengèrent avec férocité jusqu'au moment où, d'après les conseils de Florence, qui s'était interposée, le marquis les apaisa moyennant 12,000 florins, et par la restitution du cadavre de leur chef, qu'ils portèrent longtemps dans une caisse à la tête de leur bande.

Les cotuteurs de Jean-Marie répugnaient de se trouver au-dessous d'une femme et de François Barbavara, son favori, président de la régence. La discorde entravait donc les délibérations, tandis que les ennemis abattus commençaient à relever la tête. Les Guelfes et les Gibelins, dont le nom avait été proscrit, devinrent plus acharnés, non pour défendre les anciennes causes de l'Église et de l'empire, mais pour satisfaire des haines et des vengeances personnelles. Les Carrare aiguisent leurs armes, qu'ils n'avaient jamais déposées. Boniface IX et les Florentins s'entendent pour soustraire aux Visconti Sienne, Pérouse, Pise et Bologne. Barbiano, mis à la tête de l'armée florentine, recouvre pour le pape Assise et Pérouse, et les autres *condottieri* se hâtent de partager entre eux des possessions qu'ils avaient eux-mêmes procurées à cette maison.

Catherine, pour conjurer le péril, déploya de l'adresse et de la fermeté; par des exécutions sanglantes elle effraya les Milanais, qui, à l'instigation d'autres Visconti, des Porri et des Aliprandi, s'étaient soulevés pour lui imposer de nouveaux conseillers; mais toutes les cités soumises avaient secoué la dépendance, et des tyrans y dominaient sur les grandes familles et les factions. Les Guelfes, secondés par les Valcamuni, massacrent les habitants de Brescia avec une telle fureur qu'ils vendent jusqu'à de la chair de Gibelins; mais Pierre Gambara, dont on avait égorgé deux enfants, rassemble à Salo des armes et ses partisans, et pénètre dans la ville, où il exerce de sanglantes représailles, au point que les cadavres infectèrent longtemps le territoire de Brescia et de Crémone. Les Guelfes reprennent le dessus à Lodi avec Jean des Vignati, à Plaisance et à Bobbio avec les Scotti et les Landi; les Gibelins triomphent à Côme avec Franchino Rusca, à Bergame avec les Suardi; à Crémone avec Jean Ponzone, puis avec Ugolin Cavalcabò. Enfin Gabrino Fondulo invite à un banquet les Cavalcabò et les personnages les plus importants du pays, les fait égorger, et gagne ainsi une place parmi les princes. Les barons de Sax occupent Bellinzona, dans la Mesolcina, et Vicence se donne aux Vénitiens.

Catherine parvint à conclure la paix avec le pontife, qui recouvra Bologne et Pérouse. Les Florentins lui reprochent de les avoir abandonnés, continuent la guerre et délivrent Sienne. Gabriel-Marie Visconti conserve Pise en s'alliant avec le vicaire de la France à Gênes, le maréchal Boucicault, auquel il la vend ensuite 200,000 florins; mais ce Français avare refuse de les payer, l'accuse à Gênes de trahison et l'envoie au supplice.

Facino Cane fut d'un grand secours à Catherine. Ce *condottiere*, de l'ancienne famille des Cani de Montferrat, avait servi les Scaligeri de Vérone. Resté prisonnier à la bataille de Castagnaro, il se mit à la solde des Carrare, pour lesquels il fit dans le Frioul une guerre cruelle. Il assista le marquis de Montferrat contre les seigneurs de Savoie avec tant de bonheur qu'il en obtint en fief Borgo Saint-Martin. A force de ravager le Piémont jusqu'à Ivrée, il s'éleva si haut dans l'estime de Jean Galéas, que celui-ci le nomma gouverneur de Bologne aussitôt qu'il l'eut reconquise; il se maintint dans cette ville par le droit féroce d'un commandant militaire. Après la mort du duc, sommé de la céder à l'armée pontificale, il mit le feu à trois cents maisons pour qu'on ne songeât point à le poursuivre. Dirigeant alors ses bandes contre des villes révoltées, il dévasta le territoire compris entre Parme et Crémone; après avoir livré Alexandrie à un pillage horrible, il s'en fit seigneur et occupa même le comté de Biandrate. Pandolphe Malatesta, beau-frère de la régente, réclamait la solde échue; elle l'envoya donc piller Côme, dont il se fit gouverneur, comme il soumit à son pouvoir Bergame et Brescia, où il fonda une autre seigneurie guelfe.

Cette faction perdait alors un grand chef. François Novello des Carrare, après s'être consolidé dans Padoue, avait aidé Guillaume, bâtard de la maison Scala, à recouvrer Vérone; lorsqu'il mourut (empoisonné, dit-on), François Novello occupa cette ville au préjudice de ses fils, Antoine et Brunoro, et des Visconti; mais, à l'instigation de la duchesse, les Vénitiens, secondés par Malatesta, Savelli et d'autres aventuriers à leur solde, avaient déclaré la guerre à Carrare, qui, malgré des prodiges d'activité, dut céder devant la peste et le nombre supérieur de ses ennemis. Il se réfugia à Venise, où il fut arrêté et condamné par les Dix à la potence avec ses fils, deux desquels parvinrent à s'enfuir à Florence; on mit leur tête à prix. Charles Zeno, le plus grand homme de Venise, accusé d'avoir reçu quatre cents ducats de François Novello, fut exclu de tout emploi et condamné à deux ans de prison, bien qu'il affirmât que cette somme n'était que la

1404
7 avril

1406

restitution d'un prêt, et qu'aucun autre témoignage ne déposât contre son intégrité. Les fils de Guillaume de la Scala, qui étaient parvenus à sortir de la prison où Carrare les avait enfermés, demandèrent à rentrer dans la possession de Vérone ; la Seigneurie vénitienne, pour toute réponse, mit leur tête à prix. Saint-Marc possédait alors Trévise, Feltre, Bellune, Padoue, Vicence et Vérone : acquisitions funestes, qui le forcèrent de se mêler aux événements d'Italie. Du reste, il fallut bientôt les défendre contre l'empereur Sigismond, qui avait fait envahir le Frioul par le Florentin Philippe Scolari, créé span, d'où lui vint le nom de Pippo Span.

1404 octobre. Au milieu de tant d'ennemis, au dedans comme au dehors, la duchesse de Milan ne croyait pouvoir se maintenir que par la terreur. Un jour elle fit déposer devant la cathédrale de Saint-Ambroise cinq cadavres vêtus de noir et sans tête ; le peuple, au lieu d'être frappé d'épouvante, s'indigne et la chasse avec Barbavara, son favori. Jean-Marie, déclaré majeur, l'emprisonne et la tue peut-être ; puis, afin de se disculper de ce parricide, il impute la mort de sa mère à Jean Pusterla, châtelain de Monza, qu'il fait déchirer par ses chiens avec toute sa famille ; ces animaux ayant paru s'attendrir à l'aspect d'un enfant de douze ans, il ordonna de les massacrer.

Jean-Marie ne semblait avoir ambitionné le pouvoir que pour commander des supplices ; après s'être attaché les soldats et les courtisans en tolérant leurs excès, il l'employa donc pour assouvir ses passions lubriques et se plonger dans le sang. Il avait des mâtins dressés à sauter à la gorge de tous ceux qu'il leur désignait, et, suivi de Squarciagiramo, son valet de chiens, il parcourait la nuit les rues de la ville, les excitant tantôt contre l'un, tantôt contre l'autre. Féroce avec les faibles, lâche avec les forts, il ne savait se garantir contre la tyrannie des condottieri que par des complots. Comme il fallait de l'argent pour solder leurs bandes, il s'en procurait sans souci des moyens, au point de défendre de rendre justice à quiconque n'aurait pas encore payé les tailles. Il afferma à la ville, non-seulement les régales, mais encore ses biens allodiaux, à la condition qu'elle lui donnerait seize mille florins par mois, dont deux mille pour lui et sa cour, le reste pour les soldats ; néanmoins ces mercenaires pillaient les maisons des seigneurs, les marchands et les barques sur le Pô. Ses conseillers furent accusés d'avoir encouragé ces vols, et, pour le contraindre à les changer, Facino Cane et Pandolphe Malatesta battirent ses gardes et l'assiégèrent dans la ville, lui envoyant du château des bombes et des boulets, invention nouvelle et peu meurtrière, mais qui causait beaucoup de frayeur. Del Verme, animé de sentiments humains, s'indigna de cette attaque, et, résolu de relever l'autorité du duc, il défit Facino ; mais il avait dû se servir des bandes du féroce Ottobon Terzo, seigneur de Parme et de Reggio, qui demanda, pour récompense de la victoire, la permission de saccager Milan ; sur le refus de Del Verme, il attaqua Guelfes et Gibelins.

1402

A Milan, on ne voyait que terreur, désordre et sang. Une multitude de pauvres, aux cris de : *Paix! paix!* entoura le duc, qui se promenait à cheval ; il la fit assaillir par son escorte, qui tua deux cents personnes, et défense fut faite de prononcer le mot de paix, même à la messe. Néanmoins il dut la solliciter, éloigner ses instigateurs, pardonner aux Gibelins et recevoir deux gouverneurs, l'une de cette faction, et l'autre des Guelfes.

Del Verme, désespérant du salut de son pays natal, se mit à la solde des Vénitiens, et périt en combattant les Turcs. Facino Cane, comte de Biandrate, seigneur de Tortone, de Novare, de Verceil, d'Alexandrie et des rives du lac Majeur, enleva à Philippe-Marie la régence de Pavie, après avoir saccagé cette ville, et contraignit Jean-Marie à lui céder celle de Milan ; non-seulement il opprimait ces deux cités, mais il les avait réduites aux plus dures privations. Il s'apprêtait à dépouiller Malatesta de Bergame et de Brescia, lorsqu'il fut atteint d'une maladie mortelle. A cette nouvelle, les Milanais Gibelins, comme Mantegazza, Del Maïno, Pusterla, Trivulce, Baggio, Concorezzo, Aliprandi, effrayés à la pensée de se trouver de nouveau à la merci du tyran qui avait fait périr leur père ou leurs frères, formèrent une conjuration et massacrèrent Jean-Marie dans l'église de Saint-Gothard. Il avait vingt-quatre ans, et une prostituée fut la seule qui jeta quelques fleurs sur son cadavre ; Squarciagiramo, après avoir subi les outrages de la multitude, périt sur un gibet.

1442
16 mai

Facino expirait le même jour (1) ; ses soldats occupèrent aus-

---

(1) André Biglia, qui vivait alors, raconte qu'Antoine Bosso, ami intime de Facino, l'avertit qu'il avait peu d'heures à vivre, en lui conseillant de songer au salut de son âme. Facino, ému, lui répond : « Va chercher un confesseur pour toi ; car, dans une heure, je t'envoie au supplice. » Bosso, qui le savait homme à tenir sa parole, s'effraya au point qu'il faillit en mourir ; mais Facino, ayant repris son calme, lui dit : « D'après ce que tu viens d'éprouver, juge de ce que

sitôt Pavie, comme garantie de leur solde. Astore Visconti, bâtard de Barnabé, surnommé le soldat sans peur, se rend maître de Milan; les seigneurs s'insurgent de toutes parts afin de recouvrer leurs anciennes possessions. Philippe-Marie, qui s'était montré jusqu'alors insouciant et médiocre, déploie une activité extraordinaire pour reconquérir les États paternels; mais il fallait, avant tout, s'assurer le concours des aventuriers. Béatrix Tenda, veuve de Facino, avait hérité de son mari d'immenses domaines, la seigneurie de Tortone, Novare, Verceil, Alexandrie; bien que Philippe n'eût que vingt ans, il épousa cette femme, âgée de quarante, mais qui lui apporta en dot, outre les possessions dont nous venons de parler, 400,000 florins et le concours des anciens partisans de son mari. Fort de leur appui, il arrache Pavie et Milan aux usurpateurs, envoie au supplice les meurtriers de son frère, combat Astore Visconti, qui est tué à Monza, et reçoit le serment de fidélité.

1416 François Bussone, célèbre sous le nom de Carmagnole, lieu de sa naissance, s'était élevé par son épée seule, de l'humble condition de paysan, aux premiers honneurs. Il fut d'abord le principal instrument des victoires de Jean-Marie, puis de Philippe, auquel il soumit bientôt Lodi, dont les Vignati, seigneurs de cette ville, appelés à Milan sous prétexte de conférence, furent envoyés au supplice; Pavie, où il tua dans une prison Castellino Beccaria, et fit pendre son frère Lancillotto; Côme, cédée par Rusca sous la réserve du comté de Lugano. Il décida Malatesta à vendre au duc Brescia et Bergame; Fondulo, Crémone au prix de 40,000 ducats, et le domaine de Castelleone; George Benzone, Crème; Renaud Pellavicini, San Donnino. Ottobon Terzo, tyran brutal de Parme et de Reggio, et qui s'était rendu redoutable partout où il avait conduit ses bandes altérées de sang, fut appelé par le marquis d'Este à une entrevue, durant laquelle Sforza l'égorgea; quelques individus même mangèrent de son cadavre, mis en lambeau.

1418 Nicolas d'Este, pour avoir Reggio, céda Parme au duc. Plaisance fut défendue par Philippe Arcelli, gentilhomme d'un grand courage, qui, après avoir réuni, dans l'intérêt de la cause commune, tous ceux que Philippe avait dépossédés, fit une guerre acharnée à Carmagnole. Ce condottiere, néanmoins, par

---

tu m'as fait souffrir avec ton pronostic. » En effet, ce n'était pas le moment de plaisanter.

le supplice de la femme et du fils d'Arcelli, faits prisonniers, s'empara de Plaisance ; mais, voyant qu'il ne pouvait la conserver, il obligea tous les habitants à sortir avec leurs biens. L'ennemi la trouva donc déserte, et, dans l'espace d'un an, trois individus seuls s'abritèrent dans cette solitude. Ainsi Philippe, dépourvu de courage, mais servi par une grande adresse et d'excellents capitaines, reconquit l'héritage paternel, qu'il agrandit même, et domina des confins du Piémont à ceux des États du pape, du Saint-Gothard à la mer Ligurienne, où il ne tarda point à étendre sa seigneurie.

CHAPITRE CXIII.

VENISE ET GÊNES. GUERRE DE CHIOGGIA. VENISE GRANDIT, GÊNES DÉCROIT.

A Venise, le temps avait consolidé le pouvoir de la noblesse, qui, tout adonnée à la politique, y acquit autant d'aptitude que les feudataires dans le métier des armes ; l'opinion, qu'elle eut l'adresse de captiver, loin de faire obstacle à ses prétentions, la suivit désormais avec docilité. A la classe moyenne, comme dédommagement, il resta le commerce, qu'elle étendait de l'Inde aux Pays-Bas, des États barbaresques à la Baltique. La métropole contenait cent quatre-vingt-dix mille individus ; les maisons furent estimées 7 millions de ducats, qui feraient aujourd'hui 30 millions de francs, et le montant des loyers 500,000 ducats. L'hôtel des monnaies frappait chaque année 1 million de sequins, 200,000 pièces d'argent, et 800,000 sous, jetant dans la circulation, tous les ans, une valeur égale à 10 millions de francs. Dans moins de dix ans, la république éteignit une dette de 40 millions de sequins, sans compter qu'elle en prêta 70,000 au marquis de Ferrare. Les nobles qui possédaient un revenu de 4 à 70,000 sequins étaient au nombre de plus de mille, et cependant un palais ne coûtait que 3,000 sequins (1). Mastin de la Scala, après avoir perdu Padoue, demanda d'être

---

(1) Une maison, achetée par la seigneurie pour être offerte à Louis Gonzague, seigneur de Mantoue, coûta 6,500 ducats ; 3,000 une autre, donnée au vayvode de l'Albanie. (Voir DARU, *Histoire de Venise*, liv. XIII.)

inscrit dans le livre de la noblesse vénitienne; peu de temps après, les Carrare y figurèrent, et cet honneur fut toujours ambitionné des princes.

Venise, désormais, se mêlait aux événements de l'Italie, non plus comme étrangère, mais comme puissance italienne; or, comme les principautés qui s'étaient constituées dans la haute Italie pouvaient la menacer un jour, elle dut aussi y acquérir des possessions afin de leur faire équilibre et de maintenir sur le Pô la liberté de la navigation, liberté qu'elle parvint à s'assurer dans la guerre contre les Scaligeri dont nous avons parlé. Après s'être rendue maîtresse de Trévise sur la terre ferme, elle étendit tous les jours ses domaines et son commerce. Ses possessions maritimes diminuèrent au contraire, soit à cause des conquêtes des Turcs, soit à cause des guerres contre Gênes, qui, après avoir vaincu les Tartares, avait obtenu qu'aucun navire d'Occident ne pût relâcher, sur toute la côte de la mer Noire, que dans le port de Caffa, sa possession. Nous raconterons ces luttes dans le livre suivant.

1351 Les Vénitiens, indignés de ces prétentions, se préparèrent à de nouveaux combats, et ce fut au moment où la guerre était imminente que François Pétrarque écrivit cette lettre au doge André Dandolo : « Notre ancienne amitié et l'amour de la pa-
« trie commune m'encouragent à m'entretenir franchement avec
« vous. Le bruit court que deux cités libres se disposent à se
« faire une guerre à mort. Et quelles cités ! les deux flambeaux
« de l'Italie, placés par la nature aux extrémités opposées des
« Alpes pour dominer sur les mers qui l'entourent, et pour que,
« après la chute de l'empire romain, la meilleure partie du
« monde en soit encore la reine. Des nations orgueilleuses osent
« lui disputer sur terre le premier rang, mais qui osera le faire
« sur mer ? Si Venise et Gênes retournent les armes contre elles-
« mêmes, je frémis à cette idée: tout est perdu, et l'empire ma-
« ritime, et la gloire nationale; quel que soit le vaincu, il faut
« que l'un de nos flambeaux s'éteigne, et l'autre perdra de sa
« clarté. A quoi bon se faire illusion? il ne sera jamais facile de
« vaincre un ennemi au caractère ardent, et, ce qui vaut mieux,
« qui est italien. Hommes valeureux, peuples puissants l'un et
« l'autre, quel est le but de vos discordes, et quel en sera le
« fruit? Le sang dont vous avez soif n'est pas celui d'Arabes ou
« d'Africains, mais d'un peuple votre frère, d'un peuple qui se
« ferait le bouclier de la patrie commune si de nouveaux bar-

« bares venaient l'assaillir ; d'un peuple né pour vivre, com-
« battre, triompher ou mourir avec vous.

« Le plaisir de venger une offense légère pourrait-il plus que
« le bien public, plus que votre salut? Et cependant, si l'on me
« dit vrai, pour mieux assouvir votre fureur, vous vous êtes
« alliés avec le roi d'Aragon, les Génois avec l'usurpateur grec ;
« c'est-à-dire que des Italiens implorent l'aide des barbares
« pour nuire à d'autres Italiens ! Mère infortunée ! quelle sera
« ta destinée, si tes propres enfants stipendient des mains étran-
« gères pour te déchirer le sein ! Insensés que nous sommes,
« nous attendons d'âmes vénales ce que nous pourrions rece-
« voir de nos frères. La nature a pourvu à notre défense en nous
« protégeant par les Alpes et la mer ; mais l'avarice, l'envie et
« l'orgueil ont rompu ces barrières, et les Cimbres, les Huns, les
« Germains, les Français, les Espagnols, ont inondé nos douces
« campagnes. Que deviendrons-nous et que deviendra l'Italie,
« si Venise et Gênes n'opposent pas une digue au torrent en-
« nemi? Prosterné, les yeux remplis de larmes et le cœur d'a-
« mertume, je m'écrie : Déposez les armes de la guerre civile,
« échangez le baiser de paix, unissez vos cœurs et vos bannières.
« Puissent l'Océan et la mer Égée vous être favorables, et que
« vos navires arrivent heureusement à Taprobane, aux îles For-
« tunées, à Thulé l'inconnue et jusqu'aux deux pôles ! Les rois
« et les peuples les plus lointains viendront au-devant de vous,
« les barbares de l'Europe et de l'Asie vous redouteront, et notre
« Italie proclamera qu'elle vous doit son antique gloire. »

Pour toute réponse il obtint des éloges sur son éloquence; et,
l'année suivante, il ne fut pas plus heureux en écrivant aux Génois avec autant d'enflure, mais aussi avec le même amour pour
l'Italie : « Illustre doge, magnifiques anciens, permettez que je
« vous exhorte, comme j'exhortais naguère les Vénitiens, à la
« concorde et à la paix. Il n'existe pas un peuple plus redouta-
« ble que vous en temps de guerre, plus doux pendant la paix ;
« toutes les terres où vous avez combattu, toutes les mers sil-
« lonnées par vos navires, témoignent de vos triomphes. La
« Méditerranée respecte vos bannières, l'Océan les craint, et
« le Bosphore est encore teint du sang de vos ennemis. Qui
« peut lire ou entendre raconter sans effroi les événements
« de cette dernière bataille, dans laquelle vous avez vaincu
« trois ou quatre nations à la fois?... Bien qu'ils ne m'aient
« pas écouté, alors qu'il était temps encore de les conseiller,

« les désastres des Vénitiens me causaient un vif regret. O Gé-
« nois, qu'ils vous affligent aussi, et songez que, les uns et les
« autres, vous êtes Italiens; que l'injure la plus grave ne puisse
« vous désunir. Réconciliez-vous donc avec eux, et, s'il vous
« plaît de combattre, retournez-vous contre les perfides con-
« seillers de vos discordes; puis allez délivrer la terre sainte,
« et vous aurez bien mérité du monde et de la postérité.

« Si, d'après les choses passées, je sais prévoir celles qui doi-
« vent arriver, je suis d'avis qu'il vous convient, lorsque vous
« aurez vaincu les ennemis extérieurs, [de conjurer le péril
« dont nous menacent les ennemis du dedans. Rome ne peut
« être vaincue que par Rome, et, vous-mêmes, vous avez tout à
« craindre si vous ne vous appliquez point à concilier les esprits
« de vos citoyens, surtout quand ils sont enorgueillis par les fa-
« veurs de la fortune. L'histoire offre mille exemples de villes
« détruites par les haines civiles, et aucun n'est plus frappant
« que le vôtre. Rappelez-vous le temps où vous étiez le peuple le
« plus heureux de la terre : votre pays ressemblait à un paradis;
« de la mer on apercevait des tours qui paraissaient menacer le
« ciel; coteaux revêtus d'oliviers et d'orangers, maisons de mar-
« bre sur le flanc des montagnes, délicieuses retraites parmi les
« écueils, à la vue desquelles les navigateurs suspendaient leurs
« rames pour admirer : tel était le spectacle qu'offrait le pays. Ce-
« lui qui venait par terre voyait, plein de surprise, des hommes
« et des femmes vêtus richement, et même, au milieu des bois
« et des montagnes, des délices inconnues dans les palais.
« Lorsqu'on pénétrait dans votre cité, il semblait qu'on mettait
« le pied dans le temple de la Félicité, et l'on s'écriait, comme
« autrefois à la vue de Rome : *Voici une ville de rois!* Vous
« eûtes bientôt vaincu Venise et Pise, et vos anciens vous diront
« quelle impression ce triomphe produisit, quelle frayeur se ré-
« pandit dans les ports, quel respect les peuples conçurent pour
« vous, quelles acclamations on entendait dans les Rivières à
« l'apparition de vos flottes. Vous étiez seigneurs de la mer, au
« point qu'on osait à peine faire voile sans votre permission.

« Maintenant descendez, par la mémoire, à ces temps malheu-
« reux que firent naître parmi vous l'orgueil, l'oisiveté, la dis-
« corde et l'envie. Or ces résultats inévitables de la prospérité
« vous rendirent esclaves, ce que n'avait pu aucune force hu-
« maine. Quel changement subit! Les palais devinrent des re-
« paires d'assassins; les belles Rivières et la cité superbe restè-

« rent incultes, désertes, dégradées, ruinées. Votre ville fut as-
« siégée par des proscrits; on combattait autour des murailles,
« non-seulement par terre et par mer, mais encore sous terre,
« et aucun des fléaux de la guerre ne lui fut épargné. Enfin il
« vous plut de réorganiser l'État en donnant un chef à la répu-
« blique; alors les discordes s'apaisèrent, la guerre cessa, la sé-
« curité, l'abondance et des lois justes revinrent parmi vous. Que
« la triste expérience vous serve pour vivre unis, et soyez équi-
« tables, modérés, cléments, afin de vous préserver de nouvelles
« calamités. »

Dans aucun temps il n'est superflu de répéter en Italie ces généreuses paroles, bien que trop souvent elles restent sans effet, comme on le vit alors. Les mers d'Italie et d'Orient se teignirent de sang, et la guerre se prolongea jusqu'en 1355, guerre plus déplorable que les combats entre pays de terre, soit à cause de sa nature meurtrière, soit parce qu'elle était faite avec des citoyens et non avec des bandes mercenaires. La rivalité des deux républiques en Orient, d'où sortirent des conflits nouveaux et plus funestes, empêcha la paix d'avoir une longue durée.

Après la révolution qui substitua sur le trône de Constantinople, à Andronic Paléologue II, Andronic III, son neveu rebelle, les Génois s'étaient fait céder par cet empereur l'île de Ténédos; mais les Vénitiens avaient soutenu les habitants qui refusaient de se soumettre au pouvoir nouveau. De là des ressentiments qui engendraient (comme nous le verrons) des batailles outre-mer, et que le moindre prétexte suffisait pour envenimer. Pierre de Lusignan, roi de Chypre, ayant été tué, les Vénitiens et les Génois prétendirent à la préséance au couronnement de Pierrin, son successeur; ils en vinrent aux mains, et beaucoup de Génois furent massacrés. Gênes, pour se venger, envoya Damien Catani, qui, après avoir égorgé les Vénitiens, prit le roi et l'île, et imposa un tribut annuel de 40,000 florins. Lusignan se mit alors du côté des Vénitiens, et cette alliance produisit la guerre de Chypre, secondée par des ligues de puissances terrestres. Barnabé Visconti, beau-père du roi de Chypre, stipendiait contre Gênes la Compagnie de l'Étoile, qui vint même ravager les jardins et les palais d'Albano et de Saint-Pierre d'Arena, jusqu'au moment où, cernée par les Bisagniens, elle fut contrainte de se rendre à discrétion.

Les Vénitiens avaient un ennemi infatigable dans François Carrare, seigneur de Padoue. Une fois il fit enlever de leurs

1328

1372

1379

maisons et conduire à Padoue les sénateurs qui lui étaient contraires; après les avoir accablés de reproches, en leur faisant comprendre que, s'il les avait enlevés, il pouvait leur ôter la vie bien plus facilement, il les renvoya sains et saufs, mais condamnés au silence par serment. Il n'avait point hésité à réclamer contre Venise l'appui du roi de Hongrie et des ducs d'Autriche, auxquels il céda Feltre et Cividal de Bellune; enfin, pour lui nuire, il employa tour à tour les bandes et la trahison. Cependant, les Vénitiens ayant fait prisonnier le vayvode de Transylvanie, les soldats de ce prince refusèrent de combattre jusqu'à ce qu'il fût racheté, et Carrare, la corde au cou, dut implorer la paix. Profitant alors de la situation critique de Venise, il renouvela les hostilités, soutenu par les Autrichiens, les Hongrois et le patriarche d'Aquilée, qui ravagèrent le pays avec leurs bandes. L'amiral vénitien, Victor Pisani, promena longtemps sur les mers le lion victorieux; il triompha au promontoire d'Antium, à Trau de Dalmatie. Les soldats ne recevaient aucune paye; mais il les empêcha de se dédommager par le pillage, et leur distribua chaque jour son argent, puis son argenterie de table, enfin une boucle qui lui restait à la ceinture.

1378

Mais Carrare, une fois, put sourire à la réception de cette dépêche : « Magnifique et puissant seigneur, le 3 du courant mai,
« nous sortîmes de Zara avec vingt-deux galères, et fîmes voile
« vers le golfe d'après un avis nous annonçant que l'ennemi
« venait de la Pouille avec du blé. Nous trouvant le 5 en face
« du port de Pola, deux galères d'avant-garde découvrirent la
« flotte en embuscade; elle se composait de vingt-deux galères
« et de trois navires montés chacun par 250 hommes, outre la
« chiourme ordinaire, beaucoup de gens d'armes et d'aventuriers
« enrôlés pour garder la ville. Après avoir décidé entre nous de
« ne pas engager le combat immédiatement, parce que l'en-
« nemi, à cause du voisinage de la terre, pouvait se sauver à la
« nage, nous feignîmes d'avoir peur et gagnâmes le large. Il se
« mit alors à notre poursuite; mais à peine se fut-il éloigné
« de trois milles de la côte, que nous revînmes bravement
« contre lui, et, dans une heure et demie, la victoire était
« à nous. Quinze galères avec trois navires chargés de 6,000
« hémines de blé tombèrent en notre pouvoir, outre 2,400 pri-
« sonniers, et les morts s'élevèrent de 7 à 800; mais Victor Pi-
« sani nous échappa avec sept galères très-maltraitées. Après le
« combat, nous détachâmes six galères contre les navires de

1379
9 mai.

« charge ancrés dans le port de Pola ; mais, comme elles les
« trouvèrent à sec sous les tours de la ville, elles ne prirent
« qu'une fuste de munitions. Le 8, nous arrivâmes à Zara, vic-
« torieux et sans perte notable, sauf la mort de notre illustre ca-
« pitaine, Lucien Doria, qu'une lance, dans la chaleur de la ba-
« taille, a traversé par la bouche. Par reconnaissance envers sa
« famille, nous lui avons donné pour successeur Ambroise Do-
« ria, selon l'avis de tous les capitaines de la flotte. Nous cou-
« pâmes la tête aux aventuriers à la solde de Venise ; et leurs
« cadavres furent jetés à la mer (1). »

Le conseil de guerre accusait Victor Pisani de lâcheté parce qu'il refusait d'accepter la bataille ; après le combat et sa défaite, il le qualifia de traître. Or, bien qu'il eût disputé la victoire avec un courage intrépide, il fut rappelé dans sa patrie et jeté dans les fers, tandis que les Génois criaient au nouvel amiral, Pierre Doria, alors qu'il déployait les voiles : « A Venise ! à Venise ! » Gênes, en effet, quand elle eut recouvré ses places de la Dalmatie enlevées par les Vénitiens, attaqua leurs colonies de Rovigno, Umago, Grado, Caorle, et résolut, afin de profiter des faveurs de la fortune, de porter un coup suprême à sa rivale pour la réduire à ses marais.

Tout le monde sait que les îles sur lesquelles domine Venise surgissent de la lagune qui s'étend des bouches de la Piave à celles de l'Adige ; cette lagune est séparée de la mer par un banc de sable qui, dans beaucoup d'endroits, livre à peine un passage aux gros navires, passage entretenu par l'art, et par l'art fortifié. Le passage le plus septentrional est celui des Treporti, au nord de l'île de Saint-Érasme, et qui ne peut suffire qu'à de petites embarcations. Un autre, et c'était le principal, muni de tours, entre lesquelles on tendait parfois une chaîne, se trouve entre Saint-Érasme et Lido ; on l'appelle Saint-Nicolas. Le passage de Malamocco, entre cette île et Palestrina, est le plus profond ; puis, entre Palestrina et Brondolo, on voit celui de Chioggia, qui tire son nom de la ville bâtie au sommet d'une île qu'un pont seul rattache à la terre ferme. Les atterrissements de l'Adige et de la Brenta rendent difficile l'autre passage entre Brondolo et le continent. Un canal, entretenu à grands frais, traversait dans toute sa longueur la lagune entre Venise et Chioggia.

(1) André Gattaro, p. 280.

Ce fut précisément à Chioggia que vint jeter l'ancre une flotte nombreuse de Gênes, montée par les meilleurs marins. Elle s'en empare après avoir tué six mille Vénitiens et fait quatre mille prisonniers, établit son quartier général sur une extrémité de l'île de Malamocco, communique alors par terre avec son allié de Padoue, et cerne enfin la cité ennemie. Venise, sans alliés, souffrait du manque de vivres, et le trésor était épuisé; bien qu'on eût fortifié les quelques ouvertures entre la mer et ses lagunes, des galères génoises pénétrèrent jusqu'au Lido. Dans cette situation critique, on mit en délibération s'il convenait d'abandonner Venise et de transporter dans l'île de Crète le siége de la république. L'humiliation de ces nobles réjouissait Carrare, qui apprenait encore avec plaisir que le doge André Contarini avait défendu de convoquer le conseil au son de la grosse cloche de Saint-Marc, afin que l'ennemi n'entendît point ce signal. L'amiral Doria répondait aux ambassadeurs vénitiens envoyés pour demander la paix : « Par Dieu, je n'écouterai aucune proposition avant d'avoir mis le frein aux chevaux de Saint-Marc. » Comme on lui proposait de racheter quelques prisonniers génois, il fit encore cette réponse : « Dans quelques jours, je les affranchirai sans argent. »

Il ne s'agissait donc pas d'ambitions de nobles, mais de l'intérêt du peuple. Or le peuple ne se décourage pas; seulement il a besoin d'un homme qui le dirige, et dans lequel il ait confiance. Il réclame alors son ancien chef, qui l'avait habitué à vaincre, et dont le malheur augmentait la popularité. Pisani, qui, des souterrains du palais, entend des milliers de voix crier: *Si vous voulez que nous combattions, rendez-nous notre amiral, vive Victor Pisani!* se montra aux barreaux de sa prison et dit : *Silence, vous autres; vous ne devez crier que vive Saint-Marc!*

L'envie se tait lorsque les postes élevés offrent du danger. Pisani sort de son cachot emporté dans les bras du peuple, repousse le conseil des hommes qui l'excitent à se rendre maître de son ingrate patrie, et jure, en recevant l'Eucharistie, d'oublier les persécutions dont ses rivaux l'ont accablé. Il fortifie la digue de Malamocco, et appelle tous les citoyens à concourir au salut de la patrie. Les religieux prennent les armes, et, si un Morosini spécule sur les malheurs publics pour acheter des maisons à vil prix, d'autres nobles équipent à leurs frais trente-quatre galères. Un certain Paruta, corroyeur, paye mille soldats; un apothicaire, nommé Cicogna, donne un navire, et de simples artisans se cotisent pour armer cent, deux cents hommes. Le doge septuagénaire monte sur la flotte avec les principaux *pregadi*, et l'on promet d'inscrire au Livre d'or les trente plébéiens qui offriront le plus d'argent; beaucoup, en effet, donnent la meilleure partie de leur avoir (1), et la république peut faire face à ses besoins : Venise connaissait le moyen de résister à l'ennemi. Pisani sut contenir le premier élan jusqu'à ce qu'il eût exercé la chiourme inexpérimentée; il attendait en outre que la flotte commandée par Charles Zeno revînt de la Grèce. A son retour il s'unit avec elle, et non-seulement il délivre Venise, mais il bat et bloque dans le port de Chioggia la flotte génoise, à laquelle il ferme les trois issues au moyen de barques coulées. Les bombes, peut-être employées

1380
janvier

(1) Voici un exemple d'offre faite par Caresini, qui continua la chronique de Dandolo : « Raphaël Caresini, grand chancelier, offre d'aller à ses frais sur la flotte avec deux bons compagnons et un serviteur auxquels il fournira la solde, et de payer la dépense de tous les rameurs et arbalétriers, à 4 ducats par mois pour les premiers, et à 8 pour les seconds. Item, il donne tous les revenus des prêts qu'il a faits et fera dans la présente guerre, et offre encore de prêter 500 ducats d'or remboursables deux mois après la fin de la guerre. » (*Ap.* SANUTO, p. 736.)

... *Concernentes anxio mentis intuitu magnificus dux, consilium atque cives Januensem patriam, quæ inter alias catholicas nationes, oris præsertim maritimis, triumphales suo robore vires expandit commerciorum, negotiationibus etiam quam maxime frequentata, et portus et janua navigationibus et lucrorum agendis, quibus humanum alitur genus abundans magistra, nunc aliquot jam exactis annis, aut justa Dei ira ex ingentibus mortalium noxis, aut acerbæ sortis sinistris auspiciis ferali civilium partialitatum contagiatam morbo, sic solitis debilitatam viribus, quod Januensis reipublicæ corpus suis artubus plurimis peste læsis, nisi salubri succurreretur remedio, flebilis excidii pernicie damnaretur, ipsius equidem remedii medelam ab intimis anhelantes, diurnis cogitationum curis hinc inde versarunt; tandem prudentissimis consiliis advertentes serenissimi ac invictissimi principis domini Francorum regis laudabilem justitiam, qua sua regio felix floret, incomparabilem potentiam qua quicumque terrentur iniqui, scelesti domitantur raptores, et barbarica reprimitur feritas, ad suam amplissimam clemenciam suarum deliberationum aciem direxerunt. Ita demum quod miseranda Januensis nationis cymba, quæ jamdiu horrendis fluctuationum turbinibus agitata, nimia confusione ambitus et odiorum lacerata dissidiis, seu caulibus non parum allidens, formidabile submersionis periculum vix evasit. Ecce tetris observata nubibus longe titubans pelago, clarum pietate cælesti clementiæ regiæ jubar perspectans*, etc.

Après ces phrases de rhétorique viennent les conventions, longuement et clairement exprimées, qui méritent d'être lues dans le *Liber juris*, vol. II, p. 1237, où elles contiennent plus de treize colonnes.

alors sur mer pour la première fois, et qui lançaient des boulets de pierre du poids de 150 à 200 livres, tiraient rarement sans doute, mais produisaient des effets terribles sur des remparts construits pour résister à de tout autres projectiles. Doria lui-même fut écrasé sous un mur qui s'écroula, et la flotte, après six mois de siége, fut obligée de se rendre à discrétion.

21 juin

La guerre continuait ailleurs, et Charles Zeno, successeur de Pisani, qui était mort, promenait la flotte, recherchant moins la victoire que l'occasion d'exercer des ravages. De son côté, l'implacable François Carrare dirigeait les Hongrois sur Trévise, que les Vénitiens ne sauvèrent qu'en la cédant au duc d'Autriche. Enfin la paix fut conclue à Turin sous les auspices d'Amédée VI de Savoie : d'après les conventions, la république s'obligeait à payer au roi de Hongrie 7,000 ducats par an, mais les Hongrois ne devaient pas s'approvisionner de sel sur les côtes, ni naviguer sur aucun des fleuves qui débouchent dans l'Adriatique entre le cap Palmenterio et Rimini ; les marchands de la Dalmatie n'exporteraient pas de marchandises de Venise pour plus de 35,000 ducats; avec Padoue, les conquêtes et les prises se restituaient mutuellement ; on stipulait avec le patriarche d'Aquilée la pleine émancipation de Trieste, obligée seulement à payer au doge les régales convenues dans les traités précédents, et à laisser aux Vénitiens toute sécurité et toute liberté de commerce.

1381 août.

Ténédos, cause première de la rupture, devait être livrée au comte de Savoie, qui l'abandonnerait après en avoir transporté tous les habitants à Négrepont et à Candie ; mais Giannacci Mulazzo, baile de cette île, s'efforça d'en éloigner les Génois, et il fallut le dompter par les armes. Venise perdait donc toutes ses possessions de terre ferme, Ténédos et la Dalmatie, sans parler des immenses richesses qu'elle avait sacrifiées. Des sept mille deux cents prisonniers qu'elle avait faits, il n'en survivait que trois mille trois cent soixante-quatre, qu'elle échangea contre les siens, presque tous vivants. Les Garzoni, les Condulmer, les Zusto, les Nani, purent se glorifier de la noblesse qu'ils avaient acquise en secourant la patrie ; il en fut de même des Trévisan, des Cicogna, des Vendramin, qui parvinrent jusqu'au bonnet ducal.

Le duc d'Autriche, auquel restait Trévise, continua les hostilités contre Carrare ; mais enfin il lui vendit toutes ses possessions en deçà des Alpes, et le seigneur de Padoue occupa dès lous le territoire qui bordait la lagune, dont il interceptait les communications avec le continent. Le sénat vénitien excita contre lui. Antoine de la Scala et Jean Acuto, qui porta la désolation jusqu'aux portes de Vérone et de Vicence. Corfou, réunie d'abord à la couronne de Naples, et qui s'était révoltée durant la guerre civile, se soumit spontanément à Venise, qui s'empara, sur les côtes de l'Albanie, de Durazzo, que Charles d'Anjou avait enlevé aux Grecs. Argos et Napoli de Romanie, autres possessions des Angevins, lui furent cédées ; elle recouvra Trévise, acquit Vicence et Vérone sous Michel Steno, et devint maîtresse de Padoue même, après avoir fait périr les Carrare, comme nous l'avons dit.

Gênes, dans la guerre de Chioggia, avait déployé une activité prodigieuse, non-seulement dans les combats, mais encore pour attirer contre Venise le roi de Hongrie, Carrare, le patriarche d'Aquilée et le seigneur de Milan ; néanmoins, après la paix de Turin, elle fut bouleversée par les factions, outre qu'elle était épuisée d'argent et de vaisseaux. Les nobles luttaient contre les bourgeois, les gros marchands et fabricants avec les petits et la plèbe, et les uns comme les autres se subdivisaient en Blancs et en Noirs, c'est-à-dire en modérés et en exagérés. Les seigneurs féodaux n'avaient plus les vassaux pour défenseurs, mais des clients et des employés, ouvriers et marins, qui parfois servaient par centaines une seule maison ; d'autre part, les chefs, versés dans les affaires, habiles comme marchands, braves comme marins, généreux comme riches, avaient puisé une grande expérience dans des alternatives de triomphes et d'exils.

Depuis Boccanegra la prééminence avait toujours appartenu à des *hommes du peuple*, nouvelle aristocratie substituée à celle des gentilshommes, qu'elle exclut du dogat et même de toute fonction. Les anciennes familles, comme les marquis del Carretto, se voyant en butte à l'envie et dépouillées de tout pouvoir, se retiraient dans leurs châteaux, et faisaient hommage à l'empire. Si elles restaient dans la ville, elles tramaient contre un ordre de choses qui les excluait ; mais, comme elles n'étaient point unies, elles ne parvenaient à aucun résultat.

Au milieu de ces conflits, on avait vu s'élever quelques familles de bourgeois, entre autres les Montaldo, les Guerco, surtout les Fregosi, notaires et fauteurs du peuple, et les Adorni, courtisans et défenseurs de la plèbe. Aucune ne pouvait soumettre les autres ; mais elles se contrariaient réciproquement, et toutes ensemble paralysaient l'effet de chaque mesure. Si le doge Nicolas Guarco veut réprimer les factions et fortifier le gouvernement, il est accusé d'aspirer à la tyrannie ; on lui refuse l'argent et l'impôt, le peuple se soulève et change l'État. Dix doges se succédèrent rapidement à la suite d'autant de révolutions, dont chacune laissait un nouveau parti de mécontents. Jean Galéas Visconti attisait ces haines dans l'espoir que Gênes se jetterait dans ses bras par lassitude. Les finances se trouvaient dans un état déplorable ; le territoire, bien qu'il fût agrandi par l'acquisition faite aux Milanais de Novi et de Serravalle, se trouvait occupé par divers petits seigneurs : Monaco, par les Grimaldi ; Gavi, par les Montaldo ; Levanto, par les Bertolotti. Les factions, toujours aux prises, s'expulsant et se nuisant tour à tour, menacées par les nobles des deux Rivières, recouraient pour triompher aux bandes mercenaires, également funestes à tous, ou bien à la protection des étrangers. Il serait fastidieux de raconter ces luttes, qui, dans l'espace de vingt ans, la firent descendre au rang de puissance secondaire.

Antoniotto Adorno, qui, après de longues tentatives, avait obtenu le dogat durant la peste de 1384 au moyen d'une insurrection de bouchers, fut bientôt expulsé de ce poste, le reprit, le perdit de nouveau et le réoccupa une troisième fois ; mais, voyant qu'il ne pouvait le conserver, il proposa de mettre la république sous la protection de Charles IV de France : c'était la quatrième fois, dans ce siècle, que Gênes courbait volontairement la tête sous le joug étranger (1); ce qui prouve que l'esprit républicain n'existait plus. Le roi accepta, et promit de lui donner pour doge un vicaire français, de ne rien changer aux lois et de ne point surcharger les impôts. La liberté n'en souffrait pas trop ; mais ces vicaires ne savaient ni contenter les citoyens, ni les contenir par la terreur, et la tranquillité ne pouvait se rétablir ; outre le sang répandu pour soumettre les Rivières, il en coula beaucoup dans Gênes même. Les citoyens cachaient des inimitiés féroces sous les noms de Guelfes et de Gibelins, et la ville offrait le spectacle continuel de luttes, d'invasions, d'expulsions, d'incendies ; on se battit cinq fois dans les rues au mois d'août 1398, trente palais furent incendiés et beaucoup d'édifices démolis.

(1) Elle s'était soumise tour à tour à Henri VII, à Robert de Naples, à l'archevêque de Milan ; et maintenant elle voulait obéir à Charles.

L'année suivante on organisa les corps de métiers, qui choisirent quatre prieurs, auxquels furent adjoints douze sénateurs, dont les fonctions duraient deux mois, afin de veiller à ce que le gouverneur et son conseil s'occupassent du bien public. Si quelque magistrat violait la justice par des actes ou des paroles, ils pouvaient armer les citoyens et l'assaillir.

Cette réforme, au lieu d'apaiser les troubles, leur fournit de nouveaux aliments jusqu'à l'arrivée du vicaire de France, Jean le Meingre, maréchal de Boucicaut, homme d'un courage éprouvé. Entré avec mille cavaliers et fantassins, il exigea les forteresses, fit emprisonner et périr les chefs des factions, enleva les armes à tous, abolit les noms des partis et les magistratures populaires, et chassa de leurs fiefs les Fieschi et les del Carretto; la terreur qu'il inspira fut si grande que ni les consuls des arts, ni les confréries des Battus, n'osaient plus se réunir dans la crainte d'être exposés à des poursuites rigoureuses (1).

Malheur au peuple qui est contraint de louer ces mesures exceptionnelles et d'applaudir au rétablissement de la légalité par des moyens violents! Après avoir relevé la marine, Boucicaut, fit voile contre le roi de Chypre en guerre avec les Génois, le força d'acheter la paix, butina sur les côtes de Syrie et d'Égypte, et obtint pour le roi de France la seigneurie de Pise en faisant périr Gabriel-Marie Visconti. Jean-Marie étant mineur, il veut faire partie de la régence, et vient à Milan avec une grosse troupe et beaucoup d'argent; mais Facino Cane, d'accord avec les mécontents et Théodore, marquis de Montferrat, accourt à Gênes, qu'il appelle à la liberté. Les Français sont alors expulsés ou massacrés, et l'on rétablit le gouvernement populaire malgré les Guelfes. Les statuts antérieurs sont abolis et remplacés par un nouveau, dont voici le résumé:

« L'État est gibelin et populaire; mais les Guelfes peuvent se faire Gibelins, et les nobles participent à toutes les fonctions, sauf le dogat. Dans le cercle de ces fonctions sont compris le podestat, douze anciens, le conseil des quarante sages, le conseil général des trois cent vingt, les contrôleurs, les proviseurs, les magistrats de la monnaie, de la Romanie, des marchandises, de la guerre et de la paix, et les consuls de la justice. Le doge, nommé à vie, régira et gouvernera la république, présidera les conseils avec deux voix, et pourra intervenir dans les as-

---

(1) STELLA, p. 1176, 1193. *Rer. It. Script.* XVII.

semblées de tous les magistrats non judiciaires; mais l'initiative des propositions appartient seule aux prieurs. Il se gardera de multiplier les magistrats ou de réduire leur juridiction, et, sous quelque prétexte que ce soit, il n'interviendra point dans les procès, soit pour les connaître, soit pour les recommander. Il aura par an à dépenser, pour l'entretien et la dignité de sa cour, 8,000 génoises, sur lesquelles il payera deux vice-doges et deux vicaires. Le podestat, dont le traitement sera de 5,000 livres, devra être étranger, docteur en droit, et de maison au moins patricienne; il présentera à l'approbation du doge et de son conseil trois jurisconsultes en qualité de vicaires, qui l'assisteront, deux dans les affaires civiles, et le troisième dans les causes criminelles, pour délits commis à cinquante milles de sa résidence; il connaîtra seul de ceux qui se commettront à une moindre distance.

« Le doge devra consulter les anciens en toute occurrence, sauf pour arrêter des brigands, des conspirateurs ou des séditieux. Les Quarante interviendront dans toutes les affaires graves, de même lorsqu'il s'agira de raser des forteresses, d'accorder des immunités, de conférer le titre d'amiral. Les contrôleurs veilleront sur la conduite des magistrats, afin de les punir d'amendes s'il faillissent, et de les empêcher d'abuser de leur autorité. Les proviseurs iront fréquemment sur la place des Banques et dans les autres lieux où se réunit le peuple, afin de connaître l'opinion publique sur ce qui est bon ou mauvais; ils établiront la balance des dépenses, qui a été, pour cette année, de 72,524 génoises. Le bureau de la monnaie administre aussi les recettes, paye les dépenses et garde la caisse publique. Le soin des colonies orientales est confié à la commission de Romanie, jointe à celle de la Khazarie; celle des marchandises résout les procès sur le commerce et la navigation, qui ne proviennent point d'actes publics; les consuls de la justice prononcent sur les contestations qui n'excèdent pas la valeur de 100 livres, et les jurisconsultes n'interviennent point dans ces deux cas.

« Personne ne pourra manger avec le podestat et les membres de sa cour, ni vivre dans leur familiarité, ni accepter dans l'État une ambassade ou toute autre fonction d'un prince étranger. Le grand conseil seul délibérera sur la guerre, la paix et les conventions publiques; le doge et le magistrat de la guerre feront exécuter ses décisions. Les arbalétriers feront de fréquents exercices sous deux chefs de guerre. Les citoyens seront recensés selon les rues où se trouvent leurs habitations, et placés sous des chefs de quartier, gonfaloniers et connétables, avec des bannières et des armes distinctes; c'est avec cette organisation qu'ils défendront l'État contre les ennemis du dehors et du dedans. Toutes les fois que le doge et les anciens jugeront convenable d'opérer une réforme, ils feront lire aux Quarante les nouveaux chapitres avec les motifs, et, s'ils sont approuvés, ils nommeront huit réformateurs avec un pouvoir limité à ces chapitres.

Facino reçut une grosse somme d'argent, et le marquis Théodore le titre de capitaine pour cinq ans; mais sa conduite le fit expulser, et l'on rétablit le doge, qui fut George Adorno. Sous l'administration de ce magistrat, les factions se réveillèrent, et Gênes perdit sa colonie de Péra à Constantinople et toute influence sur l'Italie. L'unique beau fait de cette époque est l'expédition contre les Barbaresques pour refréner leurs pirateries. Trois cents galions et plus de cent navires de charge, commandés par le duc de Bourbon, oncle de Charles VI, et montés par un grand nombre de seigneurs français, abordèrent en Afrique; mais les Barbaresques les harcelèrent sans jamais vouloir accepter la bataille, au point que la flotte partit après une vaine démonstration.

Dans l'intérieur de Gênes, rien ne pouvait calmer les esprits; l'étroitesse des rues et la hauteur des maisons permettaient de résister et de livrer des combats sanglants, toutes les fois que la lutte s'engageait. Les campagnes étaient désolées, le commerce anéanti, à tel point qu'il fallut vendre aux Florentins le port de Livourne, acheté par Boucicaut. De leur côté, les marquis de Montferrat et del Carretto ouvraient le territoire génois aux troupes de Philippe-Marie Visconti; alors le podestat Thomas Campofregoso, par amour de la paix, et pour se venger des Aragonais qui avaient cherché à lui enlever la Corse, rendit Gênes à Philippe, réservant pour lui 30,000 florins d'or et la souveraineté de Sarzane. Philippe, qui étendait enfin son duché de Milan jusqu'à la mer, envoya Carmagnole gouverner Gênes, et ni Venise ni Florence ne semblaient s'apercevoir du péril de laisser ce voisin s'agrandir outre mesure.

CHAPITRE CXIV.

JEANNE I DE NAPLES ET LOUIS DE HONGRIE. LADISLAS. JEANNE II. LES ARAGONAIS EN SICILE.

MAISON D'ANJOU ET DE DURAZZO.

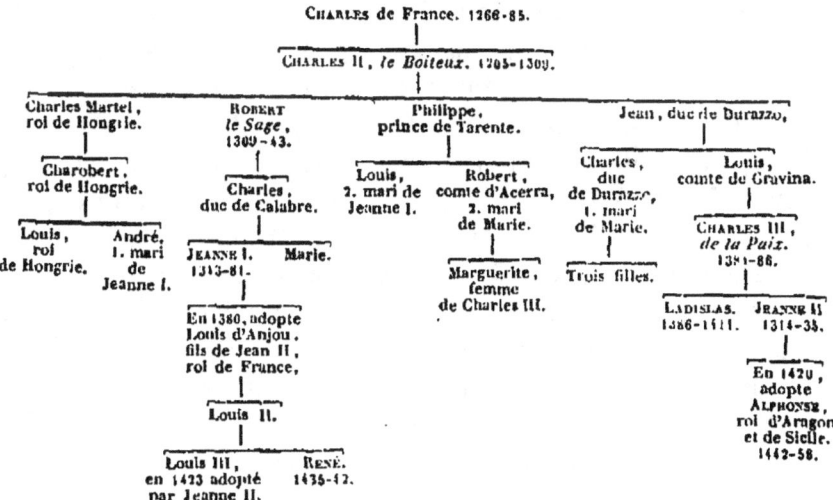

Au spectacle de tant de désordres, il est facile de déclamer contre le gouvernement républicain. Denina, « pour faire comprendre combien le gouvernement monarchique, héréditaire et absolu, est préférable, pour le calme et le bonheur publics, au gouvernement populaire, » oppose à ces bouleversements « le royaume de Naples, dans lequel, depuis que les princes angevins s'y furent établis, on jouit à l'intérieur d'une paix tranquille (1). » Voyons s'il dit vrai.

Robert, qui, pendant sa longue carrière, fut à la tête du parti guelfe en Italie, étendit beaucoup son autorité, nullement ses domaines, et reçut peu de louanges dans une époque où la valeur militaire absorbait l'admiration; on peut lui appliquer les paroles de Dante : *Celui qui était plus propre aux sermons*

---

(1) *Révolutions d'Italie*, liv. XIV, ch. 8; mais il se contredit lui-même au ch. 4 du liv. XV.

avait pris la couronne de roi (1). Il aima sincèrement la paix, et cependant nous avons vu combien de guerres il fit naître ou soutint: Il tenta même de recouvrer la Sicile; secouru par ses alliés et des troupes de Provence et du Piémont, il l'assaillit avec 42,000 hommes, 75 galères, 3 galions, 30 vaisseaux de transport, 30 sagittaires et 160 barques pontées; mais la tempête d'abord, le climat ensuite, ruinèrent ces forces imposantes. Il renouvela plusieurs fois ses attaques; mais elles n'eurent d'autre résultat que la dévastation du pays, et le roi Frédéric lui tint tête.

Robert, pour ne pas inquiéter les siens, se servait de troupes mercenaires, et se procurait de l'argent par tous les moyens, au point de permettre aux juges de commuer diverses peines en amendes; il faisait aussi perdre à ses sujets l'habitude des armes. Rempli de piété à l'imitation de saint Louis, son oncle, il assigna par mois 3,000 ducats afin d'ériger des couvents ou des églises, et d'acheter des biens pour des moines et des religieuses; il obtint du sultan d'Égypte que douze franciscains fussent attachés au saint sépulcre, ce qui s'est toujours fait depuis. Il construisit magnifiquement sainte Claire, sa chapelle royale, où il fut enseveli avec un immense mausolée et une épitaphe succincte (2). Docte et protecteur des doctes, « soit (dit Pétrarque) qu'il fût « occupé des affaires de la guerre ou de la paix, soit qu'il se dé- « lassât de ses fatigues, jour et nuit, se promenant ou assis, il « voulut toujours avoir des livres. Il traitait des sujets sublimes, « et, bien que les occasions fussent très-rares, il protégea avec « une magnificence royale les génies de son siècle. Non-seu- « lement il écoutait avec une grande patience ceux qui lui « lisaient leurs compositions, mais il les encourageait et les ho- « norait de sa faveur. Il continua ainsi jusqu'au dernier moment; « déjà vieux, philosophe et roi, comme il était, il ne rougit « jamais d'apprendre, et jamais il ne lui en coûta de faire part « aux autres de ce qu'il avait appris; car il répétait que l'homme « se fait sage en apprenant et en enseignant. Les individus « mêmes qui, par haine ou envie de médisance, cherchent à di- « minuer son mérite, ne lui contestent pas le savoir. Très-versé

---

(1) Il débita souvent ou du moins il composa des sermons pour des chapitres de religieux et des cérémonies ecclésiastiques, etc. On les trouve en manuscrits.

(2) *Suscipe Robertum regem virtute refertum.*

« dans les saintes Écritures et les études philosophiques, orateur
« excellent et très-instruit en médecine, il n'y eut que la poésie
« qu'il ne cultiva point : négligence dont il se repentit dans sa
« vieillesse, comme je le lui ai entendu dire (1). »

Robert plaça dans l'université les meilleurs maîtres, et fit traduire en latin Aristote et Galien. Son règne fut illustré par d'insignes jurisconsultes, tels que Barthélemy de Capoue, son protonotaire et conseiller ; Nicolas d'Alife, secrétaire de la chancellerie royale ; André d'Isernia, dit le prince, le guide, l'évangéliste des feudistes ; Luc de Penna et autres, connus parmi la foule des commentateurs. Il dota le royaume de tribunaux réguliers et de lois opportunes. Le clergé, abaissé par les Souabes, puis relevé par les Angevins au point de se soustraire à toute juridiction royale, fut soumis par Robert aux magistrats en cas d'injures et de violences.

Le pouvoir et l'arrogance des barons allaient croissant, soit parce que Robert était distrait par d'autres occupations, soit parce qu'il craignait de les mécontenter à cause du voisinage de la Sicile, sa rivale. Entourés de clients et de vassaux, ils donnaient asile dans leurs châteaux à des malfaiteurs, et, comme aucun magistrat n'osait les citer en justice, ils commettaient toute espèce d'excès ; ils recommençaient les guerres privées, éludant les commissions, c'est-à-dire les *lettres arbitraires* du roi, les menaces de la cour de Rome et la rigueur des justiciers. Le nombre des brigands devint si considérable qu'il fallut envoyer contre eux des armées régulières, mais avec peu de succès, parce que les barons les protégeaient.

1343 Lorsque Robert fut mort, après un règne de trente-quatre ans, l'état des choses empira. De son fils, qu'il avait perdu, il lui restait Jeanne, à laquelle, afin de lui enlever un compétiteur et de lui procurer un appui domestique, il destina pour époux André, né de Charobert, roi de Hongrie, fils de son frère aîné, Charles Martel ; il le fit élever à Naples pour qu'il se façonnât aux usages de ses futurs sujets et pût acquérir leur affection : précautions inutiles. Lorsque les deux époux héritèrent de son royaume et de ses trésors, Jeanne allait atteindre sa seizième année, et son mari était plus jeune de quelques mois ; la magnificence de leur palais n'était égalée en Europe que par celle d'Avignon. Sanche de Majorque, veuve de Robert ; Catherine, impératrice

---

(1) *Rerum memorabilium* lib. I, ch. 1.

titulaire de Constantinople, et Marguerite de Tarente, reine douairière d'Écosse, tenaient autant de cours dans Naples. Marie, sœur de Jeanne, mariée secrètement à Charles, duc de Durazzo, brillait par l'esprit et la beauté; Agnès de Périgord, mère de ce seigneur, complétait le cercle royal, où chacun faisait assaut de luxe, de fêtes, de réunions, de raffinements, de galanterie, d'intrigues audacieuses : occasion de chute pour la fragile Jeanne.

André, homme candide et doux, n'avait pas oublié les usages grossiers de son pays, ses manières lourdes, ses goûts étranges, son humeur indolente ; d'un autre côté, comme il croyait que la couronne lui appartenait, non par sa femme, mais par droit héréditaire, il ne pouvait se résigner à la supériorité prétendue de Jeanne. Deux factions divisèrent donc la cour et tout le royaume ; le parti hongrois se fortifia par la faveur du pape et surtout par l'insouciance de Jeanne, qui ne souffrait pas que les affaires vinssent la distraire de ses amusements, dans lesquels elle associait les recherches de la civilisation italienne, polie et lettrée, aux pompes de l'Allemagne et de la Provence ; la lecture des sonnets de Pétrarque et des nouvelles de Boccace alternait avec les jeux floraux, les tournois et les cours d'amour. Robert, récollet hongrois, précepteur d'André, très-influent sur la reine, et qui louvoyait entre les deux partis, devint l'arbitre du royaume. Pétrarque, qui vit alors cette cour, prie le ciel de préserver l'Italie de pareils maux. Naples est à ses yeux une Mecque, une Babel, où l'on insulte le Christ, où il n'y a ni foi, ni justice, ni piété ; ceux qui gouvernent sont des Phalaris, des Denis, des Agathocles. Il se déchaîne surtout contre le frère, qu'il traite de dégoûtant, de moine en haillons, d'intrigant, d'orgueilleux. Pure rhétorique.

André, gêné par les habitudes de cour, irrité d'ailleurs des amours de Jeanne avec son cousin Louis, duc de Tarente, voulut être sacré avant d'avoir atteint les vingt-deux ans fixés par Robert ; le jour de son couronnement, il fit arborer des fers et une hache, comme pour signifier qu'il en userait contre ses adversaires. Quand on veut frapper, il ne faut pas menacer. Les individus qui avaient des motifs pour redouter sa colère ourdirent une conspiration à la tête de laquelle se trouvaient le comte d'Artusio, fils naturel du roi Robert, et la Catanaise Philippine, d'abord lessiveuse, puis nourrice de Louis, et confidente de la reine. Si Jeanne ne consentit pas à ce que son mari fût étranglé et préci-

1345
20 août.

pité du haut d'une terrasse, du moins elle n'y mit aucun obstacle.

Personne ne songea sérieusement à faire poursuivre les meurtriers. Le pape seul, comme haut seigneur du royaume, enjoignit à Bertrand de Balzo, grand justicier, de rechercher les coupables; ce magistrat, déployant alors un étendard où l'assassinat était représenté, se dirigea vers le palais, suivi de la multitude. La reine ne put empêcher que la Catanaise et ses complices, après d'horribles tortures, fussent pendus et brûlés. Enfin elle eut l'audace d'épouser le duc de Tarente; puis, comme elle prévoyait la guerre civile, elle fit des levées de vassaux et de partisans.

1347

Louis le Grand, roi de Hongrie, qui reçut d'elle une lettre dans laquelle elle protestait de son innocence, lui répondit: « Ta « manière de vivre déshonnête, la puissance royale que tu re- « tiens, ta négligence à punir le forfait, tes excuses que je n'ai « point demandées, prouvent que tu es complice et coupable de « l'assassinat. Personne n'échappera à la vengeance de Dieu et « à celle des hommes. »

Ce Louis occupe un rang distingué parmi les rois de Hongrie, contrée qui sortait à peine de la barbarie; mais, comme sa vicieuse constitution ne l'avait point encore épuisée, elle figura, de son temps, au nombre des principales puissances de l'Europe. Ce prince était en même temps roi de Pologne, souverain de la Bosnie, de la Servie, de la Bulgarie, de la Moldavie, de la Valachie; ainsi, respecté des Allemands et craint des Italiens, il étendit sa domination sur les peuples slaves depuis l'Adriatique jusqu'à la mer Noire et à l'embouchure de la Vistule. Il demanda au pape de déclarer Jeanne indigne du trône, et de lui donner l'investiture du royaume de Naples, tandis qu'il se préparait à faire justice de cette femme à la tête d'une armée. Bien que le pape, qui avait tenu sur les fonts baptismaux un fils posthume d'André, cherchât à lui persuader de remettre le litige à son tribunal, il mit en gage jusqu'aux joyaux de sa femme (1), et se dirigea vers l'Italie.

Les Napolitains avaient perdu l'habitude des armes, et les

---

(1) Un anneau avec cinq perles, un bandeau avec quatre-vingt-six perles, une guirlande en argent qui avait quatre-vingt-seize perles, une ceinture avec de petites perles, une coupe de cristal avec un couvercle garni d'argent qui valait 51 livres, un flacon de cristal garni d'argent et de perles, une coupe de nacre garnie d'argent et de perles, furent donnés en gage à un marchand florentin pour 176 florins.

campagnards ne portaient qu'un bâton pour se défendre des chiens ; au lieu de coucher en plein air, ils aimaient les lits moelleux et les oreillers, se peignaient et se lavaient comme les femmes (1) ; on ne pouvait donc compter que sur les aventuriers, et l'on avait à craindre que la Sicile, pour nuire à Naples, ne donnât la main aux Hongrois. En conséquence, Jeanne fit la paix avec les Siciliens, dont elle reconnut l'entière indépendance ; puis, comme elle se défiait des quelques partisans qui lui restaient, elle s'enfuit en Provence à l'approche du roi de Hongrie. 1348

Louis, vainqueur sans avoir combattu, voulut voir la terrasse d'où l'on avait précipité André, et là, après avoir reproché ce méfait à Charles de Durazzo qui protesta en vain de son innocence, il le fit tuer et jeter à son tour dans le jardin ; parmi ceux qu'on soupçonnait de complicité, beaucoup furent punis de mort, et d'autres envoyés en Hongrie. Entré à Naples en conquérant, Louis s'occupa de faire des procès, distribua les hautes fonctions à des Hongrois, et nomma régent Étienne Laszk, prince de Transylvanie ; mais, comme la peste commençait à sévir, il congédia ses troupes et retourna en Hongrie.

Il était facile de conquérir le pays, mais difficile de le conserver. Le pape s'était refusé à donner l'investiture de Naples ou de la Sicile, tant que Jeanne n'aurait pas été régulièrement déclarée coupable. Les Napolitains, dégoûtés bientôt des étrangers et regrettant les plaisirs de l'ancienne cour, appelaient la reine, dont l'innocence était reconnue après de longues investigations. Dès lors, absoute par le pape, qui valida son nouveau mariage, elle résolut de recouvrer son royaume ; elle vendit au pape la cité d'Avignon moyennant 80,000 florins, mit en gage ses joyaux pour faire de l'argent, prit des troupes à sa solde, et, secondée par Nicolas Acciaiuoli, illustre Florentin, elle recouvra le pays, sauf 1351 quelques châteaux.

Intrépidement frivole au milieu de tant de périls, elle s'étourdissait dans les plaisirs, tandis que le roi Louis arrivait à la tête de trente ou quarante mille Hongrois.

Familiarisés avec les chevaux, qu'ils montaient continuellement même dès leur enfance, les Hongrois étaient recouverts, pour unique défense, d'une casaque de cuir en triple, et n'avaient d'autres armes offensives que l'arc et une longue épée. La selle

---

(1) *Fragm. hist. romanœ*, lib. I, c. 10.—Dom. de Gravina, *Rer. It. Script.*, XII, 572.

et la housse servaient la nuit de lit et de couverture au cavalier, qui portait avec lui de la viande séchée et pulvérisée, dont il faisait, avec une petite quantité d'eau chaude, une boisson substantielle. C'est ainsi qu'ils avaient fait la guerre aux Bulgares, aux Russes, aux Tartares, aux Serbes, dans des plaines ouvertes, où les pâturages abondaient ; mais les Italiens détruisaient toute espèce de vivres, et se renfermaient dans les places fortes, de manière que les Hongrois se consumaient, faute de fourrages. D'un autre côté, bien que les Italiens pussent à peine armer trois ou quatre mille cavaliers, leur masse compacte et leurs solides armures présentaient un obstacle inattendu. Les étrangers dévastèrent le royaume, qu'ils soumirent, excepté Gaëte, où s'étaient réfugiés Jeanne et son époux ; mais, comme la peste et la famine décimaient son armée, et que le temps du service mili-

1351 taire expirait, Louis dut accepter une trêve, à la condition que le pape ferait reprendre le procès de Jeanne : si elle était reconnue coupable, le royaume devait revenir au roi de Hongrie ; dans le cas contraire, il céderait les places dont il était maître, moyennant 300,000 florins. Jeanne, sur l'attestation de témoins qui avaient prêté serment, établit qu'un philtre l'avait empêchée d'aimer André, et fut déclarée étrangère à son assassinat. Louis céda donc les places, mais ne voulut point recevoir la somme stipulée, en disant : « Je fais la guerre pour assurer le triomphe

1352 de la justice, non pour gagner de l'argent. » Jeanne remonta sur le trône, et Louis de Tarente fut couronné.

La Sicile poursuivait sa carrière sans mêler ses destinées à celles de l'Italie. Les barons avaient été réprimés par les Souabes ; mais, dans la guerre qui suivit le massacre des Vêpres siciliennes, ils comprirent qu'ils étaient nécessaires. Accablés de récompenses pour les services extraordinaires qu'ils avaient rendus, ils devinrent si orgueilleux qu'ils souffraient à peine d'être inférieurs au roi ; sous le faible Pierre II, fils et successeur de Fré-

1337 déric Ier d'Aragon, ils prétendaient rendre héréditaires les plus hautes fonctions. Entourées d'une parenté nombreuse et de la clientèle des bourgeois, les grandes maisons se faisaient le centre de partis qui se battirent sous le nom et le commandement des Alagona et des Chiaramonti de Modica, des Palici et des Ventimiglia de Geraci ; de telle sorte que tout l'édifice de Frédéric Ier s'écroula, et qu'il restait à peine une ombre de gouvernement

1342 central. Sous Louis, successeur de son père à cinq ans, avec le justicier Blasco d'Alagona pour tuteur, et sous Frédéric II, son frère, connu par le surnom de Simple, et qui le remplaça à l'âge de treize ans, les guerres se multiplièrent de famille à famille. « La fureur des partis devint telle que les hommes se tuaient partout où ils se rencontraient, au moyen d'embûches, par trahisons, sans aucune miséricorde, comme des bêtes sauvages ; pour dévaster les domaines les uns des autres, ils employaient continuellement le fer et le feu... La culture fut livrée à un tel abandon, et les provisions amassées s'épuisèrent si complétement, que cette île, naguère source abondante de toutes les choses propres à la nourriture, vit un grand nombre de ses familles émigrer dans d'autres contrées, pour échapper à la famine et à la misère. » (M. VILLANI.)

1355

Le moment parut favorable aux rois de Naples pour faire valoir leurs prétentions, qu'ils avaient dissimulées, non déposées ; Jeanne occupa Messine, en promettant d'en faire la capitale de la Sicile ; mais Chiaramonti et Ventimiglia réunis la recouvrèrent. Jeanne, maîtresse de la Provence et de Naples, aurait eu besoin d'une forte marine ; mais les guerres ne lui permirent pas de la créer, et, bien plus, elle laissa tomber en ruine les restes de l'ancienne puissance maritime de ces pays. Pour avoir des navires, elle en demanda quinze à Louis d'Aragon, renonçant, à ce prix, à ses droits sur l'île, dont elle ne se réservait qu'un tribut annuel de 3,000 onces. La reconnaissance du royaume comme une faveur de la souveraine ennemie parut aux Siciliens un marché honteux ; néanmoins cet arrangement mettait fin à la longue guerre de Sicile, qui avait coûté tant d'argent et de sang. D'ailleurs la sujétion ne fut que nominale, et l'île ne paya jamais le tribut.

1353

Jeanne et Louis de Tarente occupaient le trône de Naples ; mais que pouvaient-ils dans un royaume déchiré par les factions, et où les barons ne voulaient pas déposer les armes, qu'ils avaient prises dans les désordres passés ? Quelques mécontents appelèrent la bande du comte Lando, qui se rendit redoutable aux amis comme aux ennemis ; il fallut, pour la renvoyer, recourir à des emprunts extraordinaires, et suspendre le tribut que l'on payait au pape, qui dès lors mit le royaume en interdit. Louis de Tarente, dameret sans mérite, mourut à quarante-deux ans, et Jeanne, sur les instances des barons, épousa Jacques III d'Aragon, roi titulaire de Majorque ; mais il ne jouit d'aucune autorité, habita presque toujours l'Espagne, et mourut sans l'avoir rendue mère. Jeanne avait alors quarante-six ans, et tous ses enfants

1362

étaient morts. Marie, sa sœur, n'avait que trois filles, l'une desquelles, Marguerite, désignée par Jeanne pour lui succéder, épousa son cousin Charles, fils du duc de Durazzo, victime du roi de Hongrie, et qui fut plus tard connu sous le nom de Charles de la Paix ; c'était un homme beau, attrayant, mais profondément dissimulé et toujours prêt à renier sa parole ; mais son intimité avec Louis le Grand, sous lequel il portait les armes en Hongrie et dans le Frioul, inspira de la jalousie à Jeanne, qui donna sa main, sinon le titre de roi, à Othon de Brunswick, lequel habitait alors le Piémont comme tuteur du marquis de Montferrat.

C'était le moment où l'on se disputait pour le successeur du pape Grégoire XI ; Jeanne, en favorisant l'antipape Clément VII, concourut puissamment au grand schisme d'Occident. Urbain VI la frappa donc d'excommunication, la déclara déchue du royaume et de tous ses fiefs, et poussa contre elle Charles de la Paix, dont elle avait trompé les espérances. Le peuple de Naples, furieux contre la reine, parce qu'elle fomentait le schisme, se prononçait en faveur du pape véritable et saccageait les palais ; les barons se livraient à des combats meurtriers, et la reine ne pouvait que leur pardonner, sauf à leur faire souscrire des traités de paix qui étaient violés le lendemain. En face de tant de dangers, qu'elle se sentait incapable de conjurer, elle chercha un appui en adoptant pour héritier Louis d'Anjou, second fils de Jean II, roi de France ; le choix de ce successeur devait être pour le royaume la source de deux siècles de calamités. Ce Louis, pour faire de l'argent, s'approprie le trésor royal de France, pressure les provinces, sacrifie les juifs, enlève la paye des soldats, impose à Paris une taxe sur tous les comestibles, et, comme le peuple s'était soulevé en tumulte, il fait jeter dans le fleuve les chefs des corporations d'ouvriers.

De même qu'Urbain VI soutenait Charles, Clément VII favorisa l'Angevin, en lui accordant la dîme sur les revenus ecclésiastiques pour le Languedoc et les provinces au nord de la Loire ; bien plus, sauf à réserver le patrimoine de saint Pierre et la campagne de Rome, il érigea pour lui, en royaume d'Adria, l'État ecclésiastique, dont il sacrifiait ainsi l'indépendance. La mort de son père retint Louis d'Anjou en France ; Charles, entraîné par les espérances dont se repaissent tous les bannis, partit avec les bandes de Barbiano et d'Acuto, et vint à Rome, où il fut couronné par Urbain VI, qui lui fournit 80,000 florins provenant des objets précieux et des vases sacrés enlevés aux églises ; enfin, après avoir, pendant deux ans, fait sentir à diverses provinces de l'Italie le poids ruineux de son armée, il pénétra dans le royaume de Naples. Le peuple, qui avait perdu l'habitude des armes, ne lui fit aucune résistance ; les barons étaient indisposés contre Jeanne depuis qu'elle avait choisi un successeur étranger, et la ville se divisait entre angevins et carlistes, entre urbanistes et clémentins ; la défense était donc impossible, et Charles entra dans Naples au milieu des acclamations populaires. La reine, qui s'était enfermée dans le château Neuf, ne recevant pas de secours, se rendit. Charles la traita honorablement ; mais, sous le prétexte qu'elle le regardait comme un voleur et sollicitait contre lui Louis d'Anjou, il la fit égorger. Bien que d'un caractère généreux, sincère, aimable (1), avec sa jeunesse inexcusable et surtout à force de changer de maris et d'héritiers, elle ne cessa de troubler le royaume. Sa sœur Marie de Durazzo ne tarda point à la suivre, et avec elle s'éteignit la descendance du roi Robert.

1381

1382

Louis aurait voulu rester en Provence pour recueillir la portion la plus solide de l'héritage de Jeanne ; mais l'antipape Clément, pour nuire au protégé d'Urbain VI, le poussait à venger sa bienfaitrice et à conquérir un si beau royaume. Après avoir été couronné dans Avignon roi de Sicile, de Naples, de Jérusalem, Louis, à la tête d'une belle et forte armée, accompagné d'Amédée VI, comte de Savoie, favorisé par Barnabé Visconti, qui maria une de ses filles à l'un de ses fils, et secondé par les mécontents, descendit en Italie et fit pendant deux ans la guerre à son compétiteur. Charles de la Paix, qui n'était pas soutenu par les barons, et que le besoin d'argent poussait à dérober à la douane les draps des Florentins, des Pisans et des Génois pour les distribuer à ses partisans, reconnut l'avantage d'éviter les rencontres ; suivant les conseils d'Albéric de Barbiano, qu'il avait nommé connétable du royaume, il attendit que les maladies eussent épuisé les hommes, les chevaux et le trésor de son ennemi. En effet, cette armée si florissante fut bientôt réduite à un

---

(1) Giannone, avec ses phrases à la fois ampoulées et grossières, appelle Jeanne « la plus sage reine qui ait occupé le trône », liv. XXIII, ch. 3 ; ce qu'il répète dans le chap. 5 ; un peu plus loin il écrit que la reine, « bien qu'elle eût quarante-six ans, était si fraîche que tout en elle annonçait qu'elle pouvait faire des enfants. »

tel état de détresse que les chevaliers les plus distingués montaient des ânes ; le duc avait vendu vases, joyaux, jusqu'à sa couronne, et ne couvrait sa cuirasse que d'un haillon de couleur ; enfin il mourut de la fièvre à Bari. Les autres périrent (de ce nombre Amédée de Savoie, à Saint-Étienne, dans la Pouille) ou s'en retournèrent en mendiant et en pillant.

1384
12 mars.

Charles, bien qu'il eût triomphé au moyen de la politique plutôt que par le courage, ne jouit point de la tranquillité ; la faction angevine, fidèle au jeune Louis II, héritier de la Provence et des prétentions du duc défunt, bouleversa longtemps le royaume. En outre, Charles se brouilla entièrement avec Urbain, qui, s'étant établi à Naples, prétendait y exercer l'autorité souveraine ; ce pape voulait qu'il investît un de ses neveux de la principauté de Capoue et d'Amalfi, ainsi que d'autres possessions, comme il l'avait promis lors de son couronnement : de là, des guerres et des excommunications scandaleuses, empirées par la peste, qui, à cette même époque, renouvela ses ravages dans toute l'Italie. Charles, enorgueilli par la victoire, était moins que jamais disposé à écouter les remontrances du pontife, qui réclamait la diminution des nombreux impôts dont il avait grevé le royaume ; Urbain se renferma dans Nocera, mit à la torture quelques cardinaux accusés de conspiration, et lança l'excommunication contre le roi ; de son côté, Charles persécuta les cardinaux qui obéissaient à l'interdit, et envoya une armée assiéger l'obstiné pontife. A chaque instant, Urbain se présentait au balcon avec la clochette et la torche allumée pour excommunier les troupes du roi ; enfin, après six mois, il fut secouru par des soldats mercenaires, qui favorisèrent sa fuite jusqu'à Salerne, d'où il s'embarqua, le cœur altéré de vengeance.

La mort de Louis le Grand de Hongrie vint ajouter de nouveaux embarras aux difficultés du royaume. Ce roi avait fait plusieurs fois la guerre à Venise, qui conservait toujours le titre de souveraine de la Dalmatie, de la Croatie et d'un quart et demi de l'empire d'Orient. Dès le jour où ses prétentions se fixèrent sur le royaume de Naples, Louis regarda comme très-importante la possession de Zara, anneau entre ses domaines et la Pouille ; il tenta donc de prendre cette ville, mais les Vénitiens la lui disputèrent et s'en rendirent maîtres après trois mois de siége. Louis en conserva de la rancune ; il favorisa le mécontentement des Slaves, hostiles à la seigneurie vénitienne, parce qu'ils étaient sacrifiés au profit de la capitale, tandis que leur pays aurait pu voir prospérer le commerce en devenant le débouché de la Hongrie. Lorsqu'il se sentit assez fort, il enjoignit au sénat vénitien de lui restituer les villes de la Dalmatie qui avaient appartenu autrefois à la couronne hongroise. La république refusa, se mit en mesure d'équiper une flotte, et Gênes, sa rivale, fournit au roi soixante galères sous les ordres d'Antoine Grimaldi ; mais les Vénitiens, unis aux Catalans et commandés par Nicolas Pisani, firent essuyer à Lojera une terrible défaite à l'ennemi, auquel ils prirent trente galères, avec trois mille cinq cents hommes qu'ils laissèrent pourrir dans les prisons, outre deux mille qui périrent en combattant. {1353}

Malgré ce revers, Louis continua de molester les Vénitiens dans la Dalmatie, et résolut d'attaquer Zara, Spalatro, Trau, Nona, Trévise même, unique cité qu'ils possédassent sur la terre ferme. Après avoir occupé Conegliano, Asolo, Ceneda, ses redoutables cavaliers arrivèrent sous Trévise ; mais on ne pouvait la prendre avec des batteurs d'estrade. Fatigués de ces longues luttes, les Hongrois contraignirent le roi à battre en retraite, bien qu'ils fussent au nombre de trente mille. Louis, après avoir pris de meilleures dispositions, reparut sous les murs de la place, dont la trahison lui ouvrit les portes. Venise lui {1354} ayant demandé la paix, il déclara généreusement qu'il lui suffisait de recouvrer les cités appartenant à sa couronne ; le doge devait, en outre, renoncer au titre qu'il s'arrogeait sur ces villes, et lui fournir vingt-quatre galères dont il payerait, lui, tous les frais.

Après la mort de Louis, la noblesse consentit à ce que Marie, {1382} sa fille, qu'elle avait reconnue pour reine, apportât ses droits à Sigismond de Luxembourg, fils de l'impuissant Charles IV. Cependant d'autres nobles proclamèrent Charles III de Durazzo, qui, adopté par le roi Louis, s'était élevé dans la Hongrie, dont il avait contracté les habitudes guerrières. En effet, indifférent aux désordres au milieu desquels il abandonnait son premier royaume, l'ambition l'entraîna dans le nouveau, et il obtint la couronne angélique ; mais la reine le fit assassiner. Jeanne était {1386} vengée. La Hongrie fut alors bouleversée, et les Croates accouraient pour venger un crime par d'autres crimes et tous les genres d'excès. Marie étant tombée en leur pouvoir, ils l'auraient envoyée à Marguerite, veuve de Charles, si les Vénitiens ne s'y fussent opposés. Les révoltes épuisaient entièrement la Hongrie, et un nouveau roi de la Servie orientale occupa Zara, Trau,

Sebenico, Spalatro et les autres villes possédées auparavant par les Vénitiens. Sigismond de Luxembourg délivra Marie, sa femme, à la mort de laquelle il resta maître du pays, qu'il transmit ensuite à la maison d'Autriche.

1395

Le royaume de Naples, qui était parvenu à tant de grandeur sous les Normands, les Souabes et Robert le Bon, tombait en ruine sous leurs descendants et perdait son rôle politique, tandis qu'il devenait à l'intérieur le champ clos où des bandes d'aventuriers et des étrangers demi-barbares se livraient de funestes combats. Les contributions étaient perçues et dépensées par ces auxiliaires; il n'y avait ni armée ni flotte qui obéissent au roi, ni forteresses bien munies. Le trésor était épuisé, et la cour offrait le spectacle d'une somptuosité efféminée. La nation avait perdu l'habitude des armes, si bien qu'elle n'inspirait aucune confiance à ses maîtres, et que les ennemis ne la craignaient point; en conséquence, elle n'avait pas pour elle-même ce respect qui sauve de la honte, et ne l'obtenait point des autres.

La mort intempestive de Charles III ne fit qu'aggraver les maux du royaume; tandis que Ladislas, son fils, âgé de dix ans, était proclamé roi sous la tutelle de Marguerite, la faction française des Sanseverino saluait un autre enfant, Louis, fils du duc d'Anjou : deux enfants sous la tutelle de deux femmes plus intrigantes qu'habiles. Marie de Blois enleva presque toute la Provence à Ladislas. Les Napolitains, mécontents de l'avarice de Marguerite et de l'avidité de son favori, se soulevèrent en faveur d'Othon de Brunswick, veuf de Jeanne et créature de Clément VII, qui s'empara de Naples au nom de l'Angevin. Voilà donc deux papes, deux rois, deux régents. Au milieu de leurs querelles, la plupart refusent obéissance à l'un comme à l'autre; le pape Urbain VI les excommunie sans distinction, et tout le pays est bouleversé. Louis II, couronné à Avignon, est accueilli dans Naples au milieu des applaudissements; mais il est bientôt forcé d'abandonner tout pouvoir à Ladislas, qui reconnaît le royaume comme bénéfice du siége apostolique (1).

1391

1399

(1) Ap. LUENIG, tom. I, p. 210, 1215. Au couronnement de Louis II d'Anjou, on vit plusieurs barons qui avaient amené plus de mille chevaux; les Sanseverino en conduisirent ensuite dix-huit cents, tous bien harnachés. Selon Angelo de Costanzo, qui écrivait au temps de Philippe II, la noblesse napolitaine, sobre d'ailleurs dans ses habitudes, entretenait, sans doute à cause des

Au milieu des périls, des conjurations et des guerres intestines, ce roi s'était façonné aux intrigues, et son courage avait crû avec les années. Aussi perfide en politique, mais plus brave que Galéas, il forma de bonnes troupes, eut des partisans nombreux, enleva aux Français toutes leurs forteresses et punit les barons qui les avaient favorisés. La noblesse hongroise, dégoûtée du roi Sigismond, offrit la couronne angélique à Ladislas, qui accourut à son appel; mais, ayant rencontré des compétiteurs, il vendit aux Vénitiens Zara et les autres places de la Dalmatie, et ne songea plus à la Hongrie. Tout préoccupé de s'agrandir en Italie, il se proposait de renouveler la gloire de l'empereur Frédéric II, et disait souvent : *Ou César ou rien*. Afin de consolider la monarchie, il abaissait les barons, tous l'objet de sa haine, qu'ils fussent les partisans des Durazzo ou ceux des Angevins; il leur défendit d'avoir plus de vingt-cinq lances chacun, nombre qu'ils dépassaient sous prétexte de service public, et cette force dut même être stipendiée et logée par l'État. D'un autre côté, il conféra sans distinction les fiefs, les offices et même le titre de chevalier.

La chrétienté était alors déchirée par le grand schisme, qui entretenait dans toute l'Italie des armées et des factions, de telle sorte qu'on pouvait assaillir l'État papal sans paraître faire la guerre au pape. Ladislas saisit le moment favorable. Après la mort de Boniface IX, et dans les premiers temps d'Innocent VII, Rome s'était vue déchirée par la faction populaire et par les grands. Au milieu de ces désordres, il résolut d'y entrer, favorisé par les Colonna et les Savelli. Le peuple s'empare de Ponte-Molle et repousse le roi; mais douze citoyens, qui se rendaient auprès d'Innocent pour entamer des négociations, furent arrêtés par le neveu de ce pape et massacrés. Le peuple se soulève au son de la cloche du Capitole, chasse le pontife et se met à piller. Ladislas veillait sur cette proie, et, tandis qu'il amuse de paroles Innocent et les Florentins, il occupe Rome triomphalement. Grégoire XII, qui avait besoin d'appui contre le pape, son rival, donne à Ladislas l'investiture de Rome, du patrimoine, de la marche d'Ancône, de Bologne, de Faenza, de Forli, de Pérouse et du duché de Spolète, moyennant 25,000 florins par an; devenant ainsi le maître de l'État dont ses prédécesseurs étaient

1404

guerres continuelles, un nombre considérable de chevaux; c'était là son luxe et sa sauvegarde.

les vassaux, il fut le premier qui en prit le titre de roi.

<small>1408
25 avril.</small>

Dès lors il lui sembla qu'il pouvait réaliser ses rêves les plus ambitieux, et méprisa tous les obstacles; et pourquoi, en effet, n'aurait-il pas espéré de devenir roi de l'Italie entière? Depuis la mort de Jean Galéas, les Visconti ne dominaient plus que sur la Lombardie; Venise se sentait encore affaiblie par sa lutte avec Gênes, qui, à son tour, était contrainte par les factions à s'appuyer sur la protection de la France. Les Florentins seuls s'opposaient à ses desseins. Toujours attentifs à préserver l'Italie de la domination des potentats, ils refusèrent de le reconnaître, et Ladislas saisit les biens de tous leurs marchands établis à Rome.

<small>1409</small>

Après avoir amassé de l'argent, il ravagea leur territoire, au point que le peuple l'appelait le roi *gâte-blé*, et les Florentins se virent de nouveau en danger de perdre l'État. Pour le combattre, ils prirent à leur solde Braccio de Montone, et favorisèrent Louis II, qui vint avec les secours du pape Alexandre V et de son successeur Jean XXIII, dont les excommunications frappèrent Ladislas. Les fleurs de lis flottent à la tête de l'armée, et les Florentins, réunis aux Siennois, dissipent une expédition destinée à conquérir toute l'Italie; bien plus, ils s'emparent de Rome, où Jean est nommé pape. Louis, servi par un grand nombre de Provençaux et d'étrangers, et par les capitaines Paul Orsini, Attendolo Sforza, Braccio de Montone, vainquit Ladislas à Roccasecca, fit prisonniers presque tous les barons et s'empara de l'étendard royal; mais les soldats se dispersèrent pour saccager, puis vendirent leurs armes et les prisonniers moyennant huit ou dix ducats chacun, et Ladislas les acheta, comme il acheta les mercenaires de son ennemi, qui fut contraint, accablé de honte, de se réfugier au delà des monts, où il mourut bientôt.

<small>1410</small>

<small>1411
19 mai.</small>

Ladislas envahit Rome et l'État, pillant malgré les Florentins : le pape Jean dut abandonner Louis d'Anjou, et reconnaître Ladislas roi de Naples et de Sicile; s'obliger à ramener à son obéissance cette île, alors au pouvoir des Aragonais ; le nommer gonfalonier de l'Église avec 400,000 ducats et lui faire remise de 48,000 dus pour le tribut annuel : à ces conditions, Ladislas reconnaissait le pape. Mais le pape et le roi ne tardèrent pas à violer ces conventions : le premier enrôla des bandes, fléau des peuples, qui n'empêchèrent point Ladislas d'assaillir Rome, de la prendre et de la piller, tandis que le pape fuyait à travers des souffrances et des périls infinis; tout individu de sa suite qui tombait aux mains de l'ennemi était dépouillé, et souvent égorgé.

<small>1413</small>

Jean avait donc raison de dénoncer au monde une si grande perfidie : « Qui aurait pu croire un homme assez audacieux et « assez pervers pour venir nous jurer fidélité, nous demander « l'investiture en assemblée solennelle, et, à l'ombre de ces dé- « monstrations, obtenir ce qu'une guerre ouverte ne lui avait « pas donné ? Nous ne nous sentons pas le courage de peindre « la fureur avec laquelle il a traité Rome, les temples sacrés, les « vénérables reliques des saints (1). »

Ladislas, insensible à ces plaintes, marchait sur Bologne, la seule ville qui restât au Pontife, lorsque la mort le surprit. Une maladie terrible, attribuée au poison ou à des philtres, et dont la cause, probablement, était sa luxure, le jetait parfois dans des accès de rage, pendant lesquels il commettait toute sorte de cruautés ; il mourut à trente-six ans dans un état de frénésie. Sans aucun frein dans la débauche, il maltraita ses femmes, et contraignit Constance, qu'il avait répudiée, à se marier avec un autre ; il s'entourait de concubines de toute condition. Fou d'orgueil, ne s'occupant que des soldats, il prodigua les biens de la couronne aux hommes d'armes, vendit les offices et les titres de chevalier, raffermissant ainsi l'aristocratie qu'il avait d'abord voulu détruire ; il laissa donc l'héritage ordinaire de ces rois guerriers, l'indiscipline et la confusion.

1414
6 août

Comme il n'avait point d'enfant, Jeanne II, sa sœur, lui succéda, pour renouveler les scandales et les désordres de la première Jeanne ; difforme, avide de voluptés, elle multipliait, au gré d'indignes favoris, les fêtes licencieuses. Veuve de Guillaume d'Autriche, elle épousa Jacques de Bourbon, comte de la Marche, dans l'espoir que la famille royale de France la soutiendrait contre les prétentions des Angevins. Elle avait eu soin de se réserver tout le pouvoir ; mais, comme Jacques voulait être roi de fait, il l'enferma dans une prison, et fit ensuite subir une mort ignominieuse, après l'avoir torturé, à Pandolfello Alopo, qu'elle avait nommé grand sénéchal, comte, camerlingue, etc. Les barons et le peuple s'indignèrent de voir des Français occuper tous les emplois, et leur reine traitée en esclave. Jules de Capoue, de la famille des comtes d'Altavilla, condottiere napolitain qui avait excité la colère du roi contre les favoris, ourdit alors un complot pour le tuer, et en informa Jeanne, qui, dans l'espoir d'obtenir sa grâce, fit prévenir le roi. Les conjurés

---

(1) RYMER, *Acta*, tom. IV, part. II, p. 45. Tous ces faits eurent pour témoin Théodoric de Niem, qui nous a laissé la vie de Jean XXIII.

furent mis à mort, et la reine jouit de quelque liberté, dont profitèrent ses sujets pour la délivrer et lui rendre ses pouvoirs; Jacques, réduit à une humble condition, puis jeté dans un cachot dont il parvint à s'échapper, alla mourir moine.

Les Français furent expulsés, et les dignités confiées à des Italiens. Jeanne reconnut Martin V, lui fit hommage, et lui restitua Rome avec toutes les conquêtes de Ladislas; cette conduite lui était suggérée par ses amants, et surtout par Gianni Caracciolo qui avait remplacé Alopo dans sa confiance et sa tendresse. Homme d'intelligence et d'une rare prévoyance, aimé du peuple dont il avait assuré la subsistance, il aurait dominé despotiquement sans l'opposition d'Attendolo Sforza.

Les fourriers qui parcouraient la Romagne avec le fifre et le tambour pour enrôler des aventuriers, proposèrent un engagement à un cultivateur de Cotignola, nommé Muzio Attendolo, qui bêchait son champ. Il hésita, et, pour se décider, lança sa bêche sur un arbre, résolu de garder son métier si elle retombait à terre; comme elle resta dans les branches, il accepta les armes, enleva un cheval de l'écurie de son père, et se fit un grand renom par sa bravoure et son audace. Dans un entretien, Albéric de Barbiano le voyant se jeter sur lui avec violence, lui dit : «Eh quoi! voudrais-tu me convaincre par force, moi comme les autres? nous t'appellerons *Sforza* (qui oblige par force).» Ce surnom lui resta, et, comme chef de bandes, il excita l'admiration, l'envie, d'ardentes inimitiés. Parmi ses troupes il voulait une discipline sévère. Un homme d'armes avait enlevé à un médecin sa casaque violette; Attendolo, après l'en avoir revêtu, le força à se montrer ainsi aux yeux de tous les soldats du camp, et le coupable, accablé de honte, se donna la mort. Un dresseur de chevaux volait de l'avoine pour la vendre; il le fit attacher à la queue de chevaux qui le mirent en pièces. Un Ferrarais menait avec lui une femme déguisée en garçon; il ordonna de l'habiller en femme et de le promener dans le camp. Rompu à tous les genres de fatigue, il n'aimait que les jeux de force corporelle; tout armé, il pouvait monter à cheval sans autre appui que les étriers, et faire plusieurs milles sous le poids de son armure de fer. Prompt à délibérer, plus prompt à exécuter, intrépide au milieu du danger, franc dans sa jeunesse, dissimulé après avoir éprouvé des trahisons, dédaignant les richesses, toujours au service des autres, il avait une valeur à toute épreuve, mais aucune des nobles qualités qui rehaussent le courage.

Florence lui assigna 500 florins par an pour avoir contribué, avec le fameux condottiere Tartaglia, à la prise de la ville de Pise ; après avoir tué en trahison le traître Ottobon Terzo, il obtint du marquis d'Este, auquel il rendait Parme et Reggio, la ville de Montecchio. L'empereur Robert lui concéda pour armes un lion d'or rampant qui tenait dans sa griffe droite un coing. Louis II d'Anjou et le pape le prirent à leur solde dans l'expédition contre Naples ; mais Ladislas parvint à l'entraîner sous ses drapeaux, en lui donnant quatre châteaux dans l'Abruzze ; aussi le pape, qui l'avait investi de sa terre natale de Cotignola et créé gonfalonier de l'Église, le fit-il représenter en plusieurs lieux pendu par le pied droit, avec un écriteau commençant ainsi : *Je suis Sforza, paysan de Cotignola,* et qui énumérait ensuite douze trahisons. Que signifiaient les trahisons là où tout le mérite consistait dans le courage ? Ladislas, satisfait des services qu'il lui avait rendus, le nomma grand connétable du royaume, et lui assigna sept châteaux du patrimoine de saint Pierre ; il en acquit d'autres comme vassal de la république de Sienne ; puis il appela auprès de lui, pour leur confier les commandements de son armée, ses nombreux parents, tous élevés dans une sobriété laborieuse, habitués à frapper dans les querelles de la campagne, et intéressés à le soutenir comme leur unique appui.

A la mort de Ladislas, Alopo, jaloux de la faveur que Jeanne lui avait montrée, le surprend et le jette au fond d'une tour ; mais, ayant bientôt reconnu qu'il avait besoin de son bras, il lui offre en mariage une de ses sœurs et de nouveaux domaines, pour qu'il mette sa bande à son service et à celui de la reine menacée. Le roi Jacques, sorti vainqueur de la lutte, et déterminé par les calomnies de Jules de Capoue, le fait emprisonner à son retour, et c'est ainsi que le grand aventurier passe alternativement des fers au commandement, de l'affection de la reine à la haine de ses rivaux.

Le Pérousin Braccio, de la famille des comtes de Montone, fut d'abord son ami, puis son rival. Expulsé par une faction, il quitta sa patrie nu et blessé, et se mit au service de Barbiano, dont il obtint l'estime, à laquelle succéda l'envie, au point qu'on tenta de le tuer. Il parvint à s'échapper, et, après avoir souffert toutes les privations d'une pauvreté irréprochable, il contracta divers engagements, et se mit enfin à la solde des Florentins contre Ladislas. La première place dont il s'empara fut Rocca Contratta, d'où il en soumit d'autres dans le Picénum. Jean XXIII, avant de partir pour le concile de Constance, le chargea de lui conserver Bologne et la Romagne, et Braccio, en effet, contraignit à l'obéissance les seigneurs et les villes qui voulaient se soustraire à son autorité; mais, lorsque Jean fut déposé, Bologne se souleva, et Braccio, forcé de traiter, lui vendit pour 82 florins les châteaux que le pontife lui avait donnés. A la tête d'une bonne armée, enrichi par les dépouilles de la Romagne, Braccio marcha sur Pérouse, qui l'avait exilé; cette ville était défendue par Tartaglia, qu'il attira sous ses drapeaux en lui promettant de l'investir de tous les fiefs qu'on enlèverait à Sforza, leur adversaire commun; mais les citoyens les repoussaient avec un courage intrépide, et, bien que les magistrats eussent muré les portes afin de les empêcher de sortir et d'escarmoucher, ils sautaient par-dessus les murailles ou se laissaient glisser dans les fossés, pour se battre avec les agresseurs. Pendant le siége arrivaient d'autres capitaines, les uns pour secourir, les autres pour combattre Braccio. Enfin une bataille, célèbre dans les fastes de ces bandes, fut livrée sur la route d'Assise: d'un côté commandaient Braccio, Tartaglia, Nicolas Piccinino et d'autres chefs; de l'autre, Charles Malatesta, Agnolo de Pergola, Ceccolino des Michelotti et Paul Orsini. La mêlée dura sept heures, sous les rayons du soleil de juillet, et Braccio triompha; Pérouse alors ouvrit ses portes et donna la souveraineté à son exilé, auquel se soumirent Rieti, Narni et toute l'Ombrie.

1416

Il établit un gouvernement fort, embellit la ville et amena des eaux du lac pour arroser la campagne. A Pérouse, tous les dimanches de printemps, les habitants de la ville haute et ceux de la plaine avaient coutume d'engager une lutte, en se lançant des pierres dont ils se garantissaient avec un large manteau enroulé autour du bras gauche; puis apparaissaient des individus armés entièrement, mais avec des coussinets pour amortir les coups; enfin les enfants eux-mêmes en venaient aux mains. Ce jeu ne se terminait jamais sans des blessures et quelques morts; Braccio lui donna une grande magnificence, et voulut que chacune des villes qui lui étaient soumises lui envoyât une bannière. Le duc de Camerino épousa une de ses sœurs; les Florentins l'eurent toujours pour ami ou pour allié, et il leur promettait de se rendre à leur appel pour commander leur armée; toutes les fois qu'il se rendait à Florence, il était accueilli avec tout l'enthousiasme que le jugement égaré de l'homme témoigne à la force soldatesque, surtout quand elle est extraordinaire.

Tandis que Sforza était dans les fers, Braccio, selon ses conventions avec Tartaglia, chercha à lui enlever ses fiefs ; de là, une haine implacable entre les deux champions. L'un était plus téméraire, l'autre avait un courage accompagné de plus de courtoisie et d'habileté ; ils furent les chefs de deux écoles, rivales non-seulement alors, mais sous les guerriers illustres qui en sortirent comme du cheval de Troie (disait-on à cette époque). Les *Sforzeschi* l'emportaient dans la mêlée, les *Bracceschi* dans les combats imprévus ; ceux-ci dans la discipline et les détails, ceux-là dans le plan, les préparatifs généraux et par le soin qu'ils avaient de se ménager des réserves : mais ni les uns ni les autres n'étaient utiles à la patrie et à l'humanité, qui a besoin, non d'une valeur quelconque, mais d'une valeur employée pour une bonne cause.

Braccio, lui, chef d'aventuriers, était entré dans Rome, la capitale du monde catholique, dont il se proclamait le défenseur jusqu'à l'arrivée d'un nouveau pape. Sforza, par ordre de Jeanne, vint pour l'en expulser, et Braccio, affaibli par la fièvre, dut se retirer altéré de vengeance, tandis que son rival enrageait de n'avoir pu assouvir la sienne. Martin V chargea Sforza d'enlever à Braccio la principauté qu'il s'était constituée ; mais tous les efforts échouèrent contre une valeur servie par une longue expérience. En vain le pape et cet aventurier demandaient d'autres secours à Jeanne pour terminer heureusement l'entreprise ; il convenait à Gianni Caracciolo qu'elle échouât, afin que la gloire de son rival en fût éclipsée. Sforza, pour se venger de ce favori dont l'opposition lui était funeste, n'hésita point à ressusciter les anciennes factions des Durazzo et des Angevins, qui devaient être pour le pays la cause des plus grandes calamités et d'une longue servitude étrangère.

Après avoir déposé le bâton de grand connétable et retiré son serment comme pour dégager sa foi, Sforza envoya des messagers à Louis III, successeur du second duc d'Anjou, pour l'inviter à revendiquer ses droits, fondés sur l'adoption de Jeanne I. Nommé vice-roi, il rassemble une armée, investit Naples, et Louis vient lui-même avec une flotte ; mais ils eurent à combattre, par mer, Alphonse, roi d'Aragon et de Sicile, que Jeanne II avait appelé et adopté, et par terre, Braccio, réconcilié avec le pape, dont il avait obtenu en fief Pérouse et le voisinage, après l'avoir aidé à soumettre Bologne. Créé comte de Foggia, prince de Capoue, grand connétable, cet habile aventurier employa contre l'ennemi toute sa valeur et plus encore les intrigues et la séduction. Louis, auquel son rusé adversaire avait enlevé l'amitié du pontife et le courage vénal de Sforza, dut se retirer après une défaite; mais ce n'était là que la première scène des longs conflits entre les Français et les Espagnols.

En Sicile, l'inepte Frédéric II mourait à trente-cinq ans, ne laissant qu'une seule fille, Marie, qui fut autorisée par le pape à le remplacer, bien que Frédéric de Souabe eût déterminé la succession par agnats, à l'exclusion des femmes. Pierre d'Aragon s'y opposa; mais il fut convenu que Marie épouserait Martin, son neveu. Les barons répugnaient à ce mariage, dans la crainte d'être refrénés par le seigneur étranger, qui vint avec des forces suffisantes, reçut un bon accueil de la ville, et dompta les Alagona et les Chiaramonti, ses adversaires; mais il mourut sans laisser d'enfants, et son père, Martin le Vieux, déjà roi d'Aragon, lui succéda; la Sicile tomba donc dans la misérable condition de province, dont elle ne put sortir qu'au bout de trois siècles. Pour comble de disgrâce, le pape et les rois napolitains fomentaient les discordes, d'ailleurs inévitables avec une pareille organisation de royaume, et qui continuaient l'agitation même après que la liberté avait péri.

Les familles de Chiaramonti et des Alagona occupaient le premier rang parmi les barons: la première, élevée si haut qu'elle avait donné en mariage une de ses filles au roi Ladislas, penchait pour les Italiens et jouissait d'une plus grande popularité; l'autre favorisait les Espagnols. Mais la faction *latine* et le parti *catalan* tyrannisaient à l'envi, s'appropriant les revenus, l'administration, la guerre, la justice. Les villes, au lieu d'améliorer leur organisation municipale, étaient dominées par les nobles, qui élisaient les magistrats, chassaient le capitaine royal pour le remplacer par un baron de leur parti, et finirent par les gouverner comme leur propriété.

Lorsque Martin II essaya de relever le pouvoir monarchique, les barons, oubliant leurs inimitiés, se réunirent à Castronovo pour se défendre les uns les autres, et furent soutenus par le pape; contraint alors de traiter avec eux, Martin s'efforça de rétablir l'ancienne constitution, de recouvrer les revenus aliénés, et de mettre le pays sous la protection d'une armée permanente de trois cents bassinets ou barbutes, dont cent étaient Siciliens, et les autres étrangers. Il leva une armée pour reprendre la Sardaigne, qui s'était soulevée, et ses victoires réveillèrent la valeur sicilienne ; mais à peine avait-il commencé les réformes que sa mort, suivie de nouveaux troubles, vint les interrompre. On ne veut plus de roi étranger ; Palerme propose d'offrir la couronne à un certain Peralta ; Catane et Syracuse ne veulent pas dépendre de cette ville ; Messine, se rappelant ses anciens efforts, et aspirant toujours à être la première cité du royaume, secoue le joug étranger et promet fidélité au pape Jean XXIII, qui déclare les Aragonais déchus, parce qu'ils n'avaient pas payé le tribut féodal. Mais, comme ce qui déplaisait au peuple convenait aux barons, ils fournirent des secours pour alimenter la guerre, qui dura jusqu'à ce que Ferdinand de Castille, neveu de Martin II, fut reconnu par tous comme roi légitime. Loin d'accueillir les fréquentes demandes qui le poussaient à faire de la Sicile un royaume distinct, il décida qu'elle ne serait jamais séparée de l'Aragon, dont il avait fait la conquête.

1410

1412

Ce prince ne vint jamais visiter l'île ; mais son successeur, Alphonse d'Aragon, y établit sa résidence, soit par le désir de se soustraire aux difficultés que les cortès et la jalousie des seigneurs lui suscitaient dans son royaume, soit pour colorer ses desseins sur la Corse. Avide d'entreprises, il était parti de son royaume de Sardaigne pour envahir cette île ; mais, après une vigoureuse résistance de la part des Génois, il avait été contraint de se retirer. Ce fut alors qu'il reçut de la reine Jeanne l'invitation de l'assister et la promesse d'être adopté par elle ; en attendant, elle le nommait duc de Calabre et lui donnait pour gage de sûreté le château Neuf et le château de l'Œuf. Cette adoption devait amener la réunion des deux parties de l'ancien royaume. Mais Alphonse, à la cour de Naples, s'aperçoit qu'il est entouré d'intrigues et de trahisons : ne sachant pas tolérer l'orgueil de Caracciolo et ses trames pour le supplanter, il le fait arrêter ; Jeanne, épouvantée, a le temps à peine de s'enfermer dans le château Capuano, déshérite Alphonse pour Louis III d'Anjou, et appelle à son aide Sforza, qui parvient à la sauver après de rudes combats.

1416

1423

Après avoir engendré beaucoup de bâtards, Sforza s'était marié deux fois à des femmes de condition toujours plus élevée, et naguère enfin il avait épousé une duchesse de Sessa, veuve de Louis II d'Anjou ; il fut encore nommé grand connétable. Au moment où Jeanne lui remettait le bâton, une discussion s'éleva sur la formule la plus propre à engager sa foi : « C'est à lui-même, dit-elle, qu'il faut la demander, à lui qui m'a donné tant de fois sa parole, à moi et à mes ennemis, que personne ne sait mieux comment on se lie et l'on se délie. » Il fit une rude guerre au pape, qui avait embrassé la cause des Aragonais, et disait qu'il lui ferait dire cent messes pour un quattrino (*un centime*). Enfin il put assouvir sa longue haine contre Tartaglia, qu'il fit enlever de force, juger, et périr sur un gibet; mais lui-même, quelque temps après, en traversant à gué le Pescara, se noyait à la vue de son fils François et de son émule Braccio.

1424
4 janvier.

Profitant de l'absence d'Alphonse, qui était allé apaiser les troubles de l'Aragon, Jeanne recouvra Naples avec les secours de Gênes. Dans une rencontre avec les bandes de Sforza et Jacques Caldora sous Aquilée, Braccio est battu, blessé, et se laisse mourir de faim au milieu de transports de rage; ainsi périssaient à la même époque les deux chefs des bandes italiennes. Le pontife, dont Braccio bornait les États presque de tous côtés, fêta sa mort pendant trois jours, et laissa son cadavre sans sépulture; ses domaines firent retour à l'État pontifical et au royaume napolitain. Jeanne, entraînée par des caprices d'amour que l'âge rendait ridicules, se brouille avec Caracciolo; ses ennemis lui arrachent alors l'ordre de l'arrêter, et se hâtent de l'envoyer au supplice avant que le repentir vienne la surprendre. La reine ne put que lui faire de magnifiques funérailles, et permit à la populace de saccager les maisons de ses meurtriers; puis, toujours incapable de vouloir ou de prendre elle-même une résolution, elle s'abandonna à la duchesse de Sessa.

2 juin.

1432

Après la mort de Louis III, qui ne laissait point d'enfants, Jeanne, par son testament, nomma héritier de sa couronne René, frère du défunt. Enfin, à soixante-quatre ans, épuisée de corps et d'esprit, elle rendit le dernier soupir; avec elle s'éteignit la première maison d'Anjou, qui régnait depuis cent soixante-huit ans. Ses mobiles adoptions coûtèrent des guerres infinies à la France et à Naples, qui, pour se disputer cette belle couronne, se prévalaient de velléités féminines. La Calabre fut alors réunie à la Sicile, et René, alléguant le testament de Jeanne, réclama la couronne. Le pape voulait que le royaume vacant fît retour à l'Église comme fief; mais, trop faible pour appuyer ses prétentions, il embrassa la cause de René. Les habitants se partagèrent entre les deux compétiteurs, qui s'apprêtèrent à mériter le trône en faisant au pays le plus de mal possible. Alphonse, qui s'était préparé à tout événement, voulut prévenir l'arrivée des Français, et mit le siège devant Gaëte; cette ville était défendue par les Génois, qui, dans les troubles passés, en avaient fait un centre

1434

1435

de commerce pour écouler leurs marchandises, et l'avaient reçue en dépôt d'accord avec les citoyens. Alphonse la réduisit à l'extrémité. Comme on venait d'en faire sortir les enfants, les femmes et les vieillards, il répondit à ceux qui lui conseillaient de les repousser pour affamer la ville : *Plutôt ne pas prendre Gaëte que de renier l'humanité !* Il les accueillit et les nourrit.

La tentative d'Alphonse pour conquérir la Corse et s'en faire investir par le pape lui avait attiré l'inimitié de Gênes, qui, résolue à le combattre à outrance, n'hésita point à dépenser 200,000 génoises pour armer contre lui. L'amiral Biagio Assareto attaqua la flotte du roi près de l'île de Ponza, la défit, et les anciens de Gênes décrivirent ainsi la bataille dans leur dialecte national :

« Magnifiques et révérends seigneurs, avant tout nous vous sup-
« plions de remercier de cette victoire singulière Notre Seigneur
« Dieu, le bienheureux saint George et saint Dominique ; car
« c'est le vendredi, jour de la fête de ce dernier, que fut livrée
« la sanglante bataille de laquelle nous sortîmes vainqueurs, non
« par nos forces, mais par la vertu de Dieu, ayant la justice de
« notre côté.

« Le quatrième jour de ce mois, dans la matinée, nous ren-
« contrâmes dans les eaux de Terracine la flotte du roi d'Aragon,
« composée de quatorze navires choisis parmi vingt. Six étaient
« grands, les autres ordinaires, et six mille hommes les montaient ;
« ainsi la plus petite nef en avait de trois à quatre cents, les
« moyennes de cinq à six cents, et huit cents la royale, sur la-
« quelle se trouvaient le roi Alphonse, l'infant don Pierre, le duc
« de Sessa, le prince de Tarente, avec cent vingt autres chevaliers.
« En outre, l'ennemi avait onze galères et six barbottes. Le vent
« soufflait du côté de Garigliano ; il était donc en son pouvoir
« de nous attaquer. Nous autres, qui étions retenus par votre
« ordre de ne pas livrer bataille, s'il était possible, mais de se-
« courir Gaëte, nous nous efforçâmes de gagner le vent, et na-
« viguâmes vers l'île de Ponza, toujours poursuivis par les Ara-
« gonais, qui nous eurent bientôt rejoints.

« La nef du roi fut la première qui nous assaillit par la proue ;
« elle s'enchaîna *amoureusement* avec nous. Du côté opposé,
« nous avions un autre navire, un autre à la poupe, un autre à
« la proue. Ne croyez pas cependant que nos marins et nos
« patrons prissent la fuite ; au contraire, ils s'avancèrent sur
« les agresseurs, et nous restâmes, eux et nous, tous liés en-
« semble. Les galères aragonaises fournissaient à leurs navires

« de nouveaux combattants, et les navires nous incommodaient
« avec les bombardes et les arbalètes qui frappaient où ils vou-
« laient, parce que le calme était grand. Néanmoins, après
« avoir combattu dix heures sans repos, le Très-Haut, à cause
« de la justice de notre cause, nous donna la victoire. D'abord
« nous prîmes la nef du roi, et onze autres furent capturées par
« le reste de notre flotte; une galère fut brûlée, une autre cou-
« lée et abandonnée; deux autres ont quitté la bataille, et se
« sont enfuies pour en porter la nouvelle. Nous avons fait pri-
« sonniers le roi d'Aragon, le roi de Navarre, le grand maître
« de Saint-Jacques, le duc de Sessa, le prince de Tarente, le
« vice-roi de Sicile, et beaucoup d'autres barons, chevaliers et
« gentilshommes, outre Meneguccio d'Aquila, capitaine de cin-
« quante lances. Les autres prisonniers sont au nombre de plu-
« sieurs mille.

« Je ne sais par où commencer pour raconter dignement les
« mérites et les prouesses de tous mes compagnons et des ma-
« rins, comme aussi pour faire connaître l'obéissance et le res-
« pect dont ils m'ont donné des preuves constantes, et surtout
« le jour de la bataille : s'ils avaient combattu en présence de
« vos seigneuries, ils n'auraient pu faire mieux. Que le Christ
« nous fasse la grâce que nous puissions toujours prospé-
« rer (1). »

Le roi, prisonnier avec deux de ses frères et une centaine de
barons espagnols et siciliens, fut envoyé à Milan pour être re-

---

(1) Cette victoire, que Sismondi appelle *la plus importante, la plus glorieuse qui, de tout le siècle, eût été remportée sur la Méditerranée*, fut due, selon les *journaux napolitains*, à un stratagème qui semble puéril à une époque où l'on connaissait l'artillerie : « On combattait avec du savon, de l'huile, de petits
« pots en terre cuite, des pierres de chaux, que l'on jetait du haut des hunes
« sur les navires ennemis, ce qui faisait qu'ils ne se voyaient pas les uns les autres,
« et frappaient sur les leurs, les prenant pour des ennemis. » Jean Cavalcanti
dit plus explicitement : « Le moyen employé par les Génois fut d'une adresse
« merveilleuse; ils emportèrent un nombre infini de vases de terre, comme
« casseroles et cruchons, qu'ils remplirent de chaux vive et de cendres de
« guède; puis, au commencement de la bataille, ils s'arrangèrent pour que le
« vent leur soufflât aux reins, et à l'ennemi en face. Les Génois ne couraient
« pas moins aux vases qu'aux armes, et leurs ennemis étaient frappés au visage
« par les cendres brûlantes et enflammées que le vent chassait; les pores étant
« ouverts par la fatigue et la transpiration, cette chaux leur causait tant de
« douleur qu'ils abandonnaient leurs armes, et que chacun ne s'occupait que
« de se frotter les yeux. » (*Rer. It. Script.*, XXI, 1101.)

mis à Philippe-Marie Visconti, alors seigneur de Gênes. Alphonse, avec ses manières courtoises et pleines de distinction, sut lui inspirer de la confiance; il lui persuada que la grandeur des ducs de Milan, qui dérivait de la faiblesse des rois de Naples, serait compromise, et avec elle l'indépendance italienne, si le Midi voyait triompher une maison française, laquelle ne manquerait pas de nuire à la Lombardie. Le froid Philippe comprit ces raisons, et non-seulement il lui rendit la liberté sans rançon, mais il lui fournit les moyens de recouvrer le royaume de Naples.

L'autre roi de Naples, René, était tombé au pouvoir du duc de Bourgogne en combattant avec courage dans les rangs des armées françaises; mais, lorsqu'il eut recouvré la liberté, les deux compétiteurs commencèrent une guerre où ils firent assaut de valeur et de générosité. René, seigneur d'un petit pays épuisé par les contributions fournies pour sa rançon, et n'ayant d'autre soutien qu'un pape exilé, n'aurait pu se défendre contre Alphonse sans les bandes de Jacques Caldora, duc de Bari, qui avait réuni les troupes laissées par le roi Ladislas, et passait, depuis la mort de Braccio et de Sforza, pour le premier capitaine de l'Italie; mais, après sa mort, Antoine, son fils dégénéré, se brouilla avec les Angevins, dont la cause fut alors perdue. Alphonse, au moyen d'un conduit souterrain qu'il découvrit, pénétra dans Naples, et René, qui s'était fait aimer des Napolitains par sa bonté, en partageant leurs dangers et leurs souffrances, se retira en France. Le pape, dont il n'avait reçu jusqu'alors que des promesses, le reconnut et le couronna roi d'un pays qu'il avait perdu.

Alphonse fit son entrée triomphale à Naples avec une couronne sur la tête et six à ses pieds pour indiquer ses autres royaumes d'Aragon, de Sicile, de Valence, de Corse, de Sardaigne et de Majorque; les nobles espagnols et napolitains, ses partisans, furent récompensés aux dépens de ses adversaires. Il joignit au royaume l'État de Piombino et l'île de Giglio, qui lui servaient comme de portes du côté de la Toscane. Tout en se livrant à l'étude et aux plaisirs d'une cour voluptueuse, il prenait une part active à tous les événements de l'Italie. Affable et rusé, très-libéral, magnifique dans les spectacles, les chasses, les concerts, les édifices, il se faisait lire continuellement quelque auteur classique, et, dans l'intervalle, adressait des questions toutes d'érudition. Jules-César et Tite-Live ne le quittaient pas, même au milieu des camps: mais Tite-Live était son manuel, au point qu'il faisait taire la musique pour l'entendre lire; ce fut pour lui une précieuse acquisition que d'obtenir des Vénitiens un os du bras de cet historien, qu'il fit transporter à Naples en grande solennité. Cosme de Médicis, après l'avoir offensé, l'apaisa en lui donnant un bel exemplaire des *Décades*. Il allait à pied entendre les professeurs de l'université, et, lorsque Julien de Maïano mourut, il fit accompagner son cercueil par cinquante de ses vassaux en deuil.

Les hommes qui formaient sa compagnie habituelle étaient les célèbres érudits d'alors, George de Trébizonde, Valla, Philippe, Panormita, Manetti, Decembrio, Bruno l'Arétin, Jean Aurispa, Jean Pontano, Théodore Gaza, Chrysoloras. Il avait lu quatorze fois la Bible avec les commentaires de Nicolas de Lira, et la citait à chaque instant. Tous les jours il disait le rosaire, entendait deux messes basses et une chantée, et, pour aucun motif, il ne se serait dispensé de ce devoir. Il assistait aux solennités à genoux, la tête découverte, les yeux toujours fixés sur son livre. Le jeudi saint, il lavait et baisait les pieds des pauvres, se levait chaque nuit pour réciter l'office, jeûnait toutes les vigiles et le vendredi au pain seul, accompagnait le viatique qu'on portait aux malades (1). Il se promenait au milieu du peuple, et, lorsqu'on cherchait à lui inspirer quelque défiance, il répondait : *Que peut craindre un père parmi ses enfants?*

Le plus souvent il faisait sa résidence à Naples, où il établit la sacrée cour royale de Sainte-Claire, ou Capouane, juridiction suprême qui s'étendait sur tous ses États. Dans les investitures, il concédait aux barons la juridiction avec l'entier et double empire dont ils n'avaient jamais joui; s'il prodiguait cette précieuse prérogative de la couronne, c'était pour qu'ils ne missent aucun obstacle à la succession de Ferdinand, son fils légitime.

Ferdinand passait pour être né de Marguerite de Hijar; la femme d'Alphonse fit étrangler cette demoiselle, qui sauva, dit-on, au prix du sien, l'honneur d'une plus haute dame. Alphonse renvoya sa femme en Espagne, et fit serment de n'y plus retourner lui même; puis, d'accord avec le pape, il nomma par son testament Ferdinand roi de Naples, c'est-à-dire du pays qu'il avait conquis, tandis qu'il laissait à son frère Jean, roi de Navarre, la Sicile, la Sardaigne et l'Aragon, domaines de ses

---

(1) VESPASIEN BISTICCI.

aïeux. Sur le point de mourir, il dit à son fils : « Si vous voulez
« vivre tranquille, ne m'imitez pas en trois choses : d'abord dé-
« barrassez-vous des Aragonais et des Catalans que j'ai élevés
« aux honneurs, et donnez des emplois à des Italiens, surtout
« aux naturels, que j'ai vus de mauvais œil; secondement, ra-
« menez à leur ancienne mesure les nouvelles charges dont j'ai
« grevé le royaume; troisièmement, conservez la paix avec l'É-
« glise, et tâchez de l'avoir pour amie, si vous savez (1). »

CHAPITRE CXV.

LE DERNIER VISCONTI. LES SUISSES. CARMAGNOLE. PICCININO. SFORZA.

Philippe-Marie Visconti, duc de Milan, n'était pas sanguinaire
comme son frère ; mais, sombre et défiant, habile à cacher ses
sentiments et à découvrir ceux des autres, il faisait la paix aujourd'hui et la rompait demain pour souscrire bientôt de nouvelles conventions. Il se plaisait à renverser ceux qu'il avait
élevés naguère, se méfiait de tous, à tous portait envie, et ne
savait jamais pardonner les bienfaits reçus. Non-seulement il
négligea sa femme pour une maîtresse, mais il voulut la déshonorer et s'en débarrasser; l'accusant d'adultère avec un page
nommé Orombello, il ne craignit pas, même au prix de son propre
honneur, de l'envoyer à la potence : la postérité hésite à se prononcer sur la faute de l'épouse, mais elle ne pardonne point à
la rigueur et au procédé du mari. Avec les meilleurs condottieri, il employa tour à tour les flatteries et les menaces, les caresses et les embûches. Durant les trente-cinq années de son
règne, il ne convoqua que trois fois le conseil général, tandis
qu'il abandonnait sa confiance à des conseillers pervers, à des
favoris qui flattaient ses passions détestables, à Agnès du Maine,
sa maîtresse, à Zannino Riccio, son astrologue, parce qu'il soumettait souvent ses résolutions à l'astrologie. Il était négligé dans
ses vêtements, paresseux, corpulent, aveugle même sur la fin
de ses jours. Honteux de son embonpoint et de sa cécité, il
s'enfermait avec quelques confidents pour nouer les fils d'une
politique tortueuse et misérable; passionné pour l'intrigue, il

(1) S. Antonini, *Chron.*, part. III, tit. 22, n. *b.*

ne croyait jamais réussir, s'il ne l'appelait pas à son aide. Il est vrai qu'il dut faire un grand nombre de mécontents en recouvrant les domaines de ses aïeux ; aussi les possesseurs spoliés lui vouèrent tant de haine qu'il faut retrancher beaucoup du mal qu'ils dirent de lui et que les historiens ont répété.

Philippe, à force d'étendre sa puissance, eut à lutter contre trois républiques : celles des Suisses, de Florence et de Venise. Dans l'origine, l'histoire de l'Italie se rattache tellement à celle de la Suisse qu'il est nécessaire de nous arrêter quelque temps sur la dernière.

Les Helvètes, établis dans le groupe central des Alpes d'où les fleuves descendent vers l'Allemagne et l'Italie, avaient opposé à la conquête romaine leur courage de montagnards ; puis, subjugués, ils restèrent, une partie avec l'Italie, une partie avec la Gaule et la Germanie. Les barbares, en se dirigeant vers l'Italie, traversèrent ce pays, où quelques-uns s'établirent, et dans lequel, au milieu de la conquête et de la féodalité, s'accomplirent les mêmes faits dont furent témoins la Germanie et l'Italie. Saint-Gall, Appenzell (*Abbatis cella*), Saint-Maurice, Zurig, Glaris, Lucerne, bâties autour de couvents, les célèbres abbayes d'Einsiedlen et Dissentis, attesteront éternellement que la civilisation y fut apportée par ces moines auxquels, par libéralisme sans doute, on a refusé naguère un asile.

Un grand nombre de seigneurs, selon la coutume féodale, s'étaient partagé le pays en domaines ecclésiastiques et militaires, qui reconnaissaient la suprématie de l'empire ; on y comptait mille familles nobles, cent cinquante baronnies, cinquante comtés, et plusieurs villes possédaient, à la manière germanique, des franchises et des priviléges communaux ; autour du lac des quatre cantons, Schwitz (qui donna plus tard son nom à tout le pays) jouissait d'une tranquille liberté à l'ombre du monastère d'Einsiedlen, et se liguait avec Uri et Unterwald pour repousser quiconque voulait porter atteinte à cette liberté.

En effet, leurs franchises étaient violées par les petits seigneurs du voisinage, surtout par les comtes de Habsbourg, qui devinrent encore plus hostiles quand Rodolphe obtint la couronne impériale. Ce monarque respecta les droits des communes ; mais Albert d'Autriche, son fils et successeur, chercha à soumettre ces cantons patriarcaux à son obéissance immédiate, et ses baillis abusèrent de leur autorité. Ces pauvres mais robustes bergers se confédérèrent pour résister à la tyrannie autrichienne, et, « au nom de Dieu qui a fait l'empereur et le paysan, et duquel dérivent les droits des hommes, » ils jurèrent de ne faire aucun tort aux seigneurs de Habsbourg, mais de ne point souffrir qu'on diminuât leurs propres droits.

1307

Albert considéra ce pacte de défense comme une conspiration formée dans un but d'agression ; il venait donc avec une armée pour châtier les confédérés, lorsqu'il fut assassiné en route par un de ses neveux dont il avait usurpé l'héritage. Léopold, son fils, dirigea les troupes féodales contre les Suisses ; mais, à Morgarten, sa cavalerie disciplinée fut mise en pleine déroute par des bandes de paysans levées à la hâte. Les victoires consolident la liberté, c'est-à-dire l'exercice des droits naturels et civils de chaque pays ; Lucerne, Zurig, Glaris, Zug, Berne, puis Aarau, Fribourg, Soleure, Bâle, Schaffhouse et Appenzell s'unissent aux trois cantons. A la bataille de Sempach, invoquant la Vierge, saint Fridolin et saint Hilaire, ils détruisent une nouvelle armée d'Autrichiens, et ceux-ci, après d'autres défaites, sont contraints de laisser les cantons en paix, bien qu'ils aient tardé encore trois cents ans à reconnaître formellement leur indépendance. Il s'en fallut de peu que les Suisses n'entraînassent aussi le Tyrol dans la confédération, ce qui aurait fermé de ce côté l'Italie à l'Autriche.

1315

1386

Les débris des Étrusques, à une époque très-reculée, s'étaient peut-être retirés dans la Rhétie ; puis, à la dissolution de l'empire, beaucoup de Romains, comme l'atteste la langue *ladine* et romane qui s'y parle encore, langue de fond latin mêlé d'allemand, se transportèrent dans ce pays : Divers petits tyrans et les évêques de Coire, longtemps suffragants du métropolitain de Milan, y acquirent la prépondérance ; mais les bourgeois, au moyen d'alliances entre eux et par l'institution des communes, parvinrent à les refréner. Comme les Italiens au couvent de Pontida, un grand nombre de Rhètes se réunirent auprès de celui de Dissentis pour jurer de se défendre les uns les autres. Cet exemple encouragea d'autres habitants à demander à leurs seigneurs justice et sécurité ; les seigneurs, réunis à Truns (1424), prêtèrent le serment d'être bons et fidèles confédérés dans la ligue *grise*, qui donna aux autres le nom de Grisons. Après la mort du dernier comte de Tockenbourg (1436), ses vassaux formèrent la ligue des *Dix Droitures*; enfin les trois ligues se réunirent à Vazerol, et fondèrent la république des Grisons (1471), qui, s'étant alliée, quelque temps après, à la confédération

1401

suisse, repoussa les Autrichiens et s'assura une entière liberté.

Cette liberté, basée sur des faits positifs, simples, compris de tous, et qui n'avaient pas subi l'élaboration d'académiciens ou d'avocats, était bénie par la religion, cimentée par le sang des Suisse ; ils ont pu la conserver jusqu'à nos jours, tandis que l'Italie, qui leur servit d'exemple, a perdu la sienne. Malheureusement, comme tant d'autres, ils la poussèrent à l'excès dans leurs querelles intestines ; puis ils contractèrent l'habitude déplorable de vendre leur courage à qui voulait l'acheter, et l'ambition des conquêtes les poussa hors de leur pays. De bonne heure, les Suisses jetèrent leurs regards au delà des Alpes Lépontines et Rhétiques pour convoiter le beau pays qui leur fournissait des marchandises, et où ils conduisaient leurs bestiaux, leurs pelleteries et leurs fromages.

De la cime du Saint-Gothard, au nord, la Reuss descend dans le lac des Quatre Cantons, à travers une vallée qui serait inaccessible si l'art n'y avait pas fait le pont du Diable et le trou d'Uri. En se dirigeant de cette vallée vers le midi, et après avoir traversé l'herbeuse vallée d'Orsera, située à quinze cents mètres au-dessus du niveau de la mer, le voyageur arrivait au sommet du Saint-Gothard, où il trouvait un asile dans l'hospice, entretenu par la charité des fidèles et des archevêques de Milan, qui lui donnaient cent écus tous les ans. Là commençait le Milanais. En descendant par le versant méridional dans la direction du Tésin, on parvenait, à travers l'abrupte val de Termola, dans la Levantine, déjà munie de tours lombardes, puis à Giornico et Poleggio, enfin à Bellinzona, petite ville qui, avec un château-fort et une longue muraille, fermait ce passage, à peu de distance du lac Majeur ; là aboutit encore la Mesolcina, vallée de la Moesa, d'où l'on pénètre encore dans la Rhétie par le petit Saint-Bernard. Franchissant ensuite le mont Cenis, on descend au lac de Lugano, lequel fait déjà partie de la plaine milanaise, et qui, avec les lacs de Côme, au levant, de Varèse, au midi, et Majeur, au couchant, forme la contrée la plus pittoresque de la Lombardie.

Au milieu des hauteurs alpines restaient encore quelques petites seigneuries, comme les Sax dans la Mesolcina et à Bellinzona, les Rusca à Lugano, les Orelli à Locarno. Le chapitre de la métropolitaine de Milan, dès le dixième siècle, exerçait la domination spirituelle et temporelle sur les vallées de la Levantine, de Blenio et de Riviera. Les habitants de la Levantine avaient eu quelques rixes avec ceux du val d'Orsera, et les Suisses, pour venger les derniers, traversèrent le Saint-Gothard et descendirent jusqu'à Giornico ; mais le seigneur Franchino Rusca les arrêta par de bonnes paroles. Dans la suite, ces Rusca et les seigneurs de Milan invitèrent parfois les Suisses à venir les défendre avec les armes ; c'était le moyen de leur inspirer le désir de posséder un pays qui pouvait fournir à l'excessive population des montagnes des vivres et l'aisance. Plus tard, les douaniers de Jean Galéas Visconti, ayant enlevé à ces paysans des bœufs et des chevaux qu'ils conduisaient au marché de Varèse, les trois cantons des montagnes font appel aux autres, et, comme le duc refuse de les satisfaire, ils traversent les Alpes. Favorisés par les dissensions des Guelfes et des Gibelins, ils occupent la Levantine, la forcent à leur jurer fidélité, et retournent dans leur patrie. Les Sax envahissent bientôt cette vallée, et les Suisses reparaissent au cœur de l'hiver. A Faido, ils dictent la paix, acquérant, au prix de 2,400 florins, tout le territoire situé entre la Levantine et le mont Cenis, y compris Bellinzona, ce qui leur assurait le passage vers la Mesolcina et le Milanais.

Philippe-Marie souffrait de voir en leurs mains cette clef de l'Italie ; il saisit donc une occasion favorable, surprend Bellinzona, et remet la Levantine sous son obéissance. Tout à coup les échos des vallées du Tésin et de la Moesa répètent le son de la corne d'Unterwald et du taureau d'Uri, qui guident les montagnards au combat; mais Angelo de Pergola et Carmagnole, à la tête de six mille chevaux et de quinze mille fantassins, viennent les affronter dans la plaine d'Arbedo pour engager une lutte bien autrement sérieuse que les combats habituels de l'Italie. Les Suisses, manœuvrant à deux mains leurs longs espadons, les plongeaient dans le ventre des chevaux, sans égard pour les coutumes chevaleresques, et ne faisaient aucun quartier ; il fallait donc une valeur extrême contre des gens habitués à mourir au poste assigné, et qui soutenaient en ordonnance serrée le choc de l'ennemi, comme les rocs de leurs montagnes résistent à la chute des torrents. On combattit la journée entière ; enfin Pergola donna l'ordre à ses cavaliers de mettre pied à terre, et la tactique alors prévalut: deux mille Suisses périrent, d'autres enfoncèrent dans la terre les pointes de leurs hallebardes, en signe de reddition, et quelques-uns repassèrent en désordre les vallées qu'ils avaient naguère fait retentir des chants de leur avide espérance. C'était la première défaite décisive que les

Suisses eussent essuyée ; ils restèrent donc tranquilles pour le moment : mais les occasions de conflits se produisirent bientôt, et les habitants d'Uri reprirent la Levantine, pour la conserver jusqu'aux révolutions de notre époque. Maîtres de ce passage vers l'Italie, ils vinrent y prodiguer leur sang, qu'ils auraient mieux fait de consacrer à la cause de leur propre liberté.

1419   Florence, qui fut toujours le boulevard de l'indépendance italienne, surveillait avec un soin jaloux les progrès de Philippe-Marie ; elle stipula avec lui que la rivière Magra, entre le territoire génois et la Lunigiana, et le Panaro, entre le Bolonais et le Modénais, formeraient les limites en deçà et au delà desquelles aucun des deux États ne pourrait faire de conquêtes ni se livrer à des menées. Mais Philippe, après avoir obtenu
1421   Gênes, donna, comme compensation, au doge Thomas Campofregoso, Sarzane, située au delà de la Magra ; puis il s'empara de la tutelle du prince de Forli, et fit marcher des troupes sur le Bolonais pour combattre les héritiers de la maison Bentivoglio. Florence alors, criant à la violation des traités, lui déclara la guerre.

Les deux adversaires, comme d'habitude, cherchèrent à se procurer des alliances et des partisans, mais surtout à gagner Venise. Cette république avait atteint l'apogée de sa grandeur, et bien des gens lui conseillaient d'étendre, à l'imitation de l'ancienne Rome, ses conquêtes sur toute l'Italie ; mais d'autres lui montraient tous les dangers que courait la liberté dans les gouvernements où la force armée domine, en ajoutant que les possessions en terre ferme nuiraient à une république qui, sortie du milieu des eaux, devait attendre des eaux son salut et sa gloire. La politique conservatrice était représentée par le doge Thomas Mocenigo. En 1421, lorsque le grand conseil agitait la question de savoir si l'on ferait alliance avec les Florentins contre le duc de Milan, il fut toujours d'un avis opposé, et combattait par de longs discours les conseils de François Foscari, jeune procurateur qui poussait à la guerre :

« Notre jeune procurateur, disait-il, prétend qu'il est bon de secourir les Florentins, parce que leur bien est le nôtre ; d'où, par conséquent, notre bien est leur mal. Nous vous engageons à rester en paix. Si jamais le duc vous faisait une guerre injuste, Dieu, qui voit tout, nous donnerait la victoire. Vivons en paix, parce que Dieu est la paix, et que celui qui veut la guerre s'en aille aux enfers. »

Mocenigo parcourait alors l'histoire sacrée, en montrant que Dieu récompensait les hommes pacifiques, châtiait les superbes et les guerriers, et il continuait ainsi : « Voilà ce qui attend les Florentins pour vouloir satisfaire leurs désirs ; Dieu détruira leur patrie et leurs biens, et ils viendront habiter ici, comme l'ont déjà fait plusieurs de leurs familles, avec les femmes et les enfants. Autrement, si nous faisons la volonté de notre jeune procurateur, nos concitoyens partiront et s'en iront vivre sur des terres étrangères. Attila descendit, remuant tout sur son passage, chassant les hommes de l'Occident et les pillant ; Dieu inspira quelques puissants, qui vinrent, pour leur sécurité, habiter ces lagunes, de manière qu'ils se trouvèrent sauvés, comme des élus de Dieu. Si nous suivions les conseils de notre jeune procurateur, Dieu ne nous regarderait plus comme son peuple élu, et nous serions exposés à ce qu'ont éprouvé les autres pays, qui ont souffert la dévastation, le pillage, beaucoup de maux, sans parler de la mort d'une foule de gens. Si les Florentins recherchent le mal, laissez-les ; mais nous, qui sommes de la cité élue parmi toutes les autres, restons en paix.

« Jeune procurateur, le Christ nous dit dans son Évangile : *Je vous donne la paix*. Si nous faisions selon votre désir, oubliant les commandements du Christ, que pourrions-nous attendre, sinon mal et destruction ? Jeune procurateur, rappelons-nous l'Ancien et le Nouveau Testament. Combien de villes célèbres sont devenues misérables par les guerres, tandis qu'elles ont prospéré par la paix, en multipliant la population, les palais, l'or, l'argent, les objets précieux, les métiers, les seigneurs, les barons et les chevaliers ! Dès qu'elles se mirent à faire la guerre, ce qui est le métier du diable, Dieu les abandonna ; les hommes périssaient dans les batailles, l'or et l'argent manquaient ; enfin elles furent détruites comme elles avaient détruit les autres, et tombèrent dans la servitude. Cette cité (Venise), qui a régné mille huit ans, Dieu la détruira. »

Il abordait ensuite l'histoire profane et passait en revue les faits de Rome : « A cause des longues guerres, des charges très-lourdes furent imposées. Les citoyens désirèrent alors un nouveau gouvernement ; César se fit leur seigneur, et leur sort empira tous les jours. La même chose arrive aux Florentins : les hommes d'armes prennent leur argent et commandent, et c'est ainsi qu'ils obéissent à ceux qui sont leurs serviteurs, des vilains, des gens maudits, des gens d'armes. Voilà ce qui nous attend, si nous faisons ce que veut le jeune procurateur. Pise, par la paix et un bon gouvernement, devint grande, riche et d'un séjour agréable ; aussitôt qu'elle convoita le bien d'autrui, elle s'appauvrit de citoyens en faisant la guerre ; l'un chassait l'autre, si bien que la plus misérable commune d'Italie, Florence, la subjugua. C'est ce qui est réservé aux Florentins, et l'on voit déjà qu'ils se sont appauvris et restent divisés ; voilà aussi ce qui nous attend si nous suivons les conseils du jeune procurateur.

« Ainsi donc, messire François Foscari, notre jeune procurateur, ne parlez plus comme vous l'avez fait, avant d'être éclairé par une sage intelligence et les leçons de l'expérience ; car Florence n'est le port de Venise ni par mer ni par terre, sa mer se trouvant à cinq journées de distance de nos confins. Nos communications sont par le Véronais ; le duc de Milan confine avec nous, et c'est avec lui qu'il faut vivre en bonne intelligence, parce que, en moins d'un jour, on atteint une de ses villes importantes, Brescia, dont le territoire touche Vérone et Crémone. Gênes, qui est puissante par mer sous le duc, peut nuire, et nous devons être bien avec elle ; mais, quand même les Génois voudraient tenter quelque entreprise, nous avons la justice pour nous, et nous saurons nous défendre vaillamment, forts de notre bon droit, contre eux et contre le duc. La montagne du Véronais, qui s'est déjà défendue par elle-même, forme notre défense contre le duc ; outre cela, tout notre pays est protégé par les marais et l'Adige, par trois mille chevaux, trois mille fantassins et deux mille arbalétriers ; s'il fallait encore plus de monde, nous opposerions à toute la puissance du duc trois mille personnes de plus. Cependant conservez la paix. Si le duc s'empare de Florence, ses habitants, qui sont accoutumés à vivre sous le régime communal, quitteront la ville et viendront habiter Venise, où ils apporteront la fabrication des étoffes de soie et de laine ; de sorte que Florence restera sans industrie, et Venise prospérera, comme il arriva lorsqu'un citoyen se fit seigneur de Lucques, dont la richesse vint à Venise, tandis que Lucques tomba dans la pauvreté. Restez donc en paix.

« Messire François Foscari, si vous possédiez à Venise un jardin qui vous donnât chaque année assez de froment pour nourrir cinq cents personnes, outre une grande quantité de boisseaux à vendre ; qui vous donnât assez de vin pour la consommation de cinq cents personnes, plus un grand nombre de chars à vendre ; qui vous donnât toute sorte de grains et de légumes d'un revenu considérable, et même des fruits d'espèces diverses en quantité suffisante pour nourrir cinq cents personnes chaque année, sans parler de ceux qui vous resteraient à vendre ; qui vous donnât tous les ans, en bœufs, agneaux, chevreaux et volailles de toute sorte, de quoi alimenter cinq cents personnes, et vous permît de faire des réserves ; qui vous donnât enfin, dans la même proportion, du fromage, des raisins, du poisson, sans vous imposer aucune dépense pour le garder, il faudrait convenir que ce jardin, en produisant tant de choses, serait une magnifique propriété. Maintenant, si l'un de ces matins, on venait vous dire : *Messire François, vos ennemis sont allés chercher cinq cents marins sur la place, les ont payés pour entrer dans votre jardin, et ceux-ci portent cinq cents croissants afin de détruire les arbres et les vignes ; bien plus, ils amènent cent paysans avec cent bœufs et cent herses pour déraciner toutes les plantes et faire périr tous les animaux grands et petits.* Si vous étiez sage, vous ne le souffririez pas ; mais vous iriez dans votre maison et prendriez assez d'argent pour armer mille hommes contre ceux qui voudraient vous nuire. Si, au contraire, messire François, vous payiez ces cinq cents individus avec les croissants et les cent paysans avec les herses pour ruiner votre jardin, on dirait que vous êtes devenu fou.

« Afin de prouver que nous sommes dans la question, nous avons résolu d'exposer l'état du commerce que la république fait maintenant, en désignant les villes. Toutes les semaines Venise reçoit de Milan de 17 à 18,000 ducats, qui feraient par an 900,000 ducats :

	PAR SEMAINE.	PAR AN.
De Monza..	1,000	52,000
— Côme.	2,000	104,000
— Alexandrie de la Paille.	1,000	52,000
— Tortone et Novare.	2,000	104,000
— Crémone..	2,000	104,000
— Bergame.	1,500	78,000
— Parme..	2,000	104,000
— Plaisance.	1,000	52,000

« Nous introduisons chaque année dans le pays du duc de Milan pour 1,612,000 ducats d'or de marchandises. Vous semble-t-il que Venise ait là un magnifique jardin, sans dépense ?

« Alexandrie, Tortone et Novare y mettent par an pour :

	Pièces d'étoffe,	6,000 qui valent, ducats	90,000
Pavie	»	3,000 »	45,000
Milan	»	4,000 »	120,000
Côme	»	12,000 »	180,000
Monza	»	6,000 »	90,000
Brescia	»	5,000 »	75,000
Bergame	»	10,000 »	70,000
Crémone	»	40,000 futaine »	170,000
Parme	»	4,000 draps »	60,000
Total des pièces.		90,000 ducats	900,000

« En outre, les Lombards nous payent, pour l'entrée, magasinage et sortie, à un ducat par pièce, 200,000 ducats, ce qui fait, avec les marchandises, 28,800,000 ducats. Vous semble-t-il que Venise ait là un magnifique jardin ?

« Il nous vient encore des chanvres pour 100,000 ducats par an.

« Les Lombards tirent de la république, par an :

Cotons, milliers 5,000 pour ducats	250,000
Fils » 20,000 de 15 à 20 ducats le cent	30,000
Laines catalanes, à 60 ducats. . . . le millier, 4,000	240,000
Laines françaises, à 30 » . . . . » 4,000	120,000
Draps d'or et de soie, par an	250,000
Poivre, charges 3,000 à 100 ducats chacune	300,000
Canelle, balles 400 à 160 »	64,000
Gingembre, milliers 200 à 400 ducats le millier	80,000
Sucres d'une, de deux ou trois cuites, à 15 ducats le cent.	95,000
Gingembres verts, pour plusieurs milliers de ducats. —	
Choses de toutes sortes pour broder ou coudre	30,000
Bois de Brésil, milliers 4,000, à 30 ducats le millier	120,000
Indigo, kermès	50,000
Savons	250,000
Hommes esclaves	30,000

« Ainsi, évaluant la somme des produits, nous arrivons à 2,800,000 ducats. N'est-ce pas là un beau jardin pour Venise, sans dépense ?

« Le sel qu'on vend chaque année donne encore un grand bénéfice. Les achats que fait la Lombardie dans Venise produisent le mouvement considérable des navires ou des galères que nous expédions en Syrie, en Romanie, en Catalogne, en Flandre, en Chypre, en Sicile et dans d'autres parties du monde. Venise reçoit pour fret et commission 2 et demi et 3 pour 100; courtiers, frets de navires et de galères, peseurs, emballeurs, barques, marins, rameurs, agents intermédiaires avec le profit des marchands qui s'entremettent, pour tout cela nous pouvons compter une somme de 600,000 ducats, qui revient aux habitants de Venise sans aucune dépense. Ces industries font vivre largement plusieurs milliers de personnes. Est-ce là un jardin qu'il faille détruire? Jamais : au contraire, nous devons le défendre contre quiconque voudrait le ruiner. Nous serait-il profitable de prendre des hommes d'armes qui parcourraient le pays en détruisant les arbres et les maisons de campagne, qui brûleraient les villages, enlèveraient les bestiaux, renverseraient les murailles des villes et des châteaux, tueraient les hommes, accableraient de contributions les citoyens comme les paysans, sans épargner les maisons de cette cité, les marchandises, les navires et les galères? Dieu sait ce que nous voudrions faire sur les domaines du duc; mais il pourrait arriver que le duc sauvât ses biens et remédiât entièrement au mal, et nous autres, nous aurions eu le tort de causer la ruine de nos domaines. Que vaudraient alors tant d'épices, d'étoffes d'or et de soie? Personne ne les achèterait, parce qu'il n'en aurait plus les moyens. Et pour que vous autres, seigneurs, vous en ayez quelques notions, sachez que Vérone nous prend chaque année deux cents pièces de brocart d'or, d'argent et de soie, Vicence cent vingt, Padoue deux cents, Trévise cent vingt, le Frioul cinquante, Feltre et Cividal de Bellune douze : poivre, quatre cents charges; canelle, cent vingt balles; gingembres de toute sorte, des milliers, et beaucoup, d'autres épices; sucre, cent milliers; pains de cire, deux cents.

« Si nous détruisions leurs récoltes, ils n'auraient plus de quoi dépenser, et tout le commerce de Venise en souffrirait. Ainsi il ne faut pas suivre l'avis de notre jeune procurateur. Le duc de Milan, pour se défendre, serait obligé de prendre des gens d'armes à sa solde, de grever d'impôts les paysans, les citoyens et les gentilshommes, de manière qu'il n'aurait pas d'argent pour acheter les choses ci-dessus, au grand dommage de Venise et de ses habitants.

« Permettez-nous donc, seigneurs, de répondre aux ambassadeurs de Florence qu'ils doivent demander à leur commune l'autorisation de traiter de la paix. Si vous restez en paix, vous ramasserez tant d'or que tout le monde vous craindra, et, bien plus, vous aurez Dieu pour vous. Que Dieu, seigneur de tout, avec la Vierge et messire saint Marc, vous inspire de garder la paix, qui est votre bien (1) ! »

L'année suivante, les Florentins renouvelèrent leurs instances, en disant que, si Venise ne les secourait pas, ils devraient faire comme Samson, qui se tua lui-même avec tous ses ennemis, et que leur défaite entraînerait la servitude de toute l'Italie. Le doge, à cette occasion, parla ainsi dans le conseil : « Sei-
« gneurs, vous voyez que les révolutions d'Italie amènent tous
« les ans dans la cité de Venise beaucoup de familles avec fem-
« mes, enfants, avoir, et ces familles vont la remplissant; il nous
« en vient également de Vicence, de Vérone, de Padoue, de Tré-
« vise, au grand avantage de notre ville; enfin des campagnards
« et de bonnes familles nous arrivent de toutes parts comme
« nouveaux habitants, afin de vivre tranquillement avec leurs
« métiers, eux et leurs enfants. Si vous vous décidez pour la
« guerre, tous ces gens partiront, laissant un vide ruineux dans
« Venise et les autres cités; beaucoup des nôtres s'en iront
« aussi. Aimez donc la paix. Si les Florentins se donnent au duc,
« tant pis pour eux! quel mal peut-il nous en venir? La justice
« est avec nous. Ils ont dépensé, se sont épuisés et endettés, tan-
« dis que nous sommes pleins de vigueur, et que nous avons
« en circulation un capital de dix millions de ducats. Veuillez
« vivre en paix, ne rien craindre, et ne pas vous fier aux Floren-
« tins, qui autrefois nous mirent en guerre avec les seigneurs
« de la Scala, et nous demandèrent à emprunter un demi-mil-
« lion de ducats : lorsque nous voulûmes leur remettre cet
« argent, ils s'entendirent avec les seigneurs de la Scala contre
« nous; cela se passa en 1333. En 1413, ils firent descendre
« contre nous le Florentin Pippo, capitaine des Hongrois, qui
« nous fit beaucoup de mal…

« Seigneurs, nous ne tenons pas ce langage pour nous glori-
« fier, mais seulement pour dire la vérité et le bien de la paix.
« Par nos ambassadeurs qui voyagent, par nos consuls et nos
« marchands, apprenez ce qu'on dit d'une voix unanime : *Sei-*

---

(1) Le discours du doge est rapporté par Sanuto, qui dit l'avoir tiré du manuscrit même du prince; nous l'avons abrégé, en arrangeant de notre mieux quelques parties qui se raccordent mal dans l'édition de Muratori. On aura remarqué que le doge exagère l'actif de Venise, puisqu'il faut en déduire un million pour l'importation des draps et des futaines.

« gneurs Vénitiens, vous avez un prince de vertu et de mérite,
« qui vous a maintenus en paix avec tant d'avantage que vous
« êtes les seuls seigneurs qui parcouriez les mers et la terre, de
« telle sorte que vous êtes la source de toutes les marchandises,
« dont vous approvisionnez tout le monde, et tout le monde vous
« aime et vous voit avec plaisir. Tout l'or du monde va dans
« votre république. Vous serez heureux tant que ce prince vivra,
« et qu'il persistera dans cette politique. Toute l'Italie est en
« guerre, en feu, et plongée dans la désolation, de même que
« toute la France, toute l'Espagne, toute la Catalogne, l'Angle-
« terre, la Bourgogne, la Perse, la Russie et la Hongrie. Vous
« autres, vous n'êtes en guerre qu'avec les infidèles et les Turcs,
« à votre grand honneur et louange. C'est pourquoi, seigneurs,
« nous ne nous départirons pas de cette conduite tant que nous
« vivrons; nous vous engageons donc à vivre en paix, et, le con-
« seil consulté, à donner aux Florentins la même réponse que
« celle qu'ils emportèrent il y a un an. »

L'autorité du doge octogénaire fit échouer les efforts des partisans de la guerre; mais, sentant qu'il approchait du terme de
sa vie, il appela quelques sénateurs et leur dit: « Seigneurs,
« nous vous avons fait venir à cause de cette infirmité que Dieu a
« voulu nous envoyer pour mettre fin à notre pèlerinage. Beau-
« coup de raisons nous obligent envers Dieu, Père, Fils et Saint-
« Esprit, triple et un. Il ordonne aux quarante et un électeurs de
« défendre la religion chrétienne, d'aimer le prochain, de rendre
« justice, de faire la paix et de la conserver. Pendant notre ad-
« ministration, nous avons payé 4 millions de dettes, contrac-
« tées pour la guerre de Padoue, de Vicence et de Vérone; notre
« *mont* a 6 millions de ducats; nous nous sommes efforcé de
« faire payer tous les six mois deux à-compte sur les emprunts,
« tous les employés et services divers, toutes les dépenses de
« l'arsenal et autres.

« Grâce à la paix, Venise, chaque année, fait circuler dans
« tout le monde, avec ses navires et ses galères, 10 millions de
« capital, qui produisent, sortie et entrée, un bénéfice de 4 mil-
« lions. Nous employons à la navigation trois mille bâtiments,
« de dix amphores jusqu'à deux cents, avec dix-neuf mille ma-
« rins; trois cents vaisseaux, qui portent huit mille hommes;
« quarante-cinq galères grandes et petites, avec onze mille ma-
« rins. La valeur des maisons est de sept millions, et les loca-
« tions produisent 500,000 ducats; il y a mille gentilshommes,

« dont le revenu annuel est de 4,000 à 70,000 ducats : vous
« savez de quelle manière vivent nos gentilshommes, citoyens
« et campagnards. Nous vous conseillons de prier le Dieu tout-
« puissant, qui nous a inspiré de nous conduire comme nous
« l'avons fait, de vous maintenir dans la même voie. Si vous
« agissez ainsi, vous verrez que vous serez les maîtres de l'or
« des chrétiens, et tout le monde vous craindra. Gardez-vous,
« avec le même soin que vous mettez à vous préserver du feu,
« de prendre le bien d'autrui et de faire une guerre injuste; car
« Dieu vous détruirait. Afin que nous puissions savoir quel doge
« vous nommerez après ma mort, vous nous le direz secrètement
« à l'oreille, et nous vous conseillerons le choix le plus utile à
« notre cité. »

Ayant appris les noms des candidats, il les félicita, en ajoutant: « Ceux qui parlent de vouloir choisir messire François
« Foscari disent des niaiseries et des choses sans fondement. Si
« vous le faisiez doge, vous auriez bientôt la guerre : celui qui a
« 10,000 ducats n'en aurait que 1,000 ; celui qui a dix mai-
« sons n'en aurait qu'une, et ainsi du reste ; de telle sorte
« que vous vous dépouilleriez de votre or et de votre argent,
« de l'honneur et de la réputation que vous avez acquis, et, de
« seigneurs que vous êtes, vous deviendriez serfs et vassaux
« d'hommes d'armes, de fantassins, de gens de sac et de corde.
« Pour la guerre des Turcs, vous pourrez disposer de vaillants
« hommes de mer, soit qu'il faille servir le gouvernement ou pro-
« téger le commerce. Vous avez huit capitaines pour comman-
« der soixante galères ou davantage, et il en est ainsi pour les
« navires. Vous avez parmi les arbalétriers des gentilshommes
« capables d'être patrons de galères ou de navires, et qui sau-
« ront les diriger; vous avez cent hommes habitués à comman-
« der des flottes, et qui ont toute l'expérience nécessaire pour
« conduire une entreprise ; vous avez encore assez de marins,
« assez d'habiles et sages rameurs pour cent galères ; aussi cha-
« cun dit que les Vénitiens possèdent l'élite des capitaines, des
« patrons et des marins. Pareillement, vous avez dix hommes
« qui, dans de grandes affaires, ont donné de bons conseils à la
« ville en faisant connaître à tous la vérité par leurs discours;
« beaucoup de docteurs versés dans les sciences, et beaucoup
« de sages administrateurs pour le palais. Poursuivez la voie où
« vous êtes, et, vous et vos fils, vous serez heureux.

« Notre hôtel des monnaies frappe tous les ans 1 million de

« ducats d'or, 200,000 ducats d'argent, *grossetti* et *mezzani*,
« plus 800,000 sous. Il sort chaque année, pour la Syrie et l'É-
« gypte, 500,000 ducats de grossetti ; 100,000 ducats, en mez-
« zanini et sous, pour le territoire de la république et de terre
« ferme; autant pour nos possessions maritimes, autant pour
« l'Angleterre : le surplus reste à Venise. Les Florentins nous
« apportent chaque année 16,000 pièces de draps superfins, fins
« et moyens; nous autres, nous les envoyons dans la Pouille,
« le royaume de Sicile, la Barbarie, la Syrie, en Chypre, à Rho-
« des, en Égypte, dans la Romanie, à Candie, en Morée, dans
« l'Istrie. Toutes les semaines les Florentins versent dans Ve-
« nise 7,000 ducats de toute sorte, soit 392,000 par an, ache-
« tant, à notre avantage, des laines françaises et catalanes, des
« substances pour teindre en rouge écarlate, de la soie, des
« fils, de la cire, du sucre, des bijoux, des objets précieux en
« or et argent; ainsi font toutes les nations. Restez donc comme
« vous êtes, et vous serez supérieurs à tous. Que le Seigneur
« Dieu vous maintienne dans la voie du bien, et pour le bien
« vous laisse administrer et gouverner! »

François Foscari était renommé pour son habileté à nouer des intrigues, sa hardiesse à entreprendre et le bonheur qui suivait ses tentatives. A Venise, il avait de si nombreux partisans que, pour s'en éloigner le moins possible, il n'acceptait que des ambassades de première importance; il avait gagné l'amitié des Barnabotti en faisant créer des dotations pour les fils des nobles pauvres, outre qu'il pouvait espérer beaucoup de l'appui que lui offraient quatre enfants et de nombreux amis. Lorsque le dogat fut vacant, il eut recours à tant de ruses qu'il triompha de ceux qui le redoutaient pour sa jeunesse et son activité; en effet, il exerça sur les conseils une plus grande influence que les doges qui l'avaient précédé. Il favorisait les citoyens qui flattaient la vanité patriotique de l'espoir d'obtenir la prépondérance en Italie, et conseillaient à Venise de se mettre à la tête d'une ligue pour faire équilibre au pouvoir des Visconti. La guerre, si redoutée de Mocenigo, éclata donc alors.

Les Florentins poursuivaient les hostilités avec peu de succès. Dans les champs romains et liguriens, Angelo de Pergola, en deux ans (du 6 septembre 1423 au 17 octobre 1425), battit six fois Oddo, fils de Braccio de Montone, Charles Malatesta et Nicolas Piccinino, à la solde de Florence. Oddo périt, et Visconti, à force de courtoisie, gagna Malatesta tombé son prisonnier; il en fut de même de Piccinino. Les Florentins, après avoir mis sur pied une septième armée, cherchaient des alliances; ils avaient (comme Laurent Ridolfi le dit dans le sénat vénitien) répandu dans toute l'Italie les joyaux de leurs femmes et de leurs filles, vendu tout ce qu'ils possédaient de précieux, et dépensé plus de 2 millions de florins, c'est-à-dire une somme qu'on n'aurait pas obtenue en vendant toute la ville de Florence (1).

De plus grands malheurs étaient à craindre, si Philippe-Marie, selon sa coutume à l'égard de quiconque l'avait obligé, n'eût point haï et mécontenté Carmagnole. Cet aventurier avait obtenu le titre de comte et le surnom de la famille régnante avec la main d'Antonia, fille naturelle de Jean Galéas, et son revenu, par les fiefs ou ses honoraires, s'élevait à 40,000 florins. Il construisit à Milan le vaste palais qui est aujourd'hui le Broletto. Le duc, peut-être, désirait lui reprendre tous ces dons, prodigués, non par un sentiment de reconnaissance, mais par nécessité; peut-être Carmagnole ne croyait pas que l'argent eût payé ses services, lorsqu'il voyait que Sforza et Braccio avaient acquis des seigneuries indépendantes : quoi qu'il en soit, la mésintelligence éclata. Carmagnole, se voyant maltraité et même exposé à des tentatives de meurtre, abandonne le duc, qui retient sa femme et ses filles. Malgré cet obstacle, il met au service de Florence une grosse armée, et lui révèle tous les projets de son maître ingrat; puis il forme une alliance avec Venise, le marquis de Ferrare, le seigneur de Mantoue, Sienne, les ducs de Savoie et de Montferrat, les Suisses et le roi d'Aragon.

*1426
3 octobre.*

La guerre fut déclarée à Philippe, et Carmagnole, nommé capitaine général, parvint, après d'habiles manœuvres favorisées par des intelligences, à s'emparer de Brescia; mais le duc sut échapper au péril, soit en achetant le courage de François Sforza, de Guido Torello, de Nicolas Piccinino et d'Angelo de Pergola, qui réunissaient quinze mille cuirassiers, soit en répandant le désordre parmi les confédérés, soit en épousant Marie, fille du duc Amédée VIII de Savoie, auquel il céda Verceil; enfin, au prix d'autres sacrifices et par l'intervention du pape Martin V, il conclut la paix à Ferrare, cédant à Venise Brescia avec huit châteaux sur l'Oglio. Venise, dont les possessions s'étendaient ainsi jusqu'à l'Adda, combla d'honneurs et de récom-

30 octobre.

---

(1) ANDR. BILLII *Historia Mediol.*, p. 78.

penses Carmagnole, qu'elle investit des comtés de Chiari et Roccafranca, et d'autres domaines d'un revenu de 12,000 ducats, avec pleine juridiction civile et criminelle.

Ces conditions déshonorantes jetaient le désordre dans Milan. Les nobles de cette ville, qui, selon le raisonnement vulgaire, considéraient comme une honte personnelle que leur maître eût renoncé à une guerre injuste, l'envoyèrent supplier de rompre la paix, offrant de lui fournir 10,000 cavaliers et autant de fantassins, à la condition qu'il leur abandonnerait les droits d'entrée et les taxes de la cité. Philippe ne voulut pas que les citoyens intervinssent dans l'administration de l'État comme au temps de la république ; il se prépara donc à renouveler les hostilités en prenant à sa solde les bandes congédiées par les Vénitiens, et les deux armées, composées de 70,000 hommes environ, se trouvèrent en face dans la vallée padouane (1). L'artillerie devait être alors d'une importance bien secondaire, puisque les navires de Venise osèrent pénétrer dans le Pô jusqu'à Casalmaggiore, où ils battirent la flotte milanaise ; puis, au milieu des marécages de Maclodio, dans le voisinage de Brescia, l'armée de Philippe fut mise en déroute par Carmagnole. Alors nouvelle paix, que suivirent bientôt de nouvelles ruptures, de nouveaux traités et de nouvelles violations, selon la versatilité de Philippe et la nature des armées de l'époque.

1427
11 octobre

Telle était la situation de l'Italie, qui ne trouvait ni la gloire dans la guerre ni la tranquillité dans la paix. Cités prises et reprises, terres dévastées, assassinats et trahisons alternant avec les batailles, souffrances d'une plèbe sans nom, qu'importe à l'histoire ? elle se borne à parler des chefs et des coups heureux portés au milieu de ces luttes vantées. Ce n'étaient plus des guerres pour la défense de la patrie, pour un but utile, glorieux ou grandiose ; mais des luttes animées par l'intrigue, une politique perfide et le besoin de batailles devenues pour les capitaines un métier et une spéculation. On ne voyait sous les drapeaux

(1) D'après un état produit par messire Cambi, les Vénitiens avaient armé huit mille huit cent trente cavaliers et huit mille fantassins, les premiers à 4 florins par mois, les autres à 3 ; les Florentins, six mille chevaux et autant de piétons : ainsi les deux républiques dépensaient 102,000 florins par mois. Le duc de Milan avait huit mille cinq cent cinquante chevaux qui coûtaient 2,500 florins par mois, et huit mille fantassins ou arbalétriers dont la dépense était de 24 mille florins. Dans l'état sont indiqués tous les condottieri et les hommes de chacun. (Voir les *Délices des érudits*, XX, 170.)

que des troupes mercenaires, qui n'étaient pas inspirées par l'amour de la patrie, de la gloire, de la liberté. Du reste, les batailles se terminaient sans une grande effusion de sang; car, d'un côté, au premier revers de fortune, les vaincus rendaient les armes, persuadés de trouver bientôt un nouvel entrepreneur, et, de l'autre, les condottieri étaient convenus entre eux de se faire le moins de mal possible.

Les vaincus étaient renvoyés avec le pourpoint, et les vainqueurs se dispersaient pour faire du butin. Les capitaines, s'ils triomphaient, dictaient la loi à qui les payait, et, dans le cas contraire, exigeaient des compensations et des indemnités. A la bataille de Sagonara, dans laquelle Angelo de Pergola battit et fit prisonnier Malatesta, trois individus seuls, s'il faut en croire Machiavel, périrent asphyxiés par la boue. A Molinetta, on combattit « une demi-journée... sans qu'il mourût personne; seulement il y eut quelques chevaux blessés, et un certain nombre de prisonniers de part et d'autre. » Dans la bataille de Caravaggio, où Sforza mit en pleine déroute les Vénitiens en faisant dix mille cinq cents prisonniers, il ne périt, dit-on, que sept soldats, deux desquels furent étouffés dans la presse ou foulés sous les pieds des chevaux (1). Ainsi un capitaine, vaincu aujourd'hui, reparaissait demain en campagne avec une armée non moins nombreuse. Les guerres s'éternisaient, épuisaient le trésor, appauvrissaient l'État et ne garantissaient point de l'ennemi; la nécessité dictait la paix, et le caprice la rompait. Au milieu des guerres et des trahisons, les Italiens devaient sentir combien souffrent les pays où l'armée et la nation ne sont pas tout un.

A Maclodio, huit mille cuirassiers de Philippe, avec Charles Malatesta, leur général, les équipages et les richesses, tombèrent au pouvoir des soldats de Carmagnole ; traités en camarades par les vainqueurs, ils furent aussitôt mis en liberté, et retournèrent vers le duc sans avoir perdu leurs armures. Deux seuls artisans de Milan offrirent au duc toutes les armes qu'il faudrait pour

(1) Tiré d'un dialogue manuscrit de Paul Jove, dans lequel je lis également que, à cause de la terreur causée par les premières armes à feu, on coupait la main droite à tous les fusiliers qu'on pouvait saisir; j'y trouve encore que Barthélemy Coleone, général des Vénitiens, et Frédéric d'Urbin, dans la rencontre de Riccardina sur le territoire bolonais, surpris par les ombres de la nuit au milieu de la lutte, ordonnèrent aux valets d'allumer des torches, à la clarté desquelles ils continuèrent de se battre.

quatre mille cavaliers et deux mille fantassins : tant cette industrie y était florissante ! Venise victorieuse eut donc bientôt à lutter contre les mêmes individus dont elle avait triomphé naguère.

Ce gouvernement ombrageux vit avec déplaisir que Carmagnole eût disposé arbitrairement des prisonniers ; il le soupçonna d'intelligence avec son ancien seigneur, surtout lorsque la flotte milanaise, commandée par les Génois Pacino Eustache et Jean Grimaldi, eut fait éprouver sur le Pô une défaite sanglante à celle de Venise, qui avait coûté 600,000 florins. Imputant ce désastre à Carmagnole, on résolut de lui ôter la vie ; mais, comme on craignait de ne pouvoir l'arrêter au milieu d'une armée qui lui était dévouée, on l'appelle à Venise sous le prétexte de consulter son expérience. Il arrive, est comblé d'honneurs, puis les Dix l'arrêtent et lui font son procès. « Ne voulant pas faire d'aveux, il fut mis à la corde, et, comme on ne pouvait le soulever à cause d'un bras qu'il avait estropié, on lui mit du feu sous les pieds, de manière qu'il confessa tout immédiatement (1). » On l'envoya au supplice avec un bâillon ; ses biens, évalués à 300,000 florins, furent confisqués au profit du fisc, et l'on fournit des moyens d'existence à sa femme et à ses filles. Le peuple trembla et applaudit ; la postérité, même après avoir vu les pièces de ce procès, a conservé du doute sur la culpabilité du condottiere, bien qu'elle ait connu les motifs du soupçon, et l'a placé parmi les victimes des procédures secrètes ; or ces procédures soulèvent dans la conscience la compassion pour les victimes, et l'exécration contre ceux qui les dirigent.

Nous savons que Gênes s'était soumise à Philippe Visconti ; aussi lui envoya-t-elle Alphonse, roi d'Aragon et de Sicile, qu'elle avait fait prisonnier à la bataille de Monza. Ce roi sut captiver Philippe, qui le mit en liberté. Cette générosité insolite fut plus nuisible à Visconti que toutes ses iniquités et son immense égoïsme ; en effet, les Génois, indignés qu'il disposât à son gré du fruit d'une si grande victoire, renoncèrent à l'obéissance du duc, égorgèrent son gouverneur au milieu d'une émeute populaire, et rétablirent la république, suivie bientôt de factions turbulentes.

---

(1) SANUTO, p. 1029. Frère Paul Scarpi, qui loue tout ce qui est tyrannique, écrit : « La circonspection vénitienne est vantée pour avoir tenu soigneusement cachée, pendant huit mois, la résolution de la mort du comte Carmagnole. »

Un autre champion avait remplacé Carmagnole dans la faveur intéressée de Philippe. Lorsque Sforza Attendolo périt, son armée, l'unique soutien des priviléges et des possessions que les princes lui avaient accordés par peur, se serait dissoute si François, un de ses nombreux enfants, bâtards ou non, n'avait pas maintenu ces bandes sous les drapeaux et les officiers dans l'obéissance, en donnant déjà des preuves de cette politique adroite qui devait lui conquérir la plus belle couronne d'Italie. Devenu fameux sur tous les champs de bataille de la Péninsule, et sentant combien valait une bonne épée, il ne se contentait pas des domaines paternels; portant ses vues plus haut, et son importance croissant toujours, il parvint à obtenir de Philippe la promesse de la main de Blanche, son unique fille naturelle. A peine sorti du péril, grâce à son concours, le duc se repentit et refusa de tenir sa parole. Sforza le quitta donc et réussit, avec l'épée, à se faire dans la Marche d'Ancône un marquisat sous la suprématie du pape; puis, comme il ne pouvait suffire à l'entretien de ses bandes, il se mit à la solde de Florence. Cette république avait continué la guerre avec des succès divers et une constance admirable; mais enfin Nicolas Piccinino, qui avait pris l'armée de Braccio de Montone, passa dans les rangs de Visconti, et, sur les rives du Serchio, défit les Florentins, qui perdirent leur artillerie, leurs munitions et quatre mille chevaux. Florence fut alors obligée de céder Lucques et d'accepter la paix; Philippe renonçait toutefois à ses acquisitions et aux alliances qu'il avait faites avec la Romagne et la Toscane, pour n'avoir plus aucun motif de s'immiscer dans les événements de la dernière.

Le rusé Philippe feignit alors de congédier Piccinino, mais le chargea secrètement de dévaster la Toscane, qui, se voyant trompée et contrainte de recourir aux armes, s'estima heureuse d'attirer sous ses fleurs de lis François Sforza.

Voilà donc en face les deux plus grands capitaines du temps, et qui représentent les deux anciennes écoles de Braccio et d'Attendolo. Le Piccinino, bien que difforme et privé du don de la parole, portait au suprême degré le mérite de Braccio : célérité des mouvements, audace poussée jusqu'à la témérité, caractère indomptable dans l'adversité. François choisissait dans les écoles ce qu'elles avaient de meilleur, et savait le vivifier par son génie; vigoureux de corps et d'esprit, il ne se proposait pas le mal pour but, mais ne le fuyait point s'il lui était profitable. Tous les deux associaient à des haines ardentes cette bonté, assez commune dans les soldats, qui répare ou compense le mal qu'ils peuvent commettre si facilement.

Sforza s'était montré favorable aux républiques, surtout à Florence, non qu'il eût des sentiments démocratiques, mais pour faire ombrage à Philippe, ou pour contrarier Piccinino, qui restait fidèle à ce duc. Néanmoins, comme il ne voulait pas mécontenter entièrement Visconti, ni détruire un État sur lequel il avait des vues, il suspendit quelque temps la guerre ; mais, quand il se vit le jouet de l'adresse et de la dissimulation de Philippe, il leva le masque et parut décider du sort de l'Italie en acceptant des confédérés le bâton de commandement, avec 17,400 florins par mois, dont 9,000 fournis par les Vénitiens, et le reste par les Florentins.

Les deux rivaux firent assaut de courage et d'habileté sur le territoire de Venise, en Toscane, dans la marche d'Ancône, promenant la dévastation chacun à son tour. Le siége de Brescia, soutenu vainement par Gattamelata, et pendant lequel Brigide Avogadro se mit à la tête des femmes pour repousser Piccinino, fut célèbre par sa longueur et l'énergie déployée de part et d'autre. « Tout le peuple travaillait nuit et jour à réparer les murailles à l'intérieur ; femmes, enfants, prêtres, moines, juges, y étaient occupés. Piccinino combla le fossé avec des claies et se fit un chemin pour arriver sur les remparts. On dira : *Pourquoi ne l'empêchiez-vous pas de passer ?* Je réponds que, pendant que nous étions sur les remparts, il tirait avec des bombardes. Hélas ! combien elles firent de victimes parmi nos concitoyens ! » Et, lorsque les assiégeants montèrent à l'assaut, « nous engageâmes avec eux une lutte, de manière que, par la grâce de Dieu, ils furent précipités en bas ; vous auriez vu ces hommes d'armes rouler du haut des remparts dans les fossés avec leurs panaches renversés, que c'était une consolation ! L'air semblait obscurci par les dards et les pierres, par les projectiles que lançaient les bombardes et les arquebuses ; la terre paraissait s'entr'ouvrir aux cris des combattants, au bruit des tambours, des trompettes et des cloches... Vous auriez vu le peuple, les femmes, les grands et les petits, accourir aux lieux où l'on se battait, les uns avec du pain, les autres avec du fromage, ceux-ci avec du vin, ceux-là avec des confitures, pour réconforter les citoyens et les soldats qui étaient avec nous. Vous auriez vu les gens d'armes ennemis en belle ordonnance, qui, tous à cheval, occupaient depuis le jardin de l'évêque jusqu'à Saint-Pierre des

Oliviers. Lorsqu'on en venait aux mains, ils s'avançaient, escadron par escadron, mettaient pied à terre et engageaient la lutte ; mais bientôt l'envie leur venait de retourner en arrière (1). » Brescia est toujours fidèle à ses glorieuses traditions !

Les Vénitiens, ne pouvant, à cause de l'inimitié du marquis de Mantoue, envoyer de navires par le Pô dans le Mincio, et de ce fleuve dans le lac de Garda, tentèrent un coup hardi, suggéré par un Candiote nommé Sorbolo : ils firent remonter l'Adige à deux galères grandes, à trois moyennes et à vingt-cinq barques ; puis, les traînant, à force de chevaux et de bœufs, à travers la montagne du Baldo, non sans travaux considérables pour frayer une voie, ils les jetèrent dans le lac de Garda, à Torbole. La surprise et la terreur furent grandes ; mais Piccinino dissipa l'effroi en brûlant cette flottille.

Mais enfin Brescia fut sauvée, bien qu'elle eût perdu la moitié de ses habitants par la famine et la peste. François Barbaro, provéditeur et fameux helléniste, fut appelé à Venise avec les cent gentilshommes qui avaient le plus contribué à la défense de cette ville ; accueillis par la seigneurie, embrassés par le doge, qui les proposait comme des modèles aux sujets de la république, ils obtinrent pour eux et leur postérité l'exemption de tout impôt. Puis on fit remise à la commune de Brescia de 20,000 ducats, que le fisc retirait annuellement des moulins (2).

1440
29 juin.

Piccinino, désireux d'acquérir les domaines qui avaient appartenu à Braccio, se fait envoyer par Visconti dans l'Ombrie, et ravage la Toscane ; puis, à Anghiari, au pied des monts qui séparent le val du Tibre de celui de Chiana, il assaille les troupes pontificales. composées de trois mille cuirassiers et de cinq cents fantassins, et celles de Florence, qui comptaient de huit à neuf mille chevaux, sous le commandement de Jean-Paul Orsini ; mais il est vaincu et fait prisonnier. Les vainqueurs se débandent sans songer à poursuivre la victoire, qu'ils rendent inutile. Piccinino a bientôt rassemblé les soldats qu'il avait perdus, et retourne en Lombardie pour se refaire en pillant les domaines de ses amis. Bien que guelfe, il méprise les excommunications, les comparant au chatouillement dont ne souffre que celui qui le craint ; il s'empare de Pontremoli et de Bologne, puis est adopté dans les maisons des Visconti de Milan et d'Aragon de Naples.

---

(1) CHRISTOPHE DE SOLDO.
(2) SABELLICO, *Dec.* III, liv. v.

Les autres capitaines à la solde de Philippe-Marie demandaient aussi à être souverains : Albéric de Barbiano voulait Belgiojoso ; Louis Sanseverino, Novare ; Louis del Verme, Tortone ; Talian Friulano, Bosco et Frugarolo ; les autres élevaient des prétentions semblables. Le duc, qui avait éloigné Sforza pour ne pas le faire souverain, crut alors qu'il y aurait moins d'inconvénient à le rappeler, et lui accorda la main de Blanche, en lui donnant pour gage de sa dot le comté de Pontremoli et Crémone. La paix de Cavriana, faite sous la médiation de Sforza et malgré Piccinino, à qui elle arrachait une victoire certaine, réintégra dans leurs premières limites le duc, les républiques de Venise, de Gênes et de Florence ; le pape et le marquis de Mantoue.

1441

A quoi pouvait aboutir la paix générale, alors que les capitaines persistaient dans leurs inimitiés particulières ? François se mit en marche pour se venger d'Alphonse le Magnanime, qui s'était emparé de ses fiefs paternels situés dans le royaume ; mais Philippe-Marie, revenu à ses sentiments de jalousie contre Sforza, s'entendit avec Eugène IV pour lui enlever la Marche d'Ancône, et rendit sa faveur à Piccinino, qui, déclaré gonfalonier de l'Église, faisait le plus de mal possible à son rival irréconciliable. Par ordre de Philippe, il assiégea Pontremoli et Crémone.

Le grand général, qui, malgré sa générosité, se débarrassait de ses rivaux par le fer et les supplices, se voyait enlever lambeau par lambeau la souveraineté militaire qu'il s'était formée au cœur de l'Italie, et succombait sous les tergiversations de son beau-père et les infidélités du pape Eugène. Ce fut alors que les Vénitiens, regardant comme violée la paix de Cavriana, s'allièrent avec les Florentins, prirent à leur solde plusieurs condottieri, et envoyèrent contre le duc leur armée, commandée par Michel Attendolo ; puis, après la victoire de Mezzano sur le territoire de Casalmaggiore, ils s'avancèrent jusqu'à Monza et Milan. Visconti, effrayé de voir Venise s'obstiner à la conquête de la Lombardie, se réconcilia avec son gendre, qui comprenait que, si la Lombardie tombait au pouvoir des Vénitiens, il n'aurait plus rien à en espérer, tandis que l'héritage de Philippe, héritage sujet à contestations, ouvrait à son ambition de brillantes perspectives. Il accepta donc le commandement suprême des troupes et des forteresses, avec 200,000 florins par an pour l'entretien de son armée et de celle qu'avait laissée Piccinino ; ce condottiere, naguère l'un des arbitres de cette Italie morcelée, était mort avec

1444
15 octobre

le regret de ne pas s'être agrandi lui-même, et de n'avoir obtenu aucune reconnaissance de ceux qu'il avait servis.

Quelque temps après, Philippe-Marie, toujours passionné pour l'intrigue, se laissa de nouveau mener par les Bracceschi et d'autres dont l'agrandissement de Sforza excitait l'envie ; de là, nouvelle rupture avec François, lorsque la mort le surprit, éteignant avec lui la race des Visconti.

<small>1447
13 avril.</small>

Les savants d'alors reconnurent par des louanges la protection que cette famille leur accorda, et Philelphe, Barziza, Panormita, Offredio, Decembrio, écrivirent son histoire en la falsifiant. Du reste, nous avons déjà vu que la Lombardie formait une monarchie militaire, tempérée seulement par les restrictions que le désir de se conserver inspire toujours à un gouvernement intelligent. Les Milanais la supportaient, résignés plutôt que satisfaits, et le désir de la liberté s'était tellement affaibli que l'on aspirait tout au plus à changer de tyrans ; la paix et la guerre, la richesse et la félicité du pays, la tolérance ou le châtiment des délits, dépendaient du prince.

Il manquait surtout ce qui est le plus nécessaire au peuple, la tranquillité avec une justice égale et prompte ; bien plus, les tyrannies partielles semblaient favorisées par les gouvernants. Jean Gambara, petit seigneur du Brescian, ordonnait à deux shires d'arrêter une femme nommée Bartolomea, qui avait médit de Subrana son épouse, et lui faisait couper la langue : le podestat condamna Gambara et sa femme à la peine du talion ; mais ils firent intervenir un frère de la victime qui les réconcilia avec elle, et Jean-Galéas Visconti leur pardonna. On raconte que Jean Palazzo obtint de Jean-Marie que les Guelfes et les Gibelins du Brescian pourraient se battre pendant six mois, sauf la fidélité due au prince, et commettre entre eux toute espèce de méfaits. Ce Jean-Marie, en 1401, envoyait à Asola Jean Visconti comme podestat, et George Carcano comme capitaine ; l'un et l'autre poussèrent l'audace si loin qu'aucune jeune fille ne pouvait se marier sans avoir passé trois jours dans leur palais. Les Asolans, fatigués, les égorgèrent, et les Brescians, en punition, détruisirent Asola(1). Lorsque la justice manque, il ne reste plus aucune garantie, et tout ce qu'on peut faire, c'est d'abattre celui qui domine pour se mettre à sa place et devenir à son tour oppresseur.

Ces princes néanmoins étaient Italiens, et les Lombards, qui

---

(1) ROSSI, *Elogi storici*, p. 150 ; CAPRIOLO, *Storie bresciane* ; RIZZARDI, *Storia asolana*, manuscrite.

n'avaient plus à se glorifier de leur propre félicité, étaient fiers de leur grandeur; ils aimaient les magnificences de la cour, les alliances royales, les fréquentes solennités, les bruyants festins, les pompeuses funérailles, ce luxe d'ostentation et de dépense plus que de goût, les fêtes qui se renouvelaient souvent pour les mariages, les traités de paix, l'arrivée de princes étrangers. Philippe-Marie eut pour hôtes le pape Martin V et l'empereur Sigismond, et, comme prisonniers, le roi de Naples et celui de Navarre; il dépensa 1,500 pièces d'or pour un jeu de cartes (invention alors nouvelle) peint par Marzian de Tortone.

Les cruautés de ces princes peuvent se comparer à la morsure d'un chien enragé, dangereux seulement pour l'individu qui l'approche; tandis qu'une seigneurie pacifique peut engendrer les effets de la *malaria*, un épuisement général, une consomption irrémédiable. En effet, les ducs travaillaient à la prospérité du pays, soit pour en tirer davantage, soit pour se maintenir à la hauteur de leurs voisins. L'agriculture faisait chaque jour des progrès, encouragée par l'exemple des moines, surtout des cisterciens, qui, du côté du Lodigian et du Pavesan, avaient introduit les prairies permanentes et des fromageries. Les races des bœufs s'amélioraient, et l'on vendait à la France beaucoup de chevaux, célèbres par leur force et leur haute taille. Les métiers d'étoffes de soie augmentèrent, principalement après qu'un grand nombre de fabricants de Lucques se furent retirés à Milan en 1314, pour échapper à la tyrannie de Castruccio. Les Lombards allaient en France, en Flandre, en Angleterre, pour acheter de la laine, qui, après avoir été teinte et tissue, retournait dans ces pays, d'où les Italiens tirent maintenant les draps fins; les pièces de monnaie d'or *à la couleuvre* circulaient dans toute l'Europe. Les nobles ne rougissaient pas de se livrer au commerce, et l'on voit figurer sur les patentes les Litta, les Dadda, les Bossi, les Crivelli, les Cusani, les Dugnani, les Médicis, les Melzi, les Porro, les Bescapè, les Castiglioni, les Pozzobonelli. Les Borromeï de San Miniato vinrent s'établir à Milan pour vendre des draps grossiers, dont ils établirent une fabrique; Philippe-Marie fit bientôt d'un Borromeo son directeur des finances, et, peu après, Louis XII de France tenait sur les fonts baptismaux un enfant de cette famille.

Les arts, divisés en vingt-cinq *paratici* ou corporations, avec bannière, statuts, assemblées distinctes, exerçaient toute sorte de métiers, et prenaient les armes au besoin. Les opérations de banque procuraient surtout de grands bénéfices aux Milanais, qui avaient établi des maisons dans toutes les villes d'Europe. Milan était si riche qu'on disait proverbialement qu'il faudrait le détruire pour ramener l'aisance dans l'Italie ; nous avons vu les nobles proposer à Philippe d'entretenir à son service dix mille cavaliers et autant de fantassins, à la condition qu'il leur abandonnerait les revenus de la cité. D'après l'évaluation de 1406, les biens meubles et autres de la ville, des églises et des corporations religieuses, représentaient un capital de 13,250,000 sequins. La population croissait, malgré les ravages des pestes fréquentes, et les premières mesures sanitaires dont l'histoire fasse mention sont de Milan.

Le servage, né du gouvernement monarchique, altérait la simplicité des mœurs, et, sans croire aux déclamations de quelques historiens, on peut supposer qu'on apprenait à courber la tête devant l'homme dans les mains duquel étaient l'argent, la force, la loi, et devant cette multitude de bas agents qui commandent aux autres : chaîne de sujétion qui, une fois commencée, ne finit plus. Néanmoins une certaine manière de vivre patriarcale se voyait encore, et la cour ne s'isolait pas de la ville autant que dans les époques postérieures ; bien que les nobles jouissent de beaucoup de priviléges, les conditions se trouvent souvent mêlées dans les réunions publiques et dans les fêtes ecclésiastiques ou civiles.

D'autre part, si l'on songe qu'il n'y avait pas de troupes permanentes, que le duc vivait au milieu d'Italiens, avec des conseillers du pays, au milieu de tant de corporations organisées et armées, au milieu de priviléges d'arts, de corporations et d'états, on verra que le despotisme ne pouvait satisfaire ses caprices sans rencontrer d'opposition. Les souvenirs de l'ancienne liberté n'étaient pas effacés ; on ne pouvait surcharger les impôts arbitrairement, les statuts refrénaient le prince lui-même, et les factions des Guelfes et des Gibelins élevaient une puissante barrière : la tyrannie n'était donc pas systématique, mais exceptionnelle. Les princes opprimaient plus volontiers les nobles, pour briser cet obstacle ou leur ravir les richesses ; néanmoins, par ces actes particuliers de rigueur, ils ne se rendaient pas populaires, bien qu'ils fussent parfois grossiers. D'ailleurs le peuple lui-même savait résister, et, quoiqu'il pliât, il n'oubliait point qu'il avait des droits.

Nous avons pu examiner tous ces événements sans même faire

mention d'un autre empereur qui avait fait une descente en Italie. La maison de Luxembourg, si pauvre sous le règne du chevaleresque Henri VII, était parvenue à posséder autant de domaines que celle de Hohenstaufen; dans l'espace d'un siècle, elle avait donné quatre empereurs, Henri VII, Charles IV, l'indigne Wenceslas, qui fut déposé, et son frère Sigismond, qui était en même temps électeur de Brandebourg, roi de Bohême et de Hongrie. D'une belle prestance (c'est ainsi que le dépeint Léonard Arétin, qui le connut), d'une taille haute, noble, vigoureux, magnanime en temps de paix comme sur les champs de bataille, éloquent, ami des lettres, libéral plus que ne le lui permettaient ses modiques revenus, il avait toujours besoin d'argent, et c'est à cause de cette pénurie qu'il fut contraint de vendre son alliance et sa protection, d'interrompre ses entreprises, de renoncer à ses desseins; du reste, il songeait moins à l'accroissement de l'empire qu'à celui de ses États héréditaires, desquels dériva la grandeur de la maison d'Autriche.

Venise cherchait à maintenir l'égalité de ses familles patriciennes avec un soin si jaloux que, le roi de Hongrie ayant demandé pour femme une Morosini, la seigneurie obligea le père à renoncer à ses droits paternels, et l'adopta comme fille de la république. Lorsque, durant le schisme, Angelo Correr fut élu pape sous le nom de Grégoire XII, on le regarda toujours de mauvais œil, bien qu'il cherchât à captiver, avec des bonnets de cardinal, les Barbarigo, les Morosini, les Condulmer, parce qu'on regardait comme dangereux qu'un pontife eût des rapports intimes avec les sénateurs; aussitôt qu'il fut déclaré déchu par le concile de Pise, la seigneurie non-seulement s'empressa de reconnaître Alexandre V, qu'on lui avait substitué, mais refusa de lui donner un asile dans ses domaines (1). Le pape Grégoire, s'étant retiré dans le Frioul, eut une querelle avec le patriarche de ce pays, qui était Allemand, le cassa, et le remplaça par Anton de Ponte, noble vénitien. L'empereur Sigismond se déclare le

1406

1409

---

(1) En 1689, Pierre Ottobon fut nommé cardinal par son grand-oncle Alexandre VIII, et rendit de grands services à Venise, dont il obtint la grâce de son père Antoine, qu'on avait dégradé parce qu'il était devenu général de la sainte Église; ayant été élu protecteur de la couronne de France à la cour pontificale, le sénat s'y opposa, ce qui ne l'empêcha point d'arborer les insignes de la France; mais on l'effaça du livre d'or, son patrimoine fut confisqué, et l'on suspendit tous les revenus de ses biens ecclésiastiques dans les possessions vénitiennes.

protecteur du patriarche, et fait de telle sorte qu'il vient en rupture avec Venise. Ladislas, compétiteur de Sigismond au trône de Hongrie, avait vendu Zara à cette république pour 100,000 florins; Sigismond, réclamant cette ville et les anciennes cités impériales, pénètre sur le territoire vénitien, qu'il ravage et dont il soulève les habitants. Venise alors forme une ligue défensive avec Nicolas III d'Este, les comtes Porcia et Collalto, les Malatesti, les Polenta, les seigneurs d'Arco et Castelnuovo, Castelbarco, Caldonazzo, Savorgnano; les confédérés, la rigueur des vicaires de Sigismond, le peu de constance des Hongrois qu'il jetait en deçà des Alpes, la valeur du condottiere Philippe d'Arcoli, font triompher le lion vénitien dans tout le Frioul.

Sigismond, de la marche Trévisane, résolut de venir sans troupes en Lombardie. Les petits tyrans lui firent partout un brillant accueil; à Crémone, avec le pape, il contempla du haut de la tour la plaine lombarde, et reçut, à Cantù, l'hommage de Philippe, qui ne voulut pas néanmoins l'admettre à Milan. Il institua des vicaires impériaux, que les Gibelins soutenaient pour justifier leur tyrannie; mais il n'exerça aucune influence sur les destinées de l'Italie.

Après vingt ans de règne, dégoûté de ses longues brigues en Allemagne et en Bohême, mais las surtout de diriger une machine lourde et rouillée, comme il appelait l'empire, il résolut de revenir en Italie pour faire, selon la coutume de ses prédécesseurs, une exhibition impériale. Les temps étaient bien changés: autant on avait perdu en liberté partielle, autant on avait gagné en indépendance générale, et la suprématie nominale n'aurait pas suffi pour convoquer à Roncaglia tous les États afin de rendre l'hommage et de recevoir justice. A la tête de deux mille Hongrois et Allemands, destinés à lui servir de cortége plutôt qu'à le défendre, il se rendit à Milan; Philippe, qui, non content de lui montrer constamment une entière soumission, l'avait sollicité à descendre, dans l'espoir de nuire aux Vénitiens avec son concours, conçut alors des soupçons et se renferma dans le château d'Abbiategrasso, sans même se laisser voir à l'empereur, qui se fit couronner dans la cathédrale de Saint-Ambroise.

Ainsi, craint et craignant les autres, et cependant mal vu en Toscane comme ami du duc, toujours pauvre d'argent et de forces, obligé à chaque instant de se défendre ou bien de subir des traités, sur le point d'être fait prisonnier à Lucques par le capitaine des Florentins, retenu à Sienne pour dettes, Sigismond traversa l'Italie dans un état misérable, se dirigeant sur Rome afin de persuader au pape d'accepter le concile de Bâle, tentative dans laquelle il échoua. Après avoir ceint la couronne d'or, il retourna dans son pays, laissant l'Italie livrée à ses ambitions et à ses agitations habituelles.

CHAPITRE CXVI.

RÉPUBLIQUE AMBROSIENNE. VENISE CONQUÉRANTE. FRANÇOIS SFORZA. LES FOSCARI.

LES VISCONTI ET LES SFORZA.

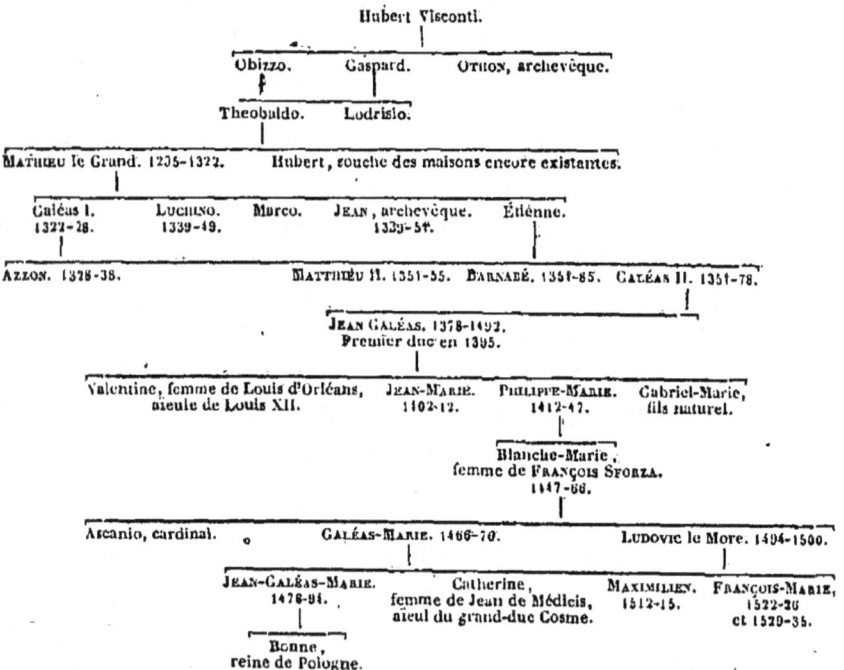

Philippe-Marie ne laissa pas d'enfants; un si riche héritage excita donc beaucoup de convoitises. Jusqu'alors le mode de succession n'avait pas été réglé dans le Milanais : comme dans les autres principautés italiennes, tantôt les frères occupaient l'État en commun, tantôt ils le partageaient entre eux, ou bien l'un succédait à l'autre, sans égard à la descendance du défunt ; les fils naturels en obtenaient même quelque portion. La maison française d'Orléans prétendait au duché à cause de Valentine Visconti, à laquelle Jean-Galéas, en la mariant à Louis d'Orléans, en avait donné l'expectative dans le cas où ses fils mourraient sans postérité ; mais le titre n'avait aucune valeur, puisque ce n'était pas un fief féminin. Sforza, mari de la fille naturelle, bien que légitimée, de Philippe-Marie, y avait encore moins de droit. Le dernier duc, pour nuire aux Vénitiens, avait songé un moment à laisser son pays à Alphonse de Naples, ce qui aurait avancé l'unité italienne. Ce roi, en effet, produisit un testament en sa faveur ; mais, quand même il eût été authentique, il ne s'agissait point d'une propriété dont on pouvait disposer à son gré.

Le Milanais était un État libre, reconnu à la paix de Constance, ce qui entraînait comme conséquence, selon le droit d'alors, qu'il ne pouvait être soumis à aucun particulier. Wenceslas en avait investi Jean-Galéas, constituant ainsi la domination d'un seul : cependant la souveraineté de l'empire ne résidait pas dans le roi d'Allemagne, mais dans les électeurs, représentant l'ancien sénat et l'ancien peuple romains ; en effet, les électeurs reprochèrent cette usurpation à Wenceslas, et ce fut un de leurs griefs pour le déposséder (1). Sigismond en investit régulièrement Philippe-Marie, sous la réserve des anciens droits de l'empire (2) ; mais, en réalité, le Milanais, agissant comme État libre, avait confié le gouvernement politique aux Visconti, et, à l'extinction de cette famille, il reprenait la plénitude de ses droits. Les Milanais le comprirent ; en effet, tandis que les Bracceschi arboraient sur le château l'étendard d'Alphonse de Naples, et que d'autres conseillaient de se donner au duc de Savoie, frère de la duchesse veuve, Antoine Trivulce, Théodore Rossi, George Lampugnani et Innocent Cotta excitent à la liberté le peuple, qui

---

(1) *Mutilasti Imperium Mediolano et provincia Longobardiæ, quæ juris S. R. Imperii fuerant, redeuntibus inde ad Imperium amplissimis emolumentis ; in qua ditione mediolanensi veluti minister S. R. Imperii partibus fungebatur, cum tu contra, accepta pecunia, Mediolani ducem et comitem papiensem creasti.* Voilà ce que disaient les électeurs en déposant Wenceslas.

(2) *Jus, quod ex dictis concessionibus et citationibus in feudo dictorum ducatuum et comitatum habemus, nobis et nostris successoribus in imperio salvum maneat et illæsum.* (LUENIG, Italia dipl., I, 480.)

se lève en tumulte, et détruit le château, repaire de la tyrannie. Désabusés de la domination d'un seul comme étant *la pire des pestilences*, les Milanais proclament l'*auream rempublicam ambrosianam*, et rétablissent l'ancien gouvernement démocratique. Le vicaire et les Douze de provision choisirent vingt-quatre capitaines et défenseurs de la liberté de la commune, que le conseil général confirma, et qui prirent une foule de mesures, bonnes ou mauvaises, comme il arrive toujours dans les commencements : ils rappelèrent les bannis, prohibèrent les blasphèmes, les jeux de hasard et le port des armes; des asiles furent ouverts pour les pauvres, surtout pour les campagnards que la guerre avait éloignés de leurs champs; on rétablit les écoles, en faisant aux maîtres des *conditions dont ils pouvaient certainement se contenter;* des dons spontanés fournirent 800,000 sequins *ad tuendam patriæ libertatem* (1).

1347
14 août

La faiblesse des gouvernements sortis d'une révolution, comme les révolutions qui vacillent et ne réussissent pas, est d'ordinaire une occasion d'épigrammes faciles et banales; mais, d'une régence qui dura moins de deux mois, pouvait-on attendre de fermes desseins, des vues unanimes, une action efficace? Néanmoins il était possible alors de constituer en Italie trois fortes républiques, celles de Florence, de Venise et de Milan, en mettant en commun le jugement éclairé de l'une, la puissance maritime de l'autre, les délicates magnificences de la dernière; on pouvait encore, en s'associant à la force des Suisses, opposer une confédération d'hommes libres à l'accroissement des monarchies limitrophes.

A cette époque, après la mort de Charles le Téméraire, duc de Bourgogne (1), les Flandres et les Pays-Bas, communes flo-

---

(1) Cette république fut critiquée par Corio, qui voulait flatter les ducs, et par Verri, dont les allusions amères avaient pour but de faire ressortir le mérite de la république cisalpine; mais ses déclamations ironiques m'inspirent bien moins de confiance que les documents de Rosmini. Leo, au milieu des erreurs qui abondent dans son *Histoire d'Italie*, dit que Rosmini, « pour blâmer la république, produit beaucoup d'ordonnances sur la religion, les sciences et la politique »; c'est la pensée contraire qui l'a déterminé. Les archives de la cathédrale renferment une ordonnance des capitaines du 14 août dans laquelle, puisque *Altissimi clementia ineffabili... antiquissimam auream et sanctam libertatem urbs hæc feliciter reassumpsit,* ils établissent une offrande annuelle; puis, à la date du 11 août, par reconnaissance envers Dieu, *quod ad dulcissimum reipublicæ et libertatis statum nos reduxit,* ils ordonnent une procession à Saint-Ambroise.

rissantes et constituées comme celles d'Italie, restaient libres; il est donc permis de croire que l'Europe aurait eu des destinées tout autres, si, au lieu de laisser les monarchies se consolider par le partage de la Bourgogne entre la France et l'Autriche, elle avait fait prévaloir le système républicain. Les Milanais aperçurent-ils cette précieuse éventualité? Il est difficile de le dire; mais les insulter pour avoir préféré une forme de gouvernement qui présentait alors tant d'avenir, c'est, à notre avis, commettre une lâcheté. Malheureusement Florence commençait, sous l'influence de Cosme de Médicis, à pencher pour la principauté; François Foscari entraînait Venise dans la voie des conquêtes, au point qu'elle sacrifiait à cette passion la justice et la liberté publique; dans l'espoir d'effectuer cette union, que les Autrichiens réalisèrent plus tard, elle brûlait de posséder tout le Milanais, et voulait profiter de l'occasion pour s'approprier Brescia et Bergame.

Venise se trouvait alors à l'apogée de sa grandeur. Trieste, dont les pirates avaient ravi les épouses de la république naissante, et que Henri Dandolo avait ensuite soumise à la tête des croisés, ne se résigna jamais au joug, recommença la guerre plusieurs fois, et, en 1367, se donna au duc d'Autriche. Mais les Vénitiens l'assiégèrent et la prirent par famine; puis, la paix conclue, ils apaisèrent l'Autriche avec de l'argent, et contraignirent Trieste à jurer fidélité à Saint-Marc : en outre, à la nomination de chaque doge, cette ville devait, pendant un jour, arborer l'étendard du lion sur le marché, et, tous les ans, à l'âques, sur le palais; observer les traités conclus autrefois avec Henri Dandolo, et se soumettre à la juridiction pénale de la sérénissime. Dans la guerre de Chioggia, les Génois prirent Trieste et la livrèrent au patriarche d'Aquilée. Venise l'ayant recouvrée, les Triestins arborèrent de nouveau la bannière des ducs d'Autriche, qui depuis ont toujours possédé cette ville; mais il devait s'écouler plus de quatre siècles avant qu'elle acquît assez d'importance pour l'emporter sur son ancienne dominatrice.

Nous avons vu que la seigneurie des patriarches d'Aquilée s'était étendue sur tout le Frioul, l'Istrie, la Styrie, une grande partie de la Carinthie et de la Carniole; elle avait de si vastes domaines qu'elle en retirait 200,000 florins de revenu. Néanmoins, comme les pontifes s'approprièrent le droit de nommer les patriarches, elle perdit son indépendance; mais, la cour papale ayant donné ce siége en commende à Philippe d'Alençon,

les seigneurs du pays lui refusèrent obéissance, et procédèrent à
une nouvelle élection qui fut la cause d'une guerre civile, et dès
lors on ne put jamais les soumettre entièrement. Le patriarche
se vit donc contraint de recourir au peuple, aux étrangers, à des
bandes mercenaires, et les seigneurs se rendaient chaque jour
plus indépendants, bien que le patriarche, afin de les gagner,
leur prodiguât les fiefs et les franchises.

Le patriarche fit alors alliance avec François Carrare, qui s'em- 1388
para de tout le pays par la force des armes; mais les Vénitiens,
dans la crainte qu'un ennemi aussi actif ne gardât le Frioul pour
lui et n'interrompît leur commerce avec l'Allemagne, embrassèrent la cause d'Udine et d'autres villes soulevées contre le patriarche, et anéantirent, comme nous l'avons déjà raconté, la
puissance des Carrare. L'Allemand Louis Theck, devenu pa- 1414
triarche, favorisa l'empereur Sigismond, et Venise saisit cette
occasion pour se débarrasser de ces voisins opiniâtrement hostiles. Elle occupa donc leur pays, qu'elle devait garder jusqu'au payement des dépenses de la guerre; mais elles étaient si
considérables que le patriarche ne put jamais se libérer. Dès ce
moment, ce prélat, jusqu'alors le plus riche de l'Italie après le
pontife, ne conserva plus que les châteaux de Saint-Vit et de
Saint-Daniel, avec un subside de 500,000 ducats qu'il recevait
de la république.

Les possessions vénitiennes s'étendaient donc en Italie de l'I-
sonzo au Mincio; outre le littoral jusqu'aux bouches du Pô, elle
dominait sur les provinces de Bergame, Brescia, Vérone, Crème,
Vicence, Padoue, la marche Trévisane avec Feltre, Bellune,
Cadore, la Polésine de Rovigo, Ravenne, le Frioul, l'Istrie (excepté Trieste, cité impériale). Le comté de Goritz, qui d'abord
faisait obstacle au patriarche d'Aquilée, subissait sa suprématie;
sur la côte orientale de l'Adriatique, elle occupait Zara, Spalatro et les autres îles qui se trouvent en face de la Dalmatie et
de l'Albanie; elle avait enlevé Veglia aux Frangipani, Zante à
un certain Catalano; en Grèce, elle possédait Corfou, Lépante
et Patras; dans la Morée, Modon, Coron, Napoli de Romanie,
Argos, Corinthe, achetées des possesseurs, qui ne pouvaient les
défendre contre les Turcs; d'autres îlots de l'Archipel et une
certaine partie du littoral lui appartenaient encore; enfin elle
était maîtresse de Candie et de Chypre.

En Italie d'abord, elle s'était contentée de s'opposer à quiconque voulait y prédominer, et, dans ce but, elle servait le

plus souvent les pontifes; alors elle aspira à dominer, prétention qui fit naître les guerres avec Philippe-Marie. Or, si ces guerres augmentaient son crédit dans la Péninsule, elles la détournaient du commerce et l'exposaient aux exigences des aventuriers, envers lesquels elle employait tour à tour les rigueurs et les caresses : tantôt elle envoyait au supplice Carmagnole; tantôt elle inscrivait parmi les nobles Gattamelata et Michel Attendolo. La dissolution de l'État milanais, occasionnée par la mort de Philippe, lui faisait concevoir l'espérance de le conquérir.

Entraînées par cette idée absurde, que *république* signifie n'obéir à personne, les cités lombardes, réveillant les jalousies municipales, saisirent le prétexte de la révolution de Milan pour se soustraire à son autorité; après avoir rétabli le gouvernement communal indépendant, elles élurent des seigneurs et se donnèrent des institutions distinctes, préférant l'indépendance de chacun à la liberté de tous. Côme, Alexandrie, Novare, s'entendirent avec la république ambrosienne, mais à des conditions qui tendaient surtout à recouvrer la juridiction et à surcharger les populations sujettes; tel était le sens des stipulations consignées dans les soixante-sept articles des Comasques, jaloux de rétablir la domination de leur ville sur la campagne, sur la Valteline et le territoire de Chiavenna. Pavie, Tortone et Parme voulurent se gouverner elles-mêmes; Lodi et Plaisance admirent un garnison vénitienne; Asti se déclara pour le duc d'Orléans. Les petits seigneurs exilés revenaient, reprenaient les possessions de leurs aïeux, et se croyaient le droit de recommencer leur tyrannie parce qu'ils avaient souffert; s'ils ne pouvaient faire autre chose, ils pillaient. De toutes parts renaissaient les anciennes querelles; mais on avait si bien contracté l'habitude de l'obéissance qu'on demandait aussitôt pour seigneur le premier compétiteur qui l'emportait sur les autres.

Cette infinie division de la force produisait la faiblesse générale; alors qu'on avait perdu l'habitude des armes, les menaces venaient de toutes parts. La république, outre les partis et les dissensions de l'intérieur, avait à lutter contre les prétentions des condottieri, qu'on ne pouvait ni licencier ni maintenir dans l'obéissance. La populace, avec ses clameurs, devenait une puissance, souvent funeste; tantôt elle faisait brûler les livres du cens, tantôt elle démolissait le château : orgies habituelles des nouveaux affranchis. Les citoyens eux-mêmes se divisaient en factions : l'une favorable à l'empire, l'autre à la France, celle-ci au duc de Ferrare, celle-là à Venise. Louis de Savoie, croyant l'occasion opportune de prendre pied en Lombardie, fit alliance avec le roi français, à la condition qu'on ferait ainsi le partage des conquêtes : pour lui-même, le territoire compris entre le Tésin, l'Adda et le Pô, avec les châteaux de Trezzo et de Pizzighettone ; pour le roi de France, Gênes et Lucques ; Alexandrie, pour le marquis de Montferrat (1).

Dans ces graves circonstances qui troublent la raison même des plus sages, les capitaines de la république parurent oublier les prétentions de François Sforza ; circonvenus et poussés par les Gibelins, ils lui confièrent les forces de la république pour qu'il les défendît contre les ennemis, et Sforza consentit à obéir à ceux auxquels il espérait commander. Philippe-Marie avait jeté dans les fers Barthélemy Coleone, condottiere bergamasque ; Sforza le remit en liberté pour en faire le compagnon de ses entreprises. Avec l'artillerie, il renversait les murailles qui arrêtaient naguère les armées, et il fut heureux dans la guerre de la *Marche*. Plaisance était la plus forte place après Milan ; il l'assiégea, et ce fut par la brèche qu'il pénétra dans l'intérieur : fait prodigieux et nouveau dans l'art de la guerre de l'époque, où la défense était encore supérieure à l'attaque. La ville fut abandonnée au plus grand pillage et à tous les outrages des soldats, qui exerçaient des violences inouïes sur les habitants pour découvrir les trésors. On vendit dix mille citoyens ; le fer et le bois furent également vendus dans les cités voisines, et Plaisance ne se releva plus. 1447 16 nov.

Mais Sforza ne travaillait pas au bénéfice de Milan ; en effet, lorsqu'il eut, par d'insignes victoires et surtout par celle de Caravaggio, affaibli les Vénitiens qui s'étaient vus sur le point d'acquérir Milan, fait leur armée prisonnière et brûlé leur flotte, il convint avec eux de leur laisser non-seulement Bergame et Brescia, mais le Crémasque et la Geradadda, à la condition qu'ils l'aideraient à succéder à Philippe-Marie. Le traité fut conclu. 1448 18 oct

François avait une bonne armée, les Milanais aucune ; Pavie d'abord, Plaisance ensuite, puis d'autres villes, le demandèrent pour seigneur. Il ne reculait pas devant les perfidies, et Cosme de Médicis, son ami, lui avait appris qu'il devait s'occuper de ses intérêts, non de ceux des autres, et que les scrupules ne

---

(1) *Arch. hist.*, XII, 311.

valent rien pour gouverner le monde. A Milan, les factions des Guelfes et des Gibelins se ranimaient ; les premiers, dirigés par Trivulce, auraient voulu une paix qui assurât la république contre les ennemis et son défenseur. Lampugnani, Bossi et d'autres Gibelins repoussaient la paix avec Venise, qui faisait perdre un territoire si considérable et préparerait peut-être la domination de cette cité ; la multitude s'agitait, tantôt pour les uns, tantôt pour les autres, selon l'opinion, les bavardages ou l'argent.

Charles Gonzague de Mantoue, nommé commandant de la ville, visait à s'en rendre seigneur avec l'appui des Guelfes. Les Gibelins entrèrent donc en négociations avec Sforza, afin d'obtenir quelques franchises pour la patrie ou des avantages pour eux ; mais ils furent découverts, et Lampugnani avec d'autres subit la mort. Beaucoup prirent la fuite, et l'on confisqua leurs biens. Alors prévalut ce second parti qui remplace toujours les modérés. Des gens nouveaux, sans crédit, maîtres du gouvernement et enrichis par les confiscations, déchaînèrent la révolution, excitèrent les Milanais à résister au traître, au déserteur, en jurant de se donner au Grand Turc et au démon ; ils envoyèrent partout des proclamations qui le diffamaient, promirent dix mille sequins de récompense et autant en biens-fonds à quiconque le tuerait, et demandèrent des secours au duc de Savoie, dont les soldats ne donnaient pas de quartier et faisaient tout le mal possible. Les Milanais eux-mêmes avaient formé une milice nationale avec des fusils, armes nouvelles, qui, bien qu'imparfaites, frappaient de terreur les cuirassiers, jusqu'alors invulnérables. Les batailles devinrent alors sanglantes, et coûtèrent la vie à beaucoup de braves condottieri.

Mais Sforza, outre qu'il avait sur les Milanais une grande supériorité par ses talents militaires, était soutenu par les Vénitiens, qui trahissaient des citoyens libres pour se donner un voisin dangereux. Ils s'aperçurent tard de l'ambition de Sforza, et firent la paix avec la république ambrosienne. Sforza ayant refusé de la reconnaître, ils envoyèrent des troupes au secours de Milan ; mais la fidélité douteuse des condottieri, qui abandonnaient la république pour suivre le vent de la fortune, et le courage de Sforza neutralisèrent l'effet de leur assistance. Milan, en désespoir de cause, proposait de se soumettre à Venise ; mais Sforza, après avoir dompté Monza, Melegnano, Vigevano et les autres villes principales, assiégea la capitale. Le peuple, irrité de voir toutes ses tentatives échouer, se leva en tumulte, entraîné par l'or ennemi, selon la phrase ancienne et moderne; il cassa les magistrats populaires, qui s'obstinaient à faire usage des armes, pour les remplacer par d'autres, choisis par les Gibelins. Néanmoins les hommes de ce parti n'avaient pas eux-mêmes un but déterminé, et ne savaient point finir la guerre, bien qu'on les eût choisis pour la terminer. Charles Gonzague, qui avait montré l'ambition, non l'habileté du commandement, aussitôt qu'il s'aperçut que les nouveaux capitaines de la liberté, loin de favoriser ses aspirations, voulaient le soumettre lui-même à leur obéissance, traita avec Sforza, en se faisant donner Tortone pour récompense de sa trahison. Gaspard Vimercato dépeignit en ces termes, dans l'assemblée, la triste situation des choses : « Les secours « piémontais sont faibles, ceux de Naples éloignés, ceux de Ve-« nise dangereux ; chaque jour voit accroître la famine horrible, « irrémédiable. Au lieu d'une résistance désespérée, ne vaudrait-« il pas mieux demander à Sforza du pain et la tranquillité? Du « reste, il prétend avoir des droits, de sorte qu'il aura moins « besoin de sévir, et voudra plutôt conserver. » La proposition, comme d'habitude, fut accueillie par des huées et des vociférations, au milieu desquelles pourtant le bon sens put se frayer un chemin; la faim fit le reste, et le peuple assaillit en tumulte le palais du gouvernement. La ville envoya donc faire sa soumission, et Sforza s'empressa d'expédier des vivres, pour lesquels on le bénit.

Tous les jours, à son quartier général, il était visité par une foule de Milanais qui lui faisaient entendre des louanges en vers, en prose, non moins sonores que les imprécations dont chacun l'accablait naguère à l'envi. Puis, le jour de son entrée, « ils avaient préparé un char triomphal avec un dais de drap d'or, et attendaient en grand nombre le prince devant la porte du Tésin ; mais François refusa par modestie le char et le dais, en disant que ces choses étaient des superstitions royales. Lorsqu'il fut entré, il se rendit au temple de la Vierge Marie, s'arrêta devant la porte, et se vêtit d'étoffe blanche jusqu'aux pieds; car c'est ainsi que les ducs s'habillaient toujours quand ils prenaient la seigneurie (Corio). » Il obtint la couronne ducale, et le Milanais retomba sous la monarchie militaire. François endormit le peuple avec des fêtes, et conclut de bons traités avec les États ennemis. Les villes, qui préféraient une servitude tranquille à une liberté orageuse, furent ramenées à l'obéissance l'une après l'autre, sans même excepter Côme et Bellinzona; il commençait une

1460 26 janvier

nouvelle politique et une nouvelle dynastie, à laquelle on prédisait les plus glorieuses destinées, et qui devait pourtant, à travers le meurtre et des succès tragiques, arriver à peine à la sixième génération.

Il sut remettre dans le fourreau l'épée avec laquelle il avait conquis une si belle principauté; désireux de faire oublier son origine violente, il chercha à se concilier les populations par les moyens les plus efficaces, c'est-à-dire par les bienfaits. Il n'inquiéta point ses adversaires, et ne voulut pas tolérer ces réactions qui soulèvent l'irritation et les inimitiés; administrant avec sagesse, il rendit au gouvernement la vigueur sans la cruauté des Visconti, et devint un des plus grands et des meilleurs princes, selon le temps. Dans la capitulation, on avait stipulé qu'aucun étranger n'obtiendrait d'emploi, que les tribunaux resteraient toujours à Milan, que les impôts ne seraient point augmentés, que l'on garantirait les créances sur l'État, et qu'on ferait sortir les soldats de la ville. Voyant que « la plèbe, qui avait repris l'habitude des armes, se souvenait de la liberté », Sforza résolut de relever la forteresse démolie naguère; mais, comme il ne voulait pas inspirer de défiance, il répandit parmi le peuple ses créatures, qui firent comprendre que le château reconstruit serait l'ornement et la sécurité de la ville. Malgré l'opposition des hommes les plus avisés, les autres prévalurent, et les paroisses prièrent le duc de refaire le château, qui, en plaine, fut le plus fort d'Italie. Il est resté, comme un monument plus insigne de sa pieuse munificence, le grand hôpital, construction somptueuse dans laquelle il concentra les divers hospices de la cité. Il termina le canal qui amène les eaux de l'Adda à Milan. Sur le trône, il conserva les manières franches qu'il avait puisées dans les camps. Toujours prêt à donner, il disait qu'il n'était pas né pour faire le marchand; il honora les arts et favorisa les hommes de lettres. Tenait-on des propos sur son compte, il se hâtait de les démentir et d'expliquer les motifs de ses actions.

Bien que militaire, il associa sa politique à celle du négociant Cosme de Médicis, qui lui fournit toujours une grosse pension; il rompit une ligue que Venise avait formée, au préjudice de cet ami, avec le roi de Naples, le duc de Savoie, le marquis de Montferrat, les Siennois, les citoyens de Correggio; enfin il sut se montrer nécessaire aux divers potentats. Un double mariage l'unit à la famille royale de Naples, et d'autres alliances lui rattachèrent le marquis de Mantoue, la Savoie, puis François Piccinino, capitaine non moins fameux que son père, ce qui réconcilia les *Sforzeschi* et les *Bracceschi*. S'il fut contraint d'abandonner aux Vénitiens Bergame, Brescia et Crème, avec leur banlieue, il acquit par compensation Savone et Gênes.

Cette ville n'avait paru se soustraire au duc de Milan que pour se jeter plus follement dans les discordes occasionnées par les Fregosi et les Adorni, qui s'arrachaient tour à tour l'éphémère dogat. Ces dissensions produisirent une telle faiblesse que la république, atterrée par l'approche des Turcs qui avaient occupé Constantinople, ne crut pouvoir défendre la Corse et la Khazarie qu'en la cédant à la banque de Saint-George, qui conservait seule la vertu républicaine; là, point de factions, ni corruption, ni troubles, mais une sage et tranquille administration, une prévoyance attentive de marchands : exemple que, malheureusement, les citoyens ne savaient pas imiter. Les Génois recoururent de nouveau au parti déplorable de se donner aux étrangers : Charles VII de France, ayant obtenu la seigneurie, envoya comme gouverneur Jean d'Anjou, qui fit de Gênes sa place d'armes pour guerroyer contre le roi de Naples; mais les habitants, fatigués de cette lutte, se soulevèrent contre la France, et Charles tenta vainement de les dompter par les armes.

1458

1461

Ce fut au milieu de ces circonstances que le cardinal-archevêque Paul Fregoso commença à se signaler; plus tard, profitant de la consternation dans laquelle Gênes était plongée par les conquêtes croissantes des Turcs et les interminables hostilités avec le roi de Naples, il obtint, à force d'intrigues, de faire élire doge Spinetta, un de ses cousins, qui fut bientôt expulsé, mais sans perdre l'espoir de reprendre son poste. Cette année, trois Fregosi furent successivement revêtus de la dignité de doge, qui était à vie en vertu de la constitution. Enfin l'archevêque parvint à l'obtenir, ce dont il informa le pape, qui lui répondit : « Nous ne dissimulerons pas la surprise que nous avons éprou- « vée en apprenant que tu avais accepté le gouvernement tem- « porel d'une cité qui ne supporte pas longtemps les chefs du « pouvoir. Tu le sais par expérience, puisque nous avons reçu « en même temps la nouvelle de ta première élection et de ta « malheureuse expulsion. Certainement il n'est pas impossible « d'être à la fois évêque et prince; mais il en résulte une obliga- « tion plus grande d'agir vertueusement. On pardonne à un sé- « culier beaucoup de choses, qui sont intolérables dans un ecclé- « siastique. L'empire et l'Église ne procèdent pas de la même

1463

« manière. Le prêtre doit être tout clémence, tout charité, tout
« amour paternel, s'abstenir du mal véritable, éviter même le
« mal apparent. Si telles sont tes intentions, et si tu veux gou-
« verner avec justice et piété, non-seulement ton peuple, mais
« toi-même ; si tu te proposes, non d'offenser le prochain, mais
« de défendre le nom chrétien contre les infidèles, pensant que
« cette principauté t'a été conférée selon les lois de ta patrie, et
« que tu gouverneras dans l'intérêt du peuple, nous la bénissons
« au nom de la sainte Trinité. »

On a déjà prévu que l'archevêque-doge ne pourrait se maintenir ; Gênes se tourna donc vers Louis XI de France, roi positif, qui n'aimait pas les accroissements stériles, et plaçait avant
tout l'obéissance et la tranquillité, qu'il s'agît du peuple ou des
barons. Aussi, quand les Génois offrirent de se donner à lui, il
répondit : *Et moi, je vous donne au diable.*

Ce monarque rusé faisait grand cas des conseils et de l'amitié
de François Sforza, qui, dans la guerre de Bourgogne, lui fournit un secours de quatre mille chevaux et de deux mille fantassins ; ces troupes, commandées par son propre fils, Galéas-Marie,
prouvèrent au delà des monts que leur réputation de valeur
sforzesque n'était pas usurpée. A titre d'indemnité, François se
fit céder Savone, et convoita Gênes. Monaco, Finale et Vintimi-
glia s'étaient soulevées ; Chypre se détachait de la république, et
l'archevêque-doge, par ignorance ou incurie, ne remédiait point
à ces maux : les magistrats étaient avilis, et l'on respectait quiconque avait de l'audace ; les *lieux* de Saint-George étaient tombés à 23 livres, et les Fregosi eux-mêmes se battaient entre eux.
Un grand nombre de mécontents se réfugiaient à Milan, et François leur faisait bon accueil. Enfin il dirigea sur Gênes des bandes, dont l'approche suffit pour éloigner l'archevêque ; le petit
château ne tarda point à se rendre, et des ambassadeurs vinrent
offrir au seigneur de Milan la superbe capitale de la Ligurie, avec
la Corse.

Sforza pouvait craindre que l'empereur ne fît obstacle à sa
puissance. Sigismond avait marié sa fille Élisabeth à Albert d'Autriche, et travaillé de toutes ses forces pour faire passer sur la
tête de son gendre les couronnes de Hongrie et de Bohême ; il
réussit, comme il parvint encore à lui faire obtenir celle de l'Allemagne. Albert, qui mourut de bonne heure, laissa sa femme
enceinte d'un fils, qui fut appelé Ladislas Posthume ; son cousin, Frédéric III d'Autriche, nommé empereur, eut un règne

plus long qu'aucun de ses prédécesseurs, et réunit les héritages des trois branches autrichiennes. Paresseux et pusillanime, les louanges que lui a prodiguées Æneas Sylvius Piccolomini, d'abord son secrétaire, puis pape sous le nom de Pie II, ne l'absolvent pas de ses fautes; en effet, par avarice et négligence, il laissa l'empire se traîner en désordre au milieu de guerres incessantes, tandis qu'il élevait au pinacle sa propre famille, dont les membres reçurent le titre d'archiducs. Il adopta pour devise AEIOU, lettres qui signifiaient *Austriæ Est Imperare Orbi Universo*.

Frédéric voulut aussi descendre en Italie, non pour ressusciter la majesté de l'empire, mais pour aller au-devant d'Éléonore de Portugal, sa fiancée; le journal de ce voyage atteste combien les Italiens, malgré tant de malheurs, l'emportaient en civilisation sur les étrangers. Nicolas Lanckman, son chapelain, pour arriver en Portugal, dut se travestir en pèlerin avec les hommes de sa suite; néanmoins des bandes d'aventuriers ou des commandants de cités les dévalisaient à tout moment (1), heureux encore quand ils trouvaient quelque banquier florentin qui leur fournît de l'argent. A Sienne, quatre cents dames au moins de cette ville allèrent au-devant de Frédéric, qui dut se faire donner un sauf-conduit par Coleone, faisant alors la guerre dans la Romagne (2). A son entrée à Florence, Charles Marsuppini, secrétaire de la république, lui débita un discours latin gonflé de style et vide de pensées, comme les érudits les faisaient alors; Piccolomini répondit par quelques phrases positives, accompagnées de plusieurs questions, devant lesquelles Marsuppini resta muet parce qu'il ne s'était point préparé.

1452

Frédéric amenait avec lui son neveu Ladislas Posthume, mais plutôt comme prisonnier; les Hongrois ayant formé le complot de l'enlever, ils en furent empêchés par les Florentins, qui, du

(1) *Historia desponsationis et coronationis Friderici III et conjugis ipsius; auctore Nicolao Lankmano de Falkenstein*. (Ap. Pez, ii, 569-602.)

(2) Spino, *Vie de Barthélemy Coleone*, p. 255. Antoine de Cornazzano, qui vivait dans son château avec d'autres lettrés et des artistes, écrivit sa biographie, remplie de louanges que l'histoire dément.

Ce Cornazzano nous a aussi laissé, manuscrite, la vie de François Sforza en *terzine*, et un traité *De la integrità de la militare arte*, outre un poëme, souvent imprimé, sur le même sujet : *Ouvrage nouveau de M. Ant. Cornazzano, lequel traite De modo regendi, de motu fortunæ, de integritate rei militaris, et qui in re militari imperatores excelluerint*. Lodrisio Crivelli et Jean-Antoine Campano, grossiers mais intéressants, écrivirent les actions de deux autres condottieri, Attendolo Sforza et Braccio de Montone.

18 mars. reste, s'interposèrent vainement en sa faveur auprès de l'empereur. A Rome, il fut marié et couronné ; à Naples, il visita le splendide Alphonse. Au surplus, il faisait commerce des antiques prétentions impériales; pour de l'argent, il conféra à Borso d'Este le titre de duc de Modène et de Reggio, de comte de Rovigo et de Comacchio ; pour de l'argent, il créa tous ceux qui le voulurent nobles, notaires et comtes palatins. Lorsqu'il visita Venise, la seigneurie lui offrit, entre autres dons, un magnifique service en cristal de Murano ; Sa Majesté fit un signe au bouffon, qui, donnant une poussée à la table sur laquelle il était déposé, le réduisit en morceaux. Voyant que les Vénitiens manifestaient leur déplaisir de ce procédé, l'empereur s'écria : « S'il avait été en or, il ne se serait point brisé. »

François Sforza connaissait donc le côté faible de cet empereur, qui hésitait à le reconnaître pour duc; il lui suffit de se montrer décidé à payer au poids de l'or ou à défendre par les armes le titre qu'il avait obtenu de son prédécesseur.

Seize ans après, Frédéric revint en Italie, et chacun supposait à son voyage des vues secrètes ; mais il n'avait d'autre but que d'accomplir un vœu fait à Notre-Dame de Lorette. A Rome, il baisa les mains et les pieds du pape, lui tint l'étrier et remplit à sa messe les fonctions de diacre. Il refusa de reconnaître le successeur de François Sforza, en disant qu'il était lui-même duc de Milan ; mais il ne fit rien pour soutenir cette prétention.

Plus heureux que les autres condottieri, Sforza peut être regardé comme le dernier de ces hommes valeureux. Avant de nous séparer d'eux, nous voulons saluer Barthélemy Coleone de Bergame. Dans son château de Malpaga, il se livrait au repos, à la boisson, se plaisait à conter des nouvelles, et s'informait de la destinée de ses compagnons, qu'il s'agît des succès de Sforza ou des supplices de Piccinino, de Caldora, de Brandolini et d'autres aventuriers contre lesquels les petits princes retournaient le fer dès qu'ils n'avaient plus besoin de leurs bras. Nommé capitaine général des Vénitiens, la seigneurie et le peuple le traitèrent comme prince ; mais, comme il avait hâte de se *1467* jeter dans quelque entreprise, Venise feignit de le congédier afin qu'il se mît à la tête des Florentins bannis, conspirant alors pour rentrer dans leur patrie. Plusieurs condottieri se rallièrent sous ses drapeaux, et d'autres, à la solde du pape, du roi de Naples, du duc de Milan, de Florence, commandés par Frédéric d'Urbin, s'apprêtèrent à lui résister; il les attaqua à Molinella, journée fameuse dans les fastes des guerres d'aventuriers. Les longues manœuvres aboutirent à une paix qui imposait l'obligation d'envoyer toutes les forces contre les Turcs, sous le commandement de Coleone ; mais l'expédition n'eut pas lieu.

Coleone retourna dans sa retraite, où il recevait des invitations fréquentes du roi de France, du duc de Bourgogne, des ambassades, des demandes de conseils, des visites de princes. Très-riche et sans enfants mâles, il voulut transmettre son nom à la postérité avec le cortége d'œuvres de bienfaisance ; il laissa à Basella une église, deux monastères à Martinengo, et donna à Bergame les bains de Trévise, le canal des Moulins, 3,000 ducats de revenu pour constituer des dots, outre qu'il y fit construire la magnifique chapelle de Saint-Jean. Deux tiers de son immense fortune furent consacrés à doter trois des filles mariées dans la famille des Martinenghi ; deux autres reçurent 4,000 ducats, des établissements pieux 141,000, et il fit d'autres libéralités aux pauvres, aux serviteurs, aux colons, aux bouffons de sa maison. Il lui restait 216,000 ducats, dont il fit héritière la république de Venise, outre une créance de 70,000 ; il en ajouta même 10,000 comptant pour qu'elle lui élevât une statue et dotât de jeunes filles pauvres.

1475

Mais, à partir de ce moment, les condottieri perdent leur importance, et les princes ont des domaines assez étendus pour y lever des troupes et l'argent nécessaire à leur entretien (1).

Au milieu des batailles interminables qui se livraient depuis des siècles, les politiques avaient imaginé que l'unique moyen de conserver l'Italie était de maintenir la balance entre les États. La mobilité des alliances contribuait à ce résultat, mais plus encore celle des condottieri, toujours prêts à changer de maîtres ; ainsi l'État le plus puissant pouvait le lendemain se trouver sans troupes, et le faible, être fortifié par des secours d'argent. Florence spécialement, placée entre Venise et Milan au nord, Naples et le patrimoine de l'Église au midi, se rapprochait des unes ou des autres, selon qu'elle voyait nécessaire d'affaiblir la prédominance de ceux-ci ou de ceux-là ; c'est le fameux système d'équilibre que l'Europe moderne se vante d'avoir inventé, de-

---

(1) En 1467, Milan publiait un ban de guerre, par lequel il invitait tout individu, de quelque rang et condition qu'il fût, indigène ou étranger, soldat ou propre au service, cavalier ou fantassin, à venir s'enrôler sous la bannière du duc.

puis que sa politique a cessé d'être constituée sur des idées morales.

Les cités de l'ancienne ligue lombarde étaient toutes sous la domination d'un seul, excepté Bologne qui passait tour à tour de la tyrannie à la liberté. La Sesia marquait les limites entre le Milanais et le Piémont, où les ducs de Savoie, pendant longtemps, ne firent d'autre acquisition que celle du comté d'Asti. La Toscane obéissait à Florence, moins Sienne et Lucques, qui avaient conservé leur indépendance ; Ferrare et Modène aux princes d'Este, pacifiques et éclairés comme élèves du Véronais Guarino ; Mantoue aux Gonzague, vaillants guerriers, mais instruits dans les belles-lettres par Victorin de Feltre. Urbin passait de Montefeltro à la maison de la Rovere ; la Romagne était partagée en cent seigneuries, qui reconnaissaient la suprématie impériale ou papale.

Venise, au lieu de se mêler aux affaires d'Italie, aurait mieux fait de songer à ses intérêts d'outre-mer, de veiller à la prospérité de ses colonies et de leur accorder le droit de cité ; néanmoins, tandis qu'elle avait mis sur pied, contre le duc de Milan, dix mille cavaliers et autant de fantassins, elle n'entretint jamais en Morée plus de deux mille hommes de troupes régulières. Afin de prolonger sa grandeur, menacée par les conquêtes ottomanes et la nouvelle direction que prenait le commerce, elle aurait dû se faire puissance illyrique, ou du moins transférer dans quelque île de la Dalmatie son port trop incommode qui, dans sa nouvelle situation, serait devenu le boulevard de la cité ; il aurait encore fallu qu'elle recueillît tous les Grecs qui fuyaient le sabre turc, et, secourant les Albanais qui résistaient, qu'elle élevât une puissance opposée à celle des Turcs (1). Mais les nobles étaient attachés à la cité, source de leur prééminence, et le peuple regardait comme du patriotisme de concentrer dans les îles sa vie entière ; les marchands voulaient avoir des villes pour les dépouiller, sans songer que l'ennemi profitait de ces vues étroites.

(1) Paul Santini, qui, vers la moitié du quinzième siècle, écrivit un traité sur les choses militaires, resté manuscrit, et paraît avoir été au service des Vénitiens, dit : *Qui in Italiam vincere desiderat, ista instruet : primo, cum summo pontifice semper sit ; secundo, dominetur Mediolanum ; tertio, quod habeat astronomos bonos ; quarto, habeat ingegnerios qui sciant plurima ; quinto, quod tot navigia conducantur plena lapidibus in canalibus... impleantur canalia multitudine navium, navigiorum, barcarumque suffundatarum, etc.*

Sans examiner la question de savoir s'il était convenable de substituer une politique belliqueuse à la politique pacifique recommandée par Thomas Mocenigo, il est certain que François Foscari, pendan ttrente-quatre ans, avait couvert Venise de gloire militaire et sauvé la république des menaces des Turcs ; mais, aussitôt que la paix fut conclue avec ce peuple et l'Italie, la faction des Loredano, ennemie jurée du doge, reparut à l'intérieur. Non contente de le contrarier dans toutes ses propositions, dans tout ce qui l'intéressait, elle résolut de le frapper dans la partie la plus sensible, c'est-à-dire dans Jacques, le seul fils qu'il eût conservé. Naguère on avait célébré le mariage de ce jeune homme avec une magnificence princière : trente mille personnes, durant dix jours, s'étaient réunies sur la place Saint-Marc pour voir les joutes dont François Sforza avait offert le spectacle, et dans lesquelles le marquis d'Este et Gattamelata luttèrent ensemble, au milieu des applaudissements des familles patriciennes, vêtues de brocart d'or. Jacques fut accusé d'avoir reçu des présents de princes étrangers, et nommément de Philippe Visconti ; interrogé devant son père et le conseil des Dix, il fit des aveux au milieu des angoisses de la torture. Relégué en Romanie, il obtint, à cause de sa faible santé, de rester à Trévise. Mais, cinq ans après, Ermolao Donati, un de ses juges, périt assassiné, et Jacques, accusé de ce meurtre, subit la torture une seconde fois ; malgré ses dénégations (1), il fut exilé à la Canée, et l'on ne voulut pas lui permettre de revenir, bien qu'un certain Erizzo eût avoué en mourant qu'il avait commis ce crime. Jacques alors, qui brûlait de revoir ses lagunes, ses vieux parents, sa femme, ses enfants, et ne trouvait personne à Venise pour le recommander, résolut de prier le duc de Milan de solliciter son retour dans sa patrie. Il était sévèrement défendu de faire intervenir des étrangers dans les affaires d'État ; d'après la lettre, qu'on avait interceptée, il est donc appelé, et « après trente secousses de corde », il avoue l'avoir écrite afin d'être ramené à Venise au moins pour le procès. Un nouveau jugement le confine à Candie, avec l'autorisation d'embrasser ses parents ; mais

---

(1) La sentence porte : *Videtur, propter obstinatam mentem suam, non esse possibile exstruere ab ipso illam veritatem, quæ clara est per scripturas et per testificationes, quoniam in fune aliquam nec vocem nec gemitum, sed solum intra dentes voces ipse videtur et auditur infra se loqui... tandem non est standum in istis terminis; propter honorem status nostri.*

ils ne pourront confondre leurs larmes avec les siennes que sous les yeux de l'autorité. « Le doge était très-vieux, et ne marchait qu'avec un bâton ; lorsqu'il reçut son fils, il lui parla avec une grande énergie, au point que Jacques ne semblait pas être son fils, bien qu'il fût son fils unique. Jacques lui dit : *Messire père, je vous prie de vous employer pour que je revienne chez moi*, et le doge répondit : *Jacques, va et obéis à ce que veut la république, et ne cherche pas autre chose*. Mais on rapporte que le doge, rentré dans le palais, s'évanouit (Sanuto). »

Le fils mourut de chagrin, et le père continua de subir l'inimitié des Loredani. Deux membres de cette famille étant morts subitement, il fut soupçonné de les avoir empoisonnés. Jacques Loredano feignit de le croire, et chercha à s'en venger. Nommé l'un des trois inquisiteurs, il accusa Foscari d'avoir, à la mort de son fils, montré une douleur qui semblait un reproche, et proposa de le déposer comme vieux et infirme. Deux fois le doge avait offert d'abdiquer ; mais, loin d'y consentir, on l'avait amené à jurer de ne pas renouveler sa demande tant que la guerre le rendait nécessaire ; alors cependant, bien que le cas fût sans exemple, on le contraignit à résigner sa charge dans les vingt-quatre heures. Il sortit donc du palais qu'il avait habité trente-cinq ans, sans enfants, sans amis, sans forces, au milieu d'un peuple qui l'aimait, mais qui craignait davantage l'inquisition récemment établie ; parmi les divers corps de l'État, aucun n'osait protester contre cette violation de la souveraineté populaire.

1457

22 octobre. Lorsque la cloche de Saint-Marc annonça la nomination de son successeur, le vieux Foscari expira, et, sur le magnifique tombeau qu'on lui éleva sur la place de l'Église des Frari, on écrivit : « Voici, ô citoyens, l'effigie de votre doge François Fos-
« cari, digne au moins d'être comparé aux plus grands princes
« par son intelligence, sa mémoire, son éloquence, sa justice, sa
« force d'âme, la sagesse de ses conseils. L'amour envers la patrie
« ne me parut jamais trop grand ; pendant plus de trente ans,
« je soutins, avec un bonheur extrême, pour votre salut et votre
« dignité, des guerres importantes sur terre et sur mer ; je rele-
« vai la liberté chancelante d'Italie ; je réprimai par les armes
« les perturbateurs de la tranquillité, et j'ajoutai à votre État
« Brescia, Bergame, Ravenne, Crême ; j'embellis la patrie de
« toute espèce d'ornements. Après vous avoir donné la paix et
« réuni l'Italie par une ligue pacifique, après avoir éprouvé

« tant de fatigues et vécu quatre-vingt-quatre ans, dont vingt-
« quatre de dogat, j'ai passé dans le séjour de l'éternelle paix.
« Quant à vous autres, conservez la justice et la concorde, afin
« que cet empire dure éternellement. »

Loredano, dans un compte de débit ouvert à la charge des Foscari pour la mort de ses parents, écrivait en regard de chaque article : *Payé*. Beau thème de romans et de tragédies, et remarquable contraste à l'ambition fortunée de Sforza ; quant à nous, nous flétrirons toujours les injustices et les tyrannies, qu'elles viennent de républiques ou de despotes, d'étrangers ou d'Italiens.

L'amour des arts, des lettres et de la tranquillité envahissait princes et peuples ; la passion de la guerre n'était plus la seule. Le peintre et l'homme de lettres attirent aussi les regards, qui autrefois se fixaient uniquement sur le capitaine, et ce livre, tout rempli de batailles, sera suivi d'un autre où nous traiterons de sujets différents. Les conquêtes des Turcs fixèrent subitement l'attention et la pensée, et la prise de Constantinople fut regardée par tous comme un malheur domestique, comme un danger général. François Sforza conçut alors le projet de rattacher toute l'Italie par les liens d'une confédération, dans le but d'exclure les étrangers quels qu'ils fussent, et de conserver la paix intérieure. Sous la médiation de frère Simonetto de Camerino, la paix fut conclue à Lodi entre ce Sforza et les Vénitiens, comme maîtres disposant aussi des autres États d'Italie. Cosme de Médicis, les seigneurs de Savoie, de Montferrat, de Modène, de Mantoue, les républiques de Sienne, de Lucques, de Bologne et le pape y adhérèrent, et, plus tard, Alphonse de Naples lui-même. L'Italie, délivrée des batailles, respira donc un moment, et put espérer qu'une confédération sauverait son indépendance et sa liberté : ce fut encore un songe.

LIVRE ONZIÈME.

CHAPITRE CXVII.

LES PAPES A AVIGNON. LE GRAND SCHISME. L'ÉGLISE ET LES CONCILES.

PAPES DURANT LE SCHISME.

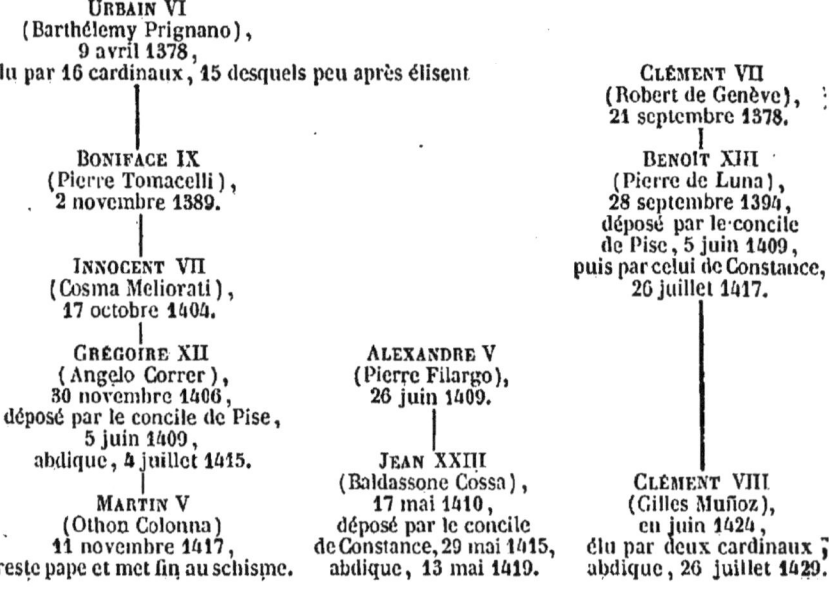

Le séjour prolongé des papes à Avignon causait un grand déplaisir aux Italiens, habitués à les tourmenter quand ils les possèdent, sauf à les regretter aussitôt qu'ils sont partis : déplaisir d'autant plus vif alors que le malaise ne cessait pas avec la perte des avantages attachés à leur présence. De cette ville, les pontifes troublaient la Péninsule avec d'autant moins de retenue qu'ils ne participaient pas aux maux dont ils étaient la cause.

Dès 1417 jusqu'à la fin du siècle, nous les avons vus toujours armés pour combattre les Visconti de Milan, et pour soumettre des populations soulevées, ou les petits seigneurs qui pullulaient dans les terres papales ; les victoires de Bertrand du Poyet et d'Albornoz n'eurent d'autre résultat que la ruine du pays et sa dépopulation.

1352 Innocent VI (Étienne d'Aubert), qui se donna tant de mouvement pour réintégrer le pouvoir pontifical en Italie, modéra le luxe de sa cour et des prélats, chassa les parasites et les femmes perdues, célèbres par leurs scandales à Avignon, et enrichit ses neveux, opprobre commun désormais. De son temps, le roi de France, affaibli par ses luttes avec l'Angleterre, se trouvait dans l'impuissance de sauvegarder le pape qui s'était réfugié sous sa protection. Le peuple français, soulevé par ces idées qu'on appelle communistes aujourd'hui, massacrait les propriétaires et les riches (*la Jacquerie*) ; les bandes d'aventure, restées sans emploi, se jetaient sur les parties du territoire qui leur of-
1361 fraient le plus riche butin. Avignon les attira, de sorte que les papes durent songer à se défendre et à réclamer du secours ; mais ils n'en reçurent que des nobles du voisinage, entraînés d'ailleurs par leur intérêt personnel, outre qu'ils étaient payés par les cardinaux. Puis le marquis de Montferrat, ayant obtenu 100,000 florins du trésor papal, prit ces bandes à sa solde et les mena en Italie pour les employer dans ses propres querelles.

La peste, introduite dans Avignon par ces aventuriers, fit périr neuf cardinaux, soixante-dix prélats et une foule d'individus. Ces calamités faisaient désirer le retour en Italie, et Ur-
1362 bain V (Guillaume de Grimoard), bon prince et bon chrétien, songeait à rétablir dans Rome le siége pontifical. D'autres motifs le poussaient encore : il voulait enlever aux autres évêques le prétexte de laisser veuves les églises, se soustraire lui-même à la nécessité de condescendre aux demandes croissantes du roi de France, et se mettre à l'abri des bandes, qui, de temps à autre, revenaient pour le rançonner. Celle du fameux Bertrand du Guesclin exigea 100,000 livres et l'absolution de tous ses péchés. Mais les cardinaux aimaient mieux Avignon, où ils n'avaient à redouter ni l'arrogance d'une plèbe turbulente comme l'était celle de Rome, ni la tyrannie des barons. Ils avaient donc pris leurs mesures pour faire de cette ville leur résidence permanente, s'étaient construit de somptueux palais, et persuadaient au pape qu'il devait préférer la France. La France, lui disaient-ils, était sa patrie et

centre de l'Europe ; la France était beaucoup mieux gouvernée et plus tranquille que l'Italie, plus sainte que Rome, parce que César l'appelait très-religieuse, et que les druides y existaient avant le christianisme; la France, enfin, était plus chère à Jésus-Christ, parce qu'on y conservait les reliques les plus insignes (1).

Les Turcs gagnaient toujours du terrain vers l'Europe. Pierre de Lusignan, roi de Chypre, parcourait les cours, exhortant les princes à défendre les dernières possessions des croisés, s'ils ne voulaient pas voir la demi-lune flotter en face de l'Italie. Urbain parut touché de ce péril, et l'empereur Charles VI fit de grands préparatifs pour une croisade, qui n'aboutit qu'au débarquement infructueux de quelques troupes sur les rivages d'Alexandrie d'Égypte.

Le pape et l'empereur s'entendirent pour rétablir le saint-siége à Rome. Cette ville, aujourd'hui rebelle au pontife par caprice, demain à ses genoux par crainte, avait toujours été ballottée entre une folle démagogie et une arrogante oligarchie. Afin d'obtenir plus de tranquillité, on résolut de nommer un podestat étranger; mais les Romains virent un outrage dans cette innovation, et, après avoir aboli les fonctions de sénateur, ils instituèrent sept réformateurs de la république. Bientôt ils donnèrent un pouvoir dictatorial au cordonnier Lello Pocadote, et enfin ils rétablirent les défenseurs.

Dès lors, quel attrait Rome pouvait-elle avoir pour un pape? Néanmoins il sentait qu'il n'était pas à son poste dans une ville où il semblait être un exilé plutôt que le souverain des rois, dans une ville où les prélats, presque tous Français, donnaient à la cour un air national, bien différent de l'air cosmopolite qu'elle avait à Rome; puis son absence fournissait aux Romains un prétexte de se révolter, et aux évêques une occasion d'abandonner leurs siéges. Aussi, dès que les victoires d'Albornoz eurent assuré la domination civile, Urbain résolut de se transporter au delà des Alpes.

1367

A cette nouvelle, Rome et toute l'Italie témoignèrent en apparence une vive allégresse; Naples offrit cinq galères, Pise trois, Gênes quatre, Venise dix, Lucques deux. Il fut accueilli partout au milieu des réjouissances, au chant de *In exitu Israel de*

---

(1) De Sade, *Vie de Pétrarque*, tome II, 692, a donné l'extrait du discours prononcé par Nicolas Oremme. On connaît la réponse que Pétrarque y fit.

Ægypto, etc.; et cependant il n'avait pas trop de motifs de se fier aux Romains. A Viterbe, où il s'arrêta longtemps, une émeute populaire fit courir pendant trois jours un véritable danger au sacré collége; les citoyens la réprimèrent, et l'on arrêta cinq cents coupables, dont cinquante furent bannis, et sept, pendus. L'arrivée de Nicolas II d'Este avec sept cents hommes d'armes rassura Urbain, qui fit son entrée à Rome et célébra l'office sur l'autel papal, ce qu'aucun pontife n'avait fait depuis Boniface VIII. Dans l'église de Saint-Jean de Latran, il bénit le peuple avec les têtes des saints Pierre et Paul, pour lesquelles il fit faire deux reliquaires qui coûtèrent plus de 30,000 florins d'or. Il abolit les réformateurs, auxquels il substitua un sénateur avec trois conservateurs; puis il supprima les treize chevaliers bannerets, chefs des quartiers, qui avaient le droit d'infliger même la peine de mort, et qui, s'attribuant la connaissance de toutes les affaires, restaient les véritables maîtres de la ville.

Rome vit encore arriver, comme il l'avait promis, Charles IV avec une grande suite de ducs et de marquis; cet empereur voulait procurer à sa quatrième femme le spectacle du couronnement avec la plus grande solennité possible. Jean Paléologue, empereur de Constantinople, vint aussi faire hommage à Urbain et reconnaître l'Église latine : les empereurs d'Orient et d'Occident à genoux devant le pape, voilà ce qu'on n'avait plus vu depuis Théodose. Mais Charles partit à la hâte, et le pape, qui se proposait de raffermir la dignité de l'Église avec l'assistance de cinquante mille hommes que ce prince lui avait promis, se trouva réduit à l'impuissance. Tant qu'il était resté à Avignon, il avait pu, au moyen de l'or recueilli dans toute la chrétienté, déployer quelque énergie pour dompter ces seigneurs lointains; mais alors il se trouvait en leur pouvoir et la bourse vide, tandis que Barnabé Visconti, se moquant des excommunications, soulevait toutes les villes de la Romagne. Dans cet état de choses, voyant qu'il ne pouvait réaliser aucun bien, il retourna dans

1370 Avignon, malgré les exhortations du plus grand nombre et de Pétrarque; bien plus, comme s'il eût voulu éterniser l'exil, il nomma d'autres cardinaux français, et l'Italie continua ses petites querelles, suscitées par les jalousies et vidées avec le concours des bandes mercenaires.

1349 Catherine, née à Sienne de Beninsaca, riche teinturier, vivait dans la solitude, l'austérité et la prière; fidèle, malgré l'insistance de sa famille, au vœu de virginité qu'elle avait fait, elle recevait des torrents de grâces du Seigneur, qui, « non-seulement lui avait enseigné à se construire une retraite dans son âme pour s'y renfermer continuellement, mais lui avait promis de lui ménager une telle paix et un tel repos, qu'aucune tribulation ne pourrait les troubler (1). » Elle prit le costume des *tertiaires* de Saint-Dominique ; assez énergique pour triompher des angoisses de maladies incurables et des tentations impures, fortifiant son âme par les douceurs de la prière et la charité envers les infirmes et les pécheurs, elle eut des révélations et des communications célestes. Dans une vision, le Christ lui offrit de choisir entre une couronne d'or et une d'épines ; or, comme elle prit la dernière, qu'elle se mit sur la tête pour lui ressembler, il lui donna à sucer son côté. Un autre jour, il échangea son cœur avec celui de la sainte ; il l'épousa même solennellement, en lui offrant un anneau qui resta toujours à son doigt, et qu'elle seule voyait, comme elle voyait les stigmates de la passion. Ces merveilles et bien d'autres nous sont racontées par son confesseur, Raymond de Capoue, qui les regarda longtemps comme des hallucinations d'une pieuse imagination, jusqu'à ce qu'il vit le jeune visage de Catherine se transformer en celui du Rédempteur.

Catherine eut le don de convertir des pécheurs, comme elle fit de toute la famille Tolomei, et de deux assassins condamnés au gibet ; le pape envoya trois dominicains à Sienne pour recevoir la déclaration de ceux qu'elle avait ramenés dans la bonne voie. Elle avait fait usage du pouvoir que sa vertu lui donnait sur les âmes pour diminuer les souffrances de sa patrie, et chercha même à détourner le féroce aventurier Jean Acuto de faire la guerre aux chrétiens. Les Florentins, lorsque le pontife était irrité contre eux, eurent recours à la sainte ; après avoir vainement décliné cette mission, elle se rendit à Florence, qui la reçut triomphalement, obtint des pleins pouvoirs, et fit parvenir cette lettre au pape : « Je vous prie, agissant comme père,
« et selon que Dieu vous inspirera, d'envoyer à Lucques et à
« Pise, de venir à leur aide autant que possible, et de les invi-
« ter à rester fermes et persévérants... Imitez la douceur et la
« patience de l'agneau immaculé Jésus-Christ, dont vous tenez
« la place. Je me confie en lui, car j'espère qu'il réalisera par
« vous ceci et d'autres choses, de manière à combler mes désirs
« et les vôtres. Tout ce que je veux dans cette vie, c'est de voir

~(1) Elle-même dans le *Traité de la Providence*. (Voir BOLLAND ; HAGEN, *Die Wunder der H. Catharina von Siena*. Leipzig, 1840.)

« l'honneur de Dieu, votre tranquillité, la réforme de l'Église, et la vie de la grâce dans toute créature douée de la raison.

« Consolez-vous : les dispositions par ici, selon qu'on me l'a donné à comprendre, sont de vous avoir pour père, ce que désire surtout cette infortunée cité, qui a toujours été la fille de Votre Sainteté, et que la nécessité seule a poussée à faire des choses dont elle se repent... Vous pourrez dire : *En conscience, je suis tenu de conserver le bien de l'Église*. Hélas! j'avoue que cela est la vérité ; mais il me semble qu'il vaut mieux tenir à ce qui est le plus précieux.

« Le trésor de l'Église est le sang du Christ versé pour racheter l'âme, et le trésor du sang ne doit pas servir pour les biens temporels, mais pour le salut des générations humaines. J'admets que vous êtes tenu de recouvrer et de conserver le trésor et la seigneurie de la ville, que l'Église a perdus ; mais vous êtes bien plus tenu de regagner tant de brebis qui sont un trésor dans l'Église, et dont elle est trop appauvrie quand elle les perd. Paix, paix, très-saint-père ; que Votre Sainteté veuille bien accueillir ses enfants, qui l'ont offensée. « Que votre bénignité triomphe de leur malice et de leur orgueil ; il ne sera pas honteux pour vous de vous incliner pour apaiser le mauvais fils, tandis qu'auprès de Dieu et des hommes du monde il vous en reviendra grand honneur et profit. Pape, qu'il n'y ait plus de guerre pour un motif quelconque ; sans blesser votre conscience, on peut avoir la paix : c'est aux infidèles qu'il faut faire la guerre. »

Catherine se rendit en personne à Avignon, et Urbain la chargea de tout régler ; mais d'autres ambassadeurs de Florence empêchèrent la conclusion de la paix. La sainte ne cessa d'exhorter le pape à s'armer pour la croisade et à revenir à Rome, comme elle sut deviner qu'il en avait fait vœu secrètement. Catherine fut secondée par sainte Brigide, noble Suédoise. Après avoir perdu son mari pendant un pèlerinage qu'ils allaient faire ensemble à Saint-Jacques de Galice, Brigide s'imposa des austérités chaque jour plus grandes, et fonda l'ordre de Saint Sauveur. Étant venue à Montefiascone pour obtenir l'approbation d'Urbain, elle lui annonça que la vierge Marie lui avait révélé qu'il lui arriverait malheur s'il sortait d'Italie. Le pape ne l'écouta point ; mais, de retour à Avignon, il mourut bientôt (1). Pieux

---

(1) Brigide se rendit en pèlerinage dans la terre sainte, et revint à Rome où

au point que l'on crut que des miracles s'étaient accomplis sur son tombeau, généreux avec les églises et les hommes studieux, dont il entretenait un millier dans les universités, il avait régné pour les peuples et non pour lui. Dante lui fait un grand mérite de n'avoir mécontenté personne ; c'est là un pauvre éloge.

Après une seule nuit de conclave, on lui donna pour successeur Pierre Roger, modeste, à la fois vertueux et très-docte, qui, déjà cardinal, suivait à Pérouse les cours de Baldo, dont il fut le disciple le plus instruit. Il prit le nom de Grégoire XI. Plus sensible aux maux de l'Italie et aux exhortations de saintes femmes (1) qu'aux sollicitations du roi de France, qui voulait empêcher son départ, il s'établit au Vatican et vit le gonfalon de la république et des douze quartiers déposés à ses pieds ; mais les magistrats les reprirent bientôt, et continuèrent à se gouverner eux-mêmes, au grand déplaisir du pape, que la mort seule peut-être empêcha de retourner au delà des Alpes. Néanmoins il fut le dernier pontife français, et, après soixante et onze ans et trois mois, le saint-siége se trouvait reporté de France en Italie. Les misères de cet exil, que les partisans et les adversaires de la cour de Rome déplorent comme une servitude de Babylone, accrurent la secousse donnée alors de toutes parts à la majestueuse unité catholique, prépondérante dans le moyen âge. Les nations

1377

elle mourut en 1373. Ses révélations, qu'elle écrivit d'ailleurs, furent réprouvées par l'illustre Gerson, approuvées par le cardinal Torquemada, traduites dans toutes les langues, et lui valurent d'être canonisée par Boniface IX, bien qu'elle n'eût point épargné la cour pontificale, au point de dire : « Le pape est « l'assassin des âmes ; plus cruel que Judas, plus injuste que Pilate, plus abo-« minable que les juifs, pire que Lucifer, il accable et sacrifie le troupeau du « Christ. Il a converti les dix commandements en un seul : *Apportez de l'ar-*«*gent*. Rome est un gouffre d'enfer ; le diable y préside et vend le bien acquis « au prix de la passion du Christ, d'où le proverbe :

> Curia romana non petit ovem sine lana ;
> Dantes exaudit, non dantibus ostia claudit.

« Au lieu de convoquer tous les fidèles, en disant : *Venez, et vous trouverez le* « *repos des âmes*, le pape s'écrie : *Venez à ma cour, et voyez-moi dans ma* « *magnificence, plus grande que celle de Salomon ; venez, videz vos bourses, ou* « *vous trouverez la perte de vos âmes.* »

(1). Nous avons de sainte Catherine trois lettres à Grégoire XI, neuf à Urbain VI, huit à divers cardinaux, deux à Charles V de France, quatre à la reine Jeanne ; les autres sont adressées à des prélats, à des religieux, à des laïques.

s'étaient formées autour des évêques ; de là, au profit du clergé, un pouvoir absolu, semblable à celui d'un père sur les enfants qu'il a engendrés et élevés. Une fois constituées, plusieurs territoires réunis, et le pouvoir public né, elles voulurent s'affranchir des langes de l'Église pour vivre d'une vie propre, et comprirent que le temporel pouvait subsister séparé du spirituel ; dès lors, à la société sans limites se substituèrent des sociétés particulières et distinctes, et la vie générale fit place aux existences partielles.

Les tentatives de Boniface pour rétablir la suprématie pontificale réveillèrent dans les princes cette jalousie qui provient de la peur plutôt que de violences réelles. Les communes, même au risque d'affronter les anathèmes du pontife, n'hésitaient pas à mettre la main sur les immunités attribuées aux biens et aux personnes des ecclésiastiques. Pistoie établit que l'individu qui se ferait clerc perdrait tout droit au patrimoine de sa famille, et ne pourrait rien exiger de ses parents, si ce n'est à titre de bienfait, ou pour infirmités, ou pour compléter son instruction. Les Florentins soumirent les ecclésiastiques aux impôts et aux tribunaux ordinaires ; il était donc défendu de reporter à leur nom, sur le registre de l'estimation foncière, les biens dont ils héritaient, afin que la valeur ne pût jamais échapper aux charges publiques, et que les biens eux-mêmes restassent hypothéqués en faveur de la commune. Venise, dans la guerre de 1379 avec les Génois, décréta l'armement de tous les monastères, et chassa les moines qui refusèrent de se soumettre à cette prescription comme contraire à leurs statuts. A Gênes, il suffisait d'être clerc pour rester exclu de toute fonction publique, par la raison que l'immunité les aurait soustraits au châtiment en cas de transgression. La commune de Pérouse, en 1319, nommait un magistrat pour surveiller les ecclésiastiques ; elle proposa même qu'aucune lettre ne fût envoyée au pape, pas même à l'évêque, si elle ne portait le sceau de la commune (Graziani). Turin faisait un statut *super iniquitate, superbia et immoderata avaritia cleri et presbytorum*, et les obligeait, entre autres choses, à concourir à l'entretien du pont sur le Pô.

Padoue voulait imposer les biens des ecclésiastiques, tous opposés à cette mesure. Les choses en vinrent au point que la commune, en 1282, décréta que quiconque tuerait un clerc payerait un gros et serait absous (Gennari) ; il se trouva des gens qui profitèrent de cette loi pour assouvir leur vengeance. Les citoyens de Reggio firent mieux : excommuniés par l'évêque, on peut dire qu'ils l'excommunièrent à leur tour, en défendant d'avoir aucun rapport avec les membres du clergé, de leur payer la dîme, de leur donner conseils, aide ou vivres; de leur prêter, de souscrire des contrats avec eux, de faire leur pain et de les raser, mesures qui amenèrent bientôt l'évêque à composition. Le pape, afin de récompenser les Florentins pour l'avoir secouru en Lombardie, décréta, en 1323, que le clergé contribuerait aux dépenses nécessitées par les fortifications de la ville. A son tour, le légat pontifical voulait être investi de la riche abbaye de l'Impruneta; mais les Buondelmonti, qui la considéraient comme leur patrimoine, s'y étant opposés, il mit la ville en interdit.

Quand l'édifice social avait la foi pour base, toute opposition se résolvait en hérésie. Les excommunications, contre lesquelles s'étaient brisés l'orgueil et la puissance des empereurs saxons et souabes, perdaient leur efficacité dès qu'on les prodiguait pour des intérêts mondains. Les Siciliens restèrent quatre-vingts ans en rupture avec l'Église; les Visconti se vengeaient des interdits en pesant davantage sur les ecclésiastiques, et les avocats levaient la tête contre les papes, devant lesquels s'était courbée celle des rois.

Désormais on passait de la foi absolue à la comparaison des religions. Urbain de Bologne, en 1334, écrivit un commentaire d'Averrhoès, qui donna le désir de connaître le texte; les ouvrages du philosophe arabe devinrent alors de mode, et cette mode fit naître le doute sur la vie future, doute accompagné de la tendance au panthéisme. Pétrarque se plaint que la philosophie d'Aristote entraînait au matérialisme, au point que l'on n'obtenait le nom de docte et de philosophe qu'en employant la langue et la plume à critiquer la religion. Un de ces hommes « qui pensent n'avoir rien fait s'ils n'aboient pas contre le Christ et sa doctrine surhumaine » alla trouver le poëte à Venise, et le railla pour avoir cité quelques paroles de l'Apôtre des gentils : « Sache que je ne crois rien de ta religion; ton Paul, ton Augustin et autres semblables ne furent que des bavards; si tu pouvais lire Averrhoès, tu verrais combien il surpasse tous ces bouffons. » Ce langage indigna Pétrarque, qui, malgré sa grande douceur, prit le téméraire par le manteau et le mit à la porte.

L'Église néanmoins n'était pas abandonnée. Les patarins, qui l'avaient troublée pendant deux siècles, avaient disparu de l'Italie où se tenaient cachés ; le peuple aimait les splendeurs du culte, s'il n'en vénérait plus l'austérité, comme il aimait le pape et la cour pontificale. Les hommes de lettres affichaient une incrédulité académique, sauf à ne pas y conformer leurs actes. Du reste, ils ne pouvaient, sans encourir les anathèmes, déclamer contre la cour romaine avec la liberté dont Dante avait usé ; mais, depuis qu'elle s'était transportée à Avignon, Guelfes et Gibelins l'accablaient de railleries, comme si elle eût cessé d'être catholique en cessant d'être romaine. Le marchand Sacchetti, le chanoine Pétrarque, le moine Pecorone et d'autres personnes renommées pour leur savoir et leur sainteté se déchaînaient contre cette Babylone, qui méritait ce nom autant par son luxe que par sa corruption, où l'on regardait comme décent ce qui était vice ailleurs, où la dépravation s'associait à la perfidie et aux bassesses.

Ce qui, dans d'autres temps, n'aurait guère servi que pour exercer la plume des rhéteurs ou satisfaire quelques rancunes, prenait un caractère dangereux alors que la société, perdant le sens symbolique, devenait entièrement pratique ; c'est pourquoi les politiques voyaient avec dégoût cette cour, qui, vivant dans le monde, en avait pris la licence, les passions, les intrigues, et rendu l'Église un moyen de gouvernement et de spéculation. Ainsi tombait dans le mépris ce qu'on avait d'abord vénéré, et l'esprit d'obéissance déclinait dans les peuples au moment même où les pontifes abandonnaient celui de domination. La juridiction ecclésiastique parut alors insupportable ; d'ailleurs, par la publication du sixième et du septième livre des *Décrétales*, puis des *Extravagantes*, cette juridiction avait pris une telle extension que tout procès, même en première instance, pouvait être porté devant le pontife.

Augustin Triomphe d'Ancône, de l'ordre des Augustins, professeur à Paris, puis à Naples, aimé du roi Charles et de Robert, dédia à Jean XXII une *Somme de la puissance ecclésiastique*, apologie de l'omnipotence des papes : « Leur juridiction, disait-il, dérive immédiatement de Dieu; elle est supérieure à toute autre parce qu'elle les juge toutes, et n'est jugée par aucune ; elle est temporelle comme spirituelle, parce que celui qui peut le plus peut le moins. Le pape ne peut être déposé par le concile, ni jugé après sa mort; il est absurde d'en appeler au concile, puisque cette assemblée ne tire son autorité que du pontife, qui seul a le droit de prononcer sur les questions de foi, et personne, sans son ordre, ne peut informer sur l'hérésie. Comme époux de l'Église universelle, il a une juridiction immédiate sur tous les diocèses, et, par lui-même ou des mandataires, il peut y faire les mêmes choses que les évêques et les curés. Les chrétiens, les juifs et les gentils doivent obéissance au pape, qui peut infliger aux tyrans et aux hérétiques des peines même temporelles. A lui seul, non aux évêques, il appartient d'excommunier ; au moyen des indulgences, il étend son pouvoir au delà de la tombe. Il pourrait, sans le concours des électeurs, choisir l'empereur dans un pays quelconque, ou le rendre héréditaire ; l'élu doit être confirmé par le pontife, lui prêter serment de fidélité, et peut être déposé par lui. Tous les rois sont tenus d'obéir au pape, de qui leur vient la puissance temporelle ; quiconque se sent offensé par le prince peut en appeler au pontife, qui peut châtier les princes pour leurs péchés publics, les déposer même, et nommer un roi dans n'importe quel royaume. »

L'exagération est un symptôme qui révèle une autorité menacée, et l'opposition devenait chaque jour plus hardie. Guillaume Occam, scolastique en grand renom, mu par le désir de favoriser Louis de Bavière, contestait l'infaillibilité, non-seulement au pape, mais encore au concile universel et au clergé ; selon lui, les laïques en corps avaient le droit de décider sans hésitation, et l'on pouvait au besoin employer la force contre le pape, ou bien en établir plusieurs, indépendants l'un de l'autre. Marsile de Mainardino de Padoue, éloquent professeur à l'université de Paris, d'où il se réfugia auprès de ce Louis, lui insinuait que c'était à lui qu'il appartenait de réformer les abus de l'Église, parce qu'elle était soumise à l'empire. Avec Ubertin de Casal, il publia le *Defensor pacis*, dans lequel on rencontre déjà les négations de Calvin relativement à l'autorité et à la constitution de l'Église : « Le pouvoir législatif et exécutif de l'Église se fonde, dit-il, sur le peuple, qui l'a transmis au clergé. Les degrés de la hiérarchie sont une invention postérieure ; la primatie, qui se borne à convoquer et à diriger les conciles œcuméniques, ne fut donnée à l'évêque de Rome qu'avec l'autorisation d'un de ces conciles et du législateur suprême, c'est-à-dire de tous les fidèles ou de l'empereur, qui les représente. Jésus ne laissa à la tête de l'Église aucun chef visible, et Pierre n'avait de prééminence que par son âge. Au souverain, pourvu qu'il soit chrétien, il appartient d'instituer des prélats, de nommer le pape, de juger les évêques, comme Pilate jugea le Christ, et de les déposer, de convoquer les conciles et d'en régler les délibérations. Les évêques étant égaux, l'empereur seul peut en élever un au-dessus des autres, et l'abaisser à son gré (1). » Tant il est vrai que les doctrines qui subordonnent l'Église aux gouvernements sont loin d'être modernes !

Les théories négatives se traduisaient en faits : la bulle d'or de Charles IV soustrayait aux papes le saint empire romain ; le roi de France, non content de s'affranchir de la suprématie des pontifes, les menaçait comme ses sujets, et les princes éloignés ne continuaient à les vénérer qu'autant qu'ils en retiraient un avantage.

Alors que le saint-siége, subordonné aux rois, ne pouvait refréner la corruption, grossière dans le bas clergé et fastueuse dans les prélats, les scandales du temple servaient de prétexte à l'autorité séculière pour s'immiscer dans les affaires ecclésiastiques. Le patriciat des plus hautes dignités nuisait beaucoup à l'Église ; en effet, ne tenant compte que du mérite, elle avait toujours répudié toute distinction de naissance, et maintenant elle voyait le cardinalat et les nonciatures confiés à des hommes qui ne pouvaient exhiber d'autre titre que leur nom d'Orsini, de Colonna ou de Savelli. Les familles de ces prélats, puissantes dans la cité par les armes et leurs clientèles, intriguaient à leur gré jusque dans le sanctuaire, exerçaient sur les élections et les conseils des pontifes une influence plus tyrannique que celle des empereurs du siècle précédent, parce qu'elle était plus immédiate. Les rivalités de ces maisons, qui aboutissaient souvent à la guerre civile et à des attentats criminels, se faisaient sentir dans le consistoire et le conclave, et enlevaient au pontificat et au sacerdoce cette dignité dont ils sont redevables au caractère qui les élève au-dessus des agitations mondaines.

Les prélats conservaient sous le camail les habitudes de l'éducation séculière et un luxe effréné ; nous ne voulons d'autre témoignage que le troisième concile de Latran, qui, avertissant les prélats combien peu il leur convenait d'avoir un train si nombreux, et de consumer dans un repas l'annate entière de l'Église qu'ils visitaient, veut que les cardinaux se contentent de qua-

(1) Voir principalement la partie II, ch. 16, 17, 21, 25 du *Defensor pacis* imprimé ensuite en 1523. Au ch. 28, la plénitude du pouvoir invoqué par le pape est appelée exécrable.

rante à cinquante voitures, les archevêques de trente à quarante, les évêques de vingt-cinq, les archidiacres de cinq à sept, les doyens de deux chevaux ; en outre, il prescrit à tous de ne pas se faire accompagner de chiens et d'oiseaux de chasse. Parfois quarante et même cinquante bénéfices étaient accumulés dans une seule main ; on prétend que Benoît XII proposa aux cardinaux, s'ils voulaient se contenter d'en avoir un seul, de leur assigner 100,000 florins d'or de rente annuelle et la moitié des revenus de l'État pontifical, compensation qu'ils ne jugèrent pas suffisante. Pasteurs négligents, au point qu'ils n'avaient pas même vu leur troupeau, ils exerçaient une juridiction insolente et tyrannique : dans le clergé inférieur, ignorance, trafic des sacrements, ivrognerie générale, dépravation éhontée ; dans les églises et les couvents, on établissait des cabarets et des jeux ; les religieuses sortaient des monastères, et l'on trafiquait de grâces, de dispenses, d'indulgences.

La discipline s'était relâchée dans les anciens ordres religieux ; au mont Cassin même, qui jusqu'alors avait donné vingt-quatre papes, deux cents cardinaux, seize cents archevêques, huit mille évêques, beaucoup de saints, les moines avaient des vêtements recherchés et des habitations commodes, se réservaient des pécules particuliers, et recevaient encore du couvent une prébende pour vivre dans des maisons séculières. Bien plus, rougissant du travail et de l'abstinence des frères mendiants, on dut les réformer, pour les appliquer à l'étude ; mais, comme les universités paraissaient les sources uniques du savoir, les moines qu'on y envoyait y trouvaient des occasions de plaisir et de débauche.

Les ordres nouveaux perdirent bientôt eux-mêmes la sublime ferveur des premiers temps ; les uns faisaient divorce à la pauvreté que leur patriarche avait épousée, et les autres oubliaient la charité par excès de zèle. Sans parler des diatribes de leurs ennemis, tels que Mathieu Paris et Pierre des Vignes, saint Bonaventure, général des franciscains, en 1257, se plaignait aux provinciaux et aux frères gardiens de ce que, sous prétexte de charité, les religieux se mêlaient d'affaires publiques et privées, de testaments, de secrets domestiques. Méprisant le travail, ils tombèrent dans la paresse ; puis, tandis qu'ils prient à genoux ou méditent dans leur cellule, ils peuvent s'occuper d'études frivoles, bâiller ou dormir, et tirer peut-être des livres qu'ils composent une vanité dont à coup sûr ils se fussent garantis si, comme les premiers ermites, ils avaient tressé des corbeilles ou des nattes. Dans leurs courses vagabondes, ils deviennent une charge pour les hospices, qu'ils scandalisent parfois ; pour se remettre de leurs fatigues, ils mangent et dorment au delà de toute mesure; ils foulent aux pieds la règle qui fixe leur manière de vivre, et demandent avec une telle importunité qu'on les évite comme les voleurs. L'immensité des édifices trouble la paix des couvents, incommode les amis, expose à des jugements funestes; puis, ils déplaisent aux curés pour l'empressement qu'ils mettent à se trouver aux funérailles ou aux testaments. En outre, les villes faisaient intervenir les moines comme pacificateurs, et les papes leur confiaient des missions, parce qu'ils n'étaient pas dangereux et ne coûtaient rien dans leurs voyages; institués pour vivre dans une profonde humilité et une pauvreté réelle, ils étaient convertis par l'inquisition en une espèce de magistrats criminels, avec des huissiers, des familiers armés, des prisons et le bras séculier à leur disposition.

La règle de saint François imposait de telles austérités qu'elle fut jugée par quelques-uns impossible ou funeste; le pape Nicolas III crut devoir l'expliquer (1), en disant que les frères mineurs étaient tenus d'observer l'Évangile, de vivre dans l'obéissance, la chasteté, et dans une pauvreté telle qu'ils ne pouvaient rien posséder; que l'entier renoncement pour Dieu est méritoire, ce qui avait été enseigné par la parole du Christ, confirmé par son exemple et mis en pratique par les apôtres; que les franciscains, en vivant ainsi, étaient loin de se suicider et ne tentaient point Dieu, puisque, bien qu'ils se confiassent en la divine Providence, ils ne répudiaient pas les expédients suggérés par la prudence humaine. Les adversaires se turent; mais, parmi les frères mineurs, quelques-uns se prévalurent de ce témoignage pour se livrer à un mysticisme fanatique : d'un côté, ils affirmaient que la règle de saint François était leur Évangile, et, de l'autre, qu'ils devaient, en vertu de l'entier renoncement, n'avoir que l'usage des choses nécessaires à la vie.

Pierre Jean Doliva, du Languedoc, prêcha cette doctrine, et, censurant l'Église, riche et mondaine, il annonçait les frères mineurs comme destinés à la régénérer ; il fit beaucoup de prosélytes, et, sous le pape Célestin V, favorable à la vie cénobitique,

---

(1) Avec la constitution *Exiit qui seminat*, dans la sixième des Décrétales, tit. *De verb. signif.*

ils obtinrent de se constituer en nouvelle congrégation, dite des Érémites célestins. Persécutés, ils prirent un costume et des chefs particuliers ; ce fut principalement dans le diocèse de Pise et au milieu des montagnes de Vecchiano et de Calci qu'ils se condamnèrent au régime le plus rigoureux, opposant à l'Église visible, riche, charnelle, souillée de péchés, une Église frugale, pauvre, vertueuse. Conrad d'Offida, Pierre de Monticolo, Thomas de Trévise, Conrad de Spolète et Jacopone de Todi pratiquèrent ces doctrines, et les nouveaux religieux, sous le nom de *fraticelles* ou de *frères spirituels*, eurent pour chefs frère Pierre de Macerata et Pierre de Fossombrone. Boniface VIII les combattit vigoureusement, les déclara hérétiques, et fit procéder contre eux par frère Mathieu de Chieti ; ils furent donc obligés de se réfugier dans une île de l'Archipel et en Sicile, s'associant tous ceux qui abandonnaient les franciscains pour suivre une vie plus austère ; chers au peuple, séduit par les dehors d'une plus grande perfection, ils avaient pour général Ubertin de Casal. Angelo, homme du peuple sans instruction, de la vallée de Spolète, en avait réuni un grand nombre ; ainsi fut divisé l'ordre du père Séraphique, et Clément V ne put obtenir, dans le concile de Vienne, de réconcilier les membres dissidents.

La résistance et l'orgueil qui naissent facilement des rigueurs excessives les poussèrent à se faire les détracteurs acharnés du saint-siége, auquel ils contestaient le droit de permettre aux franciscains d'avoir un grenier et une cave ; puis ils annonçaient une réforme prochaine. Ces conflits amenèrent des troubles à Narbonne, en Sicile, en Toscane, et Jean XXII prit des mesures pour obtenir la soumission : « La pauvreté, disait-il, est chose grande, plus grande la chasteté, mais supérieure l'obéissance (1). » Les fraticelles néanmoins ne voulurent pas se soumettre, et en appelèrent au futur concile, qui les condamna ; ceux qui persistèrent dans leur résistance s'enfuirent en Sicile, où Frédéric, roi de Trinacrie, toujours hostile au saint-siége, les protégea ; là ils prirent pour chef Henri de Ceva, proclamant toujours que l'Église était devenue une synagogue, et son pasteur un loup.

On peut reprocher à Jean la rigueur qu'il déploya contre ces religieux, et les railler eux-mêmes comme les apôtres d'une

1234

---

(1) *Quorum exigit*, dans les Extravagantes, tit. *De verb. signif.*

pauvreté impraticable ; mais, en présence du communisme, forme moderne de la même doctrine, on ne saurait déclamer ou s'effrayer.

Au milieu des débats soulevés, quelqu'un ayant avancé que ni Jésus-Christ ni ses apôtres n'avaient rien possédé, la proposition, rejetée par les dominicains et d'autres, fut soutenue par les franciscains ; or, la règle de saint François étant considérée comme l'expression de l'Évangile, l'idée du renoncement absolu revenait sous une autre forme. Jean condamna également cette doctrine ; Michel de Césène, général de l'ordre, Guillaume Occam et Buonagrazia de Bergame protestèrent, et s'enfuirent à Pise auprès de Louis de Bavière, qu'ils soutinrent et animèrent dans sa lutte contre le pape. Cette question, qui suscita chez les frères mineurs un esprit de subtilité très-opposé au but tout pratique de leur fondateur, fut la source d'une foule d'autres plus qu'oiseuses : « La règle obligeait-elle sous peine de péché mortel ou seulement de péché véniel? aux conseils de l'Évangile autant qu'aux préceptes? aux admonitions autant qu'aux commandements? » De là, et le passage était facile, on en vint à sophistiquer sur le Décalogue et l'Évangile ; puis, outre la dispute, toujours entretenue, sur l'immaculée conception de Marie, ils en eurent une autre avec les Dominicains : à savoir, si le sang du Christ, répandu dans la passion, restait hypostatiquement uni au Verbe.

Il est difficile de savoir au juste ce qu'il y a de vrai dans les imputations obscènes mêlées aux procès de ces religieux, des fraticelles surtout ; car l'opinion publique était disposée à tout admettre, et la manie des poursuites fit croire à des absurdités, confirmées dans l'esprit du vulgaire par le spectacle des supplices et des déclamations de ceux qui auraient dû les dissiper. Bien plus, tout me porte à croire que les procès ordonnés alors par les lois ecclésiastiques et civiles, multiplièrent les faits de sorcellerie, presque inconnus auparavant. En 1322, Jean XXII notifiait que « plusieurs fils de perdition, disciples d'iniquité,
« se livrant aux coupables opérations de leurs détestables ma-
« léfices, fabriquaient des images de plomb ou de pierre, sous
« la figure du roi, pour exercer sur elle des arts magiques, hor-
« ribles et défendus. » Les accusés ayant décliné la juridiction ordinaire, le pape chargea trois cardinaux de les examiner et de les remettre aux juges séculiers. Dans la même année, il s'étonnait du progrès des sciences occultes, « ému jusque dans les
« entrailles de voir que beaucoup de gens, chrétiens seulement

« de nom, abandonnent la lumière de la vérité; ils sont telle-
« ment plongés dans les ténèbres de l'erreur, qu'ils font alliance
« avec la mort et pacte avec l'enfer, sacrifient aux démons, les
« adorent, fabriquent des images, des anneaux, des miroirs, des
« fioles et autres objets pour y enchaîner les diables, qu'ils in-
« terrogent et dont ils reçoivent des réponses ; ils les implorent
« pour venir en aide à leurs désirs dépravés, et, en échange de
« leur honteuse assistance, ils leur offrent une honteuse servi-
« tude. O douleur! cette peste se répand beaucoup dans le
« monde, infectant tout le troupeau du Christ. »

Cette persuasion fit multiplier les supplices pour maléfices. En 1292, Pasqueta, de Villefranche en Piémont, fut condamnée à une amende de 40 sous parce qu'elle faisait *sortilegia in visione stellarum*; en 1363, Antoine Carlavario, accusé d'avoir fait tomber la grêle sur Pignerol au moyen de livres nécromantiques, subit une amende de 40 florins. Deux vallées de Saint-Saturnin, en 1386, payèrent 120 francs d'or pour avoir cru à un enchantement destiné à guérir leurs troupeaux malades; en 1381, la bru de Françoise Troteri, ayant perdu un collier de perles, eut recours, pour le trouver, à maître Antoine de Tresto de Moncalieri, lequel prit le vase d'eau bénite, le couvrit avec un autre, alluma autour douze chandelles, et décrivit diverses figures avec sa baguette; après des signes de croix, il mit à terre deux chandelles en croix, sur lesquelles il fit poser le pied droit de la femme qui avait perdu le collier. J'ignore s'il fut trouvé; mais le maître, accusé par le vicaire de l'évêque, avoua ne rien entendre à la magie, en disant qu'il faisait ces niaiseries pour attraper quelques sous des gens crédules (1).

A de pareilles misères, on est heureux de pouvoir opposer un zèle ardent, une piété solide, un véritable savoir. Les âmes à la foi vive et de grands saints ne manquèrent pas à cette époque. En 1319, le bienheureux Bernard Tolomei fonda l'ordre des Olivétains à l'abbaye de Montoliveto dans la vallée de l'Ombrone siennois; le pays stérile fut cultivé, et l'église, ornée de peintures. Le Florentin Jean Dominici, orateur fameux, s'occupa de l'amélioration des ordres séculiers et surtout des religieux cloîtrés; il fut le véritable restaurateur de la vie régulière en Italie et en Sicile, et enfin archevêque de Ravenne, puis cardinal; sans maître, il se fortifia dans les sciences, tandis que ses

---

(1) Ap. CIBRARIO, *Economia*, 163.

prédications entraînaient dans les couvents les jeunes gens des deux sexes. Dans la réforme des dominicains, qu'il commença à Florence et à Pise, il fut secondé par le bienheureux saint Laurent de Ripafratta, le maître et l'ami de saint Antonin; par le vénérable Thomas Aïutamicristo, et d'autres de cet ordre, qu'animait la piété de la bienheureuse Claire de Gambacurti, qui avait réformé les dominicaines de Florence, d'où elles se répandirent à Gênes, à Parme, à Venise. Le bienheureux Raymond de Capoue, et le bienheureux Marconino de Forli, l'un et l'autre dirigés par une affectueuse piété, travaillèrent à rétablir la règle dans les couvents dominicains. Encouragé par le pieux Marc, curé de Saint-Michel à Padoue, qui gémissait de voir dégénéré l'ordre bénédictin, et sainte Justine abandonnée aux désordres, Louis Barbo entreprit de le réformer par des règles plus sévères, qui bientôt s'établirent à Gênes, à Pavie, à Milan et plus loin.

Les camaldules rendirent florissant le Casentin, et conservaient comme un exemple le magnifique bois de sapins et de hêtres. Le bienheureux Jean Colombino, d'une noble famille de Sienne et parvenu aux premières dignités, fut amené par la patience de sa femme et la lecture du *Légendaire des saints* à une vie pieuse et austère, au soin d'assister les malades et les pèlerins; puis, s'étant condamné à la pauvreté, il se mit à prêcher la pénitence, réunit quelques adeptes, et fonda l'ordre des pauvres Jésuates, approuvé par Urbain V en 1367. « Les forts chevaliers du Christ, devenus les jeunes époux de la sublime pauvreté, commencèrent joyeusement à mendier... Placés sur les hauteurs de l'esprit, foulant le monde sous leurs pieds, ils ne voyaient que de la fange dans toutes les choses de la terre, et chaque jour augmentait leur désir de souffrir des peines pour l'amour du Christ (1). » Sœur Agathe resta longtemps murée dans une pile du pont Rubaconte à Florence; puis, en 1434, elle fonda le célèbre monastère des Murées.

A cette même époque, furent en grande odeur de sainteté, à Sienne, Joachim Pelacani, qui, par dévotion pour Marie, prodiguait les aumônes aux pauvres (1305), et Antoine Patrizzi; André des Dotti de Saint-Sépulcre, disciple de Philippe Benizzi; Bonaventure Bonacorsi de Pistoie, chaud Gibelin, qui, converti par Benizzi lui-même, répara ses torts, édifiant tout le monde par

---

(1) FEO BALCARI, *Vita del beato Colombino.*

les vertus les plus austères (1315). Simon Ballachi, fils du comte de Saint-Archange, près de Rimini, revenu à Dieu après une vie dissipée, se consacrait aux plus humbles offices, instruisait les enfants et convertissait les pécheurs (1319). Agnès de Montepulciano, dominicaine, Émilie Bicchieri de Verceil (1314), Benvenuto Foïano du Frioul, se distinguèrent par les dons célestes qu'ils avaient reçus. Il en fut de même de Marguerite, de Metela près d'Urbin, aveugle-née ; de l'érémitaine Claire, de Montefalco près de Spolète (1308), et de cette Oringa, de Sainte-Croix près Florence, qui devint le modèle des servantes : éclairée par le Saint-Esprit, elle fut conduite, bien qu'elle ne sût pas lire, à la connaissance de vérités sublimes, remplit Lucques et Rome de la renommée de sa vertu, de sa charité, et bientôt de ses miracles.

Les Orsini ont fourni leur saint André, carme, qui, malgré son illustre naissance, mendiait pour les pauvres ; puis, bien qu'il refusât par humilité, il fut nommé évêque de Fiesole, où il continua ses austérités, et réconcilia souvent sa ville avec celles du voisinage. Des Falconieri sont sortis Alexis, Carissima et Julienne, tous honorés sur les autels; des Sodirini, la bienheureuse Jeanne (1367) ; des Vespignano de Florence, le bienheureux Jean ; des Sordini, un autre Jean (1343) ; des Adimari, le bienheureux Ubald ; des Della Rena de Certaldo, la bienheureuse Julie. Pellegrin des Latiozi de Forli fit preuve d'une patience extraordinaire, soit pour souffrir les coups de ceux dont il voulait apaiser les querelles, soit pour braver les douleurs d'un ulcère gangréneux (1345). Pierre Geremi de Palerme, autrefois professeur de droit, pratiqua de si grandes austérités à Bologne qu'il s'entoura le corps de sept cercles de fer, ce qui convertit beaucoup de personnes. Jean de Capistrano, après avoir rempli des magistratures et des fonctions politiques, prit le cordon de Saint-François, se consacra tout entier à l'amour de Dieu et du prochain, et continua, au nom de Dieu, à réconcilier les ennemis ; possédant l'esprit de componction et le don des larmes, il opérait beaucoup de conversions, et souvent les femmes, après avoir entendu ses prédications, faisaient des aumônes de toutes leurs parures.

Parmi le haut clergé, il faut citer le bienheureux Bertrand, patriarche d'Aquilée, qui travailla beaucoup à la réforme de cette Église, et fut assassiné par des aventuriers du comte de Goritz en 1350 ; le bienheureux Laurent Giustiniani, patriarche de Venise ; Mathieu de Cimarra, évêque de Girgenti; Nicolas Alberga de Bologne, employé souvent comme médiateur entre les villes d'Italie, entre les Français et les Anglais.

1380-1444 Bernardin, de l'illustre famille des Albizeschi de Massa maritime, fut élevé dans la piété et la charité; durant la peste du quinzième siècle, il se consacra tout entier au soin des malades de Sienne, et, devenu franciscain dans cette ville, il pratiqua la règle stricte. « Il eut la réputation d'un prédicateur merveilleux ; éloquent et fort dans le raisonnement, d'une mémoire incroyable, il attirait le peuple autour de lui partout où il allait. Sa diction avait tant de charme qu'il ne fatiguait jamais ses auditeurs; sa voix était si forte et si durable qu'elle ne le trahissait jamais, et, chose plus étonnante, au milieu d'une grande foule, on l'entendait aussi bien de loin que de près (1). » Vincent Ferreri, qui remplissait alors l'Italie de ses vertus et de ses miracles, prêchant à Alexandrie, s'écria : « Parmi vous se trouve « un vase d'élection, un fils de saint François, qui répandra bien- « tôt une immense lumière dans toute l'Italie, et les exemples les « plus insignes sortiront de ses vertus et de son savoir. » Aujourd'hui, néanmoins, nous ne trouvons dans ses sermons qu'une manière scolastique et sans ampleur.

Les prédicateurs, en effet, n'apportaient dans la chaire, triomphe des ordres nouveaux, ni des études profondes, ni une précision dogmatique, mais du zèle et un langage populaire, accompagnés de fâcheuses allusions aux circonstances journalières. Lorsqu'on affronte l'ennui de lire les sermons qui nous sont restés, on ne trouve que d'arides tissus de scolastique et de morale, entremêlés confusément de lambeaux d'auteurs sacrés et profanes, avec des peintures ridicules ou les fantaisies d'un mysticisme exagéré; de telle sorte qu'il faut attribuer les grands effets de ces orateurs au geste, à la voix, au spectacle, et, pour quelques-uns, à la réputation de leur sainteté.

Telle est l'opinion que nous devons avoir du bienheureux Michel de Carcano, de frère Albert de Sarzane, de frère Ambroise Spiera de Trévise, et d'autres, fameux par leur influence

---

(1) BARTHÉLEMY FAZIO. Les sermons de carême de saint Bernardin de Sienne furent recueillis par Benoît Barthélemy, tondeur de draps de Sienne, qui serait un des plus anciens sténographes mentionnés. Voir *Sopra un codice cartaceo del secolo* XV... *osservazioni critiche dell'abbate* LOUIS DEANGELIS ; Colle, 1820.

morale et les conversions qu'ils opéraient. Quelques-uns ne manquaient pas de mérite littéraire, et nous avons déjà loué Cavalca, Passavanti, frère Jourdain de Rivalta. Le dernier distinguait la dévotion de l'abus, de manière à étonner ceux qui ne savent voir que superstition dans ces temps et ces moines : « L'homme ira (disait-il) à Saint-Jacques en pèlerinage ; mais, « avant d'être là, il commettra parfois un péché mortel, peut-« être deux, peut-être trois et peut-être davantage. Or que si-« gnifie ce pèlerinage, ô sots ; qu'importe ce voyage? Vous de-« vez savoir que celui qui veut recevoir les indulgences doit « se mettre en route pur, comme s'il allait recevoir le corps du « Christ. Or qui le reçoit avec cette pureté? et néanmoins « les gens s'y laissent prendre. Je ne conseille à personne ces « voyages et ces pèlerinages, parce que j'y trouve plus de mal « que de bien. Les gens vont çà et là, et croient attraper Dieu « par les pieds. Vous êtes dans l'erreur, et ne suivez pas le bon « chemin : se recueillir un peu en soi-même et penser au Créa-« teur, pleurer sur ses péchés ou sur la misère du prochain, « cela vaut mieux que tous ces pèlerinages. »

L'année d'avant, il avait fait entendre des paroles aussi libres à Sainte-Marie-Nouvelle : « Il y a beaucoup de gens qui « s'imaginent avoir fait de grandes œuvres de piété ; en moi-« même, je m'en ris beaucoup. Vient une femme qui dépose « sur l'autel une aiguillée de fil avec trois fèves, et se figure avoir « fait une grande chose ; quelle œuvre pourtant! Il en est de « même des pèlerinages, et ceux qui vont à Saint-Jacques de « Galice croient avoir accompli une merveille. Oh! comme cette « œuvre leur paraît grande, et grande la fatigue d'un pareil « voyage! Et l'on se vantera, et l'on dira : *Je suis allé trois* « *fois à Rome, deux fois à Saint-Jacques, et j'ai fait tant de* « *voyages*. Or, si l'on voit à Rome les femmes faire cinq et six « fois le tour de l'autel, on est fier de cet exploit, et l'on s'en « glorifie devant le Seigneur, comme ce pharisien qui disait : *Je* « *jeûne deux jours la semaine*. Belle œuvre, ma foi! Eh! le jour « que tu jeûnes, mange une fois, et cette fois mange bel et bien. « Ces voyages, je les tiens pour rien, et je conseillerai à peu de « personnes, et très-rarement, de les entreprendre. En route, « les pèlerins trouvent beaucoup de scandales et n'ont pas de « patience ; ils se querellent souvent entre eux et se courroucent, « ce qui leur arrive encore avec l'aubergiste et leurs compa-« gnons ; bien plus, ils se rendent coupables de meurtres, de

« tromperies, de fornications, et l'on voit beaucoup de ces
« choses qui les font tomber en péché mortel (1). »

Les prédicateurs de cette espèce durent être nombreux, nous voulons le croire. Mais d'autres cherchaient à captiver l'attention en mêlant à leurs discours des allusions à la politique : celui-ci prêchait pour les Guelfes, celui-là pour les Gibelins, les Médicis, Sforza, et parfois même ils attaquaient ouvertement les princes ou les papes.

Quelques-uns, par une association bizarre, joignaient le ridicule et l'emphase théâtrale à une piété sincère, à une ingénuité profonde ; aussi ont-ils produit des compositions grotesques et sans goût, qui n'ont de sérieux que l'intention. De Robert Caracciolo de Lecce, dont les contemporains ont vanté l'éloquence, il nous reste malheureusement quelques sermons plus faits pour exciter le rire que des sentiments de componction (2). Il monte en chaire afin de prêcher la croisade, dépose la tunique et paraît en costume de général, comme prêt à diriger l'entreprise. Paul Attavanti cite à tout moment Dante et Pétrarque, et s'en glorifie dans sa préface. Mariano de Genazzano, que Politien et Pic de la Mirandole portent aux nues, « quand il prêchait,
« attirait par son éloquence une foule de gens, parce qu'il ver-
« sait les larmes à volonté ; comme elles lui tombaient des yeux
« sur le visage, il les recueillait parfois et les jetait au peuple (3). »

Les discours de Gabriel Barletta (si renommé qu'on disait : *Nescit prædicare qui nescit barlettare*) pourraient servir de passe-temps à quelque joyeuse compagnie. Il raconte qu'à Pâques beaucoup de personnes s'offrirent au Christ pour annoncer sa résurrection à sa mère : il ne voulut pas Adam, parce que, le sachant ami des jeux, il craignait qu'il ne s'amusât en route ; ni Abel, parce qu'il pouvait être tué par Caïn ; ni le père Noé,

---

(1) *Ed. Moreni*, 1831, I, 187, 252.

(2) « Dites-moi, dites-moi un peu, ô Seigneur, d'où viennent dans les corps humains tant et de si diverses maladies, gouttes, douleurs de côté, fièvres, catarrhes? de l'excès de nourriture et d'une vie trop délicate. Vous avez du pain, du vin, de la viande, du poisson, et cela ne vous suffit pas : il vous faut pour vos repas du vin blanc, du vin rouge, du malvoisie, du rôti, du bouilli, de la salade, des fritures, des câpres, des amandes, des figues, des raisins secs, des confitures, et vous remplissez votre sac. Remplissez-le, gonflez-le, lâchez les boutons, et, après vous être repus, allez dormir comme des porcs. » (*Sermon* I, Venise, 1530.)

(3) BURLAMACHI, *Vie du frère Savonarola*.

parce qu'il aimait le vin; ni Jean-Baptiste, à cause de ses vêtements trop connus; ni le bon larron, parce qu'il avait les jambes rompues : mais il préféra des femmes, à cause de leur loquacité qui attire la foule. Il caressait un sentiment trop commun lorsqu'il disait dans un sermon : « O vous, femmes de ces usuriers et seigneurs, si l'on mettait vos vêtements sous le pressoir, il en coulerait le sang des pauvres ! » L'érudit Bracciolini fait dire à Cincio dans un de ses dialogues : « Il me semble que frère
« Bernardin de Sienne et tant d'autres s'égarent, parce qu'ils
« veulent briller plutôt qu'instruire; songeant moins à guérir
« les infirmités de l'âme, dont ils se disent médecins, qu'à obte-
« nir les applaudissements du vulgaire, ils traitent parfois des
« matières profondes et ardues, reprennent les vices de manière
« à paraître les enseigner, et, par désir de plaire, négligent le
« véritable but de leur mission, celui de rendre les hommes
« meilleurs. »

C'était pour flétrir ces prédicateurs que Dante avait dit :

> Ora si va con motti e con iscede
> A predicare; e pur che ben si rida,
> Gonfia il cappuccio, e più non si richiede.

« Maintenant c'est avec des bons mots et des plaisanteries que l'on prêche; le capuchon se gonfle pourvu que l'on rie, et cela suffit. »

Benvenuto d'Imola, commentant ces vers, cite quelques niaiseries d'un certain André, évêque de Florence, qui montrait en chaire une graine de rave, puis tirait de dessous sa tunique un de ces légumes, très-gros, en s'écriant : « Voyez combien est
« merveilleuse la puissance de Dieu, qui a fait sortir un si grand
« fruit d'une graine si petite! » Une autre fois il disait : *O domini et dominæ, sit vobis raccommandata monna Tessa cognata mea, quæ vadit Romam; nam in veritate, si fuit per tempus ullum satis vaga et placibilis, nunc est bene emendata; ideo vadit ad indulgentiam* (1).

De pareils sermons manquaient sans doute de dignité; mais ils étaient bien plus efficaces que les froides généralités, les périphrases dédaigneuses et les conseils sans courage des temps

---

(1) Voir encore BARBERINO, *Documenti d'amore*, part. VIII, d. 2.

polis. Néanmoins, s'ils édifiaient des personnes simples et croyantes, ils devenaient une occasion de scandale, dès qu'on y appliquait la critique et la négation; puis, comme les prédicateurs ne mettaient aucune mesure dans leurs hardiesses triviales, ils soulevaient aussi des accusations exagérées. La ferveur, qui n'était pas toujours désintéressée, faisait proclamer certaines dévotions nouvelles, soit le rosaire des dominicains, soit le scapulaire des carmes, comme un remède suffisant à toutes les fautes; dès lors, puisqu'il était si facile de les racheter, les péchés n'inspiraient plus d'horreur, et quiconque s'acquittait de ces dévotions devenait présomptueux, et comptait faire une bonne mort après une vie souillée.

Jacques, archevêque de Teramo, puis de Florence, écrivit divers ouvrages, parmi lesquels est célèbre une espèce de roman sous le titre de *Consolatio peccatorum* ou *Belial*. Il suppose que les démons, irrités du triomphe du Christ sur Lucifer, nomment Bélial procureur pour demander à Dieu justice contre les usurpations du Christ. Dieu charge Salomon de décider, et le Christ, cité à comparaître, envoie comme son représentant Moïse, qui appelle en témoignage, sous la foi du serment, Abraham, Isaac, Jacob, David, Hippocrate, Aristote, Jean-Baptiste. Bélial les récuse tous, excepté le dernier, et soutient sa cause avec une finesse diabolique; mais il est condamné. On fait appel, et Dieu confie l'affaire à Joseph; Bélial, néanmoins, préfère des arbitres, qui sont Aristote et Isaïe pour Moïse, Auguste et Jérémie pour Bélial. Les passages les plus vénérables sont interprétés d'une manière bouffonne; enfin, après avoir traversé tout le chaos de la jurisprudence, sur le terrain de laquelle Bélial embarrasse souvent Moïse, moins versé dans la chicane, les arbitres donnent de ces décisions qui permettent aux deux parties de chanter victoire.

Ainsi la foi s'unissait à l'incrédulité pour alimenter la corruption, d'autant plus dangereuse que « le plus grand père s'occupait d'autre chose (PÉTRARQUE). »

Grégoire XI avait autorisé les cardinaux à élire les papes à la simple pluralité des voix, sans attendre les frères absents, pour abréger autant que possible le temps de la vacance; mais, comme des seize cardinaux réunis quatre seulement étaient italiens, le peuple de Rome, dans la crainte que le pape élu ne retournât à Avignon, entoura le conclave d'une force armée, en criant: *Nous le voulons romain.* Puis il sonnait le tocsin et menaçait d'envahir le palais. Après une discussion des plus orageuses, les cardinaux, comme expédient, et sous des réserves tacites ou formelles d'une élection plus libre, donnèrent leurs voix à Barthélemy Prignano, de Naples, archevêque de Bari; mais, comme on craignait qu'il ne fût mal accueilli du peuple parce qu'il n'était pas Romain, on cria du haut de la terrasse à la foule de se rendre à Saint-Pierre, où elle apprendrait le nom de l'élu. Le peuple comprit qu'on avait choisi le cardinal de Saint-Pierre, vieillard de la maison Tebaldeschi; il se mit donc à faire entendre des vivat, à saccager son palais selon l'usage, et à l'adorer, bien qu'il s'efforçât de l'éclairer sur la vérité.

1378
9 avr

La plupart des cardinaux profitèrent de ce désordre pour s'enfuir dans leurs forteresses et leurs fiefs; l'archevêque de Florence présenta Prignano au petit nombre de ceux qui restaient, et prononça un sermon sur le texte : *Talis debebat esse, ut esset nobis pontifex impollutus*. A son tour, prenant le texe: *Timor et tremor venerunt super me, et contexerunt me tenebræ*, Prignano commença à disserter sur la dignité du poste et sa propre indignité, jusqu'à ce que l'archevêque lui fit comprendre qu'il ne s'agissait alors que de déclarer s'il acceptait ou non; il répondit oui, et prit le nom d'Urbain VI.

Homme de savoir et de conscience, mais sévère, mélancolique, bilieux, excessif dans ses mesures, il voulut opérer une réforme subite, et défendit aux prélats de faire servir sur leur table plus d'un mets, comme il en donnait lui-même l'exemple; non-seulement il menaça les simoniaques, mais quiconque accepterait d'eux des présents. Afin d'enlever aux cardinaux français la prédominance dont ils jouissaient depuis un siècle, il se proposait d'en créer de nouveaux; dans les consistoires secrets, il les traitait durement, qualifiait l'un de sot, et disait à un autre qu'il était menteur comme un Calabrais. Ces inconvenances, et la ferme volonté qu'il manifestait de les retenir à Rome, indisposèrent les cardinaux; la plupart, s'étant séparés de lui, proclamèrent que l'élection n'avait pas été faite librement, mais sous la contrainte d'un peuple soulevé. Après s'être placés sous la protection de Bernard de Sala, chef des aventuriers gascons et bretons dont Césène avait subi la ruineuse domination, ils déclarèrent qu'ils n'avaient agi que par crainte de la mort, et qu'Urbain était un intrus, un apostat, un antechrist. A Fondi, ils élurent pape ce Robert de Genève qui, comme légat pontifical, avait livré la Romagne au pillage et au carnage; il prit le nom de

21 sep

Clément VII. L'Italie, l'Allemagne, l'Angleterre, le Danemark, la Suède, la Pologne et le nord des Pays-Bas reconnurent Urbain, et Clément fut accepté par la reine de Naples, la France, l'Écosse, la Savoie, le Portugal, la Lorraine, la Castille ; les autres pays hésitaient.

Urbain publia contre son compétiteur une croisade avec les mêmes indulgences qu'on accordait pour aller combattre les infidèles ; mais la bande des Bretons, à la solde de Clément, marcha sur Rome, et fit un massacre des citoyens qui en sortirent pour la repousser, sans qu'elle osât néanmoins pénétrer dans la ville. Les Romains alors tombèrent sur tous les Français, clercs ou laïques, qu'ils purent saisir dans l'intérieur ; d'un autre côté, les Orsini et François de Vico, dévoués à Clément, dévastaient les environs de Rome, et Pierre Rostaing, du château Saint-Ange, bombardait les édifices. Un jour, Sylvestre de Bude, capitaine des Bretons, surprend les nobles réunis au Capitole, tue sept chevaliers bannerets, deux cents riches, une foule de gens du peuple, et puis sort de la ville.

Urbain prend à sa solde Jean Acuto et Albéric de Barbiano, qui, secondés par les citoyens, tombent sur l'ennemi, le mettent en fuite, font prisonniers les deux chefs, et jouissent des honneurs du triomphe (1) ; le château Saint-Ange se rend, et le pape, nu-pieds, suivi de toute la population, retourne au Vatican. Clément se réfugie à Naples, où le roi lui fait bon accueil ; mais, chassé par le peuple soulevé, il s'enfuit en Provence, et s'établit à Avignon, où il multiplie les cardinaux et prodigue les expectatives. Du reste, il comptait si peu sur l'État pontifical qu'il l'érige, afin de punir les Romains et d'abaisser les feudataires, en *royaume d'Adria* en faveur de Louis I d'Anjou, auquel il fait des concessions exorbitantes pour l'attacher à ses intérêts : il lui accorde la dîme entière en France, dans le royaume de Naples, en Allemagne, en Portugal, en Écosse ; la moitié des produits de Castille et d'Aragon, les dépouilles des

---

(1) En 1379, Urbain VI, par l'intermédiaire de Jean Serra, jurisconsulte génois, sollicitait Rainier des Grimaldi, coseigneur de Mantoue, de lui rester fidèle et de courir sus aux partisans de son compétiteur, en lui faisant don de tout ce qu'il prendrait, excepté les reliques, les livres, les vases, les objets de prix ou autres choses appartenant à la chambre apostolique. On dit qu'il l'écouta et fit un grand butin sur les prélats qui soutenaient la cause de Clément VII ; entre autres choses, il aurait trouvé la verge de Moïse et autres reliques sacrées, qu'il rendit à Urbin. (GIOFFREDO, *St. delle Alpi marittime*, II, 869.)

prélats qui meurent, toute redevance biennale, tout émolument de la chambre apostolique; il s'oblige à contraindre les ecclésiastiques à lui faire des prêts, et donnera en hypothèque Avignon, le comtat Venaissin et autres domaines de l'Église; en outre, il lui assigne pour fiefs Ancône et Bénévent, et s'engage par serment prêté sur la croix. Cet abandon des biens de saint Pierre, il le faisait dans l'espoir d'être délivré de son antagoniste, tandis qu'Urbain, plein de soupçons, avait recours à l'intrigue, au sang, aux tortures, sans égard pour la dignité ni pour la vieillesse des prélats et des cardinaux.

Poursuivant Jeanne Ire avec un acharnement implacable, il appela contre elle, comme seigneur souverain du royaume, Louis de Hongrie, qui chargea Charles de Durazzo de la punir. Urbain dépouilla les églises et les autels pour recueillir 80,000 florins, qu'il remit à Charles, lequel, en échange, lui promit de lui faire hommage du royaume, et, après son couronnement, de céder à François Batillo, son neveu, le duché de Durazzo, avec les principautés de Capoue et d'Amalfi.

Nous avons vu que l'expédition fut heureuse; mais Charles ne songeait point à tenir sa parole. Il vint donc en pleine rupture avec le pape, qui, assiégé dans Nocera, prodiguait les excommunications et les décrets scandaleux. Les prélats, ses créatures, s'étaient concertés sur les moyens de mettre fin aux extravagances d'un pontife qui prolongeait la guerre sans raison, et se proposaient de le châtier; mais ils furent découverts, et leur complot ne resta point impuni. Urbain mit aux fers l'archevêque d'Aquilée avec six cardinaux, et les emmena avec lui quand il put fuir de Nocera; mais, comme le premier ne pouvait suivre les autres à cheval, il ordonna de le tuer et de laisser son cadavre sans sépulture. Arrivé à Gênes, et se disant circonvenu de conspirateurs, il fit jeter à la mer, malgré les instances du doge, les cardinaux ses prisonniers, excepté un seul, de nation anglaise, que son roi avait réclamé.

1386

Ici commence une double série de papes égaux; mais quel était le véritable? Des personnages, recommandables par leur jugement et leur sainteté, se déclarèrent pour l'un et pour l'autre; des deux côtés, l'opinion fut soutenue par des preuves, de manière qu'on peut mettre hors de doute la bonne foi de chaque parti. L'Église, jusqu'à présent, ne s'est point prononcée, bien que les Italiens aient généralement considéré comme antipapes ceux qui siégèrent au delà des Alpes, et que le nom de quelques-uns de ces derniers ait été pris par des papes postérieurs (1).

Pendant un demi-siècle, la chrétienté, formant deux camps hostiles, fut partagée entre des pontifes qui se renvoyaient les uns aux autres des calomnies, accompagnées de l'accusation d'intrus et d'hérétique. Les citoyens, les écoliers d'une université, les moines d'un couvent, étaient divisés comme les nations. Tous les jours, c'étaient des querelles, des collisions parfois ensanglantées; deux évêques, élus par l'un ou l'autre pontife, se disputaient le même siége, et l'on abhorrait les messes des uns ou des autres. Les papes, afin de se conserver des partisans, étaient contraints de se résigner à des menaces, à des importunités, de dissimuler, d'intriguer, de conjurer, de promettre, de faire des concessions, de gagner du temps, en feignant de désirer une réconciliation, dont ils avaient en main le moyen. Les plaies de l'Église, comme le cadavre de César, furent exposées à tous les regards, envenimées par la colère des ennemis non moins que par la conduite réciproque des pontifes rivaux. Le saint-siége, moins vénéré, inspirait aux princes la hardiesse de diminuer son autorité, et les savants ne craignaient pas de le soumettre à un examen sévère et passionné. Les satires à son adresse, qui d'abord étaient un exercice littéraire, compris, applaudi et bientôt oublié, acquéraient de l'importance depuis qu'elles sortaient de la bouche des pontifes eux-mêmes, et poussaient à une application immédiate. Le doute entrait dans les cœurs les plus sincères, l'indifférence dans les plus généreux, le désespoir dans les plus forts; la raillerie avait de quoi s'exercer sur les choses sacrées.

Urbain VI ne voulut jamais abdiquer la prétention de rester l'arbitre du royaume de Naples; excluant Ladislas et Louis d'Anjou pour élever son neveu, qui passait d'un cachot sur un trône, il prodiguait les anathèmes et publiait des bans pour dévaster. Au milieu d'entreprises si déplorables, et menacé parfois dans sa vie par les Romains, il mourut misérablement, et les quatorze cardinaux de son obéissance élurent Pierre Tomacelli

1389
18 octobre.

---

(1) Saint Antonin de Florence dit : « Bien que nous soyons tenus de croire que, de même qu'il n'y a qu'une seule Église, ainsi il n'y a qu'un seul pasteur, il ne paraît pas nécessaire, lorsqu'un schisme éclate, de croire que l'élu canoniquement soit plutôt l'un que l'autre; il suffit de savoir qu'un seul peut l'être, sans nous arroger la décision. »

sous le nom de Boniface IX. Bon parleur, bon grammairien, il 2 novembre ignorait les usages de la cour romaine, et ne savait ni écrire ni chanter. Il ne comprenait donc pas les questions qui s'agitaient, prononçait sans connaissance de cause et montrait de l'avidité ; suspendant la folle guerre de son prédécesseur, il reçut en grâce Ladislas, et frappa d'excommunication les fauteurs de Louis d'Anjou, qui arrivait favorisé par l'autre pape.

Il dut recourir à la force ouverte pour occuper Rome et les autres possessions ecclésiastiques, ravagées par les factions et les bandes, et ne put se maintenir que par la violence et les supplices. Urbain avait rapproché l'époque du jubilé, qui fut annoncé pour 1390; mais Rome ne vit accourir que les peuples obéissant à Boniface, qui envoya dans les divers pays des agents chargés d'accorder l'indulgence à quiconque paierait une somme égale à celle qu'aurait coûté le voyage à la métropole chrétienne (1). Les collecteurs rapportèrent des sommes énormes ; mais Boniface en punit quelques-uns soupçonnés de s'être approprié une partie de la recette, et d'autres se donnèrent la mort ou furent égorgés par le peuple. Sous ce manteau, plusieurs trafiquèrent des absolutions et des dispenses, sans souci du repentir, de la réparation ou de l'abjuration ; les abus firent frémir les âmes pieuses, et la prodigalité du pape lui-même en fait d'indulgences, jeta un grand discrédit sur ce trésor de grâces, dont on voulait faire un commerce. D'un autre côté, la concession de jubilés à des églises particulières diminuait le concours productif des pèlerins à Rome, découragés d'ailleurs par les bandes de Bernard de Sala, qui se déclarait le partisan du pape Clément pour dépouiller ses adversaires.

Les Colonna tramèrent pour enlever au pape la seigneurie temporelle de Rome, envahirent la cité, mais ne furent point secondés, et trente et un de leurs aventuriers périrent sur le gibet ; Boniface publia contre cette famille une longue bulle, dans laquelle il énumérait ses crimes dès le temps de Boniface VIII. Les

(1) Jean-Galéas demanda que ses sujets pussent gagner le jubilé sans aller à Rome, mais en visitant quatre basiliques de Milan ; il voulait ainsi éviter les périls nés de la guerre avec Florence, garder l'argent dans le pays, et profiter des produits pour la construction de la cathédrale. Boniface IX fit droit à sa demande, et Corio dit « que tout individu, bien qu'il ne fût purifié ni par la confession, ni par le repentir, était absous de tous péchés en restant dix jours continuels dans cette ville. » Mensonge, puisque la bulle du 12 février 1391 veut qu'ils soient *vere pœnitentes et confessi*.

Gaëtani de Fondi entouraient aussi de leurs bandes la cité, et dépouillaient les pèlerins qui allaient au nouveau jubilé de 1400. Le pape, pour faire de l'argent, accordait grâces, expectatives, cumuls de bénéfices ; puis, tout à coup, il les supprime entièrement, mais pour avoir un prétexte à de nouvelles concessions, à de nouveaux profits.

<small>1394
3 septembre</small>

A leur tour, les cardinaux de Clément VII lui donnèrent pour successeur l'Aragonais Pierre de Luna sous le nom de Benoît XIII, homme ambitieux et rusé. Les deux papes, afin de gagner des partisans, prodiguaient à l'envi les priviléges, et toléraient les écarts et les usurpations ; puis ils dépouillaient les prêtres de l'ordre inférieur en souffrant les usurpations du haut clergé, qui se réservait les grâces, les commendes et les bénéfices les plus lucratifs, en les affermant à des individus de bas étage, tandis que les curés étaient réduits à mendier.

L'Église, en un mot, était tellement déchue qu'elle sentait son impuissance à se relever elle-même ; les princes, les universités, les jurisconsultes et les théologiens discutaient sur les moyens d'en rétablir l'unité. Le plus efficace eût été un concile général ; mais, comme depuis des siècles, l'opinion commune atrribuait au pape le droit de le convoquer, on ne savait auquel des deux ce droit appartenait. Il fallut donc recourir à des synodes particuliers ; le roi de France en réunit deux, et, d'après leur décision, il tint assiégé durant plus de quatre ans, dans le palais d'Avignon, Benoît XIII, qui trouva le moyen de s'enfuir avant que l'union fût rétablie. La persécution ayant accru

<small>1403</small>

le nombre de ses partisans, ce pape se soutint, et fut appuyé non-seulement par le pieux Vincent Ferreri, mais par les deux flambeaux de l'université de Paris, l'éloquent Clémengis et le chancelier Pierre d'Ailly.

<small>1404
1 octobre.</small>

A Rome, après la mort de Boniface, le peuple, dirigé par les Colonna et les Savelli, cria : *Vive la liberté!* Le conclave, composé de neuf cardinaux seulement, élut Cosma Melioriti, qui prit le nom d'Innocent VII, canoniste distingué et aussi habile dans les affaires qu'irréprochable de mœurs. Aidé par le roi Ladislas, il dut conquérir sa propre résidence, mais après une capitulation en vertu de laquelle il laissait au peuple la garde des ponts et des portes ; en outre, le pape ne pouvait élire le sénateur que sur une liste de trois noms dressée par le peuple, et les dix de la chambre devaient administrer les revenus, à l'exception du quartier du Vatican. Le peuple, néanmoins, excité par les Colonna et les Gibelins tout-puissants, mettait chaque jour de nouvelles prétentions en avant, au point que le pape éclata: « *Je vous ai tout accordé; voulez-vous que je vous donne encore mon manteau?* » Les tumultes, en effet, devinrent plus fréquents, et les cardinaux durent se mettre sous la protection de Muscard, capitaine d'aventuriers; un messager du pape fut tué, on combattait avec acharnement, Innocent s'enfuit à Viterbe, et Ladislas profita du désordre pour se rendre maître de Rome.

Innocent mourut bientôt, et le Vénitien Angelo Correr, dit Grégoire XII, jura d'abord avant son élection, puis déclara qu'il était prêt à se démettre aussitôt qu'il verrait Benoît XIII lui en donner l'exemple; mais à peine eut-il goûté du pouvoir qu'il s'en enivra, et ne comparut point à la conférence établie à Savone; Benoît, qui était venu jusqu'à Gênes, semblait s'être rangé du côté de la raison.

1406
6 novemb.

30 novemb.

Treize cardinaux se réunirent à Livourne pour s'occuper des moyens de ramener l'union, et déclarèrent qu'ils ne reconnaissaient aucun des deux compétiteurs; assumant la tâche de diriger les intérêts temporels et spirituels de l'Église, ils convoquèrent un concile à Pise, avec sommation à chaque pape de venir pour abdiquer, sous peine de voir procéder contre eux. Mais si l'on accordait au concile le pouvoir de déposer le pontife, n'était-ce pas changer la constitution de l'Église, monarchique depuis des siècles, en constitution républicaine? et cette époque, si bouleversée, était-elle propre à un tel changement?

1409
25 mars

Ladislas de Naples, craignant un pape qui pourrait abolir l'indigne cession de l'État faite à lui par Grégoire XII, s'opposa au concile de Pise; mais les papes passèrent outre. Grégoire déclara ces cardinaux apostats et blasphémateurs, et choisit Udine pour la réunion du synode; Benoît l'ouvrit à Perpignan, sa résidence, et l'on vit alors, outre deux papes, trois conciles. On s'imagine sans peine combien ces déchirements bouleversaient la société. Un évêque venait-il à mourir, chaque pape voulait lui donner un successeur, et le schisme pénétrait dans les diocèses; la prétention de détrôner les rois fournissait un nouvel aliment à la guerre intestine: Naples était disputée entre Louis d'Anjou et Charles de Hongrie; la Castille, entre le duc de Léon et celui de Lancastre; la Hongrie, entre Charles de la Paix et Marie. Le faible empereur Wenceslas laissait tomber de ses mains les rênes de l'Allemagne; l'Angleterre se déchirait les entrailles au milieu des inimitiés des maisons de Lancastre et d'York ; la France continuait sa lutte séculaire contre l'Angleterre ; aucune voix n'était assez puissante pour imposer la paix. Tandis que le monde chrétien voyait disparaître l'unité qui est son essence, Bajazet II non-seulement assiégeait Constantinople, mais envahissait la Hongrie et la Pologne ; puis de nouveaux barbares, les Tartares, sous le terrible Tamerlan, menaçaient l'Europe des dévastations qu'ils avaient promenées dans l'Asie.

Les esprits, épouvantés jusqu'au désespoir, se tournaient vers Dieu, attendant de lui seul le terme à tant de maux. Déjà, en 1260, nous avons vu les flagellants se répandre dans toute l'Italie. En 1334, frère Venturin de Bergame, « homme âgé de trente-cinq ans, était de petite naissance et de savoir non profond, mais il avait une parole si ardente et si efficace qu'il entraînait à sa suite plus de dix mille Lombards, nobles pour la plupart ; partout où il arrivait, il était reçu comme un être divin, et avec une telle abondance d'aumônes que, pendant les quinze jours qu'il resta dans Florence, on vit presque continuellement sur la place de Sainte-Marie-Nouvelle de grandes tables servies pour faire manger quatre cents ou cinq cents personnes à la fois (AMMIRATO). » Afin d'obtenir des indulgences, il se rendit à Rome avec les siens, qui portaient une robe blanche jusqu'à mi-jambe, et par-dessus un petit manteau couleur perse qui tombait aux genoux, des bas blancs, une chaussure de cuir jusqu'à mi jambe, sur la poitrine une colombe blanche avec une branche d'olivier au bec, le bourdon à la main droite et le rosaire dans la gauche (1); d'une voix infatigable ils criaient: *Paix et miséricorde!* Suivi enfin de trois mille individus, et parlant comme prophète des maux futurs, il se rendit à la cour d'Avignon, dans l'espoir de grandes indulgences ; mais le pape crut voir dans le frère de l'ambition ou de la légèreté, et Venturin fut mis à la torture et jeté dans les fers. Lorsqu'il fut libre, il partit pour la croisade et mourut à Smyrne.

Cette dévotion errante se ralluma en 1399, la Vierge l'ayant indiquée en Irlande à un paysan comme le meilleur préservatif contre la peste et la guerre ; ces nouveaux pèlerins, avec un vê-

---

(1) C'est ainsi que les représente l'anonyme romain. Antoine Flaminio dit qu'ils avaient un vêtement blanc, et par-dessus une espèce de manteau d'un bleu tirant sur le noir, avec une croix blanche et une autre en drap rouge ; à gauche étaient la colombe avec la branche d'olivier, sur le front le *tau*, à la main le bâton sans pointe de fer comme ceux des pèlerins ; ils avaient des cordes à sept nœuds.

tement blanc, couverts de capuchons, de manière qu'on ne distinguait pas les femmes des hommes, si ce n'est par une croix rouge, se mirent en route trois à trois, après s'être tous confessés, après avoir demandé pardon de leurs offenses, pardonné à ceux qui les avaient offensés et restitué le bien mal acquis. C'est ainsi que, durant neuf jours, ils visitaient au moins trois églises par jour ; lorsqu'ils entraient dans un pays, ils récitaient des prières et le *Stabat mater*, puis disaient trois *Miserere* en pénétrant dans l'église. Pendant cette neuvaine, ils jeûnaient, ne dormaient point dans un lit, ne quittaient pas leurs habits, et beaucoup allaient nu-pieds ; ils terminaient en envoyant aux cités voisines pour les inviter, de la part de la vierge Marie, à se livrer à la même dévotion.

D'Irlande ils passèrent en Angleterre, en France, puis en Piémont, et se divisèrent en deux bandes, dont l'une se dirigea sur la Lombardie, et l'autre, au nombre de cinquante mille individus, sur Gênes. Les citoyens de cette ville s'enveloppèrent de linceuls, et leur vieux archevêque Del Fiesco, à cheval, les conduisit processionnellement, et suivi de tous les habitants deux à deux, visiter les églises, les cimetières, les reliques de la ville et du voisinage ; pendant neuf jours, les boutiques restèrent fermées, les affaires suspendues, et tout était rempli de la crainte de Dieu. Les plus robustes ou les plus dévots descendirent du côté de la rivière du Levant, excitant les habitants à les imiter. Trois mille citoyens de Lucques, bien qu'on l'eût défendu, allèrent à Pescia, de là à Pistoie, d'où ils emmenèrent quatre mille personnes, et furent suivis d'individus de Prato et de Pise, jusqu'à ce qu'ils arrivèrent à Florence. Là quarante mille citoyens, précédés de l'archevêque, visitaient les églises ; ils prenaient ce qu'on leur donnait, et distribuaient le superflu aux pauvres. Au lieu de chercher à se faire héberger dans des maisons ou des hôpitaux, ils couchaient en plein air ; beaucoup d'individus emprisonnés pour dettes furent mis en liberté. L'évêque de Fiesole était suivi de vingt mille flagellants, qui rétablissaient partout la concorde, amenaient des restitutions, prêchaient et faisaient des miracles (1).

« Milan vit arriver un grand nombre d'hommes, de femmes, de jeunes filles, de garçons, de toute qualité, nu-pieds, couverts

---

(1) Franco Sacchetti nous a laissé un chapitre sur ceux de Florence. Voir, dans les *Souvenirs historiques* de Rinuccini, les mois de juillet et d'août 1399.

de la tête aux pieds d'un vêtement blanc qui laissait à peine le front découvert ; puis à leur suite se réunirent tous les habitants des villes et des bourgs, visitant pendant huit jours consécutifs trois églises de village, dans l'une desquelles ils faisaient souvent dire une messe chantée ; s'ils rencontraient des chemins qui se croisaient, ils se jetaient à terre en criant miséricorde trois fois, et puis récitaient le *Pater* et l'*Ave*, et faisaient entendre des cantiques composés par saint Bernard, des litanies ou d'autres oraisons. Les individus, en arrivant dans leur ville ou village, se disséminaient, et, pénétrant dans l'intérieur, ils invitaient ceux qui étaient restés à les imiter ; de sorte qu'ils étaient quelquefois mille et même quinze cents. On voyait beaucoup de réconciliations, d'abondantes aumônes, et un grand nombre de personnes firent une véritable pénitence (CORIO). »

A Padoue, durant ces jours, on ne vit ni querelles ni choses impudiques ; les processions duraient depuis l'aurore jusqu'à deux heures après none, et l'on y compta trois mille six cents individus, qui, réunis ensuite dans le pré de la Valle, offrirent un spectacle merveilleux (1). De Bobbio d'autres se dirigèrent sur Plaisance, entraînant tous les habitants de la vallée de la Trebbia, de manière qu'ils atteignirent cette ville au nombre de plus de sept mille ; puis ils allèrent à Firenzuola, à Borgo San Donnino, à Parme, où ils arrivèrent avec quarante chars de femmes, d'enfants, de malades ; de là sept mille partirent à la suite de l'évêque et des gonfalons des confréries. Les Vénitiens les repoussèrent ; mais le duc d'Este les accueillit, et de Ferrare les conduisit à Belfiore. Le pontife vit dans ces foules des scandales et des vilenies ; soupçonnant même leur chef de vouloir se faire pape, il le fit juger et brûler.

Les confréries se multiplièrent alors en tous lieux ; elles visitaient les églises, accompagnaient le viatique, et furent principalement répandues par saint Bernardin de Sienne et saint Vincent Ferreri, qui prêchait même la fin du monde. Un grand nombre de personnes, sur le point de mourir, se faisaient apporter les insignes de ces confréries, dont la dévotion s'étendit même parmi les séculiers. La peste, répandue par ces bandes à la piété désordonnée, exerça beaucoup de ravages dans l'Italie et fut très-nuisible au jubilé.

Tous ces remèdes étaient insuffisants pour guérir les plaies

---

(1) *Chron. patav., ad an.* 1399 ; ap. MURATORI, *Antiq. M. Æ.*, IV.

de l'Église, car les réformes ne venaient pas de la source qui seule aurait pu opérer efficacement. L'opposition du roi Ladislas ayant échoué, Pise vit arriver pour le concile vingt-quatre cardinaux, quatre patriarches, vingt-six archevêques, quatre-vingt-six abbés en personne, deux cent deux par délégués, quarante et un prieurs, les ambassadeurs de trois rois, les députés de plus de cent métropoles et cathédrales, des universités de Paris, Toulouse, Orléans, Angers, Montpellier, Bologne, Florence, Vienne, Prague, Cologne, Oxford, Cambridge, Cracovie, trois cents docteurs en théologie et en droit canonique.

Les deux papes, Grégoire et Benoît, ne s'étant pas présentés, le concile se déclara œcuménique et, comme tel, tribunal suprême ayant droit de les juger. Après diverses tentatives de conciliation, il dégagea les fidèles de toute obéissance envers les deux récalcitrants, comme contumaces, prononça leur déchéance, et la papauté fut déclarée vacante. Le conclave se réunit sous la protection du grand maître des chevaliers de Saint-Jean, et nomma Pierre Philarge. Né on ne sait où ni de quels parents, il mendiait à Candie, lorsqu'il fut recueilli par un frère mineur. A force de savoir et d'habileté, il parvint à la faveur de Jean-Galéas, qui en fit un de ses premiers conseillers; puis il fut évêque de Vicence, de Novare, archevêque de Milan et cardinal, enfin pape sous le nom d'Alexandre V. Il ferma le concile. Théologien et prédicateur, mais non légiste ni canoniste, il entendait mal les affaires et cherchait à s'en décharger. Par aveugle bonté, il prodiguait les bénéfices, les grâces abusives et funestes aux bonnes mœurs, ne sachant pas régler ses libéralités d'après ses moyens. Quand il ne lui restait plus rien, il donnait des promesses; aussi disait-il: *Comme évêque je fus riche, pauvre comme cardinal, mendiant comme pape.*

Il se laissait entièrement gouverner par le Napolitain Baldassar Cossa, qui, dans sa jeunesse, avait couru les mers comme armateur. Très-habile dans les affaires, vigoureux de caractère, prompt à résoudre, Cossa gardait sous l'habit de prêtre quelques habitudes de l'homme du monde. Orné de la pourpre, il fut envoyé comme légat à Bologne, qu'il ramena à l'obéissance du saint-siége, comme aussi Faenza et Forli, dont il se fit une seigneurie indépendante. Après la mort d'Alexandre, qui ne régna que dix mois, il fut élu pape sous le nom de Jean XXIII. Ce pontife, comme il arrive dans les temps de partis, fut accusé des fautes non-seulement les plus graves, mais les plus brutales; il

1409
5 juin.

26 juin.

7 août.

1410
17 mai.

suffirait d'opposer à ces imputations la faveur des Florentins, de Louis d'Anjou, la décision du conclave même, trop intéressé à faire un choix prudent, bien qu'on ait dit qu'il en obtint les suffrages par l'artifice et la force militaire qu'il déploya à Bologne.

Rome fut alors reprise à Ladislas, et le pape y fit son entrée solennelle sous la protection de l'Angevin; mais Ladislas reparaît bientôt victorieux, et Bologne, après avoir expulsé les représentants du pontife, se donne au marquis de Ferrare. Ladislas néanmoins reconnut le nouveau pape, en ordonnant à Grégoire de sortir de ses États, et feignit d'accepter de Jean les conditions qu'il lui avait imposées lui-même. Le concile qu'on avait promis se réunit à Rome : mais, si les questions les plus urgentes y étaient agitées, le cardinal Zabarrella, par d'éloquents ambages, détournait du point capital ; puis il fut prorogé sous le prétexte des hostilités renouvelées par Ladislas, auquel le pape n'échappa qu'avec peine, pour se réfugier à Florence, qui l'accueillit difficilement.

1415

L'empire vacillait entre l'incapable Wenceslas et le palatin Robert, dont l'élection paraissait illégitime. Après la mort du dernier, on lui donna deux successeurs, tant il semblait que le bouleversement de la papauté devait jeter le désordre partout!

1411 Sigismond, qui, comme roi de Hongrie, s'était montré cruel et perfide, mais brave, actif, indomptable, finit par l'emporter. Fier des victoires qu'il avait remportées sur les Turcs, il conçut le projet de ramener l'Église à l'unité ; il parcourut donc la France, la Pologne, l'Espagne, l'Italie, et, tandis que le pape lui demandait des secours, il lui conseillait d'indiquer la ville pour la réunion d'un nouveau concile. Malgré tout son déplaisir, Jean dut expédier des légats dans ce but ; ils désignèrent Constance, cité impériale sur la rive occidentale du beau lac qui sépare la Souabe de la Suisse, à peu de distance de la source du Rhin, et dans laquelle autrefois les Lombards avaient obtenu, par un traité solennel, la reconnaissance de leur liberté. Jean, inquiet de voir que l'assemblée de toute la chrétienté se tiendrait dans une ville où les ultramontains seraient plus nombreux, indépendants, hostiles même à son autorité, se rendit en personne auprès de Sigismond pour le faire changer d'avis. A Lodi, ils eurent de longues conférences, entourés, l'un de prélats, l'autre de conseillers ; mais Sigismond resta inébranlable, et le concile fut ouvert.

1414
novembre.

Les injures dont les papes et les cardinaux s'étaient salis les uns les autres avaient compromis une autorité qui se fonde sur la vertu. Si les Italiens favorisaient le saint-siége à cause des avantages que leur pays en retirait, ils s'étaient refroidis à son égard depuis le jour où les papes avaient erré dans l'exil; d'un autre côté, les étrangers commençaient à voir une charge onéreuse dans la sortie de tant d'argent pour une autre contrée. La querelle avec les frères mineurs avait rendu hostile au saint-siége sa milice la plus dévouée; en voyant condamner des personnes pieuses, dont la pauvreté faisait tout le crime, on se rappelait les doctrines d'Arnaud de Brescia contre les biens ecclésiastiques et la corruption qu'ils avaient engendrée. Dans le but de triompher, chaque parti avait eu recours à des moyens très-différents de ceux de l'apostolat : Boniface laissait trafiquer des indulgences et des moyens de racheter les âmes du purgatoire, exigeait les annates des évêques élus, et donnait à prix d'argent la plupart des bénéfices; Jean XXIII fut accusé d'avoir puisé à la même source, et multiplié l'or par l'usure. Du désordre extérieur, on passait à la critique de la vérité intime de l'Église, et l'on répandait, même en langage vulgaire, des livres et des sermons critiques (1); les bûchers ne pouvaient suffire à réprimer les hérétiques de France. Les Vaudois devenaient plus hardis, et Grégoire XII se plaignait qu'ils se propageaient des vallées alpines, et, qu'après être descendus en Piémont, ils avaient tué un inquisiteur à Bricherasio, un autre à Suse (2).

Bartholin de Plaisance, vers 1385, publia quelques thèses légales sur la manière de traiter le pape toutes les fois qu'il serait négligent, incapable de gouverner, ou capricieux au point de repousser le conseil des cardinaux (comme l'avait fait Urbain VI); il concluait en disant qu'on pouvait leur donner des curateurs, à l'avis desquels il serait tenu de se conformer dans l'expédition des affaires de l'Église. Les Français établirent la pragmatique sanction de Bourges, qui restreignait les droits de la papauté. En Angleterre, Jean Wiclef avait combattu les indulgences, la transsubstantiation, la confession auriculaire, et demandé la sécularisation des ordres réguliers et la pauvreté du clergé. Jérôme de Prague, à son retour de l'université d'Oxford, apporta ses livres en Bohême, où ils produisirent des effets plus graves, parce que Jean Huss, qui avait déjà élevé la voix contre

---

(1) Grégoire XI, en 1372, ordonne *inquisitoribus, ut faciant comburi quosdam libros sermonum hæreticorum, pro majori parte in vulgari scriptos.*

(2) RAYNALD, à l'année 1375, n. 26.

la dépravation du clergé, y puisa des arguments théologiques nouveaux et l'audace de s'exprimer plus librement. Quelques moines étant venus débiter des indulgences, et l'empereur ayant prohibé ce trafic sacrilége, on se mit d'abord à déclamer contre l'abus, puis contre les indulgences elles-mêmes. Le peuple écoutait volontiers, les étudiants bohémiens se passionnaient, et les questions religieuses, comme à l'ordinaire, prenaient une couleur politique de la haine contre les Allemands et des aspirations républicaines. Dénigrer les papes était considéré partout, ainsi que nous le dirions aujourd'hui, comme du libéralisme; un pareil langage annonçait une éducation non vulgaire, une raison plus élevée, le dédain contre les gouvernements, un mécontentement général. Les pontifes servaient de sujet aux déclamations de la place, de but aux traits des écoles, où les professeurs semaient parmi une jeunesse inexpérimentée un vague désir de se soustraire à l'autorité; néanmoins, malgré l'exagération des accusations et la propagation des erreurs, on ne croyait pas, comme il arriva un siècle plus tard, qu'il fallût détruire l'Église au lieu de la réformer.

Plus les plaies étaient ulcérées, plus on espérait dans les remèdes qu'y appliquerait le concile; on croyait encore qu'il rétablirait la paix parmi les princes chrétiens, pour repousser les Ottomans, dont les menaces croissaient sans cesse.

L'empereur, un grand nombre de princes, de seigneurs et de comtes, assistèrent à l'assemblée; on rapporte qu'il se trouva dans Constance trente mille chevaux, cent cinquante mille étrangers, parmi lesquels dix-huit mille ecclésiastiques et deux cents docteurs de l'université de Paris. Une foule de personnages, venus des extrémités de l'Europe, faisaient assaut de luxe avec les fastueux cardinaux, et se distinguaient par des costumes variés, leurs armures, des suites pompeuses. Attirés par le spectacle, les amusements, ils trouvaient dans la ville trois cent quarante-six comédiens et jongleurs, sept cents courtisanes, des tournois, des défis (1); ainsi les hommes du monde allaient y chercher des plaisirs, tandis que les âmes pieuses se livraient à la prière, et que les doctes se préparaient à des duels dialectiques, dans lesquels devait briller un savoir qui les placerait à côté des grands personnages.

(1) Æneas Sylvius décrit longuement le défi de l'Espagnol Jean de Merle contre l'Allemand Herminius de Ramstein, pour un coup de lance, trois de hache, quarante d'épée.

Cette assemblée si importante lutta, dès le principe, contre les moyens habiles dont les Italiens et le pape faisaient usage pour la dominer. L'Église, dans son universalité, ne distingue pas les peuples et n'estime chaque homme que d'après son propre mérite; il répugnait donc à son caractère d'admettre le vote par nation, comme on l'établit, en divisant le concile en chambres allemande, italienne, française, anglaise, espagnole, qui devaient délibérer séparément afin d'annuler la supériorité des Italiens. Jean XXIII, qui était présent, pourvu de grandes sommes d'argent et secondé par les troupes de Frédéric d'Autriche qu'il avait achetées, espérait faire considérer le concile comme une continuation de celui de Pise, lequel, ayant reconnu Alexandre V, le tenait lui seul pour le pape légitime; en outre, il voulait que l'on commençât par les articles de foi, dans l'espoir que les discussions seraient longues et que les prélats s'ennuieraient dans la petite ville : mais ceux-ci demandèrent qu'il abdiquât, ainsi que Benoît, qui se soutenait en Espagne, et Grégoire XII, que l'Allemagne reconnaissait. Jean, dans un second voyage, déclara qu'il était prêt à le faire volontairement si les deux autres l'imitaient, et qu'il se démettrait même de toute manière s'il pouvait ainsi terminer le schisme. A cette proposition, la joie et les applaudissements n'eurent pas de mesure, et l'empereur se jeta à ses pieds en les baisant; mais bientôt il se repentit, et, saisi de frayeur, il s'enfuit. La consternation fait alors place à l'allégresse; Grégoire est déposé, et l'on proclame que le concile tire immédiatement ses pouvoirs de Dieu, et que chacun, sans excepter le pape, est tenu de lui obéir en ce qui concerne la foi, le schisme, et la réforme générale de l'Église dans le chef et les membres. Les Italiens protestèrent vainement. Jean, cité à comparaître pour se justifier des imputations les plus énormes et les plus scandaleuses (1), s'avoua coupable, déclarant se soumettre entièrement au concile : « Trop heureux, disait-il, s'il pouvait ainsi rendre la paix à l'Église! » Le concile le destitua comme ayant déshonoré le nom chrétien, brisa son sceau et ses armes, lui enleva les insignes pontificaux et la croix, et le tint en prison courtoise (2).

29 mai.

---

(1) *Articulos omnia peccata mortalia, nec non infinita abominabilia continentes.* (THÉODORIC DE NIEM.)

(2) Quelques années après il se racheta, et fut nommé cardinal de Frascati. Son tombeau, dans le baptistère de Florence, est l'œuvre de Donatello.

Grégoire lui-même, par l'intermédiaire de Charles Malatesta, seigneur de Rimini, sous la protection duquel il s'était placé, envoya sa démission, pour rester cardinal de Porto. Benoît seul s'obstinait à conserver le pouvoir, excommuniant quiconque n'était pas avec lui, et déclarait que, « dans le déluge universel, la seule arche de l'Église était Peniscola, où il se trouvait. »

4 juillet.

Enfin, abandonné même de l'Église espagnole, grâce surtout aux démarches de Vincent Ferreri, il fut destitué, et cette mesure termina un schisme, la plus grande épreuve que l'Église traversât. Malgré tant de passions, malgré tant d'erreurs, ce fut encore sous la protection de l'Église *une* que la chrétienté chercha un asile; sous le manteau du pontificat, dont on n'avait jamais combattu le pouvoir et l'unité, bien qu'il y eût incertitude sur le véritable dépositaire, on discuta sur la possession et l'exercice de l'autorité, non sur l'autorité elle-même.

1417
26 juillet.

Après avoir renversé du trône pontifical les prêtres indignes qui l'occupaient, il fallait y placer un homme recommandable. Sigismond voulait qu'on s'occupât d'abord de la réforme de l'Église; les Italiens insistaient sur l'élection préalable du pape, et firent nommer Othon Colonna, qui prit le nom de Martin V. Sigismond avait deviné juste : en effet, Martin trouva le moyen de remettre du jour au lendemain les réformes demandées, consumant le temps en projets ou en concessions secondaires; il protesta même contre les appels du pape au concile, et confirma de nouveau beaucoup d'abus, jusqu'au moment où il déclara le concile dissous, et se rendit à Rome.

11 novembre

1418
22 avril.

Les Pères, se voyant méprisés du peuple à cause de leurs querelles scandaleuses (1), et tenus en défiance pour s'être séparés du pape, voulurent témoigner de leur orthodoxie en persécutant les hérétiques; ils condamnèrent donc Jean Huss et Jérôme de Prague, qui, malgré le sauf-conduit impérial (2), furent livrés au

---

(1) « Il s'éleva dans le concile de Constance une bruyante querelle entre l'archevêque de Milan et celui de Pise; des paroles ils en vinrent aux faits, voulant s'étrangler l'un l'autre parce qu'ils n'avaient pas d'armes; aussi beaucoup se jetèrent par les fenêtres de la salle du concile. » (SANUTO dans *T. Mocenigo.*) Dans ce concile joua un grand rôle le bienheureux Henri Scarampo, de la famille des seigneurs de Cortemiglia, évêque d'Acqui, puis de Feltre et de Bellune, 1404-1440; il figura aussi au procès de Huss.

(2) C'est ce qu'on affirme généralement; néanmoins on a une lettre de Huss qui dit : *Exeo* (de Prague) *sine salvoconductu;* et dans une autre : *Venimus* (à Constance) *sine salvoconductu*. (Ap. ROHRBACHER, *Hist. eccles.*, tome XXI, p. 191.)

bras séculier et jetés sur un bûcher. La violence est un remède déplorable, et Sigismond en fut puni, ou plutôt les peuples, qui expient toujours les méfaits des rois ; en effet, un incendie éclata dans la Bohême, et il fallut des torrents de sang pour l'éteindre.

Afin d'accomplir l'œuvre de la réforme, Martin V convoqua un nouveau concile, d'abord à Pavie, puis à Sienne, enfin à Bâle ; mais à peine l'eut-il ouvert qu'il mourut. Dans l'élection du Vénitien Eugène IV (Gabriel Condulmier), les conclavistes établirent une espèce de constitution qui, en certains points, concernait aussi le gouvernement civil : elle portait que l'hommage rendu au pape par les feudataires et les employés n'était pas exclusif, mais qu'il regardait encore le collége des cardinaux, auquel ils devaient être soumis pendant la vacance du saint-siége ; que la moitié des revenus de l'Église serait réservée aux cardinaux ; que le pape, en conséquence, ne pouvait se permettre aucun acte politique important sans le consentement du sacré collége, comme de faire la paix ou la guerre, d'imposer des taxes nouvelles ou de changer de résidence ; qu'il devait, en outre, réformer la cour pontificale et tenir des conciles périodiques.

1431

Eugène s'y obligea. Cette constitution, mise en vigueur, aurait sans doute substitué l'aristocratie au pouvoir monarchique des papes ; mais elle aurait peut-être enlevé tout prétexte à la réforme du siècle suivant.

Eugène, au jugement de l'un de ses successeurs (1), fut un pontife d'une âme élevée, mais sans mesure dans aucune chose, et qui entreprit toujours ce qu'il voulait, et non ce qu'il pouvait. Il fit ouvrir le concile de Bâle afin d'extirper l'hérésie, d'établir une paix perpétuelle entre les nations chrétiennes, de faire cesser le long schisme des Grecs et de réformer l'Église ; mais les Pères se mirent à l'œuvre sans idées précises sur ce qu'ils voulaient, ni sur les limites de leur autorité propre et de celle dont ils songeaient à restreindre l'étendue. Attaquant l'un après l'autre les abus partiels, ils ne proposaient aucun remède radical ; aussi, les voyant se conduire avec cette précipitation qui effraye les autorités jalouses de leur pouvoir, Eugène suspendit le concile. Les Pères passent outre, et le citent lui-même en l'accusant de désobéissance ; puis, prenant leur essor, ils se

---

(1) ÆNÉAS SYLVIUS, *Oratio de morte Eugenii papæ.*

déclarent supérieurs au pape, et lui dénient le droit de dissoudre le concile et de le transférer ailleurs.

S'appliquant à la réforme de l'Église, ils suppriment beaucoup de droits curiaux, déterminent la forme de l'élection du pontife et le serment qu'il devra prêter ; ils limitent les concessions qu'il peut faire à ses parents, et fixent à vingt-quatre le nombre des cardinaux, dont ils excluent ses neveux.

L'empereur de Constantinople, qui cherchait dans l'union de son Église avec celle des Latins un appui à son trône chancelant, demanda de venir en personne avec le patriarche pour effectuer la réconciliation ; mais, comme il ne pouvait suffire aux dépenses du voyage, on promit de lui envoyer des navires pour le transport, et la cité d'Avignon avança 70,000 florins, remboursables sur les produits des indulgences. Le pape Eugène amena Jean III Paléologue à demander que la conférence eût lieu en Italie; en effet, dans la vingt et unième session du concile de Bâle, on proposa Ferrare et Udine, et le pape accepta, en décidant les Vénitiens à expédier des galères pour transporter l'empereur.

1433 Eugène alors, reprochant au concile ses décrets arbitraires et violents, le transféra à Ferrare ; mais les Pères, excepté deux et le légat, restèrent à leur poste. Or, tandis que les prélats italiens maudissaient le conciliabule de Bâle, en invitant à dépouiller de leurs marchandises les négociants qui se rendraient dans cette ville, les membres de ce concile (parmi lesquels brillaient au premier rang Nicolas, archevêque de Palerme, ambassadeur d'Aragon et de Sicile, et tenu pour le plus grand canoniste du temps) continuaient à restreindre la juridiction romaine. Bien plus, ils déclarèrent le pape suspendu, l'assemblée de Ferrare schismatique, et, malgré l'intervention des souverains qui 1439 voulaient prévenir un nouveau schisme, ils condamnèrent Eugène comme hérétique ; puis ils lui substituèrent Amédée VIII, duc de Savoie, qui, après avoir renoncé aux affaires pour se retirer à Ripaglia, où il vivait dans la volupté plutôt que dans la pénitence (1), accepta malheureusement le rôle d'antipape sous nom de Félix V.

Le concile de Ferrare, que le cardinal Albergati avait ouvert le 13 janvier 1438, dura à peine le temps nécessaire pour qu'on

---

(1) Ce sont les paroles d'Æneas Sylvius, *Comment.*, liv. I, princ. Poggio le traite durement.

en réglât le cérémonial; la peste le fit transférer à Florence (1). Là furent mis en discussion les quatre points du schisme grec, c'est-à-dire la procession de l'Esprit-Saint (du Père et du Fils), l'usage des azymes dans la communion, la nature du purgatoire, la suprématie universelle du pape. Cette union fut célèbre par le concours d'insignes personnages : le cardinal Julien Cesarini, qui avait donné une preuve de son courage en appuyant les reproches adressés au pape par le concile, et qui maintenait la cause de la vérité avec une argumentation pressante; Jean de Montenero, provincial des dominicains de Lombardie, très-versé dans la science théologique; Ambroise Traversari, général des camaldules, chargé par Eugène IV de réformer beaucoup de couvents, et qui décrivit ses tournées dans l'*Odœporicon;* parmi les Grecs, Gémiste Pléthon, grand académicien; Georges de Trébizonde; Georges Scholarius, encore laïque et bientôt patriarche de Constantinople; Marc-Eugène, évêque d'Éphèse, très-ferme dans les doctrines schismatiques; Denys, évêque de Sardes, et, pour taire les autres, Bessarion, archevêque de Nicée, subtil platonicien, lequel répandit le goût d'une philosophie moins captieuse et moins aride, et qui, vaincu par la force de la vérité, entra dans l'Église latine, à l'éclat de laquelle il ajouta beaucoup par son exemple.

Cosme de Médicis reçut avec magnificence le pape, les cardinaux et l'empereur; le transport des reliques des saints Zénobe, Eugène, Crescence, et les funérailles du patriarche de Constantinople furent l'occasion de grandes solennités. La seigneurie de Florence gracia, en faveur du pape, quatorze individus condamnés à la peine de mort (CAMBI). Eugène excommunia les prélats de Bâle; mais les longues discussions avec le patriarche de Constantinople et ses docteurs, discussions qui avaient lieu dans la salle voisine de Sainte-Marie Nouvelle, ne pouvaient aboutir à une conclusion; on fit donc une espèce de transaction pour réunir l'Église orientale à celle d'Occident, qui fut rédigée sur parchemin en grec et en latin. Après que le cardinal Cesarini en eut donné lecture en latin, et l'archevêque Bessarion en grec, beaucoup de prélats des deux Églises la signèrent par ordre de dignité; le pape lui-même et l'empereur Paléologue y firent apposer leurs propres bulles (2).

(1) K. WALCHNER, *Politische Geschichte der grossen Kirchensynode zu Florenz*, 1825. LENFANT, *Histoire du concile de Constance*, 1728.

(2) « Le pontife et toute la cour de Rome, avec l'empereur des Grecs et tous

Frédéric III, le nouvel empereur, qui avait cherché à éteindre cet incendie, envoya à Eugène son propre secrétaire, Æneas Sylvius Piccolomini de Sienne, pour l'amener à souscrire un

les évêques et prélats latins, vinrent à Sainte-Marie del Fiore, où l'on avait fait de grands préparatifs et réglé les places qu'occuperaient les prélats des deux Églises. Le pape, avec les cardinaux et les prélats de l'Église romaine, se trouvait du côté où l'on récitait l'évangile ; de l'autre était l'empereur, avec tous les évêques et archevêques de Constantinople. Le pape avait le costume pontifical ; tous les cardinaux portaient la chape, et les évêques, des mitres de damas blanc. Tous les évêques, grecs et latins, avaient la chape ; les habits des prélats grecs, faits à la manière grecque, étaient en soie et très-riches ; la forme du vêtement grec paraissait beaucoup plus grave et plus digne que celle du costume des prélats latins. Une foule immense était accourue à Florence pour assister à ce magnifique spectacle.

« Sur un siége orné d'étoffe de soie, et qui se trouvait en face de celui du pape, était l'empereur avec un très-riche vêtement à la grecque de brocart de damas, et un bonnet grec dont l'extrémité portait une belle pierre précieuse ; c'était un homme magnifique, avec la barbe à la grecque. Autour de son siége se tenaient beaucoup de gentilshommes de sa suite, avec un riche costume à la grecque, plein de gravité comme celui des prélats. C'était chose merveilleuse de voir une cérémonie si imposante ; on lut l'évangile en grec et en latin, comme on le fait à Pâques dans la cour de Rome. Je dois mentionner ici un singulier mérite des Grecs, qui, en 1500 et au delà, conservent toujours le costume qu'ils ont eu antérieurement ; ce qui se voit encore en Grèce dans le lieu appelé Champs-Philippes, où se trouvent beaucoup de sculptures en marbre représentant des hommes vêtus à la grecque absolument comme ceux qui vinrent à Florence. » (VESPASIEN FIORENTINO, *Vie d'Eugène IV*.)

Le décret d'union fut publié, après d'autres, par les *Archives historiques*, en 1857. Il commence ainsi : *Eugenius, etc. Consentiente carissimo filio nostro Johanne Palæologo Romanorum imperatore illustri et... orientalem Ecclesiam repræsentantibus. Lætentur cœli et exsultet terra : sublatus est enim de medio paries qui occidentalem orientalemque dividebat Ecclesiam, et pax atque concordia rediit : illo angulari lapide Christo, qui fuit utraque unum, vinculo fortissimo caritatis et pacis utrumque jungente parietem ; et perpetuæ unitatis fœdere copulante ac continente ; postque longam mœroris nebulam, et dissidii diuturni atram ingratamque caliginem, serenum omnibus unionis optatæ jubar illuxit. Gaudeat et mater Ecclesia, qui filios suos hactenus invicem dissidentes jam videt in unitatem pacemque rediisse ; et quæ antea in eorum separatione amarissime flebat, ex ipsorum modo mira concordia cum ineffabili gaudio omnipotenti Deo gratias referat. Cuncti gratulentur fideles ubique per orbem, et qui christiano censentur nomine, matri catholicæ Ecclesiæ collætentur. Ecce enim occidentales orientalesque Patres, post longissimum dissensionis atque discordiæ tempus, se maris ac terræ periculis exponentes, omnibusque superatis laboribus, ad hoc sacrum œcumenicum concilium desiderio sacratissimæ unionis, et antiquæ caritatis reintegrandæ gratia, læti alacresque convenerunt, et intentione sua nequaquam frustrati sunt. Per longam enim laboriosamque indaginem, tandem Spiritus Sancti*

concordat avec l'Allemagne ; le pape, à son lit de mort, y consentit pourvu que les droits du saint-siége ne souffrissent aucune atteinte. Nicolas V, son successeur, montra les meilleures dispositions pour un arrangement, et le synode de Bâle ne se soutint plus. Félix V abdiqua, en se réservant des bénéfices en si grand nombre qu'il était plus riche que le pape; mais il mourut bientôt. La paix fut donc rendue à l'Église, et le jubilé de l'année suivante parut célébrer le triomphe de Rome.

1447

Si le concile de Bâle avait pourvu à la réforme de l'Église avec prudence et charité, il pouvait prévenir les maux qui éclatèrent dans le siècle suivant. Au début, loin de porter atteinte à la souveraineté papale, il sanctionna le décret de Gratien, les cinq livres des Décrétales de Grégoire IX, peut-être même le sixième de Boniface; seulement il enlevait aux papes les réserves, le droit de provision et celui de mettre des impôts sur les églises : mais, plus tard, guidé par la passion, il songea non-seulement à limiter l'autorité papale comme celui de Constance, mais encore à la remplacer par la sienne propre. C'est ainsi qu'il préparait la révolte protestante, tandis que l'Église ro-

clementia ipsam optatissimam sanctissimamque unionem consecuti sunt. Quis igitur dignas omnipotentis Dei beneficiis gratias referre sufficiat ? quis tantæ divinæ miserationis divitias non obstupescat ? cujus vel ferreum pectus tanta supernæ pietatis magnitudo non molliat ? Sunt ista prorsus divina opera, non humanæ fragilitatis inventa ; atque ideo eximia cum veneratione suscipienda, et divinis laudibus prosequenda. Tibi laus, tibi gloria, tibi gratiarum actio, Christe, fons misericordiarum, qui tantum boni sponsæ tuæ catholicæ Ecclesiæ contulisti, atque in generatione nostra tuæ pietatis miracula demonstrasti, ut enarrarent omnes mirabilia tua. Magnum siquidem divinumque munus nobis Deus largitus est : oculisque vidimus quod ante nos multi, cum valde cupierint, adspicere nequiverunt. Convenientes enim Latini ac Græci in hac sacrosancta synodo œcumenica, magno studio invicem usi sunt, ut inter alia etiam articulus ille de divina Spiritus Sancti processione summa cum diligentia et assidua inquisitione discuteretur...

Item diffinimus sanctam apostolicam sedem, et romanum Pontificem in universum orbem tenere primatum, et ipsum Pontificem romanum successorem esse beati Petri principis Apostolorum et verum Christi vicarium totiusque Ecclesiæ caput, et omnium christianorum patrem et doctorem existere ; et ipsi in beato Petro pascendi, regendi, ac gubernandi universalem Ecclesiam a Domino nostro Jesu Christo plenam potestatem traditam esse; quemadmodum etiam in gestis œcumenicorum conciliorum, et in sacris canonibus continetur. Renovantes insuper ordinem traditum in canonibus ceterorum venerabilium Patriarcharum : ut Patriarcha Constantinopolitanus secundus sit post sanctissimum romanum Pontificem, tertius vero Alexandrinus, quartus autem Antiochenus, et quintus Hierosolymitanus, salvis videlicet privilegiis omnibus et juribus eorum.

maine, éblouie par son apparente victoire, négligeait les réformes nécessaires, et s'endormait dans une sécurité qui devait produire de funestes résultats.

CHAPITRE CXVIII.

L'EMPIRE D'ORIENT ET SES RELATIONS AVEC L'ITALIE. LES TURCS A CONSTANTINOPLE. L'ITALIE PERD SES COLONIES. VENISE FAIT LA GUERRE AUX TURCS.

L'empire romain d'Occident avait disparu depuis mille ans, et celui d'Orient subsistait encore, grâce surtout à l'incomparable position de Constantinople. Il subsistait, mais languissant et agonisant entre les mains débiles de ses maîtres; les empereurs, vains d'une science de mots, fiers d'un passé bien différent du présent, absorbés dans un luxe de corruption, passionnés pour des choses d'importance futile, ignoraient ou méprisaient les mœurs étrangères et les idées qui s'emparaient du monde. Cette société pompeuse était attaquée d'une autre maladie tenace, les hérésies, comme si la fatalité la condamnait à périr encore par les sophismes, de même qu'autrefois, à l'époque de la plus grande splendeur d'Athènes.

Le Saint-Esprit procède-t-il du Fils comme du Père? Ce problème, dont la solution échappe au raisonnement, bouleversa les écoles, les églises, les places, les familles, et rendit Rome hostile à Constantinople, les patriarches aux pontifes; Photius sépara donc entièrement l'Église grecque de l'Église latine, et cet empire eut pour ennemis les peuples auxquels il était lié par l'intérêt commun de résister aux hordes musulmanes qui s'approchaient. Les croisades avaient offert aux Grecs l'occasion de se régénérer, en greffant sur leur vieux tronc la civilisation moderne. Les deux races, d'ailleurs, auraient gagné l'une et l'autre au mélange de leurs meilleures qualités; mais les Grecs n'apportèrent dans leurs rapports avec les croisés que mépris et mauvaise foi, tergiversèrent dans des entreprises qui avaient pour eux une importance suprême, dont ils recueillaient même les premiers avantages, et finirent par s'attirer la haine des Latins. La conquête de Constantinople par les croisés aurait pu relever l'empire, si elle eût été acceptée et soutenue; au contraire, odieuse et combattue, elle n'en fit qu'accroître la faiblesse, et l'ancienne dynastie eut bientôt expulsé les Baudouins, qui vinrent promener dans l'Europe leur misère et leurs titres sans valeur.

Malgré la chute de l'empire latin, les Italiens avaient conservé leurs établissements dans le Levant. Pise, désormais, avait une trop faible importance ; mais Gênes et Venise auraient pu s'assurer la Méditerranée, la mer Ionienne et la mer Noire, si elles avaient vécu d'accord, au lieu de se vouer une haine implacable, qui, engendrant des insultes et des attaques réciproques, les poussa sur les bords de l'abîme. Les Génois, plus soucieux de leurs intérêts que de la cause européenne, avaient donné des secours à l'empereur Michel Paléologue pour enlever aux Latins Constantinople, où ils conservèrent le faubourg de Galata. Ils stipulèrent qu'ils y resteraient sous un podestat propre, lequel prêterait serment à l'empereur avant d'entrer en charge, et lui rendrait hommage tous les dimanches ; que l'empereur ne punirait aucun membre de cette colonie, si ce n'est quand le podestat refuserait de le faire ; il leur était défendu d'exporter de l'or ou de l'argent des terres impériales, excepté des vivres pour la commune de Gênes, et jamais pour les ennemis de l'empire ; toutes les fois que l'empereur équiperait une flotte, il pourrait exiger pour le service de celle-ci les navires génois, quand même ils seraient frétés par d'autres et déjà en chargement, et les expédier partout où il voudrait. Les Génois, à leur tour, s'engageaient à ne point se détacher de l'empire par commandement de personne couronnée ou non, ni par excommunication ecclésiastique (1) : précaution nécessaire, alors que l'on croyait qu'il était permis de manquer de foi aux infidèles, et les Grecs étaient considérés comme tels.

La faiblesse de ce peuple inspirait de l'arrogance aux Génois. Un marin se vantait que ses compatriotes seraient bientôt maîtres de la capitale, et tua le Grec qui relevait ses paroles ; un autre refusa le salut des armes en passant devant le palais. Les Génois cependant, établis dans un faubourg sans murailles, se trouvaient exposés à la répression légale des empereurs et aux violences des Vénitiens, qui, en effet, les assaillirent une

---

(1) *Neque unquam Januenses dimittent hanc conventionem, vel facient contra eam, neque pro ecclesiastica excommunicatione, neque pro præcepto alicujus hominis coronati vel non coronati.* (Voir CODINUS, *De officiis*, cap. XIV ; CANTACUZÈNE, *Hist.*, liv. 1, c. 12.)

fois, et, après les avoir contraints de se réfugier à Constantinople, incendièrent leurs habitations. Les Génois demandèrent donc de pouvoir fortifier Galata, qu'ils entourèrent d'une triple muraille de 4,400 pas de circuit, dans laquelle étaient compris leurs vastes magasins et leurs magnifiques demeures, en face de la mer. Ce faubourg, sans la chute de l'empire, aurait bientôt égalé Constantinople. De là, parcourant la mer Noire, où ils possédaient Caffa, les Génois apportaient aux Grecs les blés de l'Ukraine, le caviar et le poisson salé du Palus-Méotide; ils pénétraient dans les ports de la Crimée, pour recevoir les épices et les pierreries qui venaient de l'Inde par les caravanes. Les forteresses qui protégeaient leurs factoreries étaient à craindre des Européens non moins que des Tartares.

Nous avons déjà parlé de la bande d'aventuriers catalans conduite par Roger de Brindes à Constantinople, qui sauva pour quelque temps l'empire grec, sauf à le rançonner sans miséricorde, comme faisaient en Italie les autres compagnies. L'empereur Andronic caressait ouvertement Roger, au point d'épouser une de ses sœurs; mais il aiguisait en secret l'arme des lâches, et le tua par trahison. Ses compagnons néanmoins ne se dispersèrent pas, et formèrent plusieurs fois le projet de conquérir l'empire pour leur compte ou celui du roi de Sicile, qui leur envoya même l'infant don Ferdinand pour les commander; mais les Génois, depuis longtemps jaloux des Catalans, leurs concurrents les plus redoutables dans le commerce de la mer occidentale, s'irritèrent à la vue des avantages que ces aventuriers obtenaient ou ravissaient en Orient. De là des conflits; de même que les Catalans offraient à l'empereur de détruire les établissements des Génois et de le délivrer de leur insolence, ainsi les Génois l'aidèrent à se débarrasser de cette bande.

Les Latins cependant ne cessaient pas de guerroyer contre l'empire grec; c'était, à leurs yeux, une entreprise sainte et une conséquence des croisades. Charles de Valois, fils de Philippe le Bel, dont la femme, Catherine de Courtenay, lui avait apporté en dot des droits nominaux sur ce trône, voulait les rendre réels en faisant passer l'empire d'Orient sous la domination des Latins; mais, comme il n'avait que cinquante chevaliers, il obtint de médiocres résultats.

Lorsque Catherine de Valois épousa Philippe, duc de Tarente, on détermina dans les conventions nuptiales les secours que son mari lui fournirait pour recouvrer l'empire latin et les provinces de la Grèce, dont elle lui ferait cession. Le roi de France, son parent, Venise et le pape favorisaient ses desseins ; l'empereur Andronic, ne pouvant compter sur Gênes, déchirée par ses discordes intestines, prit la résolution désespérée de recourir aux Turcs pour se défendre contre les chrétiens ; en même temps, il favorisait les Gibelins contre Robert, roi de Naples, afin qu'il ne pût aider Philippe, et fit passer à Frédéric de Sicile 650,000 pièces de monnaie d'or (1). L'entreprise, en effet, n'eut pas de suite ; le royaume de Naples fut exposé à de nouvelles tempêtes, au milieu desquelles les princes de Tarente, loin d'être en mesure de faire valoir leurs prétentions sur l'empire, avaient à peine assez de force pour se tenir debout.

Mais, comme les conquêtes des Musulmans croissaient sans cesse, les empereurs de Constantinople comprenaient qu'ils devaient, dans l'intérêt de leur salut, se réconcilier avec l'Église latine. Déjà, sous Andronic le Jeune, le moine basilien Bernard Barlaam de Seminara en Calabre, intelligence vive et cultivée, qui se fit admirer par Boccace à Naples et par Pétrarque à Avignon, avait travaillé beaucoup pour amener ce résultat ; mais il échoua, parce que les Orientaux demandaient la réunion d'un concile, regardé par les Latins comme superflu, puisqu'il s'agissait de questions déjà résolues.

Barlaam, de retour à Constantinople, eut à discuter avec Palamas, archevêque de Thessalonique, sur la lumière incréée. Palamas soutenait qu'elle était, non pas la substance divine, mais une émanation de cette substance, et que les anges, comme les saints, pouvaient contempler celle-ci, mais non celle-là. L'autre, au contraire, prétendait que la lumière incréée n'était ni l'essence divine, ni un effet de cette essence, et qu'aucune puissance humaine ne saurait rendre les yeux humains capables de contempler la Divinité. Telle est la question sur laquelle on fait tant d'épigrammes ; mais, d'après l'enchaînement des erreurs et des vérités, elle entraînait, dans l'opinion de Palamas, la dualité de la substance éternelle, et, dans celle de Barlaam, elle enlevait aux saints la vision béatifique. Barlaam fut réprouvé par un synode de Constantinople ; alors il abandonna la Grèce, écrivit contre le schisme, et, nommé évêque de Geraci, il contribua à restaurer les études en Italie.

Après la mort du faible Andronic, le désordre régna par-

---

(1) Ainsi s'exprime Sauli (*Della colonia di Galata*) après François Testa.

tout, jusqu'à ce que le grand maître du palais, Jean Cantacuzène, usurpa la couronne sur Jean Paléalogue. Afin de se maintenir, il n'hésita point à appeler en Europe les Turcs, qui avaient déjà enlevé à l'empire les provinces d'Asie ; mais les Génois étaient alors plus maîtres de Constantinople que l'empereur. Si, au milieu de sa détresse, ils lui venaient en aide par des prêts, ils l'empêchaient d'agrandir sa puisssance maritime, pour n'avoir pas à redouter sa concurrence. Insultant à sa majesté, ils occupèrent et bastionnèrent malgré lui le sommet de la colline sur le flanc de laquelle ils avaient obtenu d'établir leur colonie, et commandaient ainsi le détroit que l'on traverse pour entrer dans la mer Noire ; ils battirent la flotte de l'empereur, bloquèrent même Constantinople, et il ne parvint à les apaiser que par des concessions forcées.

A cette époque, dans le but de repousser les Tartares, qui menaçaient les établissements de la mer Noire, on avait organisé une espèce de croisade, composée surtout de navires vénitiens, et conduite par Humbert, dauphin de Vienne. Les Génois, aussitôt que leurs discordes intestines le permirent, envoyèrent leur flotte, commandée par Simon Vignoso, rejoindre cette expédition ; mais, au lieu de poursuivre les Tartares, leurs navires attaquèrent et prirent Scio, île dans une position favorable, à huit milles du continent, qui dominait sur les îles voisines de Samos, Mételin, Ténédos et le détroit de Gallipoli, et que les Génois avaient possédée autrefois. Cantacuzène, indigné, arrête quelques bâtiments génois ; mais les colons de Galata se lèvent en tumulte, et menacent de nouveau la capitale. L'empereur réclame à Gênes, mais inutilement, puisque la commune n'exerçait aucune autorité sur les colons ; il ne trouva donc d'autre moyen de salut que de recourir à la jalousie de Venise.

La concurrence que Gênes lui faisait dans ses colonies de la Tana avait encore excité cette jalousie. Un Génois, frappé par un Tartare, le tua, et les Tartares, pour se venger, maltraitèrent les personnes, sans épargner leurs biens, de tous les chrétiens qui trafiquaient dans ces parages. Les Génois résistèrent dans Caffa, assez bien fortifiée contre des pillards indisciplinés ; de là ils fermèrent le passage du Bosphore cimmérien, interceptant ainsi tout commerce avec les Tartares, dont les marchandises se détérioraient, et qui voyaient s'évanouir l'espoir des richesses sur lesquelles ils avaient compté. Les Vénitiens ne voulurent pas respecter ce blocus ; de là de nouveaux conflits. Venise expédia trente galères portant des marchandises et des soldats qui passèrent à la Tana; leur commandant, Marc Ruzzini, ayant rencontré, à la hauteur de Négrepont, onze galères génoises, les entoura et les prit à l'abordage. Les Génois, à leur tour, surprirent Candie, d'où ils enlevèrent les marchandises et les navires qu'ils avaient perdus. De son côté, Ruzzini assaillit Galata, mit le feu à plusieurs navires, et proposa à l'empereur de le soustraire à la tyrannie génoise; mais celui-ci, craignant peut-être ses libérateurs autant que ses adversaires, repoussa cette offre.

1349
29 août.

Les flottes des deux républiques ensanglantèrent longtemps les mers. L'habile amiral Nicolas Pisani avait réuni aux galères vénitiennes la flotte des Grecs, des Pisans et des Aragonais, toujours ennemis de Gênes; mais, à l'île des Protes, entre Constantinople et Chalcédoine, au milieu des ténèbres de la nuit et de la fureur d'une tempête, impuissantes à suspendre la haine des hommes, il fut défait par Paganino Doria. La mer et le rivage furent couverts des débris d'une victoire si déplorable; les Vénitiens perdirent quatorze navires, les Aragonais dix, les Grecs deux, et les Génois eux-mêmes treize, qui furent pris ou engloutis par la tempête. On prétend que sept cents nobles périrent dans cette bataille; aussi, à Gênes, presque chaque famille dut porter le deuil, et les fêtes qui célébraient toute victoire furent interdites.

1352
février.

Doria, enorgueilli de son triomphe, invita le khan des Tartares à s'unir à lui contre les Byzantins; secondé par Orkhan, fils de cet Osman qui avait fondé l'empire turc, il assaillit l'empereur Cantacuzène, l'insulta dans son palais, et le contraignit à se détacher des Vénitiens, en lui faisant signer un traité qui accordait aux Génois tous les avantages enlevés à leurs rivaux. Les Vénitiens durent promettre de ne pas envoyer de navires à la Tana pendant trois ans, et de se contenter d'un comptoir à Caffa; les Grecs prirent l'engagement de ne point intervenir dans les débats qui pourraient naître entre Génois, Vénitiens et Catalans, de ne pas expédier à la Tana de bâtiments de commerce, de restituer tout ce qu'ils avaient enlevé aux Génois, qui auraient le droit d'acheter des terres sans l'autorisation de l'empereur. Gênes n'aurait pas même borné là ses prétentions, si une bataille, livrée à la hauteur de Cagliari, n'avait point vengé les Vénitiens, qui, à l'abordage, enlevèrent aux Génois trente et une galères avec quatre mille prisonniers, qu'on jeta à la mer. La ville fut plongée dans le deuil; puis, toujours déchirée par les factions, elle chercha le repos de la servitude en se soumettant à l'archevêque de Milan.

1355 Le Génois François Gattilussio, ayant armé deux navires pour tenter fortune, aida Jean Paléologue à déposséder l'usurpateur Cantacuzène ; en récompense, il demanda sa sœur pour femme et l'île de Mételin, qui resta dans sa descendance. Déjà les Zaccaria, ayant contribué puissamment à la reprise de l'île de Négrepont, avaient obtenu de l'empire les riches mines d'alun de Phocée. Afin de se maintenir sur le trône qu'il avait recouvré, et pour résister aux Ottomans, déjà maîtres de Gallipoli et d'Adrianopolis, Jean Paléologue s'était adressé à Innocent VI, en lui promettant de soumettre son Église à celle de Rome. Le pape lui offrit pour six mois vingt vaisseaux de guerre avec cinq cents chevaux et mille fantassins ; mais Gênes, Pise, les chevaliers de Rhodes et le roi de Chypre fermèrent l'oreille à ses sollicitations.

1366 Amédée VI de Savoie, secondé par les Génois de Galata, se mit à la tête d'une expédition, et reprit aux Turcs Gallipoli.

Au milieu de cette triste situation, l'empereur, non content de solliciter Urbain V par des ambassadeurs, vint en personne à Rome à l'époque du couronnement de Charles IV, et reconnut la double procession du Saint-Esprit et la suprématie de l'Église latine : mais ses vices et son incapacité n'inspirèrent aucun sentiment d'intérêt et de pitié ; puis la mort du pape suspendit tout.

1369 Paléologue se rendit alors à Venise pour solliciter ses secours. Dans cette ville, il se trouva réduit à une telle détresse que ses créanciers le firent arrêter, et la Seigneurie déclara qu'il ne partirait qu'après s'être libéré. Andronic, son fils, qu'il avait laissé pour régent, ne se hâta point de lui envoyer l'argent nécessaire. Manuel, son jeune frère, le délivra en vendant le peu qui lui restait. Paléologue reconnut cette générosité par des sentiments affectueux, tandis que son fils devint l'objet de sa haine, et, pour l'assouvir, il se reconnut le vassal d'Amurat Ier. Lorsque Andronic chercha à détrôner son père, Amurat s'en prévalut afin de passer en Europe avec une forte armée, pour dompter ces querelleurs qui se disputaient sur le bord de l'abîme. Andronic, que son père avait imparfaitement aveuglé, put sortir de prison avec l'aide des Génois, et jeter à son tour son père dans les fers ; mais Jean put s'enfuir, grâce aux efforts ingénieux et patients du Vénitien Charles Zeno, qui demanda pour récompense que sa patrie fût investie de l'île de Ténédos. De là, comme nous l'avons vu, naquit une guerre terrible entre Venise et Gênes, qui eut d'abord pour résultat la victoire des Vénitiens au cap d'Antium, puis leur défaite à Pola par Pierre Doria, lequel mena la flotte génoise jusqu'à Chioggia.

Venise, s'apercevant qu'elle s'épuisait dans un pays menacé par des adversaires trop puissants, négligea la mer Noire; les Génois restèrent donc les arbitres de l'empire, imposant à leur gré la paix à ces princes fratricides, ou soufflant la discorde entre eux, sans même hésiter de souscrire avec les Turcs un traité par lequel ils s'obligeaient à ne leur faire jamais la guerre.

Les Génois faisaient presque seuls le commerce de la côte de Trébizonde, où régnait, avec le titre d'empereur, un petit prince nommé Comnène. Megallo Lercari, marchand génois, jouait aux échecs à sa cour, lorsqu'il eut une querelle avec un page de l'empereur, qui lui donna un soufflet ; n'ayant pu obtenir satisfaction de cet outrage, il arma deux galères, pilla la côte, et coupait le nez et les oreilles à tous les Grecs qu'il pouvait saisir. Un père le supplia avec tant de chaleur d'épargner ce supplice à ses enfants que Lercari leur pardonna, mais à la condition qu'ils emporteraient à Trébizonde un baril de nez et d'oreilles, pour le remettre à l'empereur, et lui dire qu'il ferait ainsi jusqu'à ce qu'on remît entre ses mains celui qui l'avait offensé. Telle était la force des Génois, ou la faiblesse de ces Grecs, que l'empereur vint en personne livrer le page à Lercari, qui se contenta de lui mettre le pied sur la face en disant : *Va-t-en, malheureux, et remercie l'humanité des Génois qui ne maltraitent pas des femmes* (1).

Les Turcs s'approchaient de la capitale, non plus en coureurs et par de subites dévastations, mais en conquérant le pays pas à pas, et Bajazet la serrait de près. Les empereurs recoururent à l'Occident, leur unique planche de salut, et Manuel Paléologue vint à Rome en suppliant. Heureusement les Mongols, conduits par Tamerlan, empereur de Samarcande, après des victoires aussi rapides qu'étendues dans le cœur de l'Asie, tombèrent sur les Turcs, et les forcèrent à pourvoir à leur propre défense. Bajazet, leur chef, fut vaincu et fait prisonnier par le redoutable Mongol. Cet événement retarda la chute de Constantinople ; puis les fils de Bajazet se combattirent entre eux. Les Grecs néanmoins ne surent profiter ni des discordes ni des défaites de ces princes pour se relever, et le successeur d'Amurat II pouvait dire à l'empereur grec : *Ferme les portes de ta ville, et règne dans son enceinte ; tout ce qui est dehors m'appartient.*

1399

---

(1) FOGLIETTA, *Hist. januensis*, livre VIII.

L'empire, en effet, se trouvait désormais réduit à la capitale et à un lambeau de la Thrace, d'une longueur de cinquante milles sur trente de large, avec quelques centaines de soldats, la plupart étrangers. D'ailleurs, on ne pouvait appeler les Musulmans barbares que par comparaison avec un peuple plus civilisé; car, si l'orgueil sensuel, sur lequel est fondée leur religion, les arrêta sur la voie du progrès, ils avaient moissonné les fruits de la civilisation arabe et persane : ils étaient puissants par le commerce, très-puissants sur terre et sur mer par les armes, dans lesquelles ils avaient introduit une perfection inconnue aux chrétiens ; ils eurent bientôt appris l'usage de la poudre, et l'on dit qu'ils obtinrent des Génois les premiers canons, dont ils améliorèrent la manœuvre afin de les tourner ensuite contre les murailles, qui n'étaient faites que pour résister aux catapultes. Les premiers, ils introduisirent une armée permanente avec la formidable milice des janissaires, recrutée d'enfants enlevés dans tous les pays, ce qui les détachait de toute affection, et qu'on habituait aux armes dès l'enfance ; cette milice était de beaucoup supérieure aux troupes vénales des chrétiens.

Entraînés par l'enthousiasme de l'apostolat guerrier, croyant que l'heure de la mort était fatalement marquée, et que le paradis attendait le guerrier frappé sur le champ de bataille, ils tombaient, sans égard pour leur civilisation, sur les peuples qui voulaient jouir des douceurs de la paix. La Russie, soumise au joug des Tartares, ne pouvait les affronter ; la généreuse Hongrie se trouvait affaiblie par les Autrichiens, qui désiraient en faire le patrimoine de leur maison, et l'Italie était mise en lambeaux. Les Turcs, possédant les côtes de la Méditerranée et de l'Archipel, pouvaient donc réduire en pachaliks la Pologne, la Hongrie, l'Allemagne, l'Italie, faire manger à leurs chevaux l'avoine sur l'autel du Vatican, et renfermer la civilisation chrétienne dans des limites fort étroites.

Le danger parut plus imminent lorsque le double glaive fut placé dans les mains d'Amurat II, un des plus grands héros de l'islam. Manuel Paléologue crut élever une barrière contre les Turcs en vendant aux Vénitiens Salonique, forte de quarante tours, avec quarante mille habitants, dans un golfe excellent, très-favorable au commerce, et qui servait à protéger Négrepont. La Sérénissime, entraînée alors dans la voie des conquêtes par Foscari, l'occupa, sauf à s'en excuser auprès d'Amurat, qui, pour toute réponse, fit arrêter le messager et assiéger Salonique.

La flotte vénitienne le repoussa ; Amurat assaillit alors la Morée, et toutes les fois que la Seigneurie envoyait pour traiter, il répondait : *Rendez-moi Salonique*. Enfin il la surprit et s'en empara, après que la république avait dépensé 700,000 ducats pour la défendre.

Amurat mit alors le siége devant Constantinople avec 200,000 Turcs. Eugène IV poussa le cri d'alarme pour annoncer le péril que couraient l'Europe et toute la chrétienté si Byzance périssait. Mais c'était le calcul des princes, et non plus l'enthousiasme des peuples, qui poussait aux entreprises ; or les princes étaient occupés chez eux à consolider la prérogative royale, à étendre leurs possessions, à se fortifier d'alliances de familles. Gênes et Venise, rapprochées par le danger, se réunirent sous l'étendard des saintes clefs ; le cardinal Cesarini parvint à décider la Pologne et la Hongrie, menacées de plus près, et l'armée, composée d'aventuriers de tous pays, sous la conduite de l'illustre Jean Huniade, Transylvain formé dans les guerres d'Italie, s'avança pour assaillir Amurat. Mais la bataille de Varna dispersa l'armée des croisés, et l'empereur Jean III Paléologue dut acheter la paix.

Paix éphémère : cet empereur ne voyait de remède à ses maux que dans les secours de l'Occident ; mais il ne pouvait les espérer qu'en réconciliant son Église avec celle des Latins. Le concile de Ferrare était alors réuni ; Paléologue, transporté en Italie sur des navires vénitiens, menait avec lui Joseph, patriarche de Constantinople, et les représentants des autres patriarches, un grand nombre de prélats, de chanteurs, de moines, de philosophes, et déployait un faste qui faisait contraste avec sa misère, puisque le pape avait dû lui avancer les frais du voyage. Il reçut un accueil honorable, derniers témoignages de respect envers le représentant moribond de l'ancienne majesté césaréenne. Venise l'entoura de marques de vénération, dont la liberté n'était pas jalouse, parce qu'elles n'exprimaient point un hommage ; du reste, les dépouilles de Constantinople, qui l'embellissaient, disaient assez quel était le plus puissant de l'Auguste, trônant sur la poupe du vaisseau amiral, ou du doge et des sénateurs qui lui baisaient les pieds. A Ferrare, il obtint les cérémonies de poste et de grade réservées aux anciens empereurs ; mais les querelles entre le concile de Bâle et Eugène IV empêchèrent toute réussite. Après la réunion du concile à Florence, et lorsqu'on se fut mis d'accord sur les questions incompréhensibles et pratiques, Eugène promit de payer aux Grecs le retour dans leur patrie, d'entretenir continuellement deux galères et trois cents soldats pour la défense de Constantinople, et de fournir dix galères pendant un an toutes les fois qu'il en serait requis; d'engager les princes d'Europe à secourir cet empire, et de faire aborder à Constantinople tous les navires qui transportaient des pèlerins en Palestine.

Mais la réconciliation, feinte peut-être, mais à coup sûr intéressée dans la classe des grands qui cherchaient à la réaliser, devait échouer auprès du peuple et du bas clergé, ignorants et fanatiques au point qu'ils auraient préféré Mahomet au pape. Les moines, vénérés dans leurs ermitages, maudissaient quiconque avait communiqué avec les Latins; les popes fermaient les basiliques à tous ceux qui s'étaient mis en relation avec le légat à Sainte-Sophie; la populace, dans les cabarets, raillait le pontife et les azymites. Les prélats eux-mêmes, sentant renaître leur conscience et leur orgueil, se rétractèrent, et ce misérable débris de l'empire romain fut bouleversé par les croyants anciens et nouveaux, qui s'attribuaient réciproquement le titre de catholiques, et traitaient leurs adversaires d'hétérodoxes. A les voir se poursuivre de haines ardentes parce que les uns portent la barbe et que les autres la rasent, parce que ceux-ci consacrent le pain fermenté, et ceux-là non, on dirait des gens gâtés par les bienfaits de la paix; et pourtant le cimeterre ottoman était suspendu sur toutes les têtes! Amurat voulut bien pardonner à Paléologue d'avoir sollicité la croisade : mais il assaillit ses frères entre lesquels était partagé le reste de l'empire; il soumit Neri Acciaiuoli, seigneur d'Achaïe, d'Athènes, de la Phocide et de la Béotie; par l'isthme, vainement fortifié, il entra dans le Péloponnèse, qu'il dévasta, incendia Corinthe, se rendit maître de Patras, et emmena soixante mille esclaves.

1451   Mahomet II, son successeur, poussé par une plus grande ardeur belliqueuse, s'apprêtait à anéantir ce fantôme de l'empire romain; il assiégea donc Constantinople avec deux cent cinquante-huit mille hommes et trois cents navires. Constantin Paléologue, sur ce trône vermoulu, se soutenait avec un courage digne d'un meilleur sort. Veuf d'une femme de la famille des Gattilussi de Gênes, princes de Métellin, il demanda en mariage une Foscari de Venise; mais, ses conseillers n'ayant pas trouvé cette alliance assez honorable, il choisit une princesse de Géorgie, et s'aliéna ainsi les Vénitiens, qui concoururent faiblement à la défense de

Constantinople. Les Génois de Galata eurent recours à la mère-patrie, dont ils obtinrent un gros navire, des machines et cinq cents hommes d'armes ; mais, se sentant incapables de résister, ils jugèrent plus sage de traiter avec les Turcs, auxquels ils promirent de rester neutres, et qui s'engagèrent de leur côté à les respecter. Double perfidie : en effet, Mahomet disait qu'il laissait dormir le serpent jusqu'au jour où il aurait étouffé le dragon, et les Génois continuaient sous main de secourir les assiégés.

La colonie génoise de Caffa envoya trois navires, qui, à travers de grands périls, et après avoir exercé des ravages dans la flotte turque, apportèrent des vivres aux assiégés. La ville contenait environ cinq cent mille Grecs, deux mille Génois et Vénitiens; mais les forces militaires se composaient tout au plus de sept mille hommes et de vingt-huit navires, outre que les Grecs abhorraient les Latins, qui cependant exposaient leur vie pour eux. Lorsque le légat pontifical, qui prenait sa part du danger, célébra la messe avec le pain azyme et l'eau froide, ils frémirent et s'écrièrent : *Il vaut autant tomber sous les Turcs que tomber sous Rome.*

L'intelligence et la valeur de Constantin ne pouvaient suppléer à l'indifférence des étrangers et des citoyens. Il confia le commandement de la place au Génois Guistiniani Longo, autrefois podestat de Caffa et maintenant prince de Lemnos, qui le secondait merveilleusement ; mieux que personne, il entendait les évolutions militaires, et savait assaillir, trouver des expédients, résister aux fatigues, opposer mines à mines. Il était aidé par d'autres Génois, fidèles à cette seconde patrie (1).

Les munitions de la place s'épuisaient, et l'artillerie turque lançait contre les vieilles murailles une masse extraordinaire de projectiles ; en outre, les assiégeants avaient une pièce qui tirait des boulets du poids de douze cents livres, de telle sorte qu'un seul coup suffisait pour couler un navire. Mahomet, ne pouvant forcer la grosse chaîne du port, fit traîner, peut-être avec l'aide des Vénitiens, ses navires à travers la langue de terre qui l'en séparait ; il arriva donc, un matin, que les assiégés les aper-

1453

---

(1) Des capitaines italiens, six étaient Génois : Maurice Cattaneo, Jean del Carreto, Paul Bocchiardi, Jean de Fornari, François de Salvatichi, Léonard de -Langosco, Lodisio Gattilussi. (LEON. CHIENSIS, p. 95.) Néanmoins le journal du siége de Constantinople, de Nicolas Barbaro, accuse les Génois de toutes les trahisons.

çurent à leur réveil dans l'intérieur du port. Ce prodige jeta le découragement dans l'âme des citoyens. Giustiniani essaya de livrer aux flammes cette flotte admirable : mais le canon des Turcs coula le brûlot avec cinq cents braves, et lui-même, blessé, se retira de la lutte, malgré les vives supplications de Constantin, qui lui donnait le nom de frère; en effet, après son départ, que d'autres, à l'exemple des oisifs toujours prêts à insulter les héros, lui reprochent comme une infamie, la constance des Italiens vacilla. Le 24 mai, les brèches étaient ouvertes partout, et Mahomet annonça l'assaut général pour le vendredi 29; le cri de : *Allah!* répondit de toutes parts à cette nouvelle, tandis que les assiégés se livraient à des actes de pénitence, communiaient, priaient la Vierge et faisaient entendre de lugubres *Kyrie eleison*. Enfin, après quarante-huit jours de siége, Constantinople, qui avait résisté à sept autres siéges d'Arabes et à cinq de Turcs, fut prise, et partout retentit le cri : *Dieu seul est Dieu, et Mahomet est son prophète!* Le Grand Seigneur, étant entré à Sainte-Sophie, ordonna au muezzin de faire commencer la prière, monta à l'autel et pria.

Constantin mourut en héros; les quelques navires italiens purent sauver un certain nombre des malheureux qui s'étaient réfugiés en foule dans la ville, et surtout les Génois de Galata avec leurs richesses. Mahomet, qui criait à ses soldats : *A vous les prisonniers, les richesses, les femmes! mais réservez-moi la ville et les habitations*, exhortait les Génois à rester sans crainte; le petit nombre de ceux qui l'écoutèrent obtinrent de pratiquer leur culte, en se soumettant à la capitation. Les négociants de Péra capitulèrent, et Mahomet fit décapiter le baile de Venise, et arrêter tous les Vénitiens qu'il put.

1454

Venise ne pouvait songer à la vengeance, mais à la soumission; et Barthélemy Marcel, après un an de négociations, conclut la paix. En voici les conditions : «Aucun des deux peuples ne fera de tort à l'autre, et chacun d'eux livrera les criminels d'État comme les voleurs, au lieu de leur donner asile. Commerce libre, sauf à payer réciproquement 2 pour 100 sur les marchandises vendues, et restitution mutuelle des biens des naufragés et des morts. Les Vénitiens paieront un tribut de 236 ducats pour les possessions qu'ils ont dans l'empire turc, et les esclaves vénitiens seront rendus, mais la république comptera 1,000 aspres ou 50 ducats pour chacun de ceux qui auront embrassé la religion musulmane. Les navires en destination pour la mer Noire se rafraîchiront, à l'aller comme au retour, dans le port de Constantinople, et pourront être chargés de toute espèce de marchandises de chrétiens, mais non de Turcs. Le patriarche de Constantinople recevra toujours le montant des revenus qu'il avait sur le territoire de Venise ; la Seigneurie enverra dans cette ville un baile pour diriger les affaires civiles et rendre la justice aux Vénitiens de toute condition. Le Grand Seigneur s'oblige à indemniser les Vénitiens qui, à la prise de Constantinople, auront réellement souffert dans leurs biens et leurs personnes. Venise pourra introduire toute espèce de monnaie ou l'argent en barre ; mais les barres devront être présentées à l'hôtel des monnaies pour recevoir son empreinte. »

A la métropole, après sa chute, survivaient encore l'empire d'Ibérie et celui de Trébizonde sur la mer Noire, où les Génois conservaient Caffa en Crimée ; entre la mer Noire et l'Adriatique, les royaumes de Dalmatie, Bosnie, Servie, Rascie, Bulgarie, Croatie, Transylvanie, placés sous la suprématie de la Hongrie ; les Valaques, race romaine ; l'Épire ; en Grèce, le duché d'Athènes ; dans le Péloponnèse, les despotes, frères du dernier Constantin. Les îles de Crète et de Négrepont, avec d'autres, et une partie de la Morée et de l'Albanie, appartenaient aux Vénitiens ; Chypre, aux rois latins ; Métélin et Lesbos, aux Gattilussi ; Céphalonie et Zante, à la famille Tocco ; Rhodes, aux chevaliers de Saint-Jean. Tous ces peuples, qui jusqu'alors avaient fixé leurs regards sur Constantinople, les tournèrent alors vers l'Italie, surtout vers le pape et Venise ; la Péninsule regorgeait de Grecs et d'Orientaux, qui exagéraient les cruautés des Turcs, et, selon la coutume des proscrits, la facilité de leur reprendre « leur injuste et grande proie ».

D'autre part, les Turcs, une fois maîtres de Constantinople, dont ils firent leur résidence, se posèrent comme les successeurs des empereurs romains, et, à ce titre, prétendaient être les maîtres de tout ce qu'ils avaient possédé, déclarant usurpateur quiconque retenait une partie de l'empire. En manifestant cette prétention, c'était l'Italie qu'ils avaient en vue ; pendant longtemps, le Grand Turc, lorsqu'on lui ceignait le sabre, aussitôt qu'il avait bu dans la coupe des janissaires, disait en la leur rendant pleine d'or : *Au revoir à Rome!*

Mahomet, en effet, s'apprêta à détruire les petites seigneuries qui s'étaient fondées dans l'empire ; Amastri, colonie génoise très-favorable au trafic avec le rivage méridional de la mer

Noire, fut enlevée à l'improviste, et sa population transférée à Constantinople. Gênes, voyant qu'elle ne pouvait conserver la colonie de Galata sous le canon turc, la céda, avec toutes les autres du Levant, aux protecteurs de la banque de Saint-George, afin qu'il les sauvassent à prix d'argent. Cette banque dut faire preuve d'une rare habileté, puisqu'elle conserva pendant treize ans les colonies de Crimée; ne pouvant y faire parvenir de secours par le Bosphore, fermé par les Turcs, elle prit à sa solde des Polonais, puis des bandes italiennes, qui, après un très-long voyage, arrivèrent jusqu'à la Tana. Elle sollicitait les secours de la chrétienté, mais en vain; Caffa tomba donc au pouvoir des Turcs, qui transportèrent à Constantinople ses quarante mille habitants, et quinze cents enfants génois furent enrôlés dans le corps des janissaires. Tana, Azoff et les autres villes tombèrent sans obstacles, et, jusqu'à la paix d'Andrinople de 1829, la mer Noire resta fermée aux chrétiens, qui devaient en faire bientôt le théâtre de terribles martyres.

Les Acciaïuoli de Florence avaient succédé aux Catalans de Sicile dans la domination d'Athènes. A la mort de Neri, sa femme mit son enfant sous la protection de Mahomet II; puis, s'étant éprise du Vénitien Pierre Priuli, elle lui offrit de le faire seigneur d'Athènes, à la condition qu'il répudierait sa femme pour l'épouser. Ainsi fut fait; mais les Athéniens indignés recoururent à Mahomet, qui fit égorger la coupable et extermina les Acciaïuoli.

Les discordes entre les despotes du Péloponnèse lui offrirent un prétexte d'intervenir, et Thomas Paléologue s'enfuit pour aller promener ses lamentations et la tête de saint André à la cour du pape, du duc de Milan et d'autres, afin de les exciter à délivrer la Grèce; mais il mourut de chagrin, maladie des exilés. David Comnène, dernier empereur de Trébizonde, alla finir ses jours en exil.

Dans l'Épire, en face de l'Italie, George Castriot, dit Scanderbeg, s'était révolté avec une glorieuse imprudence; encourageant les belliqueux Albanais à résister à la lune ottomane, il mit en fuite le victorieux Amurat. Mahomet II résolut de le soumettre, et, dans ce nouveau péril, Scanderbeg écrivit à Alphonse, roi de Naples, pour lui demander des secours; il en obtint, avec des vivres, des auxiliaires commandés par Raymond d'Orlaffa. Scanderbeg, jaloux de reconnaître ce service, vint ensuite en Italie pour secourir Ferdinand son fils, duquel il obtint en récompense Saint-Pierre en Calatina, petite ville de la Pouille, où se fonda la première colonie albanaise ; plus tard, d'autres s'établirent à Siponto, à Trani et autour du mont Gargan. A la mort de Scanderberg, l'Épire retomba dans la servitude ; mais les siens, durant cette longue guerre, avaient acquis une grande habileté. Montés sur des chevaux rapides, avec une soubreveste sans manches et piquée pour amortir les coups, le bassinet de fer sur la tête, une lance à pointe de fer et longue parfois de douze pieds, une épée longue, un petit bouclier, une masse de fer aux arçons, ils s'exerçaient à courir, à tourner rapidement ; ils étaient très-propres à poursuivre l'ennemi, à servir d'espions, à mettre le feu, à piller.

Le doge Pierre Mocenigo, quand il voulut tenter l'entreprise de Délos et de Mitylène, les prit à la solde de la république ; plus tard, ils servirent en Italie, où ils devinrent redoutables sous le nom de Stradiotes.

D'autres chrétiens, qui ne voulurent pas se plier au joug des Turcs, passèrent en Italie, demandant du pain et sécurité pour leur culte Ils obtinrent dans le royaume des terres qu'ils se mirent à cultiver, et leurs descendants conservent encore leur langue *primitive*, le rite, le costume et les usages grecs, comme ils *dansent* encore les misères de leur ancienne patrie. Jusqu'à ces derniers temps, l'armée napolitaine eut toujours un régiment royal macédonien.

Quelques Maïnotes ou Spartiates débarquèrent à Gênes, qui les établit dans la Corse ; moyennant le dixième des produits et cinq livres par feu, elle les investit des terres incultes de Paoncia, de Recida et de Piassologna, qui furent bientôt cultivées et peuplées. Ces émigrés restèrent fidèles à Gênes lorsque les Corses se révoltèrent contre elle ; obligés par la force supérieure des insurgés à s'embarquer pour Ajaccio, ils laissèrent enfermés dans la forteresse d'Uncivia vingt-sept des leurs, qui, pendant cinq jours, repoussèrent deux mille cinq cents Corses, et finirent aussi par se retirer à Ajaccio. Les restes de ces colonies se rencontrent aujourd'hui à Cargèse et à Ajaccio, avec leurs mœurs, leurs usages, leurs chants nationaux (1).

(1) Anne Paléologue, veuve du dernier empereur de Constantinople, ayant échappé aux massacres de ses compatriotes, aborda, avec plusieurs seigneurs grecs, dans la maremme toscane, et demanda à Sienne le château ruiné de Montacuto avec son district, en promettant de le reconstruire en cinq ans et de

Raguse se résigna à payer à la Porte un tribut de 1,000 ducats par an pour conserver son gouvernement propre; elle donna asile à un grand nombre de fugitfs de Constantinople, et fit imprimer, avec le premier livre de commerce, la première tragédie régulière (1); enrichissant les langues latine, italienne et slave, elle fut comme l'Athènes du pays serbe.

Mahomet, résolu à faire reconnaître un seul Dieu dans le ciel, un seul maître sur la terre, poursuivait ses victoires, conquérait la Bosnie et la Servie, et menaçait de marcher sur Vienne et sur Rome. Au milieu de ces graves circonstances, la voix des papes se fit entendre contre les Turcs. Déjà Clément V avait publié la croisade qui s'empara de Smyrne; une autre avait été provoquée par Urbain V pour guerroyer chez les Serviens; une troisième, par Boniface IX, qui fut dispersée à Nicopolis; une quatrième, sous Eugène IV, de laquelle nous avons vu la fin désastreuse à Varna. L'insuccès ne décourageait pas Nicolas V, qui publia de nouveau la croisade, mais sans effet. Calixte III ordonna de sonner à midi, dans toute la chrétienté, la cloche des Turcs; il sollicitait l'Allemagne, qui, dans les diètes, décrétait des hommes et de l'argent qu'on ne voyait jamais.

Jean de Capistrano, natif de la province d'Aquilée, s'étant adonné à l'étude du droit, fut nommé par le roi Ladislas juge de

---

l'habiter avec au moins cent familles. Il fut donc convenu que le nouveau château et le district seraient dépendants de la commune de Sienne, qui garderait la citadelle, excepté une porte, par laquelle l'impératrice pourrait s'enfuir au besoin; celle-ci et les siens prêteraient serment de fidélité à la république de Sienne, et offriraient tous les ans à la cathédrale un cierge de huit livres, en payant pendant dix ans un tribut de cinq livres à la chambre de Bicherna; sa suite pourrait prendre à Orbitello du sel pour son usage, à 12 sous le boisseau; on lui concédait deux terres réservées, une à planter en vigne, l'autre pour les pâturages, suffisantes pour cent paires de bœufs. Anne devait nommer deux magistrats grecs qui, pendant trente ans, rendraient la justice à cette colonie, au civil comme au criminel, selon les lois des empereurs grecs, sauf à se conformer, pour les peines, aux statuts de Sienne, ainsi que pour les poids et les mesures. Les colons jouiraient dans tout le comtat de l'exemption des droits d'entrée, et, si l'un d'eux abandonnait son domicile de Montacuto, la république l'indemniserait des dépenses de construction et des meubles qu'il y laisserait. La chose fut approuvée le 28 avril 1474; mais la charte qui rapporte ce fait, passée sous silence par les historiens et suspecte à d'autres égards, ne dit pas pour quels motifs échoua une combinaison qui aurait assaini ces marais déserts.

(1) La tragédie, par Menze, fut imprimée à Venise en 1500; l'autre livre, par l'habile calculateur Gottugli, fut aussi imprimé à Venise.

la grand'cour de la Vicairie. Un puissant baron avait été condamné à la peine de mort, et le roi, non-seulement approuva la sentence, mais l'étendit au fils aîné du coupable. Les juges se pliaient à la volonté royale, mais Jean leur inspira le courage de résister. Le roi, malgré leur opposition, ayant commandé l'exécution, Jean donna sa démission d'un emploi qu'il ne pouvait exercer sans injustice, et se fit franciscain. Accompagné de Bernardin de Sienne, il faisait des missions ; mais, à la vue du péril qui menaçait la chrétienté, il parcourut l'Europe en exhortant à la guerre sainte. A Vienne, on montre encore dans l'église de Saint-Étienne la chaire dans laquelle il prêcha ; le peuple le vénérait comme un thaumaturge, lui apportait les cartes et les dés pour qu'il les brûlât, et se livrait à la pénitence. Il put donc organiser une cinquième croisade contre les Ottomans, composée, non de nobles et de chevaliers, mais de plèbe, d'étudiants, de moines, de paysans armés de massues et de bâtons.

Frère Jean, ayant seul confiance alors que toute l'Europe désespère, poursuit son œuvre, adopte Jésus pour cri de guerre et va réveiller Jean Huniade. Se rappelant ses victoires et ses défaites d'autrefois, ce héros prend le commandement de l'armée, qui s'avance en désordre contre les Turcs, et oblige Mahomet à s'éloigner de Belgrade, qu'il assiégeait avec trois cents canons, en laissant vingt-quatre mille morts. En mémoire de cet exploit, le pape institua la fête de la Transfiguration pour le 6 août. Huniade et Capistrano, comme si leur mission était accomplie, moururent, l'un deux semaines, et l'autre trois mois après (1). Mahomet occupe le reste de la Servie, dont il emmène deux cent mille prisonniers, et les îles attaquées ne sont secourues que par la flotte pontificale. 1456

Pie II voulut jouer le rôle de Pierre l'Ermite, en exhortant la chrétienté à s'armer contre les Turcs ; il employait la logique, la dialectique et la rhétorique, bien moins puissantes que cette éloquence improvisée qui, découlant du cœur, entraîne irrésistiblement. Il institua l'ordre de la Vierge de Bethléem, qui disparut bientôt à la prise de Lemnos où il avait son siége ; puis, après avoir convoqué à Mantoue la chrétienté en concile, il pro- 1458

(1) Dans ses missions en Allemagne, en Bavière, en Hongrie, les papes lui avaient donné pour compagnon saint Jacques de Montebrandone dans la Marche, très-renommé par ses miracles, sa vie austère et ses conversions. Louis Scarampa, patriarche d'Aquilée et commendataire de Mont-Cassin, accompagna aussi l'expédition de Belgrade.

clama la croisade. A cette assemblée assistaient tous les princes d'Europe et les ambassadeurs des autres pays, ainsi que ceux de Rhodes, de Chypre, de Lesbos, de l'Épire, de l'Illyrie, les plus exposées aux menaces des Turcs. Le pape y déploya de l'éloquence, et fut imité par François Philelphe, qui portait la parole au nom du duc de Milan. Les députés de la Morée dépeignirent les horreurs commises par les Turcs et la servitude des Grecs. Qui ne se rappelle avec quelle ferveur, de nos jours, les femmes ont favorisé la cause des Grecs? Il en fut de même à cette époque ; Ippolita Sforza et Isotta Nogarola prononcèrent des discours dans cette réunion. La première, fille de François Sforza et femme du roi Alphonse II, avait transcrit de sa main presque tous les classiques latins ; l'autre, philosophe, théologienne, femme de lettres, a laissé un grand nombre de discours et de lettres, outre un dialogue singulier pour défendre Ève contre Adam.

Beaucoup de paroles, et, par conséquent, peu de faits. L'empereur Frédéric III était trop inepte pour qu'on pût lui confier le commandement, et le roi de France était retenu par ses propres affaires ; ce fut donc au duc de Bourgogne que l'on attribua l'honneur de commander la chrétienté. L'armée devait être levée en Allemagne, et stipendiée par la France, l'Espagne et l'Italie, proportionnellement à leur richesse ; Borso d'Este offrait 300,000 florins, et n'était peut-être si généreux que dans la prévision qu'il n'aurait jamais à les débourser. En effet, la paix si nécessaire fut rompue, et les princes tournèrent les uns contre les autres les armes réunies pour combattre les Turcs. Le pape s'en plaignait ; il écrivait : « Quels moyens employer ? à qui pouvons-nous recourir ? Nous demandons des secours aux princes chrétiens, et l'on ne nous écoute pas ; nous imposons des dîmes au clergé, et il refuse de les payer ; nous publions des indulgences, et l'on nous accuse d'en faire trafic. »

L'insuccès de toutes ces tentatives enflait l'orgueil de Mahomet, dont les victoires étaient accompagnées d'actes féroces et d'obscénités. Nous avons vu les Vénitiens obtenir, en vertu d'un traité, la garantie de quelques priviléges à Constantinople et de leurs possessions ; mais celles-ci, à mesure que la puissance musulmane s'étendait, restaient comme des îles dans une vaste inondation, menacées à chaque instant d'être submergées. En effet, un motif insignifiant fit naître les hostilités. Un esclave vole au bacha d'Athènes 100,000 aspres, et s'enfuit à Coron, propriété vénitienne ; les Turcs le réclament, et les Vénitiens, sans même restituer l'argent, refusent de le livrer parce qu'il avait embrassé la religion chrétienne. De part et d'autre on s'obstine, et la guerre est déclarée ; le procurateur Loredano assurait que vingt mille Grecs n'attendaient que le moment de prendre les armes pour saint Marc, et qu'il serait dès lors facile de conquérir toute la Morée : confiance ordinaire de quiconque s'imagine que, pour un peuple opprimé, la haine du joug équivaut au pouvoir de le briser. En effet, on y transporta une armée sous le commandement de Berthold d'Este, qui mourut glorieusement les armes à la main et fut remplacé par Sigismond Malatesta ; mais les combats n'étaient jamais décisifs, et l'on voyait plus d'atrocités que de science stratégique.

Les Vénitiens demandèrent des secours au pape, qui, à la nouvelle de leurs premières victoires, s'était écrié dans le consistoire : « Voyez comme Dieu a suscité son peuple fidèle, nos « enfants bien-aimés, le sénat et la nation vénitienne ! Voyez « comme ceux que tout le monde accusait d'indifférence et de « paresse ont pris avant les autres les armes en l'honneur de « Dieu ! On disait du mal des Vénitiens, on les signalait comme « les seuls qui, au milieu des angoisses des chrétiens, refusaient « de fournir des secours ; or ils sont les seuls qui veillent, tra-« vaillent, secourent les chrétiens, les seuls qui s'apprêtent à « tirer vengeance des ennemis du Christ. » Le pape, voyant que le mot : *Allez !* produisait peu d'effet, dit *Venez !* et résolut de se croiser lui-même, non pour combattre, mais pour prier comme Moïse sur l'Horeb, avec l'Eucharistie sur les yeux, afin que Dieu accordât la victoire aux chrétiens : « Peut-être, quand ils verront « leur père, le pontife romain, le vicaire du Christ, infirme et « vieux, partir pour la guerre sacrée, les fidèles rougiront de « rester chez eux, et ils embrasseront avec courage la défense de « notre sainte religion. »

L'élan parut général chez les Italiens. Le duc de Modène offrit deux navires, Bologne un, Lucques un, les cardinaux cinq, outre ceux du pape ; Venise devait fournir la chiourme et les premiers comites ; pour les dépenses, le pontife se taxa à 100,000 florins, qu'il comptait recueillir par les aumônes de toute la chrétienté ; Venise en promit autant, le roi de Naples 80,000, Milan 70,000, Florence 50,000, le duc de Modène 20,000, le marquis de Mantoue 10,000, Sienne 15,000, le marquis de Montferrat 5,000, Lucques 8,000. Ces quantités peuvent désigner l'importance relative des potentats italiens; mais Ancône, rendez-vous assigné par le pape aux croisés, ne vit presque arriver que des Hongrois et des Italiens, outre une tourbe sans vivres, ni argent, ni force. Lorsque les astrologues eurent annoncé que les planètes étaient favorables au départ, la flotte mit à la voile; mais la mort du pape (1) et les discordes des Italiens firent évanouir cette expédition, du reste sans rapport avec le but qu'on se proposait.

Le conclave imposa au nouveau pontife, Paul II, l'obligation de poursuivre l'entreprise, en y consacrant le produit des mines d'alun. Paul, dans ce but, réunit un congrès d'ambassadeurs, qui fixa la quote-part de chacun; mais elle ne fut point payée, et la ligue se dissipa. Ce pape avait accueilli honorablement Scanderbeg, auquel il donna, avec quelque argent, un chapeau et un sabre bénits; mais il ne put que le recommander aux princes de l'Europe.

Venise, qui ne voyait dans ses colonies qu'une source de profits, n'avait pas songé à civiliser et à nationaliser la côte d'Istrie et de Dalmatie, dont la conservation ne lui semblait pas intéresser le salut public. L'acquisition d'une province sur le continent italien la préoccupait bien davantage; en effet, tandis qu'elle armait contre le duc de Milan dix mille hommes de grosse cavalerie, elle n'en avait que deux mille en Morée, tour à tour prise et dévastée par ses défenseurs et les Turcs. Coriolan Cippico, qui servait comme premier comite d'une galère vénitienne, et nous a laissé le récit de ces faits avec des détails curieux, nous apprend que les Vénitiens, selon une ancienne coutume, partageaient le butin de la manière suivante : le général prélevait le dixième, le provéditeur et les officiers une part proportionnelle à leur grade, et le reste appartenait aux soldats, ce qui devait encourager au pillage; les soldats recevaient trois ducats pour chaque prisonnier qu'ils amenaient au camp, et l'on vendait sans cesse à l'encan des Turcs, hommes et femmes.

Mahomet, fatigué de voir ravager des contrées qu'il regardait comme siennes, jura « d'envoyer Venise consommer ses épousailles au fond de la mer », et, après avoir publié la guerre sainte, il disait : « Je jure à Dieu, unique, créateur de toutes « choses, de refuser tout sommeil à mes yeux, à mes lèvres

---

(1) Æneas Sylvius avait été pendant quelque temps évêque de Trieste; le docteur Rossetti de cette ville a donc recueilli de ce pontife tout ce qu'il a pu en écrits et mémoires, et en a fait don à la bibliothèque publique.

« toute friandise, de ne rechercher aucune chose agréable, de
« ne toucher à rien de beau, de ne pas tourner le front d'oc-
« cident en orient, que je n'aie renversé et foulé sous les
« pieds de mes chevaux les dieux de bois, de cuivre, d'ar-
« gent, d'or ou en peinture, que les disciples du Christ se sont
« faits de leurs propres mains; je jure d'exterminer leur iniquité
« de la face de la terre, du levant au couchant, pour la
« gloire du dieu Sabaoth et du grand prophète Mahomet. Je
« fais donc savoir à tous les circoncis mes sujets, croyant en
« Mahomet, à leurs chefs et auxiliaires, s'ils craignent Dieu,
« créateur du ciel et de la terre, et mon invincible puissance,
« qu'ils aient tous à se rendre auprès de moi. »

Si la terreur n'a point exagéré le nombre, il se dirigea sur Négrepont avec quatre cents navires et trois cent mille guerriers.
Après avoir débarqué, il assaillit cinq fois la ville, et Nicolas Canale, amiral vénitien, ne sut pas employer avec assez de courage ses pièces d'artillerie, qui furent regardées comme un prodige parce qu'elles tiraient cinquante-cinq coups par jour; elle
fut donc prise sous ses yeux, bien qu'elle se défendît de rue en
rue avec une valeur obstinée. Mahomet avait menacé de la peine
de mort quiconque épargnerait un prisonnier au-dessus de
vingt ans; Paul Erizzo, qui tenait la citadelle, s'étant rendu à la
condition d'avoir la *tête sauve*, Mahomet la respecta, mais le fit
scier en deux pour venger les soixante-seize mille Turcs qui
périrent, dit-on, sous les murs de l'héroïque cité. La flotte de
Venise, la meilleure du monde, avait à combattre celle des Turcs,
inexpérimentée et composée de navires marchands et de transport; son insuccès fut donc attribué à l'indécision de Canale,
qu'on envoya enchaîné à Venise, en lui donnant pour successeur Pierre Mocenigo.

L'épouvante se répandit en Europe, lorsqu'on apprit que les
Turcs étaient également redoutables sur mer, et qu'ils pouvaient
faire sentir leurs coups dans tous les ports. Paul II, secondé par
le cardinal Bessarion et d'autres Grecs fugitifs, exhortait les
Italiens à suspendre leurs inimitiés et à renouveler la confédération italienne de 1454; en effet, une autre ligue se forma, dans
laquelle entrèrent Ferdinand de Naples, le plus rapproché du
danger, le roi Jean de Sicile et d'Aragon, les républiques de Venise et de Florence, les ducs de Milan, de Ferrare et de Modène,
les marquis de Mantoue et de Montferrat, le duc de Savoie, les
républiques de Sienne et de Lucques; on envoya des émissaires

pour exciter l'Allemagne, et Paul Morosini, ambassadeur vénitien, disait à cette diète : « Il y a plus de deux siècles que notre
« république a commencé la guerre avec les Turcs, et seule,
« surtout dans ces derniers temps, elle a soutenu leurs attaques
« continuelles dans la Thrace et l'Illyrie. Le danger est commun
« à la chrétienté, et pourtant c'est Venise seule qu'on laisse la
« défendre. Le sommeil de l'Europe inspire de l'audace à l'en-
« nemi, qui s'avance déjà par l'Illyrie, la Pannonie et l'Adriati-
« que, enlevant toute sûreté sur mer et sur terre. Tout espoir
« n'est pas encore perdu, si les Allemands déploient cette valeur
« qu'exige la défense de sa propre maison et de sa liberté. Ve-
« nise a une flotte nombreuse, des garnisons sur les côtes et
« vingt-cinq mille combattants, et le roi Ferdinand joindra
« vingt-trois galères à nos soixante. Avec les autres qui seront
« fournies par l'Italie, le nombre sera porté à cent ; ainsi,
« pourvu que les Allemands nous secondent par terre, toute la
« chrétienté ne tardera point à être délivrée (1). » La Hongrie,
sentinelle perdue sur l'autre chemin des Turcs, faisait les
mêmes instances ; mais l'empereur n'agissait point, l'Allemagne
était inerte, et la Hongrie elle-même et la Bohême se déchiraient
dans la guerre excitée par les hérésies des hussites.

Pierre Mocenigo met à feu et à sang les îles et les côtes, bien
que la plupart soient habitées par des chrétiens, et promet un
ducat pour chaque tête de Musulman qu'on lui apportera : acte
de barbare contre des barbares. Les navires de Naples et du
pape vinrent rallier sa flotte, et tous ensemble continuèrent les
ravages sans remporter aucune victoire, tandis que les Turcs
désolaient à leur tour les possessions vénitiennes. Le renégat
Hassan-Bey, bacha de la Bosnie, appelé en Croatie avec vingt
mille chevaux, après avoir dévasté le pays, traversa la Carniole,
descendit les Alpes qui s'abaissent dans cette contrée, et poussa
ses cavaliers jusqu'à trois milles d'Udine. Heureusement il s'arrêta près de cette ville ; mais il avait tué dix-huit mille chrétiens,
fait quinze mille esclaves, détruit les moissons et les troupeaux.

Un jeune Sicilien, du nom d'Antoine, prisonnier à Constantinople, parvint à s'enfuir, se présenta à Mocenigo et lui demanda
une barque, en lui promettant d'incendier la flotte turque.
L'ayant obtenue avec de braves compagnons, il feignit de vendre
des fruits, se mêla parmi les Turcs et réussit à mettre le feu aux

(1) RAYNALD, à l'année 1471, § 9.

bâtiments; mais les flammes atteignirent sa propre barque, et il fut pris dans sa fuite. Le Grand Seigneur voulut le voir, et lui demanda s'il avait reçu quelque injure qui l'aurait porté à se venger : *Aucune; mais vous êtes les ennemis implacables de la chrétienté, et je m'estimerais heureux si j'avais pu te brûler, toi, comme j'ai brûlé ta flotte.* Mahomet le fit scier avec ses compagnons, et Venise combla sa famille de bienfaits. (1).

Sixte IV parvint encore à rassembler quelques forces; en outre, recherchant l'amitié des ennemis des Turcs, il envoya d'abord à Ussum Kassan, schah de Perse, frère Louis de Bologne et Catarino Zeno, puis Josaphat Barbaro avec des vases d'or et des étoffes de Venise, lequel cependant n'arriva point à sa destination, quoique fît le sénat vénitien. Kassan, ayant fait alliance avec les Italiens, envahit l'Asie Mineure; mais, dépourvu de courage et d'artillerie, il se retira bientôt, laissant exposés, presque seuls, les Vénitiens, qui ne démentirent point leur réputation de bravoure. Au siége de Scutari, Antoine Loredano s'obstine à la défense; or, comme le peuple et les soldats demandaient à se rendre à cause du manque de vivres, il se présente avec l'étendard de saint Marc, et, découvrant sa poitrine, il leur dit : *Voici mes chairs; rassasiez-vous-en, mais continuez à résister.* C'est ainsi qu'il se montrait le digne émule de Paul Erizzo et de sa fille Anne, d'Alvise, de Calbo et de Jean Bondumier, tombés martyrs de la religion et de la patrie à Négrepont. Cependant les Turcs triomphent; ils apportent entre l'Isenzo et le Tagliamento l'esclavage avec la peste, qui se répand aussi à Venise, où elle moissonnait par jour environ cent cinquante personnes, et le grand conseil se trouve réduit à quatre-vingts individus.

1471

1473

Épuisée par quinze ans d'une guerre terrible, Venise demande la paix, qu'elle obtient en cédant Scutari, Stalimène et tout ce qu'elle avait conquis dans cette campagne; elle conserve une juridiction propre à Constantinople, et achète, au prix de 10,000 ducats par an, l'exemption des droits de douane. La chrétienté, qui avait négligé de venir au secours des Vénitiens, sent alors croître le danger et les accuse de lâcheté; le pape déclare qu'ils n'avaient pas le droit de terminer la guerre sans son assentiment, et les proclame déserteurs; les petits princes d'Italie deviennent jaloux en voyant que la seigneurie, qui les avait caressés jusqu'alors, pouvait tourner les armes contre eux.

1479

Les chevaliers de Saint-Jean formaient encore un autre poste

---

(1) SABELLICO, *Dec.* III, l. IX.

avancé contre les Turcs. Après avoir perdu Acre, ils s'étaient établis à Chypre, gouvernée par Lusignan, et de Limisco continuaient à guerroyer contre les infidèles. A la suite de conflits incessants avec les Lusignan, ils résolurent de conquérir l'île de Rhodes ; après l'avoir surprise avec les îles adjacentes, ils s'y fortifièrent, et de là tombaient sur les Turcs, en donnant la main à quiconque leur faisait la guerre. Orkhan l'avait assiégée vainement en 1315; bien plus, les chevaliers prirent Smyrne, qu'ils occupèrent de 1343 à 1401, époque où Tamerlan s'en empara.

Mahomet sentit l'importance de Rhodes, et aussitôt que sa flotte fut libre, il la dirigea contre cette île. Jean-Baptiste Orsini, qui en était le trente-huitième grand maître, appela à la défense les chevaliers de toutes les langues, et se fit accorder un pouvoir absolu sur les biens et les forces tant que la guerre durerait. Meschid-Bacha aborda avec cent soixante vaisseaux, débarqua cent mille hommes et mit le siège devant la capitale ; mais les chevaliers profitèrent avec tant de valeur de l'avantage et de la force des positions, que les Turcs durent se retirer après quatre-vingt-neuf jours de siège, laissant neuf mille morts et emportant treize mille blessés.

Nous dirons ailleurs comment l'infâme politique des temps nouveaux poussa Sforza, le roi de Naples, Florence et le pape à exciter les Turcs contre Venise. Dans la guerre qui suivit, Anton Grimani, qui commandait, fut vaincu, et Venise le punit de l'exil; son fils, pour faire étalage de sentiment patriotique, lui mit les fers aux pieds. Dès lors, toutes les villes maritimes de la Morée furent enlevées à Venise, qui avait cessé de recouvrer durant la paix ce qu'elle perdait sur les champs de bataille.

En butte aux sourdes hostilités du roi de Naples, Venise à son tour excita contre lui Mahomet, et les Turcs, débarquant de la Vallonna en Italie, assaillirent Otrante, qui se défendit avec un grand courage ; mais l'artillerie les rendit maîtres de la ville, où ils tuèrent l'archevêque Étienne Pendinello, les chanoines, les moines, violèrent les religieuses, égorgèrent dix mille habitants, en emmenèrent autant comme esclaves, et y mirent une forte garnison.

La perversité des princes diminue en quelque sorte l'horreur pour le nom turc ; Mahomet faisait proclamer qu'il exempterait pour dix ans de tout impôt les pays italiens qui se donneraient à lui, qu'il n'exigerait ensuite qu'une piastre par tête, et leur permettrait de suivre leurs lois et leur religion comme cela se faisait à Constantinople. En effet, mille cinq cents soldats du roi Ferdinand passèrent dans ses rangs, et l'on craignit que le territoire d'Otrante ne le reconnût pour maître ; l'épouvante se répandit alors dans l'Italie, et le pape se disposait à s'enfuir au delà des monts. Mais la mort de Mahomet vint dissiper ce nuage. Il avait cinquante et un ans, et répétait avant d'expirer : « *Je voulais conquérir Rhodes et l'Italie.* » L'allégresse des chrétiens attesta combien il était redouté ; le pape Sixte IV ordonna de fêter cette nouvelle comme un dimanche, et de consacrer trois jours à des réjouissances au milieu de salves continuelles d'artillerie et de processions générales.

1481

Heureusement pour l'Italie, l'impétuosité des Turcs se ralentit, et le despotisme non moins que le climat énerva cette puissance qui menaçait d'une barbarie nouvelle ; puis les relations que la Porte entamait avec l'Europe, au moyen de traités et d'ambassades, adoucissaient son fanatisme cruel et meurtrier.

L'acquisition de Chypre dédommagea Venise de toutes les pertes qu'elle avait éprouvées. Richard Cœur-de-lion, pour remplacer le royaume de Jérusalem, avait accordé cette grande île à Guy de Lusignan, dans la descendance duquel elle resta jusqu'à la mort de l'efféminé Jean III. Jacques Lusignan, son fils naturel, prétendait lui succéder au détriment de sa sœur Charlotte, mariée à Louis de Savoie ; ayant occupé l'île, il en reçut l'investiture du soudan d'Égypte, son seigneur suzerain, et prit même Famagouste que les Génois possédaient depuis quatre-vingt-dix ans.

1458

1464

Charlotte fut contrainte de s'enfuir, et, aussi entreprenante que son mari était apathique, elle engagea dans son parti le pape, les chevaliers de Rhodes et les Génois ; mais les Vénitiens se déclarèrent en faveur du bâtard, et, comme il manquait d'argent pour se maintenir, le Vénitien Marc Cornaro, son banquier, lui offrit 100,000 sequins s'il voulait épouser sa jolie nièce Catherine. Afin qu'elle ne fût pas inférieure à son royal époux, la république l'adopta, et ce vain titre d'honneur devint l'occasion d'une acquisition très-importante. En effet, lorsque Jacques eut péri, l'île fut bouleversée par divers prétendants, et la république se déclara l'héritière éventuelle de Catherine, comme une mère de sa fille ; puis, sous le prétexte des menaces des Turcs, elle l'amena ou la contraignit à renoncer à Chypre. Catherine reçut en échange le château d'Asolo, dans le Trévisan, où, con-

1475

1489

servant son titre et entourée de luxe, de plaisirs, d'hommes de lettres, elle n'eut pas lieu de regretter beaucoup la perte de son royaume. Venise obtint ainsi cette île qui produit beaucoup de vin, de blé, d'huile, de cuivre, et menaça de noyer quiconque blâmerait ce fait. Les ducs de Savoie, auxquels Charlotte avait cédé ses droits, protestèrent, mais durent se contenter d'ajouter à leurs titres celui de roi de Chypre, qu'ils partagent maintenant avec les héritiers de Venise.

CHAPITRE CXIX.

TOSCANE. TUMULTE DES CIOMPI. LES MÉDICIS L'EMPORTENT.

Reportons nos regards vers l'Italie, où désormais les nombreux États se groupent autour de quatre principaux : Lombardie, Toscane, État pontifical, Naples. Après avoir examiné leurs destinées communes, parlons de chacun en particulier.

L'âge poétique de Florence se ferme, pour ainsi dire, à la terrible peste de 1348, qui fit dans cette ville cent mille victimes, altéra les mœurs par l'accumulation des fortunes, et renchérit le salaire des ouvriers. En 1352, une bande de voleurs, feignant de donner des sérénades à diverses dames, priaient les passants de ne pas traverser la rue, crainte de troubler leurs chants ou leurs amours, et dévalisaient les maisons en attendant. L'artifice fut découvert, et l'on apprit que le chef de cette bande était Bordone Bordoni, d'une famille importante. Filicaïa, gonfalonier de justice, voulait lui infliger une punition sévère; mais les parents firent intervenir les recommandations et l'argent, de telle sorte que les prieurs cassèrent les colléges du gonfalonier, qui, résolu à poursuivre l'exécution de la loi, abdiqua ses fonctions et partit pour Sienne. Le peuple alors commence à se plaindre qu'on ne rend plus justice, et se soulève en tumulte ; il fallut donc rappeler Filicaïa, qui fit couper la tête à Bordoni, exila ses complices et reçut, pour cet acte de courage, à l'expiration de son mandat, une récompense de 2,000 florins.

Florence, pour remédier à ces maux, institua l'université, et peu après, sur les instances de Boccace, une chaire de grec, la première en Occident; elle put affermir sa domination sur Prato, et occupa Volterra, en la soustrayant à la tyrannie de Bocchino Belforti. La soumission de Florence à Charles IV n'a de valeur que par les 100,000 florins dont elle paya la confirmation de ses privilèges ; dans les autres villes, cette soumission ne fit qu'envenimer les dissensions intestines, qui, au départ de cet empereur, éclatèrent avec plus de violence, aggravées par les bandes mercenaires, dont nous avons raconté la défaite.

Parvenue tard à la liberté, et seulement au déclin des Souabes et par la faveur des papes, elle ne souffrit pas des bouleversements de cette grande révolution, ni de la lutte avec Barberousse, et put faire son profit de l'expérience des autres. Par la force ou des traités, elle soumit aux lois communes les seigneurs du voisinage, et se déclara franchement papale. Servie par de nombreux magistrats, tous électifs et renouvelés fréquemment, elle intéressait aux destinées de la patrie une foule de citoyens qui acquéraient dans les offices la pratique des affaires, et joignaient à la hardiesse des vues larges et généreuses.

La seigneurie présentait au conseil du *gros peuple* de cent individus les propositions, qui passaient ensuite à l'assemblée, composée du conseil des consuls des arts majeurs, et de celui de *credenza* de quatre-vingts citoyens ; en troisième instance, on allait au conseil du podestat de quatre-vingts membres, partie nobles et partie plébéiens ; puis l'assemblée générale de tous ces conseils votait, et donnait force de loi à l'ordonnance. Cette forme varia dans les détails ; mais on persista toujours à enlever au pouvoir exécutif la décision suprême, pour la confier à des conseils populaires, dans lesquels étaient représentées toutes les forces vives de la nation. Ainsi, en réservant la résolution définitive à l'assemblée générale, on empêchait la prépondérance d'un conseil.

Dans toutes les villes, les premières révolutions communales furent dues surtout aux nobles, c'est-à-dire à la race des anciens conquérants et possesseurs, qui constituaient la commune pour se garantir et gouverner ; mais bientôt les associations d'ouvriers et les petits propriétaires, assimilés aux grandes familles dans la justice, les fonctions et l'importance, firent avancer la révolution. Bien plus, ils l'emportèrent dans quelques villes, comme à Florence, où les emplois appartenaient aux artisans, à l'exclusion des nobles ; aussi les familles qui aspiraient aux offices devaient-elles se faire inscrire sur le registre de quelque corporation. Dante appartenait à la maîtrise des apothicaires, et il déclame sans cesse contre les vilains d'Aguglione, de Campi, de Certaldo, qui étaient venus à Florence pour abâtardir la sainte race des indigènes, descendants des Romains. Néanmoins il se forma bientôt une aristocratie parmi les gens nouveaux ; les arts majeurs et mineurs, organisés hiérarchiquement, excluaient avec un soin jaloux quiconque n'était pas de leur ordre.

Jean de la Bella porta un coup plus sensible aux nobles en décrétant qu'il fallait, pour être éligible, exercer réellement un art. La puissance collective des prieurs fut ensuite personnifiée dans le gonfalonier de justice, chargé de veiller à l'exécution des lois ; sorti d'une élection populaire à deux degrés, avec une garde de mille hommes et parfois de quatre mille, il devint bientôt le premier magistrat, et dirigeait à son gré les affaires publiques.

Les charges étaient accessibles à tous les citoyens non nobles ; mais le *divieto* (interdiction) empêchait que deux individus de la même race remplissent simultanément des fonctions supérieures. Les anciennes familles, décomposées en plusieurs branches et jalouses de conserver leurs noms traditionnels, tombaient souvent dans cette exclusion, mais presque jamais les nouvelles, qui ne connaissaient pas deux générations de leurs parents ; ainsi le gouvernement passait dans les mains de gens toujours plus étrangers aux affaires, et les Gibelins remplaçaient les Guelfes de vieille souche.

De même que le *divieto* frappait les anciennes maisons, ainsi un autre statut faisait obstacle aux nouvelles. Dès 1266, l'administration des Guelfes avait commencé avec des capitaines de parti, deux plébéiens et deux chevaliers, renouvelés tous les deux mois, et dont le pouvoir et l'arrogance s'accrurent continuellement. En 1358, Uguccione des Ricci, famille rivale des Albizzi, fit décréter que si un Gibelin ou une personne non véritablement guelfe occupait un emploi public, le podestat, sur la déposition de six témoins approuvés par les capitaines de parti et les consuls des arts, pourrait lui infliger, à sa volonté, une amende de 500 livres ou la peine de mort. Cette loi, nouveau témoignage de la tyrannie des factions, tendait à exclure ceux qui possédaient moins de 500 livres, et quiconque déplairait aux capitaines du parti guelfe. Les prieurs s'en aperçurent et supprimèrent ses dispositions principales ; mais elle passa après avoir subi des modifications. On adjoignit aux premiers deux capitaines choisis parmi les artisans, et le nombre des témoins fut porté à vingt-quatre; les nobles mêmes pouvaient aspirer aux deux postes des chevaliers. Puis, toutes les fois qu'un citoyen appelé à siéger parmi la seigneurie devenait suspect de tendance gibeline, il devait être soumis à l'*admonition*, afin qu'il ne s'exposât point au danger de l'amende.

Ce contrôle, redoutable pour les magistrats, livrait les élections au pouvoir des capitaines de parti. Cette espèce de terroristes exerçaient avec impudence le droit funeste de molester les citoyens. Afin d'influer plus efficacement, ils cherchaient à faire voter à bulletin ouvert. Une fois, comme on ne pouvait obtenir le nombre de suffrages requis, Bettino Ricasoli fit fermer le palais, en annonçant que personne ne sortirait avant que, en dépit de Dieu et des hommes, deux individus fussent déclarés gibelins; après avoir répété inutilement l'opération vingt-deux fois, on vota l'admonition par lassitude. Les citoyens n'étaient plus entraînés par l'ancienne ferveur pour l'Église et l'empire, mais par la passion d'occuper les emplois, d'en exclure leurs rivaux et d'assouvir des vengeances (1). Le cercle de l'oligarchie se resserrait donc chaque jour davantage; mais, quel que fût le chemin qui l'eût conduite au pouvoir, elle y déployait de la vigueur et de l'habileté, réprimait les tentatives faites pour la renverser, expulsait de leurs citadelles les châtelains incommodes, et travaillait à la prospérité de la patrie.

Mais était-il possible de donner de la consistance à un gouvernement dans lequel tous les emplois, outre l'inconvénient d'avoir le sort pour origine, avaient une courte durée? En dehors de cette administration, il se formait un parti qui dirigeait réellement la république; devenu assez fort, il avait recours au suffrage universel pour se faire attribuer la *balia*, c'est-à-dire un pouvoir dictatorial confié à plusieurs membres qui, à chaque élection nouvelle, ne mettaient dans l'urne que les noms de leurs partisans, bannissaient les hommes de la faction contraire, extorquaient de l'argent par des moyens arbitraires, et, à leur sortie de fonctions, laissaient toujours la république ballottée entre l'anarchie et le pouvoir absolu.

La cité, ou plutôt les diverses communes dont elle se composait, communes distinctes par faction, par quartier, par cor-

(1) Voir COPPO STEFANI, *Rubrique* 923. Une fois en fonctions, les capitaines, dit-il, abusaient de l'administration, s'entendaient entre eux, et se disaient l'un à l'autre : *N'as-tu pas quelque ennemi à qui tu veuilles faire du tort?*

poration (1), n'offraient donc aucune forme stable de gouvernement; au contraire de Venise, tout paraissait constitué pour donner la prépondérance aux individus, tandis qu'on voyait languir les corps de l'État. Dès lors, la chute de l'un et l'élévation de l'autre changeaient les partis et engendraient des violations de droits; mais il n'en résultait point de changement dans la constitution, ni dans la politique extérieure.

Les familles anciennes, afin de maintenir la pureté guelfe, appliquaient l'*admonition* avec sévérité, c'est-à-dire éliminaient les hommes nouveaux, et penchaient ainsi vers le gouvernement aristocratique. Les nouvelles, favorables à l'opinion démocratique, demandaient qu'on fît disparaître la distinction de Guelfes et de Gibelins. Les anciens plébéiens guelfes, qui commençaient alors à s'appeler la noblesse bourgeoise, se groupaient autour des Albizzi; sous la bannière des Ricci, qualifiés de Gibelins, se rangeaient les Strozzi, les Alberti et les Médicis, famille parvenue à une grande richesse par le commerce, et qui avait abandonné les rangs des nobles bourgeois. Les Huit de la guerre contre le pape se ralliaient à cette faction comme amis de Barnabé Visconti, et parvinrent à la faire triompher en résistant à force ouverte aux pontifes. Les Albizzi, forts de l'appui des vieux nobles et de quiconque était jaloux des Huit de la guerre, se défendaient au moyen de l'admonition; ils reprirent le dessus lorsque le peuple dit résolûment : « Je suis las des sacrifices et de l'excommunication. »

L'interdit dut produire un effet terrible dans une ville aussi dévouée à l'Église; mais les esprits, loin de s'exaspérer, furent touchés de componction.

---

(1) Le symbole de cette diversité est le palais vieux, sous les saillies crénelées duquel on voit les armes de la république et des sestiers, c'est-à-dire, pour les Gibelins le lis blanc en champ rouge, ou plutôt le jujubier ou *ireos*, qui couronne avec ses fleurs le haut des murailles de Florence; pour les Guelfes, le lis rouge en champ blanc; la croix rouge en champ blanc, adoptée pour la réforme de Jean de la Bella; les clefs d'or croisées en champ azur, emblème dont se servit le parti guelfe pour témoigner son dévouement à l'Église. Les sestiers eurent pour enseigne, celui d'Oltrarno, le pont; Saint-Pierre Scheraggio, le carrosse; Borgo Santi Apostoli, le bélier; Saint-Pancrace, une griffe de lion; la porte de la cathédrale, la cathédrale; Saint-Pierre, les clefs. Dans les baies des saillies de la tour du vieux palais sont peintes les armes des quartiers: pour Oltrarno, une colombe avec des rayons d'or; pour Sainte-Croix, une croix d'or; pour Sainte-Marie-Nouvelle, un soleil à rayons d'or; pour Saint-Jean, un temple octogone, et toutes sont en champ azur.

« Dans toutes les églises, on chantait les laudes le soir avec
« une affluence considérable d'hommes et de femmes, et l'on
« dépensait sans mesure en cire, livres et choses semblables ;
« chaque jour il y avait procession avec reliques et chants, et les
« enfants de douze ans entraient dans les confréries des Battus.
« On voyait dans les processions plus de cinq mille personnes,
« et ce nombre, dans les processions générales, s'élevait par
« fois jusqu'à vingt mille ; les individus qui assistaient aux
« sermons, aux prières, aux jeûnes, n'étaient que la cen-
« tième partie de ceux qui se trouvaient réunis quand on disait
« la messe. Beaucoup de jeunes gens nobles se retirèrent à Fie-
« sole pour faire pénitence ; ils convertissaient les pécheresses,
« et, bien que riches, demandaient l'aumône pour les convertis.
« (MARCHIONNE.) Puis ils insultaient les fauteurs de la guerre, et
« lorsque l'un d'eux sortait du palais, ils lui disaient : *Va main-
« tenant faire la guerre à l'Église !* l'assaillaient à coups de
« bancs, l'injuriaient et l'accompagnaient ainsi jusqu'à sa mai-
« son. » Devant ce désir universel et les paroles de sainte Catherine,
il fallut céder, présenter des excuses au pape et conclure la paix.
Les Ricci succombent alors, et sont exclus de la seigneurie en
vertu de la loi qu'ils avaient eux-mêmes provoquée ; dans leur
dépit, ils troublent la république par des factions, jusqu'à ce
qu'une *balia* des Dix de la liberté exclut pour cinq ans de toute
magistrature trois membres des deux familles.

C'est ainsi que les oligarques, caressés par tous ceux qui redoutaient leurs coups, exerçaient une tyrannie qui devenait
chaque jour plus violente ; mais enfin il se trouva quelques citoyens honnêtes qui leur opposèrent une courageuse résistance.
Sylvestre d'Alamanno des Médicis, citoyen d'une grande intégrité, entreprenant et chaud adversaire des Ricci, fut élu gonfalonier ; il fit instituer une *balia*, qui diminua l'autorité des
capitaines de parti, et adoucit la sévérité contre les admonestés,
les suspects et les bannis gibelins, en leur laissant l'espoir de
rentrer dans la patrie et d'occuper les emplois. Le peuple, qui,
assemblé sur la place des Seigneurs, avait fait passer ces lois
contre l'oligarchie et saccagé les maisons des Albizzi, des Strozzi,
des Buondelmonti et d'autres Guelfes (1), craignit de voir com-

1378

---

(1) Lapo de Castiglionchio, érudit et fameux canoniste, eut alors sa maison
de Florence saccagée ; il parvint à s'enfuir déguisé en moine. « Il fut exilé à
Barcelone ; on promit à quiconque le tuerait hors de cette ville 1,000 florins

mencer les châtiments aussitôt que le calme serait revenu ; sur les instances des admonestés, il forma donc des ligues si puissantes que la seigneurie n'osa point punir les chefs des factieux, bien qu'elle les connût.

Dans la démocratie, la classe inférieure trouble sans cesse l'État pour s'élever à la hauteur de celle qui domine, sauf à se voir elle-même enviée et battue par une autre placée quelques degrés plus bas. Lorsque la cité fut divisée en arts, jugés chacun par ses propres chefs dans les cas de contestations civiles, quelques métiers inférieurs ne formèrent pas corporation, mais furent considérés comme subordonnés aux autres ; ainsi les teinturiers, les tisserands et les cardeurs de laine furent adjoints aux fabricants de draps. Il en résultait que ces artisans ou ceux qui travaillaient à la journée, quand ils avaient un procès, étaient jugés quelquefois par leurs patrons ou les compagnons de leurs adversaires. Aussi, entraînés par la colère, et craignant d'ailleurs d'être punis pour les tumultes passés, les plébéiens ou *ciompi* commencèrent à s'agiter ; puis, se soulevant en armes, ils enlevèrent au bargel (chef de la police) les individus que la seigneurie avait fait arrêter, incendièrent les maisons du gonfalonier et des suspects, et dressèrent sur les places des potences destinées à quiconque volerait ; enfin ils conférèrent la chevalerie à Sylvestre des Médicis et à soixante-quatre autres citoyens, leurs favoris, qui acceptèrent, pour échapper à la mort, cet honneur périlleux, bien qu'on eût brûlé, le jour même, la maison de quelques-uns d'entre eux.

20 juillet.

Après avoir pris le gonfalon et assiégé la seigneurie dans le palais, les ciompi demandèrent que les métiers dépendant des fabricants de draps formassent une corporation distincte, avec leurs consuls propres, et qu'il en fût de même pour les teinturiers, les barbiers, les tailleurs de pourpoints, les tondeurs de draps, les chapeliers, les fabricants de peignes ; qu'on mît en liberté tous les prévenus, sauf les traîtres et les rebelles ; qu'au-

d'or, et celui qui l'amènerait prisonnier devait avoir, à son choix, la faculté de réintégrer un banni ou un rebelle » (*Ap.* Mehus). Lapo s'arrêta à Padoue, où il obtint une chaire de droit ecclésiastique. On a de lui, imprimées, les *Allégations* (Florence, 1568), une lettre sur la noblesse, un traité sur la question de savoir s'il est plus utile de naître noble ou plébéien (Bologne, 1573). Il continua de se mêler des affaires de sa patrie, de même que ses fils, mais à leur détriment, car ils furent punis sévèrement. Voir Ammirato, *Hist. florentines*, à l'année 1391.

cun homme du bas peuple ne pût, pendant deux ans, être cité en justice pour une dette au-dessous de 50 florins. Ces demandes et d'autres de moindre importance furent acceptées; mais, comme elles croissaient à mesure qu'elles recevaient satisfaction, les prieurs se virent contraints d'abdiquer. Les ciompi occupent les portes de la ville; le cardeur Michel de Lando, qui se trouvait au milieu de la foule en veste et nu-pieds (1), fut choisi pour chef et chargé du gonfalon de la justice, avec lequel il précéda les ciompi au palais public, où il leur dit : « Ce palais est à vous, à vous cette cité; exprimez votre volonté souveraine. » La multitude lui crie alors : « Sois gonfalonier et réforme la justice. »

Honnête homme, plein de courage, et, chose plus rare, modéré et sensé, Lando mit un terme aux violences des Huit de la guerre, apaisa les partis à force de fermeté, prévint le pillage et réintégra les admonestés. Après avoir brûlé les sacs à scrutin (*borse*) qui servaient pour la nomination des magistrats, il nomma une nouvelle seigneurie, composée de trois membres des arts majeurs, de trois des arts mineurs et de trois du bas peuple, qu'il plaça sous la protection de douze cents arbalétriers.

La plèbe, comme il arrive toujours, cria à la trahison, courut au palais en tumulte, et restait continuellement sur la place en armes et vociférant; sollicitée par ses flatteurs qui l'appelaient peuple de Dieu, elle demandait tantôt des proscriptions, tantôt des prohibitions, tantôt des concessions. Lando, déployant une énergie qui manqua souvent à d'autres démagogues, refusa de satisfaire à des demandes faites de cette manière; lorsque les ciompi s'apprêtèrent à user de violence, il arbora le gonfalon de la justice, tira l'épée, les frappa ou les dispersa, et en bannit un millier des plus opiniâtres, de telle sorte que la multitude fut refrénée par sa propre créature. L'année de ses fonctions expirée, Lando déposa sa dignité; pour lui faire honneur, les officiers de la seigneurie le conduisirent à son domicile avec les armes du peuple, targe, lance et palefroi richement caparaçonnés.

Le parti guelfe fut alors abattu; les Gibelins, devenus les chefs du peuple, continuaient les mesures de rigueur contre les riches et les grands, dont plusieurs furent condamnés à l'exil ou à la

---

(1) C'est ainsi que parlent les historiens; mais il résulte des registres qu'il était, en 1366, podestat à Mantigno dans le domaine des Ubaldini, et à Firenzuola, en 1377.

peine de mort. Jean Acuto fit proposer de révéler une trame ourdie avec Charles de Durazzo contre la république, à la condition qu'il aurait 50,000 florins et la faculté de sauver six des personnes condamnées à mort, ou 20,000 si elle se contentait de connaître le traité sans le nom des individus. Le fait fut reconnu certain, et le peuple en fureur demandait justice, menaçant, en cas de refus, de la faire lui-même par le fer et le feu; il fallut donc, bien que les magistrats répétassent qu'ils ne trouvaient pas de motifs suffisants pour condamner les accusés, envoyer au supplice Pierre des Albizzi, longtemps chef de la république, et les principaux de ses fauteurs. Beaucoup de bourgeois furent relégués parmi les nobles; prenant Acuto à leur solde, les exagérés dominèrent et prirent des mesures extravagantes non-seulement contre les grands, mais encore contre les artisans inférieurs. Les adulations étaient prodiguées au peuple de Dieu, et l'on voyait des chevaliers se faire couper les éperons pour recevoir de nouveau du bas peuple le titre de chevalier. Sur ces entrefaites, d'autres ciompi bannis ourdissaient des complots et multipliaient les assassinats; la plèbe, égarée par la défiance et craignant toujours de perdre ce qu'elle avait acquis par des moyens illégitimes, attribuait aux magistrats des pouvoirs excessifs, et demandait de nouvelles rigueurs contre tous les parents et les fauteurs des proscrits.

1382   Cette insolente tyrannie et les *scorridori* ou espions dont s'entouraient les triumvirs des ciompi finirent par révolter les corporations. Dans un moment où les chefs populaires s'apprêtaient à violenter de nouveau la justice, les modérés prirent le dessus; la populace applaudit à la mort de ceux dont elle avait accueilli les meurtres avec applaudissements, et les égorgea avec férocité,

21 juin.   aux cris de : *Vivent les Guelfes et les arts!* La seigneurie, réformée après de violents tumultes et des luttes sanglantes, fut composée de quatre membres des arts majeurs, de cinq des arts mineurs, à l'exclusion des ciompi, et l'on abolit les tribus du peuple (1).

(1) « Cette opération (l'exclusion des deux nouveaux arts) fut très-juste, parce que, dans cette classe, on ne pouvait trouver que par hasard des personnes propres au gouvernement. Manquant d'éducation et de lumières, elles ne savaient se concilier, par aucun moyen, l'estime publique. On avait donc commis une grande erreur en créant deux nouveaux arts de la plus vile canaille, et en les égalant aux autres dans les honneurs. » (AMMIRATO, livre XIV.) Jugement contraire à la vérité, puisqu'on avait créé les deux arts précisément afin

Maso des Albizzi, s'étant emparé du pouvoir, abolit les lois sorties de ces révolutions, bannit les chefs du peuple, et, ce qui parut indigne, le sage Lando lui-même, sans l'énergie duquel tous les oligarques auraient péri ; il consolida la puissance des grands, qui la conservèrent pendant trente-cinq ans. Les hommes d'État les plus habiles étaient morts ou exilés; les autres, comme il arrive après les frayeurs d'une révolution, se serraient autour de Maso, surveillant leurs adversaires, qui faisaient une opposition incessante et parfois orageuse. L'administration turbulente des ciompi avait dégoûté de la démagogie; ramenée à la tête de l'État par une réaction naturelle, la noblesse recommençait son despotisme, favorisé, du reste, par le besoin de la tranquillité.

Florence, située au centre de l'Italie, position qui l'entraînait à jouer un rôle dans toutes ses vicissitudes, se proposait de tenir la balance entre les divers États, toujours avec l'intention d'en consolider la liberté et d'empêcher une monarchie universelle, que l'on redoutait alors pour la Péninsule autant que dans la suite pour toute l'Europe. L'excessif agrandissement de Jean-Galéas au nord et de Ladislas de Naples au midi, aussi perfide, mais plus brave que les Visconti, éveillait surtout son attention ; en effet, le haut patronage de l'Italie n'était pas dans les mains des forts, comme ils le voulaient, mais bien dans celles des Florentins, qui surveillaient avec prévoyance les événements généraux, et savaient opposer la ligue des faibles à l'arrogance d'un ambitieux puissant.

Cette république devient maîtresse d'Arezzo au moyen d'un achat ; mais, à l'occasion de Montepulciano, elle se brouille avec Sienne, qui recherche l'amitié des Visconti; et Jean-Galéas, excité par les bannis dont fourmillait la Lombardie, s'engage à entretenir en Toscane sept cents lances au service des Siennois. Florence eut donc longtemps à craindre que Jean-Galéas ne s'emparât de Pise, de Sienne, et ne la soumît elle-même; du reste, elle ne fut délivrée de ses tentatives, tantôt ouvertes et tantôt cachées, que par sa mort, qu'elle célébra par des réjouissances, en chantant avec le Psalmiste : *Le filet est rompu, et nous sommes délivrés*. Rassurée sur sa propre liberté, et glorieuse d'avoir échappé aux embûches du cardinal Albornoz, elle punit les feudataires de l'Apennin qui l'avaient favorisé.

1398

---

de choisir parmi la *canaille* ceux qui, par leur mérite et leur intelligence, ne méritaient pas d'être exclus des magistratures.

Ces feudataires, débris des institutions germaniques, s'étaient transformés, de capitaines des anciens marquis, en seigneurs indépendants. En donnant aux bannis asile et aide, ils avaient pu se maintenir jusqu'alors ; mais leur existence isolée devenait impossible depuis que les empereurs négligeaient l'Italie, et que l'élément populaire et bourgeois prévalait. Au premier rang brillait Pierre Saccone des Tarlati, seigneur de la citadelle de Pietramala, élevée dans l'Apennin, qui sépare la Toscane de la Romagne dans l'Arno d'Arezzo, position d'où elle dominait l'ancienne route muletière entre Arezzo et Anghiari. Chaud Gibelin, il soumit les seigneurs voisins, les Ubertini, les comtes de Montedoglio et de Montefeltro, et les fils d'Uguccione de la Fagiuola, dépossédés de Massa Trabaria. Son frère Guido avait été fait seigneur d'Arezzo, dont il était évêque (1) ; il eut pour successeur Pierre, qui possédait encore Bibbiena, Castello, Borgo Sansepolcro et toute la vallée du Tibre. Plus tard, il fut contraint de céder pour dix ans aux Florentins Arezzo avec tout le comtat ; mais, lorsque les villes se révoltèrent contre Florence après l'expulsion du duc d'Athènes, les Tarlati saisirent cette occasion 1353 pour reprendre leurs châteaux. Dans la guerre des Visconti, Pierre s'arma toujours contre Florence, jusqu'au moment où la paix de Sarzane le força de rester tranquille.

Lorsque Charles IV se trouvait à Pise, il alla, bien qu'il eût quatre-vingt-quinze ans, lui rendre hommage avec l'évêque d'Arezzo, Neri de la Fagiuola, les Pazzi de Valdarno, et le pria de lui rendre son ancienne seigneurie ; mais il ne put l'obtenir. Il resta le chef des Gibelins jusqu'à l'âge de quatre-vingt-seize ans, toujours redoutable à Florence. Sur le point d'expirer, et persuadé que ses ennemis ne se défieraient pas d'un moribond, 1356 il envoya surprendre le château des Ubertini ; mais sa troupe fut repoussée, et il mourut avec la douleur de cet échec et la certitude que personne ne soutiendrait la grandeur de sa maison. En effet, son fils, assiégé bientôt dans la citadelle de ses pères,

---

(1) On raconte que l'évêque Tarlati d'Arezzo chargea Buonamico Buffalmacco de peindre un aigle vivant sur un lion mort, afin d'exprimer la supériorité des Gibelins sur Florence. Buffalmacco se fit construire une baraque en planches et en toile, et représenta tout le contraire, c'est-à-dire le lion tenant l'aigle dans ses griffes ; puis, feignant d'aller chercher des couleurs, il ne revint pas. L'évêque, ayant fait ouvrir la baraque, devint furieux à la vue du tableau, et bannit le peintre facétieux.

fut contraint de la livrer aux Florentins, qui la démolirent. Les comtes de la Gherardesca se soumirent aussi à Florence, qui les nomma vicaires de Bibbona et de quatorze châteaux de la Maremme. Les Gambacorti placèrent sous sa domination Bientina; les comtes Alberti de Mangona, Cerbaïa; les Spinetta, Fivizzano; les Ricasoli lui firent hommage pour le château de Brolio; les comtes de Battifolle lui vendirent ceux de Belforte et de Gattaïa; autant en firent les comtes de Dovadola, et le comte de Jano des Alberti dut céder les siens du Mugello.

Les Ubaldini possédaient de grands domaines et des citadelles dans le val de Senio et le vicariat de Firenzuola, si bien que cette contrée portait le nom d'Alpes des Ubaldini. Plusieurs fois ils étaient descendus, au grand dommage des Florentins. En 1362, Joachim, seigneur du château Pagano dans le val de Senio, avant de mourir d'une blessure qu'il avait reçue de son frère Octavien, le déshérita au profit de la commune de Florence; de ces domaines, contenant dix châteaux, la république constitua la *terre* florentine, qu'elle étendit dans le voisinage, au point que la race des Ubaldini, qui s'était révoltée tant de fois contre la commune de Florence, resta anéantie. Elle promit 1,000 florins d'or à quiconque lui livrerait vivants ou morts onze membres de cette famille, et nomma quelques *officiers des Alpes* de Florence, avec mission de fortifier de ce côté les possessions de la république; les Ubaldini furent donc forcés de lui céder pour 1,000 florins quatorze châteaux qu'ils occupaient encore. Ce résultat valut les honneurs du triomphe à Thomas de Trévise, capitaine du peuple, et l'on rapporta le décret de proscription contre les Ubaldini, qui furent remis en possession de leurs biens allodiaux dans le Mugello, et déclarés citoyens bourgeois (1). Les Santafiora furent soumis par Sienne, et le château de la Sam-

1372

(1) Lorsque les Florentins enlevèrent les châteaux des Ubaldini, Franco Sacchetti célébra ce fait par une canzone, restée inédite jusqu'en 1853 :

> Fiorenza mia, poi che disfatti hai
> Le cerbiatte corna (*leurs armoiries*)
> Della superba e crudel famiglia,
> Festa dèi far più che facessi mai...
> Però che molti fur, tardi o per tempo,
> Rubati a questi paesi,
> Ed ancor morti antichi di ciascuno,
> Chè non si taglia bosco, selva o pruno,
> Che non v' abbia cataste
> Di teste e membra guaste...
> Ed Alemagna sola

buca par Pistoie ; ainsi la puissance se concentrait de plus en plus dans les villes, au-dessus desquelles s'élevait Florence, qui soumit encore Montepulciano. Il est vrai qu'elle fut ravagée par la peste, qui avait éclaté de nouveau en 1400 (1); mais, après avoir réparé ses pertes, elle acheta Cortone moyennant 60,000 florins, et dépouilla de leurs possessions les comtes Guido de Dovadola et le comte de Poppi.

Les Génois, mécontents de voir que Venise, par l'acquisition de Padoue, fût devenue si forte sur la terre ferme, songeaient au moyen de lui opposer quelque adversaire, et ils n'en trouvèrent pas de meilleur que d'agrandir Florence en lui ménageant la possession de Pise, à la condition qu'elle ferait la guerre aux Vénitiens. Ils amenèrent donc Gabriel-Marie Visconti à lui vendre cette ville et Ripafratta au prix de 206,000 florins ; mais les Pisans, indignés de se voir traiter comme un troupeau, se souviennent de leur antique noblesse, prennent les armes et résistent, commandés par Jean Gambacorti. Les Florentins, « scandalisés de la hauteur pisane », ne veulent recevoir ni messagers ni traiter, et, résolus à les dompter à tout prix, ils s'imposent les plus grands sacrifices pour cette guerre fratricide. Les Pisans les repoussent avec intrépidité, réconcilient les Raspanti et les Bergolini, jusqu'alors ennemis mortels, qui communient ensemble

> Più ch' altri dee goder la lor ruina,
> Perchè gli suo' romei sentian rapina...

On a du même une autre canzone contre le duc de Milan, qu'il termine ainsi, après l'avoir accablé d'injures :

> Così Inghilesi, Fiamminghi e Franceschi...
> Meglio è che vinto aver la Santa Terra
> Aver vinto costoro
> Tra cui viandanti conveniam passare...
> A tutti quei che voglion giusta fama
> E tengon libertà ch' è tanto cara
> Come sa chi per lei vita rifiuta,
> Canzon, non istar muta,
> Che se tal biscia ora non si disface,
> Non pensi Italia mai posar in pace.

(1) C'est à cette peste que se rapporte le fait de Ginevra des Almieri. Mariée depuis quelques mois, elle mourut et fut ensevelie; mais elle revint à la vie et sortit de la tombe. Elle alla trouver son mari, ses parents; mais personne ne voulut la recevoir, croyant que c'était son ombre qui demandait des prières. Alors elle se rendit auprès d'Antoine Rondinelli, qui l'avait aimée, et qui la reçut et l'épousa quand elle fut guérie. Ce mariage ayant été découvert, la cour épiscopale déclara que, cette femme ayant été abandonnée comme défunte, le premier mariage était rompu, le second valable.

et se lient par des mariages. Une tempête avait dispersé la flotte qui apportait du blé de Sicile; malgré ce désastre, qui réduisit les prieurs à manger du pain de graines de lin, et le peuple l'herbe des rues, ils résistent à Sforza, à Tartaglia, aux soldats auxquels les Florentins promettaient, s'ils escaladaient les murailles, double paie, mois entier, le pillage de la ville, 100,000 florins de récompense, des armes et des vêtements à discrétion. Enfin, après un long siège qui coûta des vies innombrables, Gambacorti capitula moyennant une grande somme d'argent, et les Pisans durent accepter la servitude; mais un grand nombre abandonnèrent la patrie pour toujours.

Gino Capponi, cœur honnête, s'était signalé dans cette guerre comme commissaire des Florentins. Nommé gouverneur de Pise, qu'il avait eu de la peine à sauver du pillage promis aux aventuriers, il s'efforça de mitiger les ordres de la commune victorieuse et d'apaiser les ressentiments des vaincus; mais il ne put leur épargner toute rigueur. Quelle ne dut pas être l'indignation des Pisans, lorsqu'ils se virent enlever jusqu'à la tête de saint Rossore, « comme si cette ville, privée de sa liberté et de ses anciens honneurs, dût encore être abandonnée par ses saints, tandis que Florence, au contraire, se remplit de pompe, de gloire, de richesses et de bénédictions (1)! » A la première occasion, ils tentèrent de se donner aux ennemis de Florence, qui résolut alors de recourir à des moyens atroces de répression,

---

(1) Ammirato, hostile aux Pisans, se plaint de ce que « Pise se dépeuplait chaque jour de ses citoyens, leur esprit altier ne souffrant pas, malgré tant de bienfaits, de rester soumis aux Florentins ». Gino Capponi a lui-même décrit, avec un talent supérieur, le tumulte des ciompi et l'acquisition de Lucques. Dans les archives secrètes des Médicis se trouve une lettre du 14 janvier 1431, écrite par les dix de la *balia* au commissaire de Pise, qui se termine ainsi : « Tous pensent ici que le moyen principal et le plus actif que l'on puisse employer pour la sécurité de cette ville, est de la vider de citoyens pisans; nous avons écrit cela tant de fois au capitaine du peuple que nous en sommes las. Le dernier promu nous répond qu'il en est empêché par les troupes, parce qu'il n'est pas bien avec leur capitaine (*Cotignola*). Nous voulons que tu sois bien avec lui, afin de tout régler d'accord et de procéder *en usant de toute rigueur et de toute cruauté*. Nous avons foi en toi, et nous t'invitons fortement à mettre ce système à exécution très-promptement; car on ne saurait rien faire qui fût plus agréable à tout ce peuple. »

Les historiens récents de Pise chargent Florence d'inculpations atroces, au point de l'accuser d'avoir, par décret, empoisonné l'air de Pise, afin de la dépeupler.

comme d'appeler dans ses murs les nobles et les personnages les plus considérables, de chasser tous les citoyens de quinze à soixante ans, et autres mesures impitoyables, qu'on ne mit point à exécution, d'après toutes les probabilités. En effet, nous trouvons que Florence fournit à son ennemie vaincue des vivres en abondance, et chercha même à la raviver après avoir fait tant d'efforts pour l'étouffer : elle écrivit des lettres, donna des instructions à ses ambassadeurs, traita avec les princes, afin que les nombreux exilés rentrassent dans leur patrie; les étrangers qui venaient s'y établir avec leurs familles étaient exempts de tout impôt pendant vingt ans; des priviléges et des consuls propres furent accordés aux négociants allemands de quatorze villes pour qu'ils vinssent trafiquer avec Pise (1); enfin elle y fonda une université, qui reçut une riche dotation avec une magnifique demeure. Cependant il est un bien qu'aucune concession n'égale ni ne supplée; puis, et c'est là son châtiment, tout conquérant se voit contraint de dépenser, pour river les chaînes et construire des forteresses, l'argent qui devrait être employé à procurer le bien commun.

Capponi eut le bonheur de voir assurer cette conquête par l'acquisition, faite aux Génois moyennant 100,000 florins, du port de Livourne, destiné à suppléer aux avantages que Pise perdait, à ouvrir aux Florentins de lointaines relations commerciales sans dépendre de Gênes ou de Venise, et à accroître ainsi par les fortunes privées la richesse de l'État. On pourvut immédiatement à la sécurité de ce port, où fut établie la magistrature des consuls de mer, composée de six membres, tous citoyens de Florence, dont quatre étaient fournis par les cinq arts majeurs, à l'exclusion de celui des juges et des notaires, et deux par les arts mineurs; elle avait surtout pour mission de faire prospérer le commerce et la marine, de résoudre les causes maritimes, de construire une galère tous les six mois avec le bois des forêts des Cerbaïa, et devait s'interdire toutes représailles, même en temps de guerre, sur les marchandises que ces galères transporteraient. A l'exemple de Venise, il fut décidé que l'on construirait deux galères grosses et six petites, afin de les expédier à Alexandrie pour charger des épices et autres marchandises, et pour former la jeunesse aux habitudes maritimes; douze jeunes gens de bonne famille y furent embarqués, et l'on

---

(1) TARGIONI, *Viaggi*, II, 221.

obtint du soudan d'Égypte, pour la sécurité des marchands et l'honneur de la nation, qu'on aurait dans cette ville un consul, une église, des magasins, un bain, des portefaix, un notaire propre. Des consuls furent établis dans tous les pays, chrétiens ou non, et Florence posséda bientôt assez de navires pour affronter Gênes et la vaincre.

A l'intérieur, Florence avait de bonnes institutions, dont chacune concourait à la prospérité de la république. Quiconque recevait le titre de citoyen était tenu de construire dans la ville une maison de 100 florins au moins; les actes publics devaient être inscrits dans les livres des *Riformagioni;* on convertit en loi la compilation des statuts; la monnaie fut améliorée, et l'on créa un nouveau *mont*, c'est-à-dire un établissement de crédit public; on ouvrit un registre qui contenait le nom de chaque citoyen, son âge, sa profession, le montant de sa fortune en biens meubles et autres de toute espèce, et le capital fut imposé d'un demi-florin pour cent. Dans les rues autour du Marché-Neuf, on comptait soixante et douze banques, dont les opérations au comptant étaient évaluées à 2 millions de florins d'or. Les tissus en fils d'or commencèrent à cette époque, les étoffes de soie se multiplièrent, et chacun put introduire des feuilles de mûrier, élever des vers à soie sans payer aucun droit.

Ces magistrats marchands avaient accumulé d'immenses richesses, que l'égalité républicaine ne leur permettait pas de prodiguer en somptuosités inutiles, en suites nombreuses de serviteurs, en étalage insultant de carrosses. Les femmes des personnages les plus importants allaient à pied; des lois somptuaires réprimaient le luxe, mais autorisaient la magnificence, de sorte qu'on prodiguait l'argent en palais, églises, tableaux et statues, ou bien pour tirer du Levant des objets précieux et des livres. La ville fut embellie par les premiers artistes; chaque art dut placer ses armes et la statue du saint, son patron, dans une des niches extérieures d'Or Saint-Michel, où Donatello, André del Verocchio, Baccio de Montelupo, Nanni del Bianco, Simon de Fiesole et Laurent Ghiberti travaillèrent le marbre et le bronze. C'est à ce Ghiberti que l'art de Calimala confia les portes en bronze de Saint-Jean, tâche dont il s'acquitta si bien qu'il fut déclaré gonfalonier, et qu'on attacha le gonfalon à sa porte dans la rue de Borgallegri. En outre, on appelait Philippe Brunelleschi pour construire la coupole de Santa Reparata.

Afin d'éviter le péril de guerres précipitées, il fut établi que l'on soumettrait les propositions de la Seigneurie à un conseil de deux cents membres, renouvelable tous les six mois, et qu'on les ferait examiner par le conseil des Cent trente et un dans lequel entraient la Seigneurie, les colléges, les capitaines guelfes, les Dix de la liberté, les six conseillers de la marchandise, les vingt consuls des arts et quarante-huit citoyens ; si elles passaient, il fallait encore les renvoyer au conseil du peuple, puis à celui de la commune ; du reste, aucune mesure ne pouvait être exécutée sans l'approbation de ces quatre conseils. On espérait que l'obligation de consulter tant de conseils amènerait l'un d'eux à se prononcer négativement ; mais cette tendance à multiplier les attributions, source de conflits, pour remédier au danger, est un symptôme de faiblesse.

En résumé, le gouvernement restait démocratique, puisque le peuple exerçait une action directe dans les affaires de la cité ; un grand nombre de citoyens étaient appelés alternativement à participer à l'administration, et les conseils publics constituaient une école sociale. Si parfois les passions poussaient à des excès, au fond, l'État avait une politique généreuse, comme il savait découvrir les vues cachées des papes et des empereurs ; le gouvernement était habile et sage, la nation polie, fidèle à la liberté même au prix des plus grands sacrifices, dévouée au saint-siége, mais non pas aveuglément. Florence ne brillait pas dans les armes ; néanmoins elle sut opposer autre chose que de l'argent aux bandes d'aventuriers, qu'elle aurait même détruites si les petits princes n'avaient pas eu grand intérêt à les conserver. Elle-même les employa pour affaiblir les Visconti, et si parfois elle tomba sous le joug d'un soldat ou de la populace, elle ne tarda point à s'en affranchir. Beaucoup de seigneurs se recommandaient à Florence, comme les nobles de Guggio pour leurs châteaux sur le territoire d'Imola ; les marquis de Lusuolo dans la Lunigiana, les Grimaldi de Monaco, en s'obligeant à servir en personne avec une galère ; Jean-Louis de Fiesco, comte de Lavagna, qui promettait, moyennant une solde, de conduire trente lances et deux cents fantassins.

Au lieu des crimes bas ou atroces qui souillent l'histoire des petits princes, Florence nous a transmis les chefs-d'œuvre de l'art et de la parole, qui éternisent sa gloire ; elle a fourni beaucoup de chroniqueurs et d'historiens qui, après Dino et les Villani, sont Mathieu Palmieri, Paul et Jean Morelli, Jacques Salviati, Gianozzo Manette, Amaretto Manelli, Dominique Buoninsegna, Buonaccorso Pitti, Gino et Neri Capponi, Simon de la Tosa, Bernard Rucellaï, Jean Cavalcanti, Laurent Buondelmonte, Philippe Rinuccini. La supériorité de ces écrivains, qui non-seulement font usage dans leurs récits d'un style plus correct et plus clair, mais jugent encore avec un rare bon sens et souvent avec élévation, démontre combien la nation surpassait les autres peuples d'Italie quand il s'agissait d'examiner la politique, de la diriger, de la soustraire à l'influence des passions ; il en ressort aussi la preuve que l'amour de la patrie domina toujours l'esprit de parti.

Maso des Albizzi, durant les trente-cinq années qu'il fut à la tête de l'État, fit preuve de courage et d'habileté. Instruit par les revers, modeste dans la prospérité, uni aux Vénitiens par une alliance intime, il tint tête à Jean-Galéas comme à Ladislas, et pourtant il ne sortit jamais de la condition d'un simple particulier ; mais, comme le parti triomphant ne sut pas s'interdire l'insolence envers les autres, ni prévenir les divisions dans ses propres rangs, à sa mort, les familles Alberti, Médicis, Ricci, Strozzi, Cavicciuli, souvent frappées dans leurs membres et leurs biens par les nobles bourgeois, éloignées même des fonctions publiques, relevèrent la tête, et, par leurs richesses aussi bien que par leur éducation, se montrèrent dignes de gouverner l'État.

Jean de Bicci des Médicis avait fait une immense fortune dans les affaires d'argent, surtout en servant de banquier au pape durant le concile de Constance ; aussi avait-il un crédit illimité et des opérations engagées dans le monde entier. Néanmoins il parut si débonnaire et si dépourvu d'ambition qu'il cessa d'être exclu des emplois. Prêter de l'argent à quiconque en avait besoin, caresser le peuple, se montrer modéré au milieu des exagérations des partis, tels furent les moyens qui lui gagnèrent l'estime générale. Une nouvelle circonstance lui rendit surtout l'opinion favorable : le peuple en tumulte protestait contre des charges excessives imposées à l'occasion de la guerre avec Philippe Visconti, et les nobles bourgeois voulaient l'abaisser en diminuant le nombre des arts mineurs ; il s'opposa à la proposition, soutint l'allégement et demanda l'institution du cadastre, bien que, comme le plus fort propriétaire, il dût payer plus que les autres. Les riches et les bourgeois cherchaient donc à l'attirer dans leurs rangs ; enfin, malgré l'opposition de Nicolas d'Uzzano, ami de Maso et son successeur au pouvoir, ils l'élevè-

1421 rent au poste de gonfalonier, qu'il occupa de la manière la plus honorable jusqu'à sa mort.

1429 Cosme, son fils aîné, hérita de son crédit et de son importance, déploya à la tête de son parti l'habileté et les vertus paternelles, mais s'occupa des affaires publiques avec plus d'ardeur. Grave et de manières polies, d'une libéralité proportionnée à ses grandes richesses, insinuant, profond connaisseur des hommes, il attendait avec patience le résultat de ses desseins résolûment conçus. Manifestant avec franchise son opinion, et pourtant renommé pour sa prudence, il préférait les moyens de douceur, bien qu'il sût au besoin recourir à des mesures énergiques. Entouré d'amis et de clients nombreux, il était toujours disposé à les servir de sa bourse. D'un goût exquis dans les arts, très-érudit, d'un jugement droit, favorisant les lettres et les arts, il ouvrait des voies nouvelles à l'activité croissante. La circulation des valeurs, qui désormais les mettait à l'abri de la misère, rattachait les bannis, par intérêt et gratitude, à la famille qui faisait les plus grandes opérations de change; les condottieri déposaient leurs épargnes dans sa caisse, ou lui demandaient des avances. L'opulence de Cosme devint d'autant plus considérable qu'il vécut toujours en simple particulier. Sans déployer un faste de maison qui éblouit les citoyens, sans acheter de ministres étrangers, ni soudoyer de troupes, ni prodiguer l'argent en banquets ou en réceptions, jamais il ne dépensa pour lui-même plus de 46,000 à 50,000 florins par an, tandis qu'il en fallait à Sforza 300,000 avant d'être nommé duc. Les vertus privées, la modération dans les conseils, le sentiment populaire, un calme constant au milieu de l'effervescence des factions, une bienfaisance généreuse, furent les instruments de la puissance des Médicis.

Lucques avait été longtemps alliée à Florence ; mais, en 1314, elle déserta les rangs des Guelfes. Après l'éclatante domination de Castruccio et d'Uguccione, elle fut successivement soumise à Gherardino Spinola, à Jean de Luxembourg, à Mastin de la Scala, aux Florentins, aux Pisans, à Charles IV, duquel elle obtint, en 1369, la liberté, c'est-à-dire l'avantage de ne dépendre d'aucune autre cité, mais seulement de l'empire. Tel est le fait que les contemporains célébrèrent avec enthousiasme, et dont les historiens postérieurs firent tant de bruit, en proclamant comme un libérateur ce Charles, qui soumettait en réalité, du moins sur le papier, cette république à la domination impériale.

Affranchie de toute dépendance à l'égard de ses voisins, Florence assista tranquillement au spectacle des rivalités intérieures entre les descendants de Castruccio, les Fortiguerra, les Spinetta et les Guinigi. Cette dernière famille y occupait le premier rang ; mais, comme elle périt durant la peste de 1400, le jeune Paul, qui seul avait survécu, fut entraîné par Jean Cambi (le chroniqueur) à se faire *seigneur à baguette*, et dès lors à s'éloigner de Florence pour s'unir à Galéas Visconti, dont l'appui assura sa domination. Sans même respecter les formes, comme faisaient les chefs précédents, et dépouillant la commune de toute autorité, il maintint la tranquillité dans la république, pendant trente ans ; mais, peu capable et craignant toujours de tomber, il ne sut pas introduire de bonnes institutions, ni se faire d'amis, bien qu'il eût des favoris, une parenté nombreuse, des alliances avec les princes, et comptât beaucoup sur la *citadelle* qu'il avait construite. Il manquait de ce courage que la plèbe estime plus que les qualités utiles, et ne savait repousser les bandes mercenaires, surtout celles de Braccio, qu'à force d'argent. Florence, avec laquelle il avait imprudemment brouillé la république, trouva un prétexte de rompre avec lui, et fit marcher contre Lucques les aventuriers Nicolas Fortebraccio et Bernardin de la Carda, qui dévastèrent le pays. Le célèbre architecte Brunelleschi conseilla de submerger Lucques en fermant le lit du Serchio, afin que l'eau déchaussât les murailles et les abattît. En effet, l'eau fut élevée à grands frais autour des remparts, qui restèrent inondés pendant trois jours : mais les campagnards parvinrent à ouvrir une tranchée dans la digue, et les eaux se précipitèrent avec une force immense sur le camp florentin ; puis François Sforza, envoyé par le duc de Milan, mit en déroute les Florentins, dont il envahit le territoire.

1429

1430

Guinigi avec la tête, et ses fils avec leurs bras, avaient défendu Lucques ; cependant, soupçonnés de vouloir la livrer aux Florentins, ils furent envoyés prisonniers à Milan, et l'on rétablit l'antique forme de gouvernement avec un gonfalonier et le conseil des anciens. Les Florentins, qui avaient paru n'entreprendre la guerre qu'avec la pensée de se garantir contre Guinigi, la continuèrent pour soumettre Lucques comme les autres cités toscanes ; mais Nicolas Piccinino, au service des Visconti et soudoyé par Gênes, leur fit essuyer une déroute complète sur le Serchio, envahit leur territoire et se rapprocha de Pise qui secouait ses chaînes avec le désir de les rompre.

Cosme avait hardiment désapprouvé cette entreprise, dont le

funeste résultat accrut son influence, tandis qu'il diminuait celle des Albizzi et de Nicolas d'Uzzano. Persuadé qu'une rupture ouverte assurerait le triomphe de Médicis, ce Nicolas répugnait aux partis violents; mais, après sa mort et la conclusion de la paix avec Lucques, les haines s'envenimèrent, et Renaud, fils de Maso des Albizzi, chef de parti plus audacieux, forma le complot d'abaisser et même d'expulser Cosme, afin de ressaisir l'autorité. Ses mesures prises, il appela les citoyens, au son de la cloche, pour établir une commission discrétionnaire (*balia*), et convoqua sur la place publique une de ces assemblées où tous accouraient en foule et délibéraient tumultueusement; puis la gravité des circonstances poussait au delà des bornes constitutionnelles, et quelques démagogues entraînaient la multitude à décider selon les désirs de la faction qui avait provoqué la réunion. Deux cents citoyens désignés par Renaud composèrent la *balia*, et Cosme, accusé pour l'argent englouti dans la guerre de Lucques, fut condamné à mort; mais, achetant à son tour le gonfolonier Bernard Guadagni et les autres qui s'étaient vendus à Renaud, il fit commuer sa peine en simple bannissement, et sa famille fut reléguée parmi les nobles.

1433

Il se retira à Padoue, et c'est alors que sa grandeur apparut dans tout son éclat, chéri dans les lieux où il était, regretté là où il n'était plus: La Seigneurie de Venise envoya le complimenter, et réclama ses conseils. Quiconque se trouvait dans le besoin avait recours à l'exilé, et une recommandation de lui suffisait. Les négociants ne faisaient rien sans le consulter, au point qu'il semblait un petit souverain; à Florence, les artistes, les pauvres, les marchands, étaient affligés depuis qu'ils avaient perdu leur soutien. Renaud, incapable de lutter avec cet adversaire lointain qu'il avait opprimé dans sa patrie, cherchait inutilement à se fortifier en rouvrant aux nobles l'accès des emplois, dont ils étaient exclus depuis longtemps, et tenta même d'assurer par les armes le triomphe de son parti. Une année ne s'était pas écoulée que, sur les instances du pape Eugène IV, qui se trouvait à Florence pour le concile, on forma sans bruit une Seigneurie favorable à l'exilé; elle rappela donc Cosme, qui fut accueilli au milieu des réjouissances; et bannit ou confina environ soixante et dix de ses adversaires.

1434
septembre.

Renaud, après avoir résisté aux conseils du pape, et d'ailleurs étranger à cette vertu qui sait attendre et agir en silence, alla solliciter contre Florence les secours de Philippe-Marie. Ayant fait dire à Cosme : « *La poule couve,* » il reçut cette réponse : « *La poule couve mal hors de son nid.* » Secondé par les bandes de Piccinino, Renaud pénétra jusqu'à la montagne de Fiesole et dans le Casentin ; les Florentins lui opposèrent François Sforza, qui le mit en déroute à Anghiari. Après de nouveaux efforts, toujours inutiles, pour rentrer dans Florence, il alla mourir en Palestine.

1440

Cosme, revenu en triomphe, proclamé bienfaiteur du peuple et *père de la patrie*, se vengea par l'exil d'un grand nombre de ses adversaires ; beaucoup même furent envoyés au supplice sans confession, et d'autres assassinés, comme Balduccio, brave condottiere de l'infanterie toscane, que le gonfalonier fit poignarder sans procès et précipiter du palais. Par ces mesures sévères, il obtenait la soumission, étouffait tout désir d'opposition, et répondait à ceux qui lui représentaient que les nombreuses proscriptions causaient grand dommage à la cité : « *Mieux vaut cité endommagée que perdue. Du reste, qu'on ne s'en inquiète pas; car, avec deux aunes de drap fin, je puis faire un homme de bien.* » Il voulait dire qu'il comblerait les vides avec des gens nouveaux.

Le gouvernement et les magistratures de Florence ne furent point altérés, mais tout dépendait de Cosme. Désormais chaque ville italienne était dominée par une famille ; il résolut donc d'élever la sienne à Florence, non par les armes, mais en offrant aux esprits de nouvelles distractions, l'attrait des beaux-arts et du savoir. Il se proposait encore de raviver le commerce, d'étendre ses relations politiques, d'augmenter sa propre importance en donnant à sa patrie de l'influence sur toute l'Italie, et d'assurer la tranquillité générale en établissant l'équilibre parmi les divers États ; dans ce but, il associa à son argent l'épée de François Sforza, les deux puissances de cette époque, le banquier et le condottiere. Fort de l'appui de tous les capitaines, dont il pouvait disposer, il maintint en balance les États d'Italie, et réunit à sa république Borgo Sansepolcro, Montedoglio, le Casentin, le val de Bagno.

Ainsi, sans bouleverser la constitution et les lois, il fondait pacifiquement la tyrannie de l'argent. Le commerce avait amené une immense inégalité de fortune entre les citoyens, et, comme les riches avaient les moyens de se procurer des admirateurs et des clients, l'autorité se resserrait dans les mains d'un petit nombre, quoique le gouvernement populaire fût maintenu ; bien

1452 plus, Cosme fit réduire à cinq le nombre des bourgeois qui avaient le droit d'élire la Seigneurie.

Cosme était secondé par Neri Capponi, homme plus fin que lui dans le conseil, et, de plus, qualité qu'il n'avait pas, doué du courage militaire qui lui assurait le dévouement des soldats. Sans cesser d'être son ami, Neri conserva son indépendance et dirigea les affaires les plus épineuses. Grâce à leurs efforts, la tranquillité fut rétablie dans Florence, mais au préjudice de la liberté ; en effet, quand il leur plaisait, ils faisaient décréter par le peuple un pouvoir despotique (*balia*), épurer les urnes des candidats (*reformare le borse*), et bannir quiconque les gênait. D'un autre côté, pour s'attacher leurs amis, ils favorisaient leurs passions, leur donnaient les emplois et les gouvernements, et fermaient les yeux sur les écarts des subalternes, toujours servilement dévoués aux puissants.

1455 A la mort de Neri, il semblait que Cosme, débarrassé de ce dernier contre-poids, devait grandir encore ; mais le contraire arriva, car c'était un appui qu'il avait perdu. Ses adversaires, dans l'intention de l'humilier, abolirent les *balie*, et firent de nouveau désigner par le sort le gonfalonier et les membres de la Seigneurie ; le peuple, comme s'il eût recouvré la liberté, s'abandonna à des transports de joie. Cosme, néanmoins, ne perdit rien de l'influence qu'il avait acquise, d'abord parce qu'il s'était toujours conduit avec modération, ensuite parce que l'intérêt et les relations de commerce, ou bien la gratitude et l'espérance, lui rattachaient les nouveaux élus. Du reste, comme les emplois n'étaient plus concentrés dans les mains d'un petit nombre, ses ennemis devenaient moins redoutables ; ils s'aperçurent de leur méprise, et demandèrent le rétablissement de la

1458 *balia*. Cosme, avant d'y consentir, voulut qu'ils goûtassent les fruits de leur inexpérience ; mais, quand Luc Pitti fut nommé gonfalonier, il leur permit de tenter la réforme désirée. Pitti, ardent et téméraire, exerçait par la terreur une autorité que la force lui avait donnée ; quiconque avait des besoins ou des réclamations à faire s'adressait à lui, et sa maison était le rendez-vous de tous les gens de mauvaise vie. Avec les dons qu'il reçut, dont le montant s'élevait, dit-on, à 20,000 florins, et par le concours des malfaiteurs auxquels il avait promis sécurité tant qu'ils travailleraient pour lui, il construisit le palais de Rusciano, et un autre dans la ville, qui s'éleva majestueusement sur le *poggio* (hauteur), tandis que les Médicis conservaient dans le *piano* (plaine), sur la rue Large, leur riche mais simple habitation.

Retiré dans cette demeure, Cosme paraissait plus grand depuis qu'il n'empruntait son lustre qu'à son mérite personnel. Frère Angélique, Pippo et Masacchio l'embellissaient avec leur pinceau, et Donatello lui conseilla d'y rassembler les chefs-d'œuvre anciens. Dans sa correspondance, outre les marchandises et l'argent, il demandait encore des manuscrits et envoyait même des gens pour en copier; il accueillait les hommes de lettres, surtout les Grecs qui s'étaient enfuis de Constantinople, et la bibliothèque Laurentienne fut fondée avec les livres qu'il avait réunis. Il en établit une autre dans l'abbaye située au pied du mont de Fiesole, abbaye terminée par lui, et en laissa une troisième au couvent de Saint-George à Venise, qui lui avait donné asile. En outre, il acheta celle de Nicolas Niccoli, qui se composait de huit cents manuscrits, et les déposa, pour les livrer au public, à Saint-Marc des Dominicains, fondé par lui. C'est encore lui qui fit bâtir Saint-Jérôme à Fiesole, Saint-François du Bois en Mugello, et Saint-Laurent dans la ville, qui lui dut aussi des chapelles à Sainte-Croix, à l'Annonciade, à San-Miniato, dans l'église des Anges, dont les architectes étaient Brunelleschi, Michelozzo et autres artistes de premier ordre.

Cosme avait laissé à Venise plusieurs fondations pieuses, et doté Jérusalem d'un hôpital, Assise d'un aqueduc; il n'est donc pas étonnant qu'il fût considéré au dehors comme un grand prince, bien qu'il vécût dans sa patrie en simple particulier. Qui pourrait faire le calcul de ses richesses? Ses domaines de Careggi et de Caffagiuolo pourraient servir de base d'évaluation. Il possédait ou avait à ferme toutes les mines d'alun de l'Italie, et pour une seule, située en Romagne, il payait 100,000 florins par an; par Alexandrie, il faisait le commerce avec l'Inde, et il avait une maison de banque dans toutes les villes. Le roi d'Angleterre et le duc de Bourgogne lui empruntèrent des sommes considérables. Au milieu de ce calme, les jalousies de la liberté s'amortirent; les Florentins, comme les autres Italiens, s'habituaient à voir la grandeur ailleurs que dans la politique, et l'artiste, l'homme de lettres, le riche négociant, s'estimaient heureux d'être exemptés des fonctions autant qu'ils les avaient ambitionnées autrefois.

Des deux fils qui lui restaient, Jean, qu'il préférait, mourut à quarante-deux ans; Pierre était perclus et d'un esprit sans por-

tée. Lorsque Cosme, affaibli par l'âge, se faisait promener dans son palais par les deux fils de Pierre encore tout jeunes, il s'écriait : *Il est trop grand pour une si petite famille!* Il mourut à soixante-quinze ans dans sa maison de campagne de Careggi, après avoir été, pendant trente années, le chef et non le tyran de la république. Il disait à ses enfants : « Je vous laisse d'im-
« menses richesses que mon bonheur m'a procurées, et que votre
« mère m'a aidé à conserver. Maintenez-vous dans la faveur de
« tous les bons citoyens et de la multitude ; si vous conservez les
« coutumes de vos ancêtres, le peuple vous prodiguera toujours
« les dignités. Pour qu'il en soit ainsi, soyez charitables envers
« les pauvres, gracieux et bienveillants pour les riches, et
« prompts à les secourir dans l'adversité. Ne conseillez jamais
« rien qui soit contraire à la volonté du peuple ; ne parlez pas
« comme si vous donniez un avis, mais faites entendre un lan-
« gage empreint de bienveillance. Ne soyez pas trop souvent au
« palais ; attendez au contraire d'y être appelés. Efforcez-vous
« de maintenir le peuple dans la tranquillité, et de faire régner
« l'abondance ; évitez de paraître devant les tribunaux afin de
« ne pas empêcher le cours de la justice. Je vous laisse purs de
« toute tache, riches d'un héritage de gloire, et je pars content ;
« mais je partirais plus content si je vous voyais vêtus d'étoffe
« grossière et non de soie. Faites-vous les chefs du peuple le
« moins que vous pourrez. Je vous recommande Nanina, votre
« mère, et faites en sorte, après ma mort, de lui conserver sa
« demeure et de la traiter comme elle l'a toujours été. Priez
« Dieu pour moi, et recevez ma bénédiction (1). »

Il fut regretté par ses amis pour le bien qu'il leur avait fait, et par ses ennemis pour les maux qu'ils prévoyaient quand sa forte main ne contiendrait plus les grands.

En effet, Luc Pitti, plus ambitieux et doué de talents supé-

---

(1) Ce discours est rapporté par Jean Cavalcanti, de peu postérieur. Rousseau eut l'idée d'écrire l'histoire de Cosme de Médicis. « C'était (disait-il à Ber-
« nardin de Saint-Pierre) un simple particulier, qui devint le souverain de ses
« concitoyens en les rendant plus heureux ; il ne s'éleva et ne se maintint que
« par le moyen des bienfaits. »

Nous avons le catalogue des objets rares appartenant à Pierre de Médicis, en 1464, lesquels, en médailles, anneaux, camées, cachets, tables anciennes de pierres et de métal, sont estimés 2,624 florins d'or ; les vases précieux et autres choses ou de grande valeur, 8,110 ; divers bijoux, 17,689, outre la vaisselle d'argent. (*Appendice à la vie de Laurent le Magnifique*, par ROSCOE.) Ce Laurent,

rieurs, exerça la plus audacieuse tyrannie, disposant du trésor et des emplois, sans autre obstacle que le faible Pierre de Médicis; du reste, pendant la vieillesse de Cosme, il avait déjà ramené l'oligarchie au pouvoir. Les familles de Florence avaient été intéressées à soutenir Cosme, à cause des prêts qu'il leur faisait dans les moments de gêne, sans même attendre parfois leurs demandes; mais Pierre, afin de remédier au désordre introduit dans ses affaires par les faillites et les grandes dépenses, d'autant plus que le mal s'aggravait depuis qu'il ne les dirigeait plus en personne, réclama ses capitaux pour les convertir en terres. Les conséquences furent désastreuses; on lui imputa les faillites qui suivirent le paiement de ses créances, et l'on faisait une triste comparaison de son avarice avec la libéralité de son père. On résolut donc de le frapper dans sa fortune et sa réputation, et de rétablir la liberté. Les machinations de Pitti firent casser la *balia*, remettre au sort les élections, et Nicolas Soderini fut proclamé gonfalonier, à la grande joie du peuple. Républicain plein de loyauté, mais faible, il avait besoin d'être conduit, au lieu de savoir conduire les autres; lorsqu'il entreprit de réformer l'État par les voies légales, il fut entravé par la faction des Pitti, qui plaçaient tout leur espoir dans le désordre; il sortit donc de charge sans avoir rien fait d'utile.

Le meilleur ami des Médicis, François Sforza, mourut alors; Galéas-Marie, son fils, fit demander à Florence de lui continuer la solde payée à son père comme condottiere de la république. La faction du *poggio*, c'est-à-dire les Pitti, répondirent par un refus; puis ils tramèrent avec les Acciaïuoli, les Neroni, les Soderini, faisant signer tous ceux qui voudraient sauver l'État et recouvrer la liberté, et demandèrent des secours à Buoso, duc de Modène; peut-être même avaient-ils résolu d'assassiner Pierre et ses deux enfants, Laurent et Julien. Pierre, informé à temps du complot, le prévint par les armes ou des traités, et, resté le maître, il exila ses adversaires, châtiment qui ne fit

1466 mar

dans les *Souvenirs*, écrit : « Je trouve que, depuis l'année 1434, nous avons fait de grandes dépenses, comme le prouve un cahier in-quarto à partir de cette même année jusques et y compris 1471; les sommes sont incroyables, puisqu'elles s'élèvent à 663,755 florins, employés en murailles, aumônes, ou pour satisfaire à des charges diverses, sans compter les autres dépenses. Je ne veux pas m'en plaindre, parce que, bien que beaucoup d'autres trouvassent mieux d'en avoir une partie dans leur bourse, je pense qu'il en rejaillit un grand éclat sur la patrie, et que cet argent est bien employé, ce dont je suis fort content. »

qu'envenimer les inimitiés. Luc Pitti remit à Pierre, qui l'avait flatté de l'espoir d'une alliance de famille, la liste des conjurés; cette lâcheté le couvrit d'opprobre, et des palais, restés inachevés, attestèrent la hauteur de son ambition et les maux occasionnés par son imprudence.

Les exilés, conduits par Ange Acciaïuoli, se réunirent aux bannis de 1434, choisirent pour chef Jean-François Strozzi, et se préparèrent à combattre ouvertement. Venise, qui ne voulait pas les favoriser ostensiblement, permit à son capitaine, Barthélemy Coleone, d'entrer à leur solde, et ce condottiere fut secondé par beaucoup de petits seigneurs de la Romagne, les Pio, les Pico, les Ordelaffi, Hercule d'Este, Astorre Manfredi de Faenza, Alexandre Sforza de Pesaro. Les Florentins, secourus par Galéas-Marie et le roi de Naples, et commandés par le brave Frédéric de Montefeltro, seigneur d'Urbin, élève de François Sforza, affrontèrent l'ennemi à la Molinella sur le territoire d'Imola; au commencement de la bataille, Coleone employa de l'artillerie légère, et puis, quand la nuit vint, on continua la mêlée à la lumière des torches. Contre l'usage, la journée fut sanglante, mais non décisive.

La république florentine dépensa 1,300,000 florins d'or; les bannis, faute d'argent, durent cesser la lutte et recourir à l'arbitrage de Paul II, qui, ne pouvant amener un accord, publia impérieusement les conditions de la paix, avec menace d'excommunier quiconque ne les accepterait pas: en résumé, il ordonnait que chacun fût rétabli dans ses anciennes possessions, et Coleone, avec 100,000 ducats d'or par an, devait être le chef de l'armée qu'il était question de former avec le contingent de tous les seigneurs d'Italie, pour l'envoyer contre les Turcs. Il ne stipula rien en faveur des bannis, dont les biens furent même séquestrés; puis, à la suite ou sous prétexte de conjurations et d'attentats, on expulsa les familles des Capponi, des Strozzi, des Pitti, des Alexandri, des Soderini, et quelques personnes subirent la mort (1). Ces maisons furent donc frappées

---

(1) Jean de Ser Cambi nous a laissé la liste des grandes familles florentines en 1494: il donne aux Altoviti soixante-six hommes, soixante aux Ruccellaï, cinquante-trois aux Strozzi, soixante-cinq aux Albizzi, trente-cinq aux Ridolfi, autant aux Capponi, vingt-six aux Cavalcanti, ainsi de suite. Parmi les anciennes maisons sont mentionnés les Bardi, qui eurent de fréquents démêlés avec les Frescobaldi, surtout en 1340, lorsqu'ils furent réconciliés par le vénérable podestat Mathieu des Marradi. Après l'expulsion du duc d'Athènes, le

dans leurs biens et leurs personnes, tandis que Pierre, goutteux et perclus de tous ses membres, ignorait les rigueurs des siens, et prêchait la modération et l'humanité. En effet, il se proposait de rappeler les proscrits, lorsqu'il mourut; il n'avait survécu à son père que cinq ans.

1469
2 octobre

Thomas Soderini sut persuader de conserver *princes de l'État* ses jeunes fils, Laurent et Julien, qui donnèrent à cinq accoupleurs (*accoppiatori*) le droit de nommer le conseil des deux cents; la *balia*, instituée jusqu'alors pour un temps déterminé et les cas urgents, devint permanente avec le pouvoir absolu de punir, d'exiler, de lever de l'argent. Les Médicis se trouvaient donc les maîtres de l'État, et pouvaient employer dans leur intérêt personnel les deniers publics, outre l'argent qu'ils recevaient de quiconque voulait se maintenir en faveur ou commettre impunément des abus; du reste, ils palliaient la tyrannie avec des fêtes, des largesses, et la protection qu'ils accordaient aux artistes et aux gens de lettres.

Laurent est surtout une des physionomies les plus sympathiques de l'histoire italienne. Il nous reste quelques-uns de ses souvenirs de jeune homme, d'une charmante simplicité: « Le « second jour après la mort de mon père, bien que je fusse en- « core jeune je n'avais que vingt et un ans, les principaux de « la ville et de l'État vinrent me trouver chez moi pour s'affli- « ger de cette perte, et m'engager à prendre la direction de la « ville et de l'État, comme avaient fait mon aïeul et mon père; « ces choses, comme elles ne convenaient pas à mon âge, outre

---

Bardi furent aussi chassés par le peuple en tumulte, et vingt-deux de leurs maisons brûlées. Dianora des Bardi fut aimée par Hippolyte des Buondelmonti; mais, à cause de l'inimitié des deux familles, elle ne put l'épouser qu'en secret. La nuit, au moyen d'une échelle de corde, son amant s'introduisait dans sa demeure; surpris par le chef de la police pendant son ascension, il fut arrêté comme voleur, et, plutôt que de compromettre l'honneur de la jeune fille, il se laissa condamner à mort; seulement il demanda qu'en le conduisant au supplice, on le fit passer devant la maison des Bardi, parce qu'il voulait, disait-il, à ce moment suprême, se réconcilier avec cette famille, objet de sa haine constante. Mais, à cet instant, Dianora sort échevelée de sa maison, en s'écriant : « Il est mon époux, et son unique faute est d'être venu me trouver. » On suspend le supplice, la cause est renvoyée devant le podestat, Dianora plaide elle-même, les juges et le peuple se laissent facilement convaincre, et tout se termine par le mariage public des deux amants et la réconciliation de leurs familles.

HIST. DES ITAL. — T. VI.

« qu'elles sont une lourde charge et un péril, je les acceptai avec
« répugnance, et seulement pour défendre nos amis et nos
« biens, parce qu'on vit mal à Florence sans l'État. Si je me suis
« acquitté de ma tâche avec honneur et avantage, je ne l'attri-
« bue pas à ma prudence, mais à la faveur de Dieu et aux glo-
« rieuses traditions de mes aïeux. Au mois de septembre 1471,
« je fus nommé ambassadeur à Rome pour le couronnement du
« pape Sixte IV, et je reçus beaucoup d'honneurs; j'apportai
« de cette ville, don que me fit ce pape, les deux têtes de mar-
« bre antiques d'Auguste et d'Agrippa; en outre, j'apportai notre
« vase en chalcédoine ciselé, avec beaucoup de camées et de
« médailles, qui furent achetés alors avec d'autres à Chalcé-
« doine. »

La mort d'une dame noble, nommée Simonetta, fleur de vertu
et de beauté, laissait des regrets dans tous les cœurs, et la ville
entière fut dans le deuil, quand on la porta, le visage découvert,
à sa dernière demeure. Le jeune Laurent pleura en vers cette
mort, et, pour avoir des inspirations plus vraies, il voulut se
persuader qu'il avait aimé la défunte; puis il se mit à chercher
une autre femme qui égalât ce modèle, et crut l'avoir trouvée
dans une jeune fille qu'il ne fit pas connaître, mais qui, selon
ses biographes, s'appelait Lucrèce Donati. L'ayant aperçue dans
une solennité, elle lui parut si belle qu'il s'écria : *Plût à Dieu
que sa vertu égalât aussi celle de Simonetta!* Il prit des infor-
mations, la connut ensuite, et la trouva bien au-dessus de ce
qu'il avait espéré, outre qu'elle était douée d'une rare intelligence sans la présomption qui couvre de ridicule les femmes
savantes. Cet amour le détourna des plaisirs vulgaires et des
réunions nombreuses; il préférait la solitude, où tout lui rappelait l'objet de sa tendresse, tandis que les pensées du monde le
détournaient de cette douce préoccupation (1).

(1)   Cerchi chi vuol le pompe e gli alti onori,
  Le piazze, i tempj e gli edifizj magni,
  Le delizie, i tesor *qual accompagni*
  Mille duri pensier, mille dolori.
  Un verde praticel pien di bei fiori,
  Un rivolo che l'erba intorno bagni,
  Un augelletto che d'amor si lagni,
  Acqueta molto meglio i nostri ardori;
   L'ombrose selve, i sassi e gli alti monti,
  Gli antri oscuri e le belve fuggitive,
  Qualche leggiadra ninfa paurosa,
   Quivi vegg'io con pensier vaghi e pronti

Voilà le monstre de la tragédie d'Alfieri, qui a mis en vers une nouvelle tentative que firent les ennemis des Médicis pour renverser leurs jeunes héritiers.

CHAPITRE CXX.

LES PAPES REVIENNENT A ROME. CONJURATION DES PAZZI. FERDINAND DE NAPLES. LAURENT DE MÉDICIS.

Au concile de Constance, on avait agité la question de savoir si l'Église ne reviendrait pas à son ancienne pureté quand on l'aurait détachée de la puissance temporelle. Un orateur tint ce langage : « Autrefois je pensais qu'il serait très-convenable de « séparer le pouvoir terrestre de l'autorité spirituelle ; mais à pré- « sent je suis persuadé que la vertu sans force est ridicule, et « que le pontife romain, sans le patrimoine de l'Église, ne serait « qu'un serviteur des rois et des princes (1). »

En effet, la servitude d'Avignon avait convaincu les papes et les seigneurs qu'il importait d'assurer au saint-siége une existence indépendante, afin qu'il ne devînt pas un instrument dans les mains des rois ; on s'occupa donc d'en consolider la puissance politique, alors que l'autorité spirituelle déclinait : Martin V, à son retour à Rome, avait trouvé le patrimoine de l'Église réduit en lambeaux ; mais ferme, pacifique et digne à la fois, il parvint à le reconstituer dans son intégrité. Il amena Jeanne II de Naples à lui restituer Rome occupée par Ladislas, enleva Pérouse à Braccio de Montone (2), et fit expulser des autres villes les tyrans qui s'en étaient emparés.

Les Malatesta, capitaines renommés, s'étaient constitué une

> Le belle luci come fosser vive;
> Là me le toglie or questa or quella cosa.

(1) Schroeck, *Allgem. Geschichte*, vol. xxxii, p. 90.

(2) « En 1424, Braccio de Montone fut tué ;... Rome célébra cette mort par des feux de joie et des danses. Chaque Romain accompagnait avec un cierge Jourdain Colonna, frère du pape Martin, parce que l'ennemi du pontife était mort. Lorsque tous ces gens eurent cessé de vivre, Martin, resté pape sans autre obstacle, maintint la paix et l'abondance, et le blé descendit à 40 sous le *rubbio*. » (Infessura, *Journal*.)

belle principauté à Rimini, en soumettant Fano, Pesaro, Camerino, Macerata, San Severino, Monte Santo, Cingoli, Jesi, Fermo, Agubio; mais, à la mort de Charles, condottiere des plus vaillants et des plus généreux, ils perdirent tout, sauf Rimini, Fano et Césène, laissés à trois de ses neveux. Borgo Sandonnino, Pergola, Brettinoro, Osimo, Cervia et Sinigaglia furent également réunis aux domaines du saint-siége. Bologne ne savait pas oublier sa liberté; mais, lorsqu'elle tenta de la rétablir en 1428, elle fut immédiatement opprimée par les bandes des aventuriers. Les villes, habituées à avoir un prince, une cour, du luxe et des arts, voyaient avec douleur la dépopulation qui était survenue. Le cardinal Albergati, aussi vertueux qu'habile dans les affaires, sut rendre à la cour pontificale une certaine importance politique en Italie, obtenant plus par la diplomatie que par la guerre, et opérant beaucoup de réconciliations.

Rome, bien que soumise au pontife, conservait une représentation civile. Le sénateur, en entrant au Capitole, jurait dans les mains du conservateur d'exercer ses fonctions loyalement et de bonne foi; de prêter appui aux inquisiteurs de l'hérésie et de favoriser la foi; de maintenir la paix et la tranquillité dans Rome et la campagne, et d'exterminer les brigands; de conserver et de défendre les droits, les biens, les juridictions et les dignités de la cité et de la chambre, et de recouvrer ce qu'elles en auraient perdu; de maintenir et de défendre les hôpitaux, les établissements pieux et religieux; de procéder sommairement dans leurs causes, ainsi que dans celles des veuves, des orphelins et des pauvres; de faire observer par ses employés et ses juges les statuts faits et à faire, le droit civil, et, à leur défaut, le droit canonique; de ne commettre ni extorsions ni abus, de ne demander aucune faveur dans les conseils, et de ne point chercher à se faire confirmer dans ses fonctions, ni à s'affranchir du contrôle de ses actes; de veiller à ce que les maréchaux, c'est-à-dire les exécuteurs des ordres de la curie du Capitole, ainsi que leurs familiers, parcourussent la ville en armes jour et nuit; de ne rien faire de contraire aux ordres des conservateurs, mais de leur prêter secours, ainsi qu'à leur chambre.

Soit à cause des impôts qu'il dut multiplier pour guérir les plaies du pays, soit à cause des inconvénients attachés à toute restauration, Martin obtint peu de bienveillance, et fut même accusé de prodiguer les honneurs et l'argent à ses neveux. Après sa mort, les cardinaux ne se trouvèrent pas d'accord sur le choix de son successeur; afin de gagner du temps, ils élurent donc celui qu'ils craignaient le moins, le Vénitien Condulmier, qui, grâce à cette dissidence, se trouva pape sous le nom d'Eugène IV. Observateur sévère des jeûnes et de toutes les austérités, grand persécuteur des Hussites de Bohême, repoussant les conseils des autres pour suivre obstinément ses idées, étranger à la politique et peu loyal, nous avons vu quel rôle considérable il joua dans les affaires civiles et religieuses de son temps, rôle amené par les circonstances plus que par son habileté.

Dès le début, il se trouva en lutte avec ses sujets, avec les seigneurs et les prélats. Il s'aliéna les Colonna en leur réclamant les trésors que son prédécesseur leur avait confiés, et les cités du patrimoine où reparaissaient les partis et les anciennes familles; or, comme les Colonna employèrent cet argent pour lever des troupes et combattre les Orsini, Eugène jeta leurs amis dans les fers, les soumit à la torture, en fit périr environ deux cents sur le gibet, détruisit la maison et les monuments du pape Martin, et ne s'arrêta que lorsque les Colonna lui eurent restitué 75,000 florins. Il nomma gouverneur de la marche d'Ancône Jean Vitelleschi, évêque de Recanati, son indigne favori et l'un des condottieri les plus inhumains : dans la guerre de Naples, ce Vitelleschi alla jusqu'à promettre des indulgences à tout soldat qui couperait un olivier de l'ennemi; puis il forma le complot, avec Piccinino, d'assaillir la Toscane à main armée, et peut-être de le tuer pape, afin de le remplacer. Eugène, qui en fut informé, le fit arrêter en trahison dans le château Saint-Ange, où l'on apprit bientôt qu'il avait péri.

Au milieu de ces événements, le concile de Bâle mettait l'Église en péril, et toute la Romagne était bouleversée. François Sforza et Nicolas Fortebraccio entrèrent dans l'État pontifical, se disant autorisés par le concile à enlever ces pays au pape, qu'ils réduisirent presque à la seule capitale. Eugène gagna Sforza en le créant marquis d'Ancône; mais les autres capitaines réclamaient les mêmes avantages. Le peuple courut aux armes en proclamant la république, et le pape s'enfuit à Florence; enfin Piccinino vainquit Fortebraccio et rendit à saint Pierre ses anciens domaines.

Thomas, fils du médecin Barthélemy Parentucelli de Pise, abandonna ses études, faute d'argent pour les continuer, afin d'aller à Florence faire l'éducation des fils de Renaud des Albizzi; puis il s'attacha au cardinal Albergati comme secrétaire, médecin, intendant, et, pendant vingt années, il eut l'occasion de connaître beaucoup de pays et les érudits d'alors. Comme il avait copié des manuscrits, auxquels il ajoutait des notes sensées, Cosme de Médicis le chargea de classer les collections de la bibliothèque de Saint-Marc, travail qui servit de modèle pour les autres bibliothèques. Employé par Eugène dans des affaires importantes, nommé évêque de Bologne et cardinal, il lui succéda sous le nom de Nicolas V, et il rétablit l'unité dans l'Église en obtenant l'abdication de l'antipape Félix. Il disait à Vespasien, célèbre libraire, érudit et auteur de plusieurs biographies : « Nos Florentins auraient-ils jamais cru qu'un humble prêtre, fait pour sonner les cloches, deviendrait un jour pontife? » Celui-ci ayant répondu qu'ils s'en réjouissaient, parce qu'ils le connaissaient et attendaient la paix de ses efforts, il ajouta : « Si Dieu me vient en aide, je n'emploierai jamais pour ma défense d'autre arme que la croix de Jésus-Christ (1). »

Il fut, en effet, un des papes les plus dignes, et, si l'on tient compte de la différence des temps, il mérite plus d'éloges que Léon X pour la protection éclairée qu'il accorda à la culture croissante. Il fonda la bibliothèque du Vatican avec cinq mille volumes, et accueillit tous les hommes instruits : Poggio, George de Trébizonde, Christophe Garatone, Flavio Biondo, Léonard Bruno, érudits fameux, écrivaient ses lettres ; il avait à sa cour Antoine Loschi, Barthélemy de Montepulciano, le Romain Cincio, Laurent Valla, Pierre Candide Decembrio, Théodore Gaza, Jean Aurispa, aussi renommés alors qu'ils sont oubliés aujourd'hui. C'était à qui lui dédierait des ouvrages, et il favorisa la traduction d'auteurs grecs. Poggio fut généreusement récompensé pour sa version de Diodore ; il donna 500 écus d'or à Valla pour celle de Thucydide ; 1,500 à Guarino pour celle de Strabon ; 500 à Peretti pour celle de Polybe ; 600 par an à Giannozzo Manetti, outre le traitement de secrétaire, pour qu'il s'occupât des œuvres des historiens sacrés, et il lui fit commencer une traduction de la Bible sur le texte hébreu. Il promettait à Philelphe, s'il traduisait Homère, une belle maison à Rome, des terres et 10,000 écus. George de Trébizonde refusait comme excessive une somme que ce pape lui avait donnée : *Garde-la, garde-la*, lui dit-il ; *tu n'auras pas toujours un Nicolas*. Comme il entendait vanter quelques poëtes qui habitaient Rome, il nia leur mérite en disant par

---

(1) Vespasien, *Comment.*, p. 379.

raillerie : *S'ils étaient distingués, pourquoi ne viendraient-ils pas vers moi, qui accueille même les médiocres?*

Partout il s'occupa de constructions nouvelles ou de réparations : il bâtit à Spolète et à Orvieto d'insignes palais, des bains à Viterbe pour les malades, et releva les murailles de Rome, outre qu'il répara les églises tombées en ruine pendant le long veuvage, et surtout le Panthéon d'Agrippa; il fit exécuter « le plus beau tapis qui existe parmi les chrétiens, et sur lequel sont représentées les œuvres de Dieu quand il créa le monde (Corio). » Il se disposait à reconstruire Saint-Pierre, comme symbole de l'Église spirituelle réédifiée, et le jubilé, qui attira une foule incroyable à Rome, lui fournissait les moyens de réaliser ce projet.

Le sort de ses sujets ne lui inspirait pas la même sollicitude, ou plutôt il voulait les gouverner avec ce despotisme auquel se laissent facilement entraîner les hommes qui se sentent supérieurs aux autres, et sont jaloux de faire le bien. Un grand nombre de Romains supportaient avec impatience les rigueurs, cortége ordinaire des restaurations imprudentes, qui ne croient pouvoir remédier à l'anarchie que par le despotisme; les vices du clergé et les abus de la curie ressortaient davantage, depuis qu'on avait pu les censurer librement au milieu des orages précédents. Aussi l'allégresse avec laquelle on avait reçu la cour pontificale à son retour fit bientôt place au mécontentement et aux inimitiés habituelles. « Pourquoi le gouvernement serait-il dans les mains de prêtres la plupart étrangers, et tous, par éducation, incapables d'administrer ? » Ainsi s'exprimait Étienne Porcari, noble romain, qui tenta de rétablir la république. Exalté par la *canzone* de Pétrarque *Spirto gentil*, et croyant être le chevalier à qui « Rome, avec les yeux d'une tendre pitié, demandait merci de toutes les sept collines »; il trama des complots pour s'en rendre maître par force. Il enrôla des bandes, et, comme il avait été banni, il pénétra secrètement dans la ville, où il résolut d'occuper le Capitole, et, pendant la fête de l'Épiphanie, de prendre le pape, les prélats et le château Saint-Ange; mais le sénateur, informé du complot par un espion, fit arrêter les conjurés dans un dîner, et Porcari avec neuf autres fut pendu aux créneaux du château (1). Le pontife, à qui l'on avait représenté cette cons-

1453

(1) « Mardi, 19 janvier, fut pendu un certain Porcaro au château, dans la tour qui se trouve à gauche ; je le vis vêtu de noir. Cet homme de bien, ami du bien et de la liberté de Rome, se perdit; comme il s'était vu banni de Rome sans raison, il revint pour délivrer sa patrie de la servitude, sans craindre de

piration comme ayant l'assassinat pour objet, tomba de la confiance et de la candeur dans les soupçons, persécuta les fugitifs, punit tous ceux qu'il put saisir, et passa le reste de ses jours entre la terreur et les supplices. Sur le point d'expirer, il disait à deux moines pieux qu'il avait auprès de lui : *Il n'entre jamais ici une personne qui me dise la vérité; je suis tellement confus des mensonges de tous ceux qui m'entourent, que, si je ne craignais pas le scandale, je renoncerais à la papauté pour redevenir Thomas de Sarzane.*

1455   L'Espagnol Alphonse Borgia, qui s'était montré plein de zèle contre les Turcs, lui fut donné pour successeur sous le nom de Calixte III. A son élection, les factions des Colonna et des Orsini se ranimèrent, mais surtout lorsque ce pape, foulant aux pieds tout respect humain, agrandit ses neveux avec les fiefs de l'Église; il créa Pierre duc de Spolète, et songeait même à le placer sur le trône vacant de Naples. Sa mort empêcha l'exécution de ses projets; le conclave suivant, afin de prévenir de pareils abus, décréta que le pape ne pourrait, sans l'assentiment des cardinaux, transférer le saint-siège hors de Rome, donner le chapeau de cardinal ou des évêchés, faire la paix ou la guerre, aliéner les terres ecclésiastiques.

Æneas Sylvius Piccolomini, très-instruit dans les lettres et le droit canonique, historien et poëte, joua le rôle principal dans les intrigues de l'époque. Sa jeunesse s'était passée au milieu des troubles de Sienne; il avait assisté au concile de Bâle, comme attaché au service du cardinal Dominique Capranica. Il changea plusieurs fois de maître, fut souvent ambassadeur, et devint secrétaire d'abord de Félix V, puis de l'empereur Frédéric III. Outre l'histoire de Bohême, il décrivit l'état de l'Europe sous ce même Frédéric, traça un tableau de l'Allemagne, et fit un livre sur le concile de Bâle, où il vota avec l'opposition,

---

jouer sa tête. Ce même jour, furent pendus aux gibets du Capitole, sans confession ni communion, les ci-dessous nommés.... Item, Sao et plusieurs autres périrent sur le gibet avec eux.... Dans ce même temps, on arrêta également les Joanni.... Le 28 janvier, furent pendus François Gobadio et un docteur, parce qu'ils se trouvaient avec Étienne Porcaro, et l'on dit qu'ils avaient connaissance du complot. Puis on publia un ban qui enjoignait de dénoncer.... avec promesse de 1,000 ducats, mais de 50 seulement si on ne les livrait que morts. Le pape fit rechercher les coupables dans l'Italie.... Les uns furent arrêtés à Padoue, d'autres à Venise.... et l'on coupa la tête à beaucoup dans la ville de Castello... Le 30 janvier, fut pendu Baptiste de Personna. » (INFESSURA.)

ouvrages d'autant plus précieux qu'ils émanent d'un témoin oculaire et d'un grand personnage; de plus, il a laissé un recueil de lettres d'amitié et d'affaires (1).

Nommé pape, sous le nom de Pie II, il soutint avec énergie cette autorité qu'il avait combattue comme diplomate. Comme on lui reprochait ses anciennes opinions, il rendit la bulle *Retractationum*, dans laquelle, revenant sur plusieurs propositions

(1) Nous avons l'édition précieuse de ses lettres faite à Milan par maître Ulderic Scinzenzeler, en 1496. On y trouve la trop célèbre histoire de Lucrèce de Sienne, éprise d'un Allemand nommé Euryale, de la suite de l'empereur Sigismond : aventure racontée, à la manière de Boccace. Plusieurs autres lettres jettent une grande clarté sur l'époque (*Æneæ Silvii Piccolominei senensis, qui post adeptum pontificatum Pius, ejus nominis secundus, appellatus est, opera quæ extant omnia*. Bâle, 1551). Ses œuvres capitales sont : *De gestis concilii Basiliensis commentarium; De ortu et historia Bohemorum; Europa, in qua sui temporis varias historias complectitur*. Il écrit bien, quoiqu'il multiplie trop les phrases et les hémistiches. Dans la préface du concile de Bâle, il dit : « Je ne sais par quel malheur ou par quel destin je ne puis me détourner de l'histoire, ni employer plus utilement le temps. Souvent je me suis proposé de m'arracher à ces séductions des poëtes et des orateurs, pour suivre un autre exercice, d'où je pusse tirer quelque chose qui me rendît la vieillesse moins pénible, afin de ne pas vivre au jour le jour, comme les oiseaux et les fleurs. Il ne manquait pas d'objets d'étude, qui auraient pu me procurer de l'argent et des amis, si j'eusse voulu y concentrer mes forces; et ces pensées ne venaient pas seulement de mon esprit, car j'avais autour de moi des amis qui me disaient sans cesse : *Allons donc, Ænéas, que fais-tu ? La littérature t'enchaînera-t-elle jusqu'à la mort ? N'as-tu pas honte à ton âge de n'avoir ni champs ni argent ? Ne sais-tu pas qu'il faut être grand à vingt ans, prudent à trente, riche à quarante, et que, cette limite passée, c'est en vain qu'on se fatigue ?* Ils me conseillaient donc, aux approches de ma quarantième année, de chercher à m'assurer quelque chose avant qu'elle arrivât. Je me mis souvent à la besogne, et me promis de suivre leur conseil; je jetai de côté les histoires et tous les écrits de ce genre, comme ennemis de mon salut : mais, comme certains insectes ne savent fuir la flamme d'une chandelle et finissent par s'y brûler les ailes, de même je reviens à mon mal, où force m'est de périr, et, à ce que je vois, rien que la mort ne m'enlèvera à cette étude; enfin, puisque la destinée m'entraîne, et que je ne puis faire ce que je veux, il me faut unir la volonté au pouvoir. On me reproche ma pauvreté; mais pauvre et riche doivent vivre jusqu'à la mort. Si la pauvreté est un malheur pour les vieillards, elle l'est plus encore pour les ignorants. Avoir un corps sain et les facultés de l'esprit entières, cela est donné au pauvre non moins qu'au riche; si j'obtiens cela, je ne demande rien de plus. Que Dieu m'accorde de jouir en bonne santé de ce que j'ai, et qu'il me fasse la grâce de pouvoir traverser la vieillesse avec un esprit sain, non sans honneur ni sans lyre ! Or, puisque c'est chose arrêtée ainsi, revenons à nos commentaires. »

qu'il avait lancées contre le pouvoir pontifical et surtout contre Eugène IV, il déclarait qu'il est dans la nature humaine de se tromper ; qu'il les avait soutenues, non par obstination, mais par erreur, et qu'il lui importait de les rétracter, afin qu'on n'attribuât point à Pie les opinions d'Æneas (1). A cette occasion, il exposa une partie de sa vie. Dans le synode de Mantoue (*Exsecrabilis*), il défendit, sous peine d'excommunication, d'en appeler du pape au futur concile, tribunal qui n'existe pas ; mais les sanctions, relatives à ce sujet, qui s'étaient introduites au milieu des orages passés, et la résolution des princes d'élire leurs propres évêques, lui suscitèrent de graves embarras. Il fit comprendre à l'empereur qu'il devait s'entendre avec la cour pontificale, afin de résister aux princes souverains de l'Allemagne, et que les demandes de réformes ecclésiastiques se liaient intimement à celles de la politique ; aussi, dans les diètes d'Allemagne, le légat avait autant d'autorité que l'empereur et plus de revenus. Au moment où, luttant de toute l'énergie de sa conviction contre l'indifférence d'un siècle égoïste, il préparait la croisade contre les Turcs, il mourut à Ancône. Pinturicchio, d'après les cartons de Raphaël, représenta sa vie dans la vieille bibliothèque de Sienne.

Pierre Barbo, Vénitien, bel homme, très-habile à s'insinuer dans les bonnes grâces de chacun par de petits services et sa sympathie pour les souffrances d'autrui, au point qu'on l'appelait *Notre-Dame de Pitié*, fut élu pape, sous le nom de Paul II, avec un tel accord qu'il promettait un des pontificats les plus célèbres. Il visa continuellement à trois choses : l'agrandissement de ses neveux, et, pour l'obtenir, il fit déclarer nulle la stipulation imposée par le conclave ; la croisade contre les infidèles, et l'abrogation de la pragmatique sanction de Bourges, où les prérogatives papales lui paraissaient entamées par le clergé gallican ; il échoua dans ces trois tentatives. Des plaintes nombreuses l'informèrent que les soixante *abréviateurs* (collège institué par Pie II pour rédiger les brefs pontificaux en style châtié) spéculaient sur les expéditions, soit en recevant des cadeaux, soit en pratiquant la simonie. Résolu à détruire cet abus, et persuadé d'ailleurs qu'il était digne de Rome de tout donner

---

(1) C'était la même distinction qu'il faisait dans ces paroles fameuses : *Lorsque j'étais Æneas, personne ne me connaissait ; maintenant que je suis pape, chacun m'appelle oncle.*

gratuitement, il les cassa. Ces soixante lettrés, privés de leur emploi, firent entendre contre Paul un concert de malédictions, et l'on sait quelle influence une poignée d'écrivains exerce sur l'opinion. Barthélemy Sacchi de Piadena (le Platina) lui manqua de respect à tel point qu'il fut condamné à l'emprisonnement ; puis, impliqué dans une conspiration ou soupçonné d'y avoir pris part, il fut appliqué à la corde, supplice dont il se vengea par les violentes diatribes qu'il accumula contre Paul dans ses *Vies des Papes*.

Nous ne voulons pas excuser les moyens employés par ce pontife ; mais la persécution qu'on lui a tant reprochée contre les restaurateurs de la littérature classique venait d'un motif justifiable. En effet, il fut effrayé en voyant le paganisme reparaître, non-seulement dans les arts, mais encore dans les doctrines et la vie ; les érudits rougir des noms de saints qu'ils avaient reçus au baptême, et changer ceux de Pierre en Piérius ou Pétréius, de Jean en Janus ou Jovien, de Victor en Victorius ou Nicius, de Luc en Lucius ou Lucillus, de Marin en Glaucus, de Marc en Callimaque (1) ; célébrer des fêtes à la manière antique, en sacrifiant un bouc, et, sous prétexte de remettre Platon en honneur, se jeter dans des doctrines impies ou des pratiques théurgiques : choses frivoles, sans doute, mais qui entraînent à des conséquences sérieuses.

Paul II, néanmoins, prodigua l'argent pour exhumer et recueillir des statues et d'autres antiquités ; il aima les beaux-arts, achetait des livres qu'il prêtait libéralement (2), et fit faire une tiare de la valeur de 50,000 marcs d'argent (275,000 fr.). Il amassa de grandes richesses, mais non pour ses neveux ; était-ce par avarice, comme on l'a dit, ou bien pour venir en aide à l'Église, accablée de charges ? nous l'ignorons. Il accorda le titre de duc de Ferrare à Borso d'Este, l'arma chevalier de Saint-

(1)   Il nome che d'apostolo ti denno
        O d'alcun minor santo i padri ; quando
        Cristiano d'acqua, non d'altro ti fenno,
     In Cosmico, in Pomponio vai mutando ;
        Altri Pietro in Pierio, altri Giovanni
        In Jano e in Giovian van racconciando.
                              ARIOSTO, *Satira* VI.

(2) L'éloge que fait de lui Gaspard Véronèse est caractéristique : *Novi ego quod suorum codicum largissimus semper fuit ; alienorum vero verecundissimus postulator, nec non suorum aliis commodatorum lentissimus repetitor.* (Ap. MARINI, *Des Archiâtres pontificaux*, t. II, p. 179.)

Pierre, et le fit asseoir, non plus parmi les archevêques, comme lorsqu'il n'était que vicaire pontifical, mais parmi les cardinaux, et lui donna la rose d'or qu'il est d'usage, à Pâques, d'accorder à quelque grand prince; par ces actes, il confirmait le haut domaine du saint-siége sur Ferrare. Il fit une guerre longue et déloyale à Robert Malatesta, auquel il disputait la seigneurie de Rimini, et, dans ce but, il s'allia avec les Vénitiens et divers seigneurs. Comme Naples et Florence soutenaient la cause de Malatesta, l'incendie faillit s'étendre sur toute l'Italie; mais Paul reconnut enfin ses fiefs paternels. Sa conduite fut plus louable quand il réunit tous les potentats d'Italie dans une ligue, pour maintenir l'indépendance de chacun. Cependant il n'était plus question des réformes projetées dans la cour romaine; l'idée d'assembler un concile s'éloignait chaque jour davantage, et l'on multipliait, avec les commendes et les expectatives, une foule d'autres abus lucratifs.

1471 · François Albescola de la Rovère, pape sous le nom de Sixte IV, a laissé un plus mauvais renom que Paul II. Les jeunes garçons dont il s'entourait firent critiquer ses mœurs; on blâma aussi sa rigueur pendant les guerres qui s'étaient rallumées entre les Colonna et les Orsini, à l'occasion desquelles il mit la ville à feu et à sang. Il prodigua les évêchés, les principautés, les dignités, les offices, à deux fils de son frère et à deux autres de sa sœur Riario, dont la médisance le disait père; on lui adressait encore des reproches bien plus graves. Il nomma Léonard de la Rovère gouverneur de Rome, et lui fit épouser une bâtarde du roi Ferdinand, auquel il cédait le duché de Sora et d'autres acquisitions faites personnellement par Pie II, les redevances arriérées du royaume et l'exemption de celles à payer dans l'avenir tant qu'il vivrait. Il donna le chapeau de cardinal à Julien, que nous verrons bientôt pape, et qui faisait alors la guerre contre Todi et Spoleto. L'incapable Pierre Riario, nommé à vingt-six ans cardinal, patriarche de Constantinople, archevêque de Florence, légat de toute l'Italie, avait une cour de plus de cinquante personnes et un faste sans exemple, qui, joint à ses débauches, épuisa sa vie. Sixte alors éleva Jean de la Rovère, en le faisant prince de la Sinigaglia et de Mondavia, détachées de l'Église. Pour Jérôme Riario, son neveu, auquel il fit obtenir la main de Catherine de Galéas Sforza avec le comté de Bosco, il acheta, moyennant 40,000 ducats, la seigneurie d'Imola, et lui en destinait, dans la Romagne, une plus grande, qu'il devait former des dépouilles des petits seigneurs; mais les Médicis de Florence s'y étant opposés, il s'unit aux nombreux ennemis de cette maison, à la malveillance desquels la jeunesse de Laurent et de Julien, fils de Pierre, semblait offrir une occasion favorable.

Parmi les familles historiques de Florence, la plupart se trouvaient dans l'exil, comme les Ricci, les Albizzi, les Barbadori, les Peruzzi, les Strozzi, les Machiavelli, les Acciaïuoli, les Neroni, les Soderini; les Pitti et les Capponi avaient été dépouillés de tout crédit, et les deux frères Médicis veillaient à ce qu'ils ne pussent se relever de leur abaissement. A la tête des anciennes maisons féodales brillaient celle des Pazzi, du val d'Arno, autrefois l'alliée des Ubaldini, des Uberti, des Tarlati et d'autres Gibelins; après de longues luttes avec la république, elle était venue s'établir dans la ville et avait juré la commune. On l'avait exclue du gouvernement comme les autres familles illustres : mais la prévoyance de Cosme s'était bornée à ne point la heurter; bien plus, il lui accorda la faculté de passer dans la classe des plébéiens, faveur qui lui ouvrait l'accès des fonctions publiques, et sa nièce, Nanina Bianca, sœur de Laurent, épousa Guillaume des Pazzi. Cette maison avait acquis par sa banque, l'une des plus accréditées du monde, d'immenses richesses, qui, jointes à ses clientèles, surtout depuis qu'elle s'était alliée avec les Borromei de San-Miniato, inspiraient aux Médicis un ombrage croissant; Laurent fit donc établir par la balie un règlement qui altérait l'ordre de succession, de telle sorte que les Pazzi ne pussent hériter de ces Borromei. Cette mesure irrita les Pazzi, et François quitta Florence pour aller fonder une banque à Rome, où Sixte IV l'accueillit avec faveur, le constitua banquier du saint-siége, et fomenta ses rancunes contre les Médicis.

Les Pazzi formèrent donc un complot avec Jérôme Riario et François Salviati, que les Médicis n'avaient pas voulu recevoir archevêque de Pise. Dans Sainte-Marie del Fiore, à la messe de Pâques, ils assaillirent les deux princes au moment de l'élévation; Julien fut tué, et Laurent blessé se défendit. Jacques des Pazzi se met à parcourir la ville pour ameuter le peuple; mais celui-ci, aux cris de : *Palle, Palle!* tombe sur les assassins, qu'il égorge sans pitié, et promène dans les rues, au bout des piques, leurs membres déchirés. François des Pazzi, qui s'était blessé lui-même en frappant Julien, fut arraché de son lit et pendu au milieu des insultes de la multitude. Plus de soixante et dix citoyens

1478
26 avril.

périrent alors, victimes d'une pareille violence, ou bien à la suite de condamnations judiciaires. L'archevêque de Pise fut pendu à la fenêtre du palais où il s'était rendu comme assuré d'en devenir le maître ; les instances de Laurent sauvèrent Riario, qui disait la messe. Comme on craignait que le poignard qui avait frappé Laurent ne fût empoisonné, un certain Ridolfi s'offrit pour sucer la plaie. Le bruit courut parmi le peuple que les pluies qui tombaient sans cesse étaient un signe du ciel, irrité de voir qu'on eût enseveli Jacques en terre sainte, bien qu'au moment d'expirer il se fût donné au diable : la Seigneurie ordonna donc qu'on l'enlevât de Sainte-Croix pendant la nuit, pour l'enterrer le long des murailles ; mais les enfants, informés de cette décision, allèrent exhumer son cadavre, le traînèrent dans les rues avec la corde qu'il avait au cou, et frappaient à la porte de sa maison, en disant d'ouvrir au maître. Ces outrages ne cessèrent qu'au moment où la Seigneurie envoya des valets, qui le jetèrent dans l'Arno, où néanmoins il surnagea longtemps. Bernard Bandini, l'assassin de Julien, s'était enfui à Constantinople ; mais, arrêté dans cette ville, il fut conduit à Florence, où la potence l'attendait.

Les Florentins demandèrent pardon d'avoir porté les mains sur des personnes sacrées, et se soumirent aux censures lancées contre eux. Mais ce fut en vain : le pape les frappa d'une bulle terrible, et, voulant obtenir par une guerre ouverte ce que la trahison n'avait pu lui procurer, il s'entendit avec le roi de Naples pour nuire aux Médicis.

Alphonse le Magnanime avait désigné pour son successeur au trône de Naples Ferdinand, son fils naturel. Les Napolitains le préféraient aux Aragonais, héritiers de la Sicile, parce que, n'ayant pas d'autres domaines, il ne ferait point de leur territoire une province d'étrangers. D'autre part, comme Alphonse devait ce trône à l'élection, Ferdinand n'avait à redouter les prétentions d'aucun concurrent ; il fut donc reconnu par le parlement et même par le pape. Les Orsini, barons très-puissants dont il avait épousé une fille, jouissaient de toute sa confiance ; néanmoins beaucoup de compétiteurs lui disputèrent le pouvoir. La faction des Angevins renaquit ; appuyée par les Caldora, les Sanseverino, les princes de Rossano et de Tarente, elle appela de France Jean, fils de René, qui remporta au Sarno une insigne victoire sur Ferdinand.

Les Angevins avaient trouvé un puissant auxiliaire dans

Jacques Piccinino, fils de Nicolas, qui, ayant vu François Sforza devenir seigneur de Milan, s'était obstiné à poursuivre l'acquisition d'une principauté. Dès que la paix de frère Simonnet eut rétabli la tranquillité partout, il arbora la bannière de condottiere, et accueillit tous ceux qui voulaient encore exercer leur courage sans souci du motif. Il tenta de s'emparer de Pérouse et de Bologne. Repoussé, il se jeta sur le territoire siennois sans épargner les dévastations, jusqu'au moment où le duc de Milan et le pape envoyèrent Robert Sanseverino pour le réprimer; mais ils réussirent mieux en lui payant 20,000 florins. Sigismond Malatesta, fils de ce Pandolphe qui domina sur Bergame et Brescia, voulait se rendre maître de Pesaro et tendait des embûches à Frédéric de Montefeltro, duc d'Urbin; on envoya contre lui Piccinino, qui ravagea la Romagne, pillant en peu de jours cent quinze châteaux, et enlevant dans une seule incursion mille paires de bœufs, et cent hommes pour les mettre à rançon (1).

Ses exploits seraient d'un héros, s'ils n'avaient pas eu le cachet du brigand. Lorsque la guerre éclata dans le royaume de Naples, il hésita sur le parti qu'il devait servir; enfin, après avoir accepté la solde de Jean d'Anjou, il poussa les ravages jusque sous les murs de Rome. Ferdinand lui opposa George Castriot, qui, avec huit cents chevaux, vint de l'Épire pour rendre à ce roi les services que lui-même avait reçus d'Alphonse; mais il ne réalisa point les espérances conçues, peut-être parce qu'il avait combattu chez lui pour la foi et la patrie. Il fut plus utile à Ferdinand de ramener sous ses drapeaux les Sanseverino et les Orsini, jaloux des acquisitions de Jean et avides de nouvelles récompenses; puis, afin de se délivrer de Piccinino, regardé comme le meilleur des capitaines survivants, il le prit à sa solde moyennant 90,000 ducats par an, l'entretien de trois mille chevaux et de cinq cents fantassins, et lui assigna de nombreuses possessions. François Sforza, son ancien rival, l'ayant appelé à Milan pour lui faire épouser sa fille Drusiana, Ferdinand le pria de revenir et l'accueillit au milieu de grands honneurs; mais, peu de jours après, surpris en trahison, Piccinino fut étranglé par ses ordres. Avec lui finissait l'école de Bracchio de Montone (2).

1465
21 juin.

(1) *Chronique d'Agubio,* Rer. it. Script., XXI, f. 904.

(2) Ce meurtre aurait été commis d'accord avec François Sforza son beau-père, s'il faut en croire Machiavel et tous les contemporains, qui disent que Sforza le mena à la boucherie, et que Ferdinand fut son bourreau; mais ils

Jean d'Anjou dut quitter un royaume toujours funeste à sa famille; il fut suivi d'un grand nombre de Napolitains, qui allèrent combattre en France et en Bourgogne. Ferdinand reprit enfin les rênes, et, pour humilier les barons, employa les supplices, les confiscations et la trahison (1).

Peu de temps après, on trouva étranglé Jean-Antoine Orsini, prince de Tarente. Cette mort fut attribuée à Ferdinand, qui produisit un testament où la victime le faisait son héritier de Bari, d'Otrante, de Tarente, d'Altamura, d'un million de florins en marchandises, chevaux, troupeaux, autres objets, et de quatre mille hommes de bonnes troupes : ce fut un coup mortel pour la faction angevine. Ferdinand promit une de ses filles en mariage au puissant Marie Marzano, prince de Rossano, duc de Sessa et autres lieux; puis, feignant de mettre à profit la paix conclue, il va chasser de ces côtés, demande à l'embrasser, et, quand il le tient en son pouvoir, il l'envoie prisonnier à Naples, et s'empare de ses enfants et de ses États.

Orgueilleux, faux, avare, Ferdinand s'efforça de troubler la paix qui durait en Italie depuis 1454. Il vint en lutte avec le pape pour obtenir une diminution de la redevance imposée au royaume; puis, d'accord avec ce pontife et Sienne, il travailla pour détruire la puissance des Médicis.

Sienne, ancienne rivale de Florence comme Gibeline, avait fini par arborer la bannière guelfe ; mais, à moins d'être né dans ses

---

sont réfutés victorieusement par les documents qu'a publiés Rosmini dans l'*Histoire de Milan*.

(1) Jean Pontano (*Bellum neapolitanum*, livre v) raconte que, tandis que Ferdinand de Naples assiégeait une citadelle du parti des Angevins, située au dessous de Mondragone et réduite à l'extrémité par le manque d'eau, quelques prêtres impies cherchaient à faire pleuvoir au moyen d'arts magiques. Ils trouvèrent des jeunes gens remplis d'enthousiasme, qui, au milieu de la nuit et par des chemins difficiles, parvinrent jusqu'au rivage; là, après d'infâmes malédictions prononcées sur le crucifix, ils le jetèrent dans la mer, demandant une tempête au ciel, à la mer, à la terre. Dans le même temps, les prêtres prirent un âne, lui récitèrent les prières des agonisants comme à un moribond, le firent communier, et, après de solennelles funérailles, l'enterrèrent vivant devant la porte de l'église. Tout à coup les nuages parurent, la tempête souleva les flots, le ciel s'obscurcit, et la pluie, au milieu du tonnerre et des éclairs, tomba par torrents; la citadelle fut donc pourvue abondamment, et Ferdinand dut lever le siège.

Dans de pareilles circonstances, la sage Rome autrefois ensevelissait un homme et une femme.

murs, on répugne à suivre ses luttes intestines et les attaques qu'elle eut à souffrir de voisins puissants ou des condottieri. Au dehors, elle n'exerça jamais une grande influence, ballottée qu'elle était à l'intérieur entre une plèbe incapable et envieuse, et une oligarchie jalouse d'exclure les autres classes. Les Monti, c'est-à-dire les ordres des gentilshommes, des Neuf, des Douze, des réformateurs, du peuple, la déchiraient, et, selon que les uns ou les autres prévalaient, ils épuisaient leurs forces par des persécutions réciproques, au détriment de leur puissance et de leur dignité. Les gentilshommes, anciens propriétaires de tous les biens-fonds, et qui avaient dominé de 1240 à 1277, furent exclus des magistratures; alors triompha, jusqu'en 1355, le Monte des Neuf, dans lequel entrait une noblesse bourgeoise recommandée par d'anciennes richesses. Le Monte des Douze, c'est-à-dire les riches marchands, joua le premier rôle jusqu'en 1368, et celui des réformateurs jusqu'en 1384; la supériorité fut ensuite acquise tantôt à celui-ci, tantôt au peuple, élisant chacun trois prieurs, à l'exclusion des deux premiers, qui dès lors, ennemis naturels, bouleversaient la cité.

Le duc de Calabre, fils du roi Ferdinand, qui voulait obtenir la seigneurie de Sienne, s'appuya sur les Neuf et les Douze; pour atteindre son but, il amena les citoyens à choisir parmi les autres un nouveau Monte, dit des Agrégés, qui put seul, à l'exclusion de tous les autres, parvenir aux offices. Les membres de ce Monte, ne pouvant se maintenir que par la force, se montraient dévoués au duc et s'unirent à son père contre Laurent de Médicis. Nous disons Laurent, parce que le pontife, qualifiant de sacrilége le supplice d'un oint du Seigneur, envoya les troupes qu'il avait réunies pour seconder la conjuration des Pazzi, et déclara la guerre, non à la république, mais à Laurent, *fils d'iniquité, élève de perdition*. Les Florentins, cependant, firent cause commune avec lui. Ils envoyèrent partout un récit de la conjuration avec les preuves de la complicité du pape, qui ne s'en justifia point; protestant contre l'excommunication, ils en appelèrent au futur concile. Leurs plaintes furent entendues, et beaucoup de princes menacèrent Sixte IV de lui refuser obéissance s'il troublait l'Église par une guerre injuste; non-seulement le roi de France suspendit l'envoi des annates, en les voyant destinées contre des chrétiens et non contre les infidèles, mais il menaça d'ouvrir un concile.

Le pape se trouva donc réduit à la funeste alternative de s'obstiner dans une guerre injuste, ou bien de révoquer une sentence à peine prononcée, brisant lui-même le bâton apostolique qu'on lui avait remis pour rompre les vases inutiles, et courbant la tête devant les menaces des séculiers. Sixte préféra la guerre; d'ailleurs, il avait pris à sa solde les meilleurs condottieri, et noué partout des intrigues pour susciter contre Venise et Milan des soulèvements, des ennemis, les Turcs même, afin que ces deux villes ne pussent secourir Florence.

Surprise par les armes au milieu de ses études pacifiques, cette république ne vit rien de mieux à faire que de soudoyer un capitaine, qui fut Hercule, duc de Ferrare; mais ce chef, gendre de Ferdinand, s'il ne la trahissait pas, faisait du moins la guerre mollement. Laurent, voyant la cité perdre courage et les âmes timorées s'effrayer de l'interdit, tandis que les confédérés s'avançaient à grands pas, résolut, par une conduite généreuse, de mettre en relief la lâcheté de ses ennemis et de s'exposer seul, puisque lui seul, disait-on, attirait les armes contre sa patrie. Il partit donc de Florence, en laissant à la seigneurie la lettre suivante : « Éminents seigneurs, si je ne vous ai point fait connaî« tre autrement le motif de mon départ, ce n'est nullement par « présomption, mais parce qu'il me semble, dans la détresse où « se trouve notre ville, qu'il vaut mieux agir que parler. Comme « Florence m'a paru avoir un vif désir et un grand besoin de la « paix, et voyant d'ailleurs les autres partis insuffisants, j'ai jugé « plus convenable de courir quelque danger que de compromettre « la ville entière. J'ai donc résolu de me transporter librement « à Naples; en effet, comme je suis l'objet principal des persé« cutions de nos ennemis, je pourrai peut-être encore obtenir, « en me remettant entre leurs mains, qu'on rende la paix à la « ville. De deux choses l'une : ou le roi aime véritablement Flo« rence, comme il l'a proclamé, et alors il n'y a pas de meilleur « moyen d'en faire l'expérience que d'aller me remettre librement « entre ses mains; ou bien il désire nous priver de notre liberté, « et, dans ce cas, il est bon de le savoir sans délai. Comme il vaut « mieux qu'un seul soit sacrifié plutôt que tous les autres, je me « réjouis d'être cette victime, pour deux raisons : la première, « parce qu'il serait possible que nos ennemis ne veuillent que ma « perte; la seconde, parce qu'ayant aujourd'hui dans la cité plus « d'honneurs et un rang plus élevé que tout autre citoyen, je « me crois plus obligé que les autres à me dévouer pour la « patrie, sans épargner même ma vie. Dieu, peut-être, veut que

*1479
7 décembre*

« cette guerre, qui a déjà commencé par le sang de mon frère
« et le mien, finisse par moi ; je ne désire qu'une chose, c'est
« que ma vie et ma mort, comme le mal et le bien qui peuvent
« m'arriver, tournent au profit de Florence. Si nos ennemis ne
« veulent que moi, ils m'auront librement en leur pouvoir ; s'ils
« veulent autre chose, on le saura, et je regarde comme certain
« que tous nos citoyens se prépareront à défendre la liberté
« ainsi que l'ont toujours fait nos aïeux. Je pars avec ces bonnes
« dispositions, et sans autre souci que le bien de la cité ; je prie
« Dieu qu'il me donne la force d'accomplir ce que tout citoyen
« est obligé de faire pour sa patrie. »

En effet, il se présenta devant Ferdinand, qui le reçut avec 1480
de solennelles démonstrations d'intérêt. Touché d'une telle confiance, ou peut-être déterminé par la crainte de voir les Florentins, comme Laurent eut soin de le lui dire, se venger en appelant en Italie le roi de France, héritier des droits de la maison d'Anjou au trône de Naples, il conclut la paix, et rendit à Florence tous les lieux qu'il lui avait enlevés. Les Vénitiens, qui s'étaient déclarés pour Laurent, se trouvèrent seuls exposés aux coups de l'ennemi ; criant à la trahison, ils ne rougirent pas d'exciter les Turcs à recouvrer les possessions de l'Italie, appartenant autrefois à l'empire oriental. Le grand visir Achmet Brèche-dents débarqua de la Vallona à Otrante, qu'il mit à sac et à sang, et, août.
après y avoir laissé une forte garnison, s'en retourna pour aller réunir d'autres troupes. Toute l'Italie en fut épouvantée ; le pape s'apprêtait à fuir au delà des Alpes, tandis qu'il accordait la paix aux Florentins, exhortait les Italiens à prendre les armes et renonçait à la conquête de Sienne. En effet, Alphonse de Calabre assaillit vigoureusement Otrante, dont la garnison, ayant perdu 1481
l'espoir de nouveaux secours à la mort de Mahomet II, finit par capituler.

Les princes chrétiens reprirent leur arrogance à la mort de Mahomet, comme si tout péril eût disparu avec lui. Ferdinand aurait dû s'unir avec les autres potentats de l'Italie pour la mettre à l'abri des Turcs, et les assaillir pendant qu'ils se trouvaient affaiblis par la discorde survenue entre les fils de Mahomet, d'autant plus que les soldats, exaltés par la victoire, criaient : *Constantinople !* Loin de suivre cette politique généreuse, il s'empare de toutes les forces et de l'artillerie, et se venge des Vénitiens en excitant Hercule d'Este, duc de Ferrare et son gendre, à faire obstacle à leur commerce sur le Pô. C'est ainsi que des passions malveillantes et basses poussent à des alliances ou suscitent des inimitiés.

Les domaines du duc de Ferrare, à cause de leur situation, excitaient l'envie du pape non moins que celle de Venise. Cette république se plaignait qu'Hercule tirât le sel de Comacchio, et fermât le Pô à celui qu'elle exportait; ces deux faits lui servirent de motif pour lui déclarer une guerre dont elle confia la conduite aux capitaines Robert Sanseverino, Robert Malatesta, le marquis Gonzague, les comtes Rossi de Parme et les Torelli de Guastalla, outre quelques membres de la famille des Fieschi et des Frangipani. Le pape la soutint, et, pour que Ferdinand n'envoyât point de secours à son gendre, il arma dans les Marches.

Toute l'Italie fut bouleversée par cette misérable querelle. Le duc était secondé par Frédéric de Montefeltro et les Milanais, et seize sages de guerre dirigeaient les opérations : combats, siéges et pillages se succédèrent. Les troupes de Ferdinand luttèrent pour conquérir les Polésines du Pô, et succombèrent sous l'influence pernicieuse du climat; mais, au milieu de cette effervescence générale, on ne vit pas une bataille rangée. Le pape n'avait caressé Venise que pour en faire un instrument de son népotisme ambitieux; quand il vit qu'il pouvait mieux réussir en l'abandonnant, il s'entendit avec le roi de Naples et le duc de Ferrare, et mit Venise en interdit, comme perturbatrice de la tranquillité d'Italie et tendant des piéges à Ferrare, concédée par le saint-siége. Venise, sans tenir compte de la condamnation, ordonne de continuer les rites, en appelle au futur concile, et la guerre se poursuit au prix de grands sacrifices et au milieu de désastres réciproques (1).

Enfin on conclut la paix de Bagnolo, par laquelle Venise cédait ses conquêtes, et recouvrait ce qu'elle avait perdu avec le droit de navigation sur le Pô, la Polésine de Rovigo, le monopole du sel; le duc de Ferrare devait renoncer aux possessions primitives de la famille d'Este; les Rossi, comtes de San Secondo, perdaient tous leurs domaines. Le pape n'avait pu rien gagner pour ses neveux. Le traité lui-même constituait, dans l'intérêt de la défense commune, une ligue italienne dont l'armée devait avoir pour capitaine Robert Sanseverino, avec 130,000 ducats par an, fournis comme il suit : 10,000 par le pape, 10,000 par le roi de Naples, 50,000 par Venise, 50,000 par le

---

(1) Malipiero, dans les *Annales vénitiennes*, vers l'an 1483, fait l'énumération de ceux de sa patrie.

duc de Milan, 10,000 par Florence, et les ducs de Ferrare, de Modène et de Reggio.

La pacification d'Italie accéléra peut-être la mort de celui qui l'avait toujours troublée, Sixte IV; « ce fut (dit Machiavel) le premier qui commença à montrer combien était grand le pouvoir d'un pontife, et que beaucoup de choses qualifiées d'erreurs antérieurement pouvaient se cacher sous l'autorité papale. Cette manière ambitieuse de procéder le fit plus *estimer* des princes d'Italie, et chacun chercha à l'avoir pour ami. » Jamais, dans la cour romaine, on n'avait fait un trafic aussi indigne : Sixte IV en déclara vénales les charges, dont il publia le tarif; il spécula sur les bénéfices, le chapeau de cardinal et les indulgences; pressurant ses sujets sans pitié, il faisait des achats considérables de grains, puis créait des disettes artificielles et fixait lui-même le prix, ou bien il expédiait le blé au dehors quand il le pouvait avec avantage, et s'en procurait de mauvaise qualité pour les Romains. Il aimait parfois à voir les soldats se battre en duel jusqu'à la mort, et les degrés de Saint-Pierre furent souillés de sang.

13 août.

Aussitôt que ce pape, rongé de chagrin d'avoir échoué dans ses projets, a rendu le dernier soupir, le palais de ses neveux est démoli, et l'on pille ses greniers remplis; les Colonna, qu'il avait persécutés, rentrent dans Rome et se maintiennent les armes à la main. Les cardinaux, dans la pensée de prévenir de nouveaux désordres, établirent par capitulation que le pape ne pourrait nommer plus d'un cardinal de sa propre famille; qu'il gouvernerait de concert avec le sacré collége, et devrait, surtout pour aliéner les fiefs de l'Église, réunir les deux tiers des voix : mais, au lieu de se borner à ces prescriptions, toujours violées, il aurait mieux valu se résoudre à faire un bon choix. Jean-Baptiste Cybo, de Gênes, qui prit le nom d'Innocent VIII, et qualifié de Père à juste titre, selon les pasquinades, puisqu'il avait sept fils naturels, obtint, dit-on, les voix du conclave en promettant à chaque cardinal des postes lucratifs et un revenu de 4,000 florins. Enchaîné par ces liens, et faible d'ailleurs, il se laissait mener par d'indignes favoris qui s'abandonnaient à une impudente vénalité. Franceschetto Cybo s'enrichissait en vendant l'impunité même aux brigands, dont Rome était devenue une caverne; son camérier le justifiait de cette connivence par une indigne plaisanterie, en disant que Dieu ne veut pas la mort du pécheur, mais qu'il paye et vive. Ce Franceschetto, qui fut la souche des ducs de Massa et de Ferrare, conseilla au pape de créer une foule d'emplois, que l'on vendait à haut prix à des gens qui, pour rentrer dans leurs fonds, trafiquaient ensuite des grâces apostoliques. Quelques scribes firent même de fausses bulles et des absolutions préventives pour toute espèce de désordres; découverts, ils furent condamnés à mort. On offrit pour leur rachat 5,000 ducats; mais, comme on en voulait 6, qu'ils ne purent trouver, ils montèrent sur la potence (1).

Il ne faut pas oublier que ces anecdotes viennent d'une source impure, c'est-à-dire des bavardages d'antichambre et d'une chronique scandaleuse, dans laquelle on trouve qu'Innocent essaya de prolonger sa vie, dont ses prédécesseurs savaient faire un si généreux sacrifice, par la transfusion du sang de trois enfants. Cet avilissement des pontifes devait justifier le fléau qui planait déjà dans les airs.

Les *pragmatiques* du roi Ferdinand avaient pour objet principal de réprimer les barons, en leur défendant d'exiger des vassaux au delà de ce que prescrivaient les constitutions, et de les empêcher de vendre leurs biens comme il leur plairait; les magistrats royaux avaient le droit de procéder d'office dans tout méfait, sans attendre la plainte de la partie lésée, et de poursuivre en tous lieux les brigands et les usuriers. Ces mesures énergiques convenaient à des temps dans lesquels tous les rois de l'Europe concentraient l'autorité publique, éparpillée auparavant; mais elles rendaient Ferdinand odieux aux barons. D'autre part, les châtiments cruels et son avarice indignaient tout le monde : il exerçait de honteux monopoles, accaparait l'huile et le grain pour les revendre cher, et donnait aux paysans des porcs à engraisser.

La conduite violente de son fils Alphonse de Calabre exaspérait bien plus les esprits. Ce prince fait arrêter en trahison Pierre Lallo, comte de Montorio, dont la famille, depuis un siècle, exerçait l'autorité supérieure dans Aquila, et s'empare de cette ville. Les citoyens, soulevés, l'expulsent et se donnent à Innocent VIII. Les principaux barons forment une ligue avec ce pape, comme seigneur souverain du royaume. Puis, exposant à Ferdinand leurs réclamations, ils demandent d'être dispensés de comparaître en personne aux assemblées, parce qu'ils craignent d'être arrêtés et mis à mort comme leurs compagnons; de pou-

(1) INFESSURA, *Diario*, p. 1226.

voir armer des gens pour la défense de leurs districts, et se mettre à la solde de toute puissance qui ne serait point en guerre avec le roi. Leurs vassaux, exigeaient-ils encore, n'auraient pas à subir d'impôts extraordinaires, et le roi ne pourrait établir chez eux des troupes en quartier. Ferdinand feignit de les écouter, pour gagner du temps et rompre leur union ; mais les barons s'aperçoivent du piége, et, résolus à ne pas tomber sous l'odieux Alphonse, ils arborent la bannière papale. Dans cette rébellion, ils sont soutenus par les Sanseverino, les Del Balzo, les Acquaviva, beaucoup de comtes, des princes et des chevaliers, parmi lesquels le grand amiral, le grand sénéchal, le connétable ; par le comte de Sarno, noble d'ancienne famille, et qui néanmoins se livrait au commerce avec tant d'avantage que le roi lui-même voulut s'associer avec lui ; par Antonello Petrucci, qui, devenu, grâce à ses talents, secrétaire royal, accumula richesses, honneurs, et plaça tous ses fils dans des positions élevées.

Mais les potentats voisins, sur lesquels ils comptaient, restent indifférents ou hostiles ; le duc de Lorraine, héritier des prétentions angevines, qui avait promis de venir à leur secours, n'arrive pas ; Robert Sanseverino, vaillant condottiere, qui s'était mis à leur service, est défait ; Innocent VIII, qui peut-être les avait excités, se réconcilie avec Ferdinand. Contraints d'accepter la paix, ils obtiennent amnistie complète du roi, lequel laisse au pape Aquila et les barons qui lui avaient prêté hommage. Le traité fut garanti par le pontife, le roi d'Espagne et celui de Sicile ; néanmoins c'était un piége. Les barons eurent à peine déposé les armes, que Ferdinand sollicita le mariage du fils du comte de Sarno avec une de ses propres nièces ; puis, au milieu des fêtes et des danses, il fit arrêter l'époux, le père, Petrucci et plusieurs barons : mais, comme il sentait le besoin de ces apparences de justice qu'on sait trop simuler dans ce royaume, il nomma une commission et quatre pairs qui les condamnèrent à mort. La sentence fut exécutée sans pitié. Leurs biens passèrent au fisc, et l'on persécuta leurs adhérents, qui périrent, les uns en secret, les autres publiquement. Leurs enfants ne furent pas même épargnés : Bandella Gaetana eut de la peine, à travers des périls romanesques, à sauver ses fils, princes de Bisignano.

Cette perfidie, au milieu de tant d'autres si communes dans ce siècle, excita l'exécration la plus retentissante ; bien que Ferdinand envoyât partout imprimé le procès des barons, il n'entendait résonner qu'un concert de malédictions. Innocent, auquel il reprit Aquila en lui refusant le tribut promis, le déclara déchu et offrit le trône de Naples à Charles VIII de France : source de nouveaux désastres pour l'Italie.

À Florence, la conjuration des Pazzi, comme il arrive des tentatives qui échouent, accrut le pouvoir de Laurent, d'autant plus qu'il réussit à conclure une paix pour laquelle des conseillers et des ambassadeurs avaient fait longtemps de vains efforts. Côsme de Médicis, comme sa domination était nouvelle, en avait éprouvé tous les déboires et recueilli peu d'avantages ; puis il se trouvait à la tête d'une faction turbulente, qu'il eut plus de peine à diriger qu'à vaincre le parti contraire. Son fils même trouva des obstacles dans les gens qui paraissaient des soutiens ; mais le péril de Laurent excita ce dévouement qui mène à la puissance illimitée ; on lui conféra une autorité princière, dont il se servit pour consolider sa famille, non plus en violant la constitution, mais en la fortifiant.

Dix-sept réformateurs réduisirent à moitié les trois pour cent que l'on payait pour la dette publique, expédient qui sauva l'État d'une banqueroute. Laurent lui-même, accusé de réparer avec les deniers publics les brèches faites à sa fortune privée par le luxe et la dissipation de ses agents, ne trouva plus convenable de continuer le commerce, et retira ses capitaux qu'il convertit en biens-fonds ; grâce à cet expédient, il sépara ses affaires de celles des citoyens, qui avaient soutenu ses pères comme représentant un intérêt commun. Il créa la dernière balie pour instituer une magistrature législative, dont on avait manqué jusqu'alors, et qui se composait de soixante et dix membres et des gonfaloniers à mesure qu'ils sortaient de charge ; elle devait être consultée sur toutes les affaires publiques avant qu'on les soumît à la délibération des autres colléges, nommer aux emplois, administrer le trésor. Il laissait donc subsister les formes républicaines, mais s'en faisait un instrument de pouvoir. Les Soixante et dix dirigèrent le gouvernement dans une voie tranquille et glorieuse ; mais ils furent sous la dépendance entière du prince, qui, n'ayant pas à dépenser beaucoup dans les magistratures, employait l'argent pour son avantage personnel, pour séduire, acheter ou amollir les anciens républicains, qu'il façonnait à la servitude de ses successeurs. Cependant, bien que le gouvernement introduit alors fût tout matériel et de calcul, Florence jouit de la paix dont elle avait un si grand besoin, et considéra cette époque comme la plus heureuse : fortune ordinaire des gouvernements qui viennent après de longues perturbations, et auxquels les peuples font un mérite du mal qu'ils ne commettent pas.

« Désormais toute la Toscane obéissait à Florence, qui, Sienne exceptée, avait soumis, par la force ou des traités, les villes ou les seigneuries. Pietrasanta, possession de la banque génevoise de Saint-George, fut reprise par les Florentins en 1484. Antoine Pucci, commissaire de cette guerre, insistait auprès du capitaine pour qu'il livrât bataille; mais celui-ci faisait entrevoir une foule de difficultés, en ajoutant qu'il y aurait une boucherie d'hommes. Pucci, voyant sa pusillanimité ou sa malice, fit un coup de sage et dit : *Allons, capitaine, donnez-moi votre cuirasse, j'irai donner bataille, et vous resterez avec les autres commissaires, afin de pourvoir à tous les besoins.* Ces paroles furent dites avec tant d'effet que le capitaine rougit : *Je vous ai donné mon avis*, dit-il; *néanmoins je suivrai le vôtre.* Alors fut livrée une grande bataille, où il y eut beaucoup de morts et de blessés des deux côtés. Pucci fit encore une autre chose bien digne et charitable : tous les blessés furent pansés par ses soins, et lui-même allait les visiter avec le médecin auquel il les recommandait. Puis il les embrassait, les louait, et, suivi du chancelier avec de l'argent, il leur disait : *Allons, mes frères, si quelqu'un a besoin d'argent, qu'il le dise.* Il leur en donnait, et les exhortait à n'avoir aucune crainte. Ces paroles et ces actes exercèrent une telle influence sur les blessés et les hommes sains, qu'ils se seraient jetés dans le feu sans hésiter; ils étaient impatients qu'on livrât une autre bataille. Comme nous l'avons dit, ils avaient oublié le péril, et jamais ils ne voulurent se retirer sans avoir pris Pietrasanta; si l'on avait laissé passer quinze jours de plus, il aurait fallu lever le camp avec honte et dommage (CAMPI). »

En 1487, Florence recouvra Sarzane, enlevée autrefois par les Fregosi. Volterra, qui s'était soulevée en 1449, fut punie; puis, en 1472, une riche mine d'alun ayant été découverte à Castelnuovo, les citoyens en réclamèrent la propriété, et prirent les armes, après avoir vu leur demande repoussée. Les Florentins envoyèrent Frédéric d'Urbin, qui assiégea la ville et la contraignit à se rendre; mais, tandis qu'on traitait de la capitulation, les soldats, introduits secrètement, la mirent au pillage, malgré les efforts du comte d'Urbin, qui fit même pendre le Vénitien. Volterra retourna donc aux Florentins, non plus comme alliée, mais comme sujette, sans priviléges, et tenue en respect par la tour du Maschio, une des plus affreuses prisons d'État.

Laurent intervenait dans les affaires politiques de l'Italie, et souvent avec succès. Les princes d'Este, grâce à ses instances, obtinrent la paix de Bagnolo qui les sauva, et les Aragonais, la tranquillité après la conjuration des barons; Innocent VIII lui dut la soumission de Bocolino des Gozoni, qui, après avoir soulevé Osimo, invitait les Turcs à le soutenir; l'invasion des Français, dont l'appel de Sixte IV avait excité l'ambition, fut retardée par son influence. Christophe Landino, le Grec Jean Argyropulo, Marsile Ficin, et sa mère, Lucrèce Tornabuoni, protectrice éclairée des lettres, lui avaient donné une éducation soignée. A l'instruction il joignait une rare adresse dans tous les exercices du corps; le tournoi où joûtèrent, jeunes encore, son frère et lui, inspira au Politien les plus belles octaves qu'on eût encore entendues. Il élevait lui-même ses enfants, et brillait par ses saillies spirituelles non moins que par son savoir; ses bons mots et ses plaisanteries abondent dans les recueils du temps.

Parvenu à la tête de l'État, il mérita le titre de Magnifique par la splendeur avec laquelle il tint sa cour; en effet, on pouvait bien dire sa cour, depuis que les princes le traitaient sur un pied d'égalité, bien qu'il ne portât aucun titre. Parfois il se faisait charger par les Florentins de quelque œuvre utile, qu'il avait suggérée lui-même, et dans laquelle il dépensait de son argent. Les anciennes maisons, autrefois égales de la sienne, n'apparaissaient plus que comme sujettes, quelque riches et nombreuses qu'elles fussent. Après avoir rendu les volontés uniformes, les délibérations secrètes, l'emploi des fonds publics arbitraire, et fortifié contre les ennemis la ville, embellie de nouvelles rues, il put s'occuper de la politique extérieure, et maintenir l'équilibre en Italie, de manière à la soustraire à la prédominance des étrangers.

Nous savons qu'il fut de mode de l'exalter pendant la domination des Médicis, autant qu'on se plut à le dénigrer sous les Autrichiens, et que les modernes surtout l'ont traité sévèrement comme auteur de la servitude qui suivit; mais peut-on nier que le pays ne s'y trouvât préparé? Et d'ailleurs, quelle était cette liberté, qui avait vu les meilleurs citoyens proscrits? La nouvelle génération n'avait plus ce vif sentiment de l'existence libre, qui avait paru un bonheur à ses ancêtres, et ne savait plus concourir au gouvernement ni au bien de la patrie. Parmi des gens pareils, il est facile à quelque séditieux de troubler la tranquillité publique sous prétexte de liberté; or tout chef qui a la mission de rétablir l'ordre doit les réprimer. Un certain Frescobaldi forma le complot de tuer Laurent, et périt sur le gibet; Baldinotto Baldinotti fit la même tentative, et fut, avec son fils, traîné dans les rues de Pistoie; le peuple applaudit, loin de s'en irriter.

Il est vrai qu'à l'exemple d'Auguste, il s'efforça de ramener les Florentins de la vie publique à l'existence domestique; mais il ne sortit jamais de la condition de premier citoyen d'un pays libre. Son ambition, néanmoins, devait être flattée lorsque, du haut de sa villa, il contemplait cette cité, riche de magnificences anciennes et nouvelles, où Arnolphe, Orcagna, Masaccio, avaient attesté avec éclat la renaissance des arts; où Brunelleschi avait édifié Saint-Esprit, la plus belle des églises, préparé dans le palais Pitti la future résidence des souverains, et lancé dans l'espace la merveilleuse coupole de la cathédrale, à laquelle Sainte-Croix le cédait à peine. Sainte-Marie-Nouvelle apparaissait parée et charmante comme une fiancée; Cosme avait terminé Saint-Laurent au prix de 40,000 florins, et, moyennant 36,000, ce couvent de Saint-Marc où prêchait déjà une voix puissante qui devait bientôt devenir formidable. La contempler et pouvoir dire: *Cette ville est à moi!* Laurent, il est vrai, entendait encore des frémissements et des menaces républicaines; mais il les étouffait sous les chants des muses apprivoisées et la splendeur des beaux-arts et de l'industrie.

Alors « les jeunes gens, plus relâchés que de coutume, prodiguaient l'argent en habits, en festins et débauches semblables; comme ils étaient oisifs, ils consumaient le temps et leur fortune au jeu et avec les femmes. Ils mettaient tout leur soin à se montrer avec des vêtements splendides, à s'exprimer avec esprit et finesse, et celui qui savait le mieux mordre les autres était le plus sage et le plus estimé (MACHIAVEL). » Ce Laurent, par les pompeuses mascarades qu'il organisait, donnait de l'occupation aux peintres, aux poëtes, aux musiciens, aux artisans, et de la distraction à la multitude. Dans les gracieuses stances de la *Nencia da' Barberino*, il imitait le parler campagnard; dans les *Beoni*, contrefaisant Dante, il mordait les sybarites de son temps et donnait le modèle des satires en rime tiercée. Il appelait les Florentins au théâtre restauré pour applaudir l'*Orphée* de Politien, réminiscence classique, et les *Mystères*, son œuvre personnelle, écho prolongé du moyen âge. L'Ombrone emporte-t-il l'île Ambra, qu'il avait ornée de tout ce qui peut charmer, Laurent, avec la facilité d'Ovide, en chante la métamorphose amenée par l'amour d'un dieu. Dans ses écrits se manifestent la tendance à la recherche philosophique, et le goût de la vie domestique et champêtre, si éloigné des brigues et des ennuis du commandement. Des fleurs nouvelles avaient été, par ses soins, apportées de l'Orient dans sa villa de Careggi, et des buffles y paissaient des herbes venues de l'Inde (1). Bien que le grand nombre des Mécènes, des écoles et des bibliothèques rendît le patronage des lettres moins nécessaire et moins honorable, Laurent néanmoins faisait chercher des livres partout (2), au point de dire : « Je voudrais qu'on m'en offrît tant que je fusse contraint d'engager mes meubles pour les acheter. » Il aurait voulu que Pico, Politien et ses autres amis pussent trouver dans sa bibliothèque tout ce qu'exigeait leur érudition ou leur curiosité. Il eut une horloge astronomique très-ingénieuse ; dans Sainte-Marie del Fiore, il fit placer un buste de Giotto, et un mausolée pour Philippe Lippi, les citoyens de Spoleto n'ayant pas voulu lui céder ses ossements. La collection de sculptures anciennes, commencée par Donatello et qu'on estima 200,000 florins à la mort de Cosme, fut augmentée par Laurent, qui la disposa dans ses jardins pour qu'elle servît aux études de jeunes gens auxquels il faisait un salaire ou des dons afin qu'ils cultivassent les arts ; de ce nombre fut Michel-Ange Buonarroti, dont il devina et cultiva le génie, et qu'il voulut avoir pour compagnon et commensal. Ces savants firent fleurir l'école de Pise, ouverte par lui en 1472, et tous l'exaltèrent à l'envi, au point de le faire passer pour un grand homme aux yeux de ses contemporains et de la postérité.

Atteint d'infirmités douloureuses, il abandonnait les affaires à ses fils Julien et Pierre ; le troisième, chargé de bénéfices ecclésiastiques et revêtu de la pourpre à quatorze ans, devait être un

---

(1) Atque aliud nigris missum, quis credas ? ab Indis
Ruminat insuetas armentum discolor herbas.
POLITIEN, *Rusticus*.

(2) Voir une lettre de Politien à Laurent, du 20 juin 1491, dans laquelle il énumère les livres qu'il a découverts et achetés dans plusieurs villes d'Italie : entre autres, *Traité du ciel*, par Simplicius ; les *Topiques* d'Alexandre ; les *Posteriora* et les *Elenchi* de Jean Grammaticus ; un certain Manilius, astronome et poëte ; quelques cahiers de Galien, *De dogmate Aristotelis et Hippocratis*, en grec ; quelques livres d'Archimède et de Hiéron, mathématiciens ; un Cornutus, *De deis*, etc.

jour Léon X. A la campagne ou aux bains de Sienne et de la Porreta, il cherchait un soulagement à son ennui et à ses maux dans de doctes réunions, où Ficin lui parlait de Platon ; Landino, Merula, Léonicène, Calderin, d'Horace, de Virgile et d'Ovide ; où Pulci l'amusait par le récit des joyeuses aventures des héros. Il expira à quarante-quatre ans, « et jamais personne ne mourut, non-seulement à Florence, mais dans toute l'Italie, avec une si grande réputation de prudence, et ne fut tant regretté de sa patrie (MACHIAVEL). » Le gonfalonier de Florence prit le deuil ; le pape et les princes envoyèrent des ambassadeurs pour offrir à la république des compliments de condoléance, comme ayant éprouvé un malheur public.

1492

CHAPITRE CXXI.

LES ÉRUDITS.

Le nom des Médicis nous conduit naturellement à parler des érudits de cette époque ; vantés par quelques-uns comme les instituteurs de l'Italie et de l'Europe, d'autres les accusent d'avoir égaré la culture originale et formé le premier anneau de cette chaîne de pédants qui, depuis, pervertirent l'esprit des Italiens en substituant l'étude des mots à celle des choses. Quiconque ne voit le progrès que dans un retour vers le passé, et de beauté que dans l'imitation des anciens, dut proclamer que l'Italie, autrefois policée par les Grecs, leur devait encore la renaissance moderne ; mais nos lecteurs pourront-ils se résigner à croire que la patrie de Dante soit redevable de sa culture aux bourbeux grammairiens, fugitifs de Constantinople ?

Bien que les Slaves eussent fait sentir à la race hellénique la double influence du mélange et de la civilisation, les citoyens de Constantinople parlaient encore la langue dans laquelle Pindare et Anacréon, Démosthène et saint Jean Chrysostome, avaient fait entendre, les uns leurs chants poétiques, les autres leurs harangues ; ils auraient donc pu l'appliquer avec grand profit à l'intelligence des classiques, qu'ils possédaient tous, d'autant plus que les membres de l'Église, qui n'étaient pas, comme le clergé féodal de l'Europe, entraînés vers la guerre et l'administration, pouvaient se reposer dans la culture des lettres. D'autre part, les subtilités des discussions philosophiques et théologiques portaient à faire subir à la parole un examen minutieux.

Mais la parole seule, telle était leur préoccupation ; les disputes d'école les détournaient des auteurs profanes. En général, ils regardaient la littérature classique comme une science morte ; pour eux l'érudition était l'unique mérite, et l'unique sagesse se souvenir. Leur analyse froide, leur critique délayée, extravagante, stérile, ne produisirent aucun ouvrage qui fût digne de passer à la postérité : sans nulle élévation dans les idées, ils se contentèrent de recueillir, de commenter, d'annoter, de compiler, de faire du bruit, prenant la patience pour du talent, la mémoire pour du jugement. Dans la nouvelle efflorescence qu'ils eurent en Italie, jamais aucun d'eux ne sut trouver, ne chercha même les causes qui avaient produit tant de beautés ; ou bien lequel présenta les chefs-d'œuvre dans leur rapport avec les faits et les hommes, en déterminant à leur égard l'influence des temps, le concours mutuel de l'action et de la pensée?

La littérature italienne avait fait son apparition avec bien plus de hardiesse : nous l'avons vue, poussée par le besoin d'originalité, marcher à pas de géant dans une voie propre, non séparée de l'ancienne, bien que distincte. Mais elle conserva peu ces allures : séduite par les auteurs de l'antiquité, non-seulement elle regarda comme préférable tout ce qui se rapprochait le plus de ces modèles, mais qualifia de barbares les œuvres qui en différaient ; elle répudia la spontanéité incorrecte et bizarre pour le goût sévère et régulier. L'enthousiasme de l'érudition étouffa cette originalité que l'on ne peut rencontrer que dans des vérités nouvelles, vivement senties et naturellement exprimées dans la langue de tous.

Le vague sentiment d'admiration pour les grands noms de l'antiquité classique ne s'était jamais éteint en Italie ; Dante l'avait consacré en prenant Virgile pour guide dans sa visite au royaume des ombres, et en déclarant qu'il lui devait *le beau style*. Dante, néanmoins, ne connut presque les classiques que de nom ; mais Pétrarque et Boccace avaient fait de grands efforts pour ressusciter la littérature ancienne. Bien qu'elle eût épuré leur goût, il est à regretter que Pétrarque attendît l'immortalité de ses vers latins, et que Boccace introduisît un genre de périodes exotiques ; l'imitation des classiques fut donc une autre source du langage. Le latin de Pétrarque, bien que facile, tient trop du moyen âge ; celui de Boccace, qui hésite dans les étymologies grecques au point de former un nouveau dieu, Démogorgon, est encore plus défiguré.

Albertin Mussato, Jean de Cermenate, notaire milanais, Ferreto, l'historien des Scaligeri, travaillèrent à débarrasser la langue latine de ses scories. Félix Osio annota minutieusement l'histoire de Mussato, en signalant ce qu'il avait imité de Symmaque, de Macrobe, de Sidoine Apollinaire, de Lactance, si bien qu'il fit suivre seize lignes de l'original de quatre-vingt-six de notes : singulier document du soin que l'on commençait à mettre au style. Mais ceux qui ont le courage de les lire en concluent que les auteurs de la basse latinité étaient plus étudiés que Tite-Live et Cicéron.

En Italie, à toutes les époques, on avait trouvé des gens qui savaient le grec, au moins comme langue liturgique dans les pontificaux de Rome et les offices ordinaires des moines de Saint-Basile. Sans parler des villes commerciales qui durent en faire usage, l'évêque Luitprand de Crémone affecte de le mêler à ses actes de légation ; Gunzo, clerc de Novare, dans une discussion grammaticale avec les moines de Saint-Gall, au dixième siècle, cite même le texte de l'Iliade ; enfin, lorsqu'il fut question de réconcilier l'Église orientale avec la nôtre, on se mit à étudier le grec. Le moine calabrais Barlaam, venu de Constantinople comme ambassadeur, donna des leçons à Pétrarque, mais avec peu de succès. Léonce Pilate, compatriote et disciple de ce Barlaam, fut nourri et logé à Florence par Boccace, qui l'employa à traduire Homère, dont il fit venir à grands frais un exemplaire du Levant ; puis, sur ses instances, les Florentins instituèrent pour lui la première chaire de cette langue. Manuel Chrysoloras, nonce de l'empereur Manuel, enseigna avec plus de fruit à Florence et ailleurs. Ambroise, camaldule, au commencement de 1400, trouvait à Mantoue des enfants et de jeunes filles, parmi lesquelles la fille du marquis, âgée de huit ans, qui connaissaient le grec. Jean Aurispa, Sicilien, apporta deux cent trente-huit manuscrits de la Grèce, dont il enseigna la langue dans plusieurs villes ; il servit de secrétaire à Eugène IV, et mourut à Ferrare sous la protection des marquis d'Este. Le Napolitain Grégoire de Tiferno, en 1458, demanda et obtint la première chaire de grec à l'université de Paris, avec un traitement de cent écus.

A mesure que leur patrie tombait sous le joug des Musulmans, une foule de Grecs passaient en Italie, tels que Théodore Gaza de Thessalonique, George de Trébizonde, Jean Argyropulo, Démétrius Chalcondylas, Jean Lascaris de famille royale. Comme ils n'avaient pour toute ressource que la connaissance des classiques, ils en exagéraient l'importance, en déclarant barbare tout ce qui ne leur ressemblait pas; dès lors, le siècle des créations fit place à celui des rhéteurs et des grammairiens, et, comme vers la fin de l'empire romain, on jugeait impossible de rien faire de beau sans imiter les classiques.

Des érudits d'un plus grand mérite étaient venus au concile de Florence; Bessarion, nommé cardinal après qu'il eut abandonné le schisme, accueillit des Grecs fugitifs et raviva l'amour pour Platon. Ce philosophe, à Florence, fut l'objet des leçons de George Gémiste Pléthon, de Constantinople. Entièrement dévoué à l'école éclectique d'Alexandrie, moitié chrétienne, moitié païenne, Pléthon proclame la morale de l'Académie, la politique de Sparte, jusqu'à la personnification symbolique des attributs de Dieu dans les divinités de l'Olympe. Ses railleries sur Aristote dans son livre *De platonicæ atque aristotelicæ philosophiæ differentia*, irritèrent les admirateurs de ce philosophe, surtout Théodore Gaza et Gennadius, qui considérait les platoniciens d'alors comme antichrétiens. Bessarion, choisi pour arbitre, démontra que Platon tombait dans l'excès; mais George de Trébizonde, auteur de traductions médiocres, lui répondit par un libelle extravagant, dans lequel il flagellait Platon, au point de lui préférer Mahomet comme législateur, et d'imputer à ce philosophe tous les vices, à son école tous les malheurs. De part et d'autre les esprits s'échauffaient, et l'on vit naître des luttes bruyantes au milieu de tant d'autres faits importants; mais les Italiens, qu'ils l'eussent lu ou non, inclinaient pour Platon.

Marsile Ficin, fils d'un médecin de Florence, l'avait traduit en latin clair, avec une fidélité admirable pour le temps, au point de suppléer à quelques lacunes dans l'original; la version de Plotin est plus obscure, soit à cause du texte lui-même, ou parce que Ficin s'était familiarisé avec ce mysticisme à un degré bien rare parmi les hommes d'étude. Sur ces modèles, il composa une théologie de l'immortalité, dans laquelle il affirme qu'il y a affinité entre la science et la religion. En effet, les écoles avaient porté leurs discussions sur les points essentiels de la philosophie et de la théologie, comme l'immortalité de l'âme et la destination humaine; les péripatéticiens s'étaient divisés entre Alexandre d'Aphrodisie, qui croyait que l'âme, inséparable du corps, périssait avec lui, et Averrhoès, qui la faisait retourner à Dieu pour s'absorber en lui. Ficin, les réfutant, soutient que l'âme est émanée de la Divinité, à laquelle elle peut se réunir par la vie ascétique, et qu'elle est immortelle, parce que, s'il en était autrement, l'homme serait l'être le plus malheureux. Il répudie l'opinion de l'âme universelle; mais, homme d'imagination plus que de raisonnement, éclectique sans originalité et sans véritable esprit philosophique, il confondait, dans son enthousiasme, le savoir avec l'art et la vertu.

Une de ses lettres, découverte récemment, à une cousine qui avait perdu sa sœur, est toute remplie de consolations platoniques d'ordre universel, de prison du corps et d'idées semblables. Dans aucune il ne parle du Christ ou de la foi; bien plus, du haut de la chaire, il recommandait la lecture du divin Platon, et tenta même d'en introduire quelques lambeaux dans les offices ecclésiastiques. Sur l'ordre de Cosme de Médicis, auquel il devait son éducation, il ouvrit une académie platonique composée de Mécènes, auditeurs et élèves, qui fêtaient les jours anniversaires de la naissance de Platon et de Cicéron. Nous ne savons que dire de Paul II, s'il était effrayé de ces tentatives pour rendre encore la science païenne et la détacher de la science chrétienne (1).

Avec le platonicisme alexandrin reparurent ses erreurs, les opinions fantastiques, la cabale. Jean Pic, de la famille des seigneurs de la Mirandole, persuadé qu'Aristote et Platon ne diffèrent pas au fond, tenta de rapprocher leurs doctrines; dans la pensée que le second avait emprunté sa sagesse aux Orientaux, il étudia leurs ouvrages, surtout ceux des cabalistes, et tira de cette source la plupart des neuf cents thèses qu'il proposa à Rome sur la logique, l'éthique, la physique, la métaphysique, la théologie, la magie, en offrant de les soutenir, sauve l'autorité de l'Église. Malgré cette réserve, quelques-unes répugnaient tellement à l'orthodoxie qu'elles causèrent une grande rumeur, au point que son rang et la promesse de les modifier dans le sens que le pape indiquerait, le sauvèrent à peine de la persécution.

1491

---

(1) Watson (*Massonic Essayist*, Londres 1797, page 238) soutient que l'académie platonique était une loge de francs-maçons, et qu'on y trouve encore des symboles maçonniques.

Alors parurent une foule d'écrits pour et contre, jusqu'au moment où le pape Alexandre VI le déclara innocent; en effet, à cette époque, il avait modifié ses opinions, comme il avait renoncé à ses amours et à ses faciles voluptés.

Il écrivit le livre le plus hardi contre l'astrologie ; néanmoins il prétendait avec la cabale donner raison de la cosmogonie de Moïse, de l'incarnation du Verbe, et il expliquait la Genèse dans un sens symbolique, selon les quatre mondes physique, céleste, intellectuel et humain. Il projetait une exposition allégorique du Nouveau Testament, une défense de la Vulgate et des Septante contre les Juifs, une apologie du christianisme contre tous les infidèles et hérétiques, une harmonie de la philosophie ; mais il termina ses jours à trente et un ans.

Très-jeune encore, Pic étonna l'Italie par une mémoire prodigieuse. Telle fut aussi celle de Pierre Tommaï de Ravenne, qui, après avoir entendu une leçon, la répétait tout entière en commençant par le dernier mot. Il savait par cœur le code et ses innombrables gloses; il répéta cent quatre-vingt textes, au moyen desquels un moine milanais avait prouvé l'immortalité de l'âme ; en jouant aux échecs, tandis qu'un autre jouait aux dés et que lui-même dictait deux lettres, il lui fut possible de redire tous les mouvements des échecs, toutes les combinaisons des dés, tous les mots des deux lettres en commençant par la fin. Il n'était donc pas étonnant qu'il regardât comme très-clair son *Traité de mémoire artificielle*, que les autres trouvent obscur et difficile (1). Le Crémonais Thomas Golferani, avant d'écrire sur la philosophie en langue vulgaire, traita aussi de la mémoire locale vers l'année 1340.

Sur les traces des étrangers parurent une foule d'humanistes et de grammairiens italiens, dont quelques-uns méritent de fixer l'attention. Jean Malpaghino de Ravenne, élève chéri de Pétrarque, ouvrit une école de latin à Florence, en distinguant les tournures des auteurs de basse latinité de celles des classiques; ce cours produisit de si bons résultats que le goût de la pureté devint une mode et une passion. Poggio, fils d'un pauvre Guccio (2)

---

(1) *Phœnix, sive ad artificialem memoriam comparandam brevis quidem et facilis, sed re ipsa et studio comprobata introductio.* Venise, 1491.

(2) Et non de Chrysoloras, comme le fait remarquer avec raison Tonelli dans la traduction de la vie de celui-ci par Shepherd ; Florence, 1835. Érasme juge très-sévèrement Poggio, qu'il représente comme *rabula adeo indoctus, ut*,

Bracciolini d'Arezzo, apprit le latin de ce professeur; mais il ne se mit à l'étude du grec qu'à l'âge de quarante ans. A Rome, il fut employé pendant cinquante ans à copier les lettres pontificales, sans obligation de résidence, mais avec un traitement si minime qu'il suffisait à peine à ses besoins; en montrant à Innocent VII les lettres qu'il recevait de Léonard Bruno, son condisciple à Florence, il amena ce pape à se procurer cette bonne plume, et Poggio goûta les consolations d'une amitié profitable. A l'avénement de Grégoire XII, Bruno continua ses fonctions, et Poggio alla se reposer à Florence, puis suivit Jean XXIII au concile de Constance.

Les Italiens dirigèrent de bonne heure leur goût raffiné vers la recherche des auteurs perdus, et l'on peut dire que ce fut en Italie ou par des Italiens que tous les classiques furent découverts. A Arezzo, Pétrarque trouva quelques fragments des *Institutions* de Quintilien et quelques harangues de Cicéron, les trois premières *Décades* de Tite-Live; puis il se mit à la recherche des autres, sans oublier Virgile, dans la crainte qu'elles ne se perdissent par l'insouciance des hommes. Il se rappelait que, dans son enfance, il avait vu les livres *Des choses humaines et divines* de Varron, avec des lettres et des épigrammes d'Auguste, qui nous sont maintenant inconnues. Dans ses voyages, aussitôt qu'il apercevait quelque ancien monastère, il s'empressait d'y accourir, espérant y trouver quelque livre précieux (1); ce qu'il demandait à ses amis avec le plus d'instance, c'était quelque œuvre de Cicéron, et, dans ce but, il envoyait des prières avec de l'argent en Italie, en France, en Allemagne, en Grèce, et jusque dans l'Espagne et la Bretagne. Quelle ne fut pas sa joie quand il trouva à Liége, ville toute commerçante, deux harangues de Cicéron, et à Vérone ses épîtres familières! Puis Crotto lui envoya de Bergame les *Tusculanes*, et Raymond Soranzo le traité *De Gloria*, qu'il prêta à Convenevole, mais qui fut perdu pour lui comme pour la postérité.

Boccace se traînait dans les greniers des couvents pour découvrir des livres, qu'il copiait lui-même; il racontait à Benve-

---

etiamsi obscenitate, tamen indignus esset qui legeretur; adeo autem obscenus, ut, etiamsi doctissimus esset, tamen esset a viris bonis rejiciendus. (Ep. CIII.)

(1) *Si quando visendi desiderio in longinquum proficiscerer, visis forte eminus monasteriis veteribus, divertebam illico, et : Quid scimus (inquam) an hic aliquid eorum sit quæ cupio?* (Senil. VI, 2.)

nuto d'Imola que, étant allé à Mont-Cassin, « avide de voir la bibliothèque, dont la renommée vantait la richesse, il avait prié gracieusement un moine de lui ouvrir la bibliothèque; celui-ci répondit sèchement, en lui montrant un escalier élevé : *Montez, c'est ouvert.* Il obéit plein de joie, et trouva la pièce qui renfermait un si grand trésor sans porte ni clef; étant entré, il vit l'herbe poussant aux fenêtres, les livres et les rayons couverts de poussière. Étonné, il se mit à ouvrir différents livres l'un après l'autre, et rencontra plusieurs volumes d'auteurs anciens et rares ; mais on avait arraché des cahiers à quelques-uns, coupé les marges à d'autres, et les dégâts étaient nombreux. Affligé de voir les travaux d'esprits remarquables tombés dans les mains de gens ignorants, il partit les larmes aux yeux. Ayant rencontré un moine dans le cloître, il lui demanda pourquoi des volumes aussi précieux étaient si indignement mutilés ; celui-ci lui répondit que certains religieux, pour gagner deux ou cinq sous, en détachaient des cahiers dont ils faisaient de petits offices qu'ils vendaient aux enfants, et qu'avec les rognures des marges ils formaient des brefs afin de les vendre aux femmes. Or va maintenant, homme studieux, te rompre la tête pour faire des livres (1) ! »

Poggio profita de son séjour à Constance, pendant la tenue du concile, pour chercher des manuscrits dans les couvents du voisinage, affrontant les intempéries, les incommodités des chemins, les refus malveillants. Il en trouva principalement à l'abbaye de Saint-Gall, « dans une espèce de soute à charbon obscure et humide, où l'on n'aurait pas même voulu jeter un condamné à mort. » De ce nombre étaient huit discours de Cicéron, les *Institutions* de Quintilien, trois livres de l'*Argonautique* de Valérius Flaccus, quelque chose de Lactance, l'*Architecture* de Vitruve, les commentaires d'Asconius Pédianus à Cicéron, la *Grammaire* de Priscien, et d'autres ouvrages qui ont disparu. Encouragé par Bruno, Niccoli, Barbaro et Traversari, il continua ses recherches en Allemagne et en France, et trouva d'autres discours de Cicéron, les poëmes de Silius Italicus, de Manilius, de Lucrèce, une partie de Pétrone, Ammien Marcellin, Végèce, Jules Frontin, les mathématiques de Julius Firmicus, Nonius Marcellus, douze comédies de Plaute, Columelle, tellement oublié qu'il ne fut connu ni de Vincent de Beauvais, auteur d'une

---

(1) Commentaire sur le vingt-deuxième chant du *Paradis*.

encyclopédie, ni de Pierre Crescenzi, collecteur soigneux de tous les traités sur l'agriculture.

Poggio se rendit à Mantoue avec le pape Martin V. Puis, attiré par de grandes promesses, il passa en Angleterre; mais, désabusé, et dégoûté de l'ignorance du pays et du peu de cas qu'on y faisait de la belle littérature, il revint en Italie. Là, il apprit que Gasparin Barziza avait retrouvé l'*Orateur* de Cicéron; on ne sait à qui attribuer la découverte des épîtres à Atticus. Ghérard Landriano trouvait à Lodi le livre de l'*Invention* et celui à *Hérennius*. Thomas Inghirami de Volterra découvrait à Bobbio l'*Itinéraire* de Rutilius Numatianus; on eut de Paris les lettres de Pline le jeune, et, d'Allemagne, les églogues de Calpurnius et de Némésianus.

Quel plaisir devait procurer la lecture de ces auteurs à mesure qu'on les découvrait, alors que les écoles n'en avaient pas, comme aujourd'hui, inspiré le dégoût, et qu'on n'était point blasé par l'habitude! « La république littéraire (écrivait Laurent de Médicis à Poggio) doit se réjouir, non-seulement pour les ouvrages que vous avez trouvés, mais pour ceux qu'il vous reste encore à découvrir. Quelle gloire pour vous que les écrits d'auteurs éminents soient rendus à la lumière! Les siècles futurs rappelleront que des œuvres, dont on regrettait la perte irréparable, ont été recouvrées grâce à vos efforts; de même qu'on appela Camille second fondateur de Rome, ainsi vous pourrez être dit second auteur d'ouvrages retrouvés par vous. C'est à vous que nous devons de posséder en entier Quintilien, dont nous n'avions qu'une moitié, qui était même défectueuse et mutilée. O précieuse acquisition! ô contentement inespéré! il est donc vrai que je pourrai lire tout ce Quintilien, que nous aimions tant, bien que mutilé et déformé? Je vous en conjure, envoyez-le-moi le plus tôt possible, afin que je puisse le voir avant de mourir. » Aussitôt les doctes se mettent à commenter tous ces auteurs, à les expurger, à faciliter leur intelligence, à s'en servir pour écrire correctement; ils traduisirent aussi un grand nombre d'auteurs grecs.

Les employés de la chancellerie romaine avaient coutume de se réunir dans une salle, où chacun à l'envi débitait les contes les plus grossiers, si bien qu'on l'appelait le *bugiale*, de *bugia* (menterie); prêtre ou séculier, valet ou cardinal, particulier ou fonctionnaire, ils faisaient la chronique scandaleuse de chacun. Ce fut dans ce fumier que Poggio ramassa ses bons mots et ses récits (*Facetiæ*), recueil d'obscénités fétides dans lequel il traite les choses et les personnes sacrées avec une telle audace que les protestants ont voulu le compter parmi leur précurseur. Son *Historia disceptativa convivialis* renferme des conversations plus sensées, notamment sur des points philologiques ; il écrivit encore sur la noblesse, sur le malheur des princes, sur l'inconstance de la fortune.

Dans son traité des *Élégances latines*, il commence par déclarer qu'il ne rapportera rien de ce que d'autres ont écrit ; son mérite, au contraire, est d'avoir utilisé les vieux grammairiens pour donner des conseils sur la manière d'écrire, et de bonnes règles sur la syntaxe, les inflexions, notamment sur les synonymes. Il fut réimprimé, traduit, résumé, enfin mis en vers ; mais, s'il connaissait la valeur des mots mieux qu'aucun de ses contemporains, il ne savait point les grouper de manière à former un bon style, et, par scrupule de purisme, il rejeta même des phrases de structure irréprochable.

Après la restauration de Cosme, et lorsque la fortune sourit aux Médicis, Poggio, comblé de leurs faveurs, désirait finir ses jours à Florence. Dans le Valdarno, il eut une villa, petite, modeste, mais embellie de livres, de statues, de pierres gravées, de médailles, et d'amis qui le visitaient ; quand la mort lui enlevait un ami, un protecteur, il lui payait son tribut de louanges et de larmes. La seigneurie, pour le récompenser, le déclara exempt de tout impôt, lui et sa maison ; puis, comme secrétaire de la ville, Poggio en écrivit l'histoire en huit livres latins, de 1350 à 1455, qu'il ne finit pas, et restée inédite jusqu'en 1715 ; on ne connaissait avant cette date que la traduction italienne faite par un de ses fils.

Il avait eu d'une maîtresse quatorze enfants ; à cinquante-cinq ans, néanmoins, il écrivit un dialogue sur la question de savoir si le mariage convient ou non, épousa une Buondelmonti qui avait dix-huit ans et 600 florins de dot, et vécut avec elle heureusement. Sainte-Croix reçut ses dépouilles mortelles ; son portrait, de la main de Pollaïuolo, figura dans le palais public, et sa statue fut placée sur la façade de Sainte-Marie del Fiore.

Le Romain Laurent Valla, avec moins de talents que Poggio son émule, mais avec plus d'érudition philologique et historique, avait élevé des doutes, fort rares à cette époque. La donation de Constantin et la lettre du Christ au roi Abgar furent par lui déclarées fausses, comme il nia que les apôtres eussent composé chacun un article du Symbole ; fondant le premier les explications sur la langue originale, il fit sur le Nouveau Testament; à l'aide de la Vulgate, des notes assez sévères. Les cardinaux et les grands tardaient-ils à lui accorder une faveur, il décochait contre eux des distiques et des épigrammes ; il lança contre l'ambition de la cour romaine de telles invectives (1) qu'il jugea prudent de se réfugier à Naples, où il ouvrit une école d'éloquence; mais Nicolas V, non content de le rappeler, lui donna de sa main 500 écus d'or pour avoir traduit Thucydide, en le nommant chanoine et écrivain apostolique. Cependant il conserva pleine liberté de penser et d'écrire : dans le dialogue sur l'avarice et la luxure, il flagelle les mauvais prédicateurs; mais surtout les moines de l'Observance, rejeton des franciscains ; puis, dans celui sur l'hypocrisie, il traîne dans la fange tous les moines et le clergé en général.

Il écrivit quatre lettres d'invectives contre Barthélemy Fazio, qui lui répondit dans quatre autres avec une enflure superbe. Déjà, contre George de Trébizonde, grand admirateur de Cicéron, il avait soutenu la supériorité de Quintilien avec une violence extrême ; il usa du même langage dans sa polémique avec Guarino pour démontrer que Scipion surpassait César, et avec un jurisconsulte bolonais sur la question de savoir si Lucius et Aruntius étaient fils ou neveux de Tarquin l'Ancien. Il connaissait donc bien les luttes quand il en vint aux prises avec Poggio, aux *Invectives* duquel il opposa des *Antidotes* et des *Dialogues*, avec une acrimonie furieuse. Accusé par son adversaire d'avoir volé de l'argent et fait un reçu faux à Pavie, crimes qui l'auraient envoyé au carcan, il lui reproche des faits que la décence ne permet pas de répéter ; Nicolas X, loin d'assoupir cette querelle entre deux écrivains, ses sujets, accepta la dédicace des *Antidotes*.

François Philelphe, selon Poggio, était fils d'un prêtre et d'une blanchisseuse ; mais les historiens le font naître d'une bonne famille de Tolentino. Il étudia à Padoue avec tant de succès qu'il professa l'éloquence dans cette ville à dix-huit ans ; puis il l'en-

---

(1) *O romani pontifices, exemplum facinorum omnium ceteris pontificibus, et improbissimi scribæ et pharisæi, qui sedetis super cathedram Moysis, et opera Datam et Abyron facitis, itane vestimenta, apparatus, pompa, equitatus, omnis denique vita Cæsaris vicarium Christi docebit ?... Nec amplius horrenda vox audiatur : partes contra Ecclesiam, Ecclesia contra Perusinos pugnat, contra Bononienses. Non contra Christianos pugnat Ecclesia, sed papa.*

seigna à Venise, qui l'admit au nombre de ses citoyens, et l'envoya comme secrétaire du baile à Constantinople pour seconder son désir de se familiariser avec le grec. Jean Chrysoloras, frère du fameux Manuel, lui apprit cette langue, et l'empereur Jean Paléologue, après en avoir fait son secrétaire et conseiller, l'envoya comme son ministre à l'empereur Sigismond; ce fut en cette qualité qu'il assista, dans Cracovie, au mariage de Ladislas, roi de Pologne, en présence duquel et des plus grands seigneurs de l'Europe il débita un discours étudié. De retour à Constantinople, il épousa la fille de son maître, et revint avec elle en Italie; mais il trouva Venise désolée par la peste, ses amis fugitifs, ses livres condamnés. Triste et besogneux, il se dirigea donc sur Bologne, qui l'accueillit avec magnificence, et lui offrit 450 sequins par an pour une chaire d'éloquence et de philosophie morale. Cette ville s'étant révoltée contre le pape, Philelphe se réfugia à Florence, où il propageait l'amour des classiques avec une ardeur infatigable. De grand matin il expliquait les Tusculanes ou l'Art oratoire de Cicéron, Tite-Live ou Homère; après s'être reposé quelques heures, il reprenait son cours sur Térence, les épîtres ou quelque harangue de Cicéron, sur Thucydide ou Xénophon; puis, les jours de fêtes, il commentait Dante à Sainte-Marie del Fiore, *sans aucune rémunération publique ou privée*. Quatre cents auditeurs suivaient ses leçons, et il était applaudi, estimé des hommes, des femmes et de tout ce que la ville avait de mieux (1).

Le récit des hommages qu'on lui rendait nous révèle son plus grand défaut, un amour-propre qu'égalait seul son mépris pour ce qui n'était pas lui; il devait donc se faire des ennemis nombreux, qui l'insultaient publiquement, au point de le contraindre à faire ses cours dans sa maison (2). Un bravache lui ayant

---

(1) *Universa in me civitas conversa est; omnes me diligunt, honorant omnes, ac summis laudibus in cœlum efferunt. Meum nomen in ore est omnibus. Nec primarii cives modo, cum per urbem incedo, sed nobilissimæ feminæ honorandi mei gratia locum cedunt; tantumque mihi deferunt, ut me pudeat tanti cultus. Auditores sunt quotidie ad quadringentos, vel fortassis et amplius; et hi quidem magna in parte viri grandiores, et ex ordine senatorio.* (Lettre de 1428.) Voir sa vie écrite par Charles Rosmini, Milan, 1808, avec beaucoup de documents inédits.

(2) Dans la bibliothèque Laurentienne on trouve de lui une *Oratio habita in principio publicæ lectionis, quam domi legere aggressus est, quum per invidos publice nequiret.*

porté un coup au visage, Philelphe le crut envoyé par les Médicis, contre lesquels il s'était déclaré; et peut-être se prévalut-il de cet attentat pour justifier les lâches invectives dont il aggrava l'exil de Cosme. Aussi, quand ce dernier revint triomphant, Philelphe s'enfuit à Sienne, d'où il continua à se déchaîner contre lui. A Sienne, ayant rencontré le bravache dont nous venons de parler, il le fit mettre à la torture jusqu'à ce qu'il avouât son crime. Une amende de 500 livres lui fut infligée; mais cette peine parut insuffisante à Philelphe, qui, après l'avoir fait condamner à mort, obtint qu'on se contentât de lui couper « la main, aimant mieux (dit-il) qu'il vécut infâme et mu- « tilé, que si une mort prompte le délivrait des remords et de « la honte. »

Néanmoins lui-même, avec d'autres bannis, machinait contre les Médicis, et il soudoya un Grec pour assassiner Cosme. Le sicaire, découvert, eut les deux mains tranchées; d'après son aveu, Philelphe fut condamné par contumace à la perte de la langue et à l'exil perpétuel. S'il ne restait à Philelphe que la colère de l'impuissant, Cosme, sûr de l'autorité, avait les moyens d'être généreux, et c'était pour lui un devoir. Telle fut sa pensée; il fit donc proposer une réconciliation, mais le pédant la repoussa par fierté et continua ses insultes; puis, feignant de ne pas se croire en sûreté à Sienne, et d'ailleurs recherché par le pape, le sénat vénitien, le duc de Milan, la république de Bologne, l'empereur de Constantinople, il accepta de passer six mois à Bologne, où il obtint le traitement inusité de 450 ducats. De cette ville il se rendit à Milan, où il passa les sept années de sa vie les moins orageuses, cher à la cour, déclaré citoyen et toujours plus convaincu de ses mérites incomparables.

Pendant les commotions qui suivirent la mort de Philippe-Marie, il écrivit aux princes des lettres et des proclamations pour les engager à soutenir la république; puis il adressa des discours et des éloges à son oppresseur, François Sforza, dont il accepta de nouvelles faveurs, jusqu'au moment où Alphonse le Magnanime, de Naples, manifesta le désir de le voir. Il se mit en route pour se rendre auprès de lui. « Arrivé à Rome (écrit « Vespasien) dans le temps du pape Nicolas, il résolut, à son « retour, de visiter Sa Sainteté. Nicolas, ayant appris qu'il se « trouvait à Rome, lui fit dire de venir le voir; messire François « obéit à cette invitation, et les premières paroles que le pape « lui adressa furent celles-ci: a *Messire François, nous sommes*

« *surpris que, passant dans cette ville, vous ne nous ayez point
« visité.* Messire François lui répondit qu'il avait le projet de se
« rendre auprès du roi Alphonse, et puis de revenir pour voir
« Sa Sainteté. Le pape Nicolas, qui avait toujours aimé les hom-
« mes de lettres, voulant que messire François connût sa bien-
« veillance, prit un rouleau de 500 ducats, et lui dit : « *Messire
« François, je veux vous donner cet argent pour les dépenses de
« votre voyage.* » Messire François, touché de cette grande libé-
« ralité, remercia plusieurs fois Sa Sainteté de ce témoignage
« de sa haute bonté. » Le roi de Naples vint à sa rencontre jusqu'à Capoue, l'arma chevalier et l'autorisa à porter les armes
d'Aragon ; enfin il le couronna poëte.

Ces détails et bien d'autres sont recueillis dans les trente-sept
livres de ses lettres qui sont imprimées, et dans d'autres ouvrages où il parle très-souvent de lui-même, comme en parlent
fréquemment ses contemporains, parmi lesquels il comptait peu
d'amis et beaucoup d'ennemis. Philelphe composait, traduisait,
compilait ; tantôt il déchargeait sa bile contre ses adversaires ;
tantôt il philosophait dans les *Méditations florentines,* les *Banquets milanais* ou la *Discipline morale ;* tantôt il commentait le
Canzoniere de Pétrarque, avec d'indécentes allusions aux amours
du poëte, aux papes, aux Médicis ; tantôt il célébrait les Sforza
en vingt-quatre chants latins, ou saint Jean-Baptiste en quarante-
huit, écrits en italien ; parfois il faisait des oraisons funèbres, des
épîtres consolatoires, des poésies latines, des harangues qu'il débitait en son nom, ou que les podestats florentins devaient réciter en sortant de charge. La force et la chaleur ne lui manquent
pas ; quant à la pureté latine, il est très-inférieur non-seulement
à Politien, mais à Poggio, et ses grossières bouffonneries soulèvent le dégoût.

Entouré de tant de disciples, au nombre desquels il pouvait
compter Pie II, Pierre de Médicis, Augustin Dati et Bernard
Giustiniani, historiens de Sienne et de Venise, Alexandre d'A-
lexandre, auteur des *Genialium dierum,* il aurait pu jouir de
tous les avantages d'une vieillesse honorée, si les bizarreries de
son caractère ne l'avaient jeté sans cesse dans de nouveaux conflits. Puis, aux caresses de la gloire, il voulait joindre la réalité
d'une maison riche, une suite nombreuse de serviteurs, des chevaux, une table somptueuse ; afin de satisfaire ces goûts, non-
seulement il compromettait son avenir, mais il s'obligeait à solliciter et à recevoir bassement, au point de feindre le mariage

d'une de ses filles pour avoir un prétexte de mendier. Il prodiguait les louanges, et qualifiait ensuite d'ingrats les personnages qui ne proportionnaient pas leurs dons à son avidité, ou chargeait d'invectives les retardataires. Cependant, lorsque Anton Marcello, patricien de Venise, l'eut gratifié, en récompense d'une épître consolatoire pour la mort d'un fils, d'un bassin d'argent de la valeur de 100 sequins, Philelphe le porta à la cour et en fit don au duc de Milan en présence du conseil; peut-être espérait-il obtenir en échange un présent d'un prix supérieur.

Poggio, avec lequel il eut une lutte très-vive, affirme que Philelphe, dans sa jeunesse, entretint des relations infâmes avec un prêtre à qui on l'avait confié; qu'à Fano, attaqué à coups de pieds et de poings, il eut de la peine à se réfugier dans un cabaret, où il se blottit sous un lit; qu'à Padoue, il fut bâtonné publiquement et chassé de la ville par l'entremise d'un citoyen dont il avait corrompu le fils, et qu'il dut, pour lui échapper, s'enfuir en Grèce; que là, il avait déshonoré la fille de son hôte, à laquelle il fut ensuite contraint de se marier, et autres aménités. Il engagea un nouveau conflit avec George Mérula, son ancien disciple, qui avait écrit *turcos* au lieu de *turcas*, mot pour lequel on ne pouvait en appeler à l'infaillibilité des classiques; il eut encore d'autres démêlés pour l'interprétation d'un vers grec, à l'occasion duquel Traversari et Marsuppini disputèrent autant que des théologiens sur le sens d'un texte de l'Écriture (1).

Galéas-Marie Sforza ne continua point les faveurs à Philelphe; attaché à cette famille depuis l'âge de dix-sept ans; dès lors, abandonné, pauvre, il dut lutter contre les nécessités de la vie, auxquelles il opposa une santé de fer et une infatigable ardeur pour le travail. Les beaux jours où chacun le recherchait à l'envi étaient passés, et Philelphe ne pouvait ouvrir à son éloquence qu'une voie nouvelle, c'est-à-dire se plaindre de l'abandon et de l'ingratitude des hommes. De Pie II il n'obtint rien; et rien de Paul II, qui pourtant l'avait autrefois loué et récompensé;

---

(1) A savoir si ce vers

Βούλομ' ἐγὼ λαὸν σόον ἔμμεναι ἢ ἀπολέσθαι

signifie: *Je veux que le peuple soit sauvé, ou périsse,* ou bien: *Je veux que le peuple soit sauvé, ou périr.* Philelphe s'aperçut qu'ils avaient tort l'un et l'autre.

il se déchaîne donc contre le pape et la papauté, au point de manifester l'intention de se retirer auprès de Mahomet II. Sixte IV le fit venir à Rome pour lui confier un cours de philosophie, avec un bon traitement et la promesse d'un avenir meilleur; il reçut un accueil qui pouvait satisfaire l'amour-propre le plus exigeant; mais, étant retourné à Milan pour prendre sa famille, il perdit sa femme, âgée de trente-huit ans, tandis qu'il était octogénaire. De vingt-quatre enfants, il ne lui restait que quatre filles et un garçon, philologue comme lui, et comme lui présomptueux, difficile, querelleur; il eut même le chagrin de le perdre, et se trouva dès lors isolé au déclin de sa vie.

Milan, à cette époque, était bouleversé par l'assassinat de Galéas-Marie et la minorité de son fils, et la peste rendait dangereux le retour à Rome. En présence de ces difficultés, Philelphe, qui s'était réconcilié avec les Médicis et entretenait depuis longtemps une correspondance avec Laurent le Magnifique, obtint que la seigneurie rapportât les sentences prononcées contre lui, et lui confiât une chaire de langue et de littérature grecques; mais, épuisé par les fatigues du voyage, il mourut à quatre-vingt-trois ans, quinze jours après sa rentrée dans sa chère Florence. Son âge suffirait pour expliquer sa mort; cependant on a prétendu qu'elle fut hâtée par les virulentes satires de Mérula. C'est ainsi qu'on lui rendait les outrages qu'il avait prodigués, bien qu'il ne les eût pas attendus pour avouer que, dans l'expression de ses rancunes, il était sorti de toutes les bornes (1).

Dans ces écrivains, comme on l'aperçoit, la littérature n'était pas une distraction, mais la vie; non un instrument, mais la fin. Le besoin et l'habitude de l'autorité avaient passé de la théologie et de la philosophie dans la littérature, et tous cherchaient à connaître les anciens; l'érudition constituait donc le premier mérite, et chacun, dans le même but, regardait comme essentiel de compiler et de commenter les anciens ou leurs commentateurs, œuvre accomplie par quelques-uns avec une intelligence lucide, sans goût ni critique par d'autres. Chaque érudit choisissait un auteur, qu'il idolâtrait et préconisait avec la chaleur d'un apostolat. L'enthousiasme envahissait la critique même; heureux celui qui avait rectifié un passage incorrect ou deviné une erreur

(1) Voir l'*épître* 52 du livre x.

dans un texte ou le travail d'un émule! L'interprétation de quelque passage engendrait des conflits; on rougissait plus d'une faute contre l'élégance que d'avoir blessé les convenances et la vérité; puis les querelles des pédants passionnaient et divisaient villes et provinces.

Le Vénitien Marc Barbo, neveu de Paul II, évêque de Trévise, puis de Vicence, enfin cardinal et patriarche d'Aquilée, connaissait très-bien le grec, le latin, l'astronomie, la géométrie et la théologie; comme très-habile dans les affaires, il remplit souvent des missions de légat, et fut chargé surtout d'amener des réconciliations. On le choisit une fois pour rétablir la concorde entre deux potentats d'un autre genre, Barthélemy Platina et Rodrigue, évêque de Calagora, dont le premier avait écrit en faveur de la paix, et l'autre de la guerre.

Mais si ces misérables querelles sont imitées souvent par la pétulance moderne, citons au moins un fait de Léonard Bruno d'Arezzo, chancelier de la république florentine, et fameux dans sa vieillesse. Dans nous ne savons quelle discussion philosophique, il fut contredit par le jeune Giannozzo Manetti, et les applaudissements prodigués à cet antagoniste l'irritèrent au point qu'il l'accabla de paroles injurieuses; mais le calme avec lequel Manetti lui répondit fit entrer le repentir dans son cœur. Le matin, de bonne heure, il se rendit à sa maison et le pria de le suivre, alléguant qu'il avait quelque chose à lui communiquer; or, tandis que Manetti s'attendait à une scène, il lui dit à haute voix, et au milieu de beaucoup de gens, que ses torts à son égard l'avait empêché de dormir, et qu'il voulait lui demander pardon (1).

François Barbaro, sénateur vénitien, écrivain érudit et éloquent, grand ami des gens de lettres, remplit plusieurs magistratures et diverses ambassades, et fut encore renommé pour son habileté à rétablir la paix. Comme capitaine de Brescia, il apaisa les discordes des citoyens, et les soutint durant le siége terrible dirigé contre la ville par le Piccinino; il écrivit l'histoire de ce siége, et la publia sous le nom de son confident, Évangéliste Manelino. Brescia, pour lui témoigner sa reconnaissance, prononça son panégyrique, et lui fit don, dans la cathédrale, d'une bannière et d'un bouclier dorés; puis elle le fit

---

(1) **NALDO NALDI**, *Vie de G. Manetti*, Rer. it. Script. **xx**.

accompagner splendidement à Venise et louer de nouveau en présence du doge. Son livre *De re uxoria* est peut-être le seul traité de morale de ce siècle qui ne se traîne pas servilement sur les traces des anciens.

Hermolaüs Barbaro donna une édition de Pline, dans laquelle il avait corrigé cinq mille erreurs ; mais combien de milliers n'en laissa-t-il pas encore ! Gasparin Barziza, de Bergame, en se livrant tout entier à l'étude de Cicéron, puise dans ses œuvres un sentiment presque instinctif de la propriété des termes et de l'élégance ; il fait sentir le bon modèle dans le tour de la phrase, dans la facture arrondie de la période, dans la position convenable des mots. Nous ne ferons que mentionner Pierre-Paul Vergerio de Capodistria, historien des seigneurs de Carrare, et maître de Lionello d'Este ; Charles Marsuppini d'Arezzo, secrétaire de la république florentine ; Antoine Panormita, couronné comme poëte par l'empereur Sigismond, et qui dédia à Cosme de Médicis l'*Hermaphroditus*, recueil d'obscènes épigrammes, blâmées par les moines et recherchées par les curieux. Perotti, évêque de Siponte (*Cornucopia, sive linguæ latinæ commentarii*), expliqua beaucoup de mots latins en travaillant sur Martial. Christophe Landino, secrétaire de la seigneurie de Florence, écrivit des poésies et des traités philosophiques, et traduisit Pline et la *Sforziade* de Jean Simonetta. Virgile, Horace et Dante furent l'objet de longs commentaires, recueil peut-être des leçons publiques qu'il faisait sur ces auteurs ; étendant à tout le poëme d'Alighieri l'intention manifestée dans quelques parties, il cherchait sous le sens littéral un sens moral et caché. A l'imitation de Platon et de Cicéron, il composa des *Disquisizioni camaldolesi*, dialogues entre des personnages illustres, où il fait aimer la vertu sans trop subtiliser sur les théories, bien qu'il n'évite pas les rêveries platoniques. Ce dialogue fut adopté par Valla pour défendre l'épicurisme, par Platina, Palmieri, Alberti, Pontano, Mathieu Bosso ; Paul Cortese, imitant celui *De claris oratoribus*, caractérisa bien les érudits de son temps.

Comme il n'existait ni dictionnaires ni grammaires, chacun devait de soi-même reconnaître dans le barbare latin usuel les termes et les formes qui se trouvaient ou non dans les classiques ; en somme, il fallait deviner les langues, interpréter un auteur au moyen d'un autre, se mettre à la recherche de l'or au risque de périr dans la mine. Enrichis par leurs veilles pénibles, nous les traitons avec une ingratitude dédaigneuse, nous qui sommes fiers de posséder ce que nous ne voulons pas leur attribuer, la gloire d'avoir acquis. L'érudition est comme les bagages d'une armée, embarrassants dans la marche, et néanmoins indispensables.

L'histoire, la mythologie et l'antiquité furent mises à contribution pour faciliter l'intelligence des textes; mais les remarques frivoles et ridicules abondent dans ces commentaires, qui s'appliquent souvent à des choses fausses, d'autant plus que l'on ne connaissait pas bien le sens des mots et moins encore leur force. La rareté des textes et l'aveugle soumission à l'autorité faisaient même respecter les leçons les plus malheureuses; or, comme ils n'osaient pas les corriger, les érudits se contentaient de montrer qu'ils en avaient saisi le sens en les comparant à d'autres textes. Les Italiens ne comprirent pas suffisamment quel parti ils pouvaient tirer du grec, modèle et source de la littérature latine, mérite qu'ils laissèrent surtout à l'école hollandaise. Plus tard, les érudits (mais ils n'étaient pas Italiens) préférèrent à l'étude de la forme celle des idées, objet de leur admiration; car, persuadés que ce qui avait été pensé par les anciens devait être le plus parfait, ils voyaient dans l'auteur comme un être sporadique, séparé des temps et des faits. Ce n'est que de nos jours qu'on cherche à placer l'auteur dans l'histoire avec ses contemporains; la beauté littéraire n'est plus la fin de la critique, mais un des mobiles et des résultats de l'histoire.

Ces controverses acharnées donnèrent l'essor à la philologie, puisqu'elles obligeaient les écrivains à rendre compte de chaque phrase, de chaque expression. Les dictionnaires, véritables initiateurs de la philologie, furent ensuite d'un grand secours. Uguccione, évêque de Ferrare, en compila un à l'exemple de Papia. Buoncompagno donna la disposition artificielle et naturelle d'un dictionnaire. Jean de Gênes, auteur du *Catholicon*, gros volume imprimé par Guttemberg en 1460, qui comprend grammaire et dictionnaire, est peu cité, et pourtant il surpasse tout ce qu'on pourrait attendre. L'auteur, qui avait lu beaucoup de livres, cite un grand nombre de classiques latins, n'ignore pas le grec (1), et, comme Papia et les autres lexicographes, il

---

(1) *Operis quippe ac studii mei est et fuit multos libros legere, et ex plurimis diversos carpere flores.* A la fin : *Mihi non bene scienti linguam græcam*, ne veut pas dire qu'il l'ignorât, comme le prétend Eichhorn.

n'exclut pas les saints Pères, dont l'intelligence entrait pour une si grande part dans les études d'alors. Le premier dictionnaire grec paraît être celui du moine de Plaisance Jean Creston; il fut suivi de l'*Étymologique* ('Ετυμολογικὸν μέγα) de Marc Musuro, antérieur aux dictionnaires de Robert Constantin, de Scapula, d'Henri Estienne. Le Palermitain André Guarna (*Grammaticæ opus novum, mira quadam arte et compendiosa, seu bellum grammaticum*) prétendait enseigner la grammaire avec les règles de la guerre : il expose les inimitiés entre le nom et le verbe, prince du royaume de grammaire, et les batailles qu'ils se livrent en cherchant à se renforcer par l'appui du participe; enfin ils se réconcilient. L'ouvrage eut une centaine d'éditions, fut mis en octaves et traduit en français.

L'étude des langues anciennes raffina le goût, mais éteignit l'originalité par l'imitation. On songea à connaître la civilisation antique plus qu'à perfectionner la moderne, et, parmi ces hommes studieux, les images, les pensées, les lois poétiques étaient celles d'autres temps : pas un seul éclair de génie, pas un véritable élan d'éloquence pour déplorer les malheurs de l'époque ou célébrer les bienfaits de la civilisation nouvelle. Par un égarement plus funeste encore, les écrivains s'ingénièrent à séparer le sentiment de la parole, la littérature de l'action, la forme de la pensée, et à juger des hommes comme des auteurs, non d'après le fond, mais d'après le style. Afin d'employer des phrases d'Horace et de Pline, ils introduisaient des tournures serviles et des adulations qu'ils auraient rougi d'exprimer dans la langue dont ils se servaient pour parler à leurs amis. Appelés aux magistratures et surtout aux fonctions de secrétaires, ils n'étaient bons (sauf quelques-uns, comme Salutati et Piccolomini) qu'à débiter des harangues de parade, dans lesquelles ils ne traitaient pas des intérêts positifs, mais songeaient à ce qui pouvait le mieux s'exprimer en latin. Pétrarque, chargé de répondre aux Génois quand ils vinrent s'offrir au seigneur de Milan, ne sut pas le faire parce qu'il ne s'était point préparé. Marsuppini, au nom de la seigneurie de Florence, prononça un discours devant Frédéric III; Æneas Sylvius lui répondit sans recourir à la rhétorique, mais par des questions positives, et l'orateur ne put rien lui répliquer. En un mot, bons tout au plus pour la parade, ils n'aimaient que les cours, et contribuèrent beaucoup à étouffer les anciennes habitudes bourgeoises. Comme les républiques étaient administrées par des magistrats qui veillaient sur le bien public en pères de famille, ils devaient en effet leur préférer les cours, où ils pouvaient obtenir la protection du maître et faire étalage d'éloquence; ils déguisaient la tyrannie sous des phrases pompeuses, et justifiaient l'iniquité.

Des études d'une nature pareille ne pouvaient s'alimenter que par la protection, et cette protection leur fut acquise.

L'université de Bologne se maintint à sa hauteur, et Innocent VI lui accorda la faculté théologique. Grégoire XI y fonda un splendide collége appelé de son nom, avec de riches dons, parmi lesquels on remarque cent quatre-vingt-treize livres. Les Trévisans ouvrirent une université (1314) et se procurèrent neuf docteurs fameux, au nombre desquels était Pierre d'Albano. En 1339, Pise en fonda une qu'elle entretenait avec le produit de la dîme sur les biens du clergé, et tous les livres dont elle avait besoin furent exemptés de droits d'entrée; les papes et les empereurs lui accordèrent des priviléges, mais elle déchut dans les désastres qui suivirent. Les Florentins en établirent une (1348), et, pour lui donner de l'éclat, ils invitèrent Pétrarque à faire un cours sur le livre qu'il voudrait; celle de Sienne, ouverte en 1320, puis dissoute, fut réorganisée sous les auspices de Charles IV (1357), qui favorisa la création d'une autre à Lucques (1369). L'université de Plaisance, établie par les soins d'Innocent IV (1246), puis tombée, trouva un restaurateur dans Jean-Galéas (1397). Milan, qui avait un cours public de jurisprudence, comptait vingt-cinq maîtres de grammaire et de logique, quarante scribes, plus de soixante et dix maîtres élémentaires, plus de cent quatre-vingts professeurs de médecine, des philosophes, des chimistes, dont la plupart recevaient un traitement pour assister les pauvres. L'université de Pavie, ouverte (1362) et rendue prospère par les Visconti (au dire d'Azario), parce que la ville offrait surabondance de maisons, outre le bas prix du vin, du blé et du bois, ne ruina point les écoles de Milan; en effet, les statuts de cette ville autorisaient les indigènes comme les étrangers à y étudier les lois, les décrétales, la physique, la chirurgie, le notariat, les arts libéraux (1).

Clément fonda l'université de Pérouse en 1307; Boniface VIII, celle de Fermo en 1303, et une autre à Rome, où l'on ne trouvait plus que des écoles élémentaires; mais elle tomba lors de l'exil avignonnais. Jean XXII en institua une en Corse en 1331;

---

(1) GIULINI, *Continuazione delle Memorie di Milano*, II, 594.

Benoît XII, une autre à Vérone en 1339. Le concile œcuménique de Vienne ordonna que les universités de Rome, de Paris, d'Oxford, de Bologne et de Salamanque eussent chacune deux maîtres de langue hébraïque, arabe et chaldéenne. Turin même, adonné de préférence aux armes, déclarait, en 1353, exempts pour huit ans du service militaire les artistes qui viendraient habiter dans ses murs; en 1366, cette ville appela et fit citoyen un professeur d'humanités, et assigna 10 florins à un autre pour enseigner la médecine; en 1376, elle fonda des écoles (1), et son université obtint de larges privilèges, en 1436, de Louis de Savoie.

Les salaires des gens de lettres étaient augmentés à l'envi; ils obtenaient des honneurs; on leur confiait des ambassades; leur passage dans les villes était un triomphe, et les princes assistaient à leurs funérailles. Charles IV donna à Barthole le droit d'écarteler dans ses armes celles de Bohême, et cet insigne jurisconsulte soutint qu'un docteur, après avoir enseigné le droit civil pendant dix ans, était chevalier *ipso facto*. Tous les princes se faisaient Mécènes, depuis Robert de Naples, qui disait : *Je resterais plutôt sans diadème que sans belles-lettres*, jusqu'à Luchino Visconti, qui écrivait des vers loués par le facile Pétrarque; jusqu'à Jean, qui faisait commenter Dante, et au sombre Philippe-Marie, à qui Lucques, pour témoigner sa reconnaissance, donna deux manuscrits (2); un grand nombre d'ouvrages étaient même dédiés, avec des éloges pompeux, à son secrétaire Cicco Simonetta.

François Sforza accueillit l'architecte François Philarète, Bonino Mombrizio, professeur d'éloquence, Philelphe, Simonetta, l'historien Decembrio, le poëte Lodrisio Crivelli, Franchino Gaffurio, le premier qui ouvrit une école de musique, Constantin Lascaris, qui fit imprimer à Milan la première grammaire grecque; il envoyait en Toscane des agents pour acheter tous les bons livres, et lui adresser autant d'écrivains qu'ils pourraient en trouver. Jean-Galéas voulut attirer à Milan Christine de Pisan, qui vivait pauvrement en France et composa beaucoup de vers. Sans répéter ce que nous avons dit d'Alphonse d'Aragon, de Nicolas V et d'Eugène IV, Jacques de Carrare envoya douze jeunes gens aux écoles de Paris, et François le Vieux visitait souvent Pétrarque à Arqua. L'empereur Sigismond cou-

---

(1) *Liber consiliorum*, vol. III, IV, XIII, dans les archives civiques de Turin.
(2) TOMMASI, à l'année 1430.

ronna poëtes à Parme un certain Thomas Cambiatore et Antoine Beccatelli de Palerme, qui obtint de Visconti un traitement de 800 écus d'or, du roi Alphonse la noblesse, des missions importantes et des dons parfois de mille écus. Frédéric III, plus prodigue, mit la couronne de poëte sur la tête de Nicolas Perotti, de Piccolomini, de Cimbriaco, de Bologni, de deux Amasei, de Rolandello, de Lazarelli. Florence couronna Ciriaco d'Ancône et Léonard Bruno ; Vérone, Panteo ; Rome, Aurelini et Pinzonio ; Milan, Bernard Bellincioni : gloires d'un jour.

Et chacun prenait part à ces gloires, à ces discussions. La découverte d'un manuscrit était un événement qui retentissait au loin. La plupart des lettres roulent sur la recherche des manuscrits : le duc de Glocester remercie chaleureusement Pierre Decembrio de lui avoir envoyé une traduction de la *République* de Platon ; Mathias Corvin, roi de Hongrie, entraîné par sa femme, Béatrix de Naples, vers le luxe et les magnificences de cour, s'entoura de gens de lettres, cherchant à faire de sa Hongrie une autre Italie (1). A force d'envoyer à la recherche des livres et d'en faire prendre des copies, il composa une bibliothèque de cinquante-cinq mille volumes, la plus riche de l'époque ; il traita surtout avec une grande bonté Antoine Bonfini d'Ascoli, qui écrivit l'histoire de ce pays. Les *Miscellanées* de Politien étaient attendues comme le Messie, et dévorées aussitôt qu'elles avaient paru. Si l'envie ou les factions expulsaient un lettré, il était sûr, sans autre patrimoine que son mérite, de trouver partout des honneurs et des pensions. A la mort du jurisconsulte Jean de Legnano, on ferma les boutiques ; lorsque Accolti l'*unique* récitait des vers, c'était une fête dans toute la ville, on illuminait les maisons, et les savants comme les prélats l'interrompaient au milieu de son débit par leurs applaudissements.

Des seigneurs illustres faisaient des vers, et nous en avons conservé de Luchino Visconti et de Bruzio son fils, de Guido Novello de Polenta, de Boson d'Agubio, de François Novello de la maison de Carrare, de Cane le Grand, de Castruccio, d'Astorre Manfred de Faenza, de Louis des Alidosi d'Imola. Il faut y joindre Lionello d'Este, dont les lettres sont des meilleures de son

---

(1) C'est ainsi que s'exprime Bonfini, *Rerum hungaric.* dec. IV : *Pannoniam Italiam alteram reddere conabatur... Varias quibus olim carebat artes, eximiosque artifices ex Italia magno sumptu evocavit... olitores, cultores hortorum, agriculturæque magistros, qui caseos etiam latino, siculo, græco more conficerent.*

temps ; Malatesta de Rimini, les ducs Jean-Galéas et Louis Sforza, leur frère le cardinal Ascagne, et beaucoup de femmes, parmi lesquelles Isabelle d'Aragon, duchesse de Milan, Blanche d'Este, Domitilla Trivulzi. Batista de Montefeltro, femme de Galéas Malatesta de Pesaro, prononce des discours latins devant l'empereur Sigismond, le pape Martin V, fait un cours de philosophie, et, discutant sur cette matière, triomphe de quelques professeurs. Constance de Varano, sa nièce, à quatorze ans, débite un discours latin à Blanche-Marie Sforza ; admirée et louée dans toute l'Italie, au point d'obtenir que sa famille fût réintégrée dans la seigneurie de Camerino, elle épousa Alexandre Sforza, seigneur de Pesaro et poëte lui-même. Une autre Batista, sa fille et duchesse de Camerino, frappait d'admiration princes et prélats avec les discours latins qu'elle improvisait. Hippolyte, fille de François Sforza, parla devant le congrès réuni à Mantoue pour exciter à la croisade, et nous avons, copié de sa main, le traité *De senectute* de Cicéron.

Cosme, père de la patrie, stipendia quarante-cinq copistes afin de pourvoir sa bibliothèque. Laurent le Magnifique écrivait : « Lorsque mon âme est fatiguée des affaires et mes oreilles étourdies du bruit de la ville, j'éprouve le besoin irrésistible de chercher un calmant dans les lettres, la paix dans la philosophie. » Frédéric, duc d'Urbin, entretenait à Florence et ailleurs de trente à quarante scribes, et dépensa en copies plus de 30,000 ducats ; outre la Bible, qu'on admire encore dans la bibliothèque du Vatican, « il eut beaucoup d'autres livres (dit Vespasien), beaux au suprême degré, avec des couvertures rouges, des garnitures d'argent, d'élégants dessins, et tous sur peaux de chevreau ; parmi tous ceux-là, aucun n'était imprimé, car il en eût rougi. »

Tous les seigneurs accueillent les fugitifs de la Grèce, les encouragent à chercher et à traduire des livres, assistent à leurs leçons. Nicolas Acciaïuoli, venu de Florence à Naples en faisant le commerce, trouva grâce auprès de la princesse de Tarente, qui lui fit une belle position, le créa chevalier et lui confia l'éducation de son fils Louis, dont il sut conserver la faveur au point d'être nommé sénéchal ; par suite des changements survenus, il retourna fort riche dans sa patrie, où il déploya une telle magnificence que les Florentins en prirent ombrage comme s'il voulait se rendre leur maître, et décrétèrent qu'il ne pourrait obtenir aucune magistrature dans la république. Dès lors il mit son ambition à protéger les hommes de lettres, comme

Zanobio Strada, François Nelli, Boccace. Lorsqu'il revint à Naples, il emmena ce dernier avec lui ; mais il le laissait dans la misère, bien qu'il l'exhortât continuellement à écrire sa vie. A la magnifique chartreuse qu'il fit construire près de Florence, il ajouta un palais en forme de château, avec une bibliothèque de livres rares ; dans ce palais cinquante jeunes gens devaient être élevés, disposition qui resta sans effet.

Palla Strozzi, citoyen riche et puissant de Florence, dont il rétablit l'université, eut chez lui Thomas de Sarzane, depuis pape, appela Manuel Chrysoloras, « et envoya chercher en Grèce, à ses frais, une infinité de volumes. Il fit venir de Constantinople la *Cosmographie* de Ptolémée avec les dessins, les *Vies* de Plutarque, les œuvres de Platon et beaucoup d'autres ouvrages. La *Politique* d'Aristote ne se trouvait pas en Italie ; ce fut messire Palla qui la fit venir de Constantinople, et lorsque messire Léonard la traduisit, il eut la copie de Palla (1). » Exilé en 1434, il garda près de lui, « avec un bon salaire, Jean Argyropulo, afin qu'il lui expliquât beaucoup de livres grecs dont il avait un grand désir d'entendre la lecture. Il prenait d'un autre Grec des leçons extraordinaires, et traduisait saint Jean Chrysostome.

Nicolas Niccoli vendit quelques propriétés pour acheter des livres, qu'il mit ensuite à la disposition du public, et fit construire la bibliothèque de Saint-Esprit avec des étagères pour y placer les volumes qui avaient appartenu à Boccace ; il laissa huit cents manuscrits, estimés 6,000 florins. Barthélemy Valori, « malgré ses occupations domestiques et commerciales, et bien qu'il fût encore impliqué dans les affaires publiques, n'abandonna jamais entièrement les études d'humanités ; seulement, parvenu à la maturité de l'âge, il employa tout le temps qu'il put aux saintes Écritures, partageant ses études avec les théologiens de l'époque, ses amis (2). » Bernard Rucellaï, qui dépensa 37,000 florins aux fêtes de son mariage avec la fille de Pierre de Médicis, soutint l'Académie platonique après la mort de Laurent le Magnifique ; s'étant fait bâtir une magnifique demeure avec des jardins ornés de monuments antiques, il y réunissait des gens de lettres, qui rendirent fameux les *Orti oricellarj*. Le Milanais Branda Castiglione, grand canoniste, et l'un des membres les plus distingués des conciles de Florence et de Constance, lorsqu'il fut cardinal,

---

(1) VESPASIEN, ap. MEHUS, *Præf. ad vitam Ambrosii camaldulensis.*
(2) Vie de B. Valori, dans les *Archives histor.*, vol. IV, p. 241.

protégea splendidement les lettres, et fonda un collége à Castiglione avec une riche bibliothèque ouverte à tous les hommes studieux, auxquels il faisait composer des livres et distribuait des bénéfices.

Les lices et les tournois n'étaient plus les seuls plaisirs recherchés. Lorsque le savant patricien Louis Foscarini de Venise fut nommé podestat à Vérone, en 1451, Isotta Nogarola soutint une discussion sur le point de savoir s'il fallait attribuer la première faute à Adam ou à Ève. Durant le concile de Ferrare, Ugo des Benzi, de Sienne, « regardé dans son temps comme le prince des médecins, invita à dîner tous les philosophes grecs qui étaient venus à Ferrare. Vers la fin de ce splendide repas, il commença, peu à peu et gracieusement, par faire naître la discussion en présence du marquis Nicolas et de tous les philosophes qui se trouvaient à la réunion. Il mit en avant tous les systèmes de la philosophie, sur lesquels il paraît que Platon et Aristote disputent fortement et sont en désaccord entre eux, se disant prêt à défendre les doctrines que les Grecs combattraient, qu'ils fussent pour Aristote ou pour Platon. Les Grecs acceptant le défi, la discussion dura plusieurs heures ; à la fin, Ugo ayant fait taire les Grecs l'un après l'autre par la force de ses arguments et l'abondance de ses paroles, il fut manifeste à tous que les Latins, de même qu'ils l'avaient emporté sur les Grecs par la gloire des armes, surpassaient encore à notre époque les autres peuples par les lettres et tous les genres de savoir (1). »

A Florence, en 1441, on annonça, par ordre de Laurent de Médicis et de Léon-Baptiste Alberti, une lutte publique de gens de lettres, où chacun lirait une composition sur la véritable amitié, avec promesse, pour celui qui aurait le mieux traité le sujet, d'une couronne d'or en forme de laurier. Dans l'église de Sainte-Marie del Fiore, en présence des autorités et d'une foule de curieux, François Alberti, Antoine Alli, Mariotto Davanzati, François Malecarni, Benoît Aretino, Michel de Gigante, Léonard Dati, lurent leurs compositions, et, comme il arrive en pareilles circonstances, furent couverts d'applaudissements (2) ; mais les secrétaires du pape Eugène, auxquels, par déférence, on avait remis la décision, déclarèrent que toutes étaient belles à peu près également, et se tirèrent d'embarras en décrétant la

---

(1) Pie II, *Description de l'Europe*, ch. 52.
(2) LAMI, *Catalogo della biblioteca Riccardiana*, pag. 11.

couronne à l'Église. Ce même Laurent, douze ans après, voulut renouveler la fête de Platon, que l'on célébrait au temps de Plotin et de Porphyre; Florence et Carregi continuèrent plusieurs années à fêter le disciple de Socrate.

Les Italiens étaient recherchés au dehors; Grégoire de Tiferno, élève de Chrysoloras, réveillait en 1458 les études classiques dans l'université de Paris, où furent professeurs Tranquillo Andronic, Fausto Andrelini, Beroaldo, Balbi, Cornelio Vitelli et d'autres probablement.

L'estime alors prodiguée aux gens de lettres eut pour conséquence qu'on leur confia l'éducation des princes, abandonnée d'abord aux guerriers et aux femmes. Guarino éleva Lionello d'Este; trois fils et une fille de François Gonzague de Mantoue eurent pour maître Victorin de Feltre, qui fut logé dans une habitation princière, avec des jardins, des appartements somptueux, des peintures, des jeux, de telle sorte qu'on l'appelait avec raison la *Joyeuse*. Néanmoins, comme certains pédagogues modernes, Victorin ne croyait pas que l'éducation, qui doit préparer l'homme aux tribulations de la vie, dût se faire au milieu des commodités et des plaisirs; il supprima donc peu à peu les délices, et remplaça la magnificence efféminée par une sévère économie. Il se montrait père affectueux encore plus que maître habile; on accourait à lui de la France, de l'Allemagne, de la Grèce, et l'on trouvait dans son établissement tous les moyens de s'instruire dans les sciences et les beaux-arts, d'autant plus qu'il s'était entouré de maîtres possédant les diverses connaissances. Il exigeait de ses élèves une exposition exacte, ce qui fut un acheminement à la littérature correcte; il ne publia rien, et, chose étonnante parmi ces doctes irritables, il ne se trouva personne qui médit de lui. François Prendilacqua, son élève, écrivit sa biographie dans un style élégant, travail qui eut pour résultat, et c'est le plus digne d'envie, de faire aimer son héros.

Maffeo Vegio, qui eut l'audace de faire six cents vers de supplément à l'Énéide, donna, dans son traité d'éducation (1), de bons conseils aux maîtres, conseils empruntés non-seulement aux auteurs païens, mais encore aux saints Pères; il sut bien exposer les vertus et les vices des jeunes gens, et appliqua à l'éducation des jeunes filles beaucoup d'exemples tirés de sainte Monique, mère de saint Augustin.

---

(1) *De educatione liberorum*, Milan, 1491.

Il est étrange que l'on confiât l'éducation des princes, appelés à diriger les peuples, à des gens étrangers à la science du gouvernement, et capables tout au plus de former des prêtres ou des avocats; mais cet usage se perpétua. Les anciens enseignaient dans les écoles l'histoire et les idées de leur nation, tandis qu'un petit nombre, par érudition ou curiosité, se livrait à l'étude de l'histoire et des idées étrangères: dans les écoles modernes, au contraire, les enfants apprirent une langue différente de l'idiome maternel, des lois et des coutumes de sociétés tout autres que celles qu'ils avaient sous les yeux; ainsi les sentiments puisés à l'école se trouvèrent en désaccord avec ceux qu'ils devaient avoir dans le monde.

Beaucoup d'écrivains composèrent des poésies latines; de ce nombre fut Zanobio Strada, de Florence, qui fut couronné par l'empereur, et dont il ne nous reste que cinq pauvres vers. Pétrarque loue plusieurs poëtes comme dignes du laurier; il se plaint même de leur quantité excessive, « contagion qui a pénétré jusque dans la cour romaine, où les jurisconsultes et les médecins ne s'occupent ni d'Esculape et de Justinien, ni des plaideurs et des malades, mais de Virgile et d'Homère; des agriculteurs, des menuisiers et des maçons jettent les instruments de leur profession pour s'entretenir avec Apollon et les Muses. Je crains d'avoir, par mon exemple, contribué à cette manie. »

Baptiste de Mantoue fut honoré d'une statue à côté de celle de Virgile, à qui Érasme ne le croyait pas inférieur; mais qui se le rappelle aujourd'hui? Ce poëte est inférieur à Jean Pontano, président de l'académie de Naples, restée la plus célèbre après la chute de celles de Rome et de Florence; Angelo de Montepulciano, connu sous le nom de Politien, eut encore plus de réputation que lui. Recueilli tout jeune par Laurent de Médicis qui devina son génie, il fut, à vingt-neuf ans, professeur d'éloquence grecque et latine, connaissait l'hébreu et se vit comblé d'honneurs, sans échapper toutefois aux insultes de ses rivaux. Ses *Miscellanées*, recueil d'une foule d'observations de grammaire, d'allusions, de coutumes sur des auteurs latins, étaient réputées un chef-d'œuvre; on regardait comme une gloire d'y être mentionné, et comme un outrage de n'y point figurer. Il traite des sujets avec un charme solide et varié, bien rare chez les érudits, et avec une pureté qu'on ne trouve pas dans les écrivains antérieurs; sentant vivement les beautés romaines, il décrit bien et sait employer à propos les classiques, quoiqu'il multiplie trop les descriptions, abuse des diminutifs et des archaïsmes, et fasse usage de termes impropres (1). On lui doit plus d'éloges pour avoir transporté les formes classiques dans la poésie italienne, comme Boccace l'avait fait pour la prose, en la ramenant à l'élégance.

Les esprits même les plus remarquables, à force de penser en latin, s'étaient soumis au joug de l'imitation ; or, de même qu'en latin on se traînait à la remorque de Virgile et de Cicéron, c'était Pétrarque et Boccace qui servaient de modèles en italien (Dante fut oublié). Alors commencèrent d'éternelles discussions sur la langue, qu'on plaça sous l'autorité de ces auteurs au lieu de recourir au langage parlé. Mais cette idolâtrie envers les anciens eut pour conséquence déplorable de faire mépriser l'italien, abandonné sous le nom de langue vulgaire. « Je me rappelle (dit Benoit Varchi), quand j'étais jeune, que le premier et le plus sévère commandement fait en général par les pères à leurs enfants, et les maîtres aux élèves, était *de ne pas lire de choses vulgaires* ni pour bien ni pour mal (pour m'exprimer d'une manière barbare comme eux). Maître Guasparri Mariscotti de Marradi, qui m'enseigna la grammaire, homme dur et grossier, mais de mœurs excellentes, ayant appris une fois, je ne sais comment, que Schiatta de Bernard Bagnesi et moi lisions Pétrarque en cachette, nous gronda beaucoup, et faillit même nous chasser de l'école. »

Il en résulta un jargon, tout à la fois grossier et affecté, de

---

(1) Méprisant de tout son cœur les *barbares*, Politien les invite à admirer les beautés et les qualités des Italiens ; il donne la preuve qu'il connaît en quoi consiste le mérite, et surtout quel était le véritable mérite des Italiens : *Admirentur nos sagaces in inquirendo, circumspectos in explorando, subtiles in contemplando, in judicando graves, implicitos in vinciendo, faciles in enodando. Admirentur in nobis brevitatem styli fœtam rerum multarum atque magnarum, sub expositis verbis remotissimas sententias, plenas quæstionum, plenas solutionum; quam apti sumus, quam bene instructi ambiguitates tollere, scrupulos diluere, involuta evolvere flexanimis syllogismis, et infirmare falsa, et vera confirmare. Vivimus celebres, et posthac vivemus, non in scholis grammaticorum et pædagogiis, sed in philosophorum coronis, in conventibus sapientum, ubi non de matre Andromaches, non de Niobes filiis, atque id genus levibus nugis, sed de humanarum divinarumque rerum rationibus agitur et disputatur. In quibus meditandis, inquirendis et enodandis, ita subtiles, acuti acresque fuimus, et anxii quandoque nimium et morosi fuisse forte videamur, si modo esse morosus quispiam aut curiosus nimio pius in indaganda veritate potest.* (Epist. lib. IX.)

barbarismes vulgaires entremêlés de latinismes prétentieux, sans nulle liaison, sans choix de phrases, sans vigueur de syntaxe, mais difforme et bigarré, composé de pièces et de morceaux rajustés, semblable enfin à celui qu'on imita dans la suite par badinage, et qui fut appelé macaronique et *fidenziano*. Quiconque a lu un livre de l'époque peut en avoir une idée; s'il ne suffit pas des quelques passages que nous avons cités, et surtout de la lettre de Politien, nous ajouterons que l'évêque de Verceil, le président du conseil et le capitaine de Sainte-Agathe, ambassadeur du duc de Savoie, écrivaient ainsi au duc de Milan en 1484 : *La excellenza del nostro signor duca a recevuto una lettera vostra, della quale el tenore et contenu est che Lojis et Passin de Vimercà hano tractà et conspirà de privare el sig. Lodovico vostro degnissimo barba dello governo*, etc. (1). Frère Jacques de Bergame, auteur d'une histoire générale sous le titre de *Supplementum Chronicorum*, imprimée quatre fois dans ce siècle et plus souvent ensuite, et louée pour ses précieux renseignements, écrivait au cardinal Hippolyte d'Este en 1498 : «*Questi itaque anni passati, havendo me tua excellenzia mandato a donare una bella mulla per mio usare, la acceptay cum gratiarum actione, et poy statim cognosce me ancora gagliardo di posser caminare a' piedi, gela remanday. Ma di presente siendo molto invecchiato, et appresso a li settanta anni di etade, non possendo quasi più caminare, cum una indubitata fede me voglio ricorrere a la piientissima vostra signoria, come quella a suo devotissimo oratore gli piaqua donarli una qualche honesta chavalchatura ; et questo prima per amore di Dio, et per riconoscimento di tante mie fatiche, che hoe pigliato in ornare tutta la illustrissima casa vostra, etc....*» Et frère François Colonna, auteur d'un roman érudit et lascif, *Hipnerotomachia Poliphili, ubi humana omnia nonnisi somnium esse docet*, feint de s'être trouvé en songe «*in una quiete e silente piaggia, di culto diserto, d'indi poscia disaveduto con grande timore intrò in una invia et opaca silva.*» Il décrit ainsi l'aurore : «*Phoebo in quel hora manando, che la fronte di Matula Leucothea candidava, fora gia dell'oceane onde, le volubili rote sospese non dimostrava, ma sedulo cum gli sui volucri caballi Pyroo primo et Eoo alquanto apparendo, ad dipingere le lycophe quadrige moravu.*» Tout le savant volume est écrit dans ce style.

---

(1) Ap. ROSMINI, *Storia di Milano*, IV, 224.

Néanmoins, si l'italien littéraire déclinait, celui du peuple, qui devenait riche et flexible, fut employé avec bonheur par quelques Florentins, comme Mathieu Palmieri, dans son digne et savant traité de la *Vie civile ;* Feo Belcari, qui, avec une charmante simplicité, composa la *Vie de Jean Colombini*, diverses poésies religieuses (1) et des pièces de théâtre ; Agnolo Pandolfini, ou plutôt Léon-Baptiste Alberti, dans le *Gouvernement de la famille,* dialogue de personnages réels sur des sujets réels et les besoins journaliers, avec des préceptes d'économie et de morale à la portée de tous, exposés dans un style pur et correct, véritable modèle de ce genre de compositions. Louis Pulci, le Politien et Laurent de Médicis, que nous saluerons comme les précurseurs du brillant seizième siècle, puisèrent à la même source. Ce Laurent, se trouvant à dix-sept ans avec Frédéric d'Aragon, fils du roi de Naples, qui lui demandait quels étaient les meilleurs poëtes italiens, lui en transcrivit plusieurs de sa main, avec quelques-unes de ses propres compositions. C'était lui qui dirigeait les mascarades du carnaval, dans lesquelles il se distinguait par des inventions et des costumes toujours nouveaux ; il engageait les poëtes à faire des *canzoni* pour ce divertissement, en composait lui-même et descendait sur la place pour conduire la danse, entonner l'air, accorder les instruments : à ses yeux, la joie d'un peuple qui était à la veille des plus grands malheurs, faisait partie de l'art de gouverner.

CHAPITRE CXXII.

SAVANTS. LES LIVRES. L'IMPRIMERIE.

Charles IV envoya à Pétrarque un diplôme, dans lequel Jules-César et Néron affranchissaient l'Autriche de la dépendance impériale ; le poëte le déclara faux : découverte d'un faible mérite ;

---

(1) Le Vénitien Léonard Justinien, ami de Philelphe et d'autres auteurs célèbres, outre ses travaux philologiques, fit beaucoup de poésies joyeuses et de circonstance, qui furent publiées sous le titre de *Fiori delle elegantissime canzionette* (Venise, 1482) ; il les accompagnait de notes gracieuses. S'étant adonné à la dévotion, il publia les *Devotissime et sanctissime laude* (Crémone, 1474). On publia pour la première fois, à Lucques, en 1851, le *Laude spirituali* de Bianco de Sienne, pauvre jésuate.

si le doute émis sur toute chose écrite n'eût pas été chose extraordinaire à cette époque. Pétrarque eut le mérite d'appliquer la critique, bien qu'il se trompât souvent, à des œuvres attribuées faussement à certains auteurs, ou dont on changeait le temps et le nom. Il avait fait une collection de médailles, et il se plaint que les Romains ignorent les faits de leur histoire, et détruisent, par amour d'un lucre honteux, les restes précieux échappés aux barbares; il loue Cola Rienzi de les avoir restaurés, ce Cola qui avait puisé dans leur étude son admiration pour le *bon état ancien* (1). Guillaume Pastrengo, grand ami de Pétrarque, était passionné pour les antiquités et les inscriptions; son *Lexique historique*, bibliothèque générale des écrivains sacrés et profanes, bien que très-imparfait, atteste la connaissance d'un grand nombre d'auteurs. Nicolas Niccoli possédait une collection de médailles dont il se servit pour déterminer l'orthographe de quelques mots.

Les anciens s'étaient déjà aperçus que les inscriptions pouvaient venir à l'appui de l'histoire. Pizzicolli, dit Ciriaco d'Ancône, fut chargé par le pape Nicolas V d'aller en recueillir dans l'Italie, la Grèce, la Hongrie et dans les pays du Levant respectés jusqu'alors par les Turcs; nous ne croyons pas, avec Poggio et Decembrio, qu'il fût un imposteur, bien qu'il se trompât souvent dans l'appréciation du temps, de l'origine et de la destination des monuments. L'architecte frère Joconde de Vérone en réunit un grand nombre. A Reggio, on conserve les inscriptions, avec dessins, recueillies par Michel Ferravino; Nicolas Perotto, évêque de Manfredonia, en fit une collection; d'autres réunirent celles de provinces particulières. Jérôme Bologni, le premier, y ajouta des explications et des commentaires, de telle sorte que l'érudition servait d'appui à l'histoire. Bernard Rucellaï, splendide ami des gens de lettres, invoque les témoignages de la science archéologique pour traiter de la cité de Rome. Biondo Flavio, secrétaire d'Eugène IV, écrivit sur les édifices, le gouvernement, les lois, les cérémonies, la discipline militaire (*Romæ instauratæ libri* III. — *Romæ triumphantis libri* IX); puis, dans l'*Italia illustrata*, il fit la description des quatorze régions de la Péninsule. Mais était-il possible qu'il ne commît pas une foule d'erreurs? Il nie qu'il existât un parler

---

(1) *Senilium* XV, 5. *Familiarium* II, 4; IV, 9; VI, 6. *Hort. ad Nicolam Laurentii.*

vulgaire, contemporain du langage écrit des classiques ; il préparait encore une histoire d'Italie à partir de la chute de l'empire jusqu'à ses jours.

Le Florentin Dominique Fiocchi traita des magistrats romains. Pomponio Leto, de Calabre, bâtard des Sanseverino, chercha des monuments *jusque sur les rives du Tanaïs*, et pensait visiter les Indes ; mais il en fut détourné par la compagnie des hommes éclairés dont il était le président dans l'Académie romaine. Sa maison ayant été pillée dans une émeute au temps de Sixte IV, « Fiocchi, en camisole, avec les pantoufles et la canne à la main, alla s'en plaindre aux supérieurs (INFESSURA), » et ses amis s'empressèrent de lui fournir tout ce dont il avait besoin. La vue des monuments anciens le touchait jusqu'aux larmes, et son admiration pour l'antiquité lui faisait paraître sauvages les coutumes et les croyances présentes, au point qu'il fut regardé comme impie. Par contraste, Bonino Mombrizio, de Milan, recueillit en deux volumes, écrits avec élégance, des vies de saints, tirées de bibliothèques et d'archives, copiant jusqu'aux erreurs, et ne sachant pas discerner ce qui était apocryphe.

1497

Le dominicain Annio de Viterbe mérita, par sa franchise et sa vertu, d'être nommé maître du sacré palais ; il encourut la haine de César Borgia, qui peut-être le fit empoisonner. Dans ses traités *De l'empire des Turcs* et *Des triomphes futurs des chrétiens*, il tirait de l'Apocalypse des espérances pour la chute prochaine de l'ennemi de la chrétienté. Comme on découvrait à chaque moment de nouveaux documents de l'antiquité, ses *Antiquitatum variarum volumina* XVII furent accueillis avec enthousiasme ; c'étaient des fragments d'auteurs très-anciens, tels que le Chaldéen Bérose, Fabius Pictor, Myrsile de Lesbos, Sempronius, Archiloque, Caton, Métasthène, Marcetus, et d'autres fragments propres à jeter une vive lumière sur l'origine des peuples. La joie fut grande parmi les érudits, qui portèrent aux nues le nom d'Annio ; ils ornèrent à l'envi leurs écrits de ses précieuses découvertes, et toutes les histoires en furent infestées ; ces fragments, en effet, n'étaient qu'une fiction, et l'on ne tarda point à s'apercevoir de leur fausseté. Mais était-il trompeur ou trompé ? le problème n'est pas encore résolu, et quelques écrivains regardent comme vrai, bien qu'altéré, le fond de ses récits. Zeno, aussi modéré qu'érudit, examinant la question agitée de nouveau entre le dominicain Mazza, qui publia l'*Apologie* d'Annio, et Macedo, qui la soutint contre le Véronais Sparavieri, trouve de

1502

l'exagération de part et d'autre ; il pense que l'auteur fut abusé par ceux qui spéculaient alors sur la manie des antiquités.

On ne saurait croire combien cette incertitude jetait de confusion dans les histoires, et surtout les municipales, écrites par des Italiens ; les auteurs remontaient bravement jusqu'à Noé ou du moins jusqu'à la guerre de Troie, et cherchaient parmi les Phéniciens et les Chaldéens ce qu'ils avaient chez eux. Les Milanais surent que Angle, fils d'Hector, fonda Anglerie, et fut la souche des Visconti, qui s'appelèrent pour cela comtes d'Angera ; les Comasques trouvèrent un certain Comer, fils de Japhet et fondateur de leur cité ; Crémone, un Crémone, de Troie ; Jean-Chrysostome Zanchi tirait le nom allemand de Bergame des mots hébraïques *Beradin gom mon*, c'est-à-dire *innudatorum clypeata civitas*, qu'il traduit *Dei Galli regia città* (cité royale des Gaulois). Platina, dans l'histoire de Mantoue, ne se gêne pas davantage ; mais, dans celle des papes, il rejette des faits, se livre aux conjectures, et, s'il n'est pas toujours heureux, c'était déjà beaucoup que d'élever des doutes sur des assertions d'anciens. Nous avons vu quelle fut l'audace de la critique, avec Valla.

Une fois les modèles classiques connus et le goût amélioré, on voulut que l'histoire eût aussi sa beauté ; on l'écrivit souvent en latin, et parfois en langue vulgaire. Nous avons déjà parlé des écrivains en langue vulgaire. Parmi les auteurs qui employèrent le latin, l'un des meilleurs est Æneas-Sylvius Piccolomini : dans l'histoire d'Autriche, il raconta les faits de la Bohême et de Frédéric III, et décrivit, dans sa *Cosmographie*, l'Europe et l'Asie Mineure ; en outre, il exposa les événements de l'Italie depuis l'année de sa naissance jusqu'à la dernière de son pontificat ; son style a de la vigueur, et les caractères et les coutumes sont étudiés. Le dernier ouvrage fut imprimé cent vingt ans après sous le nom de Jean Gobellino, son secrétaire, mais continué jusqu'en 1469 par le Florentin Jacques Ammanati, auquel ce pape donna le surnom de sa propre famille, l'évêché de Pavie et le chapeau rouge.

Antoine Bonfini d'Ascoli, qui vécut en Hongrie à la cour de Mathias Corvin et de Wladislas II jusqu'en 1502, laissa trois décades de l'histoire de ce pays, écrite à la manière de Tite-Live, c'est-à-dire élégante et fausse, mais précieuse, puisqu'on n'en a pas d'autre. Philippe Bonaccorsi ou Callimaque Esperiente, de Toscane, quitta Rome à la chute de l'Académie ; après avoir erré longtemps, il fut accueilli en Pologne par le roi Casimir, qui l'employa, avec l'historien Jean Dlugos, pour faire l'éducation de son fils, le nomma son secrétaire particulier et souvent ambassadeur. Outre les fastes de Ladislas V et la bataille de Varna, où ce roi avait péri, il écrivit un opuscule sur les démarches des Vénitiens pour exciter les Tartares et les Perses contre les Turcs.

Aurelio Brandolini, dit le Louche ou l'Aveugle, poëte latin de Florence, vécut en Hongrie cher à Mathias Corvin, et mourut à Parme en 1497, laissant beaucoup d'ouvrages.

Thomas de Pisan, astrologue bolonais au service de Charles V de France, eut pour fille la belle Christine, qui, élevée à la cour et dans l'étude des lettres, vit ses premières poésies applaudies; puis, afin de pourvoir aux besoins de son pauvre veuvage, elle traita de l'art militaire, écrivit les *Changements de fortune* et la vie ou plutôt le panégyrique de ce roi. Aujourd'hui on a de la peine à lire ce qui faisait alors l'objet de l'admiration; néanmoins elle associe la vivacité poétique à la finesse de l'observation, un sentiment délicat à la vigueur.

Les sciences étaient donc entièrement sorties du sanctuaire et devenues séculières. La théologie, sans doute, occupait toujours le premier rang, mais elle avait des rivales; or, bien qu'elle eût fait naître, au milieu des nombreux dissentiments ecclésiastiques, une foule de dissertations et de commentaires, personne n'atteignit à la puissance de Thomas d'Aquin et de Bonaventure. La querelle des minorites fournit une ample matière aux discussions et aux subtilités; mais des questions plus vitales et plus sérieuses furent agitées aux conciles de Bâle, de Constance et de Florence, où figurèrent des Italiens et des étrangers, parmi lesquels brillèrent au premier rang Æneas Sylvius et le chancelier Gerson.

Les Français attribuent à ce dernier, les Allemands à Thomas à Kempis, les Italiens à Jean Gersen, abbé de Verceil (1), l'*Imi-*

(1) Le manuscrit d'Arona, qui se trouve à la bibliothèque de Turin, avait été jugé vieux de cinq siècles par une assemblée de savants; mais Daunou et Hase, habiles paléographes, ne le croient pas antérieur au quinzième siècle. Galeani Napione, puis de Grégory (*Mém. sur le véritable auteur de l'Imitation de Jésus-Christ*, 1827 ; et *Histoire du livre de l'Imitation de Jésus-Christ, et de son véritable auteur*, Paris, 1843), soutiennent les droits de Gersen de Verceil. Comme témoignage que ce livre est l'œuvre d'un Allemand, on a cité naguère ce passage du livre IV, ch. 5, où l'auteur dit que le prêtre, vêtu des ornements sacrés, a la croix du Seigneur devant et derrière. Or le soleil des Italiens et des Français ne porte la croix que derrière.

tation de Jésus-Christ, le livre le plus fameux du moyen âge, le plus lu après la Bible, et qui serait, dit-on, le premier du monde si celle-ci n'existait pas; comptant au moins dix-huit cents éditions, il a été traduit dans toutes les langues, sans qu'aucune version atteigne la concision énergique de ce latin, incorrect, il est vrai, mais semblable aux figures de saints que l'on plaçait alors sur les tombeaux, belles et suaves, malgré leur immobilité. Les prophètes, les docteurs et l'Église ne jouent aucun rôle dans ce livre ; c'est un entretien de l'âme avec son Créateur. L'attrait vient de cette intimité ; or comme, au lieu de disputes, de systèmes et de spéculation, il ne contient que des élans de l'âme, rien de caractéristique n'aide à reconnaître l'auteur. Cette incertitude ne lui est pas défavorable, puisque toute personnalité disparaît pour ne laisser que le cœur et le sentiment. A une époque de tant de disputes, on n'y découvre pas trace de polémique, mais tout au plus quelques plaintes sur les malheurs du temps, avec le conseil d'y échapper en se formant une solitude profonde, où l'on puisse écouter Dieu qui parle. Les âmes envenimées par l'amour des disputes devaient recevoir comme une rosée bienfaisante ces paroles : « Dans la croix est le salut, dans la croix la vie, dans la croix un refuge contre nos ennemis. Dans la croix se trouve la source des suavités célestes, dans la croix la force de l'âme, la joie de l'esprit. Tout s'appuie sur la croix, tout consiste à mourir ; il n'y a point d'autre chemin pour entrer dans la vie et la paix intérieure que celui de la croix et de la mortification quotidienne. Allez où vous voudrez, cherchez tout ce qu'il vous plaira, vous ne trouverez pas au-dessus une voie plus élevée, ni au-dessous une voie plus sûre que celle de la croix. Disposez tout selon vos désirs et vos vues, vous trouverez toujours quelque chose à souffrir. La croix est toujours préparée, et vous attend partout; vous ne pouvez l'éviter, quelque part que vous alliez. Si vous la portez volontiers, elle vous portera et vous conduira au terme désiré, où cesse toute douleur. Si vous la portez avec regret, le poids deviendra plus grand, et vous accablera davantage ; néanmoins il vous faudra la soutenir. Si vous repoussez une croix, vous en trouverez une autre, plus pesante peut-être. Il n'est pas dans la nature de l'homme de porter la croix et de l'aimer, de châtier son corps et de le mettre en servitude, de fuir les honneurs, de supporter les mépris de bon cœur, de se mépriser lui-même et de souhaiter d'être méprisé, de souffrir tout dommage et de ne désirer aucune prospérité.

Mais si vous mettez votre confiance dans le Seigneur, il vous enverra la force d'en haut, et vous soumettrez le monde et la chair (1). » En imitant le Christ, on est amené sur une voie progressive qui conduit, au moyen de l'abstinence et de l'ascétisme, à la communion, enfin à l'union. L'auteur inconnu expose au peuple, dans la langue du cloitre, ces passages successifs; ainsi est devenu populaire un livre qui n'était que le travail ascétique d'un moine.

Pendant tout le moyen âge, les *réalistes* et les *nominalistes* avaient lutté dans les écoles : les premiers inclinaient vers l'unité de substance, admettaient l'existence formelle des universaux, et ne voyaient que de pures abstractions dans les noms de genre, d'espèce et d'individus; les autres proclamaient la pluralité de la substance, rétablissaient l'individualité, le genre, l'espèce, et n'attribuaient à l'universel d'autre valeur que celle d'un signe. La bataille s'était ensuite engagée et continuée sous les vieilles bannières d'Aristote et de Platon, du raisonnement et de l'enthousiasme, du syllogisme et de l'inspiration. De 1313 à 1316, un certain Paulin, frère minorite, adressa à Marin Badoar, duc de Candie, un traité italien sous le titre : *De recto regimine*, digne de voir le jour, dans lequel il analyse avec simplicité et clarté les devoirs d'un magistrat; il tient pour le gouvernement d'un seul, mais il veut que le chef s'entoure d'un conseil de sages. Égidius de Rome, précepteur de Philippe le Bel et archevêque de Bourges, est favorable, au contraire, à la république. Ses deux premiers livres, *De regimine principum*, sont une direction de conscience pour les rois, et le troisième, un traité de droit politique, dans lequel il examine les diverses formes de gouvernement et les lois civiles qui s'y rapportent. Ennemi de la servitude personnelle, il condamne tout pouvoir qui ne se conforme pas aux lois éternelles de la justice.

Accurse resta le type des glossateurs; ce fut donc sur lui que se concentrèrent le blâme et l'éloge : mais sa grande compilation avait mis un terme aux explications orales des professeurs, usitées jusqu'alors. Les interprétations furent restreintes, et les glossateurs devinrent l'unique autorité, au point que l'on disait qu'une glose valait plus de cent textes. En conséquence, la science déchut, et l'on vit paraître les juristes scolastiques, qui appliquaient à la jurisprudence les méthodes dialectiques; c'est là,

---

(1) Livre II, ch. 12.

comme nous l'avons vu, que brillèrent Balde, et surtout Barthole, qui suppléait, par sa profonde connaissance du droit, à son ignorance de l'histoire et de la philologie. Tous leurs imitateurs, prolixes et barbares, conservaient encore le style grossier, l'argumentation scolastique, et l'habitude des citations infinies à la manière des théologiens, défauts qui les faisaient mépriser par les humanistes; quelques-uns néanmoins commencèrent à porter la lumière dans le chaos de ces études, à méditer Justinien avec le secours de la philologie et de l'histoire. Alciat fut l'un des premiers; puis vinrent les Français Budé et Dumoulin, avec Cujas qui les surpassa tous.

Plusieurs d'entre eux se rendirent célèbres par des consultations légales, par des travaux, ou les magistratures qu'ils remplirent; mais, lorsque la science fut renouvelée, leurs ouvrages ne conservèrent aucune importance, pas même au point de vue de l'érudition. Qui ne louait pas alors Paris de Puteo, d'Alexandrie ou de Naples; Jean-Antoine Carafa, prince des jurisconsultes; Mathieu des Afflitti, le plus savant des légistes qui le précédèrent ou le suivirent, dont les *Commentaires sur les fiefs* ne sont égalés par aucun travail analogue, et qui, par son recueil des décisions de la cour napolitaine, donna naissance à la race nouvelle des *décisionnaires?* Jean d'André, de Bologne ou de Florence, eut la réputation du plus grand canoniste, et ses filles, Novella et Bettina, écrivaient elles-mêmes. Paul de Liazari, son disciple, éleva Jean de Legnano, si célèbre qu'on ferma les boutiques à sa mort. André d'Isernia fut surnommé l'évangéliste du droit féodal, et le roi Robert l'emmena avec lui pour défendre à la cour d'Avignon les droits qu'il prétendait avoir au trône de Naples (1). François Accolti d'Arezzo jeta une vive lumière sur le droit civil. Sa profession lui rapporta beaucoup, et il espérait même le chapeau de cardinal; mais Sixte IV le lui refusa, en disant qu'il craignait par cette faveur d'enlever aux sciences un professeur trop illustre. A Ferrare, voulant montrer à ses élèves combien il importe de conserver une réputation sans tache, il enleva de la viande chez un boucher : aussitôt on imputa le vol aux étudiants, et deux d'entre eux, mal famés, furent arrêtés et menacés de graves châtiments, quand Accolti alla s'accuser lui-même; on ne voulut pas le croire, jusqu'au moment où il produisit des témoins et fit connaître le motif de sa conduite.

(1) En racontant que Frédéric II avait imposé quelques taxes sans en attribuer un tiers à l'Église, il ajoute que son âme *requiescit in pice et non in pace.*

La géométrie et la mécanique étaient cultivées, comme l'attestent les canaux, les machines de guerre, les moulins à eau et à vent, les grands travaux hydrauliques et architectoniques, une filature à Bologne, en 1341, mue par l'eau, et équivalente au travail de quatre mille fileuses. En 1455, Gaspard Nadi et Aristote de Feravante transportèrent la tour de Magione de Bologne, haute de quatre-vingts pieds, avec ses fondements, sans dépenser presque plus de 150 livres; ils redressèrent le clocher de Cento, qui surplombait de plus de cinq pieds (1).

Les Italiens cultivèrent les mathématiques pour en faire usage dans la magie ou le commerce. Paul Dagomari, dit de l'Abaque, employa le premier la virgule pour distinguer en groupes de trois chiffres les nombres trop longs, et introduisit les carnets. On trouvait dans les bibliothèques plusieurs traités d'algèbre, ou, comme on disait, d'*almacabala;* le premier imprimé fut l'italien de Luc Pacioli de Borgo de Saint-Sépulcre, franciscain, professeur à Milan, qui servit de base à tous les mathématiciens du siècle suivant. « Dans cet art important, appelé par le vulgaire *règle de l'inconnu,* » il arrive à l'équation du second degré, sans dépasser Fibonacci; seulement son observation, que les règles relatives aux racines sourdes peuvent se rapporter aux grandeurs incommensurables, pressent l'application de l'algèbre à la géométrie. Il avait visité les cités commerciales de l'Italie; dans son ouvrage il donne les diverses pratiques des négociants, des exemples nombreux de comptes, de changes, d'arbitrages, de sociétés, et surtout la tenue des livres en partie double à l'italienne, que l'on adopta si tard (2).

(1) ALIDOSI, *Instructione*, etc. Ces tentatives avaient peut-être engagé Léonard de Vinci à faire un modèle au moyen duquel « il promettait de soulever le temple de Saint-Jean de Florence et de l'asseoir sur des marches d'escalier sans l'endommager. » VASARI, *Vis.*

(2) Son ouvrage est imprimé « sur les rives du Benaco, dans lequel on pêche les meilleures carpes, et dont les bords sont semés de belles antiquités. » Un de ses petits traités est intitulé : *Modus solvendi varios casus figurarum quadrilaterarum rectangularum per viam algebræ. N°* c'est-à-dire *numéro*, indique le connu; *Co* c'est-à-dire *cosa* (chose), l'inconnu; le carré, *Ce* (cens); le cube, *Cu; p* et *m* valent + et —. Ainsi la formule que nous écrivons aujourd'hui $3x + 4x^2 - 5x^3 + 2x^4 - 6$, s'écrivait alors 3 co. p. 4 ce. m. 5 cu. p. 2 ce. m. 6 N°.

Guillaume Libri attribue à Léonard de Vinci l'invention des deux signes + et —, tandis que Chasles (*Aperçu historique sur l'origine et le développement des méthodes en géométrie;* Bruxelles, 1837) en fait honneur à Stiffels.

« Or, comme nous suivons presque toujours Léonard Pisan (Fibonacci), nous

L'Italie, cependant, n'a point de mathématiciens qu'elle puisse comparer aux Allemands Purbach et Régiomontanus. Pour la première fois, celui-ci construisit un almanach avec la position des astres, les éclipses, et des calculs sur la situation du soleil et de la lune pour trente ans. Appelé à Rome pour corriger le calendrier, il y mourut à la fleur de l'âge.

Les travaux des astronomes n'étaient que des rêveries astrologiques, dont fourmille le fameux *Livre du pourquoi*, de Manfredi; la science avança néanmoins. Tous les mouvements des planètes sont combinés dans les tables de Jean Bianchini, Bolonais. Le Ferrarais Dominique-Marie Novara détermina la position des étoiles indiquées dans l'*Almageste*, pressentit que l'axe de rotation de la terre avait changé, et eut pour élève Copernic, auquel il donna ou suggéra l'idée du système pythagoricien. Paul Toscanelli, de Florence, fortifia l'espérance de Christophe Colomb sur la possibilité de trouver les Indes dans la partie occidentale.

Les sciences naturelles allaient à la recherche des textes plus que des faits, et ce ne fut que dans le siècle suivant qu'elles s'appuyèrent sur l'expérience et les mathématiques, substituant les réalités aux chimères, l'évidence aux hypothèses et à l'autorité. Dans la médecine, on ne comparait pas l'état sain à l'état maladif, et le livre de Ficin, *De la vie humaine*, est tout rempli de formules pour conserver la santé et prolonger la vie au moyen de pratiques astrologiques. Il fait dériver des étoiles les maladies et l'efficacité des remèdes; il enseigne aux vieillards à se rajeunir en buvant du sang de jeunes gens : folies communes à Armand Bacon, à Arnaud de Villeneuve et aux médecins les plus distingués, mais combattues par Pic et Guainero, de Pavie. Dino de Garbo, la gloire de son âge, ajouta de nouvelles subtilités à celles des Arabes. Marsile de Sainte-Sophie, Gentil de Fuligno, Pierre de Tossignana, Guillaume de Varignana, Christophe Barziza, Jean de Concorezzo et d'autres exercèrent avec éclat la médecine, sur laquelle ils écrivirent des ouvrages de mérite. Le Padouan Michel Savonarole, bon observateur, s'affranchit hardiment du système d'Averrhoès; cependant il croit que Nicolas Piccinino engendrait à cent ans, qu'après la peste de 1348 on eut

---

déclarons que toutes les propositions données sans nom d'auteur appartiennent au susdit Léonard. » Ces paroles de la *Summa de arithmetica geometria*, prouvent que Pacioli ne mérite pas le reproche de plagiaire qu'on lui a adressé.

vingt-deux ou vingt-quatre dents au lieu de trente-deux, et qu'un animal peut naître avec le fœtus.

Les médecins s'occupaient aussi de la chirurgie, qui, hors de l'Italie, était abandonnée avec dédain à des barbiers ignorants. La saignée était encore considérée comme une opération d'importance, et l'on discutait sérieusement sur l'endroit et le moment de la pratiquer; quand on avait besoin d'y recourir, les parents et les amis se réunissaient dans les maisons princières, et, si elle réussissait, on remerciait le Seigneur par des fêtes. Vincent Vianeo de Maïda, Branca et Boïani de Tropea, introduisirent la greffe animale en refaisant des nez. La république vénitienne, qui, par cette mesure comme dans beaucoup d'autres, devança les autres gouvernements, ordonna, le 7 mai 1308, qu'on fît chaque année la dissection d'un cadavre. En 1315, Mondini des Luzzi, professeur à Bologne, disséqua publiquement, et publia, avec des planches anatomiques, une description du corps humain faite d'après nature : bien qu'il ne sache pas s'affranchir de la vénération pour les anciens, et sacrifie l'évidence même aux assertions de Galien, il rejeta beaucoup d'opinions fantastiques, et dit les choses comme il les avait vues, en donnant des explications simples et précises; son livre, auquel on avait soin d'ajouter les découvertes à mesure qu'elles se faisaient, fut donc suivi comme texte pendant trois siècles. Après lui, l'usage s'introduisit d'ouvrir dans l'université un ou deux cadavres; Barthélemy de Montagnana, professeur à Padoue, se vante d'avoir fait quatorze autopsies (1).

La plupart des apothicaires vendaient aussi des drogues : leur nom signifia donc pharmacien et confiseur; or les villes, en accordant les licences, y ajoutaient l'obligation d'envoyer quelques sucreries à la chambre de la commune. Saladin d'Ascoli donna, pour servir de guide aux pharmaciens, un *Compendium aromatariorum*, « Manuel des parfumeurs », qui n'avaient pas sans doute la moitié des nombreuses qualités qu'il leur attribue. Saint Ardouin en fit autant pour Venise, Ciriaco des Agosti de Tortone pour l'Italie occidentale, Paul Suard pour le Milanais. Hermolaüs Barbaro et Nicolas Leoniceno, en commentant Pline, rendirent de grands services à la botanique officinale. En 1415, Benoît

---

(1) En France, on commença en 1376; ce ne fut qu'en 1556 que Charles-Quint obtenait des docteurs de Salamanque la décision qu'il n'était pas défendu aux catholiques d'ouvrir les cadavres humains.

Rinio, médecin et philosophe de Venise, faisait avec un grand soin, et après de longs voyages, le *Liber de simplicibus*, en quatre cent trente-deux planches, bien peintes par André Amadio, et donnait les noms latins, grecs, arabes, slaves, allemands. Cette collection de plantes et de fleurs, la plus grande qu'on eût faite jusqu'alors, indiquait le temps opportun pour les recueillir et leur application médicinale ; elle se trouve dans la bibliothèque Marcienne, avec l'*Herbier, ou Histoire générale des plantes*, fait dans le siècle suivant par Pierre-Antoine Michiel.

Le pape Benoît XIII réprouva la magie comme entachée d'hérésie ; puis, comme les guérisons présumées miraculeuses se multiplièrent sur les tombes de saint Roch, de sainte Catherine de Sienne, de saint André et d'autres, l'Église décida qu'il ne fallait crier au miracle que lorsque la maladie serait incurable, et la guérison instantanée. L'apparition fréquente de la peste (1) accrut la dévotion pour saint Sébastien, saint Job, surtout pour saint Roch, qui, à cette époque, quitta Montpellier, sa ville natale, pour aller en Italie assister les pestiférés. Souvent encore on représentait sur les façades des églises et sur les tabernacles, le long des rues, des figures gigantesques dont la vue, disait-on, préservait des mauvaises rencontres et des morts subites, qui paraissent avoir été plus fréquentes à cette époque ; on vit donc se multiplier les invocations à saint André Avellin, et d'autres dévotions préservatives.

Quelques maladies nouvelles servirent à ramener de l'érudition à l'observation, des textes aux faits : telles furent la mort noire ; la toux bestiale, qui parut en 1414 sous forme épidémique ; la tarentule, épidémie psychique qu'on attribuait à la morsure d'une araignée, et qui portait à danser et à faire des gestes extravagants. On prétend que la lèpre fut apportée en Italie par

---

(1) Dans le quinzième siècle, il est fait mention de pestes : en Dalmatie, en 1416, 1420, 1422, 1430, 1437, 1454, 1464, 1466, 1480 ; dans la Lombardie et la république de Gênes, en 1405 et 1416 ; à Naples, à Milan et dans d'autres parties de l'Italie, en 1421 et 1422 ; à Bologne et à Brescia, en 1421 ; à Rome, en 1428 ; à Pérouse et ailleurs, en 1429 et 1430 ; à Venise et ailleurs, en 1438 ; dans la haute Italie, en 1448 ; puis, en 1450, 1456, 1460, 1465, 1468, 1473, 1475, 1476, 1478, 1485. De 1492 à 1495, la peste, typhus de mer, qui se développa parmi les juifs chassés d'Espagne, sévit dans toute l'Europe. Scaliger, contrairement à l'opinion de Cardan, dit que la peste se montre si fréquemment à Paris, à Cologne, à Famagouste, à Venise et à Ancône, qu'on peut dire qu'elle ne cesse jamais.

les soldats de Pompée à leur retour de l'Égypte; mais elle ne dura pas longtemps. Elle reparut au temps des Lombards, puis de nouveau pendant les croisades; mais il est probable qu'elle n'avait jamais cessé entièrement, puisqu'on la mentionne dans des guérisons miraculeuses et dans les hôpitaux particuliers; du reste, Constantin, médecin de l'école de Salerne, la décrivait d'une manière précise en 1087, c'est-à-dire avant qu'elle fût répandue par les croisades. A l'époque où nous sommes, il paraît qu'elle n'existait plus, puisque Cardan ne la connaissait point; en outre, Fracastor dit que c'était une maladie rare (1), et les hospices des lépreux diminuaient pour faire place à ceux où l'on traitait une autre affection morbide, conséquence et châtiment de la dépravation : la syphilis, qui se répandit ensuite au temps de la descente de Charles VIII, fut appelée le mal français par les Italiens, et le mal campanien par les Français. Après une foule de discussions, on ne sait pas encore si elle est originaire de l'Amérique, ou si l'Europe la connaissait déjà.

En résumé, c'est un âge de mémoire plus que d'imagination et de raison; on fait provision de connaissances anciennes, au lieu d'en acquérir de nouvelles, et on ne les soumet pas au creuset de l'expérience. Comme le moyen âge était privé de l'imprimerie, des journaux et de la poste, nous nous figurons que les ouvrages de littérature ou de science devaient se renfermer dans un cercle étroit, et que les découvertes d'un pays n'étaient pas connues au loin; mais les universités voyaient accourir des étudiants de contrées éloignées, et communiquaient les connaissances; les professeurs y apportaient leurs travaux personnels, et les jeunes gens ne retournaient dans leur patrie qu'avec un certain nombre de manuscrits, qui dès lors se répandaient plus promptement qu'on ne se l'imagine. Souvent les auteurs eux-mêmes, après avoir publié un ouvrage, le corrigeaient et en fai-

---

(1) *Quamquam per civitates, domus quæ hospitalia vocantur, et suppellectiles sumptibus publicis paratæ structæque videantur elephantiacis suscipiendis.* (*De elephantia.*) Dans les siècles suivants on en parle peu, mais elle ne dut pas disparaître entièrement. Dans ces dernières années, l'attention s'est reportée sur cette maladie, qu'on a retrouvée dans plusieurs localités, mais surtout parmi les pêcheurs de Comacchio, sous le nom de mal de foie. (Voir *Sur la lèpre*, commentaire de D. A. VERGA; Milan, 1846.)

Falloppe, en 1550, trouvait qu'en France il y avait encore beaucoup de lépreux; mais ils étaient rares en Italie, et les hôpitaux de Saint-Lazare étaient vides, tandis que ceux de Saint-Job augmentaient pour les vénériens. (*De morbo gallico*, ch. I, III.)

saient une seconde édition, comme on le pratique depuis l'imprimerie. Ainsi Léonard Fibonacci, en 1202, publia son *Abacus*, premier traité d'algèbre parmi les chrétiens; puis, en 1208, il en donna une nouvelle édition avec des additions.

Les livres, à cause de leur rareté, étaient l'objet d'une grande vénération, au point qu'on tenait pour vrai un fait par cela seul qu'il se trouvait écrit, et chacun le répétait parce que les écrivains antérieurs l'avaient avancé; si l'expérience le contredisait, on ne démentait pas l'auteur, mais on cherchait à le justifier au risque de blesser la vérité, comme on le pratique à l'égard de la Bible. Souvent on ignorait les découvertes et les ouvrages précédents. Aaujourd'hui quiconque entreprend un travail est tenu de connaître toutes les œuvres analogues publiées avant lui; mais alors les écrivains acceptaient des erreurs ou ignoraient des vérités sur lesquelles d'autres depuis longtemps avaient exercé leur jugement.

Une invention supérieure de cette époque, l'imprimerie, vint hâter et assurer les progrès de l'esprit humain.

Les anciens écrivaient sur du cuir ou des feuilles de palmier, ou bien sur le *liber*, c'est-à-dire sur la seconde écorce des arbres; plus tard on fit usage des fibres préparées du papyrus, roseau particulier à l'Égypte, ou de la peau de mouton, appelée *charta pergamena*, ou parchemin, parce qu'il fut inventé ou perfectionné à Pergame. On traçait les caractères avec le bout d'un roseau aiguisé et trempé dans l'encre; les faits les plus importants étaient gravés sur la pierre, le bois, les métaux; pour les usages journaliers on se servait de tablettes enduites de cire, sur lesquelles on écrivait avec une pointe de métal ou d'ivoire appelée *style*, et dont l'extrémité obtuse servait à effacer les empreintes. Ces papyrus et ces parchemins ne se couvraient que d'un seul côté, et l'on ajoutait successivement des feuillets l'un à la suite de l'autre jusqu'à ce que le livre fût terminé; puis, après en avoir fait un rouleau (*volumen*), on les fixait au moyen d'un bouton. Jules César fut le premier qui écrivit sur les deux côtés du parchemin ses lettres au sénat, et répandit l'usage de les plier comme nos livres. Polir les feuillets avec de l'ivoire, les parfumer avec l'huile de cèdre, les enluminer et dorer les initiales, la couverture, la tranche, les fermoirs, c'était l'office des esclaves libraires et grammairiens, dont tout riche possédait un certain nombre; d'autres s'adonnaient librement à cette industrie pour en faire commerce.

Tout ce travail se faisait à la main : or, comme aux erreurs inévitables se joignaient ces variétés capricieuses et presque instinctives que chacun introduit dans ce qu'il copie, les manuscrits offraient des différences et des incorrections nombreuses; quiconque voulait un texte sans fautes le copiait de sa propre main, comme firent quelques grammairiens soigneux ou des docteurs de l'Église, qui rendirent fameuses certaines éditions d'Homère et de la Bible.

Avec le christianisme l'art d'écrire passa des esclaves aux moines, parce qu'il fallait répandre les doctrines, les discussions et les homélies ; saint Benoît imposait à ses moines l'obligation d'en copier, et des religieuses même s'occupaient de ce travail. Tout ce que nous possédons de l'antiquité nous est presque arrivé par la main des moines ; il y aurait donc autant d'ingratitude que d'injustice à leur reprocher d'avoir transcrit, de préférence aux classiques, les saints Pères et des ouvrages de théologie. Du reste, des auteurs les plus estimés des anciens aucun ne nous manque peut-être, et nous avons leurs œuvres les plus remarquables ; il est encore vrai qu'avant la chute de l'empire occidental quelques-uns étaient devenus fort rares, comme Aristote, par exemple, dont il ne restait qu'un seul exemplaire aux plus beaux jours de Rome ; on regardait donc comme un grand mérite d'en faire des extraits et des résumés, travail auquel se livrèrent Florus, Justin, Pline, Constantin et d'autres. Les facilités offertes par ces compilateurs faisaient négliger les œuvres originales, une fois qu'on en avait tiré ce qu'elles avaient de mieux ; dès lors on ne songea plus à les conserver.

La perte des auteurs classiques commença donc longtemps avant l'invasion des barbares ; beaucoup périrent dans les guerres et les incendies, et, par zèle pour les bonnes mœurs, des ecclésiastiques, que je laisse à d'autres le soin de condamner, en détruisirent quelques-uns comme immoraux et scandaleux. Il était d'abord difficile de tirer le papyrus d'Égypte, puis il devint impossible de s'en procurer lorsque les Arabes l'eurent occupée. Le parchemin coûtait cher, et il atteignit alors à un prix excessif ; on fut donc obligé de recourir à un expédient déjà connu des anciens, c'est-à-dire de gratter les écrits antérieurs, afin d'en superposer de nouveaux (1). Un antiphonaire, un recueil de

---

(1) On les appelle palimpsestes (πάλιν ψηστὸς, *gratté de nouveau*). Les anciens grattaient déjà les manuscrits, et Cicéron (FAMIL. VII, 18) écrit : *Quod*

prières, un traité de la confession, avaient pour un moine une suprême importance; or quand, pour les écrire, il couvrait la *République* de Cicéron ou le code Théodosien, il avait en cela le même droit que nous avons, nous, de faire tout le contraire.

Les anciens se servaient de lettres majuscules et sans ponctuation; plus tard, afin d'abréger le travail, on les raccourcit de manière à produire les caractères minuscules. Pour le même motif, on introduisit certaines abréviations ou *notes* (1), qui furent portées jusqu'au nombre de cinq mille, et à l'aide desquelles les *notaires* pouvaient écrire un discours, quelque rapide qu'en fût le débit. Ces notaires, dans le principe, recueillaient les décisions du sénat et des assemblées publiques, ou bien les dernières volontés des mourants; ce nom fut ensuite donné aux officiers ministériels chargés de rédiger les actes qui intéressent la foi publique. Les véritables caractères tachygraphiques tombèrent en oubli, au point que, dans les siècles suivants, un psautier trouvé à Strasbourg par Trithème était enregistré au catalogue comme écrit en langue arménienne.

in palimpsesto, laudo equidem parsimoniam ; sed miror quod in illa chartula fuerit quod delere malueris, quam exscribere, nisi forte tuas formulas. Non enim puto te meas epistolas delere ut deponas tuas. An hoc significas nil fieri? frigere te? ne chartam quidem tibi suppeditare? Le premier palimpseste dont il est fait mention se trouvait dans la bibliothèque du roi de France en 1692 ; c'était un manuscrit des œuvres de saint Ephrem.

Tant qu'on eut du papyrus, on l'employa pour écrire les actes publics. Le plus ancien d'Italie sur peau de mouton est de 784 ; Félix, évêque de Lucques, y confirme la donation de Faulone au monastère saint Fridien. L'acte le plus ancien sur papier de coton est de 1145, en Sicile ; le roi Roger II, par cet acte, fait des concessions à l'abbé de Saint-Philippe de Fragola. Dans les archives des *Riformagioni* de Florence, on trouve un diplôme en grec, de 1172, en vertu duquel l'empereur Isaac Lange admet les Pisans à la paix avec les villes de la Romanie.

(1) Plutarque (*in Catil.*) en attribue l'invention à Cicéron, à l'époque de la conjuration de Catilina. Écrivant à Atticus, livre XIII, Cicéron lui dit : « Tu n'auras peut-être pas entendu cette chose, parce qu'elle était écrite διὰ σεμνῶν, par signes. » D'autres en donnent comme l'auteur Tiron, son affranchi, ce qui fit appeler ces notes *tironiennes*. Dion Cassius, livre LV, assure que Mécène les fit publier par Aquila, son affranchi. Parmi les anciens tachygraphes les plus célèbres, on compte Pérunnius, Pélargius, Pannius et enfin Sénèque. Saint Cyprien y ajouta d'autres signes, et les adapta à l'usage de la religion. Dans l'hymne de saint Cassien, Prudence dit :

> Verba notis brevibus comprendere cuncta peritus
> Raptimque punctis dicta præpetibus sequi.

Origène, saint Augustin et saint Jérôme parlent des tachygraphes.

Déjà, au temps de l'empire, les caractères avaient une maigreur disgracieuse, comme on le voit sur les murs de Pompéi et d'autres villes, mais surtout dans les catacombes chrétiennes et les temples obscurs ; on continua néanmoins à faire usage des lettres rondes. Mais, au douzième siècle, époque où le style gothique s'introduisit dans l'architecture, les lettres se firent également anguleuses, puis se couvrirent d'ornements ; cet usage dura jusqu'au quinzième siècle, où l'on revint à la bonne calligraphie, accompagnée d'une variété de caractères (1). Le Florentin Jacques, frère camaldule, est mentionné, après 1300, comme un calligraphe sans égal pour l'écriture romaine; sa main fut donc conservée dans un tabernacle. Ange Pezzana, dans les *Copistes parmesans*, comptait seize habiles calligraphes, auxquels il en ajouta huit autres dans l'*Histoire de Parme*, tous du quinzième siècle ou d'une époque rapprochée.

A ce travail on associa le luxe des peintures. Chaque page fut revêtue de bordures, de figures, d'armoiries, de lettres bizarres, de telle sorte qu'un livre devint le résumé de tous les beaux-arts : poésie et savoir, pour le composer ; calligraphie, pour le transcrire ; peinture, pour le colorier avec le carmin et le bleu d'outre-mer ; pelleterie, pour en préparer la couverture ; ciselure, pour l'orner de bossettes ; orfévrerie, pour y incruster des pierres précieuses ; dorure, pour en polir la tranche.

Il n'est donc pas étonnant que les livres se vendissent des sommes énormes. Les catalogues que les libraires exposaient, ou les tarifs arrêtés par les universités, nous font connaître quelques prix ; mais il ne faut pas oublier que les enluminures augmentaient souvent leur valeur réelle. En 1279, à Bologne, on donna 80 livres (435 fr.) pour copier une Bible, et 22 pour l'*Inforliat* (2).

(1) Dans le catalogue des livres laissés par le cardinal Guala au monastère de Saint-André de Verceil, nous trouvons une bibliothèque (c'est-à-dire la Bible entière) en écriture *parisienne*, couverte de pourpre et ornée de fleurs d'or avec des initiales semblables; une autre en écriture *bolonaise*, avec cuir rouge ; une enfin en écriture *anglaise*, et une petite, précieuse, en lettres *parisiennes*, avec des majuscules en or et des ornements de pourpre; l'Exode et le Lévitique en écriture *ancienne*; les douze Prophètes en un volume avec écriture *lombarde*; les œuvres *morales* du bienheureux Grégoire *en bonne écriture ancienne d'Arezzo*, etc., etc. (FAVA, *Gualœ Bichierii card. vita*, page 175.)

(2) Le père Sarti (*De prof. Bonon.*, part. II, page 214) publia un catalogue de livres en vente à Bologne : par exemple, *Lectura domini Ostiensis* CLVI *quinterni, taxati lib.* II, *sol.* X, etc. Un missel, orné de lettres en or et de peintures, en 1240, valut plus de 200 florins (*Annal. Camald.*, vol. IV, page 349). Un

Melchior, libraire de Milan, demandait 10 ducats d'or pour une copie des Épîtres familières de Cicéron. Alphonse d'Aragon écrivit de Florence à Antoine Becatelli, dit Panormita, que Poggio avait à vendre un Tite-Live, moyennant 100 écus d'or; Panormita aliéna une métairie pour acquérir le manuscrit, et Poggio, avec le prix qu'il en retira, acheta un petit domaine. Borso d'Este, en 1464, payait 8 ducats d'or à Ghérard Ghislieri de Bologne pour avoir enluminé un livre intitulé *Lancellotto;* en 1469, 40 ducats pour Josèphe, l'historien hébreu, et un Quinte-Curce. Sa fameuse Bible, deux grands volumes en parchemin, dont chaque page était ornée de miniatures diverses, œuvre de Franc des Rossi et de Thaddée Crivelli, lui coûta 1,375 sequins (1). Les bibliothèques d'alors devaient donc être bien peu de chose, et les rois, comme les papes, n'avaient pas plus de livres qu'un petit clerc d'aujourd'hui (2).

Quelques personnes cependant avaient pu en recueillir un grand nombre; on les trouvait surtout en abondance dans l'Itálie, d'où les tiraient les hommes studieux, mais principalement de Rome et des couvents renommés de la Novalèse, de la

Digestum vetus, à Pise, se vendit 16 livres (127 francs). Il est probable que la cherté des livres provenait des enluminures.

(1) TIRABOSCHI, tome VI, l. I, ch. IV, parag. 19.

(2) Dans l'inventaire des possessions de l'évêché de Saint-Martin de Lucques, du huitième ou neuvième siècle, la bibliothèque est ainsi composée : *Eptaticum*, vol. 1. *Salomon*, vol. 1. *Machabeorum*, vol. 1. *Actus apostolorum*, vol. 1. *Prophetarum*, vol. 1. *Librum officiorum*, vol. 1. *Dialogorum*, vol. 1. *Vita... Ezechiel*, vol. 1. *Omeliarum*, vol. 1. *Commentarium super Mattheum*, vol. 1, *Commentarium aliud...* vol. 2. *Ordo ecclesiasticus*, vol. 1. *Rationes Pauli*, vol. 1. *Antiphonarium*, vol. 2. *Psalterium*, vol. 1. *Vita sancti Martini*, vol. 1. *Vita sancti Laurentii cum memoria sancti Fridiani*, vol. 1.

En 1212, Ugo, trésorier de la cathédrale de Novare, étant devenu archiprêtre, fit l'inventaire des objets qui se trouvaient dans le trésor du chapitre, parmi lesquels nous remarquons un collectaire orné de pierres précieuses avec une figure d'ivoire, un verre rond d'où l'on tire le feu, et vingt-cinq volumes de livres pour le service de l'Église, c'est-à-dire deux missels, quatre antiphonaires, trois textes de l'Évangile, quatre homéliaires, un sermonnaire, deux épistolaires, un passionnaire pour l'été et un autre pour l'hiver, deux collectaires, l'ordre, deux psautiers, la Bible, le vieux Testament; la bibliothèque renfermait quarante-huit livres, au nombre desquels étaient les Œuvres morales de Job, les Commentaires d'Augustin sur Jean, les Étymologies d'Isidore, l'Histoire ecclésiastique, un volume de la Prescience et de la Prédestination, les Décrétales, le Code et les Novelles de Justinien, les Pronostics du jugement futur, Priscien; Cresconius, *De l'accord; des canons*, un martyrologe; Boëce, *De la consolation;* Marcien Capella, les Vies des Pères.

Cava, de Mont-Cassin. La bibliothèque du cardinal Jourdain Orsini, en 1438, composée de deux cent cinquante-quatre manuscrits, était estimée 2,500 ducats d'or (1). Thomas de Sarzane en achetait à crédit, et faisait des emprunts afin de payer des copistes et des enlumineurs. Pétrarque se plaignait qu'on ne trouvât point un Pline dans tout Avignon; mais lui-même s'était formé une bibliothèque de choix, qu'il céda plus tard, moyennant une faible rémunération, à la république de Venise. Parmi ses livres figurent: un Homère, que lui avait donné Sigéros, ambassadeur de l'empire d'Orient; un Sophocle, qui venait de Léonce Pilate, avec la traduction de l'Iliade et de l'Odyssée, faite par ce dernier, et copiée par Boccace; un Quintilien; tous les ouvrages de Cicéron, transcrits par Pétrarque lui-même, et peut-être le Virgile que l'on conserve à la bibliothèque Ambrosienne est-il de sa main.

Les premiers livres de la bibliothèque Marcienne de Venise furent ceux que le cardinal Bessarion avait achetés 30,000 sequins, et qu'il laissa à cette « ville dirigée par la justice, où l'on voit les lois régner, la sagesse et la probité gouverner, la vertu, la gravité et la bonne foi habiter. » Cosme de Médicis, alors qu'il vivait exilé dans cette république, donna la sienne au couvent de Saint-Georges; puis, à Florence, il fonda, avec ses propres livres, la bibliothèque Laurentienne. Nicolas Niccoli rivalisait avec lui, selon sa fortune, en achats de livres: il possédait huit cents volumes grecs, latins, orientaux, qu'il transcrivait lui-même, rétablissant et corrigeant les textes maltraités par les copistes, ce qui lui valut le nom de père de l'art critique; ces livres, qu'il laissa pour l'usage public, furent placés dans le couvent des dominicains de Saint-Marc, et leur disposition servit de modèle pour les bibliothèques futures. Coluccio Salutato, se plaignant de la mutilation des livres, proposait des bibliothèques publiques, sous la direction de savants qui feraient le choix des meilleures leçons, et, d'après ses conseils, une fut achetée par Robert de Naples. D'autres seigneurs l'imitèrent, et l'on cite un certain Andreolo d'Ochis de Brescia, qui aurait vendu biens, maison, femme et lui-même pour augmenter le grand nombre des livres qu'il possédait déjà.

Les plaintes sur les incorrections des copies croissaient à mesure qu'augmentait le goût de la lecture, et Pétrarque s'écriait: « Qui apportera un remède efficace à l'ignorance, à l'incurie des

(1) MARINI, *Degli archiatri pontifizj*, tome II, page 130.

« copistes, qui gâtent et bouleversent tout?... Je ne gémis plus sur
« l'orthographe, perdue depuis longtemps... Ces gens-là, confon-
« dant originaux et copies, après avoir promis une chose, en
« écrivent une autre entièrement différente, de telle sorte qu'on
« ne reconnaît plus ce que l'on a composé soi-même. Si Tite-
« Live, Cicéron et d'autres anciens illustres, mais Pline le Jeune
« surtout, ressuscitaient, croyez-vous qu'ils comprendraient leurs
« propres ouvrages? Au contraire, hésitant à chaque pas, ils les
« prendaient pour des livres faits par d'autres ou par des barbares.
« Il n'y a ni frein ni loi pour ces copistes, choisis sans examen,
« sans épreuves; les forgerons, les agriculteurs, les tisserands
« et les autres artisans ne jouissent pas d'une pareille liberté. »

Si les incorrections blessaient le goût dans les livres de littérature, elles devenaient très-importantes dans ceux qui regardent la conscience et la foi. Aussi, parmi les juifs, tout exemplaire de la Bible devait être revu par les rabbins, qui savaient, par la *Massora*, combien de versets, combien de mots, combien de lettres contenait le livre sacré, et combien de fois chacune était répétée; or, s'il se trouvait quelque lettre de moins, ou bien écrite avec une encre impure, ou sur une membrane préparée par des incirconcis, il n'en fallait pas davantage pour déclarer ce texte altéré et le détruire.

L'amour des études s'étant ravivé, on sentit plus vivement le besoin de remplacer le papyrus et le parchemin; les Espagnols apprirent des Arabes, qui l'avaient appris des Chinois comme les Tartares, à faire du papier de coton, auquel on substitua, après l'an mille, les chiffons de lin. S'il était vrai qu'on ne distingue pas le premier du second, comme l'affirme Tiraboschi, nous y verrions la preuve de sa perfection, et il importerait peu d'en discuter. Quoi qu'il en soit, Cortusio se trompe en renvoyant à l'année 1340 l'invention du papier de lin, qu'il appelle papier de *papiro* pour le distinguer de celui de coton, nommé papier de *bambagina* (1); Pace de Fabriano, auquel il en attribue le mé-

(1) « En 1340 furent établis *la Folla di tutti i Santi*, et l'atelier de drap, laines et *carta di papiro*; duquel travail de *carta di papiro* le premier inventeur, à Padoue et à Trévise, fut Pace de Fabriano, qui, à cause de la douceur des eaux, résida la plus grande partie de sa vie à Trévise. » En 1318, un notaire promet de ne point écrire d'actes sur du papier de coton, ni sur tout autre déjà gratté; un autre, en 1331, s'engage également à ne pas faire usage de papier de *bambagina*; puis, en 1367, à n'employer ni ce papier ni celui de lin. Le sénat vénitien, en 1336, rend ce décret : « Dans l'intérêt de l'industrie du papier qui

rite, ne fit peut-être que transporter sur le territoire trévisan cette fabrication, déjà florissante à Fabriano dans la Marche d'Ancône. Il n'est pas vrai non plus que la république florentine ait offert de grands priviléges aux industriels de Fabriano pour établir des papeteries à Colle de Val d'Elsa; dans cette ville, en effet, on trouve une charte, du 6 mars 1377, par laquelle une chute d'eau est louée pour vingt ans à Michel Colo de Colle, avec canal, habitation *et gualcheriam ad faciendas cartas*, chute accordée auparavant à Barthélemy d'Ange de la Villa (1).

Employé d'abord pour la correspondance et des actes notariés, le papier ne contribua à la diffusion du savoir que dans le quinzième siècle, époque où il servit pour la transcription des livres, qui durent alors devenir moins rares. En effet, nous trouvons quelques libraires aux universités d'Allemagne et de Paris; en 1446, Vespasien à Florence, et, peu de temps après, un certain Melchior à Milan, Jean Aurispa à Venise, faisaient le commerce des livres.

Il paraît que c'est une condition vitale de la société, pour qu'elle prenne un nouvel essor, que les découvertes arrivent juste au moment où elle en a besoin. Ainsi donc, alors que l'amour pour la littérature classique poussait à la recherche passionnée et à la reproduction de ses livres, et que les grandes querelles des rois avec l'Église multipliaient les écrits, on vit éclore le plus merveilleux des arts modernes, l'imprimerie.

On discute encore sur l'inventeur; mais les Chinois la connurent dès la plus haute antiquité. En Europe, on faisait de l'impression stéréotype, non pour l'usage littéraire, mais pour reproduire des figures de saints et des cartes à jouer (2). Venise, en 1441, donnait un privilége, attendu que *l'art de faire les cartes*

« se fabrique à Trévise, et dont notre commune tire grand profit, il est expres« sément défendu d'enlever de Venise des chiffons à papier (*stratie a cartis*) « pour les emporter ailleurs qu'à Trévise. »

(1) Dans les archives diplomatiques de Florence, charte de la commune de Colle; ap. REPETTI.

(2) L'incision sur bois réputée la plus ancienne est le saint Christophe, au-dessous duquel est écrit :

Xtofori faciem die quacumque tueris
Illa nempe die morte mala non morieris
millesimo cccxx tertio.

Mais M. de Reiffenberg, directeur de la bibliothèque royale de Bruxelles, acquit une vierge avec divers saints, portant incision à la date de 1318. (Voir aussi W. A. CHATTO, *Treatise on wood-engraving historical and pratical*; Londres, 1839, avec 200 belles vignettes.)

à jouer et des figures peintes estampées avait entièrement déchu, à cause de la grande quantité qui venait de l'étranger. Ce fut de cette manière que Laurent Coster, de Harlem, imprima des pages entières. Les premières impressions furent donc xylographiques, et la plus grande partie était occupée par des figures. L'exemple le plus connu de ce procédé est la *Bible des pauvres*, de quarante feuillets imprimés d'un seul côté; du reste, tous ces livres sont peu volumineux, excepté les *Mirabilia Romæ*, espèce d'itinéraire pour l'usage des ultramontains qui se rendaient à cette grande cité, et qui se compose de cent quatre-vingts pages. On s'aperçut bientôt qu'on pouvait substituer aux tablettes les caractères mobiles, que l'on fit d'abord en bois; puis vinrent ceux de plomb, inventés par Jean Guttemberg, de Mayence (1), à qui l'orfèvre Jean Faust fournit des capitaux.

Pierre Schöffer, de Gernsheim, substitua au plomb un métal dur, et découvrit l'encre onctueuse propre à cet usage; il fit plus encore en inventant les poinçons, ce qui permit de fondre les caractères au moyen de matrices, au lieu de les graver un à un. Le premier livre imprimé avec des caractères mobiles paraît être la Bible, dite Mazarine de la bibliothèque où elle fut trouvée; elle est de 1450 ou 1452, ou plutôt de 1455. Quelques exemplaires sont sur parchemin; tout est beau, l'œuvre comme les caractères, bien qu'ils ne soient pas uniformes. Nous avons de 1454 un petit opuscule de quatre lettres pour exhorter à prendre les armes contre les Turcs, avec des indulgences, de Nicolas V; il existe encore un almanach de 1457.

Cet art pénétra bientôt en Italie (2), et nous avons l'édition de

---

(1) Les habitants de Feltre prétendent que Pamphile Castaldi, leur concitoyen, précéda Guttemberg dans l'invention des caractères mobiles. M. Ambroise Didot, dans la *Nouvelle Biographie universelle*, a mis hors de doute les droits de priorité de Guttemberg.

(2) *Annales de l'imprimerie en Italie.*
1465. Subiaco.
1467. Rome.
1469. Venise, Paris, Milan, le Poëme sacré d'Arator et les Épîtres latines d'hommes illustres; mais il y a doute à leur égard, et l'on est certain de *Alchuni miraculi de la gloriosa Verzene Maria* par Philippe Lavagna, qui porta l'imprimerie à Milan avec Antoine Zarotto et Cristophe Valdarser.
1470. Verone, Foligno, Pignerol, Brescia.
1471. Bologne, Ferrare, Pavie, Florence, Naples, Savigliano.
1472. Mantoue, Parme, Padoue, Mondovi, Jesi, Fivizzano, Crémone.

Lactance faite à Subiaco en 1465 par Conrad Schweinheim et Arnold Pannartz, avec l'assistance de Jean-André Bussi de Vigevano, qui fut ensuite évêque d'Aleria; mais on dit que cette édition fut précédée d'un Donat. En 1470, il avait paru à Rome au moins vingt-trois éditions d'auteurs anciens. Jean de Spire, qui s'était établi à Venise en 1469, y travailla autant qu'à Rome; son frère Vindelin et le Français Nicolas Jenson ne montrèrent pas moins d'activité. Jusqu'à l'année 1500, on avait imprimé à Paris sept cent cinquante et un ouvrages, en Italie quatre mille neuf cent quatre-vingt-sept, dont trois cents à Florence, deux cent quatre-vingt-dix-huit à Bologne, six cent vingt-neuf à Milan, neuf cent vingt-cinq à Rome, deux mille huit cent trente-cinq à Venise; cinquante autres villes possédaient encore des imprimeries. Des bourgades même voulurent en avoir, comme Saint-Orso près de Schio, Polliano dans le Véronais, Pieve de Sacco dans le Padouan, Nonantola et Scandiano dans le Modénais, Ripoli près de Florence. Les œuvres de Cicéron furent des premières éditées, à Rome par Schweinheim, à Venise par Jenson; mais ce fut à Milan, en 1498, que Minuciano les publia en un seul corps pour la première fois. Pétrarque avait possédé un Tite-Live imparfait, qui appartint ensuite à Christophe Landino, et ce fut d'après cette forme qu'on en fit la première édition à Rome, peut-être dès 1469, puis en 1472. Lavagna l'imprima à Milan en

1473. Messine.
1474. Turin, Gênes, Côme, Savone.
1475. Modène, Plaisance, Barcellona, Cagli, Casole, Pérouse, Pieve de Sacco, Reggio de Calabre.
1476. Pogliano, Udine. Premier livre grec à Milan.
1477. Ascoli, Palerme.
1478. Cosenza, Colle.
1479. Tusculano, Saluces, Navi.
1480. Cividale, Nonantola, Reggio.
1481. Urbin.
1482. Aquila, Pise.
1484. Soncino, Chambéry, Bologne, Sienne, Rimini.
1485. Pescia.
1486. Chivasso, Voghera, Casalmaggiore.
1487. Gaëte.
1488. Viterbe.
1490. Portese.
1495. Scandiano.
1496. Barco.
1497. Carmagnole, Alba.

1478, Zarotto en 1480; il fut publié à Venise en 1470 par Vindelin, à Rome en 1471 et 1472 par Udalric Gallo, à Trévise en 1480 et 1483 par Michel Mazolino avec les types de Jean de Verceil, puis de nouveau à Milan en 1495; mais, complet, tel au moins que nous l'avons, il parut seulement à Mayence en 1518. A Mont-Cassin, on avait un exemplaire de Vitruve., qui fut imprimé à Rome en 1486, et commenté en 1495 par le Vénitien Silvain Morosini.

Les copistes avaient un grand renom et beaucoup de crédit à Gênes; dans la crainte que l'imprimerie ne fût nuisible à leur art, ils obtinrent que cette république la prohibât. Le Morave Mathias, qui s'y était établi, passa donc à Naples, et l'Allemand Jean Bon, qui avait imprimé Boëce à Savone, se transporta à Milan. En conséquence, maître Philippe de Lavagna, riche marchand épris de cet art, et le premier imprimeur italien dont il est fait mention, ne pouvant doter d'une presse sa ville natale, alla l'établir à Milan (1). Le titre de fondateur lui est disputé par Antoine Zarottto, de Parme, qui publiait à Milan, en 1471, Festus, *De verborum significatione*, et la *Cosmographie* de Méla; l'année suivante, il s'associait avec le prêtre Gabriel des Orsoni, Pierre Antoine de Borgo de Castiglione, Colas Montano et Gabriel Paveri Fontana, professeurs d'éloquence, en s'obligeant à fondre lui-même les caractères, à tenir en ordre les presses, à faire l'encre, à diriger la typographie. Il fut le premier qui imprimât des livres liturgiques avec le célèbre missel de 1475, et qui gravât, pour la grammaire de Lascaris, des poinçons de grec, qu'on faisait à la main auparavant. Vinrent ensuite la *Batrachomyomachie*, en 1495; l'Homère de Florence, en 1488, aux frais de Laurent de Médicis; Hésiode et Théocrite, en 1493; l'*Anthologie*, en 1484; Lucien, Apollonius, le *Lexique* de Suidas.

Le premier livre imprimé en Italie le fut par l'orfèvre Cennino. A Reggio de Calabre, en 1475, on imprima en hébreu les Commentaires de Jarchi sur le Pentateuque; à Soncino dans le Crémonais, Nathan Ismaël publiait le Pentateuque en 1482; on vit paraître, en 1486, les Commentaires du fameux Kimchi sur les prophètes, et, en 1488, la Bible entière avec de beaux caractères, Bible dont on ne connaît que cinq ou six exemplaires. A Crémone, en 1556, Vincent Conti imprimait le *Tholedoth* et le Psautier en hébreu, commenté par Kimchi; dans cette ville, dit-

---

(1) SERRA, Discours IV, page 215.

on, l'inquisition romaine fit brûler douze mille exemplaires de livres talmudiques. Casalmaggiore et Fabionetta eurent aussi des typographies hébraïques. Les premiers caractères arabes furent employés à Fano, en 1514, par Grégoire Giorgi dans les Sept Heures canoniques, ensuite par le Milanais Pierre-Paul Porro.

Le Vénicien Alde Manuce, avec le *Musée*, vint relever l'art de l'imprimerie déjà en décadence. Après ce premier ouvrage, édité par lui en 1494, le savant typographe continua pendant vingt ans ses publications latines et grecques (1); il employa le caractère cursif, dit *italique* par les Français, et gravé par François de Bologne, qui prit pour modèle l'écriture de Pétrarque. Alde lui-même substitua à l'in-folio, généralement adopté, le format plus commode et moins dispendieux de l'in-12 ou petit-8°; peut-être l'in-4° n'était-il en usage que dans l'Italie. Les registres des feuilles, avant que les pages fussent numérotées, s'introduisirent successivement; on apprit à distribuer les espaces de manière à rendre les lignes de même longueur, sans queue à la lettre finale; puis vinrent les virgules, enfin les renvois, et à peu près la perfection actuelle.

Le papier devait imiter la peau de mouton et de veau (*vélin*); on le faisait donc avec des chiffons choisis de lin et de chanvre, mais sans le blanchir à la lessive, ce qui affaiblit la fibre végétale. On triturait lentement la pâte dans des bassins; puis la feuille, préparée à la main avec le châssis et collée fortement à la gélatine, durcissait au point que ses qualités n'ont encore subi aucune altération.

La cherté du papier et de l'encre (la meilleure se tirait de Paris), le soin extrême donné au tirage, la rareté des ouvriers et le manque de locaux spacieux, faisaient courir de grands risques aux entrepreneurs d'opérations typographiques. Schweinheim et Pannartz, en 1472, exposèrent au pape Sixte IV qu'ils se trouvaient réduits à la misère pour avoir imprimé un grand nombre

(1) Dans les *Annales des Aldes*, M. Renouard écrit que *Manuce occupa et occupera longtemps, et sans aucune exception, le premier rang parmi les imprimeurs anciens et modernes*. L'éloge a paru exagéré à Firmin Didot, qui reconnaît qu'on lui doit une reconnaissance éternelle pour le grand nombre de ses publications classiques et sa belle exécution typographique; mais il lui reproche ses incorrections, et cite à l'appui un passage d'une lettre, dans lequel Alde se dit tellement occupé qu'il a le temps à peine, non pas de corriger, mais de parcourir les livres qu'il imprime : *Vix credas quam sim occupatus. Non habeo certe tempus, non modo corrigendi, ut cuperem, diligentius qui excusi emittuntur libri cura nostra, sed ne perlegendi quidem cursim.*

de livres sans trouver d'acheteurs; il ressort de leurs plaintes qu'on tirait chaque ouvrage à deux cent soixante-cinq exemplaires, à cinq cent trente Virgile, les œuvres philosophiques de Cicéron et les livres de théologie; en tout, ils avaient produit douze mille quatre cent soixante-quinze exemplaires. Au lieu de faire des éditions nombreuses, on les renouvelait, et Paul Manuce réimprima presque chaque année les Épîtres familières de Cicéron.

On ajouta bientôt des figures aux livres. A Rome, en 1467, paraissaient les *Méditations* du cardinal de Turrecremata avec des gravures sur bois qui furent ensuite coloriées; en 1472, le *Roberti Valturii opus de re militari*, accompagné de dessins qui représentaient des machines, des fortifications et des assauts. Le *Monte santo di Dio* et la *Divina Commedia*, imprimés à Florence en 1481, offrent des dessins de Sandro Botticelli, gravés sur cuivre par Baccio Baldini. Un Ptolémée, publié à Rome par Schweinheim, porte des cartes sur acier d'Arnold Buchink; deux autres semblables furent imprimés, l'un à Bologne, l'autre à Florence par Berlinghieri.

Dans le principe, les imprimeurs jouissaient d'une grande considération, et Sixte IV conféra à Jenson le titre de comte palatin; ils exerçaient aussi la profession de libraire, et l'on trouve le nom de *bibliopole* dans un livre imprimé à Ferrare en 1514. Les Giunti, qui furent imprimeurs à Florence et à Venise, avaient, dès 1514, établi des relations avec l'Allemagne (1).

Des priviléges vinrent protéger l'industrie des imprimeurs. Le sénat vénitien, en 1469, en accordait un de cinq ans à Jean de Spire pour les Épîtres de Cicéron; en 1494, un autre à Hermann Lichtenstein pour le *Speculum historiale* de Vincent de Beauvais. L'année suivante, Louis Sforza en donna un, pour les œuvres de Campano, à Michel Ferner et à Eustache Silber. Alde

---

(1) Nous avons un contrat, du 7 janvier 1483, entre le célèbre frère Jacques-Philippe Foresti, et l'imprimeur Bernardin Benaglio de Bergame, pour l'édition du supplément aux *Chroniques* de ce religieux. L'impression devait se faire à Venise, et le nombre des exemplaires était fixé à 650. L'auteur promet d'en payer 200 exemplaires à quatre-vingt-dix *marchetti* chacun. Il entendait dédier l'ouvrage au magnifique Marc-Antoine Morosini, noble vénitien, « s'il veut dé« bourser seize ducats pour le correcteur; dans le cas où il se refuserait de « payer les seize ducats, on ne doit pas le lui dédier, et ledit frère Jacques-Phi« lippe sera libre d'en offrir la dédicace à qui il voudra. » En effet, il le dédia à la ville de Bergame, qui lui donna cinquante ducats d'or, que ce religieux consacra à son couvent (TIRABOSCHI, tome VI, l. I, ch. IV, parag. 32.)

l'ancien obtint également un privilége pour l'emploi du caractère cursif. Ange Archimbold ayant trouvé à Corbie cinq livres des *Annales* de Tacite, Léon X en donna le privilége à Béroald, qui les imprima à Rome en 1515 ; personne ne put les reproduire avant dix ans, sous peine de la confiscation de l'édition, de deux cents ducats d'amende et de l'excommunication.

Le sénat de Venise fut le premier, que nous sachions du moins, qui ordonna, par un décret de 1603, le dépôt à la bibliothèque publique d'un exemplaire de toute publication. Dans cet État, l'imprimerie était sous la surveillance des réformateurs (recteurs) de l'université de Padoue ; les éditeurs obtenaient d'eux, en faisant enregistrer les ouvrages qu'ils mettaient sous presse, un privilége de dix ans, à la condition que l'édition paraîtrait dans le délai fixé, et qu'elle serait faite avec soin. Les libraires de Bologne, comme ceux de Paris et des autres villes, dépendaient de l'université, qui les nommait, exigeait d'eux un serment avec une caution, et fixait le prix des ouvrages.

Les nombreux copistes, réduits à l'oisiveté par l'imprimerie, se déchaînèrent contre un art qui les ruinait et substituait de simples ouvriers aux érudits, chargés auparavant de collationner les manuscrits pour diminuer les erreurs des scribes négligents. Les enlumineurs se trouvèrent mis à l'écart (1) ; les propriétaires de bibliothèques, après avoir payé leurs livres à prix d'or, en voyaient la valeur réduite au dixième ; les doctes prévoyaient, avec un sentiment de jalousie, que le savoir, source d'abord d'honneurs et de priviléges pour ceux qui l'acquéraient au prix de sacrifices et de longs travaux, allait devenir le patrimoine de tous. Ennemis de la nouvelle invention, ils répandaient contre elle des bruits sinistres, jusqu'à l'accuser de magie ; selon eux, il y avait danger à divulguer la science, et c'était faciliter la corruption des esprits. Des personnes même animées d'intentions droites s'en effrayaient, et Hermolaüs Barbaro conseillait, attendu la frivolité de beaucoup d'écrits, qu'on n'en laissât publier aucun sans l'approbation de juges compétents. Les gouvernements, et surtout l'Allemagne, où l'on parlait hautement contre l'Église, virent dans les publications d'autres dangers que ceux de la frivolité ; c'était donc peut-être à la demande même de l'auteur ou de l'éditeur que nous voyons l'ap-

---

(1) Bernardin de Michel-Ange Cignoni écrit : « On ne fait rien dans mon art ; « c'en est fait de mon art et du goût des livres ; car on les fait de manière qu'ils « ne s'enluminent plus. » (Dans les archives de Sienne, *Denunzie* de 1491.)

probation supérieure énoncée sur quelques livres. Une bulle de Léon X, du 4 mai 1515, prescrivit de n'imprimer aucun livre sans une autorisation préalable.

Les manuscrits, dès lors, n'eurent plus qu'une valeur de curiosité, et les œuvres de l'esprit devinrent une richesse commune ; mais, quelque soin qu'on mît à les rechercher, beaucoup d'ouvrages durent échapper à l'attention par la faute des manuscrits mêmes, dans lesquels on trouvait parfois, cousues à la suite l'une de l'autre, des œuvres très-disparates ; aussi l'érudit, trompé par le titre du premier ouvrage, négligeait-il de consulter les suivants. D'autres étaient copiés avec les abréviations ou les notes dont nous avons parlé, et qu'on déchiffrait difficilement ; en effet, on les prendrait pour des caractères chinois à traits verticaux plus ou moins inclinés, auxquels s'unissent et que traversent d'autres signes de forme et de position différentes. Bien que Jules II, à la suggestion de Bembo, eût proposé une récompense à quiconque parviendrait à les lire, les bénédictins, dans la *Science diplomatique*, se plaignaient qu'on fît peu de recherches pour obtenir la clef des notes tironiennes. Lorsque Trithème (Trittenheim) eut découvert un *Lexique* de ces notes et un Psautier sténographié, on espéra que le secret serait enfin révélé. Ce n'est que de nos jours, en 1817, que Knopp a publié l'histoire de la sténographie antique, l'analyse de la synthèse des notes, avec un dictionnaire d'environ douze mille signes par ordre alphabétique (1).

Les travaux sur les manuscrits de ce genre sont donc à peine commencés, et l'on peut en attendre de bons résultats ; mais là ne résident point toutes les difficultés qu'offrent les manuscrits. Dioscoride nous apprend que l'encre des anciens se faisait avec de la gomme et du noir de fumée détrempés dans l'eau, ce qui permettait, au moyen d'un lavage, de l'effacer facilement sur le parchemin. Au temps de Pline, on recourut, pour lui donner du mordant, au vinaigre d'abord, puis au vitriol ; mais aucun de ces noirs ne résiste au temps, et les écrits nous sont parvenus décolorés et illisibles. Une infusion de noix galle suffit néanmoins pour faire reparaître la couleur, surtout pour l'écri-

---

(1) *Tachygraphia veterum exposita et illustrata ab* ULRICO FRED. KNOPP, Manheim, 1817, vol. II. Il comptait si peu sur la reconnaissance des contemporains qu'il écrivit dans son ouvrage cette dédicace pleine de découragement : *Posteris hoc opusculum, æqualium meorum studiis forte alienum, do, dico atque dedico.*

ture des époques les plus reculées, alors qu'on employait une encre chargée de gomme, et qu'on traçait de grosses lettres avec un roseau.

Les palimpsestes, dont on grattait les caractères antérieurs pour écrire de nouveau sur les feuilles, présentent de plus grandes difficultés. De nombreuses expériences ont été faites pour rétablir l'écriture primitive, et la chimie enfin a triomphé de tous les obstacles; mais ici nouvel incident : en détachant les feuillets de l'ancien manuscrit pour en composer un nouveau, on isolait parfois deux fragments contigus, ou bien on employait un feuillet à un travail, et le suivant à tout autre ouvrage; parfois même on les coupait en plusieurs morceaux, ou bien on les rognait pour les adapter au format du nouveau livre. Ainsi donc, quand un œil exercé est parvenu, au moyen d'une bonne loupe, à déchiffrer l'ancien caractère sous le nouveau, commence un autre travail non moins pénible : celui de coordonner l'ouvrage, de rapprocher les passages épars, de remplir les lacunes, de redonner la vie à ces ossements isolés. Telle est l'œuvre de patience et d'érudition à laquelle nous sommes redevables de la découverte récente de plusieurs classiques (1).

Une autre invention merveilleuse fut celle qui permit de développer et de lire les rouleaux de papyrus ensevelis dans Herculanum. Quand cette ville fut découverte, on trouva dans une maison de nombreux cylindres qui furent jetés comme des charbons, jusqu'au moment où l'on s'aperçut que c'étaient des papyrus roulés. On conçut donc l'espoir de recouvrer d'autres parties de l'héritage intellectuel des anciens ; mais la lave les avait carbonisés, et le prêtre scolope, Antoine Piaggio, à force de patientes recherches, parvint seul à trouver le moyen de les dérouler et de les copier; on put alors y puiser de nouvelles richesses littéraires et archéologiques. Et combien sont encore ensevelies, dont la découverte sera l'occupation et la joie de nos descendants !

(1) Qui ne s'est associé à l'allégresse du bibliothécaire Maï, lorsque Cicéron lui apparut sous les vers de Sédulius? *O Deus immortalis, repente clamorem sustuli. Quid demum video? En Ciceronem, non lumen romanæ facundiæ, indignissimis tenebris circumscriptum! Agnosco deperditas Tullii orationes; sentio ejus eloquentiam ex his latebris divina quadam vi fluere, abundantem sonantibus verbis, uberibusque sententiis.*

FIN DU SIXIÈME VOLUME.

TABLE DES MATIÈRES

CONTENUES DANS LE SIXIÈME VOLUME.

LIVRE DIXIÈME.

	Pages.
Chapitre CIV. — Les historiens du moyen âge	1
Les chroniqueurs	2
Luitprand	3
Chroniqueurs normands	4
Chroniques commerciales	5
Chroniqueurs génois et vénitiens	7
Chroniqueurs vénitiens et toscans	8
Jean Villani	10
Autres chroniqueurs	11
Historiens érudits	13
Historiens milanais	15
Recueils de documents	16
Histoires municipales	20
Commerce et finances	22
Les immunités	23
Machiavel. — Vico	24
Baronius. — Muratori	25
Giannone. — Denina	27
Sismondi	28
Tiraboschi	29
Ginguené. — D'Agincourt	30
Les contemporains	31
Chapitre CV. — Descente de Henri VII	36
Mathieu Visconti	38
Guido Torriano	39
Henri VII à Milan	40
Henri VII en Toscane	42
Corso Donati	43
Couronnement de Henri	45
Mort de Henri	47
Chapitre CVI. — Robert de Naples. Uguccione. Castruccio. Louis de Bavière. Jean de Luxembourg	48
Le roi Robert	49
Uguccione et Castruccio	52

TABLE DES MATIÈRES.

	Pages.
Siége de Gênes..	54
Galéas et Marc Visconti...	56
Descente de Louis de Bavière....................................	57
Louis à Rome...	59
Chute de Louis...	61
Départ de Louis..	62
Réformes de Florence...	63
Jean de Luxembourg..	64

Chapitre CVII. — Les tyrans. Les fils de Matthieu Visconti. Les Scaligeri. Maison de Savoie.. 66

Les tyrans...	67
Artifices de la tyrannie...	71
Les tyrannies ne procurent pas la tranquillité.................	74
Fin de Louis de Bavière..	75
Azzone Visconti. Bataille de Parabiago........................	77
Luchino et Jean Visconti...	78
Gênes. Simon Boccanegra.......................................	80
Cane le Grand de la Scala.......................................	82
Les Carrare...	83
Mastin de la Scala...	84
Alliance de Venise et de Florence..............................	86
Décadence des Scaligeri...	87
Les marquis d'Este..	88
Les comtes de Savoie...	89
Les marquis de Montferrat.......................................	91
Les Paléologues de Montferrat..................................	92
Amédée VI..	94
Amédée VII...	95
Les marquis du Canavais...	96
Les ducs de Savoie..	98
Chieri...	99
Aoste...	100
Priviléges des États piémontais.................................	101

Chapitre CVIII. — Les compagnies d'aventuriers............. 102

Milices communales..	104
Premières troupes mercenaires.................................	107
Les condottieri...	111
Guarnieri..	112
Frère Moriale...	113
Conduite des bandes..	114
Jean Acuto..	116
Guerres prolongées..	118

Chapitre CIX. — Accroissements de Florence. Le duc d'Athènes. La mort noire. Pétrarque et Boccace.. 119

Florence...	120
Rétablissement du gouvernement populaire..................	123
Désastres..	125
Mort noire...	126
Boccace..	129
Pétrarque..	131

TABLE DES MATIÈRES.

	Pages.
Pétrarque. Laure	132
Écrits de Pétrarque	134
Ses voyages	137
Honneurs obtenus	139
Couronnement de Pétrarque	142
Parallèle entre Dante et Pétrarque	143
Traductions en langue vulgaire	152
Boccace	154
Le grand triumvirat	160
Imitateurs	161
Chapitre CX. — Rome sans pape. Nicolas de Rienzi	163
Finances pontificales	164
Chambre apostolique	166
Benoît XII	167
Clément VI	168
Misères de Rome	169
Nicolas Rienzi	171
Les Colonna et les Orsini	175
Gloire de Rienzi	176
Rienzi change de conduite	178
Sa chute	181
Pétrarque le soutient	183
Jubilé	185
Albornoz. Frère Moriale	187
Fin de Rienzi	188
Chapitre CXI. — Charles IV. Le cardinal Albornoz. Les condottieri italiens. Les armes à feu	189
Descente de Charles IV	190
Couronnement de Charles IV	194
Barnabé et Galéas II Visconti	196
Cia des Ordelaffi	198
Barnabé et Albornoz	199
Constitutions égidiennes	201
Comte Lando	202
Anichino. Compagnie blanche	203
Discipline des bandes	205
Compagnies italiennes	206
Albéric de Barbiano	207
Invention de la poudre	208
Armes à feu	210
Chapitre CXII. — Jean-Galéas Visconti et ses brigues avec la Toscane. Le Milanais érigé en duché	215
Atrocités railleuses de Barnabé	216
Galéas II	218
Jean-Galéas	219
Décadence de Pise	222
La Sardaigne	223
Jean Agnello, doge de Pise	224
L'inquisition à Florence	225
Sac de Césène	227

	Pages.
Novello des Carrare	228
Jean-Galéas et la Toscane	230
Gouvernement du Milanais	232
Gouvernement de la Toscane	234
Jean-Galéas, premier duc de Milan	235
Grandeur de Jean-Galéas	237
Funérailles de Jean-Galéas	238
Jean-Marie Visconti	239
Régence	241
Cruautés de Jean-Marie	242
Sa fin. Facino Cane	243
Béatrix Tenda. Philippe-Marie	244
Carmagnole	245

CHAPITRE CXIII. — Venise et Gênes. Guerre de Chioggia. Venise grandit, Gênes décroit. 245

Pétrarque conseille la paix	246
Inimitiés de Gênes et de Venise	249
Bataille de Pola	250
Les Génois à Chioggia	251
Victor Pisani	252
Paix de Turin	254
Agitations de Gênes	255
Boucicaut	257
Constitution génoise	258

CHAPITRE CXIV. — Jeanne I de Naples et Louis de Hongrie. Ladislas. Jeanne. Les Aragonais en Sicile. 260

Robert le Sage	261
Jeanne I et André	263
Louis le Grand de Hongrie	265
La Sicile	267
Louis d'Anjou	268
Luttes de Charles III	269
Le roi Ladislas	272
Ladislas et les papes; Jeanne II	275
Attendolo Sforza	276
Braccio de Montone	278
Martin le Vieux, roi de Sicile	280
Alphonse le Magnanime	281
Les Génois à Ponza	283
Triomphes et caractère d'Alphonse	285
Fin d'Alphonse	287

CHAPITRE CXV. — Le dernier Visconti. Les Suisses. Carmagnole. Piccinino. Sforza. 287

Le dernier Visconti. Les Suisses	288
Les Suisses et les Grisons	289
Premières conquêtes des Suisses	290
Florence et Venise	292
Discours du doge Mocenigo	293
François Foscari	301
Carmagnole	320

TABLE DES MATIÈRES.

Pages.

Bataille de Maclodio	303
Mort de Carmagnole	305
François Sforza. Nicolas Piccinino	306
Siége de Brescia	307
Les condottieri veulent être souverains	309
Améliorations intérieures	310
L'empereur Sigismond	313

Chapitre CXVI. — République ambrosienne. Venise conquérante. François Sforza. Les Foscari... 315

République ambrosienne	316
Trieste	318
Puissance de Venise	319
Désordres de la république ambrosienne	321
Sforza, duc de Milan	323
Paul Fregoso	325
Descente de Henri III	327
Barthélemy Coleone	328
États italiens	330
Les deux Foscari	331
Paix de frère Simonnetto	333

LIVRE ONZIÈME.

Chapitre CXVII. — Les papes à Avignon. Le grand schisme. L'Église et les conciles... 335

Innocent VI. Urbain V	336
Urbain V	337
Urbain à Rome	336
Catherine de Sienne	337
Grégoire XI quitte Avignon	339
La pensée se révolte contre la foi	341
Triomphe. Occam. Mainardino	343
Corruption du clergé	346
Les fraticelles	347
Procès pour sortiléges	349
Personnes pieuses	350
Bernardin de Sienne	354
Frère Jourdain de Rivalta	355
Barletta	356
Benvenuto d'Imola	357
Crédulité	358
Urbain VI	359
Clément VII	360
Boniface IX	363
Benoît XIII. Innocent VII	364
Confusion de l'Église	365
Frère Venturin	366
Les flagellants	367
Processions	368

Concile de Pise...	369
Jean XXIII..	370
Concile de Constance...	371
Martin V..	374
Eugène IV..	376
Concile de Ferrare..	376
Concile de Florence...	377
Paix rétablie...	379

CHAPITRE CXVIII. — L'empire d'Orient et ses relations avec l'Italie. Les Turcs à Constantinople. L'Italie perd ses colonies. Venise fait la guerre aux Turcs. 380

Les Génois à Galata...	381
Barlaam..	383
Luttes des Génois et des Vénitiens...........................	384
Les Paléologues..	386
Bajazet Ier..	387
Forces des Turcs..	388
Amurat II..	389
Mahomet II...	390
Prise de Constantinople.......................................	392
Scanderbeg...	394
Albanais en Italie..	395
Jean de Capistrano...	396
Les Vénitiens contre les Turcs...............................	398
Prise de Négrepont...	400
Nouvelle ligue italienne contre les Turcs.....................	402
Siége de Scutari..	403
Siége de Rhodes et d'Otrante.................................	404
Les Turcs en Italie...	405

CHAPITRE CXIX. — Toscane. Tumulte des *ciompi*. Les Médicis l'emportent... 406

Gouvernement de Florence.....................................	407
Albizzi et Ricci..	410
Les *ciompi*...	412
Michel de Lando..	413
Maso des Albizzi...	415
Pierre Saccone...	416
Soumission des petits seigneurs...............................	417
Gino Capponi...	419
Prospérité de Florence..	421
Police intérieure et extérieure...............................	422
Origine de la maison des Médicis..............................	423
Lucques..	425
Cosme l'ancien...	426
Sa grandeur...	428
Sa mort..	430
Les Pitti...	431
Bataille de la Molinella......................................	432
Laurent et Julien de Médicis..................................	433
Laurent..	434

CHAPITRE CXX. — Les papes reviennent à Rome. Conjuration des Pazzi. Ferdinand de Naples. Laurent de Médicis.................................. 435

	Pages.
Les papes reviennent à Rome.............................	436
Eugène IV..	437
Nicolas V...	438
Calixte III..	440
Pie II...	441
Paul II..	442
Sixte IV..	444
Conjuration des Pazzi.....................................	445
Ferdinand de Naples......................................	446
Laurent de Médicis excommunié...........................	449
Naples en guerre avec Florence et Venise.................	450
Paix de Bagnolo..	452
Mort de Sixte IV...	453
Innocent VIII...	454
Domination de Laurent le Magnifique.....................	456
Caractère de Laurent.....................................	458
Fin de Laurent...	460
Chapitre CXXI. — Les érudits.............................	461
Le grec...	463
Les platoniciens. Marsile Ficin...........................	464
Marsile Ficin...	465
Pic de la Mirandole.......................................	466
Découverte des classiques.................................	467
Poggio..	468
Valla..	471
Philelphe...	472
Barbo. Bruno. Barbaro...................................	477
Progrès de la philologie..................................	478
Universités...	481
Honneurs accordés aux gens de lettres....................	482
Mécènes..	484
Instituteurs...	487
Poëtes latins..	488
Langage vulgaire écrit grossièrement.....................	490
Chapitre CXXII. — Savants. Les livres. L'imprimerie.....	491
Savants...	492
Historiens. Annio de Viterbe..............................	493
Historiens...	494
Légistes...	497
Mathématiciens et naturalistes............................	499
Médecins...	500
Médecins. Pharmaciens...................................	501
Pharmaciens. Maladies...................................	502
Maladies. Livres..	503
Livres...	504
Copistes..	505
Caractères..	506
Cherté des livres..	507
Bibliothèques...	509
Incorrections des copies...................................	510

TABLE DES MATIÈRES.

	Pages.
Papier de chiffons. Imprimerie	511
Caractères mobiles	512
Premières éditions	513
Format des livres	515
Gravures. Priviléges	516
Priviléges. Censure	517
Censure. Sténographie	518
Palimpsestes	519

FIN DE LA TABLE DU SIXIÈME VOLUME.

www.ingramcontent.com/pod-product-compliance
Lightning Source LLC
Chambersburg PA
CBHW051406230426
43669CB00011B/1790